Beck'sche Elementarbücher

CALVIN S. HALL / GARDNER LINDZEY

Theorien der Persönlichkeit

Band I

Aus dem Amerikanischen übertragen von Horst Dieter Rosacker

VERLAG C.H.BECK MÜNCHEN

Der Übersetzung liegt folgende Ausgabe zugrunde:
Calvin S. Hall/Gardner Lindzey: Theories of personality. Second edition.

Mit 31 Abbildungen im Text

CIP-Kurztitelaufnahme der Deutschen Bibliothek

Hall, Calvin S.
Theorien der Persönlichkeit / Calvin S. Hall; Gardner Lindzey. – München: Beck.
Einheitssacht.: Theories of personality ‹dt.›
NE: Lindzey, Gardner:
Bd. 1. – 1. Aufl. – 1978.
(Beck'sche Elementarbücher)
ISBN 3 406 07075 2

ISBN 3 406 07075 2

Umschlagentwurf: Walter Kraus, München
unter Verwendung einer Illustration aus *J. K. Lavaters ‚Physiognomischen Fragmenten'*
Für die deutsche Ausgabe:

Gesamtherstellung: C.H. Beck'sche Buchdruckerei, Nördlingen
Printed in Germany

Inhalt

Vorwort

Trotz des sich vertiefenden Interesses der Psychologen für die Persönlichkeitsforschung gab es bislang kein Sammelwerk, das die verschiedenen in der Gegenwart aktuellen Theorien detailgerecht referierte. Das vorliegende Buch soll diesem Mangel abhelfen, indem es einen gedrängten und doch umfassenden Überblick über die großen zeitgenössischen Persönlichkeitslehren bietet. Der Leser findet Gelegenheit, sich sowohl ein genaueres Bild der einzelnen Forschungsrichtungen zu verschaffen, als auch der Lektüre der originalen Quellen vorzuarbeiten, deren Verständnis durch die systematisierenden Abrisse erleichtert werden dürfte. Das Niveau der Darstellungsmittel ist dabei der Unterweisung an Hochschulen angemessen. Wir haben die Hoffnung, daß dieses Buch auf dem Gebiet der Personologie (bzw. Charakterologie) eine ähnliche Funktion erfüllen kann wie Hilgard(/Bower)s ‚Theorien des Lernens' in jenem Bereich.

Am Anfang unseres Unternehmens stand die Frage, welche Lehren in ein Kompendium der Persönlichkeitstheorien überhaupt aufgenommen werden sollten. Ist es schon nicht einfach, genau zu definieren, *was* eine Theorie der Persönlichkeit konstituiert, so kommt man noch schwerer zu einer Übereinkunft darüber, welche dieser Theorien die bedeutendsten sind. Wie im ersten Kapitel ausgeführt ist, sind wir bereit, jede allgemeine Theorie des Verhaltens als eine Persönlichkeitstheorie zu akzeptieren. Maßgebend für die Beurteilung der *Wichtigkeit* war uns in erster Linie der Grad, in dem eine Theorie die psychologische Forschung und Begriffsbildung beeinflußt hat. In dieses komplexe Urteil ging indessen das Kriterium der *Unterscheidbarkeit* mit ein. Wenn zwei oder mehr Theorien uns den Anschein großer Ähnlichkeit erweckten, haben wir sie entweder in einem einzigen Kapitel behandelt oder uns auf eine von ihnen, unter Ausschluß der anderen, konzentriert. Unter Voranstellung dieser beiden groben Auswahlprinzipien wird es wohl kaum Einwände gegen die aufgenommenen Theorien geben. Dagegen dürfte hinsichtlich unserer Entscheidung, gewisse Theorien von der Besprechung auszuschließen, weniger Einmütigkeit herrschen. Erwähnenswert unter den Auslassungen sind McDougalls Hormische Psychologie, die sog. Rollentheorie (Sarbin 1954), Guthries Kontiguitätstheorie, Tolmans Purposivistischer Behaviorismus und einige der jüngst entwickelten Positionen wie die von David McClelland, Julian Rotter und George Kelly.

Ursprünglich hatten wir geplant, sowohl die Hormische als auch die Rollentheorie aufzunehmen, doch mußte wegen Platzmangels die Anzahl der Kapitel beschränkt werden, und diese beiden glaubten wir am ehesten entbehren zu können. Die Hormische (oder auch Antriebs-)Psychologie wurde weggelassen, weil ihr Einfluß weniger direkt ist als jener der übrigen Lehren. Denn obwohl McDougall als ein Theoretiker von großer Bedeutung zu gelten hat, wurde seine zeitgenössische Wirkung in Amerika weitgehend durch jüngere Psychologen vermittelt, welche Teilstücke seiner Theorie entliehen. Die rollentheoretische Persönlichkeitsauffassung hingegen schien uns weniger systematisch entwickelt zu sein als die meisten der anderen Positionen, die wir für das Buch ausgewählt hatten. Zwar finden wir bei ihr einen äußerst wertvollen wie auch bedeutsamen Leitgedanken, aber dieser ist noch nicht einem Begriffsnetz eingegliedert worden, welches das menschliche Verhalten vollständig erklärt. Guthries und Tolmans Standpunkte wurden zugunsten der im Rahmen der Stimulus-Response-Theorien behandelten Hullschen Ideen fallengelassen, einfach weil sie bislang außerhalb des Lernsektors nur wenige Anwendungsfelder gefunden haben. McClelland, Rotter und Kelly wurden einmal ihrer Neuheit wegen übergangen und fernerhin, weil ihre Positionen in mancherlei Hinsicht anderen einbezogenen Theorien oder Kombinationen von Theorien ähneln.

In den dreizehn Jahren, die zwischen der ersten und der zweiten Edition der ‚Theories of Personality' lagen, kam es zu einer Reihe von Veränderungen in der Persönlichkeitsforschung. Das Ableben von Angyal (1960), Jung (1961), Goldstein (1965) und Allport (1967) hat den Einfluß ihrer einst bahnbrechenden Lehren vermindert. Andere Theoretiker wiederum haben ihre Auffassungen – teils unter beträchtlicher Revision – vervollkommnet. Von allen Theorien aber läßt sich sagen, daß durch sie zusätzliche empirische Arbeiten angeregt wurden, wenn auch in unterschiedlichem Ausmaß. Wichtiger noch, es sind neue Standpunkte hinzugekommen, die nicht länger übergangen werden können.

Im Hinblick auf letztere war es nicht einfach zu entscheiden, welche von ihnen hier Aufnahme finden sollten. Dennoch dürften nur wenige Leser gegen die von uns getroffene Wahl sehr viel einzuwenden haben, zumal für uns immer das Kriterium der Zentralität einer Theorie für die Persönlichkeitspsychologie als ganzer im Vordergrund stand. So werden sicherlich Freund und Feind darin übereinstimmen, daß B. F. Skinners Standpunkt (dürfen wir ihn eine Theorie nennen?) zu einem wichtigen Faktor in der amerikanischen Psychologie geworden ist und nicht von der Erörterung ausgeschlossen werden sollte. Auch konnten wir unmöglich einen bedeutenden europäischen Beitrag zur Persönlichkeitsforschung ignorieren: die Existentielle oder Existenzpsychologie, die sich seit den sechziger Jahren einen beachtlichen Leserkreis erworben hat. Dies gilt nicht nur für ihre – insbesondere deutschsprachigen – Ursprungsländer, sondern auch für die USA, wo sie einer der Hauptkräfte der blühenden Humanistischen Bewegung ist. Wenn es auch in diesem Punkt nur wenige Gegenstimmen geben mag, so sehen wir doch Klagen über die Auslassungen voraus, besonders im Fall von Piagets Entwicklungslehre und der Kognitiven Lerntheorie. Beiden wäre gewiß eine sorgfältige Behandlung zuteil geworden, sofern der Platz es erlaubt hätte.

Raumbeschränkungen machten ebenfalls einige Aussonderungen bzw. Kürzungen erforderlich. Da sich Cattell in den letzen Jahren mehr und mehr als der Hauptvertreter der Faktorentheorie profilierte und Eysenck, der in der ersten Ausgabe noch die Bühne mit jenem teilte, sich in steigendem Maße der Verhaltenstheorie [und -therapie] zugewandt hat, wird dieser nun außer im alten Zusammenhang hauptsächlich im Kapitel über die Reiz-Reaktions-Psychologie besprochen. Murphys Biosoziale Theorie wurde in der Zweitauflage – unter Zögern – geopfert, da sie eine eklektische Position darstellt und ihre Hauptbegriffe in anderen Kapiteln adäquat repräsentiert sind. Im Hinblick auf den veränderten Forschungsstand wurden einige Kapitel, besonders jene, die Allport, die Faktorenanalyse, die Reiz-Reaktions-Theorie und Rogers behandeln, umfassend revidiert; andere Kapitel dagegen bedurften geringfügigerer Änderungen.

Neben der Auswahl der Theorien gab es für uns noch das Problem, wie die verschiedenartigen Positionen anzuordnen und auszubreiten seien. Eine gewisse Gleichförmigkeit der Präsentation erschien wünschenswert; nichtsdestoweniger wollten wir die Integrität der einzelnen Lehren bewahren. Unser Kompromiß bestand in einem Schema allgemeiner Gesichtspunkte, welche nicht nur eine detaillierte Beschreibung ermöglichten, sondern uns auch genügend Spielraum ließen, die Darstellung jeweils so einfach und klar wie möglich zu halten. Dennoch durften wir uns nicht allzu streng an diese Großgliederung klammern. In einigen Fällen waren abgewandelte Perspektiven von Nutzen, um eine bestimmte Auffassung adäquat wiederzugeben, in anderen wiederum schien es ratsam, Unterteilungen zu kombinieren. In der Regel jedoch wird jede *Persönlichkeitstheorie* mit einem Orientierungsabschnitt eingeleitet, welcher kurz über den persönlichen Werdegang ihres Vertreters berichtet, die Hauptlinien der Einflüsse auf die Theorie aufzeigt und eine Zusammenfassung ihrer herausspringenden Merkmale liefert. Als nächstes findet der Leser einen Abschnitt über die *Struktur der Persönlichkeit,* in welchem die Kategorien genannt sind, mittels derer die erworbenen oder dauernden Bestandteile im Personaufbau repräsentiert werden sollen. Darauf folgt ein Abschnitt über die *Dynamik der Persönlichkeit,* welcher die Prinzipien der Motivation und Disposition darlegt, für die der betreffende Theoretiker eintritt. Es schließt sich ein Abschnitt über die *Entwicklung der Persönlichkeit* an, worin von Wachstum und Wandel des Individuums die Rede ist, so wie die Theorie sie erfaßt. Als nächstes kommt ein Abschnitt über die *charakteristische Forschung und ihre Methoden,* in welchem repräsentative Untersuchungen und empirische Techniken referiert werden. Ein Schlußabschnitt über den *derzeitigen Stand und die Bewertung* der Theorie geht kurz auf ihre Stellung in der Gegenwart ein und faßt die hauptsächlichen Beiträge wie auch die wesentlichsten Kritiken, die sie provoziert hat, zusammen. In der *Bibliographie* sind sowohl die (mit

PQ gekennzeichneten) Primärquellen, d.h. die wichtigsten Originalwerke zur jeweiligen Theorie, nachgewiesen wie auch alle übrigen Publikationen, auf die der Text Bezug nimmt.

Es war unsere Maxime, alle Theorien in einem positiven Lichte erscheinen zu lassen, wobei wir stets diejenigen Merkmale besonders herausgearbeitet haben, die uns am nützlichsten und gehaltvollsten vorkamen. Die jeder Einzeldarstellung angehängte Kurzkritik dient dabei weniger dem Ziel, eine Wertung abzugeben; vielmehr wollten wir nur mit einigen allgemeinen Strichen sichtbar machen, wofür eine Theorie gut ist oder was sie demjenigen, der sie annimmt, bringen kann. Was die Länge eines Kapitels angeht, so spiegelt sie durchaus nicht unser Urteil über die relative Bedeutung einer Position. Wir haben uns für jede auf die kleinstmögliche Seitenzahl beschränkt, die erforderlich ist, um ihre wesentlichen Kennzeichen genau und vollständig zu referieren. Der Leser wird zudem bemerken, daß die Informationen über einen Psychologen und die Entstehung seiner Theorie in einigen Kapiteln mehr ins Detail gehen als in anderen. Dies beruht allein auf der Zugänglichkeit von persönlichen Daten. Grundsätzlich wollten wir auf wichtige Einzelheiten im Leben eines Forschers nicht verzichten, auch wenn dies dazu führen mußte, daß die Darstellung hin und wieder allzu personalisiert erscheint.

Bei der Vorbereitung dieses Buches suchten und empfingen wir die unschätzbare Hilfe zahlreicher Kollegen. Mit großer Dankbarkeit würdigen wir den persönlichen Beitrag vieler Forscher, deren Arbeit hier vorgestellt wird. Sie klärten unser Denken in wichtigen Einzelpunkten und machten etliche Vorschläge hinsichtlich der Form wie auch des Inhalts, die alle den Text verbesserten. Welches Verdienst dieses Buch auch besitzen mag, in großem Maße ist es der peinlich genauen Sorgfalt zuzuschreiben, mit welcher jeder der folgenden Psychologen das seiner Theorie gewidmete Kapitel las und kommentierte: Gordon W. Allport †, Raymond B. Cattell, Hans Jürgen Eysenck, Kurt Goldstein †, Carl Gustav Jung †, Neal E. Miller, Gardner Murphy, Henry A. Murray, Carl Rogers, Robert R. Sears, William H. Sheldon, Burrhus F. Skinner und Medard Boss. Neben aufschlußreichen Erläuterungen zu seiner eigenen Theorie unterstützte uns Gordon Allport mit scharfsinniger Kritik sowie fruchtbaren Hinweisen auch zu allen übrigen Kapiteln der Ausgabe von 1957. Er benutzte zudem Teile des Manuskripts in seinen Lehrveranstaltungen mit Harvard- und Radcliffe-Studenten, deren uns übermittelte Kommentare sehr von Nutzen waren. Letzteres gilt auch für viele Studenten der Western Reserve University, welche die Kapitel lasen und kommentierten. Gern erkennen wir auch unsere Dankesschuld gegenüber dem nachstehend genannten Personenkreis an: John A. Atkinson, Raymond A. Bauer, Urie Bronfenbrenner, Arthur Combs, Anthony Davids, Frieda Fromm-Reichmann, Eugene L. Hartley, Ernest Hilgard, Robert R. Holt, Edward E. Jones, George S. Klein, Herbert McClosky, George Mandler, James G. March, A. H. Maslow †, Theodore M. Newcomb, Helen S. Perry, Stewart E. Perry, M. Brewster

Smith, Donald Snygg, S. S. Stevens, Patrick Suppes, John Thibaut, Edward C. Tolman und Otto A. Will Jr. Die Vorbereitung des neuen Kapitels über Skinners Operante Verstärkungstheorie sowie die Revision der Kapitel über die Reiz-Reaktions-Psychologie und die Faktorentheorie wurde sehr erleichtert durch die ausführlichen und sachkundigen Stellungnahmen von Richard N. Wilton, Janet T. Spence und John C. Loehlin. Dankbar sind wir auch G. William Domhoff, Kenneth MacCorquodale und Joseph B. Wheelwright, welche kritische Beiträge zur Revision leisteten. Unser Dank gilt ferner Heinz und Rowena Ansbacher, die uns den Korrekturabzug ihres Buches ‚The Individual Psychology of Alfred Adler' schon vor der Veröffentlichung zur Einsicht übermittelten, was bei der Abfassung des Adler-Unterkapitels sehr hilfreich war.

Die Vollendung der Urschrift dieses Buches wurde erleichtert durch einen halbjährigen Urlaub von der Western Reserve University für Calvin S. Hall und durch ein Stipendium am Center for Advanced Study in the Behavioral Sciences für Gardner Lindzey, der in seiner Arbeit außerdem durch das Entgegenkommen des Dartmouth College gefördert wurde, dessen Einrichtungen einschließlich der Bibliothek während des Sommers 1954 zu benutzen.

Calvin S. Hall
Gardner Lindzey

[Der deutsche Text des Vorworts ist eine komprimierte und adaptierte Wiedergabe der relevanten Teile aus den Vorworten der beiden amerikanischen Ausgaben von 1957 und 1970. D. Ü.]

Anmerkungen zur deutschen Ausgabe

Grundlage der Übersetzung dieses amerikanischen Standardwerkes der Persönlichkeitstheorie war der Text der Second Edition von 1970. Für die deutsche Fassung erschienen einige geringfügige Änderungen vorteilhaft bzw. geboten, darunter die Umdatierung allgemeiner retrospektiver Zeitangaben, welche sinngemäß auf die Gegenwart (1977f.) bezogen wurden. An gewissen Punkten sind Angleichungen an die besonderen hiesigen Verhältnisse – sei es des Wissenschaftsbetriebes, sei es des Informationshintergrundes – vorgenommen worden. Soweit die sachliche Integrität des Originals angetastet wurde, stehen die Abweichungen grundsätzlich in eckigen Klammern. Das gilt insonderheit für Erläuterungen und Kommentierungen von Textstellen, bei denen entweder Verständnisschwierigkeiten voraussehbar waren oder das Interesse nach weitergehenden Sachmitteilungen vermutet werden konnte. Die hinzugefügte Nachweisung „D(es) Ü(bersetzers)" unterblieb bei gelegentlichen Korrekturen mutmaßlicher Druckfehler, bei denen klärende Rückfragen an die Autoren nicht verlohnten; desgleichen im Falle von lexikalischen Kurzdefinitionen, die solchen Begriffen beigegeben wurden, deren unmittelbare Kenntnis nicht ohne weiteres vorauszusetzen ist und die auch nicht leicht nachzuschlagen sind.

Die Übersetzungsarbeit als solche wurde von dem Bestreben geleitet, dem Anspruch der Autoren, hinsichtlich Genauigkeit und Verläßlichkeit der Darstellung Lehrbuchniveau zu halten, auch in deutscher Sprache nachzukommen. Daher hieß die erste Maxime „richtige Wiedergabe des intendierten Gehaltes" (und nicht etwa „korrektes Deutsch unter Absehen vom originalen Gedankengut"). Diese – wie man meinen mag – schiere Selbstverständlichkeit zwang immer wieder dazu, vom Ideal der „schönen Übertragung" abzugehen, wenn durch stilistische Glättung die Gefahr der Verwässerung oder gar Verfälschung bestand. So erschien es auch sinnlos, um der vordergründigen Eindeutigkeit willen auf Alternativübersetzungen zu verzichten, obzwar das Mittel der zugegebenen und mitgeschriebenen Fraglichkeit von Vertretern „fester Sprache" durchaus als Unsicherheit ausgelegt werden dürfte.

Was die eigentliche Fachterminologie angeht, so wurde dem Umstand der Polynymie ansonsten eindeutig definierter „Begriffe" Rechnung getragen, wobei sowohl den authentischen als auch den gebräuchlichen Benennungen der Vorrang gebührte. Da aber auch den überzeugtesten Formalisten noch eine gewisse Variation delektieren dürfte, kamen bei unmißverständlichen Wiederholungen auch die – deutschen, lateinisch-griechischen oder auch englischen – Nebenbegriffe zur Anwendung, was außerdem den didaktischen Vorzug hat, daß verbale Explikationen gleich mitgeliefert werden. Im übrigen wurden regelmäßig die amerikanischen Termini technici in Klammern beigefügt, und zwar auch dann, wenn sie selbst Übertragungen von deutschen, französischen usw. Originalausdrücken darstellen. Damit soll einmal dem erfahrenen Leser eine Kontrollmöglichkeit geboten, zum anderen der Lektüre von Schriften in englischer Sprache vorgearbeitet werden. Soweit Schlüsselbegriffe der jeweiligen Theoretiker durch Kursive auszuzeichnen waren, geschah dies prinzipiell am Ort ihrer Definition oder Einführung, nicht unbedingt gelegentlich ihrer erstmaligen Benennung.

Die Übersetzung von Zitatstellen aus Büchern, die noch nicht in deutscher Sprache vorliegen, wurde so wörtlich wie möglich – vor allem im Hinblick auf möglichen Fremdwörtergebrauch – vorgenommen, um einer etwaigen zukünftigen autorisierten Übertragung nicht vorzugreifen. Überhaupt gaben die durchweg negativen Erfahrungen mit versuchten Rückübersetzungen bei Freud, Jung, Adler und anderen deutschstämmigen Psychologen den Anlaß für eine möglichst wort- oder zumindest wurzelgetreue Reproduktion der angelsächsischen Terminologie. Paradigmatisch möge hier das Schicksal des Freudschen Trieb- (im Gegensatz zum Instinkt-)Begriffs Erwähnung finden, welcher nicht nur in den USA (leichtfertig?) zum „instinct" geworden und zuweilen als solcher zu uns zurückgekommen ist, sondern auch ausdrücklich als „Instinkt" – und nicht mehr unter seinem alten Namen – referiert werden sollte, wo G.W. Allport (sicher nicht ohne Grund) Einfluß auf die deutschen Ausgaben seiner Bücher nahm (vgl. hierzu 2. und 7. Kap.). In diesem Sinne erschien es in der Regel – die Ausnahme bilden „eingefahrene" Übersetzungen – nicht ratsam, dort einzudeutschen, wo in unserer Sprache für einen englischen Originalausdruck ein etymologisch äquivalenter Begriff vorhanden ist oder mühelos gebildet werden kann. Es soll nicht verschwiegen werden, daß damit einer Tendenz nachgegangen wird, den fremdartigen Beiklang von Lehnübersetzungen allmählich zum Verschwinden zu bringen und die deutsche Sprache um alternative Ausdrucksweisen zu bereichern. Zur Rechtfertigung dieser Einstellung braucht nur auf das amerikanische Englisch selbst verwiesen zu werden, welches das Musterbeispiel einer Sprache ist, in der Entlehnungen aus dem Lateinisch-Griechischen – von den anderen zahllosen Wortübernahmen aus allen Teilen der Welt ganz abgesehen – weder antiquiert noch exotisch noch manieriert klingen.

Die Bibliographien am Schluß der Bücher entsprechen im wesentlichen den Nachweisungen der Verfasser. Dabei wurde auf die gesonderten Listen der „Primärquellen" neben den Gesamtaufstellungen verzichtet; eine einfache Markierung tat es auch. Einige schwer zugängliche Titel (aus Zeitungen usw.) wurden weggelassen und dafür etliche im deutschen Sprachraum geläufige Schriften hinzugefügt, ohne hierbei auch nur annähernde Vollständigkeit anzustreben. Selbstverständlich sind auch die deutschen Übersetzungen von ausländischen Originalwerken aufgeführt und umgekehrt. Im übrigen beziehen sich die Jahreszahlen grundsätzlich auf die Erstausgaben, gleich welcher Provenienz. Die deutschen Zitate sind jeweils den gängigsten Schriften entnommen. Im Text wurde jedoch als Zitatnachweisung stets das erste bekannte Erscheinungsdatum genannt, daneben das Jahr und ggf. die Auflage der Übersetzung, sofern der Text aufgefunden werden konnte. Die Seitenzahlen beziehen sich auf dasjenige Werk, dem die Passage entstammt – sei es einer Übersetzung, sei es des englischen Textes, wenn er ad hoc übersetzt wurde. Bei mehreren Ausgaben (z. B. Freuds) wurde auf den Zitatmodus in der Bibliographie besonders hingewiesen. Im Text wurden für die amerikanischen Titel von bisher nicht übersetzten Schriften deutsche Äquivalente nur dort (in eckigen Klammern) beigegeben, wo eine direkte Ableitung der Wortbedeutungen nicht ohne weiteres ersichtlich war.

Schließlich seien noch einige Abkürzungen angeführt:

G. W.	= Gesam(mel)te Werke	C.W.	= Collected Works
St.A.	= Studienausgabe	Ps.Abh.	= Psychologische Abhandlung
Bd(e)	= Band/Bände	Vol.	= Volume(s)
Ed.	= Editor/Edition	Hg.	= Herausgeber
et al.	= und andere (Autoren, Herausg. usw.)	u. d. T.	= unter dem Titel
		D. Ü.	= der Übersetzer

Die Zeitschriftentitel wurden unverändert übernommen oder wie üblich abgekürzt.

Aus verlagstechnischen Gründen erscheinen die ‚Theorien der Persönlichkeit' abweichend vom Original in zwei Bänden. Dem Verlag C. H. Beck, besonders Herrn Dr. Ernst-Peter Wieckenberg, Frau Melanie Steinmetz und Herrn Dr. Konradin Zeller danke ich für die freundschaftliche Zusammenarbeit.

Horst Dieter Rosacker

1. Das Wesen der Persönlichkeitstheorie

In diesem Buch wollen wir eine systematische Zusammenschau der bedeutendsten zeitgenössischen Persönlichkeitstheorien vorlegen. Dem Abriß jeder Lehre werden eine Besprechung der einschlägigen Forschungsarbeiten sowie eine allgemeine Beurteilung der Theorie folgen. Zuvor jedoch soll in diesem einleitenden Kapitel einiges darüber gesagt werden, was Theorien der Persönlichkeit sind und wie die einzelnen Positionen voneinander geschieden werden können. Weiter halten wir es für nötig, diese Theorien in einen übergeordneten Zusammenhang zu bringen, indem sie einmal auf die Geschichte der Psychologie bezogen werden, zum anderen ihr Stellenwert in der Gegenwart bestimmt wird.

Als erstes werden wir in etwas globaler und informeller Weise die Bedeutung der Persönlichkeitsforschung für die Entwicklung der Psychologie betrachten und daran anschließend erörtern, was mit den Ausdrücken Persönlichkeit und Theorie gemeint ist. Von diesen Überlegungen ist es nur ein kleiner Schritt zu der Frage, was eine Persönlichkeitstheorie konstituiert. Wir werden ebenfalls kurz auf das Verhältnis zwischen der Persönlichkeitstheorie als solcher und anderen Formen psychologischer Theoriebildung eingehen und dabei einige Aspekte aufzeigen, mittels derer ein Vergleich der Persönlichkeitstheorien untereinander möglich ist. In gewisser Hinsicht verweisen diese Aspekte auf die entscheidenden theoretischen Probleme in diesem Gebiet, während die Lehren selbst die wissenschaftlichen Standpunkte, Einstellungen oder Menschenbilder repräsentieren, die demjenigen zur Verfügung stehen, der menschliches Verhalten allgemein studieren und begreifen möchte.

Die Persönlichkeitsforschung und die Geschichte der Psychologie

Eine umfassende Übersicht über die Entwicklung der Persönlichkeitstheorie müßte zweifellos bei jenen Ideen über den Menschen anfangen, die von den großen Denkern der Antike wie Hippokrates, Platon und Aristoteles ausgingen. Ein angemessener Bericht sollte sich ebenso mit den Beiträgen einer Vielzahl von tiefgründigen Philosophen beschäftigen, darunter Thomas v. Aquin, Machiavelli, Hobbes, Locke, Bentham, Comte, Kierkegaard, Nietzsche, deren in den vergangenen Jahrhunderten entwickelte Vorstellungen auch in zeitgenössischen Formulierungen lebendig sind. Es ist hier nicht unsere Absicht, eine so weit zurückreichende geschichtliche Rekonstruktion zu versuchen; unser Ziel ist begrenzter, geht es uns doch nur um die Rolle, welche die Persönlichkeitstheorie in der Ausformung der Psychologie während der vergangenen sieben oder acht Jahrzehnte gespielt hat.

Beginnen wir mit einigen verhältnismäßig jungen Quellen, die für die Persönlichkeitsforschung von Bedeutung waren. Die von Charcot und Janet begründete und in der Folge an entscheidender Stelle Freud, Jung und McDougall einschließende Tradition der *klinischen Beobachtung* hat mehr als irgendein anderer einzelner Faktor das Wesen der Persönlichkeitstheorie mitbestimmt; wir werden sogleich einige der Wirkungen dieser Strömung untersuchen. Ein zweiter wichtiger Einfluß kommt von den *Gestaltpsychologen* und William Stern. her. Diese Theoretiker waren zutiefst beeindruckt von der Einheit des Verhaltens und infolgedessen davon überzeugt, daß das ausschnitt- oder bruchstückhafte Studium von kleinen Verhaltenselementen niemals zu einem ausreichenden Verständnis des Seelenlebens führen könnte. Wie wir entdecken werden, ist dieser Standpunkt tief in der heutigen Persönlichkeitsforschung verankert. Etwas jünger dagegen ist die Einwirkung der *Experimentalpsychologie* im allgemeinen und der *Lerntheorie* im besonderen. Von dieser Linie stammt die stärkere Beachtung von sorgfältig kontrollierten empirischen Untersuchungen, eine tiefere Einsicht in das Wesen der Theoriebildung und eine detaillierte Kenntnis darüber, wie das Verhalten modifiziert wird. Eine vierte Determinante ist durch die *psychometrische Tradition* gegeben, die sich auf die Messung und das Studium der individuellen Unterschiede konzentriert. Aus dieser Quelle stammen Verfeinerungen in der Messung und der quantitativen Analyse von Daten. Es gibt noch zahlreiche weitere Einflüsse auf die Persönlichkeitstheorie – die Genetik, den logischen Positivismus und die Sozialanthropologie eingeschlossen –, keiner von ihnen aber hat bislang solch weitreichende Konsequenzen gehabt wie die vier genannten Richtungen.

Der besondere Hintergrund, auf dem jede der in diesem Buch dargestellten Theorien entstand, wird in den betreffenden Kapiteln jeweils kurz skizziert. Allgemeine Erörterungen der Entwicklung der zeitgenössischen Persönlichkeitstheorie finden sich bei Allport 1937, 1961 und Boring ²1950. Der jeweilige Stand der Persönlichkeitstheorie und -forschung wird in einer Reihe von Kapiteln zusammengefaßt, die in der Annual Review of Psychology seit 1950 erschienen sind (z. B. Adelson 1969, Holtzman 1966, Klein et al. 1967, London und Rosenhan 1965, Wiggins 1968). Es gibt darüber hinaus eine Anzahl von lesenswerten inhaltlichen Darstellungen, wie z. B. Byrne 1966, Sanford 1963, Sarnoff 1962, Sarason 1966 [dazu ‚Handbuch der Psychologie', Bd. II u. IV].

Wenden wir uns nun einigen charakteristischen Besonderheiten der Persönlichkeitsforschung zu. Obwohl dieser Wissenschaftsbereich ohne Frage ein Teil des Gesamtgebietes der Psychologie ist, unterscheidet er sich in Theorie und Praxis doch erheblich von anderen Zweigen der Psychologie. Diese Unterschiede zeigen sich besonders in den frühen Entwicklungsstadien der Persönlichkeitstheorie, und sie bleiben auch angesichts der Vielzahl von Varianten unter den Theorien selbst bestehen. Zwar ergibt sich aus eben dieser auffallenden Variation, daß fast jede Aussage, die mit ins Detail gehender Genauigkeit auf *eine* Theorie der Persönlichkeit Anwendung findet, im Hinblick auf viele *andere* Theorien ungenau ist. Dennoch gibt es spezifische Merkmale oder zentrale Tendenzen, die den meisten Persönlichkeitstheorien eigen sind, und gerade auf diese werden wir unsere Erörterung konzentrieren.

Wenn es auch wichtige Übereinstimmungen in den geistigen Strömungen gibt, welche die frühen Wege der Allgemeinen Psychologie wie der Persönlichkeitsforschung bestimmten, so gibt es doch zugleich bedeutende Unterschiede. Ohne Zweifel war Charles Darwin ein mächtiger Faktor in der Entwicklung beider Positionen, und ganz gewiß hat auch die Physiologie des 19. Jahrhunderts eine nachhaltige Wirkung sowohl auf die damals sogenannte Charakterkunde als auch die Allgemeine Psychologie gehabt. [Nach alter philosophischer Tradition wurde die Eigenart eines Menschen, sein „Gepräge", mit dem griechischen Wort Charakter bezeichnet, wovon im deutschen Sprachraum die Wissenschaftsnamen Charakterkunde bzw. Charakterologie (cf. Julius Bahnsens ‚Beiträge ...' von 1867) abgeleitet und bis in die Gegenwart benutzt wurden. Seit dem Zweiten Weltkrieg setzt sich in Anlehnung an die angelsächsische Terminologie zunehmend der Begriff Persönlichkeitsforschung (und -theorie) durch, daneben Personwissenschaft und auch Personologie, die alle – z.T. auch mit den alten – synonym gebraucht werden. Zum Begriffswandel cf. auch die Titel von Ph. Lersch 1938 und 1951. D. Ü.] Nichtsdestoweniger ist das Resultat der Faktoren, die diese beiden Forschungsbereiche im 20. Jahrhundert beeinflußt haben, ausgesprochen unterschiedlich. Während der Persönlichkeitstheoretiker seine Hauptideen in erster Linie aus der klinischen Erfahrung zog, widmete der Experimentalpsychologe seine Aufmerksamkeit den Ergebnissen von Laborversuchen. Wo die Namen Charcot, Freud, Janet, McDougall und Stern in der vordersten Front der frühen Persönlichkeitstheorie stehen, spielen Helmholtz, Pawlow, Thorndike, Watson und Wundt eine vergleichbare Rolle in der Experimentalpsychologie. Jene bevorzugten in Anlehnung an klinische Daten ihre eigenen schöpferischen Rekonstruktionen, während die Experimentalisten ihre Anregungen und Bezugssysteme den Naturwissenschaften entnahmen. Die eine Gruppe begrüßte intuitive Gefühle und Einsichten und verachtete das Instrumentarium der exakten Wissenschaft mit ihrer Beschränkung der Einbildungskraft und ihren einseitigen technischen Fertigkeiten. Die andere applaudierte der Strenge und der Präzision abgegrenzter Untersuchungen und wich entsetzt vor der uneingeschränkten Anwendung klinischer Erfahrung und deren phantasievoller Ausdeutung zurück. Am Ende wurde offenbar, daß die Experimentelle Psychologie wenig zu den Fragen zu sagen hatte, die für den Persönlichkeitstheoretiker von Interesse waren, und daß die Charakterologie für Probleme, die für den Experimentalpsychologen an zentraler Stelle standen, wenig Verständnis zeigte.

Es ist wohlbekannt, daß sich die Psychologie im späten 19. Jahrhundert als Abkömmling der Philosophie und der Experimentellen Physiologie entwikkelte. Die Persönlichkeitstheorie verdankt dagegen in ihren Anfängen viel mehr der Medizin und den Erfordernissen der ärztlichen Praxis. Tatsächlich waren zu Anfang die großen Vertreter dieses Gebiets – Freud, Jung, McDougall – nicht nur ausgebildete Mediziner, sondern auch praktizierende Psychotherapeuten. Dieses historische Band zwischen der Persönlichkeits*theorie* und ihrer *praktischen* Anwendung ist während der ganzen jüngeren Geschichte der Psychologie sichtbar geblieben und liefert eine wichtige Unterscheidung zwischen diesem Theoriebereich und gewissen anderen Typen psychologischen Denkens.

Im Einklang mit dem, was wir bisher sagten, stehen zwei allgemeine Aussagen über die Persönlichkeitsforschung. Zunächst einmal hat sie zweifellos *in der Entwicklung der Psychologie eine dissidente Rolle gespielt.* Persönlichkeitspsychologen sind zu ihrer Zeit Rebellen gewesen: Rebellen in der Medizin und in der Experimentalwissenschaft, Rebellen gegen konventionelle Ideen und gängige Praktiken, Rebellen gegen etablierte Methoden und respektierte Forschungstechniken und vor allem Rebellen gegen anerkannte Theorien und normierte Probleme. Die Tatsache, daß die Persönlichkeitstheorie niemals weit in den Hauptstrom der akademischen Psychologie integriert war, hat mehrere wichtige Konsequenzen gehabt. Auf der einen Seite konnte sie sich von dem tödlichen Griff herkömmlicher Denkweisen und Vorurteile über das menschliche Verhalten befreien. Indem sie an der fortschreitenden Institutionalisierung der Psychologie verhältnismäßig unbeteiligt waren, vermochten die Persönlichkeitstheoretiker leichter Annahmen zu bezweifeln oder zurückzuweisen, welche weithin von den Psychologen akzeptiert waren. Auf der anderen Seite enthob sie dieser Mangel an Teilhabe auch von jener Disziplin und Verpflichtung zu systematischer und hinreichend fest gegründeter Begriffsbildung, welche das Erbteil der wohlangepaßten Wissenschaft ist.

Eine zweite allgemeine Aussage ist, daß die Persönlichkeitstheorien *in ihrer Ausrichtung funktional sind.* Sie zielen auf jene Sachverhalte, welche die Variation in der Anpassung des Organismus [an die Umwelt] betreffen. Im Mittelpunkt stehen Fragen von entscheidender Bedeutung für das Überleben des Individuums. Zu einer Zeit, als die Experimentalpsychologen sich in solche Fragen vertieften wie die nach der Existenz von bildfreien Gedanken, der Geschwindigkeit, mit welcher nervöse Impulse wandern, dem Inhalt des normalbewußten menschlichen Geistes oder der Entscheidung darüber, ob die seelischen Funktionen innerhalb des Gehirns lokalisiert werden können, waren die Persönlichkeitspsychologen damit beschäftigt herauszufinden, weshalb bestimmte Individuen unter Abwesenheit von organischen Krankheitserscheinungen lähmende neurotische Symptome entwickelten, welche Rolle das Kindheitstrauma in der Anpassung Erwachsener spielte, unter welchen Bedingungen geistige Gesundheit wiedererlangt werden könnte und welche Hauptmotive dem menschlichen Verhalten zugrunde lagen. So war es der Persönlichkeitstheoretiker – und nur er –, der sich in den Anfangsjahren der wissenschaftlichen Seelenkunde Problemen zuwandte, die für den Laien doch eigentlich den Kern einer erfolgreichen Psychologie ausmachen.

Der Leser sollte das Gesagte nicht als eine Anklage gegen die Allgemeine Psychologie und eine Lobrede auf die Persönlichkeitsforschung auslegen. Es ist noch nicht klar, ob die Suche nach einer umfassenden und brauchbaren Theorie des menschlichen Verhaltens am schnellsten durch die Arbeit jener vorangeht, die dieses Ziel direkt anstreben, oder ob sie schließlich mehr den Anstrengungen jener verdanken wird, die sich auf relativ spezielle und begrenzte Fragestellungen konzentrieren. Die Strategie des Vorgehens in einer empirischen Disziplin ist niemals leicht festzulegen, und die allgemeine Öffentlichkeit wird gewöhnlich nicht als eine angemessene letzte Instanz betrachtet bei der Entscheidung, was in den Brennpunkt des Forschungsinteresses rücken sollte. Mit anderen Worten, während es eine Tatsache ist, daß die Persönlichkeitstheoretiker von jeher Problemen nachgingen, die dem normalen Beobachter menschlichen Verhaltens zentral und bedeutungsvoll erscheinen, bleibt es abzuwarten, ob ein solchermaßen direktes Engagement für die Wissenschaft Fortschritte bringen wird.

Wie schon angedeutet, ist es durchaus nicht rätselhaft, warum Persönlichkeitstheorien einen breiteren Anwendungsbereich und größeren Praxisbezug hatten als die Theorien der meisten anderen Psychologen. Die großen Männer der akademischen Psychologie im 19. Jahrhundert wie Wundt, Helmholtz, Ebbinghaus, Titchener und Külpe arbeiteten im institutionellen Rahmen der Universität, der sie von der Außenwelt abschirmte. So konnten sie frei ihren eigenen intellektuellen Neigungen folgen und waren nicht gezwungen, sich mit Dingen abzugeben, die *andere* für wichtig oder wesentlich hielten. In der Tat vermochten sie die Forschungsziele weitgehend im Hinblick auf ihre eigenen Wertsetzungen und Aktivitäten zu bestimmen. Im Gegensatz dazu waren die früheren Persönlichkeitstheoretiker nicht ausschließlich Gelehrte, sondern auch Praktiker. Konfrontiert mit Menschen, deren Alltagssorgen und -nöte durch Neurosen noch vergrößert wurden, wandten sie sich verständlicherweise Hypothesen zu, die etwas zur Lösung dieser Probleme beizutragen hatten. Ein Kategoriensystem für die Zergliederung von Emotionen, das sich durch technisches Personal im Laboratorium handhaben ließ, war von wenig Nutzen für einen Therapeuten, der täglich erleben mußte, wie Mitmenschen von ihren übermächtigen Affekten gehemmt, arbeitsunfähig gemacht, ja selbst getötet werden konnten. So erscheint die starke funktionale Ausrichtung der Persönlichkeitstheorien, ihre Beschäftigung mit Fragen, die für das Überleben des Organismus von Wichtigkeit sind, als eine natürliche Folge der Situation, in der diese Lehren entstanden.

Ohne Zweifel haben die meisten Persönlichkeitstheoretiker *dem Motivationsprozeß eine entscheidende Rolle zugewiesen.* Zu einer Zeit, als viele Psychologen noch die Motive ignorierten oder versuchten, den Beitrag solcher Faktoren in ihren Studien zu bagatellisieren, sah der Persönlichkeitsforscher in eben diesen Variablen den Schlüssel zum Verständnis menschlichen Verhaltens. Freud und McDougall waren die ersten, die dem Motivationsprozeß ernsthafte Beachtung schenkten. Die weite Kluft zwischen dem Schauplatz des Lebens und der von Laboratoriumspsychologen entwickelten Theorie ist von W. McDougall beschrieben worden, als er seine Versuche rechtfertigte, eine adäquate Theorie des sozialen Verhaltens zu entwickeln (welche mehr eine Persönlichkeitstheorie war als eine des sozialen Verhaltens): „Der Zweig der Psychologie, der von primärer Bedeutung für die Sozialwissenschaften ist, ist jener, welcher sich mit den Ursprüngen menschlichen Handelns, den Impulsen und Motiven, die die geistige und körperliche Aktivität aufrechterhalten und das Verhalten regulieren, beschäftigt, und dieser ist von allen Zweigen der Psychologie derjenige, der in dem unterentwickelten Zustand geblieben ist, in dem noch immer die größte Unklarheit, Vagheit und Verwirrung herrschen" (1908, S. 2–3). So wurden Variablen, die anfangs für den Experimentalpsychologen in erster Linie Störfaktoren waren, für den Persönlichkeitsforscher besonders wichtig und damit Gegenstand systematischer Untersuchungen.

Verwandt diesem Interesse am Funktionalen und an den Motivkräften ist die Überzeugung des Persönlichkeitstheoretikers, daß *ein adäquates Verständnis menschlichen Verhaltens nur aus dem Studium der ganzen Person entstehen kann.* Die meisten Persönlichkeitspsychologen beharrten darauf, daß der günstigste Standpunkt für die Betrachtung des Subjekts das vollständig ‚funktionierende' Individuum in seinem natürlichen Habitat sei. Sie setzten sich stark für die Untersuchung des Verhaltens im Gesamtzusammenhang ein, wobei jedes Verhaltensereignis in bezug zum übrigen Verhalten des Individuums untersucht und interpretiert werden sollte. Diese Ansicht ließ sich direkt aus der klinischen Praxis ableiten, wo doch der ganze Mensch zur Behandlung kam und wo es in der Tat schwierig war, die Überlegungen ausschließlich auf eine Sinnesart oder ein beschränktes Bündel von Erfahrungen zu begrenzen.

Wenn wir von dem Vorsatz der meisten Persönlichkeitsforscher ausgehen, das Studium der ganzen, ungeteilten Person zu fördern, ist es leicht zu verstehen, warum viele Beobachter der Meinung waren, daß eines der charakteristischsten Merkmale der Persönlichkeitstheorie *ihre Funktion als eine integrierende Theorie ist.* Während Psychologen im allgemeinen sich zunehmend spezialisiert haben, was zu dem Vorwurf führte, daß sie immer mehr über immer weniger lernten, übernahmen die Persönlichkeitstheoretiker zumindest teilweise die Aufgabe, die verschiedenartigen Entdeckungen der Spezialisten zusammenzutragen und zu ordnen. Die Experimentalisten mochten eine Menge über motorische Fähigkeiten wissen oder über die Wahrnehmung, etwa das Hören oder Sehen, aber sie wußten gewöhnlich nur wenig über die Art und Weise, in der diese speziellen Funktionen aufeinander bezogen waren. Der Persönlichkeitspsychologe war in dieser Hinsicht mehr mit der Rekonstruktion oder Integration beschäftigt als mit der Analyse oder dem ausschnitthaften Studium des Verhaltens. Aus diesen Erwägungen heraus entstand die etwas romantische Auffassung von dem Persönlichkeitstheoretiker als jemandem, der ein Puzzle zusammensetzen will, das aus den Ergebnissen der Einzeluntersuchungen innerhalb verschiedener Spezialfächer besteht, die allesamt erst die Psychologie ausmachen.

Allgemein gefragt, *was unterscheidet nun den Persönlichkeitstheoretiker von dem traditionellen psychologischen Forscher?* Zunächst: er ist spekulativer und weniger an Experimente oder Messungen gebunden. Der kalte Wind des Positivismus ist viel leichter über ihn hinweggegangen als über den Experimentalpsychologen. Er entwickelt Theorien, die vieldimensional sind und komplexer als jene, die innerhalb der Allgemeinen Psychologie gängig sind, und tendenziell sind sie auch vager und weniger ausgearbeitet als die Theorien des Experimentalisten. Er akzeptiert bereitwillig jeden Aspekt des Verhaltens, sofern er funktionale Signifikanz besitzt, als legitime Grundlage für seine theoretischen Erwägungen, während die meisten der Experimentalpsychologen sich damit begnügen, ihre Aufmerksamkeit auf eine begrenzte Menge von Beobachtungen oder Berichten zu fixieren. Er besteht darauf, daß ein adäquates Verständnis des individuellen Verhaltens nur erreicht werden kann, wenn es in einem allgemeinen Zusammenhang untersucht wird, welcher das Individuum als funktionale Ganzheit umfaßt. Der Persönlichkeitstheoretiker betrachtet die Motivation, das „Warum" [oder auch: das „Wozu"], die zugrundeliegenden Triebkräfte des Verhaltens, als das entscheidende empirische und theoretische Problem, während der Experimentalist dies als eines von vielen Problemen ansieht und ihm mit Hilfe einer kleinen Anzahl von begrifflichen Modellen beizukommen versucht, welche eng an physiologische Prozesse gebunden sind.

Bis hierher sind wir vorgegangen, als ob Leser und Autoren hinsichtlich dessen, was der Begriff Persönlichkeit meint, übereinstimmten. Obwohl dies durchaus der Fall sein kann, wollen wir sicherheitshalber – bevor wir fortfahren – die Bedeutung dieses Ausdrucks unter die Lupe nehmen.

Was ist Persönlichkeit?

Es gibt wenige Worte der Umgangssprache, die solch eine Faszination für die breite Öffentlichkeit haben wie der Ausdruck Persönlichkeit. Obwohl das Wort in verschiedenem Sinne gebraucht wird, fallen die meisten der populären Bedeutungen unter eine von zwei Rubriken. Der erste Gebrauch setzt den Terminus mit gesellschaftlichem Geschick oder Gewandtheit im Auftreten gleich. Die Persönlichkeit eines Menschen wird danach beurteilt, mit welcher Wirksamkeit er den verschiedensten Personen unter wechselnden Umständen positive Reaktionen zu entlocken vermag. In diesem Sinne werden von Schulen, die sich darauf spezialisieren, Männer zu „ganzen" Männern und Frauen zu „echten" Frauen zu machen, Kurse in „Persönlichkeitstraining" angeboten. Auch wenn ein Lehrer von einem Schüler etwa sagt, seine Persönlichkeit sei recht problematisch, so will er in der Regel damit andeuten, daß seine sozialen Fähigkeiten nicht ausreichen, um angemessene Beziehungen zu Mitschülern wie Lehrern zu unterhalten. Der zweite Gebrauch sieht die Persönlichkeit des Individuums in dem hervorstechendsten oder nachhaltigsten Eindruck, den es bei anderen erweckt. So kann man von einer Person sagen, sie sei eine „aggressive Persönlichkeit" oder eine „unterwürfige Persönlichkeit" oder eine „furchtsame Persönlichkeit". [Im Unterschied zum Englisch-Amerikanischen verwendet die deutsche Sprache den Terminus Persönlichkeit (noch) nicht zur Bezeichnung eines spezifizierten Gutes, das man besitzen kann: statt „... Persönlichkeit" sagen wir „er/sie hat einen soundso gearteten Charakter". D. Ü.] In jedem Fall wählt der Beobachter ein Attribut oder eine Qualität, die typisch für die betreffende Person sind und mutmaßlich eine bedeutende Rolle im Gesamteindruck spielen, den sie auf andere macht, und ihre Persönlichkeit wird dann unter Bezug darauf bestimmt. Es ist offensichtlich, daß in beiden Verwendungsweisen ein Element der Bewertung steckt. Persönlichkeiten in diesem Sinne sind sozusagen „gut" oder „schlecht".

Während die Unterschiedlichkeit im gewöhnlichen Gebrauch des Wortes Persönlichkeit schon erheblich zu sein scheint, wird sie noch in den Schatten gestellt von der Varietät der Bedeutungen, mit welchen die Psychologie diesen Terminus ausgestattet hat. G. W. Allport (1937) hat in einer erschöpfenden Literaturübersicht an die 50 verschiedene Definitionen zusammengetragen, die er in etliche größere Klassen einteilte. Einige von diesen wollen wir uns kurz vergegenwärtigen.

Zunächst ist es wichtig, zwischen dem zu unterscheiden, was Allport biosoziale und biophysikalische Definitionen nennt. Die *biosoziale* (biosocial) *Definition* zeigt eine weitgehende Übereinstimmung mit dem populären Gebrauch des Begriffs, der die Persönlichkeit mit dem „sozialen Reizwert" (social stimulus value) des Individuums gleichsetzt: Danach definiert die Reaktion anderer Individuen auf das Subjekt seine Persönlichkeit; ja man könnte sogar behaupten, daß das Individuum keine andere Persönlichkeit besitze als jene, die durch die Reaktion anderer gegeben ist. Allport macht starke Einwände gegen die Annahme, daß die Persönlichkeit nur in dem reagierenden Mitmenschen (the „responding-other") liege, und glaubt daher, daß eine *biophysikalische* (biophysical) *Definition,* welche die Persönlichkeit fest in Eigenschaften oder Fähigkeiten (characteristics or qualities) des Subjekts wurzeln läßt, bei weitem vorzuziehen sei. Nach dieser letzteren Definition hat die Persönlichkeit einen biologischen (organic) neben dem erlernten (perceived) Anteil, und sie kann mit spezifischen Merkmalen des Individuums verbunden werden, welche objektiver Beschreibung und Messung zugänglich sind.

Ein anderer häufiger Definitionstypus ist die *Sammel-* oder *Omnibusdefinition* (rag-bag or omnibus definition). Diese erfaßt die Persönlichkeit durch Aufzählung aller individuellen Charakteristiken, wobei der Theoretiker gewöhnlich die Begriffe anführt, die er für die Beschreibung des Individuums von primärer Wichtigkeit hält, und zu verstehen gibt, daß sie die Persönlichkeit ausmachen. Andere Definitionen werfen ihr Hauptaugenmerk auf die *integrierende oder ordnungstiftende* (integrative or organizational) *Funktion* der Persönlichkeit. Danach ist Persönlichkeit der organisierende Aufbau oder die Anlage (pattern), die den verschiedenen Einzelreaktionen des Individuums zugrundeliegt; oder aber es wird angenommen, daß die Organisation aus der Persönlichkeit resultiert, die eine aktive Kraft innerhalb des Individuums ist. Persönlichkeit sei das, was zu Ordnung und Übereinstimmung zwischen all den diversen Verhaltensweisen, die das Individuum zeigt, führe. Eine Reihe von Psychologen hat sich dafür entschieden, die Funktion der Persönlichkeit bei der *Anpassung* (adjustment) *des Individuums* hervorzuheben; sie wird definiert durch die verschiedenartigen und doch typischen Anstrengungen des Subjekts, sich an die Umwelt anzupassen. In anderen Definitionen wird Persönlichkeit mit den *einzigartigen oder individuellen* (unique or individual) *Aspekten* des Verhaltens gleichgesetzt. Im diesem Fall ist sie Ausdruck all jener Besonderheiten des Individuums, die es deutlich von allen anderen Personen abheben. Schließlich haben einige Theoretiker die Persönlichkeit als den *wesentlichen Kern* (essence) *eines Menschen* aufgefaßt. Solche Bestimmungen legen den Gedanken nahe, daß Persönlichkeit den Teil des Subjekts meint, der am meisten repräsentativ für es ist, nicht nur darin, daß sie das Individuum von anderen unterscheidet, sondern – wichtiger noch – weil sie sein ureigenstes Wesen ausmacht. Allports Ausspruch, daß „Persönlichkeit ist, was ein Mensch wirklich ist", illustriert diesen Definitionstypus. In letzter Konsequenz heißt dies, daß die Persönlichkeit aus dem besteht, was am typischsten, d.h. in höchstem Maße charakteristisch für die Person ist.

Wir könnten noch weit mehr Zeit darauf verwenden, uns mit dem Problem der Definition von Persönlichkeit zu beschäftigen, würde der Leser nicht in den folgenden Kapiteln vielen detaillierten Bestimmungen des Begriffs in ihrem gleichsam natürlichen Zusammenhang begegnen. Zudem ist es unsere Überzeugung, daß *keine inhaltliche* (substantive) *Definition der Persönlichkeit generell angewendet werden kann.* Damit wollen wir einfach sagen, daß die Art, in welcher ein beliebiges Subjekt die Persönlichkeit definieren wird, vollständig von seinem besonderen theoretischen Bezugssystem abhängt. Wenn z.B. die Theorie großen Nachdruck auf die Einzigkeit und die systematisch geordneten Qualitäten des Verhaltens legt, dann ist es nur logisch, daß die Definition der Persönlichkeit Einzigkeit und Geordnetheit als wesentliche Attribute der Persönlichkeit enthält. Wenn ein Forscher erst einmal eine bestimmte Theorie der Persönlichkeit geschaffen oder angenommen hat, wird seine Definition des Schlüsselbegriffs ziemlich eindeutig aus dieser Theorie folgen. So meinen wir, daß *Persönlichkeit definiert wird durch die besonderen empirischen Begriffe, welche Teil der vom Beobachter benutzten Theorie der Persönlichkeit sind.* Konkret besteht also die Persönlichkeit [als Konstrukt] aus einer Reihe von Maßzahlen oder deskriptiven Begriffen (set of scores or descriptive terms); diese wiederum resultieren aus der Untersuchung des Individuums mittels solcher Variablen oder Dimensionen, die eine zentrale Stellung innerhalb der jeweils angewandten Theorie einnehmen.

Wenn dem Leser dies als eine unbefriedigende Definition erscheint, so mag ihn der Gedanke trösten, daß er auf den folgenden Seiten einer Anzahl von speziellen Definitionen begegnen wird, die er quasi mit übernimmt, falls er sich die zugehörige Theorie zu eigen machen sollte. Mit anderen Worten, man kann unmöglich Persönlichkeit definieren, ohne sich über den theoretischen Bezugsrahmen zu verständigen, innerhalb dessen Persönlichkeit betrachtet wird. Wenn wir jetzt eine einzige inhaltliche Definition versuchen wollten, würden wir implizit viele der theoretischen Fragen vorweg entscheiden, die zu untersuchen der Zweck dieses Buches ist.

Was ist eine Theorie?

So wie sich jeder etwas unter einer Persönlichkeit vorstellen kann, so glaubt auch jeder zu wissen, was eine Theorie ist! Die alltäglichste Bestimmung ist die, daß eine Theorie im Gegensatz zu einer Tatsache steht. Eine „Theorie" bezeichnet dann eine unbewiesene Annahme (hypothesis), also noch reine Mutmaßung (speculation) über eine Realität, deren Beschaffenheit noch nicht genau bekannt ist. Wird eine solche Theorie [durch die Erfahrung] bestätigt, so gilt sie als „Tatsache" (fact). Eine teilweise Übereinstimmung zwischen dieser Ansicht und dem von uns vertretenen Wortgebrauch liegt darin, daß Theorien nicht mit der Wahrheit gleichgesetzt werden. Dagegen wenden wir uns gegen jenen Teil des populären Begriffs, der die Behauptung impliziert, eine Theorie werde wahr oder eine Tatsache, wenn geeignete Daten diese bestätigen. In unserer Sicht sind *Theorien niemals wahr oder falsch* (true or false), auch wenn ihre Folgerungen oder Ableitungen (implications or derivations) es sehr wohl sein können.

Die folgenden Passagen bringen eine verhältnismäßig konventionelle Zusammenfassung der Meinungen von Methodologen bzw. Wissenschaftstheoretikern. Es besteht durchaus keine völlige Übereinkunft hinsichtlich all der aufzuwerfenden Fragen, aber der hier zugrundegelegte Standpunkt ist eher ausgleichend als originell. Der Studienanfänger wird vielleicht einige Gedankengänge und Überlegungen nur mit Mühe oder gar nicht voll erfassen, und es erscheint daher nur billig, darauf hinzuweisen, daß ihr Verständnis nicht entscheidend ist, um den Rest des Buches zu lesen und einzusehen. Wenn er andererseits ernsthaft an dem Gebiet interessiert ist und sich noch nicht darein vertieft hat, würde er gut daran tun, sich mit der Methodologie noch viel intensiver vertraut zu machen, als es ihm dieser kurze Abschnitt ermöglicht. Es gibt eine Reihe von ausgezeichneten Quellen, die eine detaillierte Behandlung dieser Probleme liefern (z.B. Conant 1947, Feigl und Brodbeck 1953, Feigl und Sellars 1949, Frank 1949, Kuhn 1962, Hanson 1958, Turner 1967, Hempel 1952, Stegmüller [5]1975).

Wir wollen uns zunächst die Frage stellen, was eine Theorie ist, und uns darauf der wichtigeren Aufgabe zuwenden, die Funktionen einer Theorie zu eruieren. Zunächst: eine *Theorie ist ein Satz von Konventionen* (set of conventions), der von einem Theoretiker festgelegt worden ist. Wenn man eine Theorie als einen „Satz von Konventionen" definiert, betont man die Tatsache, daß Theorien nicht „gegeben" oder von der Natur, den Daten oder irgendwelchen anderen entscheidenden Prozessen vorbestimmt sind. Genau wie Dichter von gleichen Erfahrungen oder Beobachtungen dazu angeregt werden mögen, jeweils nur eine von einer Vielzahl möglicher Kunstformen zu schaffen, so können wissenschaftliche Untersuchungsergebnisse in eines von zahllosen verschiedenen theoretischen Schemata aufgenommen werden. Indem der Theoretiker bestimmte Entscheidungen fällt, um die Ereignisse, die ihn interessieren, darzustellen, trifft er eine freie, schöpferische Auswahl, die sich von jener des Künstlers nur dadurch unterscheidet, daß sie auf eine andere Evidenz abzielt und daß ihre Fruchtbarkeit auf einer anderen Grundlage beurteilt wird. Wenn wir hier die kreative und doch willkürliche Weise hervorheben, in welcher Theorien konstruiert sind, so ist darin eingeschlossen, daß wir zwar bestimmen können, wie eine Theorie eingeschätzt oder bewertet wird, nicht aber, wie sie konstruiert werden sollte. Es gibt keine Formel für die erfolgversprechende Theoriebildung, genauso wie es keine Formel für überdauernde literarische Erzeugnisse gibt.

Der Sachverhalt, daß eine Theorie eine konventionelle Auswahl (conventional choice) ist und nicht etwas Unvermeidliches oder durch erkannte empirische Relationen Vorgeschriebenes, unterstreicht sogleich, daß es unangemessen ist, ihr die Attribute „wahr" oder „falsch" zuzuschreiben. Eine Theorie kann nur *brauchbar oder unbrauchbar* sein, und die Feststellung dieser Eigenschaften geschieht – wie wir sehen werden – primär in bezug darauf, wie effizient die Theorie über wichtige Ereignisse Voraussagen oder Behauptungen hervorbringt, die sich schließlich als verifiziert (wahr) erweisen.

Doch fragen wir noch etwas genauer nach dem Wesen der Theorie, explizit: woraus besteht eigentlich eine Theorie in ihrer idealen Form? Die Antwort lautet: Sie sollte ein Bündel von relevanten Annahmen, die systematisch aufeinander bezogen sind, und zugleich einen Satz von empirischen Definitionen enthalten. Im einzelnen bedeutet das folgendes:

Die *Annahmen* (assumptions) müssen relevant sein, indem sie die empirischen Ereignisse betreffen, auf die sich die Theorie bezieht. Wenn es sich um eine Theorie des Gehörs handelt, müssen die Annahmen etwas mit dem Hörprozeß zu tun haben; bei einer Theorie der Wahrnehmung müssen sie sich auf den Wahrnehmungsprozeß beziehen. Gewöhnlich spiegelt die Art dieser Annahmen die spezifische Qualität der Theorie wider. Ein guter Theoretiker ist jemand, der in bezug auf die Voraussage empirischer Ereignisse innerhalb seines Gebietes brauchbare Annahmen macht. Diese können je nach der Natur der Theorie sehr generell oder sehr speziell sein. Ein Verhaltenstheoretiker könnte z.B. annehmen, daß jegliches Verhalten motiviert sei; daß Ereignisse, die früh im Leben stattfinden, die wichtigsten Determinanten des erwachsenen Verhaltens seien; daß das Verhalten verschiedener Tierarten von denselben allgemeinen Prinzipien bestimmt sei. Oder er könnte annehmen, daß vermehrte Angst zu einer Verminderung der motorischen Leistung führe; daß eine besondere Variable eine normale Verteilung innerhalb einer gegebenen Population habe. All diese Annahmen können zudem formal variieren von der Präzision der mathematischen Formelsprache bis zu der relativen Ungenauigkeit der unzähligen hypothetischen Sätze, von denen wir gerade einige Beispiele gebracht haben.

Die Annahmen müssen nicht nur offen ausgesprochen werden, vielmehr müssen sie und die Elemente innerhalb der Theorie eindeutig verbunden und aufeinander bezogen werden. Das heißt, es muß Regeln für die systematische Wechselbeziehung (systematic interaction) zwischen den Annahmen und den in ihnen enthaltenen Begriffen geben. Um der Theorie logische Geschlossenheit zu verleihen und Ableitungen zu erlauben, müssen diese inneren Relationen klar sein. Ohne solche näheren Bestimmungen wäre es schwierig wenn nicht unmöglich, aus der Theorie Schlußfolgerungen zu ziehen, die empirisch überprüft werden können. Wegen ihrer Ähnlichkeit mit den Regeln der Grammatik werden diese Angaben zuweilen auch als die *Syntax der Theorie* bezeichnet. Greifen wir noch einmal auf das Beispiel der Annahme zurück, daß eine Vermehrung der Angst eine Verringerung der motorischen Leistung mit sich bringe. Zusätzlich könnte angenommen werden, daß eine Erhöhung der Selbstachtung zu einer Verbesserung der motorischen Leistung führt. Wenn wir nichts mehr als dies wüßten, wäre die Relation zwischen diesen beiden Annahmen völlig unbestimmt, da wir etwas über die Beziehung zwischen Angst und Selbstachtung herausfinden müßten, bevor wir irgendwelche Voraussagen darüber machen können, was im Fall des gemeinsamen Auftretens beider Variablen geschieht. Eine angemessene Erklärung der theoretischen Annahmen würde dem Benutzer der Theorie unmißverständliche Angaben über jene Relation liefern.

Die *empirischen* oder auch *koordinierenden* (empirical or co-ordinating) *Definitionen* erlauben die mehr oder weniger präzise Zuordnung bestimmter Begriffe oder Begriffsgruppen innerhalb der Theorie zu Erfahrungsdaten. Die Theorie kommt mittels dieser Definition an gewissen vorgeschriebenen Stellen in eindeutige Berührung mit der Realität bzw. den Beobachtungsdaten. Diese Definitionen werden häufig operationale Definitionen genannt, da sie die Verfahren, eben die Operationen zu bestimmen versuchen, durch welche die relevanten Variablen oder Begriffe gemessen werden können. Die Betonung empirischer Definitionen ist das Indiz beabsichtigter Untersuchungen; und man kann mit Sicherheit sagen, daß eine Theorie, die am Ende einen Beitrag zu einer empirischen Disziplin leisten soll, Mittel für die empirische Umsetzung der theoretischen Überlegungen besitzen muß. Auf der anderen Seite sollte es klar sein, daß solche Definitionen ein Kontinuum bilden, das sich von vollständigen und exakten Beschreibungen zu sehr generellen und qualitativen (d. h. nichtquantitativen) Aussagen erstreckt. Obwohl es um so besser ist, je größer die Präzision, kann ein allzu frühes Insistieren auf vollständiger Bestimmung (specification) viele fruchtbare Forschungsansätze zunichte machen. Eine Definition der Intelligenz z. B. als lediglich dasjenige, „was Intelligenztests messen", oder die Gleichsetzung der Angst ausschließlich mit gewissen physiologischen Veränderungen, die durch ein Psychogalvanometer gemessen werden, mögen exakt sein, doch keine der beiden Definitionen allein dürfte sehr viel produktives Denken oder Forschen nach sich ziehen. Die richtige Haltung gegenüber empirischen Definitionen ist die, daß sie so präzise sein sollten, wie die gegenwärtigen Bedingungen innerhalb des betreffenden Erfahrungsgebietes es erlauben.

Nachdem wir nun allgemein gesehen haben, was eine Theorie konstituiert, lautet die weitere Frage: Was leistet sie? Zunächst – und das ist das Wichtigste – führt sie zur *Sammlung oder Beobachtung von relevanten, aber bisher noch unentdeckten empirischen Relationen* (collection or observation of relevant empirical relations not yet observed). Dabei sollte eine Theorie die systematische Ausdehnung des Wissens über die interessierenden Phänomene ermöglichen, und diese Expansion wird idealerweise durch die Deduktion, die Ableitung von bestimmten empirischen Sätzen (Aussagen, Hypothesen, Voraussagen) (propositions [statements, hypotheses, predictions]) aus der Theorie vermittelt oder angeregt, welche empirischer Prüfung unterworfen werden. Im Grunde genommen liegt das Ziel jeder Wissenschaft in der Entdeckung von stabilen empirischen Beziehungen zwischen Ereignissen oder Variablen. Die Funktion einer Theorie ist es, diesen Prozeß in systematischer Weise zu fördern. Die Theorie ist eine Art „Propositionsfabrik", die aufeinander bezogene Erfahrungssätze produziert, welche dann im Lichte bereits kontrollierter Daten bestätigt oder zurückgewiesen werden können. Denn nur die von der Theorie abgeleiteten Behauptungen oder Vorstellungen sind einer empirischen Überprüfung zugänglich; die Theorie selbst ist (voraus)gesetzt, und ihre Annahme oder Zurückweisung wird – wie gesagt – durch ihren Nutzen bestimmt und nicht durch ihre Wahrheit oder Falschheit. Die *Brauchbarkeit* (utility) hat in diesem Zusammenhang zwei Komponenten – die Verifizierbarkeit und die Reichweite. Die *Verifizierbarkeit* (verificability) bezieht sich auf die Fähigkeit der Theorie, Voraussagen zu erzeugen, die bestätigt werden, wenn die relevanten Erfahrungsdaten gesammelt sind. Die *Reichweite* (comprehensiveness) bezieht sich auf den Anwendungsbereich oder die Vollständigkeit dieser Ableitungen. Eine Theorie könnte z. B. Konsequenzen haben, die zwar oft bestätigt werden, die aber nur wenige Aspekte des in Frage stehenden Phänomens betreffen. Statt dessen sollte die Theorie zutreffende Voraussagen liefern, die sehr allgemein oder umfassend von den empirischen Ereignissen handeln, welche die Theorie zu erklären vorgibt.

Von dieser *systematischen* Vorgehensweise muß die Theoriefunktion unterschieden werden, welche man als *heuristische Erzeugung von Forschungsaufgaben* bezeichnen könnte (systematic vs. heuristic generation of research). Denn nur im Idealfall erlaubt die Theorie die Ableitung von speziellen prüfbaren Sätzen, welche wiederum zu spezifischen empirischen Studien führen. Es gibt jedoch unzweifelhaft auch viele Theorien, z. B. die Freuds oder Darwins, die ohne die Vermittlung von expliziten Behauptungen – rein ‚heuristisch' – durch neue Ideen oder auch nur durch Erregung von Unglauben und Widerstand gegenüber tradierten Vorstellungen eine nachhaltige Wirkung auf den Gang der Wissenschft ausübten. Beide Arten der Einflußnahme sind von großer Bedeutung, und im gegenwärtigen Entwicklungsstadium der Psychologie kann keiner von ihnen der Vorrang gegeben werden.

Eine zweite Funktion, der eine Theorie dienen sollte, ist die *Einbeziehung von bekannten empirischen Befunden* (incorporation of known empirical findings) in einen logisch konsistenten und vertretbar einfachen Bezugsrahmen. Eine Theorie ist ein Instrument für die Organisation und Integration all dessen, was im Hinblick auf eine zusammenhängende Gruppe von Ereignissen bekannt ist. Eine adäquate Theorie des psychotischen Verhaltens sollte z. B. in der Lage sein, alle vorhandenen Daten über Schizophrenie und andere Psychosen in ein logisches und verständliches System zu bringen. Gleichermaßen muß eine befriedigende Lerntheorie in rationaler Weise alle verläßlichen Befunde über Lernprozesse einschließen. Theorien nehmen ihren Ausgang immer bei dem, was bisher beobachtet und berichtet worden ist, und in diesem Sinn beginnen sie mit einer induktiven Phase und werden geleitet – und in gewissem Ausmaß auch kontrolliert – von dem, was bereits bekannt ist. Wenn die Theorien aber nichts anderes täten, als das gegenwärtige Wissen zu harmonisieren und zu ordnen, so würden sie nur eine sehr untergeordnete Funktion ausüben. Unter solchen Umständen hätte der einseitige Empiriker recht mit seiner Überzeugung, daß Theorien bloß verbaler Staub in den Fußstapfen des Experimentators seien, welcher die reelle Forschungsarbeit durchgeführt hat. Der Erfahrungswissenschaftler, der darauf insistiert, daß Theorien bloße nachträgliche Rationalisierungen von dem sind, was der Untersucher schon berichtet hat, übersieht die Hauptfunktion der Theorie, nämlich neue und noch unbeobachtete Beziehungen aufzufinden. Die Fruchtbarkeit der Theorie zeigt sich nicht „nach", sondern „vor" den Tatsachen [deren Feststellung sie allererst ermöglicht].

Einfachheit (simplicity) der Theorie oder, wie sie manchmal genannt wird, Sparsamkeit [im Deutschen auch Denkökonomie] ist ebenfalls von Bedeutung, allerdings erst, nachdem die Fragen der Reichweite und Verifizierbarkeit erledigt sind. Sie wird nur dann zum Problem, wenn zwei Theorien genau die gleichen Konsequenzen nach sich ziehen. Solange die Theorien in den möglichen Deduktionen hinsichtlich derselben empirischen Ereignisse differieren, sollte die Wahl der Theorie aufgrund der Verifikation ihrer Voraussagen entschieden werden. So wird nur im Falle einer Doppelaussage, wenn zwei Theorien die gleichen Folgerungen von verschiedenen Standpunkten aus ergeben, Einfachheit zu einem wichtigen Kriterium. Der Hinweis möge genügen, daß es in der Wissenschaft nur wenige Beispiele solchen Erkenntnisstandes gibt und unseres Erachtens keines in der Psychologie. Einfachheit im Gegensatz zur Vielfalt (oder Simplizität versus Komplexität) ist infolgedessen bei der Aufstellung einer Persönlichkeitstheorie mehr eine Sache des individuellen Wertes oder Vorzugs als ein Attribut, auf das unter keinen Umständen verzichtet werden kann.

Eine andere wünschenswerte Funktion einer Theorie soll *den Beobachter davor schützen, von der ganzen weiten Vielfalt* (complexity) *der natürlichen oder konkreten Ereignisse geblendet zu werden.* Die Theorie ist wie ein Paar Scheuklappen, und sie sagt ihrem Träger, daß es unnötig für ihn ist, sich über alle Aspekte des Phänomens, das er studiert, Gedanken zu machen. Dem ungeübten Beobachter scheint jedes einigermaßen komplexe Verhaltensereignis zahllose verschiedene Ansätze für die Analyse oder die Beschreibung zu bieten, und er hat auch recht damit. Die Theorie erlaubt dem Beobachter, systematisch und gründlich von der realen Komplexität zu abstrahieren. Zwar wird er dies – mit dem Ziel der Vereinfachung – immer tun, ob er nun eine Theorie benutzt oder nicht; aber wenn er nicht den Leitlinien einer expliziten Theorie folgt, werden die Prinzipien, die seinen Standpunkt bestimmen, in impliziten – und ihm nicht bewußten – Annahmen und Einstellungen verborgen bleiben. Die Theorie beliefert den Benutzer mit einer begrenzten Anzahl von mehr oder weniger klar definierten Dimensionen, Variablen oder Parametern, die von besonderer Wichtigkeit sind. Die anderen Aspekte der Sachlage können vom Gesichtspunkt dieser Fragestellung gewissermaßen übersehen werden. Eine brauchbare Theorie wird im Hinblick auf die Art von Daten, die in Verbindung mit einem besonderen Problem gesammelt werden sollten, ziemlich eindeutige Vorschriften geben. Folglich kann es nicht überraschen, wenn Individuen, die ausgesprochen verschiedene theoretische Positionen einnehmen, beim Studium derselben empirischen Ereignisse nur wenige gemeinsame Beobachtungen haben.

In den letzten Jahren hat bei einer wachsenden Zahl von Psychologen die theoretische Argumentation und Terminologie von Thomas S. Kuhn Anklang gefunden, der in einer einnehmenden und verständigen Monographie (1962) die Ansicht vertritt, daß wissenschaftlicher Fortschritt am genauesten als eine Serie von revolutionären Schritten dargestellt werden kann, von denen ein jeder durch sein eigenes charakteristisches und hervorstechendes *Paradigma* begleitet ist. Nach Kuhn entsteht jeder Wissenschaftsbereich in expansiver und unkoordinierter Weise mit der Entwicklung von unzusammenhängenden Untersuchungen und theoretischen Vorstellungen, die ihre autonomen und konkurrierenden Positionen bewahren, bis eine besondere Gruppe von Ideen den Status eines Paradigmas annimmt. Er meint, daß diese Paradigmen dazu dienen, „die legitimen Probleme und Methoden eines Forschungsbereichs für aufeinanderfolgende Generationen von Praktikern zu definieren. Dazu waren sie befähigt, weil sie zwei wesentliche Eigenschaften besaßen: Ihre Leistung war originell genug, eine dauernde Anhängerschaft zu gewinnen, und zwar gegen konkurrierende Arten wissenschaftlichen Vorgehens. Gleichzeitig [waren sie] ... offen genug, um der neu definierten Gruppe von Praktikern alle möglichen Probleme zur Lösung aufzugeben ... Es sind dies die Traditionen, welche die Historiker unter Rubriken beschreiben wie das ‚ptolemäische System' (oder das ‚kopernikanische'), die ‚aristotelische Dynamik' (oder die ‚newtonsche'), die ‚Korpuskulartheorie' (oder die ‚Wellentheorie') des Lichts und so weiter" (S. 10).

Es ist nun interessant, über den paradigmatischen Entwicklungsstand der Persönlichkeitstheorie und -forschung nachzudenken. Mit Kuhns Terminologie zu sprechen, scheint für dieses Gebiet am ehesten ein prä-paradigmatischer Status zu bestehen. Denn obgleich es eine Fülle von systematischen – oder quasisystematischen – Ideengruppen gibt, so hat doch keine von ihnen eine echte Vorherrschaft erlangt. Keine einzige Theorie dient als ein „Paradigma", um bekannte Befunde zu ordnen, ihre Relevanz zu bestimmen, ein festes Lehrgebäude zu errichten (gegen das Rebellen ankämpfen können) sowie die Hauptlinien zukünftiger Forschung vorzuschreiben. Wenn Kuhns historische Analyse zutreffen sollte, bleibt für die Zukunft eine systematische Position zu entwickeln, die alles oder das meiste des Gebietes für mindestens eine akademische Generation an sich reißen wird.

Theorien der Persönlichkeit

Wir hatten vereinbart, daß Persönlichkeit durch die Spezialbegriffe einer bestimmten Theorie definiert wird, die für die vollständige Beschreibung bzw. ein volles Verständnis des menschlichen Verhaltens als adäquat angesehen werden. Wir waren ebenfalls überein gekommen, daß eine Theorie aus einem Satz aufeinander bezogener Annahmen über die relevanten empirischen Phänomene besteht, darüberhinaus aus empirischen Definitionen, die dem Benutzer den Übergang von der abstakten Theorie zu empirischer Beobachtung ermöglichen. Durch einfache Aneinanderreihung ergibt sich für eine Theorie der Persönlichkeit folgende vorläufige Bestimmung: verhaltensrelevante Annahmen (über den Menschen) plus empirische Definitionen (für die Forschungspraxis). Als zusätzliche Anforderung wurde ein relativ umfassender Anwendungsbereich der Theorie genannt. Sie muß so beschaffen sein, daß sie von einer weiten Spanne des menschlichen Verhaltens handelt bzw. über sie

Voraussagen macht. Prinzipiell sollte die Theorie jedes Verhaltensphänomen einschließen, von dem man zeigen kann, daß es für das Individuum Bedeutung hat.

Was bis hierher gesagt wurde, besitzt allgemeine, formale Gültigkeit, die jedoch die bestehenden Theorien der Persönlichkeit bei strenger Prüfung nicht erreichen. Unsere Diskussion führt uns zwar zur Identifizierung jener Qualitäten, nach denen alle Theoretiker suchen, und sie gibt auch eine gewisse Vorstellung davon, wie schließlich einmal Persönlichkeitstheorien aussehen könnten; dennoch haben sie zweifellos zum gegenwärtigen Zeitpunkt nicht das gewünschte Aussehen. Immerhin soll angedeutet werden, in welcher Weise sie noch vom Ideal sowohl der Struktur als der Funktion entfernt sind.

Zunächst einmal sind die meisten von ihnen – wie wir sehen werden – nicht explizit. Es ist im allgemeinen sehr schwer, zu den Annahmen oder der axiomatischen Basis dieser Theorien vorzustoßen. Persönlichkeitstheorien werden häufig in eine Unmenge von lebendigen Wortbildern verpackt, welche sehr wohl ein Mittel sein können, den zögernden Leser zu überzeugen, die aber häufig nur dazu dienen, die spezifischen Annahmen, die der Theorie zugrundeliegen, zu bemänteln und zu verbergen. Mit anderen Worten, die meisten Theorien sind nicht in einer direkten und systematischen Weise dargestellt, und viele von ihnen scheinen mehr auf Überredung aus zu sein denn auf Erklärung. Verwandt mit diesem Mangel an Bestimmtheit ist das häufige Überwechseln von bloßen Annahmen oder Voraussetzungen zu dem, was empirisch festgestellt wurde und daher der Nachprüfung offen steht. Wie wir schon gesehen haben, sind nur die Ableitungen oder die Voraussagen, die durch die Theorie gebildet werden, der empirischen Prüfung zugänglich. Der Rest der Theorie ist angenommen oder vorausgesetzt und kann nicht auf der Basis von Bestätigung oder Nichtbestätigung beurteilt werden, sondern nur im Hinblick darauf, wie erfolgreich er verifizierbare Behauptungen erzeugt. Im allgemeinen wird diese Unterscheidung zwischen der Persönlichkeitstheorie selbst und ihren Implikationen oder Derivationen sehr leicht übersehen.

Eine unvermeidliche Folge des Mangels an Explizitheit der Annahmen, die der Theorie zugrundeliegen, ist die ernsthafte Verwirrung im Zuge der Ableitung empirischer Aussagen von der Theorie. So besteht durchaus die Möglichkeit, daß verschiedene Personen, die dieselbe Theorie benutzen, zu gegensätzlichen Resultaten gelangen. In der Tat ist der Ableitungsprozeß in den meisten Persönlichkeitstheorien zufällig, unklar und wenig effektiv. Allerdings ist dies nicht nur die Kehrseite mangelnder Klarheit dieser Theorien, sondern auch der Tatsache, daß die meisten Persönlichkeitspsychologen mehr auf eine aposteriorische Erklärung (after-the-fact explanation) ausgerichtet waren, statt auf die Erzeugung von neuen Voraussagen über menschliches Verhalten. Und obwohl die Persönlichkeitstheorien sich darin unterscheiden, wie sorgfältig sie empirische Definitionen benennen, erreicht offensichtlich keine dieser Theorien – absolut gesehen – einen sehr hohen Standard.

Diese Feststellungen über den formalen Entwicklungsstand der Persönlichkeitsforschung sind für manchen vielleicht so entmutigend, daß es gerechtfertigt erscheint, jeden Versuch, solche Theorien in unserer Zeit zu konstruieren, aufzugeben. Würde es nicht besser sein, gegenwärtig das Theoretisieren zu vergessen und sich auf empirische Werkzeuge und spezielle empirische Befunde zu konzentrieren? Unsere Antwort lautet entschieden „Nein!" Denn solch ein Schritt führte nicht zu einer Aufgabe unangemessener Theorie zugunsten gar keiner Theorie, sondern zur Ersetzung expliziter durch implizite Theorie. So etwas wie „keine Theorie" gibt es nicht; in dem Moment, in dem wir die Theorie ‚methodisch' („for the present") zu vergessen versuchen, verlegen wir uns in Wirklichkeit auf implizite, persönlich gefärbte und vielleicht in sich widersprüchliche Grundannahmen über das Verhalten, und diese unbekannten Voraussetzungen werden bestimmen, was untersucht werden soll und wie dies zu geschehen habe. Die Beobachtung eines jeden konkreten empirischen Ereignisses geschieht unter der Oberaufsicht irgendeiner „Theorie" – d.h. man wendet sich gewissen Dingen zu, und gewisse Dinge werden übersehen –, und eine der Funktionen der Theoriebildung ist es eben, die Regeln, die diesen Abstraktionsprozeß determinieren, explizit zu machen, sie offenzulegen. Die Möglichkeit, jene die Untersuchungen kontrollierenden Annahmen zu verbessern, ist in dem Augenblick ausgeschaltet, in dem man den Versuch aufgibt, die theoretische Basis zu definieren, von der aus man operiert.

Wie schlecht auch immer Persönlichkeitstheorien im Vergleich mit ihrem Ideal abschneiden, sie stellen doch einen beträchtlichen Fortschritt dar, wenn man sie mit dem Denken des Naiven Realisten vergleicht, der die Welt in der einzig vernünftigen Weise aufzufassen oder zu überschauen vermeint. Selbst wenn Persönlichkeitstheorien nicht den Grad der Explizitheit besitzen, den man sich wünschen möchte – ihre bloße Existenz macht es möglich, auf dieses Ziel systematisch hinzuarbeiten. In der Tat weist auch die gegenwärtige Lage der Persönlichkeitsforschung schon eine beträchtliche Verbesserung gegenüber ihrem formalen Status vor zwanzig oder dreißig Jahren auf.

Wenn nun Persönlichkeitstheorien für gewöhnlich alles andere als einen optimalen Ableitungsprozeß erlauben – welchen Zweck haben sie dann für denjenigen, der sie handhabt? Zum mindesten repräsentieren sie eine Gruppe von Einstellungen bzw. Annahmen (cluster of attitudes resp. assumptions) hinsichtlich des Verhaltens, welche in großem Umfang die Untersuchungswege, die für wesentlich oder wichtig gehalten werden, begrenzt. Aber sie stimulieren die Forschung nicht nur in allgemeiner Hinsicht, sie liefern auch spezifische Parameter oder Dimensionen, die für die Lösung dieser Probleme entscheidend sind. Selbst wenn die Theorie keine exakte Behauptung zur Prüfung vorlegen kann, so orientiert sie den Psychologen doch auf bestimmte Aufgabenbereiche und sagt ihm, welche besonderen Variablen für ihr Studium von zentraler Bedeutung sind. Darüber hinaus muß man den heuristischen Wert dieser Theorien anerkennen. Denn insgesamt gesehen sind die Persönlichkeitstheorien ziemlich provozierend gewesen und haben – wie wir noch sehen werden – zu einer großen Anzahl von Untersuchungen geführt, auch wenn relativ wenig davon das Ergebnis von formalen Ableitungsprozessen war. Mit anderen Worten, die Fähigkeit dieser Theorien, Ideen zu fördern, Wißbegier zu wecken, Zweifel zu erregen oder Überzeugungen zu begründen, hat zu einem gesunden Blühen der Forschung geführt – trotz ihres Mangels an formaler Eleganz.

Persönlichkeitstheorien und andere psychologische Theorien

Nach dem Ergebnis unserer bisherigen Diskussion besteht eine Theorie der Persönlichkeit aus einem Satz von Annahmen über menschliches Verhalten, welche mittels Regeln aufeinander bezogen werden und deren Interaktion mit empirischen oder beobachtbaren Ereignissen durch Definitionen ermöglicht wird. An diesem Punkt nun mag es sinnvoll sein zu fragen, ob diese Begriffsbestimmung in irgendeiner Weise die Persönlichkeitstheorien von anderen psychologischen Theorien unterscheidet. Für die Beantwortung dieser Frage beginnen wir zweckmäßigerweise damit, daß wir zwischen zwei Typen der psychologischen Theorie differenzieren.

Augenscheinlich sind gewisse psychologische Theorien bereit, sich mit jedem Verhaltensereignis zu beschäftigen, das für die Anpassung des menschlichen Organismus eine Rolle spielt. Andere Theorien beschränken sich auf ein Verhalten, wie es sich unter bestimmten sorgfältig vorgeschriebenen Bedingungen ereignet; diese Theorien zeigen nur an begrenzten Aspekten des menschlichen Verhaltens ein Interesse. Eine Theorie, die versucht, alle Verhaltensphänomene von nachgewiesener Signifikanz zu umschließen, ist als eine *allgemeine* oder *generelle Theorie des Verhaltens* (general theory of behavior) zu bezeichnen, und jene Theorien, die ihr Hauptaugenmerk nur auf bestimmte Klassen von Verhaltensäußerungen werfen, können *Einzel-* oder *Spezialgebiets-* bzw. *-bereichstheorien* (single-domain theories) genannt werden.

Persönlichkeitstheorien fallen nun eindeutig in die erste Kategorie: sie sind allgemeine Theorien des Verhaltens. Diese simple Beobachtung dient dazu, sie von der Masse der übrigen psychologischen Theorien zu sondern. Theorien der Wahrnehmung, des Gehörsinns, des mechanischen Gedächtnisses, des Unterscheidungsvermögens und die vielen anderen speziellen Theorien innerhalb der Psychologie sind Einzelgebietstheorien und können von der Persönlichkeitstheorie schon aufgrund ihres kleineren Anwendungsbereichs oder geringerer Reichweite unterschieden werden. Sie erheben keinen Anspruch darauf, generelle Verhaltenstheorien zu sein, und begnügen sich damit, Begriffe zu entwickeln, die der Beschreibung und Voraussage einer begrenzten Menge von Verhaltensereignissen dienlich sind. Theorien der Persönlichkeit jedoch haben im allgemeinen die schwierige Aufgabe übernommen, Ereignisse der verschiedenartigsten Natur zu betrachten und einzubeziehen, vorausgesetzt sie haben nachweislich eine funktionale Bedeutung für das Individuum.

Die Frage bleibt, ob es generelle Theorien des Verhaltens gibt, die in der Regel nicht unter dem Namen Persönlichkeitstheorie laufen. Man könnte zunächst an die gewöhnlich so genannte Motivationspsychologie (motivational theory) denken, die zwar eine allgemeine Verhaltenstheorie ist, sich aber doch von der Persönlichkeitstheorie unterscheidet. Tatsächlich können Forschungen, die ausschließlich über den motivationalen Prozeß angestellt werden, nicht zu einer generellen Theorie führen. Andererseits sind die normalerweise als Theorien der Motivation bezeichneten Systeme sehr wohl auch Theorien der Persönlichkeit, z.B. die Psychoanalyse, die Hormische Psychologie, Murrays Personologie. Wie wir entdecken werden, ist der Grad der Berücksichtigung von Motiven in Persönlichkeitstheorien von zentraler Bedeutung für diese. Wenn die Motivation der einzige Gegenstand der Untersuchungen ist, liegt eine Einzelgebiets- (also eine spezielle) -theorie vor; ist das Forschungsinteresse dagegen umfassender, so handelt es sich um den Typus der Persönlichkeitstheorie.

Es wäre auch möglich, daß gewisse Lerntheorien hinlänglich verallgemeinert sind, um eine generelle Theorie des Verhaltens zu konstituieren. Dies ist auch – wie wir später im Detail sehen werden – eindeutig der Fall, indem etliche Psychologen versucht haben, ihre Lerntheorien so weit auszubauen, daß sie im Umfang mit anderen allgemeinen Verhaltenstheorien vergleichbar sind. In solchen Fällen hört die Theorie des Lernens auf, lediglich eine Lerntheorie zu sein, und wird zu einer Persönlichkeitstheorie oder wenn man will, zu einer generellen Theorie des Verhaltens. Es ist wahr, daß solche generalisierten Modelle gewisse unverkennbare Merkmale besitzen, welche an ihren Ursprung erinnern, aber in der Absicht und in den logischen Eigenschaften unterscheiden sie sich nicht von irgendeiner anderen Theorie der Persönlichkeit.

Dieses Zusammenwerfen von Theorien, die in Tierversuchsräumen entstanden, mit solchen, deren Ursprungsort das Sprechzimmer des Therapeuten ist, mag vielen Beobachtern forciert erscheinen. Wenn wir jedoch die Theorien unter dem Gesichtspunkt ihrer Zielsetzung und ihrer generellen Struktur betrachten anstatt unter dem ihrer Herkunft oder der Einzelannahmen, die sie über das Verhalten machen, so wird klar, daß jede allgemeine Theorie des Verhaltens den anderen gleicht. In diesem Sinn sind alle generellen Verhaltenstheorien zugleich Persönlichkeitstheorien und vice versa. Innerhalb dieser großen Gruppe von Theorien können natürlich viele Unterscheidungen gemacht werden, und die folgenden Abschnitte handeln denn auch von einer Anzahl von Attributen, mittels derer die Theorien der Persönlichkeit unterschieden oder verglichen werden können. Auf der Grundlage dieser Dimensionen lassen sich dann unschwer zahlreiche Untergruppen oder -klassen definieren.

Der Vergleich von Theorien der Persönlichkeit

Wenn so zahlreiche und komplexe Begriffssysteme wie die Persönlichkeitstheorien untersucht werden, gibt es selbstverständlich auch diverse Vergleichs- und Unterscheidungskriterien. Wir werden hier nur auf einige der wichtigeren von ihnen eingehen, um eine Basis zu gewinnen, auf welcher der Stand der zeitgenössischen Persönlichkeitsforschung immerhin in großen Zügen umrissen werden kann – was dabei am Ende auch herauskommen mag. Diese Dimensionen dienen aber auch dazu, die Hauptprobleme und -alternativen zu identifizieren, mit welchen der Persönlichkeitspsychologe heute konfrontiert ist. Es liegt im Wesen der Begriffe, daß jene Attribute, die mit den Fragen der formalen Angemessenheit zu tun haben, und diejenigen, welche sich auf den Inhalt der Theorie beziehen, gesondert behandelt werden müssen.

Formale Attribute

Unser Interesse geht zunächst darauf, wie adäquat die Struktur einer Theorie entwickelt und wiedergegeben ist. Die Einschätzung der in Frage kommenden Qualitäten selbst geschieht in einem ganz bestimmten Wertbereich (evaluative aura), da sie an einem Ideal gemessen werden; und je näher die Theorie diesem Ideal kommt, desto effektiver kann sie benutzt werden.

So ist *Klarheit und Explizitheit* (clarity and explicitness) von großer Wichtigkeit, d.h. die Frage, wie deutlich und genau die Annahmen und die darin enthaltenen Begriffe, die die Theorie bilden, ausgesprochen sind. Im Grenzfall besitzt die Theorie eine mathematische Schreibweise, bei der alle Begriffe – ausgenommen die fundamentalen – präzis definiert werden, so daß eine entsprechend ausgebildete Person die Theorie mit einem Minimum an Mehrdeutigkeit anwenden kann. Unter solchen Umständen werden verschiedene voneinander unabhängige Benutzer der Theorie zu sehr ähnlichen Formulierungen und Ableitungen gelangen. Am anderen Extrem finden wir Theorien, die mit einem derartigen Schwall von lebendigen und vielfältig schillernden Worten dargelegt sind, daß kaum jemand mit Sicherheit sagen könnte, was ihr Gegenstand ist. In diesem Fall ist die Wahrscheinlichkeit gering, daß Individuen, die die Theorie unabhängig voneinander verwenden, zu denselben Ergebnissen kommen. Es wird im folgenden offenbar werden, daß es keine Theorie der Persönlichkeit gibt, die dem Ideal der mathematischen Symbolsprache sehr nahe kommt; zugleich aber wird sich zeigen, daß es trotz allgemein üblicher freier verbaler Beschreibung in bezug auf die Verständlichkeit der Darstellung unter den Persönlichkeitstheorien eine beträchtliche Variation gibt.

Eine weitere Frage zielt auf *das Verhältnis der Theorie zu empirischen Phänomenen.* Hierbei geht es darum, wie praktikabel die Definitionen sind, mittels derer die theoretischen Begriffe in Meßoperationen überführt werden sollen. Auf der einen Seite finden wir Theorien, die relativ exakte Operationen vorschreiben, um jeden empirischen Terminus innerhalb der Theorie einschätzen oder messen zu können, während der Theoretiker am anderen Extrem anzunehmen scheint, daß der Name, den er dem Begriff zuweist, eine ausreichend definierende Operation in sich selbst sei.

Vielleicht ist dies ein geeigneter Ort, noch einmal unsere Überzeugung zum Ausdruck zu bringen, daß alle Fragen der formalen Angemessenheit einer Theorie darauf hinauslaufen, *in welchem Umfang eine Theorie relevante Forschungsaufgaben erzeugt hat.* Natürlich ist es nicht leicht, darüber einig zu werden, was als wichtige Aufgabe zu bezeichnen sei, zumal dieses Urteil weitgehend durch die theoretische Position des Forschers determiniert ist. Auch ist es nicht immer leicht, genau zu sagen, welcher Prozeß zu einer bestimmten Untersuchung führte, was die generative Rolle der Theorie undurchsichtig macht. Trotzdem gibt es hinsichtlich des Ausmaßes, in dem sie in Forschungen von allgemeinem Interesse umgesetzt worden sind, eindeutige und wahrnehmbare Unterschiede zwischen Theorien der Persönlichkeit.

Inhaltliche Attribute

Während die genannten formalen Attribute jeweils einen normativen oder wertmäßigen Maßstab repräsentieren, welcher den Vergleich der Theorien untereinander ermöglicht, stehen die folgenden Attribute in keinem derartigen Wertzusammenhang. Sie sind in bezug auf gut und schlecht neutral und geben lediglich die besonderen Annahmen über das Verhalten wieder, das die Theorie einschließt.

Inhaltliche Unterschiede zwischen Persönlichkeitstheorien reflektieren die Hauptprobleme, die in diesem Gebiet angängig sind. So werden wir auf den folgenden Seiten nicht nur Dimensionen umreißen, die zum Vergleich der Persönlichkeitstheorien verwendet werden können, sondern auch auf die wesentlichen Wahlmöglichkeiten hinweisen, mit denen der Psychologe auf diesem Gebiet konfrontiert ist. Wir könnten diesen Abschnitt recht eigentlich mit „Fragestellungen der modernen Persönlichkeitstheorie“ überschreiben.

Älter als die Geschichte der Psychologie ist die Frage, ob der Mensch als im Besitz von *teleologischen, d.h. zweckgerichteten, zielstrebigen Qualitäten* (purposive or teleological qualities) angesehen werden darf. Einige Theorien des Verhaltens entwickeln ein Modell des Individuums, in dem Zielstrebigkeit, Zweck(setzung) und Suchen (goal-striving, purpose, and seeking) als wesentliche und zentrale Aspekte des menschlichen Verhaltens betrachtet werden. Andere Theorien bestreiten dies und glauben, daß das Verhalten auch ohne den Bezug auf Suchen und Streben adäquat beschrieben werden kann; denn deren subjektive Elemente seien nur ein Epiphänomen, welches das Verhalten zwar begleite, aber in seiner Verursachung keine determinierende Rolle spiele. Allgemein werden Theorien, die den Einfluß von Ziel- und Zweckbestimmtheit oder der Teleologie der Tendenz nach leugnen, als „mechanistisch“ bezeichnet, obwohl dieser Ausdruck einen abschätzigen Ton angenommen hat, der im Grunde unerwünscht ist, wenn wir Probleme von rein theoretischer Entscheidbarkeit erwägen.

Eine andere alte Diskussion betrifft die relative Bedeutung der *bewußten und unbewußten Determinanten* ([un]conscious determinants) des Verhaltens. Ursprünglich wurde dieses Problem im Sinne der relativen Rationalität oder Irrationalität des Menschen formuliert. Der Ausdruck unbewußt ist hier einfach auf Verhaltensdeterminanten bezogen, derer sich das Individuum nicht bewußt ist und die es nicht ins Bewußtsein überführen kann, außer unter besonderen Umständen. Die Persönlichkeitstheorien erstrecken sich hierbei von jenen, die ausdrücklich alle Erwägungen über unbewußte Determinanten des Verhaltens zurückweisen oder sich gar weigern, die Existenz solcher Faktoren anzuerkennen, bis zu Theorien, die sie für die wichtigsten oder mächtigsten Verhaltensdeterminanten überhaupt halten. Ein mittlerer Standpunkt wird von Psychologen eingenommen, die zwar bereit sind, unbewußten Determinanten im Verhalten gestörter oder abnormaler Individuen eine zentrale Rolle zuzuweisen, die aber andererseits darauf bestehen, daß für das normale Individuum bewußte Motive die herrschenden Kräfte sind.

Die relative Bedeutung von *Lust bzw. Genuß*, von *Belohnung* und *Auswirkung* (hedonism, reward, effect) ist gleichermaßen ein Problem, das die Erforscher menschlichen Verhaltens für Jahrhunderte in Anspruch genommen hat. In ihren frühen Formulierungen, wie jenen der Utilitaristen J. Bentham und J. St. Mill, ging es darum, ob der Mensch primär durch Luststreben und Schmerzvermeidung (seeking pleasure and avoiding pain) motiviert war. Ihre gegenwärtige Form ist das Gesetz des Effektes oder Erfolges oder auch der (Aus)Wirkung, kurz Effektgesetz (law of effect). Es besagt, daß nur jene Antworten behalten bzw. gelernt werden, die von einer Belohnung oder einer Verstärkung begleitet sind. In beiden Fällen bleibt die Frage, wie wichtig Belohnung oder Lust als Determinanten des Verhaltens sind. Wieder finden wir, daß die Theorien variieren, indem einerseits die ausschlaggebende Rolle der Belohnung die bevorzugte Annahme ist und andererseits die Bedeutung der Belohnung vernachlässigt oder ihre Wirksamkeit unter andere theoretische Prinzipien subsumiert wird.

Während so einige Theoretiker das Gesetz des Effektes in den Mittelpunkt ihrer Theorie stellen, betrachten andere wiederum das *Prinzip der Assoziation bzw. Kontiguität* (principle of association resp. contiguity) als von primärer Bedeutung. Wichtiger als die Belohnung oder die Auswirkung, die eine gegebene Reaktion hat, ist nach Ansicht der letzteren die exakte Reizkonfiguration, welche die Reaktion begleitet. Mit anderen Worten, es sei das gleichzeitige oder beinahe gleichzeitige Ereignis von Reiz und Reaktion (von Stimulus und Response), das zum Lernen führt, und nicht die Belohnung oder Verstärkung, die der Reizbeantwortung folgt. Natürlich müssen diese Prinzipien sich nicht wechselseitig ausschließen und es gibt auch – wie wir sehen werden – Psychologen, die beiden Prinzipien eine zentrale Rolle innerhalb ein und derselben Theorie zuweisen.

Ein fundamentales Unterscheidungskriterium von Persönlichkeitstheorien hat mit dem Ausmaß zu tun, in dem der *Lernprozeß* (learning process) oder die Verhaltensmodifikation detaillierte und ausdrückliche Beachtung findet. Einige Psychologen sehen in dem Verständnis des Lernprozesses den Schlüssel zu allen Verhaltensphänomenen, während für andere das Lernen eine wichtige, aber nicht entscheidende, weil sekundäre Angelegenheit ist. Obwohl kein Persönlichkeitstheoretiker die Bedeutung des Lernens leugnen würde, werden wir sehen, daß einige Forscher es vorziehen, sich auf das *Erworbene* (acquisitions), d.h. auf die Resultate des Lernens zu konzentrieren, anstatt auf den Prozeß als solchen. Übereinstimmung in dieser Frage besteht also zwischen jenen, die primär mit dem Wandlungsprozeß beschäftigt sind, und jenen, deren Hauptinteresse bei den verfestigten Strukturen oder dem bis zu einer gegebenen Zeit erworbenen Charakter liegt.

Ähnlich dieser alternativen Herausstellung des Lernprozesses bzw. der Persönlichkeitsorganisation oder -struktur ist die Unterscheidung zwischen Theorien, die den *Inhalt des Verhaltens* (content of behavior) ausführlich beschreiben und zu erklären suchen, und jenen, die sich hauptsächlich mit *generellen Prinzipien, Gesetzen und formaler Analyse* (general principles, laws and formal analysis) beschäftigen. Dabei geht es im wesentlichen um die Frage, ob der Forscher sich auf die Einzelheiten des wirklichen Geschehens und Verhaltens konzentriert oder auf unter Umständen sehr verallgemeinerte Gesetzmäßigkeiten oder Prinzipien. Je abstrakter die Theorie ist, desto weniger Interesse besteht in der Regel an dem Inhalt oder den konkreten Details des Verhaltens.

Ein Problem, das so alt ist wie das Denken des Menschen über den Menschen, ist die Frage nach der relativen Bedeutung von *genetischen oder Erbfaktoren* (genetic or hereditary factors) bei der Bestimmung des Verhaltens. Wohl kaum jemand wird leugnen, daß erbliche Faktoren sich auf das Verhalten auswirken; dennoch gibt es viele Persönlichkeitstheoretiker, die ihre Rolle stark beschnitten haben, indem sie darauf beharrten, daß alle wichtigen Verhaltensphänomene ohne Rekurs auf biologische und genetische Daten verstanden werden können. In Amerika ist der Einfluß der Erbanlage allgemein heruntergespielt worden zugunsten einer Art von Environmentalismus, aber es bleibt immer noch eine beträchtliche Verschiedenheit im Hinblick darauf, wie weit und wie explizit die einzelnen Theoretiker sich mit genetischen Faktoren einzulassen bereit sind.

Eine zusätzliche Dimension, bei deren Anwendung die Persönlichkeitstheorien eine erhebliche Variation aufweisen, bezieht sich auf die relative Bedeutung von *Erfahrungen während der frühkindlichen Entwicklung* (early developmental experiences). Es handelt sich dabei um die Frage, ob die Theorie Ereignissen, die im Säuglingsalter und in der Kleinkindzeit stattfinden, eine entscheidende Wichtigkeit für spätere Stadien der Entwicklung beimißt. Wie wir entdecken werden, laufen einige Systeme darauf hinaus, daß der Schlüssel für das erwachsene Verhalten in Vorfällen aus den frühesten Entwicklungsjahren liegt, während andere Theorien ausdrücklich betonen, daß das Verhalten nur im Hinblick auf gegenwärtige, laufende Ereignisse verstanden und beschrieben werden kann. Mit dieser Frage hängt auch zusammen, in welchem Ausmaß Theoretiker die Persönlichkeitsstruktur zu einem gegebenen Zeitpunkt als autonom ansehen, d. h. als funktional unabhängig von den Erfahrungen, die diesem Zeitpunkt vorausgegangen sind. Für einige Psychologen ist das Verständnis des Verhaltens unter Berücksichtigung der *gegenwärtigen Faktoren* (contemporaneous factors) nicht nur möglich, sondern der einzig haltbare Weg schlechthin. Für andere setzt ein angemessenes Verständnis des Gegenwärtigen stets auch eine gewisse Kenntnis vergangener Ereignisse voraus. Natürlich sind die Vertreter des Gegenwartsstandpunkts der Meinung, die Persönlichkeitsstruktur besitze zu jeder Zeit funktionale Unabhängigkeit, während diejenigen, die die Bedeutung der Vergangenheit oder frühen Erfahrungen betonen, weniger davon überzeugt sind, daß die gegenwärtigen Strukturen vom Einfluß vergangener Ereignisse frei sind.

Eng verwandt mit dieser Fragestellung ist das Problem der *Kontinuität oder Diskontinuität* (continuity or discontinuity) des Verhaltens in verschiedenen Entwicklungsstadien. Die meisten Theorien, die den Lernprozeß und/oder die Bedeutung der frühkindlichen Erfahrungen betonen, neigen dazu, das Individuum als einen kontinuierlich sich entwickelnden Organismus anzusehen. Danach wird die Struktur der Persönlichkeit in einem beliebigen Zeitpunkt von der Struktur und den Erfahrungen mitbestimmt, die in einer früheren Zeit gegeben waren. Für andere Theorien wiederum scheint der Organismus Entwicklungsphasen zu durchlaufen, die von den früheren Stadien relativ unabhängig und funktional getrennt sind. Der letztere Standpunkt läßt übrigens die Konstruktion völlig unterschiedlicher Theorien für kindliches und erwachsenes Verhalten zu.

Ein Hauptunterschied zwischen Theorien liegt darin, wie weit sie *holistische* oder *Ganzheitsprinzipien* (holistic principles) einschließen, oder ob sie es für legitim halten, so zu abstrahieren und analysieren, daß zu einer gegebenen Zeit oder in einer besonderen Studie nur ein kleiner Teil des Individuums untersucht wird. Für die Verfechter einer ganzheitlichen Position ist das Verhalten nur im Zusammenhang verstehbar, wobei der totalen, funktionierenden Person und den verhaltensrelevanten Anteilen ihrer Umgebung gleichzeitig Aufmerksamkeit geschenkt werden muß, um ein fruchtbringendes Ergebnis zu erzielen. Andere Theoretiker akzeptieren die Tatsache, daß die eigentliche Natur von Wissenschaft und Forschung die Analyse notwendig macht, und ihre Positionen verraten gewöhnlich keine besondere Scheu vor einer Verletzung der Integrität des ganzen Organismus im Verlauf von Studien, die sich lediglich auf Ausschnitte der Wirklichkeit beziehen.

Die Betonung der Ganzheit des Individuums und seiner Umwelt manifestiert sich in zwei ziemlich eigenständigen Formen. Die erste wird gewöhnlich als *organismische Position* (organismic position) bezeichnet. Hierbei liegt ein starker Akzent auf dem wechselseitigen Zusammenhang von allem, was das Individuum tut, indem jede Handlung, die es ausführt, nur auf dem Hintergrund seiner anderen Handlungen begriffen werden könne. Dies aber schließt nicht nur ein, daß alles Verhalten wesentlich aufeinander bezogen und daher analytischen Methoden unzugänglich ist, sondern gewöhnlich besteht auch ein Interesse an den biologischen Grundlagen des Verhaltens. Folglich sollte das Verhalten sowohl unter der Perspektive der übrigen Akte des Individuums betrachtet werden wie auch unter jener, die durch die begleitenden physiologischen Prozesse gegeben ist. Das Verhalten eines Menschen und seine biologischen Funktionen bilden ein organisches Ganzes, das man nicht versteht, wenn es nur ausschnitthaft untersucht wird.

Der zweite holistische Standort ist durch die *Betonung des Feldes* (field emphasis) gekennzeichnet. Hier liegt das Interesse der Theoretiker primär auf der unauflösbaren Einheit zwischen einem Verhaltensakt und dem Umweltkontext, in dem er sich ereignet. Der Versuch, eine gegebene Handlungsweise zu verstehen, ohne im einzelnen das Ereignisfeld zu bestimmen, heißt auf einen Großteil der bedeutsamen Faktoren verzichten. Obwohl das Verhalten mit das Ergebnis von Determinanten ist, die dem Organismus innewohnen, gibt es genauso zwingende Kräfte, die von außen auf die Person einwirken. Nur wenn die signifikante Umgebung des Individuums vollständig erfaßt wird, kann diesen äußeren Kräften Rechnung getragen werden. Es besteht eine starke Neigung bei Psychologen, welche die Relevanz des „Feldes" herausstellen, die Bedeutung der Erbfaktoren wie auch der Einflüsse während der frühkindlichen Entwicklung zu schmälern. Dies entspringt zwar keiner logischen Notwendigkeit, in der Praxis haben aber die meisten Psychologen, die sich stark auf den Umweltzusammenhang des Individuums konzentrieren, die Gegenwart mehr betont als die Vergangenheit und haben sich auch mehr für das interessiert, was „außerhalb", als für das, was in der Person selbst vorgeht.

Verwandt mit dem Anliegen des Holismus ist die Problematik der *Einzig(artig)keit oder Individualität* (uniqueness or individuality). Gewisse Theorien legen den Nachdruck auf die Tatsache, daß jedes Individuum und – in der Tat – jede seiner Handlungen einmalig ist und durch keine andere Handlung geschweige denn eine andere Person wiederholt wird. Sie verweisen auf die immer vorhandenen besonderen Charakteristika, die das Verhalten eines einzelnen Menschen vom Verhalten aller anderen qualitativ abheben. Im allgemeinen zeigen Psychologen, welche einen feldtheoretischen oder organismischen Standpunkt vertreten, auch eine Tendenz, die Einzigkeit zu betonen. Dies erscheint indes ganz natürlich; denn wenn man den Zusammenhang nur genügend erweitert, so erhält das Ereignis so viele Facetten, daß es zwangsläufig ausgeprägte Eigenarten im Verhältnis zu allen anderen Ereignissen aufweist. Einige Theorien akzeptieren zwar den Sachverhalt, daß jedes Individuum einzig ist, glauben aber, daß diese Einmaligkeit im Sinne von verschiedenen Ausgestaltungen derselben zugrundeliegenden Variablen beschrieben werden kann. Andere Theorien behaupten, daß ein fruchtbringender Vergleich zwischen Individuen nicht einmal hinsichtlich gewöhnlicher oder genereller Variablen möglich ist, da diese die Individualität nur verdreht und entstellt widerspiegeln. Die Persönlichkeitstheorien erstrecken sich dabei von solchen, die die Einzigkeit gar keiner besonderen Erwähnung für würdig erachten, bis zu solchen, wo diese eine der zentralsten Voraussetzungen ist.

Eng verknüpft mit der Feststellung der Ganzheit und der Einzigkeit ist die der *Einheit des Verhaltens* (unit of behavior) und ihre Auswirkung auf die Analyse der Persönlichkeit. Verfechter eines relativen wie absoluten Holismus ziehen es vor, das Verhalten nur auf der Ebene der vollständigen Person zu analysieren, während andere Theoretiker spezifische oder elementare Konstrukte von wechselnden Graden der Abstraktion benutzen. Gelegentlich ist dies als die Alternative zwischen einer molaren (allgemeinen) und einer molekularen (besonderen) Vorgehensweise beim Studium des Verhaltens beschrieben worden. In dem diesbezüglichen Kontinuum findet sich an einem Ende die Ansicht, daß das Verhalten im Hinblick auf Reflexe oder spezielle Gewohnheiten analysiert werden sollte, während am anderen Extrem die strikte Weigerung steht, das Verhalten auf irgendeiner tieferen Ebene zu betrachten, als sie durch das ganze, funktionierende Individuum gegeben ist.

Einige Theorien der Persönlichkeit zeigen ein primäres Interesse für die Wirksamkeit *selbstregulierender homöostatischer Mechanismen* (self-regulating homeostatic mechanisms), die dazu dienen, einen stabilen, ausgewogenen psychischen Zustand aufrechtzuerhalten. Dieser Prozeß, der als einer der wesentlichen und charakteristischen Aspekte des menschlichen Verhaltens angesehen wird, entspringt einer vitalen, automatischen Tendenz des Organismus, seine Einheit und Integrität bzw. sein inneres Gleichgewicht aufrechtzuerhalten, und zwar in demselben Maße, in dem die physiologischen Mechanismen die wesentlichen Körperfunktionen wie Temperaturkontrolle und hormonale (innere) Sekretion ausüben. Im allgemeinen konzentrieren sich Theorien, die starken Nachdruck auf den Persönlichkeitswandel und den Lernprozeß legen, nicht auf die Tendenz des Organismus, extensiven Gebrauch von selbstkorrigierenden Systemen zu machen, die ihn in den früheren Zustand des Gleichgewichts und der Anpassung zurückführen.

Wir werden entdecken, daß bestimmte Persönlichkeitsforscher in ihren theoretischen Positionen die *psychische Umwelt oder den subjektiven Bezugsrahmen* (psychological environment or the subjective frame of reference) in den Mittelpunkt gestellt haben. Dabei betonen sie, daß die physische Welt und ihre Ereignisse das Individuum nur beeinflussen können, wenn es sie wahrnimmt bzw. erlebt. Somit ist es nicht die objektive Realität als solche, die als eine Determinante des Verhaltens fungiert, sondern die objektive Realität, wie sie vom Individuum *empfunden* und mit Bedeutung ausgestattet wird. Nicht die physische, sondern die psychische Umwelt bestimmt demgemäß, in welcher Weise das Individuum reagiert. Im Gegensatz dazu gibt es die Ansicht, daß eine feste Theorie des Verhaltens niemals auf dem Treibsand der subjektiven Berichterstattung erbaut werden darf noch auf den komplizierten Schlußfolgerungen, die nötig sind, um aus physischen Ereignissen „Bedeutung" zu ziehen. Die Anhänger dieser Position glauben einen größeren Fortschritt dadurch erreichen zu können, daß sie die individuellen Unterschiede im Erleben ein und desselben objektiven Ereignisses weitgehend außer acht lassen und sich auf solche Relationen konzentrieren, die äußere und beobachtbare Phänomene umschließen.

Eine weitere Unterscheidung zwischen Persönlichkeitstheoretikern ergibt sich daraus, ob sie es für notwendig halten, einen *Selbstbegriff* (self-concept) einzuführen oder nicht. Für einige Psychologen ist das wichtigste menschliche Wesensmerkmal das Bild oder die Wahrnehmung, die das Individuum von sich selbst hat; und dieser Prozeß der Selbstbetrachtung gilt oft als Schlüssel zum Verständnis der zahlreichen rätselhaften Verhaltensäußerungen einer jeden Einzelperson. Es gibt aber auch Theorien, in denen kein solches Konzept entwickelt worden ist und wo die Wahrnehmung des Subjekts von sich selbst als von geringer übergreifender Bedeutung angesehen wird.

Die Persönlichkeitsforscher unterscheiden sich ebenfalls in dem Ausmaß, in welchem sie explizit auf *soziokulturelle Determinanten des Verhaltens oder solche der Gruppenzugehörigkeit* ([socio]cultural or group membership determinants) hinweisen. In einigen Theorien ist diesen Faktoren eine primäre Rolle in der Ausformung und der Kontrolle des Verhaltens zugemessen; bei anderen liegt der Nachdruck fast ausschließlich auf Verhaltensdeterminanten, die unabhängig von der Gesellschaft oder von kulturellen Gruppen, denen das Individuum ausgesetzt ist, wirken. Allgemein tendieren Vertreter der organismischen Theorie dahin, den Einfluß der Gruppenzugehörigkeit herunterzuspielen, während jene, die sich auf das Feld konzentrieren, innerhalb dessen das Verhalten stattfindet, der Rolle von sozialen, kulturellen oder gruppenspezifischen Faktoren viel positiver gegenüberstehen. Die extremen Formen dieser Position, die gewöhnlich als Beispiele für kulturellen Determinismus angeführt werden, findet man unter (Kultur)Anthropologen und Soziologen, obwohl auch bei den Psychologen Anhänger dieser Richtung existieren.

Verwandt mit der Problematik der erblichen und kulturellen Determination ist die etwas allgemeinere Frage, inwieweit eine Persönlichkeitstheorie ausdrücklich versucht, ihre eigenen Hypothesen und empirischen Ergebnisse zu denen der Nachbardisziplinen in Beziehung zu setzen. Man könnte dies als eine Frage der *interdisziplinären Verankerung* (interdisciplinary anchoring) bezeichnen. Einige Forscher begnügen sich damit, Verhaltensphänomene überwiegend im Hinblick auf psychologische Begriffe und Befunde zu untersuchen, wobei sie dem, was in benachbarten Wissenschaften vor sich geht, wenig oder keine Beachtung schenken. Andere glauben, daß die Theoriebildung in der Psychologie sich stark auf Formulierungen und Daten in anderen Bereichen stützen sollte. Die „außerhalb ihres Faches orientierten" Persönlichkeitsforscher können sehr schön in zwei Grundrichtungen unterteilt werden, je nach dem, ob sie bei den Naturwissenschaften (Biologie, Physiologie, Neurologie, Vererbungswissenschaft) ober bei den Sozialwissenschaften (Soziologie, Anthropologie, Wirtschaftswissenschaften, Geschichte) Anleihen machen.

Theorien der Persönlichkeit zeigen auch eine große Variation in der *Anzahl der Motivationsbegriffe* (motiviational concepts), die sie verwenden. In einigen Fällen werden ein oder zwei solcher Begriffe als Grundlage allen Verhaltens angenommen; für andere Theorien gibt es eine sehr große Zahl von hypothetischen Motiven; und für noch andere ist die Zahl theoretisch unbegrenzt. Beträchtliche Unterschiede zwischen Theorien bestehen auch im Hinblick darauf, ob die Aufmerksamkeit vor allem *primären, angeborenen* Motiven gilt oder aber *sekundären, erworbenen* Motiven. Weiter liefern einige Forscher ein relativ detailliertes Bild des Prozesses, durch den Motive erworben werden, während andere nur geringes Interesse an Ursprung und Entwicklung von Motiven zeigen.

Eng verknüpft mit der Vielfalt der Motive, die eine Theorie berücksichtigt, ist die Verwendung der von Allport so genannten *einfachen und souveränen* (simple and sovereign) *im Gegensatz zu pluralistischen* (pluralistic) *Mechanismen.* Das Hauptproblem hierbei liegt darin, ob das Verhalten weitgehend durch ein einziges übergreifendes Prinzip (z.B. das Gesetz des Effektes, die funktionelle Autonomie, das Streben nach Überlegenheit) verstanden werden oder ob nur eine große Zahl von aufeinander bezogenen Prinzipien das menschliche Tun durchleuchten kann. Wie wir beobachten werden, unterscheiden sich die aktuellen Theorien der Persönlichkeit wesentlich in ihrer Komplexität und dem Ausmaß, in dem sie multiple Mechanismen zur Erklärung heranziehen.

Wir haben jetzt unsere Liste der Kriterien für den Vergleich der Persönlichkeitstheorien untereinander abgeschlossen, hoffen aber, daß der Leser sie nicht aus dem Sinn verliert. Die Bedeutung und der Wert des hier bereitgestellten äußerst kurzen Leitfadens wird sich erhöhen, wenn man diese Punkte bei der Lektüre der Kapitel, welche die einzelnen Theorien der Persönlichkeit abhandeln, beachtet. Es wird sich außerdem zeigen, daß die charakteristischsten Merkmale dieser Theorien sich aus Entscheidungen über die gerade angeschnittenen Fragestellungen entwickelt haben. Im Schlußkapitel werden wir noch einmal diese Dimensionen im Lichte der einzelnen, dann vollständig ausgebreiteten Persönlichkeitstheorien betrachten.

Dies bringt uns ans Ende unserer einführenden Diskussion, und wir können nun zum eigentlichen Anliegen dieses Buches übergehen: den Theorien der Persönlichkeit selbst. Sollte der Leser nur einen einzigen Gedanken von dem, was bisher vorgebracht wurde, behalten, so möge es der Eindruck sein, daß Persönlichkeitstheorien Versuche sind, wichtige Aspekte des menschlichen Verhaltens begrifflich zu fassen und darzustellen, und daß die Fruchtbarkeit dieser Versuche in erster Linie danach beurteilt werden sollte, wie wirksam sie die Forschung anzuspornen vermögen.

2. Freuds psychoanalytische Theorie

Als sich die Psychologie um die Mitte des 19. Jahrhunderts in Deutschland als unabhängige wissenschaftliche Disziplin herausbildete, definierte sie ihre Aufgabe mit der Analyse des Bewußtseins im normalen, erwachsenen Menschen. Nach damaliger Auffassung bestand das Bewußtsein aus strukturalen Elementen, die eng mit bestimmten Prozessen in den Sinnesorganen korreliert waren. Visuelle Farbeindrücke z.B. wurden auf photochemische Veränderungen in der Netzhaut des Auges bezogen und akustische Wahrnehmungen auf physiologische Vorgänge im inneren Ohr. Komplexe Erfahrungen resultierten aus der Vereinigung einer Anzahl von elementaren Empfindungen, Vorstellungen und Gefühlen. Aufgabe der Psychologie war es demgemäß, die Grundelemente des Bewußtseins zu entdecken sowie zu bestimmen, auf welche Weise sie Verbindungen eingingen. Häufig wurde die Psychologie als Chemie der Seele bezeichnet.

Gegen diese Art von Psychologie erhob sich aus vielen Richtungen und mit unterschiedlicher Begründung Widerstand. Da gab es jene, die sich der ausschließlichen Betonung der Struktur widersetzten und die nachdrücklich darauf bestanden, daß das hervorstechende Charakteristikum des bewußten Geistes seine aktiven Prozesse seien, nicht seine passiven Inhalte. Empfinden und nicht Empfindungen, Denken und nicht Gedanken, Vorstellen und nicht Vorstellungen – dies, so wurde versichert, sollte Hauptgegenstand einer wissenschaftlichen Seelenkunde sein. Andere wandten ein, daß die Bewußtseinserfahrung nicht zergliedert werden könne, ohne das Wesen der Erfahrung, nämlich ihre Struktureigenschaften (die Gestalt- und Ganzqualitäten) zu zerstören. Unmittelbare Bewußtheit, so sagten sie, bestünde aus (dynamischen) Mustern oder Gestalten und nicht aus zusammengesetzten Elementen. Eine weitere große und nicht zu überhörende Gruppe erklärte, daß Geistig-Seelisches einer Untersuchung durch wissenschaftliche Methoden gar nicht zugänglich sei, denn dazu sei es zu privat und zu subjektiv. Sie drängten darauf, daß Psychologie als die Wissenschaft vom Verhalten definiert würde.

Freuds Angriff auf die traditionelle Bewußtseinspsychologie kam aus einer ganz anderen Richtung. Er verglich die Seele mit einem Eisberg, bei dem der kleinere, über Wasser sichtbare Teil die Region des Bewußten repräsentiert, während die weitaus größere Masse unter der Wasseroberfläche die Region des Unbewußten darstellt. Hierin – in dem nicht bewußten Bezirk – waren die Triebe, die Leidenschaften, die unterdrückten Vorstellungen und Gefühle zu finden – eine ungeheure Unterwelt voller verborgener, aber vitaler Mächte, die eine herrische Kontrolle über die bewußten Gedanken und Handlungen des

Menschen ausüben. Von diesem Standpunkt aus betrachtet, ist eine Psychologie, die sich auf die Analyse des Bewußtseins beschränkt, außerstande, die dem menschlichen Verhalten zugrunde liegenden Motive zu verstehen.

Über vierzig Jahre lang erforschte Freud das Unbewußte auf dem Wege der freien Assoziation und entwickelte dabei die nach allgemeiner Ansicht erste umfassende Theorie der Persönlichkeit. Er zeichnete die Konturen der Topographie des Unbewußten auf, drang bis zu den Quellen seiner Energieströme vor und stellte den gesetzmäßigen Lauf seines Werdens fest. Diese überwältigende Tat machte ihn zu einer der umstrittensten und zugleich einflußreichsten Persönlichkeiten unserer Zeit. (Eine Zusammenfassung der Aussagen über das Unbewußte vor Freud cf. Whyte 1962.)

Sigmund Freud wurde am 6. Mai 1856 in Mähren geboren und starb am 23. September 1939 in London. Fast achtzig Jahre aber lebte er in Wien, und er verließ die Stadt nur infolge des Anschlusses Österreichs an das nationalsozialistische Deutschland. Schon früh entschied er sich für die wissenschaftliche Laufbahn, und mit diesem Ziel vor Augen trat er 1873 in die medizinische Fakultät der Wiener Universität ein, um dort acht Jahre später zu promovieren. Er hatte nie die Absicht, als Arzt zu praktizieren, aber die spärlichen Einkünfte aus wissenschaftlicher Tätigkeit, die für einen Juden begrenzten Möglichkeiten eines akademischen Aufstiegs und die Bedürfnisse einer wachsenden Familie zwangen ihn, eine Privatpraxis zu unterhalten. Trotzdem fand er noch Zeit für Untersuchungen und Veröffentlichungen, und seine Leistungen in der medizinischen Forschung brachten ihm einen ausgezeichneten Ruf ein.

Freuds Interesse an der Neurologie veranlaßte ihn, sich auf die Behandlung nervöser Störungen zu spezialisieren – einen Zweig der Medizin, der bei dem allgemeinen Fortschritt der Heilkunst im 19. Jahrhundert zurückgeblieben war. Um seine neuropathologischen Kenntnisse zu erweitern, hospitierte er ein Jahr bei dem berühmten französischen Psychiater Jean Charcot, der hysterische Symptome in der Hypnose beseitigen konnte [ohne dadurch eine dauernde Heilung zu erreichen]. Freud übernahm die hypnotische Technik für seine Praxis, war jedoch von ihrer Wirksamkeit nicht beeindruckt. Als er von einer neuen Methode des Wiener Arztes Josef Breuer hörte, bei welcher der Patient von seinen Symptomen geheilt würde, indem er über sie sprach, zögerte er nicht, sie auszuprobieren, und diesmal hatte er mehr Erfolg. Einige der Fälle von Hysterie, die Freud und Breuer mit Hilfe der [Katharsis genannten] Technik des Sichansprechens behandelt hatten, zeichneten sie 1895 in gemeinsamer Arbeit auf.

Doch bald trennten sich ihre Wege über der Frage nach der Bedeutung des sexuellen Faktors in der Hysterie. Freud hielt sexuelle Konflikte für die Ursache der Hysterie, während Breuer auf einer mehr konservativen Ansicht verharrte. In der Folgezeit arbeitete Freud überwiegend allein an der Entwicklung jener Ideen, welche später die Grundlage für die psychoanalytische

Theorie bildeten und zur Veröffentlichung seines ersten großen Werkes führten: der ‚Traumdeutung' von 1900. Durch weitere Bücher und Aufsätze wurden Ärzte und Wissenschaftler der ganzen Welt auf seine Ideen aufmerksam, und bald schon sammelte sich um ihn eine Gruppe von Anhängern aus verschiedenen Ländern, unter ihnen Ernest Jones aus England, Carl Gustav Jung aus Zürich, A. A. Brill aus New York, Sandor Ferenczi aus Budapest, Karl Abraham aus Berlin und Alfred Adler aus Wien. Jung und Adler zogen sich später allerdings aus dem Kreis zurück und entwickelten rivalisierende Standpunkte.

Es ist unmöglich, innerhalb des hier zur Verfügung stehenden knappen Raumes auch nur auf die Höhepunkte von Freuds intellektuellem und privatem Leben näher einzugehen: die frühen Jahre als Medizinstudent und junger Forscher; den entscheidenden Einfluß des großen deutschen Physiologen Ernst Wilhelm v. Brücke – eines der führenden Vertreter der Helmholtzschen Schule –, von dem Freud lernte, den Menschen als ein dynamisches, den Gesetzen der Natur unterworfenes System zu betrachten (Amacher 1965); seine Ehe mit Martha Bernays und seine lebenslange liebende Zuneigung zu ihr und den sechs Kindern, deren eines, Anna, dem Ruf des Vaters folgte; das anregende Jahr bei Charcot in Paris; die wunderliche Beziehung zu Wilhelm Fließ; seine suchende Selbstanalyse, die in den neunziger Jahren begann und sich über sein ganzes Leben hinzog; die verfehlten Versuche, psychologische Phänomene im Sinne der Hirnanatomie zu erklären; die Jahre der Isolation von der Medizinischen Gesellschaft Wiens; die Einladung des hervorragenden amerikanischen Psychologen und Präsidenten der Clark University, G. Stanley Hall, auf den Gedenkfeiern zur Gründung der Universität zu sprechen; den Aufbau der Internationalen Psychoanalytischen Vereinigung und dann die Sezession solch bedeutender Schüler wie Jung, Adler, Rank und Stekel; den Einfluß des Ersten Weltkrieges auf Freuds Denken und seine tiefgehende Revision der Grundannahmen der psychoanalytischen Theorie; die Anwendung psychoanalytischer Begriffe auf allen Gebieten menschlicher Bestrebungen; Freuds persönliche Charakteristik und sein langes, qualvolles Leiden an Lippenkrebs; schließlich seine dramatische Flucht vor den Häschern der Nationalsozialisten. Glücklicherweise ist Freuds Lebenslauf von dem führenden englischen Psychoanalytiker Ernest Jones bis in die kleinsten und verborgensten Wendungen ausgeleuchtet und in einer dreibändigen Biographie (1953–57, dt. 1960–62) meisterhaft dargestellt worden.

Ebensowenig lassen sich hier alle, z. T. erst posthum veröffentlichten Arbeiten von Freud anführen. Seine psychologischen Schriften füllen achtzehn Bände der ‚Gesammelten Werke' (1940–68), vierundzwanzig der englischen ‚Standard Edition' (1953–66). Dem Leser aber, der mit Freuds Theorie der Persönlichkeit nicht vertraut ist, wollen wir zumindest folgende Bücher empfehlen: ‚Die Traumdeutung' (1900a), ‚Zur Psychopathologie des Alltagslebens' (1901b), ‚Vorlesungen zur Einführung in die Psychoanalyse' (1916–17) mit der ‚Neuen Folge der Vorlesungen ...' (1933 a), ‚Abriß der Psychoanalyse' (1940 a). [Seit kurzem steht eine (kommentierte) ‚Studienausgabe' in zehn (elf) Bänden (1969–75) zur Verfügung.]

In der folgenden Darstellung von Freuds Ideen müssen wir uns auf jene Fragen beschränken, die seine Theorie der Persönlichkeit betreffen, dagegen die psychoanalytische Neurosenlehre (die Otto Fenichel 1945 ausführlich beschrieben hat), die Technik der Psychoanalyse sowie die weitläufigen Anwendungen seiner Lehre in den Sozialwissenschaften (s. Hall/Lindzey 1968), den Künsten und den Geisteswissenschaften von der Betrachtung ausschließen. Auch müssen wir die Entwicklung des Freudschen Denkens im Hinblick auf die Grundannahmen seiner Persönlichkeitstheorie außer acht lassen und uns jeweils mit Freuds letzter Aussage über die zu diskutierenden Probleme begnügen. Bedauerlicherweise können wir auch nicht die zahlreichen Beiträge seiner Nachfolger berücksichtigen, obgleich sie in einigen Fällen die psychoanalytische Theorie entscheidend weitergeführt haben.

Die Struktur der Persönlichkeit

Die Persönlichkeit besteht aus drei Hauptsystemen: dem Es, dem Ich und dem Über-Ich. Jeder dieser Bereiche der Gesamtpersönlichkeit hat seine eigenen Funktionen, Komponenten, Eigenschaften und Arbeitsweisen, seine dynamischen und mechanischen Prozesse: Dennoch beeinflussen sie sich gegenseitig so sehr, daß es schwierig, wenn nicht unmöglich ist, ihre Wirkungen auseinanderzuhalten und ihren jeweiligen Beitrag zum menschlichen Verhalten abzuwägen. Verhalten ist beinahe immer das Ergebnis einer Wechselbeziehung (interaction) zwischen diesen drei Systemen; selten operiert eines allein unter Ausschluß der beiden anderen.

Das Es

Es oder *Id* (id) heißt das ursprüngliche System der Persönlichkeit – die Matrix, innerhalb welcher das Ich und das Über-Ich sich ausdifferenzieren. Das Es umfaßt alles Psychische, das ererbt und somit bereits bei der Geburt vorhanden ist, die Triebe eingeschlossen. Es ist das Reservoir der psychischen Energie und beliefert die anderen zwei Systeme mit der Kraft für ihr Funktionieren. Dabei steht es selbst in enger Berührung mit den körperlichen Prozessen als den primären Energiequellen. Freud nannte das Es die „wahre psychische Realität", weil es die innere Welt der subjektiven Erfahrung repräsentiert und kein Wissen von objektiver Realität hat. (Eine jüngere Diskussion des Begriffs findet sich in Schur 1966.)

Das Es duldet keine Zunahme der Energie über ein bestimmtes Maß hinaus. Wird das Spannungsniveau des Organismus in unerträglicher Weise angehoben, als Ergebnis entweder äußerer Reizung oder innerlich erzeugter Erregungen, so reagiert es derart, daß die Spannung unverzüglich entladen und der Organismus in einen angenehm konstanten und niedrigen Energiezustand zurückgeführt wird. Dieses Prinzip der Spannungsreduktion, welches die Funktion des Es bestimmt, ist das sogenannte *Lustprinzip* (pleasure principle).

Um Schmerz zu vermeiden und Lust zu gewinnen, hat das Es zwei Apparate zur Verfügung: die Reflexe und den Primärprozeß. *Reflexbewegungen* (reflex action) sind angeborene und automatische Reaktionen wie Niesen und Lidschluß; sie reduzieren die Spannung unmittelbar. Der Organismus ist mit einer ganzen Reihe solcher Reflexe ausgestattet, durch die er relativ einfache Erregungsformen ausgleichen kann. Der sogenannte *primäre* oder *Primärvorgang* (primary process) ist eine etwas komplizierte psychische Reaktion. Er zielt auf Spannungsabfuhr, indem er ein Bild eines Objekts erzeugt, das die Spannung zu beseitigen vermag. So beliefert er etwa einen hungrigen Menschen mit der Vorstellung gewisser Speisen. Diese halluzinatorische Erfahrung, in der das gewünschte Objekt in Form eines Erinnerungsbildes präsent ist, wird *Wunscherfüllung* (wish-fulfilment) genannt. Das beste Beispiel für einen solchen Primärvorgang beim Gesunden ist der nächtliche Traum, von dem Freud glaubte, daß er stets die Erfüllung oder versuchte Erfüllung eines Wunsches bedeute. Die Halluzinationen und Visionen von psychotischen Patienten sind ebenfalls Beispiele des Primärprozesses; aber auch autistisches oder Wunschdenken ist stark von seiner Tätigkeit gefärbt. Diese der Wunscherfüllung dienenden Vorstellungsbilder sind die einzige Realität, die das Es kennt.

Offensichtlich ist der Primärvorgang selbst aber nicht in der Lage, Spannung aufzuheben. Der Hungrige kann keine geistigen Bilder zu sich nehmen. Infolgedessen entsteht ein neuer oder sekundärer psychischer Prozeß, und wenn dies geschieht, beginnt die Struktur des zweiten Systems der Persönlichkeit, des Ichs, sich zu formieren.

Das Ich

Das *Ich* (ego) tritt in Erscheinung, weil die Bedürfnisse des Organismus angemessene Transaktionen mit der objektiven Welt der Realität erfordern. Ein hungriger Mensch muß Nahrung suchen, finden und essen, damit das Hungergefühl verschwindet. Dies bedeutet, daß er lernen muß, zwischen einem Erinnerungsbild von Nahrung und einer realen Wahrnehmung derselben, wie sie in der Außenwelt existiert, zu differenzieren. Hat er diese grundsätzliche Unterscheidung einmal getroffen, so liegt es an ihm, das Bild in eine Wahrnehmung umzuwandeln, er braucht nur in seiner Umgebung Nahrungsmittel ausfindig zu machen. Er gleicht, anders ausgedrückt, sein Erinnerungsbild dem Aussehen und Geruch von Nahrungsmitteln an, wie diese ihm durch die Sinne vermittelt werden. Der Grundunterschied zwischen dem Es und dem Ich besteht darin, daß ersteres nur die subjektive, seelisch-geistige Realität kennt, während letzteres zwischen bloß vorgestellten und in der Außenwelt befindlichen Dingen unterscheidet.

Vom Ich wird gesagt, es gehorche dem *Realitätsprinzip* (reality principle) und fungiere mittels des *sekundären* oder *Sekundärvorganges* (secondary process). Ziel des Realitätsprinzips ist es, die Spannungsabfuhr zu verhindern, bis ein für die Befriedigung des Bedürfnisses geeignetes Objekt ausgemacht ist. Es hebt das Lustprinzip vorübergehend auf, weil diesem letztenendes Genüge getan wird, sobald das gewünschte Objekt gefunden und die Spannung damit reduziert wird. Das Realitätsprinzip fragt, ob eine Erfahrung ‚objektiv' ist oder nicht, d.h. ob die wahrgenommenen Dinge eine äußere Existenz haben oder nur eingebildet sind. Das Lustprinzip hingegen interessiert lediglich, ob die Erfahrung schmerzlich oder angenehm ist.

Der Sekundärvorgang entspricht dem realistischen Denken. Durch sein Eingreifen formuliert das Ich einen Plan für die Befriedigung des Bedürfnisses und prüft alsdann – gewöhnlich durch eine Art Probehandlung –, ob er funktioniert oder nicht. Der Hungrige z.B. überlegt, wo er etwas zu essen finden könnte, geht dann hin und schaut nach. Um diese sogenannte *Realitätsprüfung* (reality testing) wirksam durchführen zu können, hat das Ich Kontrolle über alle kognitiven und intellektuellen Funktionen; diese höheren geistigen Prozesse stehen also sozusagen im Dienste des sekundären Prozesses.

Das Ich wird als das Vollzugsorgan der Persönlichkeit angesehen, weil es den Übergang zum Handeln bewacht, die Merkmale der Umwelt auswählt, bevor es auf sie reagiert, und entscheidet, welche Bedürfnisse befriedigt werden sollen und in welcher Weise. In Ausübung dieser äußerst wichtigen Exekutivfunktionen muß das Ich versuchen, die oftmals im Gegensatz zueinander stehenden Forderungen von Es, Über-Ich und Außenwelt in Einklang zu bringen. Dies ist keine leichte Aufgabe, und häufig ist das Ich großer Anspannung unterworfen.

Man darf aber nicht vergessen, daß das Ich der organisierte Anteil des Es ist, von ihm all seine Kraft zieht und in Funktion tritt, um die Ziele des Es zu fördern, nicht, um sie zu frustrieren. Das Ich hat keine Existenz außerhalb des Es und erlangt niemals völlige Unabhängigkeit von ihm. Seine Hauptfunktion besteht darin, zwischen den instinktiven Anforderungen des Organismus und den Bedingungen der umgebenden Außenwelt zu vermitteln; im übergeordneten Sinne zielt das Ich darauf, das Leben des Individuums aufrechtzuerhalten und dafür zu sorgen, daß die Art sich reproduziert.

Das Über-Ich

Das dritte und letzte zu entwickelnde System der Persönlichkeit ist das *Über-Ich* (superego). Es ist die innere Repräsentanz der traditionellen Werte und Ideale der Gesellschaft, wie sie dem Kind durch seine Eltern vermittelt und kraft eines dem Kind auferlegten Systems von Belohnungen und Bestrafungen gefestigt wurden. Das Über-Ich ist die sittliche Instanz der Persönlichkeit; es vertritt das Ideale mehr als das Reale und strebt mehr nach Vollkommenheit als nach Lust. Ihm liegt vor allem daran, zu entscheiden, ob etwas richtig ist oder falsch, damit es sich stets in Übereinstimmung mit den moralischen Normen befindet, deren Urheber die Repräsentanten der Gesellschaft sind.

Das Über-Ich als der internalisierte moralische Richter des Verhaltens entwickelt sich als Antwort auf das von den Eltern angewandte System von Lohn und Strafe. Um Belohnungen zu erhalten und Bestrafungen zu vermeiden, lernt das Kind, sein Verhalten nach den elterlichen Grundsätzen auszurichten. Was sie als ungehörig bezeichnen und infolgedessen ahnden, prägt sich gewöhnlich seinem *Gewissen* (conscience) ein, welches einen der beiden Teilbereiche des Über-Ich darstellt. Was sie billigen und entsprechend würdigen, pflegt seinem *Ichideal* (ego-ideal) einverleibt zu werden, jenem anderen Teil des Über-Ich. Der diese Verinnerlichung bewirkende Mechanismus wird *Introjektion* (introjection) genannt. Das Gewissen bestraft, indem es in der Person ein Schuldgefühl entstehen läßt; das Ichideal belohnt, indem es in ihr das Gefühl des Stolzes weckt. Mit der Ausbildung des Über-Ich kann also die Selbstkontrolle an die Stelle der elterlichen Autorität treten.

Die Hauptfunktionen des Über-Ich sind: erstens, die Impulse des Es zu hemmen, besonders jene sexueller oder aggressiver Natur, deren Äußerung von der Gesellschaft negativ beurteilt wird; zweitens, das Ich zu überreden, realistische Ziele durch ethische zu ersetzen; drittens, nach Vollkommenheit zu streben. Das Über-Ich tendiert also dazu, sich sowohl dem Es als auch dem Ich entgegenzustellen und die Welt seinen eigenen Vorstellungen anzupassen. Dennoch ähnelt es dem Es in seiner Irrationalität und dem Ich in dem Bemühen, Kontrolle über die Triebe zu gewinnen. Im Unterschied zum Ich versucht es aber, die Erfüllung triebhaften Verlangens nicht nur aufzuschieben, sondern auf Dauer zu blockieren. (Eine historische Analyse des Über-Ich hat Turiell 1967 geliefert.)

Zum Abschluß dieser kurzen Beschreibung der drei Systeme der Persönlichkeit soll noch darauf hingewiesen werden, daß Es, Ich und Über-Ich nicht als Phantome anzusehen sind, welche die Person eigenmächtig dirigieren. Sie sind bloß Namen für verschiedenartige psychische Prozesse, die unterschiedlichen Systemprinzipien gehorchen. Ganz allgemein könnte man das Es als biologische, das Ich als psychologische und das Über-Ich als soziologische Komponente der Persönlichkeit auffassen. Normalerweise kollidieren diese weder miteinander noch sind sie auf entgegengesetzte Ziele hin angelegt. Im Gegenteil, sie arbeiten wie ein Team zusammen, wobei dem Ich nur eine quasi administrative Führung zukommt. Die Persönlichkeit funktioniert daher unter gewöhnlichen Umständen auch als Einheit und nicht als drei getrennte Instanzen.

Die Dynamik der Persönlichkeit

Freud, der unter dem Einfluß der streng deterministisch und positivistisch eingestellten Wissenschaft des 19. Jahrhunderts herangereift war, betrachtete den menschlichen Organismus als ein komplexes physikalisches System, das seine aus der Nahrung gezogene Energie für so verschiedene Zwecke wie Blutkreislauf, Atmung, Muskelbewegung, Wahrnehmung, Denken und Erinnerung verwendet. Freud sah keinen Grund für die Annahme, daß die Energie, welche die Antriebskraft für das Atmen oder die Verdauung liefert, sich in anderer als formaler Hinsicht von der das Denken und Erinnern bewirkenden Energie unterscheide. Schließlich mußte – worauf die Physiker seinerzeit nachdrücklich bestanden – Energie vermittels der Arbeit definiert werden, die sie leistete. Bestand die Arbeit in psychischer Aktivität wie etwa der des Denkens, dann war es nach Freuds Ansicht vollkommen legitim, die entsprechende Energieform *psychische Energie* (psychic energy) zu nennen. Gemäß dem Satz von der Erhaltung der Energie konnte diese zwar von einem Zustand in einen anderen umgewandelt werden, aber niemals aus dem kosmischen System als ganzem verloren gehen; daraus folgte, daß psychische Energie in phys(iolog)ische umgewandelt werden konnte und umgekehrt. Der Berührungspunkt oder die Brücke zwischen der Energie des Körpers und der der Seele schien das Es mit seinem Triebgeschehen zu sein.

Triebe

Ein *Trieb* (instinct) wurde von Freud (1905 d, S. 76) als „die psychische Repräsentanz einer kontinuierlich fließenden, innersomatischen Reizquelle" definiert. Der rein erlebnismäßige Anteil desselben heißt Wunsch (wish) und die körperliche Erregung, von der er stammt, Bedürfnis (need). Entsprechend kann der Hunger physiologisch als der Zustand eines Ernährungsdefizits der Körpergewebe beschrieben werden, während er psychisch als ein Verlangen nach Nahrung gegeben ist. Dieser ‚Wunsch' fungiert als Verhaltensmotiv: das hungrige Individuum geht auf Nahrungssuche. Insofern spricht man auch von den treibenden Faktoren der Persönlichkeit. Sie sind dabei nicht nur Antrieb des Verhaltens, sondern sie bestimmen auch die Richtung, die das Verhalten einschlagen wird. Mit anderen Worten, ein Trieb übt eine selektive Verhaltenskontrolle aus, indem er die Sensitivität des Organismus für besondere Arten der Stimulation erhöht. Der Hungrige spricht leichter auf Nahrungsreize an, die sexuell erregte Person ist für erotische Reize empfänglicher.

Es sei noch darauf hingewiesen, daß der Organismus auch durch Stimuli der Außenwelt aktiviert werden kann. Freud glaubte jedoch, daß diese externen Erregungsquellen eine weniger wichtige Rolle in der Dynamik der Persönlichkeit spielen, als es die angeborenen (endogenen) Triebe tun. Allgemein stellen die äußeren Reize (stimuli) geringere Anforderungen an das Individuum und verlangen auch weniger komplizierte Formen der Anpassung als die inneren Bedürfnisse. Einem Umweltreiz kann man immer entfliehen, doch ist es unmöglich, vor einem Bedürfnis wegzulaufen. Freud leugnete aber nicht, daß Außenreize unter gewissen Bedingungen sehr einflußreich seien. Zum Beispiel kann eine exzessive Stimulation während der frühen Lebensjahre, wenn das unreife Ich der Fähigkeit zur Bindung großer Mengen von freier Energie (Spannung) ermangelt, drastische Auswirkungen auf die Persönlichkeitsentwicklung haben. Wir werden bei der Besprechung der Freudschen Theorie der Angst noch darauf zurückkommen.

Ein Trieb ist ein bestimmtes Quantum an psychischer Energie oder, wie Freud es ausdrückte, „ein Maß der Arbeitsanforderung, die dem Seelischen infolge seines Zusammenhanges mit dem Körperlichen auferlegt ist" (1915c, S. 85). Alle Triebe zusammengenommen machen den Energiebetrag aus, welcher der Person als ganzer zur Verfügung steht. Wie schon erwähnt, ist das Es das Reservoir dieser Energie und zugleich der Sitz der Triebe. Das Es kann als ein von den Stoffwechselprozessen des Körpers gespeister Dynamo angesehen werden, welcher die psychische Kraft zum Antrieb der mannigfaltigen Leistungen der Persönlichkeit liefert.

Ein Trieb hat vier charakteristische Merkmale: eine Quelle, ein Ziel, ein Objekt und einen Drang. Die *Quelle* (source) ist bereits als ein körperlicher Zustand, als ein Bedürfnis bezeichnet worden. Das *Ziel* (aim) ist die Beseitigung der körperlichen Erregung. Der Hungertrieb zielt z.B. darauf hin, das Ernährungsdefizit aufzuheben, was natürlich durch Nahrungsaufnahme erreicht wird. Die gesamte Aktivität, die zwischen dem Auftauchen des Wunsches und seiner Erfüllung waltet, wird unter dem Begriff *Objekt* (object) zusammengefaßt. Objekt bezieht sich also nicht nur auf ein besonderes Ding oder eine Bedingung, die das Bedürfnis befriedigen kann, sondern schließt auch das gesamte Verhalten ein, das zur Bereitstellung der erwünschten Sache oder Lage dienlich ist. Wer z.B. hungrig ist, muß gewöhnlich eine Reihe von Handlungen verrichten, bevor er das eigentliche Endziel, das Essen, erreicht. Der Drang (impetus) eines Triebes ist seine Kraft oder Stärke; er wird durch die Intensität des zugrundeliegenden Bedürfnisses determiniert. Wenn der Nahrungsmangel bis zu einem Punkt anwächst, an dem physische Schwäche auftritt, so wird auch die Triebstärke in entsprechendem Maße größer.

Betrachten wir nun einige der Implikationen, die einem solchen Triebbegriff anhaften. In erster Linie geht es Freud bei seinem Modell um die *Spannungsreduktion* (tension-reduction). Die durch innere Erreger verursachte Aktivität eines Individuums klingt wieder ab, sobald eine adäquate Handlung die Spannung ganz oder teilweise abführt. Dies bedeutet, daß das Ziel eines Triebes eigentlich ein *regressives* (regressive) ist, denn der Organismus wird in einen früheren Zustand zurückgeführt, in jenen, der herrschte, bevor der Trieb sich regte. Dieser Zustand aber entspricht einer relativen Ruhelage. So kann das Triebgeschehen auch als *konservativ* (conservative) bezeichnet werden, da es seine Funktion ist, das Gleichgewicht des Organismus zu erhalten, indem es beunruhigende Regungen beseitigt. Wir können also den Trieb als einen Prozeß ansehen, der jedesmal, wenn er sich bemerkbar macht, den gleichen Kreislauf von Ereignissen wiederholt, beginnend mit der Erregung und endend mit der Ruhe. Freud nannte diesen Triebaspekt *Wiederholungszwang* (repetition compulsion), weil das Individuum nicht anders kann, als immer wieder den Zirkel von der Erregung zur Entspannung zu beschreiben. (Der Terminus Wiederholungszwang wird auch zur Bezeichnung von perseverierendem (perseverative) Verhalten angewandt, das auftritt, wenn die für die Bedürfnisbefriedigung eingesetzten Mittel nicht ganz angemessen sind. So mag ein Kind beharrlich auf seinem Daumen lutschen, wenn es Hunger hat.)

Nach Freud bleibt die Quelle (und mit ihr das Ziel) eines Triebes während des ganzen Lebens konstant, sofern sie nicht durch den biologischen Reifungsprozeß verändert wird oder überhaupt verschwindet. Wenn neue körperliche Bedürfnisse entstehen, können auch neue Triebe auftauchen. Im Gegensatz zu dieser Konstanz von Quelle und Ziel pflegen das Triebobjekt oder die Mittel, durch welche das Individuum ein Bedürfnis zu befriedigen versucht, im Laufe des Lebens beträchtlich zu variieren. Diese Variation in der Objektwahl wird möglich, weil die psychische Energie *verschiebbar* (displaceable) ist; sie kann in mannigfaltiger Weise verwendet werden. Ist ein bestimmtes Objekt nicht erreichbar – sei es durch Abwesenheit oder innere Hinderungsgründe –, so kann die Energie in ein anderes Objekt investiert werden. Wenn dieses Objekt sich ebenfalls als unzugänglich erweist, mag es zu einer erneuten Verschiebung kommen, und so weiter, bis ein greifbares Objekt gefunden ist. Mit anderen Worten, Triebobjekte können durch andere ersetzt werden, was zweifellos weder für die Quelle noch für das Ziel eines Triebes gilt.

Freuds Theorie der Motivation (auf welche die Trieblehre ja hinausläuft) war fest auf die Annahme gegründet, daß die Triebe die einzige Energiequelle des menschlichen Verhaltens sind. Wenn nun die Triebenergie mehr oder weniger ständig in ein Ersatzobjekt fließt, d. h. in ein anderes als das ursprüngliche (und u. U. von Geburt her bestimmte) Objekt, so wird das resultierende Verhalten als abgeleiteter Trieb oder *Triebabkömmling* (instinct derivative) bezeichnet. Ist z. B. die sexuelle Objektwahl des Babys die Beschäftigung mit den eigenen Geschlechtsorganen und wird es dann gezwungen, dies Vergnügen zugunsten ‚harmloserer' Formen körperlicher Reizung, wie Daumenlutschen oder dem Spiel mit den Zehen, aufzugeben, dann sind solche Ersatzhandlungen vom Sexualtrieb abgeleitet. Das Ziel selbst ändert sich dabei um kein Deut: auch bei einer Ersetzung [der Mittel] steht am Ende die erwünschte sexuelle Lust.

Die Verschiebung der Energie von einem Triebobjekt auf ein anderes ist das bedeutendste Merkmal der Persönlichkeitsdynamik. Es zeichnet verantwortlich für die offenbare Plastizität der menschlichen Natur und die bemerkenswerte Wandlungsfähigkeit des individuellen Verhaltens. Praktisch stellen sämtliche Interessen, Vorlieben, Geschmacksrichtungen, Gewohnheiten und Einstellungen von Erwachsenen eine Verschiebung der Energie von ursprünglich triebgebundenen Objektwahlen dar; sie sind fast alle Triebabkömmlinge. Wir werden über diese Verschiebung in den nachfolgenden Abschnitten dieses Kapitels noch sehr viel mehr zu sagen haben.

Anzahl und Arten der Triebe. Freud hat nicht den Versuch gemacht, eine Liste der Triebe aufzustellen, da nach seiner Ansicht nicht genug über die Körperzustände bekannt war, von denen sie abhängen. Die Darstellung dieser organischen Bedürfnisse ist Aufgabe des Physiologen, nicht des Psychologen. Freud ließ die Zahl der bestehenden Triebe also offen, setzte aber voraus, daß sie alle unter zwei allgemeinen Rubriken klassifiziert werden könnten, als Lebens- und als Todestriebe.

Die *Lebenstriebe* (life instincts) dienen dem Zweck des individuellen Überlebens wie auch der Fortpflanzung der Art. Hunger, Durst und Sexualität fallen unter diese Kategorie. Die Energie, kraft welcher die Lebenstriebe ihre Arbeit leisten, wird *Libido* [oder auch Eros] genannt. Von den Lebenstrieben widmete Freud der Sexualität die größte Aufmerksamkeit, und in den frühen Jahren der Psychoanalyse wurde nahezu alles, was der Mensch tat, diesem allgegenwärtigen Antrieb zugeschrieben (Freud 1905 d). In Wirklichkeit ist der Sexualtrieb durchaus nicht einheitlich, sondern er besteht aus vielen Komponenten. Das heißt, es gibt eine Anzahl von einzelnen Bedürfnissen, die erotische Wünsche entstehen lassen. Jeder dieser Wünsche hat seinen Ursprung in einer anderen Körperregion, die insgesamt als *erogene Zonen* (erogenous zones) bezeichnet werden. Eine erogene Zone ist ein Teil der Haut oder Schleimhaut, welcher einer Reizung gegenüber äußerst empfindlich ist und, wenn er in einer bestimmten Weise manipuliert wird, Lustgefühle erzeugt und damit die Spannung aufhebt. Die Lippen und die Mundhöhle bilden eine dieser erogenen Zonen, die anale Region eine andere und die Genitalien eine dritte. Saugen und Lutschen bereiten orale Lust, Ausscheidung anale und Massieren, Streicheln usw. genitale Lust. Während die Sexualtriebe in der Kindheit noch relativ unabhängig voneinander sind, kommt es gewöhnlich in der Pubertät zu einer Verschmelzung, und hinfort dienen sie [u. a.] dem gemeinsamen Ziel der Reproduktion.

Die *Todestriebe* (death instincts) oder, wie Freud später häufig schrieb, Destruktions- [oder Aggressions]trieb(e) leisten ihre Arbeit viel unauffälliger als die Lebenstriebe, weshalb auch wenig mehr über sie bekannt ist, als daß sie ihre Mission unweigerlich erfüllen. Jeder Mensch muß am Ende sterben, was Freud zur Formulierung des berühmten Wortes veranlaßte: „Das Ziel alles Lebens ist der Tod" (1920d, S. 248). Freud nahm insbesondere an, daß der Mensch den – in der Regel natürlich unbewußten – Wunsch hat zu sterben. Er versuchte nicht, die somatische Quelle der Todestriebe zu identifizieren, doch könnte man daran denken, daß sie mit den katabolischen oder stoffabbauenden Körpervorgängen zusammenhängen. [Analog zu Libido (Eros) heißt die zerstörerische Triebkraft mit E. Weiss Destrudo (oder Thanatos)].

Freuds Annahme eines Todeswunsches basiert auf dem von Gustav Theodor Fechner formulierten Konstanzprinzip. Dieses Prinzip besagt, daß alle Lebensprozesse dahin tendieren, zu der Stabilität der anorganischen Seinsschicht zurückzukehren. In ‚Jenseits des Lustprinzips' (1920 d) führte Freud folgendes

Argument zugunsten der Vorstellung eines Todestriebes an: organische Substanzen entstanden durch den Einfluß kosmischer Kräfte auf die anorganische Materie. Diese Veränderungen waren am Anfang äußerst instabil und fielen sehr schnell in ihren früheren anorganischen Zustand zurück. Allmählich erhöhte sich infolge evolutionärer Veränderungen die individuelle Lebensdauer, aber auch diese nicht mehr so labilen belebten Formen regredierten immer wieder zur Stabilität der unbelebten Welt. Mit der Entwicklung reproduktiver Mechanismen schließlich kamen Organismen in die Lage, ihren eigenen Typus fortzupflanzen, sie waren nicht mehr darauf angewiesen, aus dem Anorganischen geschaffen zu werden. Doch selbst nach diesem Fortschritt unterlagen die einzelnen Artangehörigen unvermeidlich dem Konstanzprinzip, das von Anbeginn ein kategorialer Bestandteil der organischen Seinsform war. Leben, sagte Freud, ist nur ein Umweg zum Tode. Aufgebrochen aus ihrer stabilen Existenz, strebt die lebendige Materie in ihre alte Ruhelage zurück. Der Todeswunsch im Menschen aber ist nur die psychische Repräsentation des allgegenwärtigen Konstanzprinzips.

Der bereits angeführte *Aggressionstrieb* (aggressive drive) ist [an sich nur] ein, wenngleich bedeutendes Derivat der Todestriebe. Es handelt sich bei ihm um eine Tendenz zur Selbstzerstörung, die nach außen, gegen ein Ersatzobjekt, gewendet ist. Der Mensch bekämpft seine Mitmenschen und ist destruktiv, weil sein Todeswunsch durch die Kraft der Lebenstriebe und durch andere charakterliche Hemmnisse, die den Todestrieben entgegenwirken, blockiert ist. Es bedurfte des Weltkrieges von 1914–18, um Freud davon zu überzeugen, daß Aggression ein genauso unumschränkt herrschendes Motiv sei wie die Sexualität.

Die Lebens- und Todestriebe und ihre Abkömmlinge können miteinander verschmelzen, einander neutralisieren oder auch ersetzen. Essen z. B. stellt eine Verbindung von Hunger und Destruktivität dar, welche durch das Beißen, Kauen und Schlucken der Speisen befriedigt werden. Liebe, ein Derivat des Sexualtriebes, kann Haß neutralisieren, der vom Todestrieb abgeleitet ist; aber sie kann ihn auch ersetzen, wie der Haß umgekehrt an die Stelle der Liebe treten mag.

Da die Triebe die gesamte Energie für die Arbeit der drei beschriebenen Persönlichkeitsbereiche liefern, wollen wir uns nun der Betrachtung der Formen zuwenden, in welchen Es, Ich und Über-Ich die Kontrolle über die zur Verfügung stehende psychische Energie gewinnen und sie für ihre Zwecke zu nützen vermögen.

Verteilung und Verwendung der psychischen Energie

Die Dynamik der Persönlichkeit besteht in der Art und Weise, in der die psychische Antriebskraft auf Es, Ich und Über-Ich verteilt und von diesen verwendet wird. Da die Gesamtenergie quantitativ begrenzt ist, gibt es einen Wettbewerb zwischen den drei Systemen. Der Energiegewinn eines Systems geht immer zu Lasten der beiden anderen Systeme. Wird ein Teil gestärkt, so werden die anderen Bereiche mit Notwendigkeit schwächer, sofern dem Gesamtsystem nicht neue Energie zugeführt wird.

Ursprünglich besitzt das Es alle Energie und verarbeitet sie für Reflextätigkeit und Wunscherfüllung. Beide dem Primärprozeß zugehörigen Aktivitäten stehen in unmittelbarem Dienst des Lustprinzips, welches das Es regiert. Die Verwendung von Energie für eine Handlung oder Vorstellung, die der Triebbefriedigung dient, wird *(libidinöse) Objektwahl* oder *-besetzung*, auch *Kathexis* (instinctual object-choice or object-cathexis) genannt.

Die Esenergie befindet sich in einem sehr fließenden Zustand, sie kann also leicht von einer Handlung oder Vorstellung auf eine andere übergehen. Die Verschiebbarkeit dieser Triebkraft resultiert aus der Unfähigkeit des Es, Objekte genau zu differenzieren. Selbst sehr verschiedene Gegenstände werden behandelt, als ob sie gleich wären. Zum Beispiel nimmt das hungrige Baby so gut wie alles auf, was es greifen und halten kann, um es an den Mund zu führen.

Da das Ich keine eigene Kraftquelle hat, muß es seine Energie dem Es entziehen. Eine derartige Triebverlagerung auf Prozesse hin, die das Ich formieren, wird durch einen Mechanismus erreicht, der als *Identifizierung* oder *Identifikation* (identification) bekannt ist. Es ist dies eines der bedeutendsten Konzepte der Freudschen Psychologie, aber zugleich eines der am schwersten zu verstehenden. Der Leser wird sich erinnern, daß das Es nicht zwischen subjektiven Bildvorstellungen und objektiver Wirklichkeit zu unterscheiden vermag. Wenn es das Bild eines Objektes libidinös besetzt, so ist dies dasselbe wie die Wahl des Objekts selbst. Da aber ein geistiges Bild kein Bedürfnis befriedigen kann, ist der Mensch gezwungen, zwischen der Welt der Phantasie und der realen Außenwelt zu differenzieren; er muß die Erinnerung oder Vorstellung eines (nicht präsenten) Gegenstandes von dessen sinnlichem Eindruck in der faktischen Wahrnehmung trennen. Dann bedarf es zur Erfüllung des Triebanspruchs der Einschaltung des Sekundärprozesses: der Mensch muß lernen, einen Gedächtnis- oder Bildinhalt mit dessen Gegenstück in der Außenwelt in Übereinstimmung zu bringen. Auf eben diesen Vergleich (matching) einer psychischen Repräsentation mit der physischen Realität – also von etwas, das bloß *in mente,* mit etwas, das *realiter* existiert – bezieht sich der Begriff der Identifikation.

Da das Es zwischen psychischen Inhalten keinerlei Unterschied macht, seien diese nun Wahrnehmungen, Erinnerungsbilder, Vorstellungen oder Halluzinationen, kann es gleichermaßen zur Besetzung einer wirklichen Wahrnehmung kommen wie eines der Wunscherfüllung dienenden Gedächtnisinhaltes. Auf solche Weise wird Energie von den rein autistischen Esvorgängen abgezogen in die realistischen, logischen, ideationalen (d.h. Ideen und Vorstellungen erzeugenden) Prozesse des Ich. In beiden Fällen wird die Energie für streng psychische Zwecke benutzt; aber während im Fall des Es intramentales Symbol und physisches Bezugsobjekt völlig gleich behandelt werden, ist das Ich, das den Unterschied kennt, bestrebt, das Objekt durch das Symbol möglichst genau darzustellen. Mit anderen Worten, Identifizierung erlaubt es dem sekundären Prozeß, den primären zu ersetzen. Da der Sekundärprozeß die Spannung so viel erfolgreicher reduzieren kann, kommt es mehr und mehr zu Ichbesetzungen (ego cathexes). Allmählich erlangt das effizientere Ich praktisch das Monopol über die seelischen Energievorräte, doch bleibt dieses nur relativ, weil das Es seine Herrschaft wieder aufrichtet, sobald das Ich die Triebbedürfnisse nicht zu befriedigen vermag.

Hat das Ich einmal genug Energie gesammelt, so kann es sie mit Hilfe des Sekundärprozesses für andere Zwecke als den der Triebbefriedigung verwenden. Einige Energie wird benötigt, um die verschiedenen psychischen Apparate wie Wahrnehmung, Erinnerung, Urteilskraft, Unterscheidungsfähigkeit, Abstraktionsvermögen, Generalisierung und schlußfolgerndes Denken auf eine höhere Entwicklungsstufe zu bringen. Einen Teil der Energie braucht das Ich, um das Es an impulsiven und irrationalen Handlungen zu hindern. Diese zügelnden Kräfte heißen *Gegenbesetzungen* (anticathexes) in Abgrenzung zu den drängenden Kräften der Besetzung. Wenn das Es zu bedrohlich wird, errichtet das Ich Verteidigungsstellungen. Diese sog. Abwehrmechanismen, die noch in einem späteren Abschnitt diskutiert werden sollen, dienen auch dazu, mit den auf dem Ich lastenden Zwängen (pressures) des Über-Ich fertigzuwerden. Natürlich wird für die Aufrechterhaltung dieser Abwehr Energie benötigt.

Ichenergie kann zudem der Verschiebung zugunsten neuer Objekte anheimfallen, so daß ein ganzes Netzwerk von abgeleiteten Interessen, Einstellungen und Bevorzugungen innerhalb des Ich ausgebildet wird. Diese Ichbesetzungen (oder -bindungen) können die Grundbedürfnisse des Organismus nicht direkt befriedigen, aber sie sind durch assoziative Glieder mit Objekten verknüpft, die dies vermögen. Die Energie des Hungertriebes z. B. kann sich verlagern auf das Interesse an der Sammlung von Kochrezepten, dem Besuch ungewöhnlicher Restaurants oder dem Verkauf von Porzellan. Eine solche Verteilung der Besetzungen in Kanäle, die nur entfernt mit dem ursprünglichen Triebobjekt verbunden sind, wird dadurch möglich, daß das Ich seine Hauptaufgabe, die Triebbefriedigung, in sehr effizienter Weise erfüllt. So erwirtschaftet das Ich quasi einen Überschuß an Energie, den es für andere Zwecke nützen kann.

Schließlich verwendet das Ich – als Exekutive der Persönlichkeitsorganisation – Energie für den Zusammenhalt der drei psychischen Subsysteme. Der Zweck dieser integrativen Funktion des Ich ist es, eine Harmonie innerhalb der Persönlichkeit zu erzeugen, so daß die Beziehungen zur Umwelt glatt und wirkungsvoll vonstatten gehen.

Der Mechanismus der Identifikation zeichnet aber auch für die Energetisierung des Über-Ich-Systems verantwortlich. Dies ist wiederum eine komplexe Angelegenheit, die wie folgt funktioniert: Zu den ersten Triebobjekten des Babys gehören die Eltern (oder deren Ersatzpersonen). Da das Kleine zur

Befriedigung seiner Bedürfnisse vollständig auf sie angewiesen ist, entwickeln sich die entsprechenden Besetzungen schon früh und werden fest eingegraben. Zudem haben die Eltern die Rolle der Erzieher inne; sie lehren das Kind den Moralkodex und die traditionellen Werte und Ideale der Gesellschaft, in der es aufwächst. Sie tun dies, indem sie das Kind belohnen, wenn es das richtige tut, und bestrafen, wenn es etwas falsch macht. Eine wirksame Belohnung ist alles, was die Spannung vermindert oder zu vermindern verspricht: ein Stück Zukker, ein Lächeln, ein freundliches Wort usw.; eine Bestrafung ist alles, was die Spannung erhöht: z.B. ein mißbilligender Blick, ein Klaps, das Verweigern eines Vergnügens. So lernt das Kind zu identifizieren, d.h. sein Verhalten mit den Sanktionen und Verboten der Eltern abzustimmen. Es introjiziert ihre moralischen Imperative kraft der ursprünglichen Bindungen an die Agenten seiner Bedürfnisbefriedigung. Es besetzt ihre Ideale, und diese werden sein Ichideal; es besetzt ihre Verbote, und diese werden sein Gewissen. So erlangt das Über-Ich des Kindes durch Identifizierung mit den Eltern Zugang zum Energiereservoir des Es.

Die vom Über-Ich ausgeführte Arbeit steht oft, wenn auch nicht immer, in direktem Gegensatz zu den Impulsen des Es. Dies ist der Fall, weil der Sittenkodex den Versuch der Gesellschaft darstellt, die primitiven Triebäußerungen, besonders jene der Sexualität und Aggression, zu kontrollieren oder sogar zu verbieten. Gut sein bedeutet gewöhnlich, zu gehorchen und weder „schmutzige“ Dinge zu sagen noch zu tun; böse sein heißt ungehorsam, aufsässig, vergnügungssüchtig zu sein. Der tugendsame Mensch unterdrückt seine triebhaften Impulse, der schlechte Mensch läßt ihnen freien Lauf. Dennoch kann das Über-Ich zuweilen vom Es überrumpelt werden. Dies geschieht z.B., wenn jemand in einem Anfall von moralisierendem Eifer mit Gewalt gegen diejenigen vorgeht, die er für sündhaft und verdorben hält. In solchen Augenblicken verbirgt sich die wahre Agressivität unter dem Deckmantel der (nur scheinbar) gerechten Empörung.

Sobald die von den Trieben bereitgestellte Energie mit Hilfe des Identifikationsmechanismus Eingang in das Ich und Über-Ich gefunden hat, kommt ein kompliziertes Wechselspiel von treibenden und zügelnden Kräften in Gang. Das Es enthält – wie man sich erinnern wird – nur triebhafte Kräfte oder Besetzungen, während die Energie von Ich und Über-Ich sowohl zur Förderung wie auch zur Versagung der Triebziele verwendet wird. Das Ich muß sowohl das Es wie das Über-Ich kontrollieren, wenn es die Persönlichkeit richtig lenken will, doch muß es genug Energie übrigbehalten, um in die lebensnotwendigen Auseinandersetzungen mit der Außenwelt eintreten zu können. Wenn das Es über einen großen Energieanteil verfügt, so wird das Verhalten des Individuums in der Regel impulsive und primitive Züge aufweisen. Wenn dagegen das Über-Ich ein Unmaß an Energie zur Verfügung hat, so werden die Funktionen der Persönlichkeit mehr von moralistischen denn von realistischen Erwägungen beherrscht. Die Gegenbesetzungen des Gewissens können das Ich in moralische Schlingen verstricken und dadurch jegliches Handeln unmöglich machen, während die Besetzungen des Ichideals der Person einen so hohen Standard vorschreiben können, daß sie fortgesetzt frustriert ist und am Ende das bedrückende Gefühl des Versagthabens aufkommen läßt.

Darüber hinaus kann es jederzeit zu plötzlichen und unvorhersehbaren Verlagerungen der Energie von einem System auf ein anderes und von Besetzungen zu Gegenbesetzungen kommen, insbesondere während der ersten zwei Jahrzehnte des Lebens, bevor die Energieaufteilung mehr oder weniger stabil geworden ist. Diese Verschiebungen halten die Persönlichkeit in einem Zustand dynamischen Wandels. Die Möglichkeit, daß die Psychologie jemals eine sehr exakte Wissenschaft werde, beurteilte Freud pessimistisch, weil, wie er betonte, schon eine geringfügige Änderung in der Energieverteilung die Waagschale zugunsten einer Verhaltensform und zuungunsten einer konträren beeinflussen könne (Freud 1920a). Wer will voraussagen, ob der auf das Fenstersims gekletterte Selbstmordkandidat sich herabstürzt oder einhält oder ob der Geiselnehmer tatsächlich von der Schußwaffe Gebrauch machen wird oder nur blufft?

In letzter Analyse besteht die Dynamik der Persönlichkeit aus der Wechselwirkung der treibenden und zügelnden Mächte bzw. Besetzungen und Gegenbesetzungen. Alle Konflikte innerhalb der Persönlichkeit können auf den Gegensatz dieser zwei Kräftegruppen reduziert werden. Jede anhaltende Spannung rührt von der Abwehr einer Triebregung durch eine hemmende Kraft her. Ob es sich dabei um eine Gegenbesetzung des Ich im Kontrast zu einer Esbesetzung oder um eine Gegenbesetzung des Über-Ich im Gegensatz zu einer Ichbesetzung handelt – das Resultat im Sinne der Spannung ist dasselbe. Wie Freud gern sagte, ist Psychoanalyse „eine dynamische Auffassung, die das seelische Leben auf ein Spiel von einander fördernden und hemmenden Kräften zurückführt" (1910i, S. 209).

Angst

Die Dynamik der Persönlichkeit wird zu einem großen Teil von der Notwendigkeit bestimmt, die individuellen Bedürfnisse mittels aktiver Bezüge zu Objekten in der Außenwelt zu befriedigen. So bietet die Umgebung dem hungrigen und durstigen Organismus feste wie flüssige Nahrung. Über diese ihre Funktion als Versorgungsquelle hinaus ist die extramentale Welt aber noch in anderer Weise für die Entwicklung der Persönlichkeit bedeutsam. Die Umwelt enthält auch Elemente der Gefahr und Unsicherheit: sie kann genauso bedrohlich sein wie beruhigend; sie hat ebenso die Macht, Schmerzen zu bereiten und die Spannung zu erhöhen, wie sie Wohlempfinden bringen und die Spannung vermindern kann; sie beunruhigt genauso, wie sie befriedigt.

Die normale Reaktion eines Individuums auf äußere Gefahren, die Schmerzen oder Zerstörungen mit sich bringen können und denen es keine Abwehr entgegenzusetzen hat, ist Angst. Die bedrohte Person wird sich in der Regel fürchten. Tritt jedoch eine exzessive Reizsituation ein, derer das Ich nicht Herr zu werden vermag, so wird das Bewußtsein mit Angst geradezu überflutet.

Freud erkannte drei Formen der Angst: Real-, neurotische und Gewissensangst. Der Grundtypus ist die *Realangst* (reality anxiety) oder die Furcht vor realen Gefahren in der Außenwelt. Von ihr sind die anderen beiden Typen abgeleitet: *Neurotische Angst* (neurotic anxiety) ist die Befürchtung einer Person, daß ihre Triebe außer Kontrolle geraten und sie veranlassen könnten, etwas zu tun, wofür ihr Strafe droht. Es handelt sich dabei nicht so sehr um die Furcht vor den Triebregungen selbst, als um Angst vor Bestrafung, die mit Wahrscheinlichkeit der Triebbefriedigung folgt. Neurotische Angst hat eine reale Grundlage, weil das Kind von der Gesellschaft, repräsentiert durch die Eltern und andere Autoritäten, für seine Triebhandlungen in der Tat bestraft wird. Was *Gewissensangst* (moral anxiety) ist, verrät schon das Bestimmungswort. Ein Mensch mit einem stark entwickelten Über-Ich neigt zu Schuldgefühlen, wenn er etwas tut oder auch nur zu tun gedenkt, was im Gegensatz zu Sitte und Anstand steht, unter deren Ge- und Verboten er aufgezogen worden ist. Er wird dann sozusagen von seinem Gewissen geplagt. Diese Form der Angst hat ebenfalls eine realistische Basis: der Betreffende hat in der Vergangenheit für die Übertretung des Moralkodex sühnen müssen und läuft Gefahr, erneut bestraft zu werden.

Die Funktion der Angst besteht darin, die Person vor drohenden Gefahren zu warnen; sie ist ein Signal für das Ich, daß die Bedrohung – sofern nicht geeignete Gegenmaßnahmen ergriffen werden – anwachsen und das Ich überwältigen könnte. Angst ist als Spannungszustand ein Trieb wie Hunger oder die Sexualität, aber sie entsteht nicht aus inneren Gewebe- oder Organzuständen, sondern wird primär durch äußere Ursachen erzeugt. Indem sich Angst regt, wird das gefährdete Individuum zum Handeln motiviert. Es mag aus der bedrohlichen Region fliehen, den gefahrbringenden Impuls unterdrücken oder der Stimme des Gewissens folgen.

Angst, die nicht durch wirksame Maßnahmen beseitigt werden kann, wird als *traumatische* (traumatic) *Angst* bezeichnet. Sie reduziert die Person auf einen Zustand infantiler Hilflosigkeit. Der Prototyp aller späteren Angst ist das Geburtstrauma. Das Neugeborene wird mit Reizen der extrauterinen Umwelt bombardiert, auf die es nicht vorbereitet ist und mit denen es allein nicht fertig werden kann. Das Baby braucht ein geschütztes Milieu, bis sein Ich Gelegenheit erhalten hat, sich so weit an die Umwelt anzupassen, daß es auch starke Stimulation adäquat beantwortet. Kann das Ich die Angst nicht auf rationale Weise meistern, muß es sich auf unrealistische Wege zurückziehen. Diese sind die sogenannten Abwehrmechanismen des Ich, welche wir im folgenden Abschnitt diskutieren wollen.

Die Entwicklung der Persönlichkeit

Freud war wohl der erste psychologische Theoretiker, der den Entwicklungsaspekt der Persönlichkeit in den Vordergrund rückte und insbesondere den frühen Jahren der Kleinkindzeit und Kindheit für die Grundlegung der Charakterstrukturen eine wesentliche Rolle zuschrieb. Ja, er glaubte, daß die Persönlichkeit am Ende des fünften Lebensjahres ziemlich gut ausgebildet sei und das nachfolgende Wachstum zum größten Teil darin bestehe, diese Grundstrukturen zu entfalten. Zu diesem Schluß kam er aufgrund seiner Erfahrungen mit Patienten, die sich einer Psychoanalyse unterzogen. Ihre seelischen Explorationen führten unweigerlich auf frühkindliche Erlebnisse zurück, die sich für die Entstehung der Neurose im späteren Leben als entscheidend herausstellten. Freud sah im Kind den „Vater des Mannes". Angesichts dieser starken Bevorzugung der genetischen Erklärung des ausgereiften Verhaltens ist es interessant, daß Freud selten kleine Kinder direkt studierte. Er zog es vor, die Lebensgeschichte eines erwachsenen Menschen aus jenen Zeugnissen zu rekonstruieren, die ihm dessen Erinnerungen lieferten.

Die Persönlichkeit strukturiert sich aufgrund von vier hauptsächlichen Spannungsursachen: (1) physiologischen Wachstumsprozessen, (2) Frustrationen, (3) Konflikten, (4) Gefahren. Als direkte Folge der von diesen Quellen herrührenden vermehrten Triebspannung ist die Person gezwungen, neue Wege der Spannungsverminderung zu suchen. Das damit verbundene Lernen ist es, das mit Persönlichkeitsentwicklung gemeint ist. (Eine präzise Besprechung von Freuds Lerntheorie enthält Hilgard/Bower 1966.) Die zwei Methoden aber, welche dem Menschen zu Gebote stehen, um seine Frustrationen, Konflikte und Ängste aufzulösen, heißen Identifizierung und Verschiebung.

Identifizierung

Dieser Begriff wurde bereits in einem früheren Abschnitt eingeführt, um der Ich- und Über-Ich-Bildung Rechnung zu tragen. In unserem jetzigen Zusammenhang kann er definiert werden als die Art und Weise, in der ein Mensch die Besonderheiten eines anderen übernimmt und sie zu einem festen Bestandteil seiner eigenen Persönlichkeit macht. Er lernt die Spannung zu reduzieren, indem er sein Verhalten nach dem eines Mitmenschen ausrichtet. Freud zog den Begriff der *Identifizierung* dem geläufigeren Wort Imitation vor, weil er fand, daß letztere eine oberflächliche und begrenzte Art der Nachahmung bezeichne, während er einen Ausdruck brauchte, der an eine mehr oder weniger dauernde Erwerbung durch die Persönlichkeit denken ließ.

Normalerweise nehmen wir uns Menschen zum Vorbild, die in der Befriedigung ihrer Bedürfnisse erfolgreicher zu sein scheinen, als wir selbst es sind. Das Kind identifiziert sich mit seinen Eltern, weil sie ihm allmächtig vorkommen, zumindest während der frühen Lebensjahre. Wenn das Kind älter wird, findet es andere Leute, mit denen es sich identifizieren kann, weil ihre Fähigkeiten mehr zu seinen dann aktuellen Wünschen passen. Jede Periode hat gewöhnlich ihre charakteristischen Bezugspersonen, zu denen man aufblickt. Überflüssig zu sagen, daß der größte Teil dieser Identifikationen unbewußt vor sich geht und nicht, wie das Wort suggerieren mag, mit bewußter Absicht.

Ein Mensch braucht sich nicht unbedingt in jeder Hinsicht mit einem anderen zu identifizieren. Meist trifft er eine Auswahl und macht sich nur jene Züge zu eigen, von denen er glaubt, daß sie ihm beim Verfolgen eines erwünschten Zieles behilflich seien. Es liegt ein gut Teil Versuch-und-Irrtum im Identifikationsprozeß, da man ja nie ganz sicher sein kann, was nun eigentlich bei einem anderen Menschen für dessen Erfolg verantwortlich ist. Letztenendes kommt es darauf an, ob die Identifizierung hilft, die Triebspannung zu vermindern; wenn sie es vermag, wird die entsprechende Eigenschaft übernommen, wenn nicht, wird sie verworfen. Dabei sind Identifikationen nicht nur mit anderen Personen möglich, sondern auch mit bloß eingebildeten Charakteren, Institutionen, abstrakten Ideen, mit Tieren wie auch Gegenständen der unbelebten Natur.

Die Identifizierung ist auch eine Methode, mit der man ein verlorengegangenes Objekt wiedergewinnen kann. Indem man sich mit einer geliebten Person identifiziert, die gestorben oder von der man sonstwie getrennt ist, kommt es zu einer Art Reinkarnation, d. h. die fremden Charakterzüge werden quasi der eigenen Persönlichkeit einverleibt. Kinder, die von ihren Eltern abgelehnt werden, pflegen sich ganz besonders mit ihnen zu identifizieren, in der Hoffnung, ihre Liebe zurückzuerlangen. Man kann sich aber auch aus Furcht mit einem anderen Wesen identifizieren. So übernimmt das ängstliche Kind die Verbote der Eltern, um der möglichen Strafe zu entgehen. Diese Art der Identifizierung ist die Grundlage für die Bildung des Über-Ich. Die endgültige Struktur der Persönlichkeit repräsentiert eine Anhäufung von zahlreichen Identifikationen, die aus verschiedenen Entwicklungsstufen eines Menschen stammen, wenngleich die Mutter und der Vater wahrscheinlich das ganze Leben über die wichtigsten Bezugspersonen bleiben.

Verschiebung

Wenn die ursprüngliche Objektwahl eines Triebes sich infolge äußerer oder innerer Hindernisse (Gegenbesetzungen) als unzugänglich erweist und die Triebregung nicht der Verdrängung anheimfällt, wird ein neuer Gegenstand besetzt. Dieser Vorgang heißt *Verschiebung* (displacement). Ist auch das zweite Objekt blockiert, so muß die Energie erneut verschoben werden, und so weiter, bis ein Gegenstand gefunden ist, der zumindest einen Teil der angestauten Spannung zu entladen vermag. Diese Besetzung bleibt so lange erhalten, bis sie ihre Wirksamkeit zur Spannungsreduktion verliert und die Suche nach einem geeigneten Zielobjekt wieder von vorn beginnt. Während der mannigfach wechselnden Verschiebungen, die in so großem Ausmaß die

Entwicklung der Persönlichkeit konstituieren, bleiben Quelle und Ziel des Triebes konstant; es sind immer nur die Objekte, die variieren.

Ein Ersatzobjekt ist selten, wenn überhaupt jemals, so befriedigend oder spannungslösend wie das ursprüngliche Objekt, und so läßt sich aus dem Grad der Spannungsabfuhr die Nähe oder Ferne zum Primärobjekt abschätzen. Als Folge der zahlreichen Verschiebungen wird ein Reservoir von unentladener Spannung angehäuft, welche als permanenter, das Verhalten motivierender Triebanspruch wirkt. Die Person sucht ständig nach neuen und besseren Wegen der Spannungsminderung, woher die Variabilität und Diversität des Verhaltens und auch die Ruhelosigkeit eines Menschen rühren. Andererseits wird die Persönlichkeit infolge der Kompromisse, die zwischen den drängenden Triebkräften und den vom Ich und Über-Ich ausgehenden Widerständen geschlossen werden, mit zunehmendem Alter mehr oder weniger stabil.

Wie bereits an anderer Stelle geschrieben, pflegen „Interessen, Neigungen und alle übrigen Arten von erworbenen Motiven [zu] überdauern, weil sie in einem gewissen Grade sowohl Lustgewinn bringen, als auch frustrierend sind. Sie bleiben bestehen, weil sie keine vollständige Befriedigung zu bringen vermögen ... Jeder Kompromiß bedeutet zugleich einen Verzicht. Jemand gibt etwas auf, das er mit ganzer Seele erwünscht, aber nicht erreichen kann, und nimmt etwas Zweit- oder Drittbestes, welches er erhalten kann" (Hall 1954, S. 104).

Freud wies darauf hin, daß die Entwicklung der Zivilisation durch die Hemmung primitiver Objektwahl und die Ablenkung der natürlichen Triebenergie in gesellschaftlich akzeptierte, kulturschaffende Kanäle ermöglicht wurde (1930a). Eine Verschiebung, welche eine kulturell höherstehende Leistung erzeugt, wird als *Sublimation* (sublimation) bezeichnet. Freud bemerkte in diesem Zusammenhang, daß Leonardo da Vincis Interesse an Madonnenbildnissen ein sublimierter Ausdruck des Verlangens nach intimen Beziehungen zu seiner Mutter gewesen sei, von der er bereits in zartem Alter getrennt worden war (1910c). Da nun Sublimation nicht zu einer vollkommenen Befriedigung führt, genausowenig wie irgendeine Verschiebung es vermag, gibt es immer eine gewisse Restspannung. Diese kann sich unter Umständen als Nervosität oder Rastlosigkeit entladen, die nach Freuds Ansicht der Preis sind, welchen die Menschheit für ihre zivilisierte Lebensweise zu zahlen habe (1908d).

Die Richtung, welche die Verschiebung einschlägt, wird durch zwei Faktoren bestimmt; einmal durch die Ähnlichkeit des Ersatzobjekts mit dem ursprünglichen und zum andern durch die von der Gesellschaft auferlegten Sanktionen und Verbote. Der Ähnlichkeitsfaktor ist der Grad, in dem die zwei Objekte im Bewußtsein der Person identifiziert werden. Leonardo malte Madonnen und keine Bäuerinnen oder Aristokratinnen, weil er seine Mutter mehr als Madonna sah denn als einen anderen Frauentypus. Die Gesellschaft – repräsentiert durch Eltern und sonstige Autoritäten – gestattet bestimmte

Verschiebungen, während sie andere verpönt. Das Kind lernt, daß es erlaubt ist, an einem Lolli zu lutschen, an einem Daumen aber nicht.

Die Fähigkeit, ersatzweise neue Objektbindungen einzugehen, ist der wirkungsvollste Mechanismus für die Persönlichkeitsentwicklung überhaupt. Das komplexe Flechtwerk von Interessen, Vorzügen, Werten, Einstellungen und Neigungen, welche die Persönlichkeit des Menschen charakterisieren, entsteht vor allem durch jene Triebverlagerungen. Wäre psychische Energie nicht verschiebbar und aufteilbar, so gäbe es keine Entwicklung der Person. Der Mensch gliche einem leblosen Roboter, der kraft instinktiven Antriebs mechanisch starre und programmhaft unveränderliche Verhaltensmuster produzierte.

Die Abwehrmechanismen des Ich

Unter dem Druck exzessiver Angst ist das Ich manchmal gezwungen, zum Zwecke der Erleichterung zu extremen Maßnahmen Zuflucht zu nehmen. Es sind dies die sogenannten *Abwehrmechanismen* (defense mechanisms). Ihr Repertoire umfaßt in der Hauptsache Verdrängung, Projektion, Reaktionsbildung, Fixierung und Regression (Anna Freud 1946). Alle Abwehrmechanismen haben zwei Merkmale gemeinsam: erstens leugnen, verfälschen oder verdrehen sie die Realität, und zweitens wirken sie unbewußt, so daß die sie anwendende Person gar nicht weiß, was eigentlich vor sich geht.

Verdrängung. Dieser Begriff ist einer der frühesten der Psychoanalyse. Bevor Freud zu der engültigen Formulierung seiner Persönlichkeitstheorie im Sinne von Es, Ich und Über-Ich gelangte, unterteilte er die Seele in drei Regionen: Das Bewußte, das Vorbewußte und das Unbewußte. *Vorbewußt* (preconscious) nannte er diejenigen psychischen Inhalte, die *bewußt* (conscious) werden konnten, wenn ein Bedürfnis dafür aufkam. *Unbewußtes* (unconscious) Material dagegen sollte für das Wachbewußtsein relativ schwer zugänglich sein; es befand sich sozusagen im Zustand der *Verdrängung* (repression).

Als Freud seine Theorie der Persönlichkeit revidierte, wurde der Begriff der Verdrängung als einer der Abwehrmechanismen des Ich bewahrt. (Gill 1963 weist darauf hin, daß Freud die unsprüngliche Topographie der Seele im Sinne von bewußt, vorbewußt und unbewußt zugunsten eines Sturkturmodells mit den Bereichen Es, Ich und Über-Ich aufgab, da die Verdrängung und das Verdrängte nicht in demselben System sein konnten. Er schrieb die Verdrängungsfunktion dem Ich zu, und das, was verdrängt wurde, dem Es. Vgl. auch Arlow/Brenner 1964.) Zu einer Verdrängung kommt es nach Freud regelmäßig dann, wenn eine Objektwahl, die ungebührliche Angst erregt, durch eine Gegenbesetzung aus dem Bewußtsein gedrängt wird. Zum Beispiel kann ein aufwühlendes oder peinliches Erlebnis von der Erinnerung ausgeschlossen werden, oder etwas, das offen zutage liegt, bleibt den Sinnen verborgen, weil die Wahrnehmung desselben unterdrückt wird. Die Verdrängung vermag sogar die normalen Körperfunktionen zu beeinträchtigen. Jemand wird unter Umständen sexuell impotent, weil er sich vor seinem Geschlechtstrieb fürchtet, oder er kann – als Folge der Verdrängung feindseliger Gefühle – an Arthritis erkranken.

Verdrängungen können den Weg über opponierende Gegenbesetzungen einschlagen oder sich in Form einer Verschiebung äußern. Wenn die Energieverlagerung mit Erfolg das Wiedererwachen der Angst verhindern soll, so muß sie in eine geeignete symbolische Form verkleidet werden. Ein Sohn, der seine feindseligen Gefühle gegen seinen Vater verdrängt hat, wird diese vielleicht anderen Autoritäten bzw. deren Symbolen gegenüber zum Ausdruck bringen.

Einmal erfolgte Verdrängungen sind schwer wieder aufzuheben. Der Betreffende müßte sich vergewissern, daß die Gefahr nicht mehr vorhanden ist, aber eine solche Vergewisserung, die nur durch eine angemessene Prüfung der Realität erfolgen könnte, ist unmöglich, solange die Verdrängung anhält. Ein wahrer Teufelskreis! Aus diesem Grunde trägt noch der Erwachsene eine Menge kindlicher Ängste mit sich herum; und es bietet sich ihm nie die Gelegenheit zu entdecken, daß sie in Wirklichkeit gar keine Grundlage mehr haben.

Projektion. Realangst ist für das Ich gewöhnlich leichter zu ertragen als neurotische oder auch als Gewissensangst. Infolgedessen wird ein von Ängsten geplagter Mensch wahrscheinlich größere Erleichterung erfahren, wenn er die Quelle der Angst der Außenwelt zuschreiben kann anstatt den eigenen primitiven Impulsen oder den Drohungen des Gewissens. Dieser Mechanismus, durch den sowohl neurotische wie auch Gewissensangst in eine objektbezogene Furcht umgewandelt werden kann, wird *Projektion* (projection) genannt. Die Konversion ist um so eher möglich, als die ursprüngliche Quelle der beiden irrealen Angstformen die Furcht vor Bestrafung durch eine äußere Macht ist. In der Projektion sagt man einfach „Er haßt mich" anstatt „Ich hasse ihn" oder „Der andere verfolgt mich" anstatt „Mein Gewissen plagt mich". Projektionen dienen damit einem doppelten Zweck. Sie reduzieren die Angst, indem die größere Gefahr durch eine geringere ersetzt wird; und sie ermöglichen es dem bedrohten Ich, seine Impulse unter der Maske der Verteidigung gegen Feinde auszudrücken.

Reaktionsbildung. Diese Abwehrmaßnahme enthält die Ersetzung eines im Bewußtsein Angst erzeugenden Impulses oder Gefühls durch sein Gegenteil. Zum Beispiel wird Haß durch Liebe ersetzt. Der ursprüngliche Impuls besteht weiter, aber er ist bemäntelt oder verschleiert durch einen anderen, der keine Angst verursacht.

Oft stellt sich die Frage, wie eine solche *Reaktionsbildung* (reaction formation) von dem echten Ausdruck eines Impulses oder Gefühls unterschieden werden kann. Wie kann man z. B. reaktive Liebe und wahre Liebe auseinanderhalten? Gewöhnlich zeigt sich eine Reaktionsbildung durch übertriebenes Gehabe – der Betreffende protestiert zu viel – und durch gezwungenes Auftreten. Extreme Verhaltensweisen aller Art verraten sich in der Regel als Symptombildung. Manchmal gelingt es der Reaktion durchaus, den ursprünglichen – und abzuwehrenden – Impuls zu befriedigen, so wenn eine Mutter ihr Kind mit allzu viel Aufmerksamkeit und Zuneigung geradezu erstickt.

Fixierung und Regression. Im Verlauf der normalen Entwicklung (die wir im nächsten Abschnitt betrachten werden) durchläuft die Persönlichkeit eine Reihe von ziemlich eindeutig definierbaren Phasen, bevor sie schließlich die Reife erlangt. Jeder neue Schritt, der unternommen wird, hat jedoch ein gewisses Maß an Frustration und Angst zur Folge, und wenn diese zu groß werden, kann das normale Wachstum zeitweilig oder für immer zum Stillstand kommen. Mit anderen Worten, das Individuum bleibt auf einem der frühen Stadien der Entwicklung fixiert, weil das Wagnis des nächsten Schrittes zu sehr mit Angst besetzt ist. Das allzu abhängige Kind demonstriert seine Abwehr durch *Fixierung* (fixation); die Angst hindert es daran, seine Selbständigkeit [und damit Freiheit] zu erringen.

Eine engverwandte Abwehrform ist die der *Regression* (regression). Hierbei zieht sich die Person, die traumatischen Erlebnissen ausgesetzt ist, auf eine frühere Entwicklungsstufe zurück. Zum Beispiel wird ein Kind, das durch seinen ersten Schultag verschüchtert ist, sich wie ein Kleinkind benehmen, indem es weint, an seinem Daumen lutscht, sich an die Lehrerin anhängt oder sich in einer Ecke versteckt. Eine frisch verheiratete Frau, die Schwierigkeiten mit ihrem Ehemann hat, kehrt unter Umständen in die Geborgenheit des Elternhauses zurück. Oder ein Mann, der seine Stellung verloren hat, sucht Trost in der Flasche. Der Weg der Regression ist gewöhnlich durch die frühere Fixierung des Betreffenden bestimmt. Das heißt, jemand pflegt in die Phase zu regredieren, zu der noch unabgelöste affektive Bindungen bestehen. Wer als Kind sehr unselbständig war, wird wahrscheinlich wieder in starke Abhängigkeit zurückfallen, wenn seine Angst in unerträglicher Weise ansteigt.

Fixierung und Regression sind normalerweise relative Zustände; selten bleibt ein Mensch vollständig fixiert, noch regrediert er völlig. Vielmehr tendiert die Persönlichkeit dahin, gewisse Infantilismen, d.h. unreife Formen des Verhaltens, einzuschließen wie auch die Prädisposition, sich angesichts von Fehlschlägen kindisch zu benehmen. So sind beide, Fixierungen und Regressionen, für die Unausgeglichenheit in der Persönlichkeitsentwicklung verantwortlich.

Entwicklungsphasen

Freud glaubte, daß das Kind in seinen ersten fünf Lebensjahren eine Reihe von dynamisch differenzierten Stadien durchläuft, nach welchen für die Dauer der folgenden fünf oder sechs Jahre – der sogenannten Latenzperiode – das Seelenleben sich mehr oder weniger stabilisiert. Mit Beginn der Adoleszenz bricht die Dynamik plötzlich wieder auf, um im Übergang vom Jugend- zum Mannes- (bzw. Frauen-)alter sich allmählich zu beruhigen. Freud schienen jedoch die allerersten Lebensjahre *für die Gestaltung der Persönlichkeit den Ausschlag zu geben.* [Der Terminus technicus (Entwicklungs)Phase wird hier – wie bei Freud selbst – durch andere Ausdrücke wie Stadium, Stufe u.ä. paraphrasiert, ohne daß damit mehr als eine Nuancierung der Bedeutungen – etwa im Sinne A. Busemanns – angestrebt ist. D.Ü.].

Jede Entwicklungsphase während der ersten fünf Jahre wird im Hinblick auf die Reaktionsweisen einer besonderen Körperzone definiert. Während des ersten Stadiums, das ungefähr ein Jahr andauert, ist der Mund die Hauptregion der dynamischen Aktivität. Auf diese *orale* (oral) Phase folgt die Bildung von Besetzungen und Gegenbesetzungen im Zusammenhang mit den Ausscheidungsfunktionen; dieses sogenannte *anale* (anal) Stadium dauert das zweite Jahr über an. Als nächstes kommt das *phallische* (phallic) Stadium, in welchem die Sexualorgane die vorherrschenden erogenen Zonen werden. Nach diesen als prägenitale Entwicklung zusammengefaßten drei Abschnitten tritt das Kind in eine längere [sexuelle] Latenzzeit ein, die ruhigen Jahre – dynamisch gesprochen. Während dieser Periode verharren die Impulse gewöhnlich in einem Zustand der Verdrängung. Die dynamische Wiederbelebung der Adoleszenz reaktiviert die prägenitalen Impulse; gelingt dem Ich deren Verschiebung bzw. Sublimierung, so geht die Person in das letzte Stadium der Reifung über, die *genitale* Phase.

Die orale Phase. Die Hauptquelle der Lust, die von der Mundregion herrührt, ist die des Essens. Damit verbunden sind Berührungsreize an den Lippen und in der Mundhöhle sowie das Herunterschlucken oder, wenn die Speise nicht schmeckt, das Ausspucken. Später, wenn die Zähne durchbrechen, dient der Mund dem Beißen und Kauen. Diese zwei Arten oraler Betätigung, die Einverleibung von Nahrung und deren Bearbeitung mit den Zähnen, sind die Urmuster für viele sich später entwickelnde Charakterzüge. Die aus oraler Inkorporation gezogene Lust kann auf andere ‚einnehmende' Verhaltensweisen verschoben werden, so etwa, wenn Erwerb von Wissen oder Besitztum einen Lustgewinn verbürgt. Ein leichtgläubiger Mensch zum Beispiel ist jemand, der auf der oralen Stufe fixiert ist: er wird so gut wie alles ‚schlucken', was man ihm erzählt. Beißen oder orale Aggression kann sich in Form von Sarkasmus und Streitlust äußern. Durch Verschiebungen und Sublimierungen der verschiedensten Art wie auch durch Abwehrmaßnahmen gegen die primitiven Triebimpulse liefern diese ursprünglichen oralen Funktionsweisen die Grundlage für die Entwicklung eines ausgedehnten Geflechts von Interessen, Einstellungen und Charaktereigenschaften.

Da überdies die orale Phase zu einer Zeit durchlebt wird, in der das Baby – was den Unterhalt angeht – fast vollständig auf den Beistand seiner Mutter angewiesen ist und von ihr gehegt und gepflegt und vor Unbilden bewahrt wird, entstehen in dieser Phase Gefühle der Abhängigkeit. Diese tendieren trotz späterer Ichentwicklungen dahin, während des ganzen Lebens anzudauern, und sie kommen gewöhnlich immer dann zum Vorschein, wenn das Individuum geängstigt oder verunsichert wird. Freud glaubte, daß das stärkste Zeichen für die Abhängigkeit der Wunsch nach Rückkehr in den Mutterleib sei.

Die anale Phase. Wenn die eingenommene Nahrung verdaut ist, stauen sich die Rückstände am unteren Ende des Darmtraktes und werden reflektorisch entleert, sobald der Druck auf den analen Sphinkter eine bestimmte Höhe erreicht. Die Ausscheidung der Fäzes beseitigt den Anlaß des Unbehagens und erzeugt ein Gefühl der Erleichterung. Wenn die Reinlichkeitsgewöhnung eingeleitet wird, was in der Regel während des zweiten Lebensjahres geschieht, macht das Kind seine ersten entscheidenden Erfahrungen mit der äußeren Regulierung eines Triebimpulses. Es hat zu lernen, die von der Erleichterung seiner analen Spannungen herrührenden Lustempfindungen aufzuschieben. Je nachdem, welche Methode der Reinlichkeitserziehung die Mutter anwendet und welche Einstellung sie gegenüber der Defäkation hat, können die Konsequenzen dieses Trainings weitreichende Wirkungen auf die Ausformung besonderer Charaktereigenschaften und Wertvorstellungen haben. Ist die Mutter in ihren Methoden sehr streng und unduldsam, so wird das Kind unter Umständen seinen Kot zurückhalten, was zu einer Verstopfung führen kann. Wenn diese Reaktionsweise auf andere Bereiche des Verhaltens ausgedehnt wird, entwickelt das Kind einen retentiven (d.h. zurück-haltenden) Charakter: es wird eigensinnig und geizig werden. Andererseits mag es unter dem Zwang repressiver Maßnahmen seinem Zorn freien Lauf lassen, indem es seine Fäzes zur unpassendsten Zeit von sich gibt. Dies ist das Grundschema für alle Arten von expulsiven (ausstoßenden) Persönlichkeitszügen: Grausamkeit, mutwillige Zerstörungssucht, kollerartige Temperamentsausbrüche, Unordentlichkeit und Liederlichkeit – um nur einige wenige zu nennen. Gehört die Mutter dagegen zu jener Art Frauen, die ihr Kind dringend um eine Darmbewegung bitten und es übertrieben loben, wenn es willig ist, dann wird das Kind zu der Auffassung kommen, daß die ganze Tätigkeit der fäkalen Produktion äußerst wichtig sei, und diese Vorstellung kann die Basis für spätere Kreativität und Produktivität abgeben. Unzählige andere Charakterzüge haben so mutmaßlich ihre Wurzeln in der analen Phase.

Die phallische Phase. Während dieser Phase der Persönlichkeitsentwicklung treten sexuelle und aggressive Gefühle – verbunden mit der Funktion der Genitalien – in den Mittelpunkt des Interesses. Die Lust am Onanieren und das Phantasieleben des Kindes, das seine autoerotische Betätigung begleitet, schaffen die Voraussetzungen für das Erscheinen des *Ödipuskomplexes* (Oedipus complex). Dieses Prinzip, dessen Identifikation Freud als eine seiner größten Entdeckungen ansah, ist nach dem antiken König von Theben benannt, welcher seine Mutter heiratete, nachdem er seinen Vater getötet hatte.

Kurz gesagt, besteht der Ödipuskomplex aus einer erotischen Bindung an den Elternteil des entgegengesetzten Geschlechts und einer feindlichen Besetzung des gleichgeschlechtlichen Elters. Der Junge begehrt seine Mutter und beseitigt in Gedanken seinen Vater; das Mädchen wünscht den Vater zu besitzen und ‚entfernt' deshalb die Mutter. Diese Gefühle finden ihren Ausdruck in den die Masturbation begleitenden Phantasien des Kindes wie auch in der abwechselnd liebenden und rebellischen Haltung gegenüber seinen Eltern. Das Betragen des drei- bis fünfjährigen Kindes ist in großem Maße durch die Wirksamkeit des Ödipuskomplexes gekennzeichnet, der zwar nach dem fünften Lebensjahr modifiziert wird und schließlich der Verdrängung unterliegt, während des ganzen Lebens aber eine vitale Antriebskraft der Persönlichkeit bleibt. So sind beispielsweise die individuellen Einstellungen zum anderen Geschlecht oder zu Autoritätsfiguren weitgehend durch den Ödipuskomplex bedingt.

Entstehung und Schicksal des Ödipuskomplexes sind beim männlichen und weiblichen Geschlecht verschieden. Zunächst lieben alle Kinder natürlich die Mutter, weil sie ihre Bedürfnisse befriedigt, und sie grollen dem Vater und betrachten ihn als Rivalen, weil er ihre Mutter liebt. Diese Gefühle bleiben beim Jungen bestehen, ändern sich dagegen beim Mädchen.

Betrachten wir zunächst die Ereignisse, welche die Entwicklung des männlichen Ödipuskomplexes charakterisieren. Das inzestuöse Verlangen des Knaben nach der Mutter und sein wachsendes Ressentiment gegen den Vater bringen ihn in Konflikt mit seinen Eltern, besonderes mit letzterem. Er bildet sich ein, daß sein überlegener Rivale ihm Schaden zufügen werde, und seine Befürchtungen können unter Umständen tatsächlich durch Drohungen eines zürnenden und strafenden Vaters bestärkt werden. Seine Ängste hinsichtlich dessen, was der Vater ihm antun könnte, kreisen um die Beschädigung seines Genitales, weil es die Quelle lustvoller Gefühle ist. Er fürchtet, daß sein eifersüchtiger Nebenbuhler das anstößige Organ entfernen könne. Eine solche Furcht vor dem Kastriertwerden oder, wie Freud es nannte, *Kastrationsangst* (castration anxiety), führt zur Verdrängung der sexuellen Begierde nach der Mutter sowie der Feindseligkeit gegen den Vater. Sie ermöglicht dem Jungen darüber hinaus eine Identifizierung mit seinem Vater, durch welche er zu einer, wenn auch nur mitempfundenen (vicarious), Befriedigung seiner auf die Mutter gerichteten sexuellen Impulse gelangt. Zugleich verwandelt sich sein gefahrvolles erotisches Interesse für die Mutter in eine harmlose zärtliche Zuneigung zu ihr. Am Ende gibt die Verdrängung des Ödipuskomplexes den Anstoß für die abschließende Entwicklung des Über-Ich, das zum Bollwerk gegen Inzest und Aggression wird. Das Über-Ich ist somit – wie Freud es ausdrückte – der Erbe des männlichen Ödipuskomplexes.

Die Folge von Ereignissen, welche den weiblichen Ödipuskomplex aufkommen und wieder vergehen lassen, ist verwickelter. Zunächst ersetzt das Mädchen sein ursprüngliches Liebesobjekt, die Mutter, durch ein neues Objekt, den Vater. Daß dies geschieht, hängt von der Enttäuschung ab, mit der das Mädchen reagiert, wenn es entdeckt, daß die Knaben ein vorstehendes Geschlechtsorgan besitzen, den Penis, während es selbst nur ein ‚Loch' hat. Diese traumatische Entdeckung hat mehrere bedeutsame Konsequenzen. Einmal macht das Mädchen die Mutter für seinen kastrierten Zustand verantwortlich, was die libidinöse Beziehung zu ihr aufweicht. Zum andern überträgt es seine Liebe auf den Vater, weil er das hochgeschätzte Organ besitzt, dessen es so gern teilhaftig werden möchte. Jedoch mischt sich in seine Liebe zum Vater wie auch zu anderen Männern ein Gefühl des Neides, weil jene etwas haben, was ihm fehlt. Dieser sog. *Penisneid* (pēnis envy) ist das weibliche Gegenstück zur Kastrationsangst beim Jungen, und beide faßt man unter dem Terminus *Kastrationskomplex* (castration complex) zusammen. Das Mädchen bildet sich ein, daß es etwas Wertvolles verloren habe, während der Junge befürchtet, das er es verlieren könne. Zu einem Teil wird das Fehlen des Penis später dadurch kompensiert, daß nur die Frau ein Baby bekommen und dies sogar männlichen Geschlechts sein kann.

Beim Mädchen leitet der Kastrationskomplex den Ödipuskomplex ein, und zwar dadurch, daß seine Beziehung zur Mutter sich abschwächt und statt dessen der Vater mit Libido besetzt wird. Anders als der männliche Ödipuskomplex, der infolge der Kastrationsangst verdrängt oder sonstwie verändert wird, neigt der weibliche Ödipuskomplex zur Dauer, erfährt allerdings aufgrund der Realitätsschranken, welche der Erfüllung erotischer Wünsche durch den Vater entgegenstehen, eine gewisse Modifikation. Er unterliegt aber keiner so starken Verdrängung wie jener des Knaben. Diese ungleiche Manifestation des Ödipus- und des Kastrationskomplexes bildet die Grundlage für viele psychologische Unterschiede zwischen den Geschlechtern.

Freud nahm an, daß jeder Mensch von Natur aus bisexuell sei; jeder werde sowohl von Angehörigen desselben wie auch des anderen Geschlechts angezogen. Auf dieser konstitutionellen Basis entstehe Homosexualität, auch wenn bei den meisten Leuten die homosexuellen Impulse latent bleiben. Die Eigenschaft der Bisexualität kompliziert den Ödipuskomplex, indem sie libidinöse Besetzungen für den gleichgeschlechtlichen Elternteil bewirke. Infolgedessen seien die Gefühle des Knaben für seinen Vater und die des Mädchens für seine Mutter eher ambivalent als völlig klar. Übrigens wird die Annahme der Bisexualität durch Untersuchungen der endokrinen Drüsen gestützt, die ziemlich schlüssig zeigen, daß in jedem Geschlecht sowohl männliche als auch weibliche Sexualhormone vorkommen.

Das Auftauchen und die Entwicklung des Ödipus- und Kastrationskomplexes sind der entscheidende Vorgang der phallischen Phase; in ihrem Gefolge bleiben eine Menge von Ablagerungen in der Persönlichkeit zurück.

Die genitale Phase. Die libidinösen Besetzungen der prägenitalen Stadien tragen narzistischen Charakter. Das bedeutet, daß das Kind die Befriedigung aus der Stimulation und Manipulation seines eigenen Körpers zieht und andere Objekte nur gewählt werden, weil sie zusätzliche Möglichkeiten körperlicher Lust bieten. Während des Heranwachsens wird ein Teil dieser – mit Freud Narzismus genannten – Selbstliebe in eine echte Objektwahl kanalisiert. Der Heranwachsende beginnt andere aus altruistischen Motiven zu lieben, nicht einfach aus selbstischen oder narzistischen Gründen. Sexuelle Anziehungskraft, Gruppenzugehörigkeit, soziales Einleben, berufliche Pläne und Vorbereitung auf Heirat und Gründung einer Familie gewinnen an Bedeutung. Am Ende der Adoleszenz werden diese sozialisierten, uneigennützigen Bindungen weitgehend stabil in Form von habituellen Verschiebungen, Sublimierungen und Identifikationen. Und wenn die wesentliche biologische Funktion der genitalen Phase die der Reproduktion ist, so helfen die psychologischen Aspekte, dieses Ziel zu erreichen, indem sie ein gewisses Maß an Stabilität und Sicherheit liefern.

Obwohl nun Freud in der Persönlichkeitsentwicklung vier gesonderte Phasen unterschied, nahm er nicht an, daß es irgendwelche scharfen Brüche oder plötzlichen Veränderungen beim Übergang von einem Stadium in das folgende gebe. In Wirklichkeit wandelt sich die Person ganz allmählich von einem lustsuchenden, narzistischen Kind in einen realitäts- und gesellschaftsbezogenen reifen Erwachsenen. Auch werden die prägenitalen Impulse nicht etwa nur auf die genitalen verschoben; vielmehr werden die Besetzungen der oralen, analen und phallischen Phasen mit den neuentstehenden Impulsen zu einer Einheit verschmolzen, so daß die endgültige Persönlichkeitsorganisation Beiträge aus allen vier Entwicklungsstufen umfaßt.

Charakteristische Forschung und Forschungsmethoden

Die empirischen Daten, auf die Freud seine Theorien gründet, bestanden in der Hauptsache aus verbalen Äußerungen und besonders ausgeprägtem Verhalten von Patienten, die sich einer psychischen Behandlung unterzogen. Obwohl Freud an den exakten Methoden der Naturwissenschaft des 19. Jahrhunderts geschult war und bereits einen ausgezeichneten Ruf als medizinischer Forscher erworben hatte, bevor er sich psychologischen Fragen zuwandte, verzichtete er in seinen Untersuchungen des menschlichen Seelenlebens auf alle experimentellen oder kontrollierten Beobachtungstechniken. Freud gehörte nicht der Experimentellen Psychologie an, die 1860 von Gustav Theodor Fechner begründet und in den folgenden zwei Jahrzehnten durch Wilhelm Wundt zu einer Wissenschaft ausgebaut worden war. Natürlich war er mit dieser Strömung vertraut und auch von Fechners Philosophie beeinflußt, dennoch wurde er kein Experimentalpsychologe. Freud machte weder kontrollierte psychologische Experimente noch sammelte er exakte Daten, um sie quantitativ zu analysieren, wie andere Psychologen des 19. Jahrhunderts es taten. Man sucht in seinen Schriften vergeblich nach einer Tabelle oder Graphik. Auch führte er niemals einen diagnostischen Test oder eine andere Art von objektiver Einschätzung der Persönlichkeit durch. Seine Ideen entstanden im Laufe der Behandlung, während er jene Mischung von Wirklichkeit und Einbildung, die für die Äußerungen seelisch Erkrankter charakteristisch ist, zu zerlegen suchte.

Dennoch wäre es völlig falsch zu sagen, daß die Verbalisierungen von Patienten die einzigen Elemente waren, aus denen Freud seine Theorien bildete. Genauso wichtig wie diese Rohdaten war sicherlich die äußerst kritische Haltung, mit der er die freien Assoziationen seiner Kranken analysierte. Heute würden wir sagen, die von ihm verwandte Methode sei dem Prinzip der inneren Konsistenz (internal consistency) gefolgt. Die aus einem Teil des Materials abgeleiteten Folgerungen wurden mit Zeugnissen, die andernorts auftauchten, verglichen, so daß die letzten aus einem Fall gezogenen Schlüsse auf ein ineinandergreifendes Netzwerk aus Tatsachen und Schlußfolgerungen gegründet waren. Freud ging bei seiner Arbeit etwa so vor wie ein Detektiv, der Beweise sammelt, oder ein Anwalt, der einen Fall für die Geschworenen vorbereitet. Alles mußte haargenau zusammenpassen, bevor Freud überzeugt war, daß er sich auf die richtige Interpretation verlegt hatte. Zudem muß man sich vor Augen halten, daß schon ein einziger Patient, der zwei oder drei Jahre lang wöchentlich fünf Stunden in die Praxis kam, ein immenses Material erbrachte und daß Freud somit umfassend Gelegenheit hatte, wieder und wieder seine Mutmaßungen zu überprüfen, bis er sich für die endgültige Deutung entschied. Im Gegensatz dazu wird das Subjekt in einem typischen, unter kontrollierten Bedingungen durchgeführten psychologischen Experiment durchschnittlich nur für eine oder zwei Stunden beobachtet oder getestet. Sicherlich gehört die intensive Untersuchung des Einzelfalls neben der Anwendung der Methode innerer Konsistenz für die Prüfung von Hypothesen zu Freuds bedeutendsten Beiträgen zur psychologischen Forschungspraxis.

Immer wieder sah sich Freud gezwungen, seine Theorien zu revidieren, weil neue Entdeckungen mit ihnen nicht hinreichend erklärt werden konnten. Hatte er eine systematische Position einmal formuliert, gab er sie nur ungern auf, aber die Geschichte der psychoanalytischen Persönlichkeitstheorie von ihren Anfängen in den neunziger Jahren des vorigen bis in die späten zwanziger Jahre unseres Jahrhunderts zeigt doch schlüssig, daß Freuds Ansichten letzten Endes bestimmt wurden durch das Gewicht dessen, *was er sah*. Wahrscheinlich werden seine engsten Verbündeten die Entwicklung seiner Ideen beeinflußt haben, doch scheint es ziemlich sicher, daß der letzte Test für die Gültigkeit seiner Theorien weitgehend in Freuds eigener Selbstkritik bestand sowie in seiner Bereitwilligkeit, sich von neuen Beweisen leiten zu lassen. Der Sturm von entrüsteten Attacken auf die Psychoanalyse, der unmittelbar nach Freuds Verkündung seiner Theorie der sexuellen Ätiologie der Hysterie anhob und der für den Rest seines Lebens andauerte, hatte keinen Einfluß auf sein Denken. Nur wenige Male überhaupt antwortete er seinen Widersachern. Und auch die Abwendung einiger seiner engsten Anhänger war für ihn kein Grund, seine Theorien zu ändern. Freud scheint mit einem Übermaß an intellektueller Autonomie ausgestattet gewesen zu sein – ohne Zweifel eine der Vorbedingungen für geistige Größe.

Freuds wissenschaftliches Credo

Freud hat seine Ansicht über die Vorgehensweise, in welcher der Wissenschaftler seine Theorien entwickelt, in einer seiner seltenen Erklärungen über diesen Gegenstand prägnant dargelegt. Er schreibt (1915 c, S. 81): „Wir haben oftmals die Forderung vertreten gehört, daß eine Wissenschaft über klaren und scharf definierten Grundbegriffen aufgebaut sein soll. In Wirklichkeit beginnt keine Wissenschaft mit solchen Definitionen, auch die exakteste nicht. Der richtige Anfang der wissenschaftlichen Tätigkeit besteht vielmehr in der Beschreibung von Erscheinungen, die dann weiterhin gruppiert, angeordnet und in Zusammenhänge eingetragen werden. Schon bei der Beschreibung kann man es nicht vermeiden, gewisse abstrakte Ideen auf das Material anzuwenden, die man irgendwoher, gewiß nicht aus der neuen Erfahrung allein, herbeiholt. Noch unentbehrlicher sind solche Ideen – die späteren Grundbegriffe der Wissenschaft – bei der weiteren Verarbeitung des Stoffes. Sie müssen zunächst ein gewisses Maß von Unbestimmtheit an sich tragen; von einer klaren Umzeichnung ihres Inhaltes kann keine Rede sein. Solange sie sich in diesem Zustand befinden, verständigt man sich über ihre Bedeutung durch den wiederholten Hinweis auf das Erfahrungsmaterial, dem sie entnommen scheinen, das aber in Wirklichkeit ihnen unterworfen wird. Sie haben also strenge genommen den Charakter von Konventionen, wobei aber alles darauf ankommt, daß sie doch nicht willkürlich gewählt werden, sondern durch bedeutsame Beziehungen zum empirischen Stoffe bestimmt sind, die man zu erraten meint, noch ehe man sie erkennen und nachweisen kann. Erst nach gründlicherer Erforschung des betreffenden Erscheinungsgebietes kann man auch dessen wissenschaftliche Grundbegriffe schärfer erfassen und sie fortschreitend so abändern, daß sie in großem Umfang brauchbar und dabei durchaus widerspruchsfrei werden. Dann mag es auch an der Zeit sein, sie in Definitionen zu bannen. Der Fortschritt der Erkenntnis duldet aber auch keine Starrheit der Definition. Wie das Beispiel der Physik in glänzender Weise lehrt, erfahren auch die in Definitionen festgelegten ‚Grundbegriffe' einen stetigen Inhaltswandel."

Freud gab somit dem offeneren und informellen Typus der induktiven Theoriebildung, der den empirischen Ausgangsdaten möglichst nahe bleibt, den Vorzug vor einem mehr formalen, deduktiven Typ von Theorie, der mit scharf definierten Begriffen und sorgsam formulierten Folgesätzen beginnt; aus denen dann prüfbare Hypothesen abgeleitet und anschließend einem Test unterzogen werden. Darüber hinaus war sich Freud – wie das Zitat zeigt – durchaus bewußt, daß die „geistigen Voraussetzungen" eines Wissenschaftlers ausschlaggebend sind für seine Befähigung, von seinem Erfahrungsmaterial maximal Gebrauch zu machen. Diese „abstrakten Ideen" entstammen verschiedenen Quellen; in Freuds Fall der großen Belesenheit in klassischer und neuerer Literatur, seiner Vorliebe für die Archäologie, den Beobachtungen als Vater von sechs Kindern, der täglichen Erfahrungen aller Art und am meisten vielleicht seiner lebenslangen Gewohnheit der Selbstanalyse.

Wir wollen uns nun der Betrachtung einiger der von Freud angewandten speziellen Techniken zur Datenerstellung zuwenden. Sie wurden selbstverständlich in der therapeutischen Situation benutzt, da diese es war, in der Freud sein Material gewann.

Freie Assoziation und Traumanalyse

Nach einer kurzen Erprobung der Hypnose in den Jahren 1887–89, die damals besonders in Frankreich sehr in Mode war, hörte Freud von einer neuen Methode, die sein Kollege und Freund Joseph Breuer bei der Behandlung eines Falles von Hysterie mit Erfolg angewandt hatte. Diese Methode, die Breuer Katharsis oder [mit Berta Pappenheim, seiner berühmten Patientin „Anna O."] „Redekur" [als Übersetzung des von ihr gebrauchten englischen Ausdrucks „talking cure"] nannte, bestand darin, daß der Kranke die Details des ersten Auftretens jedes einzelnen seiner Symptome berichtete, woraufhin diese verschwanden. Hieraus entwickelte Freud nach und nach seine eigene einzigartige Methode der freien Assoziation, welche Ernest Jones als „eine der zwei Großtaten in Freuds Forscherleben" bezeichnet hat, neben der anderen seiner Selbstanalyse.

Im wesentlichen verlangt die freie Assoziation vom Patienten, alles zu sagen, was in sein Bewußtsein tritt, gleichgültig, wie lächerlich oder unpassend es ihm auch erscheinen mag. Anders als die kathartische Methode bleibt die freie Assoziation nicht bei dem erstmaligen Auftauchen der Symptome stehen; sie erlaubt, ja fordert eigentlich, daß der Patient über alles und jedes spricht, was ihm einfällt – ohne Zurückhaltung und ohne das Bemühen, eine logische, geordnete, sinnvolle Rede zu halten. Um den Einfluß etwaiger Ablenkungen von außen auf ein Minimum zu reduzieren, liegt der Analysand gewöhnlich auf einer Couch in einem ruhigen Raum. Der Therapeut spielt dabei eine weitgehend passive Rolle. Er sitzt und hört zu, hakt gelegentlich mit einer Frage nach, wenn der Redestrom des Patienten versiegt, unterbricht diesen aber in der Regel nicht.

Freud beobachtete, daß der Patient bei Einhaltung dieser Bedingungen schließlich über seine frühen Kindheitserlebnisse zu sprechen beginnt. Diese

Erinnerungen lieferten Freud seine ersten wirklichen Einblicke in die Entwicklung der Persönlichkeitsstruktur und ihre nachfolgende Ausformung. Die Methode, die Vergangenheit von gegenwärtigen aktuellen Äußerungen her zu rekonstruieren, kann der entwicklungsgeschichtlichen gegenübergestellt werden, bei der das Heranreifen der Persönlichkeit von der Kindheit zum Erwachsenenalter beobachtet wird.

Vielleicht war es Freuds originellste Einsicht im Hinblick auf die ungezügelten, frei umherschweifenden Phantasien seiner Patienten, daß jede Aussage bedeutungs- und antriebsmäßig mit der vorausgehenden verknüpft ist, so daß sich eine vom Anfang bis zum Ende fortlaufende Kette von Assoziationen ergibt. Alles, was der Patient sagt, bezieht sich ausnahmslos auf das, was er zuvor gesagt hat. Seine Rede mag voller Ausflüchte sein und zahlreiche Unterbrechungen aufweisen, aber schließlich enthüllt sie dem Zuhörer, welcher der Assoziationsreihe durch den verbalen Irrgarten folgt, nicht nur den gegenwärtigen Bewußtseinsstand des Kranken, sondern auch seine gesamte seelische Vorgeschichte.

Die Traumanalyse ist keine von der freien Assoziation unabhängige Methode; sie ist eine natürliche Folge der Anweisung an den Analysanden, daß er über alles sprechen solle, was ihm in den Sinn kommt. Freuds erste Patienten brachten ihre Träume von selbst vor und fuhren dann ebenso spontan fort, neue Bilder zu assoziieren. Er erkannte bald, daß diese berichteten Träume und die daran anknüpfenden freien Einfälle eine außergewöhnlich reichhaltige Informationsquelle für die Dynamik der Persönlichkeit waren. Aufgrund dieser Erkenntnis, die er an seinen eigenen Träumen überprüfte, formulierte er die berühmte Hypothese, daß der Traum Ausdruck der ursprünglichsten Arbeitsweisen und Inhalte des Psychischen ist (1900a). Jene primitiven Abläufe, welche die Träume erzeugen, bezeichnete Freud als den Primärvorgang. Wie wir gesehen haben, versucht dieser einen Wunsch zu erfüllen oder eine Spannung abzuführen, indem er ein Bild des gewünschten Objekts produziert. Dadurch, daß Freud seine Patienten zu ihren Träumen frei assoziieren ließ, vermochte er bis in die unzugänglichsten Regionen der menschlichen Seele vorzudringen und dabei sozusagen das Urgestein der Persönlichkeit zu entdecken.

Freuds Fallstudien

Wie umfangreich das Rohmaterial war, aus dem Freud seine Theorie der Persönlichkeit bildete, wird immer unbekannt bleiben. Die wenigen Fallgeschichten, die Freud zur Veröffentlichung auswählte, repräsentieren nur einen verschwindend kleinen Bruchteil der von ihm behandelten Kranken. Zum Teil zwangen ihn berufliche Standesrücksichten, seine Fälle zu verschweigen, zumal immer die Gefahr bestand, daß die Identität seiner Patienten von einer neugierigen Öffentlichkeit erraten werden könnte.

Außer den in den ‚Studien über Hysterie' erschienenen Krankengeschichten, die er in Zusammenarbeit mit Breuer (1895d) aufzeichnete, bevor die psychoanalytische Theorie in seinem Bewußtsein definitive Form angenommen hatte, veröffentlichte er nur sechs kasuistische Darstellungen. Eine davon, der sogenannte „Schreber-Fall", entstammte zudem keiner therapeutischen Behandlung. Seine Analyse gründete Freud auf einen autobiographischen Bericht des Richters Daniel Schreber, der an Paranoia erkrankt war. Eine andere Fallstudie betraf die Phobie eines fünfjährigen Jungen, des „kleinen Hans", den dessen eigener Vater – der selbst Arzt war – unter Freuds Führung und Anweisung behandelt hatte. In den anderen vier Fällen war Freud selbst der Therapeut. Er gab ihnen die Deckbezeichnungen „Dora", „Rattenmann", „Wolfsmann" und „ein Fall von weiblicher Homosexualität". Jede dieser Falldarstellungen sollte die herausragenden Merkmale eines oder mehrerer seiner theoretischen Begriffe erläutern.

Das ‚Bruchstück einer Hysterieanalyse' (1905e) der Patientin „Dora" wurde veröffentlicht, um zu zeigen, wie die Traumanalyse es ermöglicht, die verborgenen und verdrängten Teile der menschlichen Seele aufzuspüren, und um zu beweisen, daß hysterische Symptome durch sexuelle Triebregungen motiviert sind. Nach einem ausgedehnten Bericht der Hintergrundfaktoren und des aktuellen klinischen Befundes liefert Freud eine detaillierte Analyse zweier Träume. Ein großer Teil des Materials besteht aus einer wörtlichen Wiedergabe von „Doras" freien Assoziationen sowie Freuds Interpretationen und gibt ein sehr klares Bild von der exakten Art, in welcher Träume gedeutet werden. Wie in den übrigen Fallgeschichten sehen wir auch in dieser, wie Freud aus den verschlungenen Fäden der assoziativen Rede eines leidenden Menschen die gewordene Struktur der Persönlichkeit eruierte, und wir erhalten einen kleinen Einblick in Freuds ungewöhnliches Talent, Beziehungen zwischen sehr disparaten Äußerungen zu entdecken. Von der Grundvoraussetzung ausgehend, daß alles, was ein Mensch sagt oder tut, bedeutungsvoll ist und sich in das Gesamtbild der Persönlichkeitsorganisation einfügt, war Freud ein wachsamer Beobachter, der noch die banalsten Aussagen oder Handlungen mit großer Sorgfalt auf einen tieferen Sinn hin untersuchte.

Freud selbst hielt seine Beobachtungsgabe in keiner Weise für außergewöhnlich, wie das folgende Zitat beweist: „Als ich mir die Aufgabe stellte, das, was die Menschen verstecken, nicht durch den Zwang der Hypnose, sondern aus dem, was sie sagen und zeigen, ans Licht zu bringen, hielt ich die Aufgabe für schwerer, als sie wirklich ist. Wer Augen hat zu sehen und Ohren zu hören, überzeugt sich, daß die Sterblichen kein Geheimnis verbergen können. Wessen Lippen schweigen, der schwätzt mit den Fingerspitzen; aus allen Poren dringt ihm der Verrat. Und darum ist die Aufgabe, das verborgenste Seelische bewußtzumachen, sehr wohl lösbar" (190, S. 147f.). Freuds Fähigkeit, aus dem alltäglichen Verhalten Folgerungen von großer Tragweite zu ziehen, ist denn auch mit größtem Gewinn in seine wohl populärste Schrift eingegangen, die ‚Psychopathologie des Alltagslebens' (1901b). Das Buch zeigt anhand zahlreicher Beispiele für „Versehen" und „Zufälle" der verschiedensten Art (für Vergessen, Verlesen, Verschreiben, Versprechen u. ä.) die dynamische Bedeutung von Fehlleistungen.

Die ‚Analyse der Phobie eines fünfjährigen Knaben' (1909 b) bot Freud die erste Gelegenheit, seine auf der Grundlage der Erinnerungen Erwachsener aufgestellte Theorie der infantilen Sexualität durch direkte Beobachtungen an einem Kind zu verifizieren. Der „kleine Hans" hatte Angst, daß ein Pferd ihn beißen würde, wenn er sich auf die Straße wagte. Gestützt auf die gewissenhaften Aufzeichnungen des Vaters, von denen viele in dem veröffentlichten Bericht wörtlich wiedergegeben sind, demonstrierte Freud, daß diese Phobie Ausdruck der zwei entscheidendsten sexuellen Komplexe der frühen Kindheit war: des Ödipus-Komplexes und des Kastrationskomplexes. So exemplifizierte und bestätigte dieser Fall die seit den ‚Drei Abhandlungen zur Sexualtheorie' (1905 d) formulierte Hypothese der Existenz infantiler Sexualinteressen.

Freuds ‚Bemerkungen über einen Fall von Zwangsneurose' (1909 d) handeln von dem „Rattenmann", der von der fixen Idee besessen war, daß seine Freundin und sein Vater einer ‚Strafe' unterzogen würden, indem jedem eine Anzahl gefräßiger Ratten an den After angesetzt werde. Obwohl die Präsentation der gedanklichen Verknüpfungen nur fragmentarisch ist, illustriert dieser Fall doch, wie Freud es fertig brachte, die offenbaren Widersprüche, Verdrehungen und Absurditäten in den unzusammenhängenden verbalen Ausschweifungen der kranken Persönlichkeit aufzulösen und sie in ein logisch kohärentes Schema zu übersetzen. Im Laufe dieser Darstellung berichtet uns Freud, daß seine Analyse auf Aufzeichnungen basiert, die er am Ende des jeweiligen Behandlungstages, nicht schon während der analytischen Sitzungen machte. Er war dagegen, daß der Therapeut sich während der Behandlungszeit Notizen machte, weil er glaubte, daß die Abwendung der Aufmerksamkeit den Fortschritt der Therapie beeinträchtigen müßte. Er glaubte auf jeden Fall, daß der Analytiker sich des wichtigen Materials erinnern und die trivialen Details vergessen würde.

Die ‚Psychoanalytischen Bemerkungen über einen autobiographisch beschriebenen Fall von Paranoia' (1911 c) basierten auf D. Schrebers eigenem Bericht (1903) über seine Geisteskrankheit, die als „Dementia paranoides" diagnostiziert worden war. Freud rechtfertigte seine Verwendung dieser autobiographischen Schrift damit, daß Paranoia zu denjenigen Störungen gehört, bei denen ein Studium der aufgezeichneten Fallgeschichte genauso weit führt wie die persönliche Kenntnis des Falles. Das charakteristische Symptom der Paranoia [des Paranoid] ist das verschlungene Wahngebäude, das der Kranke errichtet. Schrebers Wahn bestand in seinen Vorstellungen, er sei der Erlöser und er werde in eine Frau verwandelt werden. In einer komplizierten Analyse dieser zwei Trugbilder zeigte Freud, daß sie miteinander verwandt waren und daß die Antriebskraft bei beiden (wie auch für die übrige Symptomatik) dieselbe war, nämlich latente Homosexualität. Im weiteren Verlauf der Falldarstellung formuliert er dann seine berühmte Hypothese der ursächlichen Beziehung zwischen Homosexualität und Paranoia. So wird gerade im „Schreber-Fall" Freuds Neigung zur Ableitung weitreichender Generalisierungen aus einer Ansammlung spezieller Fakten aufs eindringlichste sichtbar.

‚Aus der Geschichte einer infantilen Neurose' (1918b), die während der Analyse des etwas über zwanzigjährigen sogenannten „Wolfsmannes" an die Oberfläche kam, schloß Freud, daß der gegenwärtige Zustand des Patienten mit dessen Vergangenheit in enger dynamischer Beziehung stand. Freud bemerkte, daß die Analyse eines mehr als fünfzehn Jahre zurückliegenden Erlebnisses im Vergleich zur Analyse unmittelbar nach dem Ereignis sowohl Vor- als auch Nachteile hat: Ungünstig ist vor allem die mangelhafte Zuverlässigkeit der Erinnerung an frühkindliche Eindrücke. Andererseits wird der Versuch einer Analyse eines kleinen Kindes dadurch erschwert, daß dieses sich sprachlich noch nicht richtig ausdrücken kann. Der „Wolfsmann" ist das „große" Gegenstück zum „kleinen Hans", und beide Methoden, die *rekonstruktive* wie auch die *genetische,* führen zu wertvollen empirischen Bestätigungen der psychoanalytischen Hypothesen. Das Kernstück dieser Falldarstellung ist eine ausführliche Analyse eines Wolfstraumes, an den sich der Patient seit seiner frühen Kindheit erinnerte. Die Deutung erwies diesen Traum als Reaktion des Kindes auf die *Urszene* (primal scene) – Freuds Terminus für den vom Kind beobachteten oder phantasierten Geschlechtsverkehr seiner Eltern.

Schließlich berichtete Freud noch ‚Über die Psychogenese eines Falles von weiblicher Homosexualität' (1920a), bei dem die Behandlung erfolglos abgebrochen werden mußte, weil der Widerstand der Patientin gegen die Aufgabe ihrer Homosexualität übermächtig stark war. Dennoch konnte Freud, wie die veröffentlichte Fallgeschichte zeigt, zu einem umfassenden Verständnis des Ursprungs und der Entwicklung der Homosexualität kommen. Bei beiden Geschlechtern finden sich dieselben zwei Primärfaktoren: eine allen [amphimiktischen] Lebewesen innewohnende Bisexualität sowie eine Umkehrung des Ödipuskomplexes. Anstatt den Vater zu lieben und sich mit der Mutter zu identifizieren, kommt es bei den Mädchen zu einer Identifizierung mit dem Vater und der libidinösen Bindung an die Mutter. Entsprechend geht der männlichen Homosexualität eine Identifikation mit der Mutter und die Liebe zum Vater voraus. Dieser Fall enthält zudem einige Überlegungen Freuds zum Problem der Selbstvernichtung, da der Grund für die Aufnahme der analytischen Behandlung ein mißglückter Suizidversuch war.

Man kann unmöglich mit Gewißheit sagen, daß gerade diese von Freud zur Veröffentlichung ausgewählten Krankengeschichten die tatsächliche empirische Grundlage abgaben für die Theorien, deren Paradigma sie sind, oder ob sie bloß bequeme und scharf umrissene Beispiele für theoretische Formulierungen waren, die in Freuds Vorstellung bereits Gestalt angenommen hatten. Es macht allerdings keinen großen Unterschied, ob etwa der „Schreber-Fall" derjenige war, der Freud die Wirkungsweise der Paranoia enthüllte, oder ob er seine fundamentale Entdeckung auf der Basis früherer Behandlungen gemacht hatte und sie nur auf diese spezielle Analyse anwendete. Jedenfalls sind das Rohmaterial, das Freud sammelte, die Techniken, die er anwandte, sowie der Stil seines Denkens aus diesen sechs Fallstudien klar ersichtlich. Jeder, der sich näher mit Freuds Arbeitsweise beschäftigen möchte, wird hier wichtige Aufschlüsse erhalten.

Diese Falldarstellungen sollten indes nicht mit jener Anwendung der Psychoanalyse verwechselt werden, deren Ziel ein besseres Verständnis der Literatur und der Künste oder auch die Sozialkritik ist. Freud lernte aus seinen biographischen Studien zu Leonardo da Vinci nichts über die Sublimation, und er entdeckte auch nicht den Ödipuskomplex, indem er Sophokles, Shakespeare oder Dostojewski las. Ebensowenig ergründete er die prinzipielle Irrationalität menschlichen Denkens durch die Beobachtung des religiösen oder politischen Verhaltens der Menschen. Die Interpretation eines literarischen Werkes oder die Analyse einer sozialen Institution unter Verwendung der psychoanalytischen Theorie mag ihm geholfen haben, die Nützlichkeit seiner Einsichten zu bestätigen und sogar ihre Authentizität und Universalität nachzuweisen; aber die literarischen und künstlerischen Produktionen und die sozialen Einrichtungen selbst gehören keineswegs zu den empirischen Daten, von denen Freud ausging.

Freuds Selbstanalyse

Das aus seinem eigenen Unbewußten heraufgeholte Material stellte eine bedeutende Erfahrungsquelle für Freud dar. Nach dem Bericht des Biographen E. Jones (1953) begann er seine Selbstanalyse im Sommer 1897 mit der Deutung eines seiner Träume. Durch diese suchende Selbstprüfung bekräftigte er zu seiner Genugtuung die Theorie über das Wesen der Träume und die infantile Sexualität. Er fand in seiner eigenen Persönlichkeit jene Konflikte und Widersprüche und Irrationalismen, die er bei seinen Patienten beobachtet hatte; und diese Erfahrung überzeugte vielleicht mehr als irgend etwas anderes von der grundsätzlichen Richtigkeit seiner Ansichten. In der Tat zögerte Freud stets, die Gültigkeit irgendeiner Hypothese anzuerkennen, bevor er sie nicht bei sich selbst ausprobiert hatte. Freud setzte die Selbstanalyse während seines ganzen Lebens fort, wobei er es sich zur Gewohnheit machte, die letzte halbe Stunde eines jeden Tages für diese Tätigkeit freizuhalten.

Derzeitiger Stand und Bewertung

Zu seinen Lebzeiten war und blieb Freud der große Baumeister der psychoanalytischen Theorie. Er legte die Fundamente, leitete den Gang ihrer Entwicklung und übernahm die alleinige Verantwortung für ihre entscheidenden Revisionen. Obwohl Freud für Ideen empfänglich war, die von seinen Mitstreitern in der psychoanalytischen Bewegung ausgingen, und diese auch oft wegen neuer Einsichten rühmte, war er unnachgiebig in bezug auf die Bewahrung der Hauptpfeiler, auf die er die Psychoanalyse gegründet hatte. Wer diese Stützen zu schwächen versuchte, wurde nicht länger als Bundesgenosse angesehen. So war es unvermeidlich, daß sich etliche Psychoanalytiker absonderten und ihre eigenen theoretischen Systeme entwickelten. Unter ihnen sind Adler, Jung, Rank, Reich, Horney zu nennen. Man sollte allerdings nicht – wie einige es getan haben – sagen, daß Freud persönlich nachtragend oder auch autoritär gewesen wäre. In Jungs Fall z. B. bemühte er sich zwar sehr, ihn von der Unrichtigkeit seiner Ideen zu überzeugen, doch stellte er am Ende die intellektuelle Integrität über private Gefühle.

Nach Freuds Tod im Jahre 1939 sahen sich seine Anhänger der schwierigen Aufgabe gegenüber, zu entscheiden, was hinsichtlich der zukünftigen Entwicklung der psychoanalytischen Lehre getan werden sollte. Viele schlugen den Kurs ein, die unentwickelten Seiten von Freuds System zu entfalten, einige seiner Postulate noch deutlicher herauszuarbeiten, die Definitionen einzelner Grundbegriffe schärfer zu fassen, die Reihe der Phänomene, die durch die psychoanalytischen Deutungen gedeckt wurden, auszudehnen (was oft als angewandte Psychoanalyse bezeichnet wird) sowie andere Beobachtungsmethoden als das analytische Gespräch zu verwenden, um die von der Freudschen Theorie abgeleiteten Sätze auf ihre Gültigkeit hin zu prüfen. Auch in der psychoanalytischen Therapie sind Änderungen vorgenommen worden, aber dieser Aspekt liegt außerhalb des Rahmens dieses Buches.

In einem Großteil der – früheren wie der gegenwärtigen – psychoanalytischen Literatur sind die einleitenden Abschnitte eines Artikels der Darstellung dessen gewidmet, was Freud zu dem jeweils abzuhandelnden Gegenstand gesagt hat. Darauf folgt meist eine Erweiterung des Themas durch den Autor sowie die Präsentation der neuen Zeugnisse. Freuds Schriften gelten dabei als Hauptquelle, deren sich die Anhänger großzügig bedienen, um durch Zitate ihre eigene Argumentation zu stützen. Trotz dieser starken Anlehnung von Freuds Nachfolgern an dessen Gedankengänge und ihrer verständlichen Neigung, das ungeheure Korpus seines veröffentlichten Werkes als geheiligte Schrift zu behandeln, können einige neue Tendenzen im Schrifttum seit Freuds Tod ausgemacht werden.

Sieben dieser Trends sollen hier diskutiert werden. Es sind (1) die Ausgestaltung des Ichbegriffs zu einem mehr oder weniger autonomen System der Persönlichkeit, (2) Untersuchungen über das frühe Auftauchen von Objektbeziehungen zur Außenwelt, (3) ein größerer Nachdruck auf nichttriebhafte Determinanten der Persönlichkeit, (4) die Anwendung der Psychoanalyse auf soziale und kulturelle Phänomene, (5) direkte Beobachtung von Babys und Kindern, (6) die experimentelle Prüfung der psychoanalytischen Lehrsätze, (7) eine zunehmende Annäherung von Psychoanalyse und (Allgemein)Psychologie.

Ichtheorie

Obwohl Freud das Ich – zumindest im Fall des gesunden Individuums – als die Exekutive der Gesamtpersönlichkeit ansah, billigte er ihm nie eine autonome Stellung zu, glaubte vielmehr das Ich stets den Wünschen des Es unterworfen. In seiner letzten Erklärung zur psychoanalytischen Theorie wiederholte Freud, was er so viele Male zuvor gesagt hatte: „Dieser älteste Teil des psychischen Apparates [das Es] bleibt durchs ganze Leben der wichtigste" (1940a, [G. W.] S. 67f.). Das Es und seine Triebe bezeichnen „den wahren Zweck im Leben des individuellen Organismus". Es besteht kein Zweifel darüber, wie Freud das Verhältnis von Ich zu Es auffaßte: das Es war für ihn der dominante Teil der Partnerschaft.

In scharfem Gegensatz zu Freuds Position steht die einiger psychoanalytischer Theoretiker, welche die Rolle des Ich in der Gesamtpersönlichkeit erweiterten. Der wichtigste Vertreter dieser neuen Ichtheorie oder, wie sie zuweilen genannt wird, „Ich-Psychologie" ist Heinz Hartmann (1939, 1958, 1964). [Im Gegensatz zur Freudschen Regelterminologie (Ausnahme: „Ich-Analyse" im Titel von 1921 c) werden in der neueren Literatur – namentlich bei H. Hartmann – die durch „Ich" (oder „Es", „Über-Ich" u. ä.) bestimmten Begriffe häufig mit Bindestrich geschrieben. D. Ü.] Diese Theorie umschließt nicht nur Themen wie die Entwicklung des Realitätsprinzips in der Kindheit, die integrativen oder synthetischen Funktionen des Ich, die dem Ich dienenden Prozesse des Wahrnehmens, Erinnerns, Denkens und Handelns sowie die Abwehrmechanismen des Ich. Vielmehr hat sie, was noch wichtiger ist, das Konzept der Ich-Autonomie entworfen. Diskussionen der autonomen Funktion des Ich beginnen gewöhnlich mit Zitaten aus einem der letzten Artikel Freuds, in dem er schrieb: „Aber wir wollen nicht übersehen, daß Es und Ich ursprünglich eins sind, und es bedeutet noch keine mystische Überschätzung der Erblichkeit, wenn wir für glaubwürdig halten, daß dem noch nicht existierenden Ich bereits festgelegt ist, welche Entwicklungsrichtungen, Tendenzen und Reaktionen es späterhin zum Vorschein bringen wird" (1937c, [G. W.], S. 86). In Fortführung dieses Zitats postuliert Hartmann, daß es in der frühen Kindheit eine noch undifferenzierte Stufe gibt, während der sich sowohl das Es wie das Ich formieren. Das Ich entsteht nicht aus einem angeborenen Es, sondern jedes System hat seinen Ursprung in naturgegebenen Prädispositionen und nimmt seinen eigenen, unabhängigen Entwicklungsverlauf. Außerdem wird erklärt, daß die Ichprozesse mittels neutralisierter sexueller und aggressiver Energien in Gang gesetzt werden. Die Objekte dieser Ichprozesse können dabei von reinen Triebzielen unabhängig sein.

Abwehrmaßnahmen des Ich brauchen nicht unbedingt pathologisch oder negativ zu sein; sie können in der Persönlichkeitsbildung durchaus einen gesunden Zweck erfüllen. Hartmann glaubt, daß eine Abwehr von ihrer ursprünglichen Aufgabe der Triebbekämpfung losgelöst werden und daraufhin

Funktionen der Anpassung und Organisation dienen kann. Ichtheoretiker weisen dem Ich ebenfalls eine konfliktfreie Sphäre zu. Dies bedeutet, daß einige Prozesse des Ich weder mit dem Es noch dem Über-Ich oder der Außenwelt kollidieren.

Der Harvard-Psychologe Robert W. White (1963) hat die Ansicht vertreten, daß das Ich nicht nur seine ureigene Antriebsenergie besitzt, sondern daß es auch eine Ichbefriedigung im eigentlichen Sinne gibt, welche von Es- oder triebhaften Befriedigungen unabhängig ist. Solche autonomen Ichziele sind z.B. die Erforschung und Handhabung von Problemen sowie eine echte Befähigung für deren erfolgreiche Lösung.

Diese Tendenz, das Ich als ein autonomes System zu behandeln, welches parallel zum Es entsteht und mit autonomen Funktionen und Energiequellen ausgestattet ist, blieb unter den Psychoanalytikern nicht unwidersprochen. S. Nacht (1952) mißbilligt diese neue „Ich-Psychologie", weil sie unfruchtbar und rückschrittlich sei. Der Psychologe Robert R. Holt (1965) hat das Konzept der Ich-Autonomie, wie es in den Schriften Hartmanns und Rapaports auftaucht, einer kritischen Beurteilung unterzogen und kommt zu dem Schluß, daß es auch im zukünftigen psychoanalytischen Denken keine große Rolle spielen dürfte. Er schreibt: „Man sollte statt dessen vor allem daran interessiert sein, die relative Bedeutung von Trieb, äußerem Reiz und Druck sowie verschiedene innere Strukturen, die das Verhalten bestimmen, zu beschreiben" (S. 157). Hier wäre der Hinweis angebracht, daß Freud gerade dies während seines ganzen Lebens gesagt und getan hat.

Frühe Objektbeziehungen

Melanie Klein und ihre Mitarbeiter (1955) konnten unter Verwendung von Spieltechniken Kinder bereits im Alter von zwei oder drei Jahren psychoanalysieren. Sie fanden, daß es zwischen dem Kind und den Primärobjekten in seiner Umgebung, z.B. der Mutterbrust, schon bald nach der Geburt zu sog. *Objektbeziehungen* (object relations) kommt. Diese sind durch Ambivalenz gekennzeichnet – die gute (angenehme) Brust versus die böse oder schlechte (unangenehme) Brust –; sie rufen beim Baby das Gefühl hervor, daß es von Dingen umgeben ist, deren beschirmende oder belästigende Funktion nicht vorhergesagt werden kann. Das Baby reagiert auf diesen Zustand depressiv. Die Kinderanalyse hat zudem aufgezeigt, daß der Ödipuskomplex und das Über-Ich sich viel früher entwickeln, als Freud dachte.

Ein anderer Psychoanalytiker, der die frühe Ausbildung von Objektbeziehungen betont hat, ist W. R. D. Fairbairn (1952). Er glaubt, daß das Ich bereits bei der Geburt vorhanden ist (dagegen gibt es kein Es) und unverzüglich mit der Erforschung der Außenwelt nach Objekten beginnt.

Nichttriebhafte Determinanten der Persönlichkeit

Wiederholt ist von Kritikern der Psychoanalyse darauf hingewiesen worden, daß Freud zu großen Nachdruck auf Vererbung und Reifungsprozesse legte und zu wenig auf die sozialen oder Umweltdeterminanten der Persönlichkeit. Bei den Theoretikern, welche allgemein mit der psychoanalytischen Tradition identifiziert werden, bestand eine merkliche Neigung, die Rolle der Triebe bei der Persönlichkeitsentwicklung herunterzuspielen und psychologische und soziologische Variablen in den Vordergrund zu stellen. Das Konzept des Todestriebes, wenn auch nicht das der Aggressivität, wird entweder ignoriert oder offen als unhaltbare Annahme zurückgewiesen. Über Themen wie „Triebe und Triebschicksale" und Libidotheorie wird weniger diskutiert und statt dessen mehr darüber, wie die Charaktereigenschaften durch Erfahrung und als Ergebnis sozialer Konditionierung erworben werden. Eine Konsequenz dieser „Entbiologisierung" besteht darin, daß die Hauptursache für Konflikte innerhalb der Persönlichkeit, nämlich zwischen den Triebansprüchen des Es und den moralischen Imperativen des Über-Ich, entfällt und nur noch der Gegensatz zwischen dem Ich und der Außenwelt, welche Gesellschaft und Kultur einschließt, übrigbleibt. Aber selbst dieser Konflikt erscheint auf ein Minimum reduziert, wenn das Ich mehr als ein System der Anpassung denn der Verteidigung angesehen wird.

Analytiker wie E. Fromm, K. Horney, A. Kardiner, H. S. Sullivan haben in der Betonung der sozialen Determinanten die Führung übernommen (ihre Standpunkte werden im 4. Kapitel besprochen), doch findet sich dieser Trend auch in den Schriften orthodoxer Freudianer, besonders auf seiten der Ich-Psychologie. Erik H. Erikson, dessen Schriften weit verbreitet sind und dessen Einfluß auf Psychologen beträchtlich war, hat es sich zur Hauptaufgabe gemacht, das Verhältnis des Ich zur Gesellschaft zu klären. In ‚Childhood and society' ([2]1963) zeigt er anhand von Fallstudien über Menschen, die in unterschiedlichen Verhältnissen bzw. verschiedenen Kulturen leben, wie die Ichentwicklung unentwirrbar mit der jeweiligen sozialen Organisation verknüpft ist. Schon 1947 hatte er dargelegt, inwiefern das Wesen des Ich auf eine wechselnde historische Realität bezogen ist.

Eriksons Hauptbegriffe sind die der *Ichidentität* und der *Gruppenidentität* (ego identity and group identity). Subjektiv gesehen ist Ichidentität das Wissen um die Tatsache, daß es in synthetischen Funktionen des Ich (the ego's synthesizing methods) eine Kontinuität gibt, sowie das Gefühl, daß diese Funktionen die Festigkeit und Dauer der Bedeutung, die man für andere Leute hat, wirksam sichern. Gruppenidentität ist das Grundprinzip, durch das Mitglieder einer Gruppe ihre Erfahrungen ordnen können. Gemäß Eriksons epigenetischer Konzeption der Ichentwicklung (1959) durchläuft das Kind eine Folge von Entwicklungsphasen, von denen jede ihre spezifische Krise hat. (Wir haben hier das ich-psychologische Gegenstück zu Freuds Theorie der psychosexuellen Entwicklung.) Wie das Kind mit den einzelnen Krisen fertig wird, ist zu einem großen Teil durch die Lösungen bestimmt, welche von den Eltern oder sonstigen Erziehern angeboten oder erlaubt werden. Jene aber sind wieder durch die Traditionen und Ideologien der Gesellschaft beeinflußt. Alles in allem hat Erikson also mehr über die Wirkungen der Gesellschaft auf das Individuum zu sagen als umgekehrt.

Die Vernachlässigung der biologischen Determinanten durch einige psychoanalytische Theoretiker ist der Kritik nicht entgangen. Herbert Marcuse hat bemerkt, daß sie mit der Hinwendung von biologischen zu kulturellen Faktoren „die Wurzeln der Gesellschaft in der Triebhaftigkeit abschneiden und statt dessen die Gesellschaft auf einer Ebene fassen, auf der sie dem Individuum bereits als fertige ‚Umwelt' entgegentritt, ohne daß ihr Ursprung und ihre Legitimation in Frage gestellt wird" (1955, S. 5). Der Gegensatz zwischen einer ich-orientierten und einer es-orientierten Position ist sichtbar in zwei konträren Analysen Martin Luthers, die erste von Erikson (1958), die andere von N. O. Brown (1959). Einen Vergleich dieser beiden Psychobiographien hat kürzlich G. W. Domhoff unternommen (1970).

Angewandte Psychoanalyse

Die Psychoanalyse nahm ihren Ausgang von einer Methode zur Behandlung neurotisch Erkrankter sowie einer Theorie der Neurose, aber sie griff sehr schnell auf Bereiche außerhalb des Arztzimmers über. Die Anwendung der psychoanalytischen Einsichten auf kulturelle und soziale Phänomene begann mit Freud selbst in Arbeiten wie ‚Zur Psychopathologie des Alltagslebens' (1901b), ‚Der Witz und seine Beziehung zum Unbewußten' (1905c), ‚Der Wahn und die Träume in W. Jensens Gradiva' (1907a), ‚Totem und Tabu' (1912–1913), ‚Die Zukunft einer Illusion' (1927c), ‚Das Unbehagen in der Kultur' (1930a), ‚Der Mann Moses und die monotheistische Religion' (1939a [1937–39]), zu schweigen von zahlreichen kleineren Schriften. Viele frühe Anhänger Freuds waren in anderen als medizinischen Disziplinen ausgebildet worden und hatten ein Interesse daran, die Psychoanalyse auf Literatur, Kunst, Religion, Mythologie, Politik, Sozialordnung usw. zu übertragen. Allmählich wurden psychoanalytische Begriffe auch von Fachleuten auf anderen Gebieten verwendet. In einer Untersuchung über die Relevanz der Psychoanalyse für die Sozialwissenschaften stellten wir fest, daß ihr Einfluß in einigen von ihnen, wie Psychologie, Anthropologie und Soziologie, ziemlich groß war, in anderen dagegen, wie Wirtschafts- und Staatswissenschaften und der Geschichte, relativ gering; die Wirkung der Psychoanalyse auf die Interpretation von Kunst und Literatur wiederum erwies sich als sehr stark (Hall/Lindzey 1968; vgl. auch J. Marmor 1968).

Zwei der einflußreichsten Kritiker unserer heutigen Gesellschaft, Herbert Marcuse (1955, 1964) und Norman O. Brown (1959, 1966) gründen ihre Bemühungen, zu einer Lösung für die gegenwärtige Misere der Menschheit zu gelangen, fest auf die orthodoxe psychoanalytische Theorie. Ein anderer Versuch, der in dieselbe Richtung zielt, ist Brigid Brophys, ‚Black ship to hell' (1962). Dieses gelehrte Buch enthält zahlreiche Analysen sozialer Phänomene auf der Grundlage von Freuds Entdeckungen. Die Schriften des hervorragenden Oxforder Historikers E. R. Dodds (1951, 1965) geben ein Beispiel ab für den sinnvollen Gebrauch, den die Geschichtswissenschaft von Freudschen Konzeptionen machen kann.

Selbstredend ist es unmöglich, allen Wegen, auf denen psychoanalytisches Gedankengut zum Tragen gekommen ist, nachzugehen, zumal viele von ihnen im verborgenen liegen. Wahrscheinlich aber wird die angewandte Psychoanalyse in Zukunft einen noch weit größeren Wirkungsbereich erhalten.

Beobachtungsstudien an Säuglingen und Kindern

Wir haben bereits die Analyse von kleinen Kindern durch M. Klein und ihre Mitarbeiter sowie deren Modifikationen der Freudschen Theorie erwähnt. In diesem Abschnitt wollen wir unser Augenmerk einem anderen neuen Trend zuwenden, nämlich den direkten Beobachtungsstudien an Babys und (Klein)-Kindern. Schon 1957 wies Lois Murphy darauf hin, daß Psychoanalyse und Kinderpsychologie divergente Richtungen eingeschlagen hätten, so daß die beiden Gebiete einander nur wenig befruchteten. Die Psychoanalyse hänge zum großen Teil von Rekonstruktionen ab, die Erwachsene von ihrer eigenen Kindheit lieferten, während die Kinderpsychologie das Verhalten der Kinder unmittelbar untersuche.

In einer einflußreichen Schrift über die genetische Vorgehensweise in der Psychoanalyse sprachen sich H. Hartmann und E. Kris 1945 dafür aus, daß die Rekonstruktionsmethode durch direkte Kinderbeobachtungen ergänzt werde. Seither sind in der Tat eine große Zahl von Entwicklungsstudien von psychoanalytisch geschulten Untersuchern durchgeführt worden; viele von ihnen wurden in den Jahrbänden von ‚The psychoanalytic study of the child' mitgeteilt (Anna Freud et al. 1945). Neuere Lehrbücher der Kinderpsychologie enthüllen einen wachsenden Einfluß der Freudschen Theorie.

Experimentelle Bestätigung der psychoanalytischen Behauptungen

Verwandt dem Interesse an direkten Beobachtungen am heranwachsenden Kind ist die sich mehrende Verwendung von anderen nichtanalytischen Methoden, um die aus der Theorie der Psychoanalyse abgeleiteten Sätze einer Prüfung zu unterziehen (Ezriel/Farrell/Stengel 1951, Isaacs/Rickman/Thouless 1951, Massermann 1952, 1958). Dieser Trend spiegelt die Meinung einiger Psychoanalytiker und vieler Psychologen, derzufolge die Begründung der psychoanalytischen Lehre nicht ausschließlich von Daten abhängig sein sollte, die aus der Behandlung von psychisch Erkrankten gewonnen wurden; vielmehr müßten die Hypothesen unter Labor- oder ähnlich eingegrenzten Bedingungen getestet werden, wo die Variablen manipulierbar und kontrollierbar sind.

Die Psychoanalytiker sind von manchen ihrer Kollegen dazu gedrängt worden, in größerem Umfang mit experimentellen Methoden (Kubie 1952, 1960) und mit vergleichenden Untersuchungen von Tieren (Levy 1952) zu arbeiten. Ein Elementarbuch für Psychoanalytiker, die Experimenten gegenüber aufgeschlossen sind, wurde von K. B. Colby 1960 vorgelegt.

Die experimentelle Verifikation der Freudschen Hypothesen ist in den letzten Jahren mit steigender Aktivität verfolgt worden. Da diese neuen Arbeiten sich durch ein besser fundiertes Verständnis der Psychoanalyse und durch eine verfeinerte Methodologie auszeichnen, sind frühere Besprechungen der Literatur (Sears 1943, 1944, Hilgard 1952, Blum 1953) praktisch nur noch von historischem Wert. Eine kurze Übersicht hat Hilgard 1968 geliefert, und eine seinerzeit auf den neuesten Stand gebrachte Diskussion von Theoriebildung und -bestätigung der Psychoanalyse stammt von Horwitz (1963), der u. a. auf die große Gefahr einer übermäßigen Vereinfachung komplexer theoretischer Konstrukte hinweist.

Psychoanalyse und Psychologie

Sowohl die Psychoanalyse als auch die (allgemeine) Psychologie haben einen gemeinsamen Ursprung in der Wissenschaft des 19. Jahrhunderts; dennoch blieben sie ihrer verschiedenen Interessen wegen viele Jahre lang voneinander unabhängig. In ihrer Frühzeit war die Psychologie (vor allem) mit der Untersuchung der Elemente und Prozesse des Bewußtseins beschäftigt; Empfindung, Wahrnehmung, Gedächtnis, Denken waren ihre Hauptthemen. Die Psychoanalyse andererseits begann als eine Psychologie des Unbewußten; ihre Forschungsgebiete waren Motivierung bzw. (An)Triebe, Affekte, Konflikte, neurotische Symptome, Träume, Charaktereigenschaften. Außerdem entwikkelte sich die Psychologie innerhalb der Universität als einer theoretisch und experimentell ausgerichteten Forschungsstätte, während die Psychoanalyse sich im Rahmen der medizinischen Praxis entfaltete. Aus diesem Grunde hatten die Vertreter der zwei Disziplinen zunächst nur wenig Kontakt miteinander.

Allmählich verringerte sich die Kluft zwischen Psychologie und Psychoanalyse, und nach dem Zweiten Weltkrieg vollzog sich ihre gegenseitige Durchdringung mit wachsender Schnelligkeit. Der Freudianismus ist heute einer der vorherrschenden Standpunkte in der akademischen Psychologie. D. Shakow/D. Rapaport (1964) und Hall/Lindzey (1968) diskutierten die Gründe, warum sich die beiden Forschungsbereiche in den letzten Jahren einander genähert haben. Auf seiten der Psychoanalyse, die Freud immer nur als einen Zweig der Psychologie betrachtete, hat das Interesse an „normalem" Verhalten zugenommen, was sich insbesondere in der Konstruktion einer rein ichorientierten Theorie ausdrückt. Der Titel eines Essaybandes zu Ehren des Vaters der Ich-Psychologie, Heinz Hartmann, zeigt das Ausmaß, in welchem die „Psychologisierung" der Psychoanalyse fortgeschritten ist; er heißt ‚Psychoanalysis – a general Psychology' (Loewenstein/Newmann/Schur/Solnit 1966). Die Psychoanalyse „eine allgemeine Psychologie" zu nennen geht über das hinaus, was Freud für sie beansprucht hat – nämlich ein Teil und nicht das Ganze der Seelenkunde zu sein.

Die Psychologie ihrerseits begann ihr Augenmerk auf Motivation und Persönlichkeit zu lenken, und vor allem das Gebiet der Klinischen Psychologie erlebte in und nach dem Zweiten Weltkrieg einen Aufschwung. Die Psychologen entdeckten vieles, was ihre Hinwendung zur Psychoanalyse rechtfertigen konnte. Schon vor dem Krieg hatten Individualpsychologen wie Kurt Lewin und Henry Murray empirische Untersuchungen durchgeführt, die sich auf die Psychoanalyse bezogen, z. T. auch von ihr inspiriert waren. Ende der dreißiger Jahre brachten die Bemühungen von Psychologen wie N. Miller, H. Mowrer, R. Sears, eine Annäherung zwischen Hulls Reinforcementtheorie und Aspekten der Psychoanalyse zu erzielen, viele experimentelle Forscher in Berührung mit Freuds Persönlichkeitskonzeption. In neuerer Zeit wiederum glauben einige Psychologen in Piaget eine nützliche Brücke zur Psychoanalyse gefunden zu haben (Cobliner 1967).

Auf theoretischem Gebiet entwarf David Rapaport (1959, 1960) ein begriffliches Modell der Psychoanalyse, das eng mit einer Anzahl von traditionellen psychologischen Ideen verwoben ist. Symposien, an denen Psychologen und Psychoanalytiker teilnahmen, die an der Untersuchung der wechselseitigen Beziehungen zwischen den beiden Bereichen interessiert waren, halfen ebenfalls, die Kommunikationslücken zu verringern (Frenkel-Brunswik/Richfield/Skinner 1954, Pumpian-Mindlin 1952, Bellak 1959).

Es wäre jedoch falsch, daraus zu folgern, daß Psychologie und Psychoanalyse zu völliger Übereinstimmung und gegenseitigem Verständnis gelangt seien. Die Psychoanalyse unterhält – zumindest in den USA – engere Beziehungen zur Medizin, als es die Psychologie tut. Es ist sehr schwierig, ohne einen medizinischen Abschluß Psychoanalytiker zu werden, trotz Freuds starker Verteidigung der Laienanalyse (1926e). Die enge Verbindung von Psychoanalyse und Medizin ist von einigen Psychoanalytikern beklagt worden, namentlich von Kurt R. Eissler 1965. Er vertritt mit Nachdruck die Ansicht, daß die Psychoanalyse eine Wissenschaft vom Menschen ist, deren Anwendungsbereich sich auf alle Sozialwissenschaften erstreckt, und daß sie kein ausschließlich medizinisches Fach ist und es auch nicht sein sollte. Psychoanalytiker und Psychologen haben ihre eigenen beruflichen Standesorganisationen und es kommt selten vor, daß sie einander in der Arbeit begegnen. Auch kreuzen sich ihre Wege nicht sehr oft im Bereich der Hochschulausbildung. All diese Faktoren sowie ein unausgesprochenes Maß an gegenseitigem Argwohn und Feindschaft führen dazu, die zwei Gruppen voneinander getrennt zu halten.

Kritiken

Keine andere psychologische Theorie ist einer solch eingehenden und oft unerbittlichen Kritik unterzogen worden wie die Psychoanalyse. Von jeder

Seite und in jeder erdenklichen Hinsicht wurden Freud und seine Lehre angegriffen, geschmäht, verspottet, verleumdet. Der einzige vergleichbare Fall in der modernen Wissenschaft, in dem sowohl die Theorie als auch ihr Urheber auf so heftige Weise verunglimpft wurden, ist der Charles Darwins, dessen Abstammungslehre das Viktorianische England schockierte. Freuds ‚Hauptvergehen' bestanden darin, daß er schon dem Kleinkind lustvolle und zerstörerische Wünsche unterstellte, daß er allen Menschen inzestuöse und perverse Gelüste zuschrieb und das menschliche Verhalten im Hinblick auf sexuelle Motivation erklärte. „Anständige" Leute waren über Freuds Menschenbild derart erbost, daß sie ihn einen Wüstling und Perversen schimpften.

Es ist nicht unsere Absicht, die gesamte Kritik, mit der die Psychoanalyse belegt worden ist, zu referieren. Vieles davon war kaum mehr als Schall und Rauch überreizter Gemüter. Eine Reihe von Einwänden ist durch nachfolgende Entwicklungen in Freuds Denken überholt worden. Und ein beträchtlicher Anteil der negativen Beurteilungen basierte – wie man jetzt weiß – auf Fehlinterpretationen und Verdrehungen der Psychoanalyse. Der Fachphilosoph Jerry Canning kam 1960 in einer logischen Analyse der Einwände, die gegen die Psychoanalyse erhoben worden sind, zu dem Schluß, daß „von den vielen berücksichtigten Kritiken *keine* für bedeutungsvoll *und* vernünftig im Sinne wissenschaftlicher Ideale *und* adäquat gestützt durch Beweise befunden wurde". Es würde ein Buch von mindestens dem gleichen Umfang wie das vorliegende erfordern, wollte man alle Urteile über die Psychoanalyse in angemessener Weise besprechen. Statt dessen werden wir mehrere Typen von Stellungnahmen diskutieren, die wiederholt aufgetaucht sind und immer noch weithin diskutiert werden.

Ein typischer Einwand betrifft die Tatsache, daß die empirischen Prozeduren, mit denen Freud seine Hypothesen auf ihre Gültigkeit prüfte, ernsthafte Unzulänglichkeiten aufweisen. Man macht geltend, daß Freud seine Beobachtungen unter unkontrollierten Bedingungen vornahm. Freud gab zu, daß er von dem, was er und der Patient während der Behandlungsstunde sagten und taten, kein wörtliches Protokoll anfertigte, sondern mehrere Stunden später Notizen machte, auf die er dann seine theoretische Arbeit stützte. Es läßt sich unmöglich sagen, wie genau diese Aufzeichnungen die Ereignisse, wie sie sich tatsächlich abspielten, widerspiegeln; nach Experimenten über die Zuverlässigkeit von Zeugenaussagen zu urteilen, ist es aber nicht unwahrscheinlich, daß Verzerrungen und Auslassungen der verschiedensten Art in die Niederschrift eingingen. Freuds Annahme, daß bedeutsame Vorfälle erinnert und die trivialen Nebensächlichkeiten vergessen würden, ist niemals bewiesen worden und scheint auch unbeweisbar.

Kritiker von Freuds Methoden haben ebenso Einwände dagegen erhoben, daß er stets für bare Münze nahm, was ein Patient erzählte, und keinen Versuch machte, es durch irgendwelches äußeres Beweismaterial zu erhärten. Sie meinten, er hätte das Zeugnis von Verwandten und Bekannten sowie Dokumente,

Testdaten und medizinische Befunde einholen sollen. Freud blieb jedoch dabei, daß es für das Verständnis des menschlichen Verhaltens auf eine tiefgehende Kenntnis des Unbewußten ankomme, welche nur auf dem Wege der freien Assoziation und der Traumanalyse erworben werden könne.

Auf der Basis dieser sicherlich unvollständigen und höchstwahrscheinlich auch unvollkommenen Berichte zog Freud weitreichende Folgerungen und Schlüsse, wobei die Gedankengänge, die zu ihnen führten, selten explizit gemacht wurden. Was wir in Freuds Schriften finden, sind größtenteils die Endresultate seines Denkens – ohne die Originaldaten, auf denen sie gegründet waren, ohne die Darlegung seiner Analysemethoden und ohne jede systematische Ausbreitung der empirischen Befunde, sei es qualitativ oder quantitativ. Der Leser ist gehalten, die Gültigkeit seiner induktiven und deduktiven Operationen auf Treu und Glauben hinzunehmen. Infolgedessen ist es praktisch unmöglich, irgendwelche Untersuchungen Freuds mit der Gewißheit zu wiederholen, daß man in Übereinstimmung mit der originalen Anordnung vorgeht. Dies trägt vielleicht zur Erklärung bei, warum andere Forscher zu völlig verschiedenen Schlußfolgerungen gelangt sind und warum es so viele Interpretationen von scheinbar gleichartigen Phänomenen gibt.

Freud scheute jede Quantifizierung seiner empirischen Daten, weshalb es unmöglich ist, die statistische Signifikanz und Reliabilität seiner Beobachtungen abzuschätzen. In wieviel Fällen z.B. fand er eine Verbindung zwischen Paranoia und Homosexualität oder zwischen Hysterie und Fixierung in der oralen Phase, zwischen einem Wunsch und einer Phobie, zwischen der Primärszene und der Labilität von Erwachsenen? Wieviel Fälle eines besonderen Typus studierte er und welchen Schichten und welchem sozialen Hintergrund entstammten diese? Welche Messungen und Kriterien wurden benutzt, um einen Fall einer bestimmten klinischen Kategorie zuzuweisen? Überprüfte Freud jemals seine Interpretationen anhand der Deutungen eines anderen kompetenten Psychoanalytikers, um die Verläßlichkeit seiner eigenen Urteile festzustellen? Diese und zahlreiche weitere Fragen ähnlicher Art stören den quantitativ orientierten Psychologen.

Freuds Abneigung, sich der Konvention der vollständigen Berichterstattung über empirische Daten zu unterwerfen, läßt Tür und Tor offen für viele Zweifel hinsichtlich des wissenschaftlichen Status der Psychoanalyse (Hook 1960). Las Freud am Ende in seine Fälle hinein, was er in ihnen zu finden wünschte? Waren seine Folgerungen nicht mehr durch seine Vorurteile geleitet als durch das gegebene Material? Wählte er vielleicht nur die Zeugnisse aus, die in Übereinstimmung mit seinen Hypothesen standen, und ließ er negative Beispiele außer acht? Waren die freien Assoziationen seiner Patienten wirklich frei, oder erzählten sie Freud nur, was er hören wollte? Errichtete er seine kunstvolle Persönlichkeitstheorie, die vorgab, für alle Menschen zu gelten, nicht lediglich aus Schlußfolgerungen, die von den verbalen Äußerungen einer verhältnismäßig kleinen Anzahl von atypischen Patienten abgeleitet waren?

Welche Sicherheitsvorkehrungen traf er gegen den geheimen Einfluß des Subjektivismus? Solche und ähnliche Fragen haben starke Zweifel an der Gültigkeit der psychoanalytischen Theorie aufkommen lassen.

Lawrence S. Kubie, ein prominenter amerikanischer Psychoanalytiker, hat die Grenzen der Psychoanalyse als einer grundlegenden (basic) Wissenschaft in folgender Weise zusammengefaßt: „... das Grundschema des Prozesses der Analyse [hat] prinzipielle wissenschaftliche Gültigkeit, aber die Schwierigkeiten der Wiedergabe und Wiederholung primärer Beobachtungen, die nachfolgende Schwierigkeit der Ableitung des fundamentalen Begriffsapparates, die Schwierigkeit, die zirkuläre Beziehung des Unbewußten zum Bewußten und des Bewußten zum Unbewußten mit gleicher Mühelosigkeit zu untersuchen, die Schwierigkeiten der quantitativen Einschätzung der Vielfalt von Variablen und schließlich die Schwierigkeit der Bewertung jener Dinge, welche die Präzision ihrer Hypothesen und die Gültigkeit ihrer Voraussagen erhöhen, und jener, die sie vermindern – sie alle gehören zu den wissenschaftlichen Grundproblemen, die noch der Lösung harren." (1953, S. 143 f.).

Eine andere Art von Kritik greift die Theorie selbst an, indem sie praktisch sagt, sie sei „schlecht" („bad"), weil viele ihrer Teile keine empirischen Konsequenzen haben und auch nicht erhalten können. Zum Beispiel ist es unmöglich, irgendwelche empirischen Sätze aus der Postulierung eines Todestriebes abzuleiten. Weil dem so ist, bleibt der Todeswunsch „in metaphysisches Dunkel eingehüllt" und hat somit für die Wissenschaft keinerlei Bedeutung. Denn wenn man auch von dem Begriff Gebrauch machen kann, um gewisse Phänomene wie Selbstmord oder Unfälle zu „erklären", besagen doch solche Erklärungen im nachhinein (after-the-fact explanations) nur sehr wenig. Sie sind wie eine Wette auf ein Pferd, nachdem das Rennen schon gelaufen ist. Eine gute Theorie dagegen setzt ihren Benutzer in die Lage, im vorhinein zu sagen, was geschehen wird. Einige Leute mögen es durchaus vorziehen, eine Anzahl von anscheinend nicht aufeinander bezogenen Daten unter der gemeinsamen Überschrift des Todeswunsches zusammenzufassen und einzuordnen; aber eine solche Vorliebe verweist bloß auf die Interessen des Systembildners und nicht auf die „Wahrheit" der Bezeichnung. Wird er in dieser Weise gebraucht, so ist der Begriff des Todeswunsches oder -triebes kaum mehr als ein Schlagwort.

Die Freudsche Theorie zeigt einen ausgesprochenen Mangel an Beziehungsregeln (relational rules), mittels derer man zu präzisen Voraussagen darüber gelangte, was geschehen wird, wenn bestimmte Ereignisse stattfinden. Was z. B. ist die genaue Natur der Beziehung zwischen traumatischen Erfahrungen, Schuldgefühlen, Verdrängung, Symbolbildung und Träumen? Was verbindet die Ausformung des Über-Ich mit dem Ödipuskomplex? Diese und tausend andere Fragen warten angesichts des komplizierten Netzwerks von Begriffen und Annahmen, das Freud geschaffen hat, noch auf Antwort.

Die Theorie stagniert vor dem verwickelten Problem, wie das Wechselspiel von Besetzung und Gegenbesetzung (von Kathexis und Antikathexis) quantitativ gemessen werden kann. In der Tat gibt es keine Einzelvorschriften, wie man vorgehen muß, um Quantitätsunterschiede zu beurteilen – und sei es auch nur in der allergröbsten Weise. Wie stark oder intensiv muß ein Erlebnis sein, um sich traumatisch auszuwirken? Wie schwach muß das Ich sein, daß es durch einen Triebimpuls überrannt werden kann? Inwiefern wirken die verschiedenen Quantitäten zusammen, um ein gegebenes Resultat zu erbringen? Leider hängt in letzter Analyse alles von solchen ‚Gebrauchsanweisungen' ab. Fehlen sie, so können keinerlei Gesetze abgeleitet werden.

Wenn man zugesteht, daß die psychoanalytische Theorie sich zumindest zweier ernsthafter Fehler schuldig macht, nämlich erstens, eine „schlechte" Theorie, und zweitens, nicht durch im konventionellen Sinn solide wissenschaftliche Verfahren fundiert zu sein (auch eingedenk der Tatsache, daß noch viele andere kritische Einwände zitiert werden könnten), erhebt sich die Frage, warum die Psychoanalyse überhaupt von jemandem ernstgenommen wird und warum sie nicht längst der Vergessenheit anheimgefallen ist. Wie können wir uns ihre herrschende und einflußreiche Stellung in der heutigen Welt erklären?

Die Wahrheit liegt darin, daß alle Theorien des Verhaltens ausgesprochen „schwache" Theorien sind und daß sie alle in bezug auf wissenschaftliche Beweisbarkeit viel zu wünschen übriglassen. Die Psychologie muß noch einen weiten Weg gehen, bevor sie eine exakte Wissenschaft genannt werden kann. Infolgedessen muß der Psychologe die Theorie, welcher er folgen will, aus anderen Gründen auswählen als jenen der formalen Angemessenheit und faktischen Bestätigungsfähigkeit.

Was nun hat die psychoanalytische Theorie Positives zu bieten? Einige lieben die bildhafte Sprache, mit der Freud seine Ideen vorzubringen pflegte, ihnen gefällt vor allem die Art, in der er auf Dichtung und Mythologie verweist, wenn es darum geht, schwer verständliche Überlegungen zu erläutern, wie auch sein Talent, eine Sentenz zu bilden oder eine Redefigur zu verwenden, um dem Leser einen dunklen Punkt zu erhellen. Seine Schriften sind von erstaunlichem literarischen Rang, was unter Wissenschaftlern selten ist. Dem Stil entspricht die Fülle und der Reichtum der Ideen. Viele finden Freuds Gedankengänge faszinierend, ja sensationell. Natürlich ist das Geschlechtliche ein verlockendes Thema; es behält seinen Reizwert, selbst wenn es in wissenschaftlichen Arbeiten diskutiert wird; Aggression und Zerstörungswillen sind beinahe genauso fesselnd. So ist es nur natürlich, daß die Leser von Freuds Schriften angezogen werden.

Aber ein guter literarischer Stil und ein erregender Gegenstand sind nicht die Hauptgründe für die große Wertschätzung, die Freud zuteil wird. Sie erklärt sich vielmehr daraus, daß seine Ideen herausfordern, daß seine Auffassung vom Menschen sich gleichermaßen als weit und tief erweist und daß seine Theorie auch für unsere Zeit relevant ist. Freud ist vielleicht kein strenger Wissenschaftler gewesen, auch kein ‚reiner' Theoretiker, aber er war ein geduldiger, peinlich genauer, eindringlicher Beobachter und ein zäher und mutiger, eigenwilliger und zugleich selbstbeherrschter, selbständiger und schöpferischer Denker. Über und vor allen anderen Vorzügen seiner Lehre steht dieser eine – daß sie versucht, das lebendige und ganze Individuum ins Auge zu fassen, das teils in einer Welt der Realität lebt und zum anderen Teil in einer Welt des Scheins – bedrängt von Konflikten und inneren Widersprüchen und doch vernünftiger Gedanken und Taten fähig; getrieben von Kräften, die es kaum kennt, und durch Strebungen, deren Grund ihm verborgen; abwechselnd verwirrt und klarblickend, enttäuscht und befriedigt, hoffnungsvoll und verzweifelnd, selbstisch und uneigennützig; kurz, ein komplexes menschliches Wesen. Für viele von uns hat dieses Menschenbild grundsätzliche Gültigkeit.

3. Jungs Analytische Psychologie

Eine starke Persönlichkeit, wie Freud sie besaß, zieht oftmals andere starke Persönlichkeiten an, um sie dann mit gleicher Macht zurückzustoßen. Von solcher Art ist die Geschichte der Beziehung von Carl Gustav Jung zu Sigmund Freud und seinen Ideen. Jung las Freuds ‚Traumdeutung' schon bald nach ihrer Veröffentlichung und begann daraufhin, Beweise für die Gültigkeit einzelner dort vorgetragener Hypothesen beizubringen. 1906 hob ein regelmäßiger Briefwechsel zwischen beiden Männern an, und im folgenden Jahr begab sich Jung zu einem ersten Besuch nach Wien. Freud, der die Bewunderung des Jüngeren mit gleicher Hochachtung beantwortete, beschloß darauf, jenen zu seinem Nachfolger zu machen. Bei der Gründung der Internationalen Psychoanalytischen Gesellschaft im Jahre 1910 wurde Jung ihr erster Präsident – eine Position, die er bis 1914 innehielt. 1909 fuhren Freud und Jung gemeinsam an die Clark University in Worcester, Mass., wohin beide zu einer Vorlesungsreihe anläßlich der Feierlichkeiten zum zwanzigjährigen Bestehen der Universität eingeladen waren. Doch schon drei Jahre später begann die Freundschaft zwischen ihnen sich abzukühlen, bis sie schließlich Anfang 1913 erst ihre persönliche und einige Monate später auch ihre geschäftliche Korrespondenz einstellten. Im April 1914 trat Jung von seiner Präsidentschaft der Vereinigung zurück, und im August desselben Jahres kündigte er auch seine Mitgliedschaft. Der Bruch war damit vollkommen. Freud und Jung sahen einander nie wieder.

Es gibt viele Berichte über das Verhältnis von Freud zu Jung; außer jenen, die sie selbst verfaßten (Freud 1914d u. 1925d; Jung 1961), ist der von Freuds Biographen, E. Jones (1955), zu nennen, daneben Weigert (1942) und Dry (1961). Die Artikel, die Jung noch unter Freuds Einfluß veröffentlichte, sind mit seiner nachfolgenden Kritik an der Freudschen Psychoanalyse im Band IV seiner Gesammelten Werke vereinigt. Zwei andere Artikel über Freud enthält der XV. Band. 1974 ist endlich auch der größte Teil der 330 Briefe, die Freud und Jung von 1906 bis 1913 wechselten, herausgegeben worden.

Die Ursachen für den Bruch der einst so engen Beziehung waren komplex und quasi „überdeterminiert", zumal sowohl persönliche als auch intellektuelle Unverträglichkeiten dazugehörten, doch ein wichtiger Grund bestand in Jungs Zurückweisung des Freudschen Pansexualismus. „Der unmittelbare Anlaß war, daß Freud seine Methode mit seiner Sexualtheorie identifizierte, was ich für unzulässig hielt" (persönliche Mitteilung von Jung, 1954). Jung ging alsbald daran, seine eigene psychoanalytische Theorie und seine therapeutische Methode auszubauen, deren Grundzüge er bereits vor seinem Zusammentreffen mit Freud entworfen und an der er in der Periode ihrer Verbindung ständig gearbeitet hatte (Jung 1913). Er gab ihr den Namen Analytische [oder auch Komplexe] Psychologie.

Bevor wir zur Diskussion der markanten und spezifischen Merkmale von Jungs Standpunkt übergehen, wollen wir uns in großen Zügen seinen Lebensgang vor Augen führen. Carl Gustav Jung wurde am 26. Juli 1875 in Kesswil am Bodensee im Schweizer Kanton Thurgau geboren. Sein Vater war Pastor der Reformierten Kirche. Die Schulzeit verlebte der Knabe bei Basel. Nach dem Besuch des städtischen Gymnasiums immatrikulierte er sich an der Basler Universität in der Absicht, Klassische Philologie und Archäologie zu studieren, aber vermutlich hat ein Traum sein schon früh vorhandenes Interesse für die Naturwissenschaften bestärkt, und über diese kam er zur Medizin, worin er schließlich promovierte. Im Jahre 1900 wurde Jung im Burghölzli, der Psychiatrischen Klinik der Universität Zürich, zunächst Assistent und später – nach seiner Habilitation 1905 – Mitarbeiter von Eugen Bleuler, jenem hervorragenden Psychiater, von dem u.a. der gängige Schizophreniebegriff stammt. Eine Studienreise führte ihn außerdem zu Pierre Janet, Charcots Schüler und Nachfolger in Paris. 1909 gab er seine Arbeit im Krankenhaus auf und 1913 auch seine psychiatrische Lehrtätigkeit an der Universität Zürich, um sich ganz der Privatpraxis, Ausbildung, Forschung, dem Reisen und Schreiben und nicht zuletzt den zahlreichen Vorträgen zu widmen. 1944 wurde er auf einen eigens für ihn gegründeten Lehrstuhl für Medizinische Psychologie der Universität Basel berufen, den er jedoch schon nach einem Jahr aus gesundheitlichen Gründen wieder aufgeben mußte. Zurückgezogen lebte er dann in Küsnacht bei Zürich, wo er am 6. Juni 1961 im Alter von 85 Jahren starb. Schon vor seinem Tode aber wurde Jungs Werk in dem nach ihm benannten Zürcher psychotherapeutischen Ausbildungs- und Forschungsinstitut von seinen Schülern weitergeführt.

Bisher gibt es noch keine ausführliche Biographie von Jung, die der Freud-Biographie von Jones vergleichbar wäre. In seinem Todesjahr erschien eine Autobiographie mit dem Titel ‚Erinnerungen, Träume, Gedanken von C. G. Jung' (1961), welche teilweise von ihm selbst geschrieben, zum Teil von seiner Mitarbeiterin und Vertrauten Aniela Jaffé aufgezeichnet und redigiert und durch Auszüge aus Gesprächen mit Jung ergänzt worden war. Das Buch vermittelt in erster Linie ein inneres, geistiges Selbstbildnis, enthält aber auch sehr viel Informationen über äußere Lebensumstände. Sein Tenor wird im ersten Satz bezeichnet: „Mein Leben ist die Geschichte der Selbstverwirklichung des Unbewußten." – Darüber hinaus kann man biographisches Material über Jung bei Frieda Fordham (1953), Bennet (1961), Dry (1961) finden.

C. G. Jung [wie er üblicherweise zitiert wird] gilt heute allgemein als einer der bedeutendsten psychologischen Denker des 20. Jahrhunderts. Sechzig Jahre lang widmete er sich mit großer Energie und Zielstrebigkeit der Analyse der weitgespannten und tiefliegenden Prozesse des menschlichen Charakters. Sein Werk ist voluminös, das Ausmaß seines Einflusses unabschätzbar. Er ist nicht nur Psychologen und Psychiatern bekannt, sondern auch unter gebildeten Leuten in allen Lebensbereichen. Viele Ehrungen und Auszeichnungen wurden ihm zuteil, darunter Ehrendoktorwürden der Harvard University und jener von Oxford. [Durch seine englischsprachigen Vorlesungen und Seminare (aus denen auch Veröffentlichungen hervorgingen, vgl. z.B. 1935 u. 1938) – von der Übersetzung seiner gesamten Werke ganz zu schweigen – ist eine Anhängerschaft entstanden, die weit über die deutschstämmigen Länder hinausgeht.]

Obwohl Jungs Theorie der Persönlichkeit gewöhnlich als eine psychoanalytische Theorie bezeichnet wird, weil auch sie den Nachdruck auf unbewußte Prozesse legt, unterscheidet sie sich doch in einigen bemerkenswerten Punkten von Freuds Persönlichkeitstheorie. Das hervorragendste und charakteristischste Merkmal von Jungs Menschenbild besteht vielleicht darin, daß es finales (teleologisches) und kausales Denken verbindet. Das Verhalten des einzelnen ist nicht nur durch seine individuelle und die Stammesgeschichte (Kausalität) bedingt, sondern auch durch seine Ziele und Bestrebungen (Finalität). Sowohl die Vergangenheit als Aktualität als auch die Zukunft als Potentialität bestimmen das gegenwärtige Verhalten. Jungs Ansicht über die Persönlichkeit ist prospektiv in dem Sinn, daß sie vorausschaut auf die zukünftige Entwicklung der Person, und retrospektiv in dem Sinn, daß sie der Vergangenheit Rechnung trägt. Um Jung zu paraphrasieren: das Individuum lebt sowohl durch Ziele als auch durch Ursachen. Dieses Beharren auf der Rolle der schicksalhaften Bestimmung – der Zukunft – für die menschliche Entwicklung setzt Jung eindeutig von Freud ab. Für Freud existiert nur eine endlose Wiederholung der Triebproblematik, bis eines Tages der Tod dazwischentritt. Für Jung gibt es eine beständige und oftmals auch schöpferische Entwicklung, die Suche nach Ganzheit und Vollkommenheit und eine Sehnsucht nach Wiedergeburt.

Jungs Theorie unterscheidet sich auch dadurch von allen anderen Auffassungen über die Persönlichkeit, daß sie die rassischen und phylogenetischen Grundlagen des Menschen stark hervorhebt. Jung sieht die individuelle Persönlichkeit als Ergebnis und Behältnis ihrer Ahnengeschichte an. Der Jetztzeitmensch sei durch die kumulativen Erfahrungen vergangener Generationen, die weit in die verschwommenen und unbekannten Anfänge der Menschheit zurückreichen, in seine gegenwärtige Gestalt gewandelt worden. Der Grund der Person ist archaisch, primitiv, angeboren, unbewußt und wahrscheinlich universell. Freud betont die infantilen Ursprünge der Persönlichkeit, Jung die anzestralen. Der Mensch werde mit vielen Prädispositionen geboren, die ihm von seinen Vorfahren vermacht wurden; diese Prädispositionen leiten sein Verhalten und bestimmen mit, wessen er bewußt und worauf er reagieren wird. Mit anderen Worten, es gibt eine artmäßig präformierte und kollektive Persönlichkeit, die selektiv in die Welt der Erfahrung ausgreift und durch die Wahrnehmungen, die sie macht, modifiziert und geprägt wird. Die

Persönlichkeit eines Individuums ist eine Resultante von inneren Kräften, die auf äußere Kräfte einwirken und ihrerseits unter deren Einfluß stehen.

Diese hohe Einschätzung der evolutiven Vergangenheit und der Tragweite, die sie für den heutigen Menschen hat, ließ Jung mehr als jeden anderen Psychologen forschend in die Menschheitsgeschichte eindringen, um soviel wie möglich über unsere stammesgeschichtliche Herkunft zu eruieren. Bei seiner Suche nach den Wurzeln und Entwicklungslinien der menschlichen Persönlichkeit beschäftigte er sich mit Mythologie, Religion, alten Symbolen und Ritualen, den Sitten und Glaubensvorstellungen der primitiven Völker, mit Träumen und Wunschbildern [Gesunder] genauso wie mit den Symptomen von Neurotikern und den Halluzinationen und Wahnideen von Psychotikern. Seine Gelehrsamkeit und Bildung sind wahrscheinlich sowohl hinsichtlich der Breite des Wissens als auch der Tiefe des Verständnisses unter zeitgenössischen Psychologen unübertroffen.

Avis M. Dry (1961) hat einige wichtige geistige Strömungen des 19. Jahrhunderts herausgearbeitet, die mutmaßlich Jung beeinflußt haben. Zunächst waren es die Philosophen – besonders Schopenhauer, E. v. Hartmann und Nietzsche – mit ihren Konzeptionen des Unbewußten; der Polarität, die zur Einheit zurückstrebt; der Substitution des Denkens bei der Wirklichkeitserfassung durch den Willen oder die Intuition. Dann gab es „die neu entstandene deutsche und französische Psychiatrie ...; die wissenschaftlichen Entdeckungen auf anderen Gebieten, vor allem der Biologie; die weitgehende Annahme der Abstammungslehre ...; die Anwendung des Entwicklungsgedankens auf den Menschen, einschließlich der Untersuchung seiner sozialen Organisation und der Religion, sowie die Kontroverse zwischen den Befürwortern der psychischen Einheit und kulturellen Diffusion gelegentlich der ethnographischen Erkundung von Ähnlichkeiten [zwischen verschiedenen Gesellschaften]; die phantasieanregenden Funde der Archäologie; die großen literarischen, historischen und theologischen Traditionen in Deutschland, die einen ausgesprochen romantischen Anstrich trugen" (S. 192f.). Dry glaubt auch, daß die Neutralität und Stabilität der Schweiz ein Leben der Zurückgezogenheit und geistigen Betrachtung begünstigte.

Wir wollen nun darangehen, die Hauptmerkmale von Jungs Persönlichkeitstheorie aufzuzeigen. Theoretische Formulierungen finden sich in all seinen Schriften, indes sind die eigentlichen systematischen Verlautbarungen seiner Position in den Bänden VII, VIII und IX (1. Teil) der ‚Gesammelten Werke' enthalten.

Die Struktur der Persönlichkeit

Die Gesamtpersönlichkeit (total personality) oder auch – wie Jung sie nannte – die Psyche besteht aus einer Anzahl von differenzierten (auseinanderentwikkelten), aber in Wechselwirkung befindlichen Systemen. Die wesentlichsten sind das Ich, das persönliche Unbewußte mit seinen Komplexen, das kollektive Unbewußte und seine Archetypen, die Persona, (die) Anima und (der) Animus sowie der Schatten. Zusätzlich zu diesen ineinandergreifenden Systemen gibt es die Einstellung der Introversion und Extraversion und die Funktionen des Denkens, Fühlens, Empfindens und Intuierens. Schließlich bezeichnet das Selbst die Mitte der ganzen Persönlichkeit überhaupt.

Das Ich

Das *Ich* (ego) ist jener Teil der Seele, der die bewußten Wahrnehmungen, Erinnerungen, Gedanken, Gefühle enthält. Das Ich ist verantwortlich für das Wissen um die eigene Identität und Kontinuität, und vom Blickpunkt der Person selbst wird es als das Zentrum des Bewußtseins angesehen.

Das persönliche Unbewußte

Das *persönliche Unbewußte* (personal unconscious) ist ein an die Ichregion angrenzender Bereich. Es besteht aus Erfahrungen, die einstmals bewußt waren und verdrängt, unterdrückt, vergessen oder ignoriert worden sind, sowie aus solchen, die bei ihrem ersten Auftauchen zu schwach waren, um einen bewußten Eindruck im Subjekt zu hinterlassen. Die Inhalte des persönlichen Unbewußten sind wie jene des vorbewußten Materials bei Freud dem Bewußtsein zugänglich, und zwischen beiden Bereichen herrscht denn auch ein ausgedehnter Gegenverkehr.

Komplexe. Ein *Komplex* (complex) ist eine organisierte, d.h. geordnete Gruppe oder Konstellation von Gefühlen, Gedanken, Wahrnehmungen und Erinnerungen innerhalb des persönlichen Unbewußten. Er hat ein *Kernelement* (nucleus), das wie eine Art Magnet wirkt, indem es verschiedenartige Erfahrungen anzieht oder „konstelliert" (Jung 1934).

Man nehme als Beispiel den Mutterkomplex (Jung 1954). Das Kernelement leitet sich zum Teil von allgemein-menschheitlichen (racial) Erfahrungen mit Müttern her, zum anderen Teil von den individuellen Erfahrungen des Kindes mit seiner eigenen Mutter. Vorstellungen, Gefühle und Erinnerungen, die sich an die Mutter knüpfen, werden von diesem Zentrum angezogen und bilden einen Komplex. Je stärker die Energie ist, die vom Kernelement ausgeht, desto mehr Erlebnisse wird es an sich reißen. So sagt man von jemandem, dessen Persönlichkeit von seiner Mutter beherrscht ist, er habe einen starken Mutterkomplex. Seine Gedanken, Gefühle und Handlungen werden von seiner Muttervorstellung geleitet sein; was sie sagt und was sie meint, wird ihm sehr viel bedeuten, und ihr Bild wird in seinem Sinnen und Trachten obenan stehen. Obwohl das Kernelement und viele der Assoziationen in der Regel unbewußt sind, können sie in das Bewußtsein vordringen, was in der Tat auch häufig geschieht. Ein solcher Komplex kann sich verhalten wie eine autonome Persönlichkeit, die ein eigenes Seelenleben und einen eigenen Antrieb besitzt. Er kann die Kontrolle über das Ich gewinnen und die Psyche für seine eigenen Zwecke benutzen – so wie Tolstoi offenbar von der Idee des einfachen Lebens besessen war und Hitler von der Gier nach Macht.

Das kollektive Unbewußte

Das Konzept eines *kollektiven* oder auch un-/überpersönlichen (collective or transpersonal) *Unbewußten* ist eine der originellsten und zugleich umstrittensten Besonderheiten der Jungschen Persönlichkeitstheorie. Jung betrachtet es als das mächtigste und einflußreichste psychische System, und in pathologischen Fällen überschattet es sowohl das Ich wie auch das persönliche Unbewußte (Jung 1928, 1936, 1912/[5]1943).

Das kollektive Unbewußte ist eine Schatzkammer verborgener Erinnerungsspuren, die das Individuum aus seiner anzestralen Geschichte geerbt hat – aus einer Vergangenheit, welche nicht nur die Evolution des Menschen als einer besonderen Spezies umfaßt, sondern gleichermaßen seine prähumane, animalische Vorfahrenreihe. Das kollektive Unbewußte ist der seelische Rückstand aus der Menschheitsentwicklung, der sich als Folge über Generationen hinweg wiederholter Erfahrungen bildet. Es ist beinahe gänzlich losgelöst von jedwedem Persönlichen im Leben des einzelnen, und es scheint universell zu sein in dem Sinne, daß alle Menschen mehr oder weniger dasselbe kollektive Unbewußte haben. Seine Universalität schreibt Jung den in allen menschlichen Rassen ähnlichen Gehirnstrukturen zu, die wiederum einer gemeinsamen Anthropogenese entstammen.

Artgedächtnis oder -vorstellungen (racial memories or representations) als solche sind nicht ererbt; vielmehr erben wir die *Möglichkeit,* Erfahrungen vergangener Generationen wieder lebendig werden zu lassen. Sie sind Prädispositionen, die uns in die Lage versetzen, auf die Welt in selektiver Weise zu reagieren. Sie werden gleichsam auf die Welt projiziert. Weil zum Beispiel die Menschen immer Mütter gehabt haben, ist jedes Kind schon von der Anlage her disponiert, eine Mutter zu erkennen und auf sie zu reagieren. Das individuell erworbene Wissen um die (eigene) Mutter ist die Erfüllung einer ererbten Anlage, die durch die vergangenen Erfahrungen der Ahnen in das menschliche Gehirn [bzw. die psychische Struktur] eingebaut wurde. So wie der Mensch mit der Fähigkeit geboren wird, die Welt dreidimensional zu sehen, und diese Fähigkeit durch Erfahrung und Übung entwickelt, so wird er auch mit Prädispositionen zum Denken, Fühlen und Wahrnehmen gemäß bestimmten Mustern und Inhalten geboren, die durch individuelle Erlebnisse aktualisiert werden. Zum Beispiel ist das Individuum prädisponiert, sich vor der Dunkelheit oder vor Schlangen zu fürchten, weil der Vorzeitmensch wahrscheinlich im Dunkeln vielerlei Gefahren ausgesetzt war, so wie er häufig ein Opfer von Giftschlangen wurde. Beim heutigen Menschen kommen diese verborgenen Ängste nur zum Vorschein, wenn sie durch spezifische Eindrücke verstärkt werden; nichtsdestoweniger ist die Tendenz dazu vorhanden, und sie erst macht einen für solche Erfahrungen empfänglich. Auch gewisse Vorstellungen, wie die Idee eines Allerhöchsten Wesens, entstehen immer wieder, weil die Disposition dafür im Hirn fest verankert und nur eine geringe Unterstützung durch individuelles Erleben nötig ist, um sie in das Bewußtsein auftauchen und das Verhalten beeinflussen zu lassen. Diese latenten oder potentiellen Erinnerungen gründen auf inhärenten Strukturen sowie auf Bahnen, die sich dem Gehirn als Ergebnis der kumulativen Erfahrungen der gesamten Menschheit eingegraben haben. Die Vererbung dieser Urerinnerungen leugnen, hieße nach Jung, die Evolution und Vererbung des Gehirns bestreiten.

Das kollektive Unbewußte ist die ererbte artspezifische Grundlage der gesamten Persönlichkeitsstruktur. Auf ihr basieren das Ich, das persönliche Unbewußte und alle anderen individuellen Erwerbungen. Was ein Mensch durch Erfahrungen lernt, ist wesentlich vom kollektiven Unbewußten bestimmt, welches vom ersten Augenblick des Lebens an einen steuernden und seligierenden Einfluß auf das individuelle Verhalten ausübt. „Die Form der Welt, in die er geboren wird, ist ihm bereits als *virtuelles Bild* eingeboren" (Jung 1928, S. 209). Diese virtuelle Vorstellung wird zu einer konkreten Wahrnehmung oder einem Begriff, indem sie sich mit Objekten der Welt identifiziert, welche mit ihr korrespondieren. Die Erfahrungen von der Welt, die jemand macht, sind weitgehend, aber nicht vollkommen, durch das kollektive Unbewußte vorgeformt; denn sonst könnte es weder eine Variation noch eine Entwicklung geben.

Die zwei unbewußten Regionen der Seele, die persönliche und die kollektive, können für den Menschen von großem Nutzen sein. „Es [das Unbewußte] hat ja Möglichkeiten, die dem Bewußtsein verschlossen sind; denn es verfügt über alle unterschwelligen (subliminalen) psychischen Inhalte, über all das Vergessene und Übersehene und zudem über die Weisheit der Erfahrung ungezählter Jahrtausende, die in seinen archetypischen Strukturen niedergelegt ist" (Jung 1912/⁵1943, S. 126). Wenn andererseits das unbewußte Wissen durch das Ich ignoriert wird, so kann das Unbewußte von den bewußten rationalen Prozessen Besitz ergreifen, sie zerrütten und schließlich völlig deformieren. Symptome, Phobien, Wahnvorstellungen und andere irrationale Erscheinungen des Seelenlebens rühren von vernachlässigten unbewußten Prozessen her.

Archetypen. Die strukturellen Komponenten des kollektiven Unbewußten werden bei Jung mit verschiedenen Namen bezeichnet: Archetypus, Dominante, urtümliches oder Urbild, Imago, myth(olog)isches Motiv/Bild oder Verhaltenskonstellation (1912/⁵ 1943). Ein *Archetypus* (archetype) ist eine universelle Gedankenform (Idee), welche einen großen Anteil an Emotionen enthält. Dieser Grund- oder Leitgedanke erzeugt Bildvorstellungen oder Visionen, die im normalen Wachleben einem bestimmten Aspekt der bewußten

Situation entsprechen. Zum Beispiel produziert der Mutterarchetypus das Bild eines mütterlichen Wesens, das dann mit der leibhaftigen Mutter identifiziert wird. Mit anderen Worten, das Baby erbt eine präformierte Vorstellung der Gattung Mutter, welche mitbestimmt, wie das Baby *seine* Mutter wahrnehmen wird. Darüber hinaus ist sein Eindruck von der eigenen Mutter auch von deren individuellem Wesen und den persönlichen Erfahrungen, die es mit ihr macht, abhängig. Das Erleben des Babys ist also das gemeinsame Resultat einer inneren Prädisposition, die Welt in einer bestimmten Weise wahrzunehmen, und der tatsächlichen Beschaffenheit dieser Welt. Die zwei Determinanten stehen gewöhnlich im Einklang miteinander, weil der Archetypus selbst das Produkt menschheitlichen (racial) Welterfassens ist und die entsprechenden Erfahrungen für alle Menschen jeden Alters und in jedem Teil der Welt die gleichen sind. Das heißt, die Natur der Mütter – das, was sie nun einmal zu tun pflegen – ist während der ganzen Artentwicklung (history of the race) ziemlich gleich geblieben, so daß der Mutterarchetypus, den das Baby ererbt, mit der wirklichen Mutter, bei der es aufwächst, übereinstimmt.

Auf die Frage nach dem Ursprung der Archetypen verweist Jung auf den permanenten seelischen Niederschlag von Erfahrungen, die über Generationen hinweg unverändert geblieben sind. Zum Beispiel haben die Menschen seit jeher gesehen, wie die Sonne ihren täglichen Lauf von einem Horizont zum anderen unternimmt. Die Wiederkehr dieses eindrucksvollen Phänomens wird schließlich im kollektiven Unbewußten fixiert als ein Archetypus des Sonnengottes, jenes mächtigen, beherrschenden, lichtbringenden Himmelskörpers, den der Mensch zu einem Gott erhob und verehrte. Gewisse Begriffe und Vorstellungen einer höchsten Gottheit können als Sprößlinge dieses Sonnenarchetypus angesehen werden.

In ähnlicher Weise ist der Mensch im Verlauf seiner Geschichte immer wieder gewaltigen Naturereignissen ausgesetzt gewesen – Erdbeben, Wasserfällen, Überschwemmungen, Wirbelstürmen, Blitzschlägen, Waldbränden und so weiter. Aus diesen Erfahrungen ist ein Archetypus der Kraft (oder Energie) entstanden, eine Prädisposition, Kräfte wahrzunehmen und von ihnen fasziniert zu sein, und zugleich das Verlangen, selber Energie zu erzeugen und zu kontrollieren. Das Vergnügen des Kindes an Knallkörpern, die Vorliebe junger Menschen für schnelle Autos und die Besessenheit, mit der Erwachsene die im Atom verborgene Energie freilassen, sie alle haben ihren Ursprung im Archetypus der Kraft. Von ihm wird der Mensch förmlich getrieben, neue Kraftquellen ausfindig zu machen, und seinem Aufsteigen verdanken wir unser gegenwärtiges Zeitalter der Energie. Allgemein gesprochen, fungieren Archetypen als hochgeladene autonome Zentren von (psychischer) Energie, die dazu neigen, in jeder Generation die gleichen, nur individuell ausgestalteten Erfahrungen wiederkehren zu lassen.

Archetypen sind nicht notwendigerweise im kollektiven Unbewußten voneinander isoliert. Sie durchdringen und vermischen sich gegenseitig. So können der Archetypus des Helden und jener des Alten Weisen zusammenfallen und das Bild des „Philosophenkönigs“ erzeugen, eines Menschen, dem man folgt und den man verehrt, weil er sowohl ein tapferer Führer als auch ein weiser Seher ist. Zuweilen kommt auch – wie es im Falle Hitlers gewesen zu sein scheint – eine Verschmelzung des Dämon- und des Heldenarchetypus vor, so daß eine geradezu satanische Führerpersönlichkeit entsteht.

Wie bereits erwähnt, kann das Kernelement eines Komplexes ein Archetypus sein, der bestimmte Erlebnisse auf sich zieht. Der Archetyp kann dann mit Hilfe dieser assoziierten Erfahrungsanteile in das Bewußtsein eindringen. Mythen, Träume, Visionen, neurotische und psychotische Symptome, Rituale wie auch Kunstwerke enthalten einen großen Anteil urbildlichen Materials und stellen hinsichtlich der Archetypen die beste Forschungsquelle dar. Jung und seine Anhänger haben unermeßlich viel an Arbeit über archetypische Repräsentationen in Religionen, Mythen und Träumen geleistet.

Man nimmt an, daß das kollektive Unbewußte sehr viele Archetypen enthält. Zu den schon identifizierten gehören die Archetypen der Geburt, der Wiedergeburt, des Todes, der Kraft, des Zaubers, der Einheit, des Helden, des Kindes, des Gottes(bildes), des Dämons, des Alten Weisen, der Erdmutter, des Tieres.

Nun können zwar alle Archetypen als autonome dynamische Systeme aufgefaßt werden, die von den übrigen Teilen der Persönlichkeit relativ unabhängig sind, doch haben sich einige von ihnen so weit entwickelt, daß ihre Behandlung als separate Systeme innerhalb der Persönlichkeit zu rechtfertigen ist. Es sind dies die Persona, die Anima und der Animus und der Schatten.

Die Persona

Die *Persona* (persona) ist eine angenommene Maske des Subjekts, mit der es auf die Anforderungen der gesellschaftlichen Konvention und Tradition sowie auf die eigenen inneren archetypischen Bedürfnisse reagiert (Jung 1928). Es ist die Rolle, die ihm von der Gesellschaft zugeteilt wird, d.h. jene, die zu spielen man von ihm erwartet. Zweck der Maske ist es, einen bestimmten Eindruck auf andere zu machen, und oftmals, wenn auch nicht notwendigerweise, verhüllt sie die wahre Natur des Subjekts. Die Persona ist die *öffentliche,* quasi offizielle Seite der Persönlichkeit, die der einzelne vor den Leuten zur Schau trägt oder die sie ihm durch ihre Meinung beilegen – im Gegensatz zur *privaten* Persönlichkeit, die hinter dieser gesellschaftlichen Fassade existiert.

Wenn das Ich sich mit der Persona identifiziert, wie es häufig geschieht, wird der Mensch sich mehr der gespielten Rolle bewußt als seiner eigentlichen Gefühle. Er wird sich selbst fremd, und seine ganze Persönlichkeit verflacht, wird sozusagen zweidimensional. Eine bloße Scheinpersönlichkeit – ein Abbild der Gesellschaft – tritt an die Stelle des autonomen Individuums.

Das Kernelement, aus dem heraus die Persona sich entwickelt, ist ein Archetyp. Er entspringt wie alle Archetypen der phylogenetischen Erfahrung der

Menschheit überhaupt; in diesem Fall standen die sozialen Beziehungen Pate, in welchen die Übernahme einer gesellschaftlichen Rolle dem Menschen während seiner gesamten Geschichte als eines sozialen Tiers [eines Zôon politikón] von Nutzen war.

Die Anima und der Animus
Es gilt heute weithin als ziemlich gut fundierte Erkenntnis, daß der Mensch im Grunde ein bisexuelles Tier ist. Auf der physiologischen Ebene nämlich finden wir beim Mann (dem Männchen) die Sekretion sowohl männlicher als auch weiblicher Sexualhormone, und das gleiche gilt von der Frau (dem Weibchen). Psychologisch gesehen, haben beide Geschlechter sowohl maskuline wie feminine Eigenschaften. Homosexualität ist nur ein, wenn auch wohl das auffallendste Phänomen, das der Vorstellung von der menschlichen Bisexualität Nahrung gegeben hat.

Jung schreibt die feminine Seite der männlichen Persönlichkeit und die maskuline Seite der weiblichen Persönlichkeit Archetypen zu. Der feminine Archetypus im Mann wird *Anima* (anima) genannt, der maskuline Archetypus in der Frau *Animus* (animus) (Jung 1928, 1936 [1954:2.]) Obwohl diese Archetypen von den Geschlechtschromosomen wie auch den Geschlechtsdrüsen bedingt sein mögen, sind sie die Produkte der stammesgeschichtlichen Erfahrungen des Mannes mit der Frau und der Frau mit dem Mann. Mit anderen Worten, durch das Zusammenleben von Mann und Frau im Laufe der Menschheitsgeschichte ist der Mann feminiert, d.h. verweiblicht, und die Frau maskuliert, vermännlicht worden.

Diese Archetypen veranlassen ein jedes Individuum, Merkmale des entgegengesetzten Geschlechts auszubilden; sie wirken aber auch als kollektive Bilder, die es in die Lage setzen, Angehörige des anderen Geschlechts zu verstehen und auf diese zu reagieren. Der Mann erfaßt das Wesen der Frau kraft seiner Anima, und die Frau versteht den Mann aufgrund ihres Animus. Anima und Animus können aber auch zu Mißverständnis und Zwietracht führen, wenn die archetypische Vorstellung ohne Rücksicht auf den realen Charakter des Partners auf diesen projiziert wird. Das heißt, falls ein Mann versucht, sein Idealbild von der Frau mit einer wirklichen Frau zu identifizieren und dabei die Diskrepanz zwischen Idealität und Realität nicht genügend in Rechnung stellt, so kann er sich bitter enttäuscht fühlen, sobald er entdeckt, daß die beiden nicht übereinstimmen. Es muß zu einem Kompromiß zwischen den Ansprüchen des kollektiven Unbewußten und den tatsächlichen Gegebenheiten der Außenwelt kommen, damit die Person ihr Leben in angenehmer Weise einzurichten vermag.

Der Schatten
Der *Schattenarchetypus (shadow archetype)* besteht aus den tierischen Instinkten, welche der Mensch in seiner Evolution von den niederen Lebensformen

[seiner Ahnenreihe] ererbt hat (Jung 1948 [1951: I.2./3.]). Infolgedessen ,verkörpert' der Schatten die animalische Seite der menschlichen Natur. Als Archetypus ist der Schatten für die Vorstellung der Ursünde verantwortlich, welche in der Projektion nach außen ein Teufels- oder Feindbild entstehen läßt.

Der Schattenarchetypus betreibt gleichermaßen das bewußtseins- und verhaltensmäßige Erscheinen von schlechten (negativen) und sozial geächteten Gedanken, Gefühlen und Handlungen. Diese werden dann entweder durch die Persona vor der Öffentlichkeit versteckt oder [ggf. post factum] in das persönliche Unbewußte verdrängt. So durchsetzt die auf einen Archetyp zurückgehende Schattenseite der Persönlichkeit die privaten Aspekte des Ich und zugleich einen großen Teil der Inhalte des persönlichen Unbewußten.

Der Schatten als vitaler und leidenschaftlicher, ,tierischer' Instinktbereich gibt der Person erst einen vollständigen, dreidimensionalen Charakter. Er trägt dazu bei, die Persönlichkeit eines Menschen im ganzen abzurunden.

Das Selbst

In seinen älteren Schriften betrachtete Jung das Selbst als Äquivalent der Gesamtpersönlichkeit bzw. der Psyche überhaupt. Als er dann aber die phylogenetischen Grundlagen der Persönlichkeit zu erforschen begann und dabei die Archetypen entdeckte, fand er u. a. einen, der das Streben des Menschen nach Einheit repräsentierte (Wilhelm/Jung 1931). Dieser Archetypus äußert sich in verschiedenen Symbolen, deren bedeutendstes das *Mandala* oder der magische Kreis ist (Jung 1955). In seinem Buch ,Psychologie und Alchemie' (1944) entwickelt Jung eine Psychologie der Ganzheit (oder Totalität), die auf dem Mandalasymbol basiert. Der Hauptbegriff dieser Psychologie der totalen Einheit ist das *Selbst* (self).

Das Selbst ist der Mittelpunkt der Persönlichkeit, um den herum alle anderen Systeme konstelliert sind. Es hält diese Systeme zusammen und stattet die Persönlichkeit mit Einheit, innerem Gleichgewicht und Stabilität aus. „Wenn man sich das Bewußtsein mit dem Ich als Zentrum dem Unbewußten gegenübergestellt denkt, und wenn man sich nun den Prozeß der Assimilation des Unbewußten dazu vorstellt, so kann man sich diese Assimilation als eine Art von Annäherung zwischen Bewußtsein und Unbewußtem denken, wobei das Zentrum der totalen Persönlichkeit nicht mehr mit dem Ich zusammenfällt, sondern ein Punkt in der Mitte zwischen Bewußtsein und Unbewußtem ist. Dies wäre der Punkt des neuen Gleichgewichts, eine neue Zentrierung der Gesamtpersönlichkeit, ein vielleicht virtuelles Zentrum, welches der Persönlichkeit wegen seiner zentralen Lage zwischen Bewußtsein und Unbewußtem eine neue sichere Grundlage gewährt" (Jung 1928, S. 243).

Das Selbst ist das Ziel des Lebens, ein Ziel, nach dem die Menschen ständig streben, das sie aber selten erreichen. Wie alle Archetypen motiviert es das Verhalten des einzelnen und veranlaßt ihn – vor allem auf den von der Religion bereitgestellten Wegen – zur Suche nach dem Ganzen. Echte religiöse Erfahrung ist der Selbstheit etwa so nahe, wie die meisten Menschen ihr nur kommen können, und die Gestalten von Christus und Buddha sind genauso hoch differenzierte Erscheinungsweisen des Selbstarchetypus, wie man sie – wenn überhaupt – in der modernen Welt finden kann. Es ist durchaus begreiflich, daß Jung das Selbst bei seinen Beobachtungen und Untersuchungen der Religionen des Orients entdeckte, in denen das Streben nach Einheit und Einssein mit der Welt durch gewisse rituelle Praktiken, wie z. B. Yoga, weiter entwikkelt ist als in westlichen Religionen.

Bevor ein Selbst entstehen kann, ist es notwendig, daß die verschiedenen Komponenten der Persönlichkeit voll entwickelt und individuiert werden. Aus diesem Grund tritt der Archetypus des Selbst erst in Erscheinung, wenn das Individuum etwa die Lebensmitte erreicht hat. Zu dieser Zeit beginnt es ernsthafte Anstrengungen zu machen, das Zentrum der Persönlichkeit vom bewußten Ich zu einem halbwegs zwischen Bewußtsein und Unbewußtem befindlichen zu verlagern. Eben diese Zwischenregion ist die Provinz des Selbst.

Der Begriff des Selbst ist wahrscheinlich Jungs bedeutendste psychologische Entdeckung und bildet den Gipfelpunkt seiner intensiven Studien über Archetypen.

Die Einstellungen

Jung unterscheidet zwei typische *Einstellungen* oder Orientierungen (attitudes or orientations) der Persönlichkeit, die Extra- und die Introversion. Die *extravertierte* Einstellung (extraversion) orientiert die Person auf die äußere, objektive Welt, die *introvertierte* (introversion) dagegen auf die innere, subjektive Welt (1921).

Die beiden Einstellungsweisen sind trotz ihrer Gegensätzlichkeit in jedem Menschen vorhanden; gewöhnlich aber ist eine von ihnen dominant und bewußt, die andere untergeordnet und unbewußt. Wenn das Ich in seinem Verhältnis zur Welt überwiegend extravertiert ist, wird das persönliche Unbewußte introvertiert sein.

Die Funktionen

Es gibt vier *psychologische Grundfunktionen* (fundamental psychological functions): Denken, Fühlen, Empfinden, Intuieren. Das *Denken* (thinking) ist ein ideationaler und intellektueller Vorgang. Mit seiner Hilfe versucht der Mensch die Welt wie auch sich selbst zu begreifen. Das *Fühlen* (feeling) ist die Bewertungsfunktion; sie bezieht sich auf den Wert der Dinge für das Subjekt, das diese entweder als positiv oder negativ auffaßt [das heißt, sie „annimmt oder zurückweist"]. Die fühlende Funktion ermöglicht dem Individuum die subjektiven Erfahrungen von Lust und Schmerz, von Ärger, Furcht, Sorge, Freude, Liebe. Die *Empfindung oder das Empfinden* (sensation or sensing) ist die Wahrnehmungs- oder Realitätsfunktion. Sie liefert [auf dem Wege der inneren und äußeren Reizaufnahme und -verarbeitung] konkrete Tatsachen oder [abstrakte] Begriffsvorstellungen von der Welt. Die *Intuition* (intuition) ist ein Wahrnehmen mittels unbewußter Prozesse und unterschwelliger Inhalte. Der intuitive Mensch geht bei seiner Suche nach dem Wesen der Realität über Fakten, Gefühle und Ideen hinaus.

Das Wesen der vier Funktionen mag durch folgendes Beispiel erhellt werden. Angenommen, es blickt jemand vom Rand des Grand Canyon auf den Colorado(fluß) herab. Wenn die fühlende Funktion vorherrscht, so wird er voller Ehrfurcht die erhabene Größe und atemberaubende Schönheit der Natur erleben. Steht er dagegen unter der Kontrolle der Empfindungsfunktion, so wird er die Schlucht lediglich so sehen, wie sie ist oder wie sie durch eine Fotografie wiedergegeben werden könnte. Wenn die denkende Funktion sein Ich regiert, so wird er den Canyon nach geologischen Prinzipien und Theorien zu erfassen versuchen. Schließlich, wenn die intuitive Funktion ausschlaggebend ist, so wird der Besucher dazu neigen, den Grand Canyon als ein kosmisches Geheimnis anzuschauen, dessen tiefe Bedeutung und tieferer Sinn sich nur in mystischer Versenkung entdecken oder erahnen lassen.

Das Faktum der vier psychologischen Funktionen hat sich, wie Jung konstatiert, „rein empirisch ergeben. Daß aber mit vier eine gewisse Totalität erreicht ist, kann folgende Überlegung zeigen. Die Empfindung stellt fest, was tatsächlich vorhanden ist, das Denken ermöglicht uns zu erkennen, was das Vorhandene bedeutet, das Gefühl, was es wert ist, und die Intuition schließlich weist auf die Möglichkeiten des Woher und Wohin, die im gegenwärtig Vorhandenen liegen. Damit dürfte die Orientierung im Gegenwärtigen ebenso vollständig sein, wie die geographische Ortsangabe nach Breite und Länge" (1928 [1931: 13.] S. 586).

Denken und Fühlen werden rationale Funktionen genannt, weil sie von Vernunft, Urteilsvermögen, Abstraktion und Generalisierung Gebrauch machen. Sie setzen den Menschen in die Lage, nach Gesetzmäßigkeiten im Universum Ausschau zu halten. Empfinden und Intuieren gelten als irrationale Funktionen, weil sie auf der Wahrnehmung des Konkreten, Besonderen und Zufälligen basieren.

Obwohl jede Person über alle vier Funktionen verfügt, sind sie dennoch nicht notwendigerweise gleich gut entwickelt. Gewöhnlich ist eine der vier stärker differenziert als die übrigen und spielt eine dominierende Rolle im Bewußtsein. Jung nennt diese die *superiore* oder differenzierte (superior) Funktion. Eine der anderen drei Funktionen dient gewöhnlich der überlegenen in unterstützender Weise. Wenn die höhere Funktion an ihrer Arbeit gehindert wird, übernimmt diese *Auxiliar-* oder *Hilfsfunktion* (auxiliary function) automatisch ihre Stelle.

Die am wenigsten differenzierte der vier Funktionen wird die *inferiore* oder minderwertige (inferior) genannt. Diese den anderen unterlegene Funktion ist unterdrückt (verdrängt) und unbewußt und findet ihren Ausdruck in Träumen und Visionen. Sie ist ebenfalls mit einer Hilfsfunktion verbunden. [Trotz desselben Prädikats stehen die beiden rationalen (wie auch die beiden irrationalen) Funktionen in einem bewußt-unbewußten Ausschließungsverhältnis, so daß ein Subjekt in der Regel – kraft der die superiore bzw. inferiore unterstützenden Funktion – nicht alternativ, sondern koordinativ, d.h. sowohl als auch, rational bzw. irrational ist, und zwar im Bewußtsein wie auch im Unbewußten. Jung verwendet hierzu das Kreissymbol mit rationaler und irrationaler Achsenpolarität. Vgl. Jolande Jacobi 1940/5 1967, S. 23f. u. Schemata IV-VI. D. Ü.]

Wenn man die vier Funktionen auf einem Kreisumfang gleich weit voneinander entfernt anordnet, dann symbolisiert der Kreismittelpunkt die Synthese der vier voll differenzierten Funktionen. In solch einer Synthese gibt es keine überlegenen oder unterlegenen und auch keine Hilfsfunktionen; alle sind mit gleicher Stärke in der Person vertreten. Dieser Fall könnte allerdings nur eintreten, wenn das Selbst ganz verwirklicht wäre. Da eine vollständige Aktualisierung des Selbst [praktisch] aber unmöglich ist, repräsentiert die Synthese der vier Funktionen ein Ideal, das dem menschlichen Streben zum Ziele wird.

Interaktionen zwischen den Systemen der Persönlichkeit

Die verschiedenen Systeme und die Einstellungen und Funktionen, welche die Gesamtpersönlichkeit ausmachen, stehen in dreierlei Weise miteinander in Wechselbeziehung: Entweder kann ein System die Schwäche eines anderen Systems kompensieren, d.h. ausgleichen, oder zwei Systeme befinden sich im Gegensatz zueinander, oder zwei oder mehr Systeme vereinigen sich in einer Synthese.

Die *Kompensation* (compensation) kann durch die Interaktion der entgegengerichteten Einstellungen von Extra- und Introversion erläutert werden. Wenn Extravertiertheit die dominante oder superiore Einstellung des bewußten Ich ist, dann wird das Unbewußte dies durch die Entwicklung der unterdrückten Introvertiertheit ausgleichen. Sollte nun die überlegene Einstellung auf irgendeine Weise frustriert werden, so kann die bis dato unterlegene Introversion von der Persönlichkeit Besitz ergreifen und diese hinfort regieren. Auf eine Periode intensiven extravertierten Verhaltens folgt daher gewöhnlich eine solche der Introvertiertheit. Träume sind ebenfalls kompensatorisch, z.B. haben sie bei einer überwiegend extravertierten Person eine introvertierte Qualität, und umgekehrt werden die Träume eines Introvertierten in der Regel extravertiert sein.

Auch zwischen Funktionen kommt es zu Kompensationen. Eine Person, die bewußt z.B. das Denken [und – unterstützend – das „benachbarte" Empfinden oder Intuieren] hervorkehrt, wird unbewußt dem Fühltypus [mit der Hilfsfunktion des Intuierens resp. Empfindens] angehören. Gleichermaßen stehen das Ich und die Anima im Manne sowie das Ich und der Animus in der

Frau in einer kompensatorischen Beziehung zueinander. Das normale Ich des Mannes ist maskulin, während seine Anima feminin ist, und bei der Frau sind die entsprechenden Attribute für das Ich und den Animus feminin und maskulin. Allgemein gesehen, werden alle Inhalte des Bewußtseins durch Inhalte des Unbewußten kompensiert. Das Kompensationsprinzip sorgt für eine Art Gleichgewicht oder Balance zwischen gegensätzlichen Elementen, wodurch eine neurotische Unausgeglichenheit der Psyche verhindert wird.

Praktisch nehmen alle Persönlichkeitsforscher gleich welcher Anschauung oder Überzeugung an, daß jeder Charakter polare Tendenzen enthält, die miteinander in Konflikt geraten können. Jung ist keine Ausnahme. Er glaubt, daß eine psychologische Theorie der Persönlichkeit auf das *Gesetz der Gegensätzlichkeit oder des Gegensatzes bzw. Konfliktes* (principle of opposition or conflict) [Jung verwendet hierfür auch den Heraklitischen Ausdruck Enantiodromie] gegründet sein müsse, weil die Spannungen, die durch widerstreitende Elemente erzeugt werden, das Wesen des Lebens ausmachen. Ohne Spannung würde es keine Energie geben und infolgedessen auch keine Persönlichkeit.

Gegensätze bestehen überall in der Person: zwischen dem Ich und dem Schatten, zwischen Ich und persönlichem Unbewußten, zwischen Persona und Anima oder Animus, Persona und persönlichem Unbewußten, kollektivem Unbewußten und dem Ich, zwischen kollektivem Unbewußten und der Persona. Zudem stehen Intro- und Extraversion in Opposition zueinander, das Denken arbeitet dem Fühlen entgegen, und das Empfinden widerspricht dem Intuieren. Das Ich ist wie ein „schwankendes Rohr", das von den äußeren Forderungen der Gesellschaft und den inneren Ansprüchen des kollektiven Unbewußten hin- und hergeworfen wird. Aus dieser antagonistischen Bewegung heraus entwickelt sich die Persona oder Maske. Aber auch sie wird alsbald von anderen Archetypen des kollektiven Unbewußten angegriffen. Die Frau im Manne, d.h. die Anima, weicht die maskuline Natur des Mannes auf, und der Animus zerbricht das feminine Wesen der Frau. Der Wettkampf zwischen den rationalen und irrationalen Mächten innerhalb der Psyche hört somit niemals auf. Der Konflikt ist ein allgegenwärtiges Phänomen des Lebens.

Muß nun die Persönlichkeit in jedem Fall ein Haus sein, dessen Mitglieder unter sich uneins sind? Jung glaubt nicht! Polare Elemente stehen nicht nur im Gegensatz, sondern sie suchen einander auch, ziehen sich an. Die Situation ist analog jener von Mann und Frau in der Ehe, die miteinander streiten und doch gerade durch die Differenzen, welche die Uneinigkeit provozieren, zusammengehalten werden. Die Vereinigung der Gegensätze wird erreicht durch das, was Jung die *transzendente Funktion* (transcendent function) nennt (wir kommen noch auf sie zu sprechen). Die Arbeit dieser Funktion führt zur Synthese der konträren Systeme und damit zu einer ausbalancierten, integrierten Persönlichkeit. Das Zentrum dieser ‚ganzen' Person ist das Selbst.

Ein Beispiel für die Interaktion zwischen den Systemen der Persönlichkeit. Zur Verdeutlichung der Arten von Wechselwirkungen, die innerhalb der Psyche stattfinden, wollen wir die Beziehungen zwischen der Anima und den anderen Systemen der Persönlichkeit betrachten. Nach Jung „setzt das ganze Wesen des Mannes die Frau voraus ... Sein System ist a priori auf die Frau eingestellt ..." (1928, S. 209). Das mit dem weiblichen Archetyp ausgestattete männliche Kind wird ‚instinktiv' angezogen von der ersten Frau, der es begegnet – gewöhnlich seiner Mutter. Diese nährt und fördert ihrerseits das Entstehen einer engen Beziehung zwischen beiden. Während das Kind heranwächst, werden die mütterlichen Bande indessen restriktiv und frustrierend, wenn nicht tatsächlich gefährlich für das Kind, so daß der im Ich gebildete Mutterkomplex in das persönliche Unbewußte verdrängt wird.

Gleichzeitig mit dieser Entwicklung werden auch die femininen Eigenschaften und Haltungen, die von der Anima in das Ich gepflanzt worden sind, verdrängt, weil sie nicht zu der Rolle passen, welche die Gesellschaft von ihm als Mann erwartet. Mit anderen Worten, seine angeborene Femininität wird durch eine von der Persona und anderen Archetypen ausgehende Gegenmacht unterdrückt.

Als Resultat dieser zwei Verdrängungsmaßnahmen werden die Gefühle des Knaben für seine Mutter wie auch seine eigenen femininen Züge aus dem Ich in das persönliche Unbewußte abgeschoben. Daher sind das Frauenbild des Mannes und sein Gefühl und Verhalten Frauen gegenüber von den vereinigten Kräften des persönlichen und kollektiven Unbewußten bestimmt.

Die dem Ich infolge dieser Wandlungen des Mutter- und des Frauenarchetypus (der Anima) auferlegte Aufgabe der Integration besteht darin, eine Frau zu finden, die der *Imago* der Mutter ähnelt und zugleich die Bedürfnisse seiner Anima befriedigt. Wählt er eine Frau, die mit einem dieser unbewußten Vorbilder – oder gar mit beiden – unvereinbar ist, dann rennt er ins Unglück, weil seine bewußte Zuneigung für sie von unbewußten negativen Gefühlen durchkreuzt wird. Sie machen ihn unzufrieden mit ihr, und er wird sie wegen allerlei eingebildeter Mängel und Unzulänglichkeiten tadeln, ohne sich der wirklichen Gründe für seine Unzufriedenheit bewußt zu werden. Wenn die transzendente Funktion reibungslos operiert, so wird sie all seine widersprüchlichen Impulse vereinen und ihn dazu bringen, eine Gefährtin auszuwählen, mit der er glücklich zusammenleben kann.

Bei allen wichtigen Entscheidungen im Leben muß, wenn sie Erfolg bringen sollen, sowohl den unbewußten als auch den bewußten Faktoren gebührende Aufmerksamkeit gezollt werden. Jung meint, daß ein Großteil der Fehlanpassung und des Unglücklichseins auf einer einseitigen Persönlichkeitsentwicklung beruht, welche wichtige Facetten der menschlichen Natur ignoriert. Diese vernachlässigten Aspekte führen zu Beeinträchtigungen der Persönlichkeit und erzeugen irrationales Verhalten.

Für Jung ist die Persönlichkeit ein überaus komplexes Gebilde. Sie weist nicht nur eine Vielzahl von Komponenten auf – die Zahl der möglichen Archetypen und Komplexe z. B. ist Legion –, sondern die Interaktionen zwischen diesen Komponenten sind verwickelt und verschlungen. Kein anderer Persönlichkeitstheoretiker hat solch eine reichhaltige und komplexe Beschreibung der Persönlichkeitsstruktur geliefert wie er.

Die Dynamik der Persönlichkeit

Jung faßte die Persönlichkeit oder Psyche als ein partiell geschlossenes energetisches System auf. Es gilt als unabgeschlossen, weil ihm von äußeren Quellen Energie zugeführt werden muß, z. B. durch Essen, und weil ihm Energie entnommen wird, z. B. bei der Muskelarbeit. Es ist zudem möglich, daß Umweltreize Änderungen in der Energieverteilung innerhalb des Systems hervorrufen. Dies geschieht etwa, wenn ein plötzlicher Wechsel in den Außenweltbedingungen unsere Aufmerksamkeit und Wahrnehmung umorientiert. Die Tatsache, daß die Persönlichkeitsdynamik Einflüssen und Modifikationen aus äußeren Quellen unterliegt, bedeutet, daß die Person keinen Zustand vollkommener Stabilität erreichen kann, was im Falle völliger Abgeschlossenheit des Systems möglich wäre; sie kann sich nur relativ stabilisieren.

Psychische Energie

Die Energie, kraft welcher die Arbeit der Persönlichkeit durchgeführt wird, heißt *psychische Energie* (psychic energy) (Jung 1928/²1948: 1.). Sie ist eine Manifestation der Lebensenergie, die dem Organismus als einem biologischen System eignet. Die psychische Energie hat, wie alle vitale Energie, ihren Ursprung in den Stoffwechselprozessen des Körpers. Jungs Ausdruck für die Lebensenergie ist *Libido* (libido), aber er benutzt dieses Wort auch wahlweise für psychische Energie. Was die Relation von psychischer und physischer Energie anbelangt, so bezieht Jung nicht eindeutig Stellung; er glaubt aber, daß man als haltbare Hypothese eine Art Wechselwirkung zwischen beiden annehmen kann.

Bei dem Begriff der psychischen Energie handelt es sich um ein hypothetisches Konstrukt; sie ist konkret weder als Substanz noch als Phänomen gegeben. Folglich kann sie auch nicht gemessen oder wahrgenommen werden. Psychische Energie findet ihren konkreten Ausdruck in Gestalt aktueller oder potentieller Kräfte. Wünschen, Wollen, Fühlen, Streben oder Aufmerksamkeit sind Beispiele für aktuelle, Dispositionen, Befähigungen, Neigungen, Tendenzen oder Einstellungen Beispiele für potentielle Kräfte in der Person.

Psychische Werte. Die Menge der psychischen Energie, mit der ein Element der Persönlichkeit ausgestattet wird, heißt der *Wert* (value) dieses Bereiches. Er gilt als Maß der Intensität. Sagen wir, daß wir einem besonderen Gedanken oder Gefühl einen hohen Wert beimessen, so meinen wir damit, daß der betreffende Inhalt im Hinblick auf Antrieb und Ausrichtung unseres Verhaltens einen beträchtlichen Druck ausübt. Ein Mensch, welcher die Wahrheit hochschätzt, wird sehr viel Mühe aufwenden, um sie zu erforschen. Jemand, der großen Wert auf Macht legt, wird sehr stark motiviert sein, solche zu erlangen. Umgekehrt wird etwas von geringem Wert nur wenig psychische Energie auf sich ziehen.

Der absolute Wert einer Idee oder eines Gefühls läßt sich nicht bestimmen – im Gegensatz zum relativen Wert. Eine einfache, wenn auch nicht immer genaue Methode zur Untersuchung der relativen Werte besteht darin, jemanden zu fragen, ob er eine Sache (oder ein Gut) einer anderen vorzieht. Die Reihenfolge dieser Bevorzugungen kann als ein grobes Maß für die relative Stärke seiner Werte angesehen werden. Man kann aber auch eine experimentelle Testsituation schaffen, in der sich zeigt, ob jemand für einen bestimmten Anreiz härter zu arbeiten bereit ist als für einen anderen. Wenn man jemanden eine Zeitlang aufs genaueste in seinem Verhalten beobachtet, so erhält man ein ziemlich gutes Bild von der relativen Rangordnung seiner Werte. Verwendet jemand mehr Zeit fürs Lesen als fürs Kartenspielen, so kann angenommen werden, daß er das erstere eben höher bewertet.

Die konstellierende Kraft eines Komplexes. So nützlich solche Beobachtungen und Tests auch für die Bestimmung der bewußten Werte sein mögen, auf die unbewußten werfen sie dennoch nicht viel Licht. Diese müssen durch Einschätzung der „konstellierenden Kraft des Kernelementes eines Komplexes" sichtbar gemacht werden. Die *konstellierende Kraft* (constellating power) eines Komplexes ergibt sich aus der Zahl von Vorstellungsgruppen (groups of items), die zu seinem Kernelement assoziiert werden. Wenn jemand z. B. einen starken Vaterlandskomplex hat, so heißt das nichts anderes, als daß das Kernelement, die Liebe zum Heimatland, gewisse Erlebniskonstellationen um sich herum erzeugen wird. Eine dieser Konstellationen mag aus wichtigen Ereignissen in der Geschichte der eigenen Nation bestehen, während eine andere die Verehrung nationaler Führer oder Helden sein kann. Eine sehr patriotische Person ist prädisponiert, jede neue Erfahrung in eine der mit Patriotismus assoziierten Konstellationen einzufügen.

Welche Mittel stehen nun für die Einschätzung der konstellierenden Kraft eines Kernelementes zur Verfügung? Jung bespricht drei Methoden: es sind dies (1) die direkte Beobachtung zusammen mit analytischen Deduktionen, (2) Komplexindikatoren und (3) die Intensität des emotionalen Reagierens.

Durch *Beobachtungen und Rückschlüsse* (observation and inferences) kann man zu einer Einschätzung der Zahl der einem Kernelement anhängenden Assoziationen gelangen. Ein Mensch mit einem starken Mutterkomplex neigt meist dazu, seine Mutter oder etwas, das mit seiner Mutter verknüpft ist, in jeder Unterhaltung zu erwähnen, sei dies nun angebracht oder nicht. Er wird für Erzählungen, Filme u. dgl., in denen Mütter eine besondere Rolle spielen, eine Vorliebe haben, und von dem Muttertag und sonstigen Gelegenheiten, bei denen er seine Mutter ehren kann, viel Aufhebens machen. Er wird auch gewöhnlich seiner Mutter nacheifern, indem er ihre Neigungen und Interessen übernimmt, und wird sich zu ihren Freunden, Bekannten und Kollegen hingezogen fühlen; und er wird lieber mit älteren Frauen verkehren als mit solchen seines Alters.

Ein Komplex ist nicht immer nach außen sichtbar. Er kann sich auch in Träumen manifestieren oder in irgendeiner anderen Verkleidung, so daß man auf eine Art Indizienbeweis angewiesen ist, um den zugrundeliegenden Sinn des Geschehens aufzudecken. Für eine solche Vorgehensweise steht dann der Ausdruck *analytische Deduktion* (analytical deduction).

Als *Komplexindikator* (complex indicator) wird jede Verhaltensstörung bezeichnet, die auf die Anwesenheit eines Komplexes hinweist. Es kann dies ein Versprecher sein, wenn ein Mann z.B. „meine Mutter" anstatt „meine Frau" sagt, oder auch eine auffällige Gedächtnisblockade, etwa wenn jemand sich nicht an den Namen eines Freundes erinnert, weil dieser Name an jenen seiner Mutter anklingt oder an etwas, das auf sie Bezug nimmt. Komplexindikatoren erscheinen aber auch im Wortassoziationsexperiment (word association test), mit dessen Hilfe Jung im Jahre 1903 die Existenz von Komplexen allererst entdeckte (1906/09).

Dieser Test, der heute in der Persönlichkeitsdiagnostik eine so weite Verwendung gefunden hat, besteht aus einer Standardliste von Wörtern, die der Versuchsperson einzeln vorgelesen werden. Der Proband ist angehalten, jeweils mit dem ersten Wort zu antworten, das ihm in den Sinn kommt. Wenn er für die Beantwortung ungewöhnlich viel Zeit benötigt, so zeigt dies an, daß das betreffende Wort in irgendeiner Weise mit einem Komplex verbunden ist. Die Wiederholung des Reizwortes oder die Unfähigkeit, überhaupt zu antworten, sind ebenfalls Komplexindikatoren.

Die Intensität der *emotionalen Reaktion* (emotional reaction) auf eine Situation ist ein weiterer Maßstab für die Stärke eines Komplexes. Wenn das Herz schneller schlägt, wenn der Atem tiefer geht, wenn das Blut aus dem Gesicht weicht, so sind dies sehr gute Indikatoren dafür, daß ein affektgeladener Komplex angetippt worden ist. Indem man nun die physiologischen Meßdaten einer Person wie Puls, Atmung und Veränderung des elektrischen Hautwiderstandes mit dem Resultat des Wortassoziationstests kombiniert, ist es möglich, eine ziemlich genaue Bestimmung der Komplexstärke zu erreichen.

Das Äquivalenzprinzip

Jung gründete seine psychodynamische Auffassung auf zwei fundamentale Prinzipien, das Äquivalenzprinzip und den Entropiesatz (1928/²1948: 1.). Das *Äquivalenzprinzip* (principle of equivalence) besagt, daß der für die Herstellung eines bestimmten Zustandes aufgewandte Energiebetrag an anderer Stelle desselben Systems wiederauftaucht. Physikalisch Geschulte werden in diesem Prinzip den [von J.R. Mayer und J.P. Joule entdeckten und] von H.v. Helmholtz begründeten ersten Hauptsatz der Thermodynamik oder das Prinzip von der Erhaltung der Energie wiedererkennen. In der Anwendung auf psychische Funktionen durch Jung fordert das Prinzip, daß die Energiesumme, die durch einen geschwächten oder verschwundenen Wert repräsentiert wurde, dem psychischen System nicht verlorengeht, sondern auf ein neues Wertziel gerichtet wird. Die Minderung eines Wertes bedeutet so unvermeidlich den Aufstieg eines anderen. Wenn z.B. die Wertschätzung eines Kindes für seine Familie abnimmt, wird sein Interesse für andere Leute und Dinge wachsen. Jemand, der den Spaß an einem Hobby verliert, kann beobachten, daß ein anderes an seine Stelle getreten ist. Wenn ein Wert unterdrückt ist, so wird seine Energie unter Umständen Träume und Visionen erzeugen. Natürlich ist es auch möglich, daß die von einem Wertobjekt abgezogene Energie für mehrere andere verwendet wird.

Im Sinne des Funktionierens der Gesamtpersönlichkeit bedeutet das Prinzip der Äquivalenz (oder Gleichwertigkeit), daß die von einem System – z.B. dem Ich – entfernte Energie in einem anderen System – etwa der Persona – wieder zum Vorschein kommt. Oder, wenn mehr und mehr Werte in die Schattenseite der Person abgedrängt werden, so wird diese gestärkt auf Kosten der positiven Seite des Subjekts. Ebenso wird die Entenergetisierung des bewußten Ich von der Energetisierung des Unbewußten begleitet. Energie fließt also fortwährend von einem System der Persönlichkeit in ein anderes. Diese Umverteilung der Energie ist der Grund für die Dynamik der Persönlichkeit.

Selbstverständlich kann man das Prinzip von der Erhaltung der Energie nicht streng auf ein System wie die Psyche anwenden, das doch nur teilweise geschlossen ist. Energie wird der Psyche sowohl zugeführt wie entzogen, und das Ausmaß, in dem dies geschieht, variiert mutmaßlich erheblich. Die Entstehung eines Wertes wie auch sein Niedergang kann folglich nicht nur durch eine Verlagerung der Energie von einem Teil des Systems auf ein anderes vonstatten gehen, sondern genausogut aufgrund der Zufuhr von Energie aus außerpsychischen Quellen oder ihres Entzuges, etwa wenn Muskelarbeit geleistet wird. Man ist ja sowohl psychisch wie physisch gestärkt, wenn man etwas gegessen oder sich ausgeruht hat, so wie man nach einer Periode der Arbeit oder körperlichen Bewegung psychisch und physisch ermüdet. Gerade dieser Energieaustausch zwischen der Psyche und dem Organismus oder der Außenwelt sowie die Umverteilung von Energie innerhalb der Seele waren für Vertreter der Dynamischen Psychologie – Jung eingeschlossen – von großem Interesse.

Das Entropieprinzip

Der auch als Entropiesatz bekannte zweite Hauptsatz der Thermodynamik besagt im wesentlichen, daß zwischen zwei Körpern unterschiedlicher Temperatur, die miteinander in Berührung gebracht werden, die überschüssige Wärme des einen auf den anderen, kälteren übergeht. Ein anderes Beispiel ist fließendes Wasser, das sich immer in Richtung vom höheren zum niedrigeren Niveau bewegt, sofern ein Verbindungskanal vorhanden ist. Die Wirkung dieses *Entropieprinzips* (principle of entropy) besteht in einem Gleichgewicht der Kräfte. Das wärmere Objekt verliert Wärmeenergie an das kältere, bis die beiden Körper die gleiche Temperatur haben. Sodann kommt der Energiefluß zum Stillstand, und die zwei Objekte befinden sich in einem sogenannten thermischen oder Wärmegleichgewicht.

Der Entropiesatz wurde von Jung zur Darstellung der Dynamik der Persönlichkeit übernommen. In seiner psychologischen Fassung postuliert er auch für die Psyche, daß die Verteilung der Energie ein Gleichgewicht anstrebt. Wenn etwa, um den einfachsten Fall zu nehmen, zwei Werte (also Energiemengen) von ungleicher Stärke sind, so wird die Energie allmählich vom stärkeren Wert auf den schwächeren überströmen, bis ein Ausgleich erreicht ist. Da die Psyche jedoch kein abgeschlossenes System ist, kann jedem der beiden entgegengesetzten Werte Energie zugesetzt oder entnommen und damit das Gleichgewicht verhindert werden. Obwohl ein permanenter Kräfteausgleich innerhalb der Persönlichkeit niemals realisiert werden kann, bleibt dies doch der Idealzustand, auf den der Energievorrat stets zusteuert. Dieses Ideal, bei dem die Gesamtenergie gleichmäßig über die verschiedenen voll entwickelten Systeme verteilt ist, entspricht dem Selbst. Wenn Jung also sagt, das Ziel der psychischen Entwicklung sei die Selbstverwirklichung, so meint er unter anderem, daß die Dynamik der Persönlichkeit sich auf ein vollkommenes Gleichgewicht der seelischen Kräfte zubewegt.

Der von einem Zentrum mit hohem Potential zu einem mit niederem gerichtete Energiefluß ist ein fundamentales Prinzip, das die Energieverteilung zwischen den diversen Systemen der Person steuert. Die Wirkungsweise dieses Prinzips zeigt sich darin, daß ein schwaches System versucht, seine Stellung auf Kosten eines starken Systems zu verbessern, und indem es dieses tut, in der Persönlichkeit eine (An)Spannung (tension) erzeugt. Wenn zum Beispiel das bewußte Ich relativ zum Unbewußten stark überbewertet ist, so wird durch das Bestreben der Energie, vom bewußten in das unbewußte System zu fließen, in der Persönlichkeit eine sehr große Spannung entstehen. Gleichermaßen neigt die Energie der superioren Einstellung – sei diese nun Extraversion oder Introversion – dazu, in Richtung auf die inferiore Einstellung abzufließen. Ein übermäßig entwickelter Extravertierter steht immer unter dem Druck, den introvertierten Anteil seines Wesens zu entfalten [und vice versa]. Es ist eine allgemeine Regel in der Jungschen Psychologie, daß jede einseitige Persönlichkeitsentwicklung Konflikte, Spannungen und Druck hervorruft und daß eine ausgeglichene Entwicklung aller Konstituenten der Psyche Harmonie, Entspannung und Zufriedenheit schafft.

Dennoch müßte – wie Jung betont – ein Zustand vollkommenen Gleichgewichts bedeuten, daß keinerlei Energie erzeugt würde, weil es zu ihrer Produktion der Potentialunterschiede zwischen den verschiedenen Komponenten eines Systems bedarf. Ein System erschöpft sich und kommt zur Ruhe, wenn all seine Teile in völliger Balance sind oder – wie man auch sagt – wenn vollkommene Entropie herrscht. Aus diesem Grunde ist es lebenden Organismen nicht möglich, einen Zustand maximaler Entropie zu erreichen.

Der Gebrauch der Energie

Die gesamte psychische Energie, welche der Person zur Verfügung steht, wird für zwei allgemeine Zwecke verwendet. Mit einem Teil von ihr wird diejenige Arbeit geleistet, die für die Aufrechterhaltung des [individuellen] Lebens und die Fortpflanzung der Art nötig ist. Es sind dies die angeborenen instinktiven Funktionen, namentlich der Hunger- und Geschlechtstrieb. Sie operieren gemäß den biologischen Naturgesetzen. Dagegen kann jede über den Instinktbedarf hinaus noch vorhandene Energie für geistig-kulturelle Ziele verwendet werden. Nach Jung konstituieren diese Aktivitäten die höher entwickelten Lebensäußerungen. Je effektiver das Individuum in der Befriedigung seiner biologischen Bedürfnisse wird, desto mehr Energie bleibt ihm für den Verfolg eigentlich menschlicher Interessen. Außerdem stellt der alternde Körper geringere Anforderungen an den Energiehaushalt, so daß mehr Energie für das Seelenleben frei wird.

Die Entwicklung der Persönlichkeit

Besonders auffallend an Jungs Theorie der Persönlichkeit ist – neben seiner Konzeption des kollektiven Unbewußten mit seinen Archetypen – der Nachdruck, den er auf das Vorwärtsschreiten der Persönlichkeitsentwicklung legt. Jung glaubt, daß der einzelne Mensch in einem (zumindest versuchten) ständigen Fortschritt von einem unvollkommenen zu einem vollkommeneren Entwicklungsstand begriffen ist. Er glaubt aber auch, daß die Menschheit als Art fortwährend differenziertere Lebensformen gebiert. Dagegen würde „jeder Rückschritt und jede Abschweifung (reduction and digression) von dem Kurs, der für die Entwicklung unserer Kultur vorgegeben ist, nichts anderes bewirken, als das menschliche Individuum zu einem verkrüppelten Tier zu machen" (Jung 1916a, S. 225).

Was aber ist das Ziel der Entwicklung? Auf welchen Endpunkt strebt der Mensch, strebt die Menschheit zu? Wir finden die Antwort Jungs in seinem Begriff der *Selbstverwirklichung* (self-realization). Sich selbst verwirklichen bedeutet die vollständige und vollkommene Differenzierung und die harmonische Verschmelzung aller Aspekte der Gesamtpersönlichkeit. Es bedeutet, daß die Psyche ein neues Zentrum entwickelt hat, das Selbst, das die Stelle des alten Zentrums, des Ich, einnimmt. Die gesamte Evolution, wie sie sich in der

Psycho(phylo)genese manifestiert, von den ersten primitiven Organismen [deren Beseeltheit ja in dem Prinzip des Lebens impliziert erscheint] bis hin zum Auftauchen des Menschen ist eine einzige Demonstration des Fortschritts. Und dieser Fortschritt hört mit der Erschaffung des Menschen noch nicht auf; denn so wie Homo sapiens allen anderen Tierarten überlegen ist, überragt der zivilisierte Mensch seinerseits die Naturvölker. Und selbst die Zivilisation hat noch einen weiten Weg zu gehen, wenn sie das Ziel der humanen Entwicklungsreise erreichen soll. Gerade diese Zukunft und ihre Herausforderung [an die menschliche Sozietät wie an das Individuum] ist es, der Jung ein so großes Interesse entgegenbrachte und der er in seinen umfangreichen Schriften einen so großen Raum einräumt.

Kausalität versus Teleologie

Die Vorstellung von einem Ziel, das die Geschicke des Menschen leitet und bestimmt, ist wesentlich eine *teleologische* oder *final(istisch)e* (teleological or finalistic) Erklärungsweise. Die Vertreter dieser Anschauung deuten die Gegenwart im Hinblick auf die Zukunft. Die menschliche Persönlichkeit wird danach beurteilt, wohin sie strebt, nicht danach, woher sie kommt. Andererseits kann die Gegenwart auch durch die Vergangenheit erklärt werden. Dies versucht der *kausal(istisch)e* (causalistic) Standpunkt, der besagt, daß gegenwärtige Ereignisse die Folge oder Wirkung vorhergehender Bedingungen oder Ursachen sind. Man betrachtet die Lebensgeschichte eines Menschen, um seinem aktuellen Verhalten Rechnung zu tragen.

Jung behauptet, daß beide Ansichten in der Psychologie notwendig sind, will man zu einem völligen Verstehen der Persönlichkeit gelangen. Die Gegenwart ist nicht nur durch Vergangenes determiniert (Kausalität), sondern zugleich durch Zukünftiges (Finalität). Der Psychologe muß in seiner Suche nach Verständnis janusköpfig vorgehen. Mit einem Gesicht schaut er auf die Vergangenheit des Individuums, mit dem anderen in dessen Zukunft. Die beiden Aspekte ergeben erst in der Vereinigung ein vollständiges Abbild des Menschen. „Auf der einen Seite bietet sie [die Seele] ein Bild vom Niederschlag der Vergangenheit und auf der anderen Seite ein Bild des keimenden Wissens alles dessen, was ansteht, insoweit die Psyche ihre eigene Zukunft schafft" (Jung 1916a, Kap. 13).

Jung weiß, daß Kausalismus und Finalismus bloß willkürliche Denkweisen sind, die der Wissenschaftler anwendet, um naturgegebene Phänomene zu ordnen und zu begreifen. Kausalität und Finalität selbst sind in der Natur gar nicht anzutreffen. Jung gibt aber zu bedenken, daß eine rein kausale Einstellung mit ziemlicher Wahrscheinlichkeit Resignation und Verzweiflung hervorruft, da der Mensch vom Standpunkt der Kausalität aus ein Gefangener seiner eigenen Vergangenheit ist. Er kann nicht ungeschehen machen, was er schon getan hat. Die finale (oder teleologische) Einstellung dagegen erzeugt ein Gefühl der Hoffnung und gibt dem weiteren Lebensweg Sinn.

Synchronizität

Erst spät in seinem Leben formulierte Jung (1952) ein Prinzip, das weder die kausale noch die finale Erklärung berührte. Er nannte es das *Prinzip der Synchronizität* (principle of synchronicity). Es findet auf Ereignisse Anwendung, die sich zwar zu gleicher Zeit abspielen, aber nicht ursächlich miteinander verbunden sind – zum Beispiel, wenn ein Gedanke mit einem objektiven Geschehen korrespondiert. Wohl jeder hat schon solche Koinzidenzen erlebt. Man denkt an jemanden, und der- oder dieselbe steht plötzlich vor einem; oder man träumt von Krankheit oder Tod eines Freundes oder Verwandten, und später hört man, daß das geträumte Ereignis zur nämlichen Zeit auch in Wirklichkeit stattgefunden hat. Jung verweist auf die breite Literatur über Telepathie, Hellsehen und sonstige paranormale [respektive parapsychologische] Phänomene, die alle vom Prinzip der Synchronizität Zeugnis ablegen. Er glaubt, daß viele dieser Erfahrungen sich nicht als zufälliges Zusammentreffen erklären lassen; vielmehr deuten sie darauf hin, daß es eine andere Art von Ordnung im Universum gibt, die über die ursächlichen Beziehungen hinausgeht. Er bringt Synchronizität mit dem Konzept der Archetypen in Verbindung und sagt, daß ein „urtümliches Bild" sich psychisch innerhalb einer Person verwirklichen kann, während es sich gleichzeitig physisch in der äußeren Welt manifestiert. Der Archetypus verursacht nicht etwa die beiden Ereignisse, sondern die Ereignisse laufen einander parallel, so daß man von einer akausalen Übereinstimmung (acausal correspondence) zwischen beiden sprechen muß. Das Prinzip der Synchronizität erscheint somit als eine Verbesserung gegenüber der alten Auffassung, daß ein Gedanke die Materialisation des gedachten Dinges *verursacht.*

Vererbung

Der *Vererbung* (heredity) wird in der Jungschen Psychologie eine wichtige Rolle zugeschrieben. Zum einen ist sie für die biologischen Instinkte (oder Triebe) verantwortlich, welche den Zwecken der Selbsterhaltung und Fortpflanzung dienen. Sie konstituieren die animalische Seite der menschlichen Natur und sind mit unserer Herkunft aus dem Tierreich verknüpft. Ein Instinkt ist ein innerer Drang, in bestimmter Weise zu agieren, wenn ein besonderer [kritischer] Gewebezustand erreicht wird. Hunger zum Beispiel treibt zur Beschaffung und zum Verzehr von Nahrung an. In dieser Hinsicht weist Jungs Instinktbegriff keinen Unterschied zu dem der modernen Biologie auf (1928/²1948: 3.; 1929).

Von der Position der heutigen Genetik weicht Jung allerdings scharf ab, wenn er behauptet, daß es zusätzlich zur Vererbung der biologischen Instinkte eine Vererbung anzestraler „Erfahrungen" gibt. Diese Erfahrungen oder – um genauer zu sein – die Potentialität (die Möglichkeit), die gleiche Art von Erfahrungen zu machen wie die eigenen Ahnen, seien vererbt in Form von

Archetypen. Wie bereits erwähnt, ist ein Archetypus eine phylogenetische Erinnerung, die durch häufige und universelle Wiederholung über viele Generationen hinweg ein Teil des allgemeinmenschlichen Erbgutes geworden ist. Mit Übernahme der Vorstellung der kulturellen Vererbung schließt sich Jung der Doktrin von der Erblichkeit erworbener Eigenschaften an – einer Lehre, deren Gültigkeit von den meisten zeitgenössischen Genetikern in Frage gestellt worden ist.

Entwicklungsstufen

Weniger detailliert als Freud charakterisiert Jung die einzelnen Phasen, welche die Persönlichkeit von der Kindheit bis zum Erwachsenenalter durchläuft: In den ganz frühen Jahren wird die Libido (die psychische Energie) in Aktivitäten investiert, die für das Überleben notwendig sind. Vor Beendigung des fünften Lebensjahres schon beginnen sexuelle Momente aufzutauchen; ihren Höhepunkt erreichen sie aber erst während der Adoleszenz. In der Jugend und den jungen Erwachsenenjahren entfalten sich die grundlegenden vitalen Instinkte und Prozesse. Der junge Mensch ist tatkräftig, lebensprühend, impulsiv, leidenschaftlich, aber er ist dabei noch in großem Umfang von anderen abhängig. Es ist dies die Lebensperiode, in welcher der Mensch einen Beruf erlernt, sich verheiratet und Kinder bekommt und sich im Leben der Gemeinschaft einrichtet.

Wenn das Subjekt in die späten dreißiger und frühen vierziger Jahre kommt, erlebt es eine radikale Umwertung [seiner bisherigen Vorstellungen]. Die Jugendinteressen und -unternehmungen verlieren an Bedeutung und werden durch neue Neigungen und Vorlieben mehr kultureller und weniger biologischer Natur ersetzt. Die Person mittleren Alters wird introvertierter und weniger triebhaft. Klugheit und Verständigkeit treten an die Stelle physischer wie geistig-seelischer Vitalität. Die [persönlichen] Werte werden in soziale, bürgerliche, religiöse und weltanschauliche Symbole sublimiert. Aus dem Naturwesen Mensch wird nach und nach ein geistiges Individuum.

Dieser Übergang ist das entscheidendste Ereignis im ganzen Leben. Es ist zugleich eines der gefährlichsten, weil die Persönlichkeit für immer verstümmelt werden kann, wenn während der Verlagerung der [psychischen] Energie etwas fehl geht. Dies geschieht z.B., wenn die geistig-kulturellen Werte der mittleren Jahre nicht die ganze Libido auf sich vereinen können, die zuvor für Instinktziele verwendet wurde. In diesem Fall hat die überschüssige Energie freie Bahn, das psychische Gleichgewicht ins Wanken zu bringen. Jung hatte großen Erfolg in der Behandlung von Leuten mittleren Alters, deren Libido kein genügendes Betätigungsfeld mehr zu finden vermochte (1930 [1931: 9.]).

Progression und Regression

Die Entwicklung folgt entweder einer progressiven, vorwärtsgerichteten oder einer regressiven, rückwärtsgewandten Bewegung. Mit *Progression* (progression) meint Jung, daß das bewußte Ich sich sowohl den Anforderungen der äußeren Umgebung wie auch den Bedürfnissen des Unbewußten in befriedigender Weise anpaßt. Bei der normalen Progression sind die entgegengesetzten Kräfte in einem koordinierten und harmonischen Ablauf der psychischen Prozesse vereint.

Wenn frustrierende Umstände das Fortschreiten unterbrechen, wird ein Investieren der Libido in extravertierte oder umweltorientierte Werte verhindert. Infolgedessen vollzieht die psychische Energie eine *Regression* (regression) in das Unbewußte und verlegt sich auf introvertierte Werte. Das heißt, objektive Ichwerte werden in subjektive Werte transformiert. Regression ist somit die Antithese der Progression.

Jung glaubt jedoch, daß eine regressive Verschiebung der Energie nicht notwendigerweise eine permanent ungünstige Wirkung auf die Anpassung hat. Tatsächlich kann sie dem Ich helfen, einen Weg um das Hindernis herum zu finden und erneut voranzukommen. Dies ist möglich, weil das Unbewußte – und zwar das persönliche wie das kollektive – das Wissen und die Weisheit aus der individuellen wie der Menschheitsgeschichte enthält, die entweder unterdrückt oder ignoriert wurden. Während der Regression kann das Ich nützliches Erfahrungswissen im Unbewußten entdecken, das es ihm ermöglicht, die Frustration zu überwinden. Man sollte seinen Träumen besondere Aufmerksamkeit schenken, weil sie unbewußtes Material enthüllen. In der Jungschen Psychologie wird daher der Traum als ein Wegweiser angesehen, der den Pfad zur Entwicklung potentieller Schätze bezeichnet.

Die Interaktion von Progression und Regression, von Fortschritt und Rückschritt in der Entwicklung kann durch folgendes schematische Beispiel verdeutlicht werden: Ein junger Mensch, der sich aus der häuslichen Abhängigkeit gelöst hat, trifft auf ein unüberwindliches Hindernis. Er wendet sich an seine Eltern um Rat und Ermutigung. Er braucht dabei gar nicht wirklich – im physischen Sinne – zu ihnen zurückzugehen; es genügt, daß seine Libido wieder in das Unbewußte eintaucht und die dort allgegenwärtigen Elternimagos reaktiviert. Diese Elternbilder mögen ihn mit der Erkenntnis und der Courage ausstatten, die er für die Überwindung der Frustration so dringend nötig hat.

Der Individuationsprozeß

Daß die Persönlichkeit die Tendenz hat, sich in Richtung auf eine stabile Einheit hin zu entwickeln, ist ein zentrales Motiv von Jungs Lehre. Entwicklung ist ein Entfalten der ursprünglich undifferenzierten Ganzheit, die für das Neugeborene charakteristisch ist. Das letzte Ziel dieser Entfaltung ist die Realisation der Selbstheit (selfhood).

Um dieses Ziel zu verwirklichen, müssen die verschiedenen Systeme der Persönlichkeit vollständig differenziert und ganz entwickelt werden. Denn wenn irgendwelche Bereiche der Psyche vernachlässigt werden und somit unterentwickelt bleiben, wirken sie als Zentren des Widerstands, die versuchen, von den besser entwickelten Systemen Energie abzuziehen. Entstehen zu viele Widerstände, so wird die Person neurotisch. Dies kann z. B. geschehen, wenn die Archetypen gehindert werden, sich im Medium des bewußten Ich auszudrücken, oder wenn die Umhüllungen der Persona so dick werden, daß sie die restliche Persönlichkeit ersticken. Ein Mann, der seinen femininen Impulsen kein befriedigendes Ventil läßt, oder eine Frau, die ihre maskulinen Neigungen unterdrückt, schaffen sich selbst Verdruß, weil die Anima oder der Animus unter diesen Bedingungen dazu neigen, indirekte und irrationale Wege ihrer Manifestation zu suchen. Damit man zu einer gesunden, integrierten Persönlichkeit gelangt, muß jedem System erlaubt werden, den größtmöglichen Grad an Differenzierung, Entwicklung und Ausdruck zu erreichen. Der Vorgang, der dies ermöglicht, heißt *Individuationsprozeß* (individuation process) (Jung 1934 [1950: 3.], 1939).

Die transzendente Funktion

Wenn es mit Hilfe des Individuationsprozesses zur seelischen Ausgestaltung gekommen ist, werden die so differenzierten Systeme durch die *transzendente Funktion* (transcendent function) integriert (Jung 1916/58).

Diese Funktion ist mit dem Vermögen ausgestattet, all die widersprüchlichen Strebungen der verschiedenen Systeme zu vereinen und auf das Idealziel der vollkommenen Ganzheit (Selbstheit) hinzuarbeiten. Sinn und Zweck des Prozesses sind „die Offenbarung des wesentlichen Menschen" und „die Verwirklichung der ursprünglich im embryonalen Keim angelegten Persönlichkeit mit allen ihren Aspekten ... die Herstellung und Entfaltung der ursprünglichen, potentiellen Ganzheit" (Jung 1912/[5]1943, S. 120). Andere Kräfte in der Person, vor allem die Verdrängung, können der Arbeitsweise der transzendenten Funktion entgegenstehen; doch trotz aller Opposition wird die Entwicklung in Richtung auf Einigung vorangetrieben werden – wenn nicht auf einer bewußten, dann auf unbewußter Ebene. Solche nicht bewußten Äußerungen der Sehnsucht nach Ganzheit finden sich in Träumen, Mythen und anderen symbolischen Repräsentationen. Eines dieser Symbole, das immer wieder in Mythen, Träumen, Architekturen, der Religion und den Künsten auftaucht, ist das Mandalasymbol (Mandala ist ein Sanskritwort, das soviel wie Kreis bedeutet). Jung hat ausgedehnte Studien über Mandalas unternommen, weil es in östlichen wie westlichen Religionen als ideales Sinnbild für vollkommene Einheit und Ganzheit gilt.

Sublimierung und Verdrängung

Psychische Energie (Libido) ist verschiebbar. Dies heißt, daß sie von einem Prozeß in einem bestimmten System auf einen anderen Prozeß desselben oder eines anderen Systems übertragen werden kann. Diese Verlagerung folgt den dynamischen Grundprinzipien der Äquivalenz und der Entropie. Wird die

Verschiebung durch den Individuationsprozeß und die transzendente Funktion gesteuert, spricht man von *Sublimierung* oder *-ation* (sublimation). Sie bezeichnet die Übertragung der Energie von den mehr primitiven, instinktiven und weniger differenzierten Prozessen zu höheren kulturellen, geistigen und differenzierteren. Das geschieht z. B., wenn Energie vom Sexualtrieb abgezogen und in religiöse Werte investiert wird. Die dergestalt sublimierte Energie erscheint dabei in einer Form, die einem anderen, neuartigen Typus von Arbeitsleistung entspricht; in unserem Beispiel ist die religiöse Funktion an die Stelle der sexuellen getreten.

Wenn die instinktiven oder sublimierten Kanäle für die Entladung der Energie blockiert sind, sagt man, sie unterliege der *Verdrängung* (repression). Die in diesem Sinne unterdrückte Energie kann allerdings nicht einfach verschwinden; gemäß dem Prinzip der Erhaltung der Energie muß sie irgendwo bleiben. Folglich nimmt sie ihre Zuflucht im Unbewußten. Dieses kann, wenn dem in ihm ruhenden Material sehr viel Energie zugeführt wird, höher geladen werden als das bewußte Ich. Ist das tatsächlich der Fall, so muß infolge des Entropieprinzips Energie vom Unbewußten in das Ich abfließen und die rationalen Prozesse stören. Mit anderen Worten, höher energetisierte unbewußte Prozesse versuchen, die Verdrängung zu durchbrechen, und wenn sie darin erfolgreich sind, wird sich die Person irrational und impulsiv aufführen.

Sublimierung und Verdrängung sind ihrem Wesen nach genau entgegengesetzt: die Sublimierung ist progressiv, die Verdrängung regressiv; erstere ist die Ursache für das Fortschreiten der Psyche, letztere veranlaßt dieselbe, zurückzuweichen; die eine dient der Rationalität, die andere führt zu Irrationalität; schließlich ist die Sublimation integrativ, zusammenschließend, die Verdrängung dagegen desintegrativ, d.h. zersetzend. Nichtsdestoweniger erinnert Jung daran, daß die Verdrängung trotz ihres regressiven Charakters der Person dazu verhelfen kann, auf ihre [bewußt unlösbaren] Probleme eine Antwort im Unbewußten zu finden und so im weiteren Leben doch wieder voranzukommen.

Symbolbildung

Ein *Symbol* (symbol) hat in der Jungschen Psychologie zwei Hauptfunktionen. Einmal steht es für den Versuch, einen frustrierten Instinkt- oder Triebimpuls dennoch [auf Umwegen] zu befriedigen. Zum andern ist es eine Verkörperung archetypischen Materials. Die Entwicklung des Tanzes als künstlerischer Ausdrucksform ist ein Beispiel für das Bestreben, einen unterdrückten Impuls wie den Sexualtrieb auf symbolische Weise zur Erfüllung kommen zu lassen. Eine derartige symbolische Repräsentation einer Instinkthandlung kann jedoch niemals ganz befriedigend sein, weil sie nicht das reale Objekt erreicht und infolgedessen nicht die gesamte Libido abführt. Tanzen ersetzt nicht völlig die unmittelbareren Formen sexueller Betätigung; daher werden ständig adäquatere Symbolbildungen für die verhinderten Triebziele gesucht.

Jung glaubt, daß die Entdeckung geeigneterer Symbole, d.h. solcher, die mehr Energie entladen und somit die Spannung in erhöhtem Maße vermindern, die zivilisierte Menschheit in die Lage bringt, ein immer höheres kulturelles Niveau zu erreichen.

Aber ein Symbol fungiert auch im Sinne eines Widerstandes gegenüber einem Antrieb. Solange durch ein Symbol Energie abgeleitet wird, kann sie nicht für die Instinktgratifikation (die Trieberfüllung) benützt werden. Wenn man zum Beispiel tanzt, ist man nicht direkt sexuell engagiert. Aus dieser Sicht leistet ein Symbol das gleiche wie ein Sublimationsprozeß, bei dem es auch stets um eine Umwandlung der Libido geht.

Die Fähigkeit eines Symbols, zukünftige Leitlinien der Persönlichkeitsentwicklung – insbesondere das Streben nach Ganzheit – zu repräsentieren, spielt eine unübersehbare Rolle in der Analytischen Psychologie. Es handelt sich dabei um einen entscheidenden und originellen Beitrag zur Theorie des Symbolismus. Jung kehrt in seinen Schriften immer wieder zur Diskussion der Symbole zurück, und sie sind nicht zuletzt Gegenstand einiger seiner wichtigsten Bücher. Die Quintessenz seiner Symbolismustheorie gibt folgendes Zitat wieder: „... die Bedeutung eines Symbols liegt nicht darin, daß es ein verkappter Hinweis auf etwas allgemein Bekanntes ist, sondern daß es das Bemühen darstellt, durch eine Analogie zu erhellen, was bis dahin vollständig unbekannt ist und sich allererst im Prozeß der Formierung befindet" (Jung 1917, S. 463).

Symbole sind also Repräsentationen der Psyche. Sie sind nicht nur Ausdruck des angehäuften gesamtmenschheitlich und individuell erworbenen Erfahrungsschatzes, sondern sie können auch Entwicklungsstufen abbilden, die noch in ferner Zukunft liegen. Die Bestimmung des Menschen, die höchste Evolution seiner Psyche, ist ihm in seinen Symbolen vorbezeichnet. Das in einem Symbol enthaltene Wissen ist dem einzelnen nicht direkt erkennbar; er muß es erst entziffern, um seine bedeutsame Botschaft zu empfangen.

Die zwei Aspekte eines Symbols – der rückwärts gewandte, von den Instinkten getriebene und der vorausschauende, auf die letzten Ziele der Menschheit gerichtete – sind wie die beiden Seiten ein und derselben Münze. Ein Symbol kann von beiden Seiten her analysiert werden. Die retrospektive Form der Analyse deckt die Instinktgrundlage eines Symbols auf, die prospektive Form enthüllt die menschheitliche Sehnsucht nach Vollendung, Wiedergeburt, Harmonie, Regeneration und ähnlichem. Erstere ist eine kausale, reduktive Methode, letztere eine teleologische, finalistische. Beide sind für eine vollständige Erhellung des Symbols unabdingbar. Jung glaubt, daß der prospektive Charakter eines Symbols allzusehr vernachlässigt worden ist zugunsten der Auffassung, daß ein Symbol allein ein Produkt frustrierter Triebregungen sei.

Die psychische Intensität eines Symbols übertrifft stets die ‚Größe' der Ursache, die das Symbol hervorgerufen hat. Das soll heißen, daß sowohl eine treibende als auch eine (an)ziehende Kraft an der Entstehung eines Symbols beteiligt ist. Der Stoß wird durch Instinkt- oder Triebenergie geleistet, der Zug durch transzendentale [d.h. unanschauliche] Ziele. Eines von beiden allein genügt nicht, ein Symbol zu erzeugen, weshalb es als das gemeinschaftliche Produkt von kausalen und finalen Determinanten anzusehen ist. Folglich ist auch seine Wirksamkeit größer als die des kausalen Faktors allein.

Charakteristische Forschung und Forschungsmethoden

Jung war sowohl Geistes- als auch Naturwissenschaftler. Er hielt überall nach empirischen Fakten Ausschau: in alten Mythen und modernen Märchen; im Leben der Primitiven und in der modernen Zivilisation; in den Religionen der östlichen und westlichen Welt; in Alchemie, Astrologie, Telepathie und Hellsehen; in Träumen und Phantasien des Durchschnittsmenschen; in Anthropologie, Geschichte, Literatur, den Künsten; in der klinischen und experimentellen Forschung. In Hunderten von Artikeln und Büchern breitete er die Erfahrungsdaten aus, auf denen seine Hypothesen gegründet sind. Jung betont, daß er mehr daran interessiert sei, Tatsachen zu entdecken als Theorien zu formulieren. „Ich habe kein System, ich spreche von Fakten" (persönliche Mitteilung an die Autoren 1954).

Da es völlig unmöglich ist, die riesige Menge des empirischen Materials zu besprechen, das Jung in seinen zahlreichen Schriften zusammengetragen hat, müssen wir uns hier auf die Darlegung eines sehr kleinen Ausschnittes aus den für ihn charakteristischen Forschungsarbeiten beschränken.

Experimentelle Studien über Komplexe

In den ersten Untersuchungen, welche die Aufmerksamkeit der psychologischen Fachwelt erregten, experimentierte Jung mit Wortassoziationen in Verbindung mit physiologischen Messungen über [begleitende] Emotionen (Jung 1906/09). Bei dem Assoziationstest werden der Versuchsperson Wörter einer Standardliste eines nach dem anderen vorgelesen, wobei sie angehalten ist, jeweils das erste Wort auszusprechen, das ihr in den Sinn kommt. Die für jede einzelne Antwort benötigte Zeit wird gestoppt. In Jungs Experimenten wurden Veränderungen der Atmung mit einem an die Brustwand gebundenen Pneumographen gemessen, Änderungen des elektrischen Hautwiderstandes durch ein Psychogalvanometer, das an den Innenflächen der Hand befestigt war. Diese zwei Messungen legen zusätzlich Zeugnis ab für emotionale Reaktionen, die unter Umständen bei bestimmten Wörtern der Liste auftreten, da Atmung und die elektrischen Eigenschaften der Hautoberfläche bekanntlich durch Affekte beeinflußt werden.

Jung verwendete diese Meßdaten, um bei seinen Patienten Komplexe herauszufinden. Eine lange Verzögerung der Reaktion auf das Reizwort zusammen mit Veränderungen der Atembewegungen sowie der elektrischen Leitfähigkeit der Haut zeigen an, daß mit dem Wort ein Komplex angesprochen worden ist. Wenn z.B. eine Person anfängt, unregelmäßig zu atmen, ihre Handflächen zu schwitzen beginnen, wodurch deren Widerstand gegenüber einem elektrischen Strom abnimmt, und die Antwort auf das Wort „Mutter" ungewöhnlich lange hinausgezögert wird, so lassen diese Faktoren die Existenz eines Mutterkomplexes vermuten. Wird auf andere, verwandte Wörter in ähnlicher Weise reagiert, so vergrößert dies den Verdacht, daß ein entsprechender Komplex vorliegt.

Fallstudien

Wie im vorausgehenden Kapitel erwähnt, hat Freud sechs längere Fallgeschichten veröffentlicht. In jeder dieser Studien versuchte er, die Dynamik eines typischen pathologischen Befundes zu charakterisieren, z.B. mit dem Fall „Dora" die Hysterie, mit dem Schreber-Fall die Paranoia. Abgesehen von einigen kurzen Krankengeschichten, die noch vor seinem Bruch mit Freud veröffentlicht wurden, beschrieb Jung keine vergleichbaren Fälle aus seiner Praxis. In ‚Symbole der Wandlung' (1912/⁴1952) analysierte Jung die Phantasien einer jungen Amerikanerin, die er nur durch einen Artikel des Schweizer Psychologen Th. Flournoy kannte. Dies ist aber genausowenig eine Falluntersuchung wie die Analyse einer langen Traumserie in ‚Psychologie und Alchemie' (1944) oder die Analyse einer Reihe von gemalten Bildern eines Patienten in ‚Zur Empirie des Individuationsprozesses' (1934 [1950: 3.]). In diesen Fällen arbeitete Jung mit der vergleichenden Methode (comparative method) unter Einbeziehung von Geschichte, Mythos, Religion und Etymologie, um die archetypische Grundlage der Träume und Phantasien aufzuzeigen. Nach seiner Trennung von Freud lieferte ihm diese Methode die Ausgangsdaten sowie die Hauptstützen für seine Ideen. Der Leser wird vielleicht zu solch geheimnisvollen Werken wie ‚Psychologie und Alchemie' (1944), ‚Paracelsica' (1942), ‚Aion – Untersuchungen zur Symbolgeschichte' (1951) und ‚Mysterium coniunctionis' (1955/6) nicht immer Zugang finden. Jedoch erweist sich ‚Ein moderner Mythus – Von Dingen, die am Himmel gesehen werden' (1958), das Jung in hohem Alter schrieb, als ein leicht verdauliches Beispiel seiner komparativen Methodik.

Vergleichende Studien zur Mythologie, Religion und Geheimlehre

Da der Beweis für Archetypen aus zeitgenössischen Quellen allein nur schwer zu sichern ist, beschäftigte sich Jung sehr eingehend mit mythologischen, religionswissenschaftlichen, alchemistischen und astrologischen Forschungen. Er stieß dabei in Gefilde vor, die nur wenige Psychologen bis dato erkundet hatten, und er erwarb ein äußerst umfangreiches Wissen über solch dunkle und schwer verständliche Gebiete wie Hinduismus, Taoismus, Yoga, Konfuzianismus, die christliche Messe, Astrologie, Parapsychologie, Alchemie und das Denken der Primitiven.

Eines der eindrucksvollsten Beispiele für Jungs Versuch, die Existenz von kollektiven Archetypen zu dokumentieren, ist seine ‚Psychologie und Alchemie' (1944). Jung glaubt, daß der reichhaltige Symbolismus der alchemistischen Tradition viele, wenn nicht alle menschlichen Archetypen ausdrückt. In diesem Buch untersucht er eine ausgedehnte Traumserie, die ein Patient (keiner von Jung) aufgezeichnet hatte, im Hinblick auf das komplizierte Gewebe alchemistischer Symbolik und kommt zu dem Schluß, daß in beiden die gleichen Grundmuster erscheinen. Es ist dies eine Glanzleistung der symbolischen Analyse, die man zur Gänze lesen muß, um sie würdigen zu können. Die wenigen Beispiele, die wir hier darlegen werden, sollen dem Leser nur eine kleine Vorstellung von Jungs Methode geben.

Das klinische Material besteht aus über tausend Träumen und Visionen eines jungen Mannes. Die Interpretation einer Auswahl davon nimmt die erste Hälfte des Buches ein; die zweite enthält ein gelehrtes Referat über die Alchemie und ihre Beziehung zum religiösen Symbolismus.

In einem der berichteten Träume gehen etliche Leute „linksläufig im Quadrat herum", wobei der Träumer sich nicht in der Mitte, sondern seitlich befindet. „Es heißt, man wolle den Gibbon rekonstruieren" (Ps.Abh. V, S. 177 [16. Mandalatraum]). Das Quadrat ist [in Verbindung mit dem Kreis, dem es entstammt] ein Symbol des „opus alchymicum", des Alchemistenwerkes, das darin besteht, die „anfängliche, chaotische Einheit in die vier Elemente [aufzulösen] und diese dann wiederum [zusammenzusetzen] zu einer höheren Einheit" (S. 178). Die vollkommene Einheit wird durch einen Kreis oder ein Mandala dargestellt, das in diesem Traum als „Umkreisen" des Quadrates erscheint. Der Gibbon oder Affe steht für die geheimnisvolle Substanz der Alchemisten, welche den Stoff zu Gold wandeln sollte. Dieser Traum bedeutet also, daß der Patient sein bewußtes Ich aus dem Zentrum seiner Persönlichkeit verschieben muß, um dem unterdrückten atavistischen Drängen die Möglichkeit der Umformung zu bieten. Das Individuum kann innere Harmonie nur erlangen, indem es alle Elemente seiner Persönlichkeit integriert, gerade wie der Alchemist sein Ziel nur erreichen konnte durch die richtige Mischung der Grundstoffe (die ihm niemals gelang). Ein andermal sah sich der Träumer [mit einem „Manne negativer Qualität" an einem runden Tisch sitzend] vor einem mit einer „gelatinösen Masse" gefüllten Glase (S. 246). Das Glas entspricht dem alchemistischen „unum vas", jenem Gefäß, das für die Destillation benutzt wurde, und der Inhalt der amorphen Substanz, aus welcher der Alchemist den Lapis philosophorum, i.e. den Stein der Weisen zu erzeugen hoffte. Die alchemistischen Symbole in diesem Traum deuten darauf hin, daß der Träumer versucht oder wünscht, sich selbst in einen besseren Menschen zu verwandeln.

Wenn der Träumer von Wasser träumt, so repräsentiert dieses für Jung die regenerative Kraft der alchemistischen „Aquavitae"; wenn ihm träumt, eine blaue Blume gefunden zu haben, so bezeichnet der Ort die Geburtsstätte jener hermaphroditischen Gestalt der Alchemie, die den Namen „Filius philosophorum" trägt; und wenn er im Traum Goldmünzen auf den Boden wirft, so drückt er damit seine Verachtung für das Ideal des Alchemisten aus. Zeichnet der Patient ein Rad, so sieht Jung eine Verbindung zu dem Alchemistenrad, das den zirkulären Destillationsprozeß symbolisierte, durch den die Umwandlung der Materie in der Retorte erreicht werden sollte. Auf ähnliche Weise interpretiert Jung einen Diamanten, der dem Patienten im Traum erscheint, als den begehrten Lapis und ein Ei als die chaotische Ausgangssubstanz, mit welcher der Alchemist sein Werk begann.

Wie Jung belegt, zeigen sich in allen Träumen der Serie deutliche Parallelen zwischen den Symbolen, die dem Träumer zur Darstellung seines Problems und seines Zieles erscheinen, und den Symbolen, welche die mittelalterlichen Alchemisten zur Umschreibung ihrer Bemühungen ersannen. Das eindrucksvollste Merkmal der Traumserie ist die mehr oder weniger genaue Schilderung der stofflichen Aspekte der Alchemie. Jung kann auf exakte Übereinstimmungen zwischen Objekten der Träume und solchen in Illustrationen zu alten alchemistischen Texten verweisen. Er schließt daraus, daß die Persönlichkeitsdynamik des Alchymikers, wie sie in seinen quasichemischen Untersuchungen projiziert erscheint, und jene des Patienten sich genau gleichen. Die exakte Wiederholung der Bilder sei Beweis für die Existenz von universellen Archetypen. Überdies entdeckte Jung bei seinen anthropologischen Forschungen in Afrika und anderen Teilen der Welt, daß dieselben Archetypen in den Mythen der Naturvölker ausgedrückt werden. Sie offenbaren sich aber auch in der Religion und der Kunst, und zwar sowohl der modernen wie der primitiven. „Obschon die individuellen Erlebnisformen von unabsehbarer Mannigfaltigkeit sind, so variieren sie doch, wie auch die alchemistische Symbolik zeigt, um gewisse zentrale Typen, die von universalem Vorkommen sind" (1944, Ps. Abh. V, S. 646).

Träume

Wie Freud schenkte auch Jung den Träumen sehr große Beachtung. Er hielt ihren Inhalt für ebenso prospektiv wie retrospektiv und glaubte, daß sie Aspekte der Persönlichkeit des Träumers kompensierten, die im wachen Leben vernachlässigt wurden. Zum Beispiel wird ein Mann, der seine Anima mißachtet, Träume haben, in denen Animagestalten auftauchen. Jung unterschied auch zwischen „großen" Träumen, in denen sehr viel archetypische Metaphorik auftaucht, und „kleinen" Träumen, deren Inhalte sich enger auf die bewußten Interessen und Neigungen des Träumers beziehen.

Die Methode der Amplifikation. Jung entwickelte diese Technik, um gewisse Elemente in Träumen zu erklären, denen er reiche symbolische Bedeutung beimaß. Die Methode steht im Gegensatz zu jener der freien Assoziation, bei der das Subjekt auf ein Traumelement gewöhnlich eine lineare Serie von verbalen Reaktionen abgibt. Das Traumelement ist hier nur der Ausgangspunkt für die nachfolgenden Assoziationen, und in der Regel bewegt sich die freie Gedankenkette von ihm weg. Bei der *Amplifikationsmethode* (method of amplification) dagegen wird der Träumer aufgefordert, sich an das Element zu halten und multiple [quasi parallele] Assoziationen zu ihm zu liefern. Seine Antworten formen eine Konstellation um ein besonderes Traumelement und stellen dessen mannigfaltige Bedeutungen für ihn dar. Jung nimmt an, daß ein echtes Symbol eines ist, das viele Gesichter hat, und daß es niemals vollständig erkannt wird. Der Analytiker kann zudem helfen, das Element zu amplifizieren, indem er sein Wissen darüber beiträgt. Er kann alte Schriften, Mythen, Märchen, religiöse Texte, Ethnographien oder etymologische Wörterbücher zu Rate ziehen, um den Sinn des symbolischen Elementes zu erweitern. Es gibt in Jungs Werken viele Beispiele für eine derartige Amplifikation, etwa über den Fisch (1951) und den Baum (1945 [1954: 6.]).

Die Methode der Traumserie. Wie erinnerlich analysierte Freud zu einer Zeit jeweils nur einen Traum, indem er den Patienten zu jeder aufeinanderfolgenden Komponente des Traumes frei assoziieren ließ. Das Traummaterial und die freien Assoziationen zusammen ergaben dann die Grundlage, von der aus er zur Interpretation des Traumes fortschritt. Diesen Zugang stellte Jung zwar nicht in Abrede, doch entwickelte er eine andere Methode der Traumdeutung. Anstatt eines einzigen Traumes benutzte er eine *Traumserie* (dream series) ein und derselben Person. „Hier handelt es sich aber nicht um isolierte Träume, sondern um zusammenhängende *Serien,* in deren Verlauf sich der Sinn allmählich von selber gewissermaßen herauswickelt. *Die Serie nämlich ist der Kontext, den der Träumer selber liefert.* Es ist, wie wenn uns nicht *ein* Text, sondern *viele* vorlägen, welche die unbekannten Termini von allen Seiten beleuchten, so daß die Lektüre aller Texte an sich schon genügend ist, um die Sinnschwierigkeiten jedes einzelnen aufzuklären ... Gewiß ist die Deutung jedes einzelnen Stückes wesentlich Konjektur; aber der Verlauf der Gesamtserie gibt uns alle nötigen Handhaben, um etwaige Irrtümer bei vorhergehenden Stücken zu korrigieren" (1944, Ps. Abh. V, S. 74f.). In der Psychologie wird diese Methode nach dem Prinzip der inneren Konsistenz benannt [wir haben sie schon im Freud-Kapitel kennengelernt]; sie wird häufig bei rein qualitativem Material wie Träumen, Erzählungen, Phantasien angewandt. Der Nutzen, den Jung aus ihr gezogen hat, ist sehr schön anhand der Analyse einer extrem langen Traumserie in dem schon erwähnten Buch ‚Psychologie und Alchemie' dargelegt.

Die Methode der aktiven Imagination. Diese Methode verlangt vom Subjekt, sein Augenmerk auf ein eindrucksvolles, jedoch unverständliches Traumgebilde oder auch eine spontane visuelle Vorstellung zu konzentrieren und darauf zu achten, was mit dem Bild geschieht. Das Kritikvermögen muß dabei zurückgestellt und das, was sich ereignet, mit absoluter Objektivität beobachtet und aufgezeichnet werden. Hält man diese Bedingungen gewissenhaft ein, so unterliegt das Bild gewöhnlich einer Reihe von Veränderungen, was eine Fülle unbewußten Materials ans Licht bringt. Das folgende Beispiel ist dem Buch von Jung und Kerenyi ‚Essays on a science of mythology' (1949) entnommen: „Ich sah einen weißen Vogel mit ausgestreckten Schwingen. Er schwebte auf eine blaugekleidete Frauengestalt nieder, welche dasaß wie eine *antike Statue*. Der Vogel setzte sich auf ihre Hand, in der sie ein *Weizenkorn* hielt. Der Vogel nahm es in seinen Schnabel und flog wieder zum Himmel auf" (S. 229).

Im weiteren Zusammenhang weist Jung darauf hin, daß auch Zeichnen, Malen und Modellieren für die Abbildung des Vorstellungsflusses geeignet sind. Zu dem zitierten Traum malte die Versuchsperson ein Bild, das die verbale Beschreibung ergänzen sollte. Hierin stellte sie die Frau mit großen Brüsten dar, was nach Jung darauf schließen läßt, daß die Vision eine Mutterfigur wiedergab.

Die durch *aktive Imagination* (active imagination) erzeugten Phantasien sind in der Regel besser gestaltet als die nächtlichen Träume, da sie nicht von einem schlafenden, sondern vom Wachbewußtsein empfangen werden.

Derzeitiger Stand und Bewertung

Die Jungsche Psychologie hat in der ganzen Welt ergebene Verehrer und Befürworter gefunden. Viele von ihnen sind praktizierende Psychoanalytiker, die Jungs therapeutische Methode benutzen und seine grundlegenden Postulate über die Persönlichkeit akzeptieren. Einige sind Theoretiker, die Jungs Ideen weiterentwickelt haben. Zu diesen zählen Gerhard Adler (1948), Michael Fordham (1947), J. Esther Harding (1947), Erich Neumann (1949, 1955), Herbert Read (1945), Jolande Jacobi (1940, 1965), Frances G. Wickes (1950). Jung hatte zudem einflußreiche Anhänger außerhalb seines Fachgebietes, so etwa Paul Mellon aus der namhaften Pittsburgher Bankier- und Industriellenfamilie, der jetzt Präsident der Bollingen-Stiftung ist (benannt nach Jungs Landhaus am oberen Zürichsee). Die Stiftung finanziert die Veröffentlichung der Jungschen Schriften durch die Princeton University Press und fördert derzeit vor allem die amerikanische Übersetzung und Herausgabe der ‚Collected Works'. Schließlich dienen die in einer Reihe von Städten eingerichteten C. G. Jung-Institute der Verbreitung der Analytischen Psychologie.

Jung hat auch außerhalb der Psychiatrie und Psychologie beträchtlichen Einfluß ausgeübt. Der englische Historiker Arnold Toynbee fühlt sich in seiner Schuld, weil er ihm „eine neue Dimension der Lebenssphäre" geöffnet habe. Große Bewunderer sind auch der Schriftsteller Philip Wylie, der Autor und Kritiker Lewis Mumford, der Anthropologe Paul Radin und nicht zuletzt der Dichter Hermann Hesse (Serrano 1966). Die wahrscheinlich größte Wirkung hatte Jung auf das moderne religiöse Denken (Progoff 1953). Im Jahre 1937 hielt er auf Einladung der Yale University die Terry Lectures über

‚Psychologie und Religion' (veröffentlicht 1938). Nach dem Zweiten Weltkrieg wurde Jung wegen seiner Unterstützung des Nationalsozialismus scharf kritisiert (Feldman 1945), obwohl er und seine Anhänger die Anschuldigungen entschieden zurückwiesen und geltend machten, daß er falsch interpretiert worden sei (Harms 1946, Saturday Review 1949 [vgl. dazu aber G. Wehr 1969, S. 113ff. D. Ü.]).

Jung ist natürlich auch von Psychoanalytikern der Freudschen Schule – den Meister nicht ausgeschlossen – angegriffen worden. E. Jones meinte, daß Jung sich nach seinen „großen Untersuchungen über Assoziation und Dementia praecox in eine Pseudophilosophie verstiegen hatte, aus der er niemals mehr herausgekommen war" (1959, S. 165). Der englische Psychoanalytiker E. Glover (1950) aber hat die wohl umfassendste Attacke auf die Analytische Psychologie unternommen. Er verspottet das Konzept der Archetypen als metaphysisch und unbeweisbar; er glaubt, daß Archetypen vollständig im Sinne der Erfahrung erklärt werden können und daß es absurd sei, eine kollektive Vererbung (racial inheritance) zu postulieren; er sagt, Jung habe kein Entwicklungskonzept, mit dem er das geistig-seelische Werden (the growth of the mind) verständlich machen könne. Glovers Haupteinwand jedoch lautet – und er wiederholt ihn etliche Male –, daß Jungs Lehre einen Rückzug auf eine veraltete Bewußtseinspsychologie darstelle. Er beschuldigt ihn, den Freudschen Begriff des Unbewußten niederzureißen und an seiner Stelle ein bewußtes Ich aufzurichten. Allerdings erweckt er nicht den Anschein, in seiner Beurteilung von Jungs Psychologie unparteiisch oder unvoreingenommen zu sein. (Weitere Vergleiche der Auffassungen von Freud und Jung finden sich bei Gray 1949 und Dry 1961.) S. T. Selesnick (1963) vertritt die Ansicht, daß Jung während seiner Zusammenarbeit mit Freud dessen Denken in einigen bedeutenden Punkten beeinflußte.

Welche Auswirkungen hat nun Jungs Theorie der Persönlichkeit auf die Entwicklung der wissenschaftlichen Psychologie gehabt? Soweit es sich unmittelbar feststellen läßt, nur sehr wenige, abgesehen von dem Wortassoziationstest und den Begriffen der Intro- und Extraversion. Jener Test war übrigens nicht Jungs Erfindung. Gewöhnlich wird Francis Galton die Urheberschaft zugeschrieben, und in die Experimentelle Psychologie eingeführt wurde er von Wilhelm Wundt. Die Untersuchung von Wortassoziationen war also für Psychologen kein Neuland, als Jung [ab 1903] mit seinen Veröffentlichungen darüber begann (1906/09) und im Jahre 1909 an der Clark University in Worcester, Mass. Vorlesungen über diese Testmethode hielt. Darüber hinaus waren Jungs diesbezügliche Studien quantitativer, experimenteller Natur und mußten zwangsläufig die Zustimmung von Psychologen gewinnen, die sich mit Stolz exakte (Natur)Wissenschaftler dünkten. Die Anwendung des Wortassoziationstests ist in einer Anzahl von Übersichten sowohl der klinischen Psychologie als auch projektiver Techniken besprochen worden (Bell 1948, Rotter 1951, Levy 1952, Anastasi ³1968).

Weniger leicht ist es, dem Interesse der Psychologie an Jungs Typologie Rechnung zu tragen. Man hat zunächst eine Anzahl von Tests der intro- und extravertierten Einstellung konstruiert, und es gibt auch eine umfangreiche Literatur über diesen Gegenstand. Hans Jürgen Eysenck (1947) konnte mit Hilfe der Faktorenanalyse Introversion-Extraversion als eine der drei primären Dimensionen der Persönlichkeit identifizieren – die anderen beiden tragen die Namen Neurotizismus (neuroticism) und Psychotizismus (psychoticism). Er hält seine Befunde für eine wesentliche Bestätigung von Jungs Ideen. Andere faktorenanalytische Studien über Jungs Typologie sind von Gorlow/Simonson/Krauss (1966) und Ball (1967) vorgenommen worden. Tests, welche die vier psychologischen Funktionen des Denkens, Fühlens, Empfindens und Intuierens in Verbindung mit den obengenannten Einstellungstypen einschätzen, sind von Gray/Wheelwright (1964) und Myers/Briggs (1962) entwickelt worden. (Eine kritische und verständige Diskussion der Introversion-Extraversion findet sich bei G. Murphy 1947, Kap. 25; daneben sei auf Carrigan 1960 hingewiesen.)

Die Analytische Psychologie als solche ist – anders als die Freudsche Psychoanalyse – weder einer gründlichen Kritik durch die Fachgenossen unterzogen worden, noch hat sie in den einschlägigen historischen Darstellungen der wissenschaftlichen Seelenkunde den ihr gebührenden Platz gefunden. Boring widmet in seiner ‚History of experimental psychology' (²1950) Freud sechs Seiten, Jung dagegen nur vier Zeilen. In seiner revidierten und gekürzten Fassung von Bretts ‚History of psychology' (1962) überläßt Peters nach einer ausführlichen Besprechung Freuds sowohl Adler wie Jung nur je eine Seite. Er findet Jungs späteres Werk so mysteriös, daß es beinahe indiskutabel sei. Flugels ‚A hundred years of psychology' (1933) schenkt Jung mehr Raum, aber der größte Teil darin handelt vom Wortassoziationstest und von den „psychologischen Typen". G. Murphys ‚Historical introduction to modern psychology' (²1949) wendet für Jung sechs Seiten auf, im Vergleich zu einem Freud-Kapitel von 24 Seiten; und jene sechs Seiten sind in einem Kapitel mit der Überschrift ‚The Response [die Antwort oder Reaktion] to Freud' enthalten. Bei einer Umfrage unter 45 amerikanischen Dozenten der Psychologiegeschichte, welche Forscher die bedeutendsten Beiträge zur psychologischen Theorie geleistet hätten, stand Jung (flankiert von Guthrie und Rogers) in einer von Freud angeführten Liste an dreißigster Stelle (Coan/Zagona 1962).

Warum hat die wissenschaftliche Seelenkunde Jungs Analytische Psychologie ignoriert, wenn die Welt außerhalb des Fachgebietes ihm so viel Respekt und Ehrerbietung entgegenbringt? Ein Hauptgrund besteht darin, daß Jungs Theorien auf klinischen Befunden und historischen und mythischen Quellen basieren anstatt auf experimentellen Untersuchungen. Sie haben bei den hartnäckigen Experimentalisten nicht größeren Anklang gefunden als der Freudianismus. Freud besitzt sogar noch weit mehr Anziehungskraft als Jung, in dessen Schriften die Behandlung von Okkultismus, Mystizismus und Religion einen so breiten Raum einnimmt – offenbar Grund genug, daß sich viele Psychologen abgestoßen fühlen. – Diese Kritik ärgerte Jung. Er beteuerte, daß sein Interesse an den Geheimwissenschaften der Alchemie und Astrologie sowie an den Religionen keineswegs eine Annahme dieser Anschauungen impliziere. Er hat sie untersucht und in seinen Schriften aufgeführt, weil sie seine Hypothesen belegen. Ob Gott existiert oder nicht, ist nicht Gegenstand von Jungs Aussagen; daß aber die meisten Leute an Gott glauben, ist ein ebenso wahrer Sachverhalt wie jener, daß Wasser bergab fließt. „Gott ist offensichtlich eine psychische und nichtphysikalische Tatsache, welche psychologisch, nicht aber physikalisch begründet werden kann" (1952, C. W. XI, S. 464). – Darüber hinaus vertritt er solch unzeitgemäße Ideen wie [die Vererbung] erworbener Eigenschaften und die Finalität [als Determinationsform der Prozesse]. Viele Psychologen haben den Stil, in dem Jung seine Ansichten darstellt, als rätselhaft, unklar, verwirrend bezeichnet. Als Folge davon scheinen seine Theorien unter Fachgenossen sehr wenig Interesse gefunden und noch weniger konkrete Forschungsarbeit angeregt zu haben.

Daß Jung als ein Psychoanalytiker angesehen wird, hat ebenfalls zur Vernachlässigung seines Systems durch die offizielle Psychologie beigetragen. Wenn man von der Psychoanalyse spricht, so denkt man gewöhnlich an Freud und erst in zweiter Hinsicht an Jung und Adler. Freuds olympische Gestalt lenkt die Aufmerksamkeit von anderen Leuchten der (psycho)analytischen Bewegung ab. Die Veröffentlichung von Jungs Gesammelten Werken (insbesondere die amerikanische Ausgabe) mag die Situation ändern, obwohl gleichzeitig Freuds Werke insgesamt zugänglich gemacht werden, was jenen positiven Effekt unter Umständen wieder aufhebt.

Obzwar Jung nicht allzuviel unmittelbaren Einfluß auf die Psychologie gehabt hat, könnte es doch sein, daß einige jüngere Entwicklungen in dieser Disziplin ihm mehr verdanken, als man vermutet. Indirekte Einflüsse sind schwer zu beurteilen, weil Ideen, die in Umlauf kommen, nicht immer der Wirkung eines einzigen Menschen entstammen, sondern auch – dank des vorherrschenden intellektuellen Klimas – mehr oder weniger spontan in den Köpfen mehrerer Denker gleichzeitig entstehen können. Es läßt sich nicht leugnen, daß viele von Jungs Begriffen heute in aller Munde sind, ob er nun dafür verantwortlich ist oder nicht. Nehmen wir zum Beispiel das Konzept der Selbstverwirklichung. Diesen oder ähnliche Begriffe findet man in den Schriften von Goldstein, Rogers, Angyal, Allport, Maslow, um nur jene Psychologen zu nennen, deren Ansichten in diesem Buch dargelegt werden. Keiner von ihnen würdigt Jung als den Urheber der Idee. Das besagt aber noch nicht, daß er keinerlei direkten oder indirekten Einfluß auf diese Männer hatte. Vielleicht haben sie unbewußt Anleihen bei Jung gemacht, oder auch bei anderen, die von ihm beeinflußt waren. Oder betrachten wir den Gedanken einer Entwicklung im Sinne des Fortschreitens von einem globalen zu einem differenzierten und schließlich integrierten Zustand, welchen wir sowohl bei Jung als auch bei

Murphy finden. Wirkte Jung auf Murphy ein (das Gegenteil ist nicht haltbar, da Jungs Ansichten vor denen Murphys ausgesprochen wurden), oder beeinflußte Jung einen dritten, der wiederum auf Murphy einwirkte, oder besteht zwischen den beiden keine andere Verbindung als die, daß sie Zeitgenossen derselben westlichen Zivilisation waren? Weder für das eine noch das andere wird man den Beweis antreten können. Oder: ist der für viele jüngere Auffassungen von Forschern wie Rogers und Allport charakteristische Optimismus ein Widerhall der Jungschen Weltansicht oder nur ein Spiegel der Zeit? Weiter: hat Jungs Betonung des zielgerichteten Verhaltens den Boden für andere zielorientierte Theorien bereitet, oder ist der Zweck bzw. die Zielstrebigkeit als theoretische Konzeption gerade jetzt in Mode, weil das Denken des 19. Jahrhunderts so mechanistisch war? All diese Fragen sind schwer zu beurteilen; wir jedenfalls müssen uns der Antwort enthalten.

Es erscheint ziemlich sicher, daß die Analytische Psychologie gegenwärtig einer Prüfung durch Methoden der naturwissenschaftlichen Psychologie bedarf. Wir denken dabei weder an klinische Untersuchungen (G. Adler 1949, Fordham 1949, Hawkey 1947, Kirsch 1949) noch an typologische Studien (z. B. Eysenck 1947, Gray/Wheelwright 1964, Myers/Briggs 1962), sondern an eine mehr experimentelle Annäherung, wie man sie in den Arbeiten von Bash (1952), Melhado (1964) und Meier (1965) findet. Wenn mehr Studien dieser Art unternommen werden, dürfte das Ansehen der Jungschen Lehre unter den Psychologen steigen, denn diese bevorzugen Theorien, die prüfbare Hypothesen erzeugen und exakte Forschungsarbeiten anregen. Es wird sehr viel Einsicht und Findigkeit nötig sein, um aus dem wogenden Meer der Jungschen Gedanken empirische Sätze herauszuziehen.

Nach allem Gesagten darf Jungs Theorie der Persönlichkeit – so wie er sie in seinem fruchtbaren Werk entwickelt und auf einen weiten Bereich menschlicher Phänomene angewandt hat – als eine der bemerkenswertesten Leistungen modernen Denkens gelten. Die Originalität und Kühnheit seiner Ideen haben nur wenige Parallelen in der neueren Wissenschaftsgeschichte, und neben Freud hat kein anderer Forscher mehr ‚Begriffsfenster' auf die „Seele des Menschen", wie Jung selbst es wohl nennen würde, geöffnet. Bei der wachsenden Tendenz der westlichen Gesellschaft – besonders der jungen Generation – hin zu Introvertiertheit, Phänomenologie, Existentialismus, Meditation, Mystizismus, Okkultismus, Bewußtseinserweiterung, Individuation, Transzendenz, gesteigerter Geistigkeit, Einheit und Selbstverwirklichung wird Jung wahrscheinlich eines Tages als der spirituelle und intellektuelle Führer dieser ‚revolutionären' Bewegung anerkannt werden. Es ist offenkundig, daß schon jetzt (vor allem in den USA) mehr Studenten Jung lesen und seine Anschauungen positiv aufnehmen, als dies noch vor einer Weile der Fall war. Zweifelsfrei verdienen seine Ideen die größte Aufmerksamkeit eines jeden Studierenden im Umkreis der Psychologie.

4. Sozialpsychologische Theorien: Adler, Fromm, Horney, Sullivan

Die von Freud und Jung formulierten psychoanalytischen Persönlichkeitstheorien waren von jenem positivistischen Klima genährt, das auch die Entwicklung der Physik und Biologie des 19. Jahrhunderts geprägt hat. Der Mensch wurde in erster Linie als ein komplexes Energiesystem angesehen, welches sich durch Transaktionen mit der Außenwelt erhält. Die letzten Ziele dieser Außenbeziehungen sind das individuelle Überleben, die Fortpflanzung der Art sowie ein fortwährender evolutionärer Aufstieg. Ihnen dienen die verschiedenen psychischen Prozesse, welche zusammengenommen die Persönlichkeit ausmachen. Gemäß den Prinzipien der Evolutionistik sind nun einige Subjekte für die Bewältigung dieser Aufgaben besser geeignet als andere. Infolgedessen bestimmten der Begriff der Variation und die Unterscheidung zwischen Anpassung und Fehlanpassung fast zwangsläufig das Denken der frühen Psychoanalytiker. Und nicht nur ihres; denn auch die akademische Psychologie wurde in den Bannkreis des Darwinismus gezogen und beschäftigte sich vornehmlich mit der Messung individueller Eignungsunterschiede und mit dem adaptiven oder funktionellen Wert seelischer Vorgänge.

Zur gleichen Zeit nahmen andere intellektuelle Strömungen Gestalt an, die von einer rein biophysikalischen Konzeption des Menschen abwichen. In den späten Jahren des 19. Jahrhunderts bildeten sich die Soziologie und die Anthropologie als unabhängige Disziplinen heraus, und ihr schnelles Wachstum in der Folgezeit ist phänomenal gewesen. Während die Soziologen den im Zustand einer fortgeschrittenen Zivilisation befindlichen Menschen studierten und zu der Ansicht gelangten, daß er ein Produkt seiner gesellschaftlichen Klasse und Stellung, seiner Institutionen und Gebräuche sei, unternahmen die (Kultur)Anthropologen (bzw. Völkerkundler) Expeditionen in entlegene Gebiete der Erde, wo sie Zeugnisse für die beinahe unendliche Formbarkeit des Menschengeschlechts entdeckten. Nach Auffassung dieser neuen sozialen Wissenschaften ist das Individuum hauptsächlich ein ‚Kind' der Gesellschaft, in der es lebt, d.h. sein Charakter ist eher gesellschaftlich als biologisch bedingt.

Allmählich begannen die aufkeimenden Sozial- und Kulturlehren in die Psychologie und Psychoanalyse einzusickern und deren bis dato nativistische und physikalistische Fundamente auszuwaschen. Eine Reihe von Anhängern Freuds, die ihm im Hinblick auf die sozialen Bedingungen der Persönlichkeit Kurzsichtigkeit vorwarfen, zogen aus ihrer Unzufriedenheit die Konsequenz und verweigerten dem Meister die Gefolgschaft. Ihre abgewandelte, wenngleich nach wie vor psychoanalytische Theorie sollte der Neuorientierung von seiten der Sozialwissenschaften Rechnung tragen. Unter denen, die diese an die Voraussetzungen des 20. Jahrhunderts angepaßte Richtung schufen, waren die vier Forscher, deren Ideen den Inhalt des vorliegenden Kapitels bilden: Alfred Adler, Karen Horney, Erich Fromm und Harry Stack Sullivan. Von ihnen kann Adler als der Ahnherr der „neuen sozialpsychologischen Anschauung" bezeichnet werden, denn bereits im Jahre 1911 brach er mit Freud über der Frage der Sexualität, um im folgenden eine Theorie zu entwickeln, in der das soziale Interesse und ein Streben nach Überlegenheit zwei der wichtigsten Begriffspfeiler wurden. Kein geringerer als Fromm schrieb Adler das Verdienst zu, der erste Psychoanalytiker gewesen zu sein, der die grundlegende soziale Natur des Menschen herausstellte. Später erhoben auch Horney und Fromm die Waffen gegen die starke Trieborientierung der [orthodoxen] Psychoanalyse und betonten die Relevanz sozialpsychologischer Variablen für die Persönlichkeitstheorie. Schließlich stärkte Sullivan mit seiner Theorie der interpersonalen Beziehungen die Position einer auf soziale Prozesse gegründeten Persönlichkeitslehre. Jede dieser Theorien hat ihre eigenen kennzeichnenden Grundannahmen und -begriffe, und doch gibt es zahlreiche Parallelen zwischen ihnen, auf die verschiedene Autoren schon hingewiesen haben (James 1947, Ruth Munroe 1955, H. L. u. R. R. Ansbacher 1956).

Die Wahl der Hauptfigur für dieses Kapitel, Harry Stack Sullivan, wurde in erster Linie von unserer Ansicht diktiert, daß er seine theoretischen Vorstellungen auf ein höheres Niveau der Begriffsbildung heben konnte als die anderen und infolgedessen von durchdringenderer Wirkung gewesen ist. Sullivan war sehr viel unabhängiger von herrschenden psychoanalytischen Lehrmeinungen. Verwendete er anfänglich noch den begrifflichen Rahmen Freuds, so entwickelte er in seinen späteren Arbeiten ein theoretisches System, das wesentlich von diesem abwich. Und obwohl der Einfluß der Anthropologie und Sozialpsychologie unverkennbar ist, war er ein äußerst origineller Denker, der eine große Gruppe von ergebenen Schülern an sich fesselte. Im übrigen spiegelt schon die Tatsache, daß man von ihm bereits als dem Begründer einer neuen Schule der Psychiatrie gesprochen hat, seinen Status als Neuerer auf seinem Gebiet. Was Horney und Fromm anbelangt, so verblieben sie weitgehend im Denkbereich der Psychoanalyse, nicht ohne allerdings in den Ruf von Revisionisten oder Neofreudianern zu geraten – Bezeichnungen, die Fromm seinerseits ablehnt. Tatsächlich versuchte keiner von ihnen, eine neue Theorie der Persönlichkeit zu entwickeln; vielmehr betrachteten sie sich nur als Erneuerer und Erweiterer einer alten Theorie. Desgleichen zeigte Adler, obwohl er für die Freudsche Schule ein Separatist war, während seines ganzen Lebens den Einfluß seiner frühen Verbindung mit dem Urheber der Psychoanalyse.

Adlers Individualpsychologie

Alfred Adler wurde im Jahre 1870 als Sproß einer mittelständischen Familie in Wien geboren; er starb 1937 in Aberdeen (Schottland) während einer Vortragsreise. Nach Abschluß seines Medizinstudiums an der Universität Wien im Jahre 1895 spezialisierte er sich zunächst in der Augenheilkunde, um nach einer weiteren Periode als praktizierender Allgemeinmediziner schließlich Nervenarzt zu werden. Er war einer der Gründungsmitglieder der Wiener Psychoanalytischen Vereinigung und später auch ihr Präsident. Jedoch begann Adler schon früh Ideen zu entwickeln, die von denen Freuds und anderer Mitglieder der Bewegung abwichen. Als die Differenzen an Schärfe zunahmen, forderte man ihn auf, seine Ansichten der Vereinigung vorzutragen, was im Jahre 1911 auch geschah. Seine Stellungnahme wurde von anderen Psychoanalytikern aufs heftigste kritisiert, ja denunziert. Infolgedessen trat er von der Präsidentschaft zurück und brach ein paar Monate darauf seine Verbindung zum Freudschen Kreis ganz ab (Colby 1951; Jones 1955, H. L./R. R. Ansbacher 1956, 1964).

Adler bildete alsdann seine eigene Gruppe, die unter dem Namen Individualpsychologie bekannt wurde und auf der ganzen Welt Anhänger gewann. Während des Ersten Weltkrieges leistete er als Arzt Militärdienst. Danach widmete er sich bevorzugt Fragen der Kindererziehung und konnte in Zusammenarbeit mit der Wiener Schulbehörde die ersten Beratungsstellen aufbauen. Er regte zugleich die Einrichtung einer Versuchsschule in Wien an, in der seine Theorien über die Erziehung zur Anwendung kamen (Furtmüller 1964).

Im Jahre 1934 emigrierte Adler in die Vereinigten Staaten, wo er seine psychiatrische Praxis fortführte und daneben als Professor für Medizinische Psychologie am Long Island College of Medicine wirkte. Adler war ein fruchtbarer Schriftsteller – er veröffentlichte im Laufe seines Lebens über hundert Bücher und Artikel – und unermüdlicher Vortragsreisender. Die wohl beste Einführung in seine Persönlichkeitstheorie ist ‚Praxis und Theorie der Individualpsychologie' (1924). Kürzere Überblicke finden sich in den ‚Psychologies of 1930' (1930) und in der Nr. 1 des ‚International Journal of Individual Psychology' (1935). Heinz L. und Rowena R. Ansbacher (1956, 1964) haben in zwei Büchern (deren erstes bereits deutsch vorliegt) eine extensive Auswahl von Adlers Schriften herausgegeben und zugleich kommentiert; es sind dies die derzeit besten Informationsquellen über Adlers Individualpsychologie. [(1964) enthält auch eine „umfassende Literatur-Zusammenstellung".] Zwei größere Biographien Adlers stammen von Bottome (1939) und Hertha Orgler (1956). [Josef Rattner (1972) hat eine Monographie verfaßt.] – [Zur Verbreitung von Adlers Ideen sind in bisher elf Staaten individualpsychologische Vereine (die meisten in den USA) gegründet worden; ihr Zusammenschluß ist die Internationale Vereinigung für Individualpsychologie (International Association of Individual Psychology) mit Sitz in New York. Von der 1914 in Wien gegründeten ‚Zeitschrift für Individualpsychologie' (ab 1923 = 2. Bd.: ‚Internationale Zeitschrift ...') erschienen zwischen 1916 und 1951 insgesamt 20 Bände. (Eine Zusammenstellung aller Zeitschriften sowie der – insbesondere deutschsprachigen – Vereine ist der deutschen Ausgabe von H. L./R. R. Ansbacher 1956 angehängt.)]

In scharfem Gegensatz zu Freuds Grundvoraussetzung, daß das menschliche Verhalten durch angeborene Triebe (instincts) bestimmt sei, und zu Jungs Hauptaxiom, daß ererbte Archetypen das Verhalten des einzelnen regieren, nahm Adler an, der Mensch sei in erster Linie durch soziale (An)Triebe (urges) motiviert. Danach ist das Individuum ein von Natur aus soziales Wesen. Es tritt mit anderen in gesellige Beziehungen, engagiert sich in kooperativen Unternehmungen, stellt das Gemeinwohl über selbstische Interessen und bildet einen Lebensstil aus, der in seiner Orientierung vornehmlich gemeinschaftsbezogen ist. Aber der Mensch wird nicht allein dadurch sozialisiert (d.h. angepaßt), daß er sozialen Prozessen ausgesetzt ist; nach Adler ist das *Gemeinschaftsgefühl* alias das *soziale Interesse* (social interest) vielmehr angeboren, auch wenn die spezifischen Formen der sich entwickelnden Beziehungen zu anderen und zu sozialen Institutionen von der Art der Gesellschaft bestimmt sind, in die der einzelne hineingeboren wird. In dieser Hinsicht also vertritt Adler einen genauso biologischen Standpunkt wie Freud und Jung, nehmen doch alle drei an, daß der Mensch eine ererbte Anlage hat, welche die Richtung der charakterlichen Entwicklung vorgibt. Während Freud den Akzent auf die Sexualität legte und Jung die archaischen Denk- und Anschauungsmuster herausstellte, betonte Adler das soziale Interesse. Dieser Nachdruck auf den gesellschaftlichen Determinanten des Verhaltens, welche von Freud und Jung übersehen oder heruntergespielt worden waren, ist wahrscheinlich Adlers größter Beitrag zur psychologischen Theorie. Er lenkte die Aufmerksamkeit der Fachgenossen auf die Bedeutung der sozialen Variablen und förderte damit die Sozialpsychologie schon zu einer Zeit, als sie noch der Ermutigung und Unterstützung – vor allem aus den Reihen der Psychoanalytiker – bedurfte.

Adlers zweiter entscheidender Beitrag zur Persönlichkeitstheorie ist sein Konzept des *schöpferischen Selbst* (creative self). Anders als Freuds Ich, das aus einer Gruppe psychologischer Prozesse besteht, welche den Zwecken angeborener Triebe dienen, ist Adlers Selbst ein hoch personalisiertes, subjektives System, das die Erfahrungen des Organismus interpretiert und ihnen Sinn verleiht. Darüber hinaus ist es auf der Suche nach Erlebnissen, welche der Person zur Verwirklichung ihres einzigartigen Lebensstils verhelfen; wenn die Welt ihm keine solchen Erlebnisse bietet, so versucht das Selbst sie sich zu schaffen. Diese Idee eines kreativen Selbst war neu für die psychoanalytische Theorie und half den extremen „Objektivismus" der klassischen Psychoanalyse zu kompensieren, welcher sich beinahe völlig auf biologische Bedürfnisse und äußere Stimuli verließ, um die Dynamik der Persönlichkeit zu erklären. Wie wir in anderen Kapiteln sehen werden, hat das Konzept des Selbst eine wesentliche Rolle in jüngeren Formulierungen über die Persönlichkeit gespielt. Adlers Beitrag zu diesem neuen Trend der Anerkennung des Selbst als eines bedeutenden Faktors des Verhaltens wird daher als äußerst wichtig angesehen.

Ein drittes Merkmal, das Adlers Psychologie von der klassischen Psychoanalyse absetzt, ist die Betonung der *Einmaligkeit* (uniqueness) der Persönlichkeit. Adler betrachtete jede Person als eine einzigartige Konfiguration von Motiven, Eigenschaften, Interessen und Werten; jeder von einem Individuum ausgeführte Akt trägt den Stempel seines eigenen unverwechselbaren Lebensstils. In dieser Hinsicht gehört Adler zur Tradition von William James und William Stern, die als die Begründer des Personalismus in der Psychologie gelten.

Adlers Auffassung von der Person achtet den Sexualtrieb, der in Freuds früher Theoriebildung eine fast ausschließliche Rolle in der Dynamik des Verhaltens gespielt hatte, verhältnismäßig gering. Dem Freudschen Monolog über die Sexualität fügte er andere wichtige Stimmen hinzu. Der Mensch sei vor allem ein gesellschaftliches und nicht ein geschlechtliches Wesen. Er ist durch soziale und nicht durch sexuelle Interessen motiviert. Seine Minderwertigkeiten sind nicht auf den sexuellen Bereich beschränkt, sondern können sich auf alle Facetten seines Daseins erstrecken, auf die physischen wie die psychischen. Er ist bestrebt, einen einmaligen Lebensstil zu entwickeln, in dem der Sexualtrieb eine mindere Rolle spielt. Tatsächlich ist die Art und Weise, in der er seine sexuellen Bedürfnisse befriedigt, von seinem Lebensstil determiniert, nicht umgekehrt. Adlers Entthronung des Sexus war für viele Leute nach dem monotonen Pansexualismus Freuds eine willkommene Erleichterung.

Schließlich machte Adler das *Bewußtsein* (consciousness) zum Zentrum der Persönlichkeit und wurde dadurch ein Pionier in der Entwicklung einer ichorientierten Psychologie. Der Mensch ist ein bewußtes Wesen; er kennt gewöhnlich die Gründe für sein Verhalten. Er weiß um seine Minderwertigkeiten wie auch um die Ziele, nach denen er strebt. Mehr als das, er ist ein selbstbewußtes Individuum, das seine Handlungen in voller Bewußtheit ihrer Bedeutung für die eigene Selbstverwirklichung zu planen und zu leiten vermag. Dies ist eine vollkommene Antithese zur Freudschen Lehre, welche das Bewußtsein praktisch auf den Status der Bedeutungslosigkeit reduziert hatte – eines bloßen Schaums, der auf dem großen Meer des Unbewußten treibe.

Hauptbegriffe

Wie andere Persönlichkeitstheoretiker, die zunächst als Mediziner ausgebildet worden waren und dann Psychiater wurden, begann auch Alfred Adler seine psychologische Theoriebildung auf dem klinischen Sektor. Er formulierte eine Neurosenlehre, bevor er seinen Gesichtskreis auf die normale Persönlichkeit ausdehnte, was erst in den zwanziger Jahren geschah (H. L. u. R. R. Ansbacher 1956). Adlers Persönlichkeitstheorie ist äußerst ökonomisch in dem Sinn, daß ein paar Grundbegriffe das gesamte theoretische System tragen. Infolgedessen läßt sich sein Standpunkt ziemlich rasch mit Hilfe weniger allgemeiner Rubriken beschreiben. Es sind dies (1) der fiktionale Finalismus, (2) das Streben nach Überlegenheit, (3) Minderwertigkeitsgefühle und ihre Kompensation, (4) soziale Interessen, (5) der Lebensstil und (6) das schöpferische Selbst.

Fiktionaler Finalismus

Kurz nach seiner Absonderung von dem Kreis um Freud geriet Adler unter den philosophischen Einfluß von Hans Vaihinger, dessen Buch ‚Die Philosophie des Als Ob' im Jahre 1911 erschien. Vaihinger trug darin den kuriosen und zugleich faszinierenden Gedanken vor, daß der Mensch mit vielen rein *fiktiven* (fictional) Ideen lebt, die in der Realität kein Gegenstück haben. Fiktionen wie z. B. „alle Menschen sind von Geburt gleich" oder „ehrlich währt am längsten" oder „der Zweck heiligt die Mittel" ermöglichen es dem einzelnen, besser mit der Wirklichkeit fertig zu werden. Es sind Konstrukte, d. h. bloße Hilfsbegriffe oder -annahmen, und nicht etwa Hypothesen, welche geprüft und bestätigt werden können. Man kann auf sie verzichten, wenn ihre Nützlichkeit erlischt.

Adler übernahm diese philosophische Lehre des sogenannten idealistischen Positivismus und bog sie für den eigenen Gebrauch zurecht. Der Leser wird sich erinnern, daß Freud großen Nachdruck auf Erbfaktoren sowie frühkindliche Erfahrungen als Determinanten der Persönlichkeit legte. Adler entdeckte bei Vaihinger die Widerlegung dieses strengen entwicklungsgeschichtlichen Determinismus; er fand bei ihm den Gedanken, daß der Mensch mehr durch seine Zukunftserwartungen als durch seine vergangenen Erlebnisse motiviert sei. Diese Ziele existieren allerdings nicht in der Zukunft als Teil einer teleologischen Vorherbestimmung – weder Vaihinger noch Adler glaubte an Prädestination oder an irgendein Verhängnis –, vielmehr sind sie subjektiv oder seelisch hier und jetzt als Strebungen oder Ideale gegeben, welche das gegenwärtige Tun und Lassen mitbestimmen. Wenn jemand z. B. glaubt, daß es einen Himmel für Gerechte und eine Hölle für Sünder gibt, so wird dieser Glaube – möchte man meinen – beträchtliche Auswirkungen auf seine Lebensführung haben. Diese fiktiven Ziele waren für Adler die subjektive Ursache psychischer Ereignisse.

Wie Jung identifizierte auch Adler die Freudsche Theorie mit dem Prinzip der Kausalität (causality) und seine eigene mit dem der *Finalität* (finalism). „Die Individualpsychologie besteht absolut auf der Unentbehrlichkeit des Finalismus für das Verstehen aller psychologischen Phänomene. Ursachen,

Kräfte, Triebe, Impulse und ähnliches können nicht als Erklärungsprinzipien (explanatory principles) dienen. Das Endziel allein kann das menschliche Verhalten erklären. Erlebnisse, Traumata, der Mechanismus der Sexualentwicklung können keine Erklärung liefern, dies vermag nur die Perspektive, aus der sie betrachtet werden – die individuelle Art, sie zu sehen –, welche das ganze Leben dem Endziel unterordnet" (1930, S. 400). Dieses letzte Ziel kann eine Fiktion sein, d.h. ein Ideal, das unmöglich zu realisieren ist und dennoch einen sehr realen Ansporn für das menschliche Streben und die letzte Begründung seines Verhaltens abgibt. Adler glaubte jedoch, daß der gesunde Mensch sich vom Einfluß dieser Fiktionen befreien und der Realität ins Auge sehen kann, wenn die Notwendigkeit es erfordert – etwas, dessen die neurotische Person nicht fähig ist.

Das Streben nach Überlegenheit

Welches ist nun jenes Endziel, nach dem alle Menschen streben und das der Persönlichkeit ihre Einheit und Festigkeit gibt? Bis zum Jahre 1908 war Adler zu dem Schluß gekommen, daß die Aggression mehr Bedeutung habe als die Sexualität. Kurz danach gab er den Aggressionstrieb zugunsten des *Willens zur Macht* (will to power) auf, wobei er Macht mit Männlichkeit und Schwäche mit Weiblichkeit identifizierte. Zu dieser Zeit (etwa 1910) ging er von der Idee des *männlichen Protests* (masculine protest) aus – einer Art Überkompensation, die sowohl Männer als auch Frauen eingehen, wenn sie sich unzulänglich und unterlegen (inadequate and inferior) fühlen. Später ersetzte Adler den „Willen zur Macht" [alias „Machtstreben"] durch das *Streben nach Überlegenheit* (striving for superiority), auf das er in der Folgezeit festgelegt blieb. So gab es in seinen Überlegungen hinsichtlich des Endziels (bzw. -zwecks) im Leben des Menschen drei Stadien, die mit den Begriffen der Aggressivität, des Machtwillens und des Überlegenheitsstrebens bezeichnet sind.

Adler läßt keinen Zweifel, daß er mit Überlegenheit nicht etwa soziale Auszeichnung oder Führerschaft oder eine herausragende Stellung in der Gesellschaft meint. Vielmehr versteht er darunter etwas ganz Analoges zum Jungschen Selbstbegriff oder zu Goldsteins Prinzip der Selbstverwirklichung. Es ist ein Streben nach Vollkommenheit und Vollendung (striving for perfect completion). Es ist „der große Drang nach oben" („the great upward drive"). [oder auch das „Obenseinwollen"]. „Ich sah auf einmal ganz klar in jedem psychologischen Phänomen das Streben nach Überlegenheit. Es läuft der seelischen Entwicklung parallel und ist eine innere Notwendigkeit des Lebens überhaupt. Es liegt an der Wurzel aller Lösungen für unsere Lebensprobleme und zeigt sich in der Art, in der wir diese Probleme angehen. Alle unsere Funktionen folgen seiner Richtung. Sie streben nach Sieg, Sicherheit, Steigerung, geschehe dies nun in der richtigen oder falschen Weise. Der Drang von weniger zu mehr findet kein Ende; der Trieb von unten nach oben hört niemals auf. Welche Postulate auch immer unsere Philosophen und Psychologen sich ausdenken mögen – Selbsterhaltung, Lustprinzip, Ausgleich (der Gegensätze) – sie alle sind nur vage Repräsentationen, Versuche, den großen Drang nach oben auszudrücken" (1930, S. 398).

Woher aber kommt das Streben nach Überlegenheit oder Vollkommenheit? Adler sagt, daß es angeboren sei, ein Teil des Lebens, ja das Leben selbst. Von der Geburt bis zum Tode trägt das Streben nach Überlegenheit den Menschen von einer Entwicklungsstufe zur nächsten, höheren. Es ist das vorherrschende (prepotent) dynamische Prinzip. Es gibt keine getrennten Triebe, denn jeder Trieb (drive) empfängt seine Kraft von jenem Streben nach Vollendung. Adler erkannte, daß das Überlegenheitsstreben sich in tausend verschiedenen Formen manifestieren kann und daß jeder Mensch seine eigene konkrete Art hat, Vollkommenheit zu erreichen oder dies wenigstens zu versuchen. Der neurotische Mensch z. B. strebt nach hoher Wertschätzung seiner selbst bzw. Selbstachtung, Macht, Selbsterhöhung (self-esteem, power, self-aggrandizement) – mit anderen Worten nach egoistischen oder selbstischen Zielen –, während die normale Person Ziele anstrebt, die in erster Linie einen Bezug zur Gesellschaft haben.

Wie nun werden die besonderen Formen des Strebens nach Überlegenheit im Individuum eigentlich existent? Um diese Frage zu beantworten, ist es notwendig, Adlers Begriff der Minderwertigkeitsgefühle zu besprechen.

Minderwertigkeitsgefühle und Kompensation

Sehr früh in seiner Laufbahn, als er sich noch mit der Allgemeinmedizin befaßte, entwickelte Adler den Gedanken des Zusammenhanges von Organminderwertigkeit und Überkompensation (organ inferiority and overcompensation) (1907). Zu jener Zeit suchte er nach der Antwort auf die alte Frage, warum der Mensch, wenn er krank wird oder sich ein Leiden zuzieht, immer in einem bestimmten Bereich des Körpers erkrankt: Der eine bekommt Herzschmerzen, der andere eine Lungenentzündung und der dritte einen Hexenschuß. Adler vermutete, daß die Ursache für den Sitz eines besonderen Leidens in einer grundlegenden Minderwertigkeit der betreffenden Region liege – einer Minderwertigkeit, die entweder von der Erbanlage oder einer abnormen Entwicklung herrühre. Er machte außerdem die Beobachtung, daß ein Mensch mit einem defekten Organ oftmals versucht, die Schwäche zu kompensieren, indem er es durch intensives Training kräftigt. Das berühmteste Paradigma für die Kompensation einer Organminderwertigkeit ist Demosthenes, welcher angeblich als Kind stotterte und im nachhinein einer der berühmtesten Redner seiner Zeit wurde. Ein anderes, jüngeres Beispiel stellt Theodore Roosevelt dar, der in seiner Jugend ein Schwächling war und sich durch systematische Übung zu einem physisch robusten Mann entwickelte.

Kurz nachdem Adler seine Monographie über Organminderwertigkeit veröffentlicht hatte, erweiterte er den Begriff so, daß er alle Gefühle der Minderwertigkeit einschloß, jene, die aus subjektiv empfundenen psychischen oder sozialen Unfähigkeiten entstehen, wie auch jene, die wirklicher körperlicher Schwäche oder Beeinträchtigung entstammen. Zu dieser Zeit setzte Adler die Minderwertigkeit noch mit Unmännlichkeit oder Weiblichkeit gleich, deren Kompensation er dann als „männlichen Protest" bezeichnete. Später ordnete er diese Ansicht der allgemeineren unter, daß *Minderwertigkeitsgefühle* (inferiority feelings) aus dem Gewahrwerden von Unzulänglichkeit oder Unvollkommenheit (incompletion or imperfection) in einem beliebigen Lebensbereich herrühren. Beispielsweise ist das Kind durch seine Minderwertigkeitsgefühle motiviert, nach einer höheren Entwicklungsstufe zu trachten. Hat es diese Stufe endlich erreicht, so wird es bald aufs neue sich minderwertig fühlen, und das Drängen nach oben beginnt von vorn. Nach Adler haben Minderwertigkeitsgefühle nicht als Zeichen für Abnormität zu gelten; sie sind vielmehr die Ursache jeglicher Verbesserung des menschlichen Schicksals. Allerdings können Minderwertigkeitsgefühle durch außergewöhnliche Bedingungen wie Verzärtelung oder Zurückweisung des Kindes auch übersteigert werden, worauf gewisse abnorme Symptome folgen können wie etwa die Ausbildung eines Minderwertigkeitskomplexes oder eines kompensatorischen Überlegenheitskomplexes. Unter normalen Umständen aber ist das Gefühl der Minderwertigkeit oder Bewußtsein der Unvollkommenheit die große treibende Kraft der Menschheit. Mit anderen Worten, der Mensch wird gestoßen durch das Bedürfnis, seine Minderwertigkeit zu überwinden, und gezogen durch das Verlangen, überlegen zu sein.

Adler war kein Befürworter des Hedonismus. Obwohl er wußte, daß Minderwertigkeitsgefühle schmerzvoll sind, glaubte er nicht, daß die Erleichterung von diesen Gefühlen notwendigerweise lustvoll sei. Vollkommenheit – und nicht Lust – war für ihn das wahre Ziel des Lebens.

Soziales Interesse

In den Anfangsjahren, als Adler seine Theorien aufstellte, in denen er die aggressive, machthungrige Natur des Menschen und das Prinzip des männlichen Protestes als einer Überkompensation weiblicher Schwachheit verkündete, wurde er wegen seiner Betonung der selbstischen Triebkräfte des Menschen und der Leugnung seiner sozialen Motive heftig kritisiert. Das Streben nach Überlegenheit klang wie der Kriegsruf des nietzscheanischen Übermenschen, ein passender Begleiter für den darwinistischen Slogan vom Überleben der Geeignetsten.

Adler, ein Anwalt sozialer Gerechtigkeit und Verfechter einer sozialen bzw. sozialistischen Demokratie, erweiterte seine Auffassung vom Menschen und bezog in sie den Faktor des *sozialen Interesses* (social interest) ein (1933). In diesem sind Phänomene wie Kooperation, zwischenmenschliche Beziehungen, Identifikation mit der Gruppe, Einfühlung (Empathie) u.ä. enthalten, doch geht es über all das noch hinaus. Letzten Endes besteht es auch darin, daß der einzelne den Mitmenschen behilflich ist, das Ziel einer vollkommenen

Gesellschaft zu erreichen. „Das soziale Interesse ist die eigentliche und zwangsläufige Kompensation für all die natürlichen Mängel des individuellen Menschen" (Adler 1929b, S. 31). [Obwohl Adler in seinen in deutscher Sprache abgefaßten Schriften den Ausdruck Gemeinschaftsgefühl dem des sozialen Interesses vorzieht oder auch – wie z.B. 1933 – beide alternierend gebraucht, erscheint es wenig sinnvoll, bei Zitat- und Referatstellen aus Texten, die original in Englisch veröffentlicht wurden, anders als mit entsprechender Wortgleichung ‚rückzuübersetzen'. Nach O. Brachfeld (Einleitung zu Adler 1927/1966, S. 14) wurde seinerzeit in den USA das „unübersetzbare" Gemeinschaftsgefühl ebenfalls mit „social interest" wiedergegeben. Cf. auch den englischen Titel von Adler 1933. D.Ü.]

Der Mensch ist von seinem ersten Tage an in einen sozialen Kontext eingebettet. Die Kooperation zeigt sich schon in der Beziehung zwischen Mutter und Kind, und im weiteren Verlauf des Lebens ist das Individuum fortgesetzt in einem Flechtwerk von zwischenmenschlichen Beziehungen befangen, die seine Persönlichkeit formen und seinem Streben nach Überlegenheit konkrete Ventile bieten. Das Überlegenheitsstreben wird sozialisiert, und das Ideal der perfekten Gesellschaft nimmt den Platz des rein persönlichen Ehrgeizes und des eigenen Vorteils ein. Durch die Arbeit zum Wohle der Gemeinschaft kompensiert der einzelne seine individuelle Schwäche.

Adler glaubt, daß das soziale Interesse angeboren, daß der Mensch von Natur und nicht erst durch Gewohnheit ein gesellschaftliches Wesen ist. Jedoch erscheint diese ererbte Prädisposition wie andere natürliche Fähigkeiten nicht spontan, sondern muß durch Anleitung und Übung zur Erfüllung gebracht werden. Weil er an den Segen der Erziehung glaubte, widmete Adler einen Großteil seiner Zeit der Einrichtung von Erziehungsberatungsstellen, der Verbesserung von Schulen und der Aufklärung der Öffentlichkeit über die richtigen Methoden beim Aufziehen der Kinder.

Es ist äußerst reizvoll, in Adlers Schriften zu verfolgen, wie sich in seiner Konzeption des Menschen zwischen den frühen Jahren seines Berufslebens, in denen er noch mit Freud assoziiert war, und seinen späteren Jahren, als er schon internationale Anerkennung erlangt hatte, ein zwar allmählicher, aber doch entschiedener Wandel vollzog. Für den jungen Adler wird der Mensch von einer unersättlichen Gier nach Macht und Herrschaft getrieben, um ein verborgenes, tiefsitzendes Minderwertigkeitsgefühl auszugleichen. Für den älteren Adler ist das Individuum durch ein von der Anlage her gegebenes soziales Interesse motiviert, das es veranlaßt, seinen privaten Nutzen dem öffentlichen Wohlergehen unterzuordnen. Die Vorstellung des vollkommenen Menschen, der in einer vollkommenen Gesellschaft lebt, ließ das Bild von dem starken, aggressiven Menschen, der die Gesellschaft beherrscht und ausbeutet, verblassen. Das soziale, das Gemeinschaftsinteresse ersetzte so das Eigeninteresse.

Der Lebensstil

Wir haben hier das Schlagwort der Adlerschen Persönlichkeitstheorie vor uns. Es ist ein wiederkehrendes Thema in all seinen späteren Schriften (z. B. 1929a, 1931 u. 1933) und das bezeichnendste Merkmal seiner Psychologie. *Lebensstil* (style of life) ist das Systemprinzip, durch welches die individuelle Persönlichkeit funktioniert; es ist das Ganze, das die Teile bestimmt. Lebensstil ist Adlers wesentliches idiographisches Prinzip, jenes, das die Einzigartigkeit der Person erklärt. Jeder einzelne hat einen Lebensstil, aber es gibt keine zwei Leute, die denselben Lebensstil entwickeln [was nicht heißt, daß sie einander nicht sehr ähnlich werden können].

Was aber meint dieses Konzept genau? Die Frage läßt sich schwer beantworten, weil Adler so viel darüber zu sagen wußte und weil er in den verschiedenen Schriften Unterschiedliches und zuweilen Gegensätzliches dazu sagte. Außerdem ist es nicht leicht von einem anderen Begriff Adlers zu trennen, nämlich dem des schöpferischen Selbst.

Jeder Mensch hat dasselbe Ziel: das der Überlegenheit, aber es gibt unzählige Wege, auf denen dieses Ziel angestrebt werden kann. Der eine versucht die Überlegenheit zu erreichen, indem er seinen Intellekt entwickelt; der andere lenkt all seine Anstrengungen auf die Vollendung seiner Muskelkraft und -schnelligkeit. Der Verstandesmensch hat einen Lebenstil, der Athlet einen anderen. So wird der intellektuell Ausgerichtete lesen, studieren, denken; er wird mehr sitzende Tätigkeiten ausüben und ein abgeschlosseneres Leben führen, als der aktive Mensch es tut. Er teilt sich sein Leben genau ein, ordnet seine häuslichen Gewohnheiten, die tägliche Routinearbeit, seine Freizeit, seine Beziehungen zu Familie, Freunden und Bekannten, seine gesellschaftlichen Aktivitäten – alles in Übereinstimmung mit seinem Ziel der intellektuellen Überlegenheit. Bei allem, was er tut, blickt er mit einem Auge auf dieses letzte Ziel. In gleicher Weise hat das Verhalten eines jeden Menschen seinen Ursprung in seinem Lebensstil. Zu ihm muß passen, was er wahrnimmt, lernt und behält – alles übrige aber wird er ignorieren.

Der Lebensstil bildet sich schon sehr früh im Leben heraus, im Alter von vier oder fünf Jahren etwa, und von da an werden alle Erfahrungen diesem individuell-einmaligen Lebensstil angeglichen und zunutze gemacht. Die Einstellungen, Gefühle, Wahrnehmungen (Apperzeptionen) sind somit bereits in einem frühen Alter starr und mechanisch, und es ist praktisch unmöglich, den Lebensstil im nachhinein noch zu verändern. Das Individuum mag immer neue Wege finden, seine ihm eigene Lebensform auszudrücken, doch sind dies immer nur einzelne konkrete Äußerungen desselben gleichbleibenden Grundstils, der in jungen Jahren gefestigt wurde.

Was bestimmt nun den individuellen Lebensstil? In seinen frühen Schriften sagte Adler, daß er weitgehend durch die spezifischen – eingebildeten oder wirklichen – [Organ]Minderwertigkeiten einer Person geprägt ist. Der Lebensstil ist danach eine Kompensation einer besonderen Inferiorität. Ist ein Kind körperlich schwach entwickelt, so wird sich sein Lebensstil in der Form äußern, daß es alles tut, was ihm physische Kraft verleihen möchte. Gleichermaßen wird das dumme Kind nach intellektueller Überlegenheit streben. Napoleons erobernder Lebensstil war von seiner schmächtigen physischen Gestalt her determiniert, und Hitlers unersättliche Begierde nach Weltherrschaft durch seine sexuelle Impotenz. Diese einfache Erklärung menschlichen Verhaltens, die so viele von Adlers Lesern anzog und während der zwanziger und dreißiger Jahre in der Charakteranalyse so weite Anwendung fand, befriedigte ihren Urheber selbst jedoch nicht. Sie war zu einfach und zu mechanisch. So hielt er Ausschau nach einem mehr dynamischen Prinzip und entdeckte das schöpferische Selbst.

Das schöpferische Selbst

Dieses Konzept ist Adlers krönende Leistung als Persönlichkeitstheoretiker. Als er die kreative Macht des Selbst entdeckte, ordnete er ihm all seine anderen Begriffe unter; hier schließlich war der erste Beweger gefunden, der Stein der Weisen, das Lebenselixier, die erste Ursache alles Menschlichen, nach der er gesucht hatte. Das einheitliche und beständige *schöpferische Selbst* (creative self) herrscht für ihn unumschränkt im Getriebe der Persönlichkeit.

Wie alle ersten Ursachen ist die schöpferische Kraft des Selbst schwer zu beschreiben. Wir können seine Wirkungen sehen, nicht aber es selbst. Es ist etwas, das zwischen den Reizen, die auf die Person einströmen, und den Reaktionen, die sie zeigt, vermittelt. Im wesentlichen behauptet die Lehre vom schöpferischen Selbst, daß der Mensch seinen eigenen Charakter *macht.* Er bildet ihn aus dem Rohmaterial von Erbanlage und Lebenserfahrung. „Die Vererbung stattet ihn nur mit gewissen Fähigkeiten (abilities) aus. Die Umwelt liefert nur gewisse Eindrücke (impressions). Diese Fähigkeiten und Eindrücke und die Art und Weise, wie er sie ‚erlebt' (‚experiences') – das heißt die Interpretation, die er diesen Erlebnissen gibt –, sind die Bausteine oder, anders gesagt, seine Attitüde zum Leben, welche die(se) Beziehung zur Außenwelt bestimmt" (Adler 1935, S. 5). Das schöpferische Selbst ist die Hefe, welche die Tatsachen der Welt aufgehen läßt und diese Tatsachen in eine Persönlichkeit transformiert, die subjektiv, dynamisch, geeint und im Stil einzigartig ist. Das schöpferische Selbst gibt dem Leben einen Sinn (meaning); es erzeugt die Ziele wie auch die Mittel zu deren Erreichung. Es ist das aktive Prinzip des menschlichen Lebens, und dem älteren Konzept der Seele (soul) nicht unähnlich.

Im großen und ganzen kann man sagen, daß Adler eine humanitäre (humanistic) Theorie der Persönlichkeit bildete, die eine Antithese zu Freuds Menschenbild ist. Indem er das Individuum mit Altruismus, Menschenfreundlichkeit, Kooperativität, Kreativität, Einzigartigkeit und Bewußtheit (awareness) ausstattete, gab er ihm wieder einen Sinn für Würde und Wert, welchen die Psychoanalyse weitgehend zerstört hatte. Anstelle des trostlosen materialistischen Bildes, das viele Leser Freuds entsetzte und zurückstieß, bot Adler ein Porträt des Menschen, das befriedigender, hoffnungsvoller und weit schmeichelnder für den einzelnen war. Seine Konzeption vom Wesen der Persönlichkeit fiel mit der populären Vorstellung zusammen, der Mensch könne Meister – und nicht Opfer seines Schicksals sein.

Charakteristische Forschung und Forschungsmethoden

Adlers empirische Beobachtungen entstammten überwiegend dem therapeutischen Bereich; sie bestehen zum größten Teil aus Rekonstruktionen der vom Patienten erinnerten Vergangenheit und Beurteilungen des gegenwärtigen Verhaltens auf der Grundlage verbaler Berichte. Von seinen Untersuchungspraktiken können wir hier aus Raumgründen nur ein paar Beispiele geben.

Geburtenabfolge und Persönlichkeit

Im Zuge seiner Forschungen über die sozialen Determinanten der Persönlichkeit beobachtete Adler, daß die Charaktere des ältesten, (der) mittleren und jüngsten Kindes in einer Familie sich in der Regel sehr unterscheiden (1931, 144–154). Er schrieb diese Differenzen den besonderen Erfahrungen zu, die jedes Kind als Mitglied einer sozialen Gruppe hat.

Dem erstgeborenen oder ältesten Kind wird die ungeschmälerte Aufmerksamkeit nur so lange zuteil, bis das zweite [bzw. nachfolgende] Kind geboren wird; dann ist es plötzlich entthront, das heißt es verliert die bevorzugte Position und muß die Zuneigung seiner Eltern mit dem neuen Baby teilen. Diese Erfahrung kann das älteste Kind in verschiedener Weise konditionieren, etwa dahingehend, daß es die Leute haßt oder sich gegen unerwartete Schicksalsschläge schützt oder sich unsicher fühlt. Älteste Kinder sind daher auch geneigt, in jene Zeit zurückzublicken, da sie im Mittelpunkt des Interesses standen. Viele Neurotiker, Kriminelle, Trinker und Perverse waren nach Adlers Beobachtung Erstgeborene. Um die Wahrscheinlichkeit zu erhöhen, daß das älteste Kind sich zu einer verantwortungsbewußten und selber schutzgewährenden Person entwickelt, müssen die Eltern ihr Kind rechtzeitig und schonend auf die Ankunft eines Rivalen vorbereiten.

Das zweite oder mittlere Kind ist durch besonderen Ehrgeiz charakterisiert. Es versucht ständig, sein(e) älteres(-n) Geschwister zu übertreffen. Es neigt ebenfalls dazu, rebellisch und neidisch zu sein, aber im großen und ganzen ist es doch besser angepaßt als das zuerst und das zuletzt geborene.

Das jüngste Kind ist das verwöhnte (spoiled) Kind. Nächst dem ältesten wird es am ehesten zum Problemkind und später ein neurotisch fehlangepaßter Erwachsener.

Obwohl frühe Untersuchungen Adlers Theorie über die Bedeutung der *Geburtenabfolge* (birth-order) keine große Stütze zu geben vermochten (H. E.

Jones 1931), hat die mit größerem Raffinement durchgeführte Arbeit von Schachter (1959) eine eindrucksvolle Bestätigung der Adlerschen These erbracht und damit umfangreiche Forschungen über diesen Gegenstand eingeleitet.

Frühe Erinnerungen

Adler glaubte, daß die *früheste Erinnerung* (earliest memory), die jemand aus seiner Kindheit zu berichten weiß, ein bedeutsamer Schlüssel zum Verständnis seines grundlegenden Lebensstils sei (1931). Eine weibliche Person z.B. begann ihren diesbezüglichen Bericht mit den Worten: „Als ich drei Jahre alt war, hat mein Vater ..." Dies zeigt an, daß sie mehr an ihrem Vater als an ihrer Mutter hängt. Dann fuhr sie fort, daß der Vater für sie und ihre ältere Schwester ein Ponypaar mit nach Hause gebracht hatte und daß, während jene ihr Pony an einem Halfter die Straße entlangführte, sie selbst von ihrem in den Schmutz gezerrt wurde. Es ist dies das Schicksal des jüngeren Kindes – im Wettbewerb mit seinem älteren Geschwister immer nur zweiter zu sein; zugleich aber motiviert es zu dem Versuch, den Tempomacher zu überholen. Sein Lebensstil ist geprägt von brennendem Ehrgeiz, einem Drang, immer der erste zu sein, einem tiefen Gefühl der Unsicherheit und Enttäuschung und einer starken Vorahnung des Versagens.

Ein junger Mann, der wegen schwerer Angstanfälle in Behandlung war, erinnerte folgendes frühe Ereignis: „Als ich ungefähr vier Jahre alt war, saß ich einmal am Fenster und beobachtete einige Arbeiter, die auf der anderen Straßenseite ein Haus bauten, während meine Mutter Strümpfe strickte." Diese Erinnerung deutet darauf hin, daß der junge Mann als Kind verhätschelt worden war, denn sein visuelles Bild enthielt u. a. die besorgte Mutter. Die Tatsache, daß er auf andere schaut, die gerade arbeiten, läßt vermuten, daß sein Lebensstil mehr dem eines Zuschauers entspricht als dem eines Teilnehmers. Diese Deutung wird dadurch bekräftigt, daß er jedesmal, wenn er versuchte, eine berufliche Tätigkeit aufzunehmen, Angst bekam. Adler schlug ihm vor, eine Beschäftigung zu erwägen, bei der er seine Vorliebe fürs Schauen und Beobachten nützen könnte. Der Patient nahm den Rat an und wurde ein erfolgreicher Kunsthändler.

Adler benutzte diese Methode bei Gruppen wie auch bei Einzelpersonen und fand, daß sie einen leichten und ökonomischen Weg zur Erforschung des Charakters darstellte. – Heute werden frühe Erinnerungen (recollections) als projektive Technik verwendet (Mosak 1958).

Kindheitserlebnisse

Adler war besonders an den Arten früher Einflüsse interessiert, welche das Kind für einen schlechten Lebensstil anfällig machen. Er entdeckte drei wichtige Faktoren: (1) Kinder mit Minderwertigkeiten, (2) verwöhnte und (3) vernachlässigte Kinder. Menschen mit körperlichen oder geistigen Mängeln tragen von klein auf eine schwere Last und fühlen sich meist den Aufgaben des Lebens nicht gewachsen. Sie sehen sich selbst als Versager an, und oftmals sind sie es auch. Dennoch können sie, wenn sie verständige, ermutigende Eltern haben, ihre Minderwertigkeiten kompensieren und ihre Schwäche in Stärke verwandeln. Viele berühmte Männer haben ihr Leben mit organischen Mängeln begonnen, um sie später (durch erhöhte Anstrengungen) auszugleichen. Immer wieder wandte sich Adler mit vehementen Worten gegen die Übel der Verwöhnung, denn er hielt sie für den größten Fluch, der einem Kind auferlegt werden kann. Verhätschelte Kinder entwickeln kein Gemeinschaftsgefühl; sie werden Despoten, die von der Gesellschaft erwarten, daß sie ihren ichbezogenen Wünschen konform geht. Adler hielt sie potentiell für die gefährlichste soziale Gruppe. Aber auch Vernachlässigung hat für die Kinder unglückliche Konsequenzen. Durch schlechte Behandlung während der Kindheit werden sie als Erwachsene gewöhnlich zu Feinden der Gesellschaft. Es sind diese drei Bedingungen – organische Gebrechen, Verwöhnung und Zurückweisung –, welche irrige Auffassungen von der Welt erzeugen und in einem pathologischen Lebensstil resultieren.

Fromms Dialektischer Humanismus

Erich Fromm wurde 1900 in Frankfurt geboren. Er studierte Psychologie und Soziologie an den Universitäten Heidelberg, Frankfurt, München und wieder Heidelberg, wo er im Jahre 1922 promovierte. Danach ließ er sich in München und am berühmten Berliner Psychoanalytischen Institut zum Psychotherapeuten ausbilden. 1933 ging er in die Vereinigten Staaten, wurde zunächst Dozent am Chicago Psychoanalytic Institute, um bald darauf in New York eine Privatpraxis zu eröffnen. Er lehrte in der Folgezeit an mehreren amerikanischen Universitäten und Instituten, bis er 1949 eine Professur an der Nationaluniversität in Mexiko City übernahm, wo er auch seßhaft wurde. Seine Bücher haben sowohl bei Spezialisten im Bereich der Psychologie, Soziologie, Philosophie und Religionswissenschaft als auch in der breiten Öffentlichkeit große Beachtung gefunden.

Fromm wurde stark von Karl Marx beeinflußt, besonders von den 1844 verfaßten ‚Ökonomisch-philosophischen Manuskripten'. Das Werk ist übrigens in Fromms ‚Menschenbild bei Marx' (1961; dt. 1963) enthalten. In ‚Jenseits der Illusionen' (1962; dt. 1967) vergleicht er die Ideen von Freud und Marx, wobei er ihre gegensätzlichen Ansichten herausstellt und eine Synthese beider versucht. Fromm hält Marx für den tiefgründigeren Denker als Freud und benutzt die Psychoanalyse in der Hauptsache dazu, die Lücken bei Marx auszufüllen. 1959 schrieb er eine äußerst kritische, ja polemische Analyse von Freuds Persönlichkeit und Einfluß und 1961 eine als Gegenüberstellung gefaßte uneingeschränkte Lobrede auf Marx. Obwohl Fromm recht eigentlich als marxistischer Persönlichkeitstheoretiker bezeichnet werden könnte, zieht er selbst das Etikett „*dialektischer Humanist*“ (dialectic humanist) vor.

Das Grundthema der durch umfangreiche Kenntnisse der Geschichte, Soziologie, Literatur und Philosophie inspirierten Schriften Fromms lautet, daß der Mensch sich einsam und isoliert fühlt, weil er von der Natur und von den anderen Menschen getrennt wurde. Dieser Zustand der Isolation finde sich nicht bei anderen Tierarten; es handele sich um eine spezifisch menschliche Situation. Das Kind zum Beispiel befreit sich von den primären Bindungen an seine Eltern mit dem Ergebnis, daß in ihm ein Gefühl der Isoliertheit und Hilflosigkeit aufkommt. Der Sklave gewann am Ende seine Freiheit, um sich einer überwiegend fremdartigen Welt preisgegeben zu sehen. Ehedem gehörte er zu jemandem und hatte das Gefühl, mit der Welt und anderen Menschen verbunden zu sein, auch wenn er nicht frei war. In seinem Buch ‚Die Furcht vor der Freiheit‘ (orig. ‚Escape from freedom‘ [also eigentlich „Flucht“!] 1941) entwickelt Fromm die These, daß der Mensch mit dem Mehr an Freiheit, das er im Laufe der Zeiten erlangt hat, auch einsamer geworden sei. Freiheit entpuppt sich daher als ein negativer Zustand, dem er zu entfliehen sucht.

Wie lautet die Antwort auf dieses Dilemma? Der Mensch kann sich entweder mit anderen im Geiste der Liebe und gemeinsamer Arbeit zusammentun oder er kann Sicherheit finden, indem er sich der Autorität unterwirft und der Gesellschaft anpaßt. Im einen Fall benutzt das Individuum seine Freiheit, um eine bessere Gesellschaft zu schaffen; im anderen fällt es aufs neue der Knechtschaft anheim. ‚Escape from freedom‘ wurde unter dem Unstern der Nazidiktatur geschrieben und zeigt, daß diese Form des Totalitarismus die Leute ansprach, weil sie ihnen neue Sicherheit bot. Wie Fromm aber in den nächsten Büchern (1947, 1955, 1964) darlegte, bedeutet jede vom Menschen geschaffene Gesellschaftsform – sei es Feudalismus, Kapitalismus, Faschismus, Sozialismus oder Kommunismus – einen Versuch, den menschlichen Grundwiderspruch aufzulösen. Dieser liege darin, daß der Mensch sowohl ein Teil der Natur als auch von ihr abgesondert ist. Als Lebewesen hat er bestimmte physiologische Bedürfnisse, die befriedigt werden müssen. Als Mensch besitzt er Selbstbewußtsein, Vernunft und Vorstellungsvermögen. Spezifisch menschliche Erlebnisweisen sind Gefühle der Zärtlichkeit, Liebe und Leidenschaft; des weiteren Einstellungen des Interesses, der Verantwortlichkeit, der Identität, Integrität, der (seelischen) Verwundbarkeit, Transzendenz und Freiheit, schließlich Werte und Normen (1968). Die zwei Aspekte von Homo sapiens – Tier und Mensch zugleich zu sein – bilden die Grundbedingungen der humanen Existenz. „… das Verständnis für die Psyche des Menschen muß sich aufbauen auf der Analyse der Bedürfnisse des Menschen, die aus der Eigenart seiner Existenz stammen“ (1955; dt. ²1967, S. 27).

Welches sind nun die spezifischen *Bedürfnisse* (needs), die sich aus den Bedingungen der menschlichen Existenz ergeben? Es sind fünf an der Zahl: das Bedürfnis nach Bezogensein, nach Transzendenz, nach Verwurzelung, nach

Identität und nach einem Bezugssystem oder Orientierungsrahmen. Das Bedürfnis nach *Bezogensein* oder *Bezogenheit* (relatedness) – in der ‚Revolution der Hoffnung' (1968; dt. 1971) auch mit *Hingabe* oder Verehrung (frame of devotion) bezeichnet – entstammt dem eindeutigen Faktum, daß der Mensch im Zuge der Anthropogenese aus der primären Vereinigung des Tieres mit der Natur herausgerissen worden ist. „... das Tier [ist] von der Natur mit Mitteln ausgestattet ... die ihm ermöglichen, es mit den ihm begegnenden Umständen aufzunehmen" (1955; dt. ²1967, S. 24f.); der Mensch aber mit seiner Kraft des Denkens und Vorstellens hat diese innige Wechselbeziehung (intimate interdependence) mit der Welt verloren. Anstelle jener instinktiven Bindungen an die Natur, die den Tieren inhärent sind, muß der Mensch sich seine Beziehungen allererst schaffen, wobei ihn jene am meisten befriedigen, die auf produktiver Liebe (productive love) gründen. Und diese schließt immer auch gegenseitige Sorge, Verantwortlichkeit, Achtung und Verständnis ein.

Der Drang nach *Transzendenz* (transcendence) nimmt Bezug auf das Bedürfnis des Menschen, sich über seine animalische Natur zu erheben, eine schöpferische Person zu werden und nicht ein bloßes Geschöpf zu bleiben. Wenn seine kreativen Strebungen (creative urges) vereitelt werden, wird der Mensch zu einem Zerstörer. Fromm hebt hervor, daß Liebe und Haß keineswegs antithetische Triebe sind, sondern beides Antworten auf des Menschen Bedürfnis, seine Tiernatur zu transzendieren, zu übersteigen. Tiere vermögen weder zu lieben noch zu hassen, wir Menschen indes können es.

Der Mensch sehnt sich nach natürlicher *Verwurzelung* (rootedness); er will ein unentbehrlicher Teil der Welt sein, braucht das Gefühl der Zugehörigkeit. Als Kind ist er seiner Mutter auf engste verbunden; wenn diese Beziehung aber über die Kindheit hinaus fortdauert, gilt sie als unzuträgliche Fixierung. Das Individuum findet seine befriedigendsten und gesündesten Wurzeln in einem Gefühl der Brüderlichkeit (brotherliness) mit anderen Männern und Frauen.

Aber der Mensch möchte ebenfalls ein Gefühl persönlicher *Identität* (identity) haben, möchte ein einzigartiges Individuum sein. Wenn er durch eigene schöpferische Betätigung dieses Ziel nicht erreichen kann, so mag er durch die Identifizierung mit einer anderen Person oder Gruppe ein gewisses Unterscheidungsmerkmal gewinnen. Der Sklave identifiziert sich mit dem Herrn, der Bürger mit seinem Staat, der Arbeiter mit seiner Firma. In diesem Fall entsteht das Gefühl der Identität daraus, zu jemandem zu gehören, und nicht daraus, selbst jemand zu sein.

Schließlich braucht ein Mensch einen *Orientierungs- oder Bezugsrahmen* (frame of orientation or reference), eine feste und beständige Art und Weise, die Welt wahrzunehmen und zu verstehen. Der Bezugsrahmen, den er „herstellt", kann primär rational oder irrational sein oder auch Elemente von beidem enthalten.

Für Fromm sind diese Bedürfnisse rein menschlich und rein objektiv. Weder findet man sie bei Tieren, noch sind sie aus der Beobachtung dessen abgeleitet, was der Mensch zu wünschen vorgibt. Auch werden diese Strebungen nicht von der Gesellschaft erzeugt; vielmehr sind sie der menschlichen Natur im Laufe der Evolution einverleibt worden. Von welcher Art ist dann aber das Verhältnis der Gesellschaft zur Existenz des Individuums? Fromm glaubt, daß die jeweiligen Manifestationen dieser Bedürfnisse, die aktuellen Formen, in denen der Mensch seine inneren Möglichkeiten (potentialities) realisiert, durch die „sozialen Verhältnisse ... unter denen er lebt", determiniert sind (1955; dt. ²1967, S. 18). Seine Persönlichkeit entfaltet sich gemäß den Chancen, die eine bestimmte Sozietät ihm bietet. In einer kapitalistischen Gesellschaft zum Beispiel wird er ein Gefühl der personalen Identität gewinnen, indem er Reichtum erwirbt, oder ein Gefühl der Verwurzelung, indem er zu einem verläßlichen und vertrauenswürdigen Angestellten einer großen Firma avanciert. Mit anderen Worten, des Menschen Anpassung an die Gesellschaft stellt gewöhnlich einen Kompromiß zwischen inneren Bedürfnissen und äußeren Anforderungen dar. Er entwickelt einen sozialen Charakter (social character), indem er den Erfordernissen des gesellschaftlichen Zusammenlebens gerecht wird.

Fromm hat fünf in der gegenwärtigen Gesellschaft anzutreffende charakterliche „Grundformen" identifiziert und beschrieben: die *rezeptive* (receptive), die *ausbeuterische* (exploitative), die *hortende* oder *Hamster-* (hoarding), die *Markt-* (marketing) und [diesen nichtproduktiven gegenübergestellt] die *produktive* (productive) „Orientierung". Nur die letzte betrachtet er als gesund und als Ausdruck dessen, was Marx „freie, bewußte Tätigkeit" genannt hat. Später (1964) hat Fromm dann ein sechstes Paar von Charaktertypen benannt, den *nekrophilen* (necrophilous), der vom Tode angezogen wird, versus den *biophilen* (biophilous), der das Leben liebt. Fromm bemerkt, daß die Parallele, die man vielleicht zwischen dieser Begriffsbildung und Freuds Lebens- und Todestrieben sehen könnte, in Wirklichkeit gar keine ist. Für Freud sind beide Triebe in der Natur der Menschen enthalten, während für Fromm das Leben das einzig primäre „Potential" ist; der Tod sei bloß sekundär und trete als Macht nur in Erscheinung, wenn die Lebenskräfte frustriert werden.

Vom Standpunkt des richtigen Funktionierens einer bestimmten Gesellschaft ist es absolut wichtig, den Charakter eines Kindes so zu formen, daß er zu den Anforderungen der Gesellschaft paßt. Die Aufgabe der Eltern und der Erziehung überhaupt ist es, das Kind dazu zu bringen, daß es aus eigenem Antrieb so handelt, wie es handeln muß, wenn ein gegebenes ökonomisches, politisches und soziales System aufrechterhalten werden soll. So muß in einem kapitalistischen Regime die Bereitschaft zu sparen dem Menschen eingepflanzt werden, damit einer expandierenden Wirtschaft immer Kapital zur Verfügung steht. Eine Gesellschaft, die ein Kreditsystem aufbaut, muß dafür sorgen, daß die Leute einen inneren Zwang spüren, ihre Raten oder Wechsel pünktlich zu bezahlen. Fromm gibt noch zahlreiche Beispiele für typische Charaktere, die in einer demokratischen, kapitalistischen Gesellschaft entstehen (1947).

Indem die Gesellschaft Forderungen an den einzelnen stellt, die seiner Natur zuwiderlaufen, verbildet und hemmt sie ihn. Mehr noch: sie entfremdet ihn seiner spezifisch „menschlichen Situation" („human situation") und verweigert ihm die Erfüllung der Grundbedingungen seiner Existenz. Der Kapitalismus wie auch der Kommunismus versuchen den Menschen in einen Roboter zu verwandeln, in einen Lohnsklaven, einen Niemand, was häufig dazu führt, daß er in geistig-seelische Krankheit, antisoziales Verhalten oder auch Akte der Selbstzerstörung getrieben wird. Fromm zögert nicht, eine ganze Gesellschaft als krank zu bezeichnen, sofern es ihr nicht gelingt, die Grundbedürfnisse des Menschen zu befriedigen (1955).

Fromm weist auch darauf hin, daß eine Gesellschaft, die sich in grundlegender Hinsicht verändert – wie z.B., als das feudale durch das kapitalistische System abgelöst wurde oder die Fabriken den Handwerksstand verdrängten –, mit Wahrscheinlichkeit die soziale Einstellung der Leute erschüttert. Die alte Mentalität paßt dann nicht zur neuen Gesellschaftsordnung, was im Menschen ein Gefühl der Entfremdung und Hoffnungslosigkeit erzeugt. Er ist von seinen traditionellen Bindungen abgeschnitten und fühlt sich verlassen, bis es ihm gelingt, erneut Wurzeln zu schlagen und lebendige Beziehungen anzuknüpfen. Während solcher Übergangsperioden wird er ein Anbeter aller Arten von Wundermitteln und Patentlösungen, welche ihm in seiner Isolation eine Zufluchtsstätte bieten.

Das Problem der Beziehung des Individuums zur Gesellschaft ist ein sehr starkes Anliegen für Fromm, und er kommt wieder und wieder darauf zurück. Dabei geht er von der Gültigkeit der folgenden Behauptungen aus: (1) der Mensch hat eine essentielle, angeborene Natur; (2) die Gesellschaft wird vom Menschen geschaffen, um diese seine ureigenste Natur zu verwirklichen; (3) keine Gesellschaftsform, die bis jetzt ersonnen wurde, kommt den Grundbedürfnissen der menschlichen Existenz völlig entgegen; (4) aber es ist möglich, eine solche Gesellschaft zu schaffen.

Welcher Art ist nun die Gesellschaft, die Fromm proklamiert? Es ist eine, „in der der Mensch sich liebend mit dem Menschen verbindet, in der er in den Banden der Brüderlichkeit und der Solidarität wurzelt ... eine Gesellschaft, die ihm die Möglichkeit gibt, durch schöpferisches Gestalten und nicht durch Zerstörung über die Natur hinauszuwachsen, in der jeder seine Identität im Erlebnis seiner selbst, als dem Subjekt seiner Kräfte, erfährt und nicht durch die Anpassung an die Herde" (1955; dt. ²1967, S. 320). Dabei geht es ihm vor allem darum, daß „ein System der Orientierung und der Hingabe existiert, ohne das der Mensch die Realität verdrehen und Idole verehren müßte" (1955, S. 362 [fehlt in der dt. Ausgabe]). Fromm schlägt sogar einen Namen für diese vollkommene Gesellschaft vor: Humanistisch-kommunitärer Sozialismus (Humanistic Communitarian Socialism). In einer solchen Gesellschaft würde jeder die gleichen Chancen haben, sich als Mensch voll zu verwirklichen. Es würde keine Einsamkeit geben, keine Gefühle der Isoliertheit, keine Hoffnungslosigkeit. Der Mensch würde eine neue Heimat finden, eine, die zu der „menschlichen Situation" paßt. Eine solche Gesellschaft würde auch Marxens Ziel realisieren, die Entfremdung des Menschen unter einem System des Privateigentums aufzuheben und die Möglichkeit zu seiner Selbstverwirklichung als sozialer, schöpferisch tätiger Mensch im Zeichen des Sozialismus zu schaffen. Fromm hat den Entwurf einer idealen Gesellschaft erweitert, indem er aussprach, inwiefern unsere gegenwärtige technologische Gesellschaft humanisiert werden könne (1968). – Seine Anschauungen sind von Schaar (1961) scharf kritisiert worden.

Horneys Theorie der neurotischen Konflikte

Karen Horney wurde am 16. September 1885 in Hamburg geboren und starb am 4. Dezember 1952 in New York. Sie erhielt ihre medizinische Ausbildung an der Universität Berlin und arbeitete von 1918 bis 1932 am dortigen Psychoanalytischen Institut. Ihre eigene Analyse empfing sie bei Karl Abraham und Hans Sachs, zwei der damals hervorragendsten Lehranalytiker Europas. Auf Einladung von Franz Alexander ging sie in die Vereinigten Staaten, wo sie zwei Jahre lang Associate Director des Chicagoer Psychoanalytic Institute war. Im Jahre 1934 übersiedelte sie nach New York, wo sie eine Praxis eröffnete und daneben am Psychoanalytic Institute lehrte. Unzufrieden mit der orthodoxen Psychoanalyse, tat sie sich mit Gleichgesinnten zusammen, um die Association for the Advancement of Psychoanalysis (eine Vereinigung zur Förderung der Psychoanalyse) sowie das American Institute of Psychoanalysis zu gründen, in welch letzterem sie bis zu ihrem Tode als Dekan fungierte.

Nach Horneys eigener Auffassung lagen ihre Vorstellungen noch im Rahmen der Freudschen Psychologie, bildeten keineswegs einen vollständig neuen Ansatz zum Verständnis der Persönlichkeit. Sie war nur bestrebt, die Fehlschlüsse orthodoxen psychoanalytischen Denkens auszuschalten – Fehlschlüsse, deren Wurzeln ihrer Meinung nach in Freuds mechanistischer, biologischer Orientierung lagen –, mit dem Ziel, daß die Psychoanalyse ihre Möglichkeiten als Wissenschaft vom Menschen voll ausschöpfen könne. „Meine Überzeugung ist, kurz gesagt, daß die Psychoanalyse über die Grenzen hinauswachsen sollte, die ihr dadurch gesetzt sind, daß sie eine Psychologie der Triebe und eine genetische Psychologie ist" (1939; dt. 1951, S. 8).

Horney erhob starke Einwände gegen Freuds Konzept des Penisneids als des entscheidenden Faktors in der weiblichen Psychologie. Wie im zweiten Kapitel ausgeführt, meinte Freud, daß die charakteristischen Einstellungen und Empfindungen der Frauen sowie ihr innerster Konflikt aus ihrem Gefühl der genitalen Inferiorität und ihrer Eifersucht auf den Mann erwachsen. Horney glaubte, daß die seelische Entwicklung der Frau auf einem Mangel an Vertrauen sowie einer Überbetonung der Liebesbeziehung beruhe und wenig mit der Anatomie ihrer Geschlechtsorgane zu tun habe. So hält Horney auch den Ödipuskomplex nicht für einen sexuell-aggressiven Konflikt zwischen dem Kind und seinen Eltern, sondern für eine Angst, die aus grundsätzlichen Beeinträchtigungen in der Beziehung des Kindes zur Mutter und zum Vater entsteht, z.B. aus Ablehnung, übermäßiger Abschirmung oder aber Bestrafung. Aggression sei also nicht, wie Freud behauptet, angeboren, vielmehr erscheint sie als ein Mittel, durch welches der Mensch seine Sicherheit zu bewahren versucht. Der Narzißmus sei in Wirklichkeit nicht Eigenliebe (self-love), sondern Überhöhung und Überbewertung (self-inflation and overevaluation) des Selbst aufgrund von Unsicherheitsgefühlen. Horney ist auch in bezug auf folgende Freudsche Begriffe anderer Meinung: Wiederholungszwang, Es, Ich und Über-Ich, Angst, Masochismus (1939). Zustimmend beurteilt sie aber Freuds Lehren vom psychischen Determinismus, von der unbewußten Motivation sowie von emotionalen, nichtrationalen Motiven als fundamentale Beiträge zur psychologischen Theorie.

Horneys primärer Begriff ist der der *Grundangst* (basic anxiety), die definiert ist als „... die Gefühle eines Kindes ... das sich in einer potentiell feindlichen Welt isoliert und hilflos vorkommt. Eine Menge widriger Umstände innerhalb seiner Umgebung kann diese Unsicherheit in einem Kind erregen: direktes oder indirektes Dominieren, Gleichgültigkeit, widerspruchsvolles Benehmen, Mangel an Rücksicht auf die individuellen Bedürfnisse des Kindes, Mangel an richtiger Leitung, geringschätzige Haltung, zuviel oder zuwenig Bewunderung, Mangel an verläßlicher Wärme, der Zwang, bei elterlichen Streitigkeiten Stellung zu nehmen, zu große oder zu geringe Verantwortung, übertriebenes Behütetsein, Trennung von anderen Kindern, Ungerechtigkeit, Benachteiligung, nicht eingehaltenes Versprechen, feindselige Atmosphäre und dergleichen mehr" (1945; dt. 1954, S. 34). Im allgemeinen erzeugt alles, was die Sicherheit des Kindes in der Beziehung zu seinen Eltern stört, Grundangst. [Im Gegensatz zu der immer neurotischen „Grundangst" spricht Horney von der allgemein-menschlichen „Urangst", wenn sie nicht (weitgehend) durch „verdrängte Feindseligkeit hervorgerufen" wird, sondern durch reale Gefahren – „Krankheit, Not, Tod, Naturgewalten, Feinde" –, denen der Mensch ausgesetzt ist (1939; dt. o.J., S. 167[6]). D.Ü.]

Das unsichere, ängstliche Kind entwickelt diverse Strategien, um mit seinen Gefühlen der Isolation und Hilflosigkeit fertigzuwerden (1937). Es kann feindselig werden und versuchen, sich an denen zu rächen, die es zurückgestoßen oder schlecht behandelt haben. Es kann aber auch ausgesprochen unterwürfig werden, um die Liebe wiederzugewinnen, die es seinem Gefühl nach verloren hat. Es kann ein unrealistisches, idealisiertes Bild seiner selbst entwerfen und damit seine Minderwertigkeitsgefühle zum Ausgleich bringen (1950). Es kann auch durch Bestechung die Liebe anderer zu gewinnen versuchen oder Drohungen anwenden, um Zuneigung zu erzwingen. Schließlich kann es sich in Selbstmitleid ergehen und dadurch Sympathien zu erwerben suchen.

Wenn es keine Liebe erlangt, wird es vielleicht versuchen, Macht über andere zu gewinnen. Auf diese Weise kompensiert es sein Gefühl der Hilflosigkeit, findet ein Ventil für die Feindhaltung und vermag die Mitmenschen für seine Zwecke zu benutzen. Oder es entwickelt ein starkes Konkurrenzdenken, in dem das Gewinnen weit wichtiger ist als das Erreichte. Es mag aber auch seine Aggression nach innen wenden und sich selbst herabsetzen.

Eine jede dieser Strategien kann ein mehr oder weniger überdauernder, fester Bestandteil des Charakters werden; mit anderen Worten, eine bestimmte Strategie kann die Funktion eines Triebes oder Bedürfnisses in der Persönlichkeitsdynamik annehmen. Horney legt eine Liste von zehn Bedürfnissen vor, die erworben werden als Folge des Versuchs, Lösungen für das Problem der gestörten menschlichen Beziehungen zu finden (1942; dt. 1974, S. 40ff.). Sie nennt diese Bedürfnisse „neurotische", weil sie irrationale Problemlösungen darstellen.

1. „*Das neurotische Bedürfnis nach Liebe und Anerkennung*" (need for affection and approval). Dieses Bedürfnis ist durch den unkritischen Wunsch gekennzeichnet, anderen zu gefallen und ihren Erwartungen zu entsprechen. Diese Person lebt um der guten Meinung anderer willen und ist äußerst empfindlich im Hinblick auf das geringste Zeichen von Ablehnung und Unfreundlichkeit.

2. „*Das neurotische Bedürfnis nach einem ‚Partner', der das eigene Leben in die Hand nimmt*" (a "partner" who will take over one's life). Ein Individuum mit diesem Bedürfnis ist ein Parasit. Es überbewertet die „Liebe" und ist äußerst besorgt, verlassen bzw. allein gelassen zu werden.

3. „*Das neurotische Bedürfnis, das eigene Leben auf enge Grenzen zu beschränken*" (to restrict one's life within narrow borders). Ein solcher Mensch ist anspruchslos, mit wenig zufrieden, bleibt am liebsten unauffällig und stellt Bescheidenheit über alles.

4. „*Das neurotische Bedürfnis nach Macht*" (power). Dieses Bedürfnis äußert sich in der Begierde nach Macht um ihrer selbst willen, in einer völligen Mißachtung anderer sowie in einer kritiklosen Verherrlichung von Stärke und einer Verachtung jeder Schwäche. Menschen, die zu ängstlich sind, öffentlich Macht auszuüben, versuchen unter Umständen, [„sich selbst und"] andere durch intellektuelle Ausnutzung und Überlegenheit [„Vernunft und Voraussicht" (a.a.O. S. 42)] zu beherrschen. Eine andere Variante des Machttriebes ist die Tendenz, an die Allmacht des Willens zu glauben. Solche Menschen fühlen, daß sie alles erreichen können, wenn sie nur ihre Willenskraft gebrauchen.

5. „*Das neurotische Bedürfnis, andere auszunutzen und sie mit allen Mitteln zu besiegen*" (to exploit others [...]).

6. „*Das neurotische Bedürfnis nach sozialer Anerkennung oder Prestige*" ([...] prestige). Die Selbsteinschätzung wird durch das Ausmaß der erlangten öffentlichen Anerkennung bestimmt.

7. „*Das neurotische Bedürfnis nach persönlicher Bewunderung*" (personal admiration). Ein Mensch mit diesem Bedürfnis hat ein überhöhtes (inflated) Selbstbild und möchte allein deshalb bewundert werden, nicht aufgrund dessen, was er wirklich ist.

8. „*Der neurotische Ehrgeiz [bzw. das Bedürfnis] nach persönlicher Leistung*" (ambition for personal achievement). Ein solcher Mensch will immer der allerbeste sein und treibt sich zu immer größeren Leistungen an – eine Folge seiner fundamentalen Unsicherheit.

9. „*Das neurotische Bedürfnis nach Unabhängigkeit und Selbständigkeit*" (self-sufficiency and independence). Ist jemand in seinem Bemühen, innige befriedigende Beziehungen zu anderen herzustellen, enttäuscht worden, so setzt er sich von seinen Mitmenschen ab und sträubt sich gegen jede Bindung an irgendjemand und irgendetwas. Er wird sozusagen ein einsamer Wolf.

10. „*Das neurotische Bedürfnis nach Perfektion und Unangreifbarkeit*" (perfection and unassailability). Aus Angst, Fehler zu machen oder kritisiert zu werden, versucht ein Mensch mit diesem Bedürfnis, sich unbezwingbar und unfehlbar zu machen. Er ist dann ständig auf der Suche nach eigenen schwachen Punkten, damit er diese zudecken kann, bevor sie anderen sichtbar werden.

Diese zehn Bedürfnisse sind die Quellen, aus denen „unsere inneren Konflikte" [so auch der dt. Titel des Horneyschen Werkes von 1945] entstehen. Zum Beispiel ist das Liebesbedürfnis eines Neurotikers unersättlich; je mehr er bekommt, desto mehr will er haben; folglich ist er niemals „gesättigt". Gleichermaßen kann sein Bedürfnis nach Unabhängigkeit nie befriedigt werden, weil ein anderer Teil seiner Persönlichkeit geliebt und bewundert werden möchte. Auch das Streben nach Vollkommenheit – nach „Perfektion" – ist von allem Anfang an eine verlorene Sache, wie überhaupt sämtliche aufgeführten Bedürfnisse unrealistisch sind.

In einem Klassifizierungsversuch subsumierte Horney die Bedürfnisse unter drei typischen, d.h. „ausgesprochenen" Charakterzügen, [dem nachgiebigen, dem distanzierten und dem aggressiven; expliziter:] (1) „Hinwendung zu den Menschen" (moving toward people), z.B. das Bedürfnis nach Liebe; (2) „Abwendung von den Menschen" (moving away from people), z.B. das Unabhängigkeitsstreben; (3) [„feindselige Einstellung" oder] „Wendung gegen die Menschen" (moving against people), z.B. das Streben nach Macht. Jede dieser Rubriken repräsentiert eine Grundorientierung in bezug auf andere und sich selbst. Horney sieht in diesen verschiedenen Orientierungen die Basis für innere Konflikte. Der eigentliche Unterschied zwischen einem normalen und einem neurotischen Konflikt aber ist nur graduell. „... die Unvereinbarkeit der betreffenden Probleme [ist] für den normalen Menschen bei weitem geringer ... als für den Neurotiker" (1945; dt. ²1973, S. 26). Mit anderen Worten, jeder kennt diese Konflikte, wenngleich einige Individuen – vor allem aufgrund früh erfahrener Ablehnung, Vernachlässigung, übermäßiger Abschirmung und anderer Arten von verhängnisvoller elterlicher Behandlung – sie in verstärktem Maße besitzen.

Während der normale Mensch diese Konflikte dadurch lösen kann, daß er die drei Orientierungen integriert, zumal sie einander nicht wechselseitig ausschließen, muß der Neurotiker infolge seiner größeren Grundangst irrationale und künstliche Lösungen anwenden. Er erkennt bewußt nur einen der Trends an und leugnet oder verdrängt die anderen beiden. Oder er zeichnet ein idealisiertes Selbstbild, in welchem die gegensätzlichen Tendenzen scheinbar verschwinden, obwohl sie es tatsächlich nicht tun. In einem späteren Buch (1950) weiß Horney noch weit mehr zu sagen über die unglückseligen Folgen, die sich aus der Entwicklung einer unrealistischen Auffassung seiner selbst ergeben sowie aus den Bemühungen, diesem idealisierten Bild entsprechend zu leben. Die Suche nach Ruhm, Gefühle der Selbstverachtung, krankhafte Abhängigkeit von anderen Leuten und Selbsterniedrigung sind einige der ungesunden und destruktiven Ergebnisse, die einem idealisierten Selbst entspringen. Eine dritte Lösung innerer Konflikte, zu der neurotische Personen Zuflucht nehmen, besteht darin, sie zu externalisieren, also nach außen zu verlagern. Das Motto lautet dann, „ich will die anderen Leute gar nicht ausnutzen, sie wollen mich ausnutzen" (exploit). Diese Lösung erzeugt natürlich Konflikte zwischen dem Individuum und der Außenwelt.

All diese Konflikte sind vermeidbar oder lösbar, wenn das Kind in einem (Eltern)Haus aufwächst, in dem es Sicherheit, Vertrauen, Liebe, Rücksicht, Toleranz und Wärme gibt. Das heißt, im Gegensatz zu Freud und Jung glaubt Horney nicht, daß der Konflikt in die Natur des Menschen eingebaut und daher unabänderlich ist. Er entstehe vielmehr aus den sozialen Verhältnissen. „Es scheint, als ob der Mensch, der in Gefahr ist, neurotisch zu werden, die kulturbedingten Schwierigkeiten in besonders starker Form, hauptsächlich durch das Medium seiner Kindheitserfahrung, erlebt habe" (1937; dt. 1951, S. 181).

Sullivans Interpersonale Theorie der Psychiatrie

Harry Stack Sullivan ist der Schöpfer einer neuen Auffassung, die [nach dem Titel seines posthum erschienenen Hauptwerkes (1953)] als „interpersonale (oder zwischenmenschliche) Theorie der Psychiatrie" bekannt geworden ist. Ihr Hauptlehrsatz besagt hinsichtlich der Frage nach dem Wesen der Persönlichkeit, daß sie „das relativ überdauernde Muster von wiederkehrenden interpersonalen Situationen [ist], die ein menschliches Leben kennzeichnen" (1953, S. 111). Persönlichkeit ist somit etwas Hypothetisches, das sich nicht von zwischenmenschlichen Situationen trennen läßt, wie überhaupt zwischenmenschliches Verhalten das einzige ist, das als Persönlichkeit in Erscheinung tritt. Infolgedessen ist es nach Sullivans Ansicht auch müßig, vom Individuum als dem Untersuchungsobjekt zu sprechen; denn außerhalb seiner Beziehungen zu anderen Menschen existiert dieses nicht, ja kann es gar nicht existieren. Vom ersten Augenblick des Lebens an ist das Baby Teil einer zwischenmenschlichen Situation, und es bleibt auch während seines späteren Lebens stets Teilglied eines sozialen Feldes. Selbst ein Einsiedler, der sich von der Gesellschaft zurückgezogen hat, trägt noch die Erinnerungen an frühere persönliche Beziehungen mit in die Wildnis hinaus, und sie behalten dort ihren Einfluß auf sein Denken und Handeln.

Sullivan leugnet die Bedeutung der Vererbung und des Reifungsprozesses bei der Gestaltung und Entwicklung des Organismus keineswegs, aber er glaubt, daß das spezifisch Menschliche das Produkt sozialer Interaktionen ist. Mehr noch, die zwischenmenschlichen Erfahrungen eines Individuums können sein rein physiologisches Funktionieren verändern – und sie tun es auch –, so daß der Organismus seinen Status als biologische Entität verliert und zu einem sozialen Wesen mit eigenen sozialisierten Formen des Atmens, Verdauens, Ausscheidens, des Blutkreislaufs und so weiter wird.

Für Sullivan ist die psychiatrische Disziplin eng mit der Sozialpsychologie verkettet, und seine Persönlichkeitstheorie trägt den Stempel einer starken Bevorzugung sozialpsychologischer Begriffe und Variablen. Er schreibt: „Die allgemeine Wissenschaft der Psychiatrie scheint mir ungefähr dasselbe Gebiet zu umfassen, das von der Sozialpsychologie erforscht wird, und zwar deshalb, weil die wissenschaftliche Psychiatrie als das Studium der interpersonalen Beziehungen definiert werden muß, und dies wird am Ende den Gebrauch jenes begrifflichen Rahmens erfordern, den wir jetzt *Feldtheorie* nennen. Von einem solchen Standpunkt aus wird Persönlichkeit als hypothetisch betrachtet. Das was untersucht werden kann, ist das Muster von Prozessen, welche die Interaktion von Persönlichkeiten in bestimmten wiederkehrenden Situationen oder Feldern kennzeichnen, wobei diese den Beobachter ‚einschließen'" (1950, S. 92).

Harry Stack Sullivan wurde am 21. Februar 1892 auf einer Farm nahe Norwich, N. Y., geboren und starb am 14. Januar 1949 in Paris, auf der Rückreise von einer Amsterdamer Tagung des Exekutivausschusses der World Federation for Mental Health (des Weltverbandes für psychische Gesundheit). Im Jahre 1917 empfing er den medizinischen Doktorgrad vom Chicago College of Medicine und Surgery und diente anschließend bis zum Ende des Ersten Weltkrieges in der Armee. Nach dem Krieg war er zunächst Amtsarzt des Federal Board for Vocational Education (der Bundesbehörde für Berufsausbildung), dann Beamter im Public Health Service (dem Öffentlichen Gesundheitsdienst). 1922 ging Sullivan an das Saint Elizabeth's Hospital in Washington, wo er unter den Einfluß von William Alanson White gelangte, einem führenden amerikanischen Neuropsychiater. Von 1923 bis in die frühen dreißiger Jahre arbeitete er an der Medical School der University of Maryland und dem Sheppard and Enoch Pratt Hospital in Towson, Md. In diese Lebensperiode fielen Sullivans Studien über Schizophrenie, mit denen er seinen Ruf als Kliniker begründete. Er verließ Maryland, um in der New Yorker Park Avenue eine Praxis zu eröffnen, die dem ausdrücklichen Zweck dienen sollte, ambulante Fälle von Zwangserscheinungen zu untersuchen. Zu jener Zeit nahm er seine formale analytische Ausbildung bei Clara Thompson auf, einer Schülerin von Sandor Ferenczi. (Es war dies übrigens nicht das erste Mal, daß er sich einer Psychoanalyse unterzog; er hatte bereits als Medizinstudent 75 Stunden gehabt.) Im Jahre 1933 wurde er Präsident der William Alanson White Psychiatric Foundation, um in diesem Amt bis 1943 zu verbleiben. 1936 beteiligte er sich an der Gründung der Ausbildungsstätte dieser Stiftung – der Washington School of Psychiatry – und wurde zugleich ihr erster Direktor. Zur Förderung seiner Theorie der interpersonalen Beziehungen erschien seit 1938 die Zeitschrift ‚Psychiatry', deren Mitherausgeber und später – bis zu seinem Tode – Herausgeber Sullivan war. Er diente zudem von 1940–41 als Berater für das Selective Service System (die Einberufungsbehörde der Armee). Im Jahre 1948 nahm er an dem von den Vereinten Nationen durchgeführten UNESCO Tensions Project teil, das die [politischen] Spannungen untersuchen sollte, die das Verständnis der Nationen untereinander beeinträchtigten. Noch im selben Jahr wurde er zum Mitglied der vorbereitenden Kommission für den International Congress of Mental Health ernannt. So war Sullivan in gleichem Maße wissenschaftlicher Politiker wie prominenter Vertreter der Psychiatrie, Haupt einer bedeutenden Schule für die Ausbildung von Psychiatern, ein bemerkenswerter Therapeut, ein unerschrockener Theoretiker und ein produktiver medizinischer Forscher. Durch seine lebendige Persönlichkeit wie auch sein originelles Denken zog er eine Vielzahl von Menschen an, die ihm zu Schülern, Mitarbeitern, Kollegen und Freunden wurden.

Neben William Alanson White waren S. Freud, Adolf Meyer sowie die Chicagoer Soziologenschule, der ihrerseits George Herbert Mead, W. I. Thomas, Edward Sapir, Robert E. Park, E. W. Burgess, Charles E. Merriam, William Healy und Harold Lasswell angehörten, die wichtigsten Anreger für Sullivan. Besonders fühlte er sich Sapir verbunden, einem der Pioniere in der Befürwortung einer engeren Zusammenarbeit zwischen Anthropologie, Soziologie und Psychoanalyse. Sullivan begann seine Theorie der interpersonalen Beziehungen im Jahre 1929 zu formulieren und hatte bis in die Mitte der dreißiger Jahre sein Denken weitgehend gefestigt.

Zu Lebzeiten veröffentlichte Sullivan nur ein Buch, das seine Theorie darlegte (1947). Doch führte er umfängliche Notizbücher, und viele seiner Vorlesungen vor Studenten der Washington School of Psychiatry wurden auf Tonband festgehalten. Diese Aufzeichnungen und Aufnahmen wie auch anderes unveröffentlichtes Material sind der obengenannten White-Stiftung als Nachlaß übergeben worden. Die dortigen Bearbeitungen haben die Edition von fünf Büchern ermöglicht, von denen die ersten drei von Helen Swick Perry und Mary Gavell, die anderen von Perry allein eingeleitet und kommentiert wurden. ,The interpersonal theory of psychiatry' (1953) enthält hauptsächlich eine Serie von Vorträgen Sullivans aus dem Winter 1946/47, welche die vollständigste Darstellung seiner Theorie der zwischenmenschlichen Beziehungen geben. Das [jüngst als erstes Sullivan-Buch übersetzte] ,Psychiatric interview' (1954, dt. 1976) basiert auf zwei Vorlesungsreihen aus den Jahren 1944 und 1945, und den ,Clinical studies in psychiatry' (1956) liegen die Vorlesungen des Jahres 1943 zugrunde. Sullivans Artikel über Schizophrenie, von denen die meisten auf die Zeit seiner Tätigkeit am Sheppard and Enoch Pratt Hospital zurückdatieren, wurden unter dem Titel ,Schizophrenia as a human process' (1962) zusammengefaßt und veröffentlicht. Der vorläufig letzte Band ist der interdisziplinären Frage einer ,Fusion of psychiatry and social science' (1964) gewidmet. Aus dieser posthumen Serie sind der erste und der fünfte Band für das Verständnis der Sullivanschen sozialpsychologischen Persönlichkeitstheorie die einschlägigsten und für das Studium geeignetsten.

Patrick Mullahy, ein Fachphilosoph und Schüler von Sullivan, hat mehrere Bücher herausgegeben, deren Thema die Theorie der zwischenmenschlichen Beziehungen ist. Eines davon, ,A study of interpersonal relations' (1949), enthält Abhandlungen von Wissenschaftlern, die der Washington School of Psychiatry und dem New Yorker White Institute assoziiert waren. Alle Artikel, einschließlich der drei aus Sullivans Feder, erschienen ursprünglich in der Zeitschrift ,Psychiatry'. Ein anderes Buch mit dem Titel ,The contributions [Beiträge] of Harry Stack Sullivan' (1952) besteht aus einer Auswahl von Aufsätzen, die auf einem Gedächtnissymposium von Vertretern verschiedener Disziplinen, darunter der Psychiatrie, Psychologie und Soziologie, vorgelegt wurden. Es beinhaltet auch ein bündiges Referat der interpersonalen Theorie durch Mullahy und eine vollständige Bibliographie von Sullivans Schriften bis 1951. Ein ähnlicher Abriß seiner Ansichten findet sich in Mullahys ,Oedipus – myth and complex' (1948). Ausführlich ist Sullivans interpersonale Theorie von Dorothy Blitsten (1953) behandelt worden. [Eine Einführung in die neopsychoanalytische Sozialpsychologie von H. S. Sullivan hat Josef Rattner 1969 unter dem Titel ,Psychologie der zwischenmenschlichen Beziehungen' veröffentlicht.]

Die Struktur der Persönlichkeit

Sullivan insistiert wiederholt darauf, daß Persönlichkeit eine rein hypothetische Größe ist, eine „Illusion", die sich nicht gesondert von zwischenmenschlichen Beziehungen beobachten oder erforschen läßt. Die Untersuchungseinheit ist die interpersonale Situation, nicht aber die Person als solche. Die Organisation der Persönlichkeit besteht aus zwischenmenschlichen und nicht aus innerseelischen Ereignissen. Persönlichkeit manifestiert sich nur, wenn das Subjekt sich in einer bestimmten Relation zu einem oder mehreren anderen

Subjekten befindet, sich zu ihnen *verhält.* Dabei brauchen diese anderen gar nicht anwesend zu sein; ja, es mag sich sogar um eingebildete oder nichtexistierende Individuen handeln. Eine Person kann zu einem Volkshelden wie Münchhausen in Beziehung treten oder zu einer Romanfigur wie Anna Karenina oder zu ihren Vorfahren oder auch zu den noch ungeborenen Nachkommen. „Psychiatrie ist das Studium von Phänomenen, die sich in interpersonalen Situationen ereignen, in Konfigurationen, die aus zwei oder mehr Menschen gebildet werden, von denen mit einer Ausnahme alle mehr oder weniger vollständig illusorisch sein können" (1964, S. 33). Wahrnehmen, Erinnern, Denken, Vorstellen und alle anderen psychologischen Prozesse sind im Grunde zwischenmenschlicher Natur. Selbst die nächtlichen Träume machen hierin keine Ausnahme, da sie gewöhnlich des Träumers Beziehungen zu anderen Leuten reflektieren.

Obwohl Sullivan der Persönlichkeit nur einen hypothetischen Rang zugesteht, versichert er nichtsdestoweniger, sie sei ein dynamisches Zentrum von verschiedenen Vorgängen, die in einer Reihe zwischenmenschlicher Felder stattfinden. Mehr noch, er gibt einigen dieser Prozesse den Status des Realen, indem er sie identifiziert und benennt und indem er einzelne ihrer Eigenschaften auf die begriffliche Ebene hebt. Die wichtigsten sind Dynamismen, Personifikationen und kognitive Prozesse.

Dynamismen

Ein *Dynamismus* (dynamism) ist die kleinste Einheit (unit), die man bei der Untersuchung des Individuums ins Auge fassen kann. Sie wird definiert als „das relativ überdauernde Muster von Energieumsetzungen oder -umwandlungen (energy transformations), welche in ihrer (periodischen) Wiederkehr den Organismus, solange er als solcher lebendig ist, kennzeichnen" (1953, S. 103). Als Energieumwandlung gilt jedes spezifische Verhalten. Es kann offen (overt) und für jeden wahrnehmbar sein wie Sprechen oder auch verdeckt (covert), gleichsam privat, wie Denken und Phantasieren. Da es sich bei einem Dynamismus um ein Verhaltensmuster (pattern of behavior) handelt, das fortdauert und sich wiederholt, ist er etwa dasselbe wie eine Gewohnheit (habit). Sullivans Definition von „Pattern" ist kurios formuliert: er sagt, es sei „eine Hülle für belanglose individuelle Unterschiede (an envelope of insignificant particular differences)" (1953, S. 104). Dies soll heißen, daß einem Muster, ohne es in seinem Charakter zu verändern, durchaus ein neues Merkmal zugefügt werden kann, sofern es sich nicht wesentlich von dem restlichen Inhalt der Hülle unterscheidet. Ist es in signifikanter Weise anders, wandelt sich das Muster zu einem neuen. Zum Beispiel können zwei Äpfel in ihrem Aussehen ganz verschieden sein und doch beide als Äpfel identifiziert werden, eben weil ihre Unterschiede nicht bedeutend sind. Dagegen sind ein Apfel und eine Banane in wichtiger Hinsicht verschieden und bilden infolgedessen zwei verschiedene Grundformen, Patterns.

Speziell dem Menschen eigentümlich sind diejenigen Dynamismen, welche die interpersonale Beziehung des einzelnen charakterisieren. So kann jemand sich habituell feindlich gegenüber einer gewissen Person oder einer Gruppe von Personen verhalten und damit einen Dynamismus der Böswilligkeit zum Ausdruck bringen. Ein Mann, der mit Vorliebe laszive Verhältnisse mit Frauen anstrebt, stellt einen Dynamismus der sinnlichen Begierde zur Schau. Ein Kind, das sich vor Fremden fürchtet, ist einem Dynamismus der Angst verfallen. Jede gewohnheitsmäßige Reaktion auf einen oder mehrere Mitmenschen – geschehe diese in Form eines Gefühls, einer Einstellung oder einer offenen Aktion – konstituiert einen Dynamismus. Jeder Mensch hat die gleichen Grunddynamismen, aber die Art und Weise, wie sich ein Dynamismus ausdrückt, variiert gemäß der aktuellen Situation und der individuellen Lebenserfahrung.

Ein Dynamismus ist in der Regel einer besonderen Körperzone zugeordnet, wie z. B. dem Mund, den Händen, dem Anus, den Genitalien, durch welche er mit der Umwelt in Wechselbeziehung tritt. Eine *Zone* (zone) besteht aus einem Rezeptororgan für die Reizaufnahme, einem Effektororgan für die ausführende Aktion und einem Eduktor[organ] (eductor) genannten Verbindungsapparat im Zentralnervensystem, welcher den Rezeptor- und den Effektormechanismus miteinander verknüpft. So stimuliert z. B. die an den Babymund gebrachte Brustwarze die reizempfindliche Haut der Lippen, welche ihrerseits die Impulse entlang der Nervenbahnen an die motorischen Organe weitergibt, wodurch die Saugbewegungen des Mundes hervorgerufen werden.

Die meisten Dynamismen dienen dem Zweck, die Grundbedürfnisse des Organismus zu befriedigen. Doch gibt es einen wichtigen Dynamismus, der sich erst sekundär – als Resultat von Angst – entwickelt und als Dynamismus des Selbst oder als Selbstsystem bezeichnet wird.

Das Selbstsystem. Angst ist ein Produkt zwischenmenschlicher Beziehungen; sie wird ursprünglich von der Mutter auf das Kind übertragen und später im Leben durch Bedrohungen der eigenen Sicherheit bestärkt. Um aktuelle oder auch nur potentielle Angst zu vermeiden oder wenigstens zu verringern, nimmt das Subjekt verschiedenartige Schutz- und Kontrollmechanismen an, mit denen es sein Verhalten überwacht. Es lernt z. B. eine Bestrafung zu umgehen, indem es den Wünschen seiner Eltern nachkommt. Diese Sicherheitsmaßnahmen [1954, dt. 1976 auch: Sicherheitsmanöver] bilden das *Selbstsystem* (self-system), welches gewisse Verhaltensweisen sanktioniert – das gute Ich-Selbst (the good-me self) – und andere wiederum verbietet – das böse Ich-Selbst (the bad-me self).

Das Selbstsystem als der Hüter der eigenen Sicherheit kann leicht vom Rest der Persönlichkeit isoliert werden; es schaltet alle Informationen aus, die nicht mit ihrer gegenwärtigen Organisation übereinstimmen, und vermag daher auch nicht aus der Erfahrung zu lernen. Da das Selbst die Person vor der Angst bewahrt, genießt es eine hohe Wertschätzung und ist vor Kritik geschützt. Wächst das Selbstsystem in seiner Komplexität und Unabhängigkeit, so hindert es das Subjekt an objektiven Beurteilungen seines eigenen Verhaltens und vertuscht offensichtliche Widersprüche zwischen dem, was jemand wirklich ist, und dem, was sein Selbstsystem ihm vormacht. Im allgemeinen gilt: je mehr Angst ein Mensch erlebt hat, desto aufgeblähter wird sein Selbstsystem und desto mehr spaltet es sich vom Rest seiner Persönlichkeit ab. Das Selbstsystem dient zwar dem sinnvollen Zweck der Angstverminderung, beeinträchtigt aber die individuelle Fähigkeit, mit anderen auf konstruktive Weise zusammenzuleben.

Sullivan glaubt, daß das Selbstsystem ein Produkt der irrationalen Seiten der Gesellschaft ist. Er will damit sagen, daß aus Gründen, die es in einer rationaleren Gemeinschaft nicht geben würde, bereits im Kleinkind Gefühle der Angst erzeugt werden; es ist gezwungen, unnatürliche und unrealistische Formen der Angstbewältigung anzunehmen. Obwohl Sullivan zugesteht, daß die Entwicklung eines Selbstsystems absolut notwendig ist, um in der modernen Gesellschaft – und vielleicht in jeder Gesellschaftsform, die der Mensch zu bauen vermag – der Angst Herr zu werden, erkennt er doch zugleich an, daß das Selbstsystem, wie wir es heutzutage vorfinden, „das Haupthindernis gegen förderliche Veränderungen in der Persönlichkeit" ist (1953, S. 169). Vielleicht nicht ganz ohne Hintergedanken schrieb er: „Das Selbst ist der Bewußtseinsinhalt in all den Augenblicken, in denen man sich hinsichtlich seiner Selbstachtung, des Ansehens, das man bei seinen Mitmenschen genießt, und der Achtung und Ehrerbietung, die sie einem zollen, ganz und gar wohl fühlt" (1964, S. 217).

Personifikationen

Eine *Personifikation* (personification) ist ein Bild, das ein Subjekt von sich selbst oder anderen Personen hat. Es handelt sich dabei um einen Komplex von Gefühlen, Einstellungen und Auffassungen, die der Erfahrung mit Bedürfnisbefriedigung und Angst entwachsen. Zum Beispiel entwickelt das Baby eine Personifikation der guten Mutter, während es von ihr gehegt und gepflegt wird. Jede zwischenmenschliche Beziehung, welche die Erfüllung von Ansprüchen einschließt, pflegt ein günstiges Bild von dem Vermittler der Befriedigung zu erzeugen. Auf der anderen Seite resultiert die kindliche Personifikation einer „unguten" Mutter aus Erfahrungen mit ihr, die Angst hervorrufen: die ängstliche Mutter erscheint personifiziert als die böse Mutter. Später verschmelzen diese zwei Mutterpersonifikationen – unter Umständen mit weiteren, wie etwa der verführerischen oder der überbesorgten Mutter; gemeinsam bilden sie dann eine komplexe (complex) Personifikation.

Diese Bilder, die wir in unseren Köpfen mit uns herumtragen, sind selten genaue Beschreibungen jener Menschen, auf die sie sich beziehen. Sie werden zunächst nur geschaffen, um in ziemlich isolierten zwischenmenschlichen

Situationen mit dem jeweiligen Gegenüber fertigzuwerden; sind sie aber einmal da, bleiben sie gewöhnlich bestehen und beeinflussen unsere Einstellung zu anderen Leuten. So mag jemand, der seinen Vater als einen bösartigen und diktatorischen Mann personifiziert, eben diese Personifikation auf andere ältere Männer projizieren, z. B. Lehrer, Polizisten oder Arbeitgeber. Infolgedessen kann etwas, das in jungen Jahren eine angstvermindernde Funktion hat, im späteren Leben die zwischenmenschlichen Beziehungen durchaus stören. Die angstbeladenen Bilder verzerren dann die Wahrnehmung von Leuten, mit denen man zu tun hat. Personifikationen des Selbst wie das gute Ich und das böse Ich (the good-me and the bad-me) folgen denselben Prinzipien wie Personifikationen von anderen. Die Personifikation des guten Ich entsteht aus zwischenmenschlichen Erfahrungen, die belohnenden Charakter tragen, die Personifikation des bösen Ich dagegen aus angsterregenden Situationen. Und wie Personifikationen von anderen Leuten können auch diese Selbstpersonifikationen leicht einer objektiven Selbsteinschätzung im Wege stehen.

Personifikationen, die von einer Vielzahl von Leuten geteilt werden, heißen *Stereotype* (stereotype). Es sind dies Auffassungen, d. h. Ideen oder Vorstellungen, die durch Konsensus Gültigkeit erlangt, unter den Mitgliedern einer gesellschaftlichen Gruppe weitgehende Anerkennung gefunden haben und von Generation zu Generation weitergegeben werden. Beispiele für allgemeine Stereotype (oder auch Klischees) sind „der zerstreute Professor", „der unkonventionelle Künstler" oder „der hartgesottene Geschäftsmann".

Kognitive Prozesse

Ein großartiger Beitrag hinsichtlich der Stellung des Erkennens (cognition) im Aufbau der Persönlichkeit ist Sullivans Klassifikation der *Erfahrung* (experience). Diese, sagt er, ereigne sich auf dreierlei Weise: die prototaxische, die parataxische und die syntaxische. [Die Termini sind vom griechischen táxis = Ordnung, Reihe, Klasse abgeleitet, während die sonst gebräuchliche Endung -taktisch eine Analogiebildung zum Adjektiv taktikós < tättein = (an)-ordnen ist. D. Ü.] *Prototaxische* (prototaxic) Erfahrung „kann als die unstetige Folge (discrete series) von momentanen Zuständen des empfindenden (sensitive) Organismus angesehen werden" (1953, S. 29). Diese Form von Erfahrung hat Ähnlichkeit mit dem, was William James den „Strom des Bewußtseins" nannte, den bloßen Empfindungen, Vorstellungen und Gefühlen, die durch das Bewußtsein eines Sinneswesens fließen. Sie haben keine zwangsläufigen Verbindungen untereinander und besitzen keine Bedeutung für das sie erlebende Subjekt. Die prototaxische Erfahrungsweise findet sich in ihrer reinsten Form während der frühen Lebensmonate; sie ist die notwendige Vorbedingung für das Erscheinen der anderen beiden Arten.

In der *parataxischen* (parataxic) Form des Erkennens wird eine kausale Beziehung zwischen Ereignissen gesehen, die zwar etwa zur gleichen Zeit geschehen, aber nicht logisch verknüpft sind. Franz Kafka beschreibt einen interessanten Fall von parataxischem Denken in einer seiner Kurzgeschichten. Ein Hund, der in einem Zwinger mit hoher Umzäunung lebte, urinierte eines Tages, als gerade ein Knochen über den Zaun geworfen wurde. Der Hund glaubte: „Mein Urinieren hat den Knochen herbeigeholt." Von da an hob er immer sein Bein, wenn er etwas zu fressen haben wollte. – Sullivan meinte, daß vieles von unserem Denken nicht über die Ebene der Parataxis hinausgelangt, daß wir also kausale Verbindungen zwischen Eindrücken sehen, die gar nichts miteinander zu tun haben. So fällt z. B. der gesamte Aberglaube in den Bereich der parataxischen Erkenntnis.

Die dritte und höchste Form des Erkennens ist die *syntaxische* (syntaxic), die in dem Gebrauch allgemeinverbindlicher Symbole besteht, insbesondere solcher verbaler Natur. Die Gültigkeit eines derartigen Symbols wird durch Konsens hergestellt, indem eine Gruppe von Personen sich über eine Standardbedeutung einigt. Wörter und Ziffern sind die besten Beispiele für solche Symbole. Die syntaxische Form stellt eine logische Ordnung zwischen Erfahrungen her und befähigt die Menschen, miteinander zu kommunizieren.

Zusätzlich zu dieser Unterscheidung der Erfahrungsweisen betont Sullivan die Bedeutung der Voraussicht (foresight) innerhalb der kognitiven Funktion. „Man, d. h. der einzelne, lebt mit seiner Vergangenheit, der Gegenwart und der nahen Zukunft, die alle offenkundig für die Erklärung seines Denkens und Handelns relevant sind" (1950, S. 84). Die Voraussicht ist also jeweils von der eigenen Erinnerung an die Vergangenheit und von der Interpretation der Gegenwart abhängig. –

Mit den genannten Dynamismen, Personifikationen und kognitiven Prozessen ist die Liste der Konstituenten der Persönlichkeit zwar nicht abgeschlossen; doch sind mit ihnen die entscheidendsten strukturalen Merkmale von Sullivans System bezeichnet.

Die Dynamik der Persönlichkeit

Gemeinsam mit vielen anderen Theoretikern versteht Sullivan die Persönlichkeit als ein Energiesystem, dessen Hauptarbeit in Aktivitäten besteht, welche Spannung vermindern. Da er beide Begriffe in genau dem gleichen Sinn benutzt wie die Physik, verzichtet er darauf, Energie oder Spannung durch den Ausdruck „psychisch" („mental") näher zu bestimmen.

Spannung

Sullivan geht von der bekannten Konzeption des Organismus als eines Spannungssystems aus; dieses variiert theoretisch zwischen den Grenzen der absoluten *Entspannung* (relaxation) oder *Euphorie* (euphoria) – wie Sullivan es lieber nennt [weil er auf das Wohlgefühl und nicht auf einen Nullzustand rekurriert] – und absoluter *Spannung* (tension), wie sie bei äußerstem Schrekken gegeben ist. Es gibt zweierlei Hauptursachen für Spannungen: (1) sie können den Bedürfnissen des Organismus entwachsen; (2) sie können einer Angst entspringen. *Bedürfnisse* (needs) sind mit den physiologischen Anforderungen des Lebens verbunden; es handelt sich dabei um Bedingungen wie Mangel an Nahrung, Wasser und Sauerstoff, welche alle ein Ungleichgewicht im Haushalt des Körpers hervorrufen. Bedürfnisse können allgemeiner Natur sein, wie z. B. Hunger, oder auch spezifisch auf eine Körperzone bezogen, wie etwa die Sauglust. Sie lassen sich in einem hierarchischen Stufenbau anordnen; diejenigen, die sich je weiter unten befinden, müssen *vor* den höheren gestillt werden. Ein Resultat der Bedürfnisreduktion ist das Erlebnis des Befriedigtseins. „Spannungen können als das Bedürfnis nach bestimmten Energieumsetzungen betrachtet werden, welche die Spannung aufzuheben vermögen, oftmals mit einer begleitenden Veränderung des ‚seelischen' Zustandes, einer Bewußtseinsänderung (change of awareness), für die wir den allgemeinen Ausdruck *Befriedigung* (satisfaction) verwenden können" (1950, S. 85). Die typische Folge eines längeren Ausbleibens der Bedürfnisbefriedigung ist ein Gefühl der Apathie, das eine allgemeine Minderung der Spannungen nach sich zieht.

Angst (anxiety) ist die Erfahrung von Spannung, die von wirklichen oder eingebildeten Bedrohungen der eigenen Sicherheit herrührt. Ist sie sehr groß, so verringert sie die Effizienz eines Menschen, seine Bedürfnisse zu befriedigen, verwirrt sein Denken und beeinträchtigt die zwischenmenschlichen Beziehungen. Angst variiert in ihrer Intensität je nach der Ernsthaftigkeit der Gefahr und der Wirksamkeit der Sicherheitsmaßnahmen, welche das Subjekt zur Verfügung hat. Schwere Angst ist wie ein Stoß vor den Kopf; sie verschafft dem Ich keinerlei Information, vielmehr erzeugt sie nur äußerste Bestürzung, wenn nicht gar Gedächtisschwund. Weniger schwere Formen der Angst können allerdings auch informativ sein. In der Tat glaubt Sullivan, daß Angst der erste starke erzieherische Einfluß im Leben ist. Angst wird auf das Kind durch die „bemutternde Person" (the „mothering one") übertragen, welche ihrerseits in Blicken, Tonfall und allgemeinem Benehmen Angst ausdrückt. Sullivan gibt zwar zu, daß er nicht weiß, wie diese Übertragung vor sich geht, jedoch vermutet er, daß eine Art von empathischem, d. h. einfühlendem Prozeß für sie verantwortlich ist. Als Folge dieser von der Mutter übermittelten Angst (mother-transmitted anxiety) werden andere das Kind umgebende Objekte mit Angst beladen, und zwar durch die Wirkung der parataxischen Assoziation (zeitlich oder räumlich) benachbarter Erlebnisinhalte. Die mütterliche Mamilla z. B. wird zu einer „schlechten" Mamilla, welche Vermeidungsreaktionen beim Baby hervorruft. Das Kleinstkind lernt also, sich von Handlungen und Gegenständen, die die Angst erhöhen, abzuwenden. Und kann es einmal der Angst gar nicht entkommen, fällt es gewöhnlich in einen schlafähnlichen Zustand. Dieser Dynamismus des Sichabsonderns durch Somnolenz (somnolent detachment) – wie Sullivan ihn nennt – ist das Gegenstück zu dem durch unbefriedigte Bedürfnisse erregten Dynamismus der Apathie (apathy). In der Praxis können diese zwei Dynamismen allerdings nicht eindeutig getrennt werden. Sullivan hält es für eine wichtigere Aufgabe der Psychologie, die Schwerpunkte der Angstentstehung in zwischenmenschlichen Beziehungen aufzudecken, als zu versuchen, mit den aus der Angst resultierenden Symptomen fertig zu werden.

Energieumsetzungen

Eine *Energieumsetzung* (energy transformation) findet statt, wenn Arbeit geleistet wird. Arbeit kann aus offenen Tätigkeiten bestehen, an denen die quergestreiften Muskeln des Körpers beteiligt sind, oder sie kann geistiger Art sein wie in der Wahrnehmung, im Erinnern und im Denken. Alle diese offenen oder verborgenen (overt or covert) Aktivitäten haben die Erleichterung von Spannung zum Ziel. Sie sind zum großen Teil durch die Gesellschaft bedingt, in welcher das Individuum aufgezogen wird. „Jeder kann durch Erforschung seiner Vergangenheit entdecken, daß Spannungsmuster (patterns of tensions) und Energieumsetzungen, welche sein individuelles Leben ausmachen, in einem wahrlich erstaunlichen Ausmaß Gegenstand seiner Erziehung zum Leben in einer gegebenen Gesellschaft sind" (1950, S. 83).

Sullivan glaubt nicht, daß Triebe entscheidende Quellen menschlicher Motivation sind, noch akzeptiert er die Libidotheorie von Freud. Ein Mensch lerne aus den Interaktionen mit anderen Menschen, sich in einer bestimmten Lage so oder so zu verhalten, und nicht, weil er einen angeborenen Zwang oder Drang für gewisse Handlungsweisen besitzt.

Die Entwicklung der Persönlichkeit

Sullivan war unermüdlich bestrebt, nicht nur die genaue Folge der interpersonalen Situationen herauszufinden, welchen der Mensch auf seinem Wege von der frühen Kindheit bis zum reifen Alter ausgesetzt ist, sondern auch die Art, wie diese Situationen zur Ausbildung seines Charakters beitragen. Mehr als andere Persönlichkeitstheoretiker (vielleicht mit Ausnahme von Freud) beurteilte er die Person aus der Perspektive abgegrenzter Entwicklungsphasen. Während Freud den Standpunkt verfocht, daß Entwicklung weitgehend ein Entfalten des Sexualtriebes sei, plädierte Sullivan überzeugend für eine mehr sozialpsychologische Auffassung vom Werden der Persönlichkeit, in welcher dem unschätzbaren Beitrag menschlicher Beziehungen der gebührende Platz eingeräumt wird. Sullivan leugnete keineswegs, daß die biologischen Faktoren die seelische Entwicklung mitbestimmen, aber er stellte sie den sozialen Determinanten hintan. Zudem war er der Meinung, daß letztere unter Umständen den biologischen Bedürfnissen der Person zuwiderlaufen und dann nachteilige Folgen für die Charakterbildung haben. Sullivan schreckte durchaus nicht vor der Erkenntnis der verderblichen Einflüsse der Gesellschaft zurück. In der Tat war er – wie andere Sozialpsychologen auch – ein scharfer und unerbittlicher Kritiker zeitgenössischer Lebensformen.

Entwicklungsphasen

Sullivan skizzierte sechs Stufen in der Entwicklung der Persönlichkeit, die dem Endstadium der Reife vorausgehen. Diese sechs Phasen sind nur typisch für die westeuropäischen [und die von ihnen abstammenden] Kulturen und können in anderen Gesellschaften durchaus anders sein. Es sind dies (1) das frühkindliche Stadium (infancy), (2) die Kindheit (childhood), (3) die Zeit des Heranwachsens (the juvenile era), (4) die Voradoleszenz (preadolescence), (5) die frühe Adoleszenz (early adolescence) und (6) die späte Adoleszenz (late adolescence) [nach der dt. Terminologie von Wilkinson (Sullivan 1954); cf. aber Rattner 1969].

Das *frühkindliche Stadium* [oder Säuglingsalter] (infancy) erstreckt sich von der Geburt bis zum Beginn des artikulierten Sprechens. Es ist die Periode, in welcher die orale Zone für die Wechselbeziehung des Babys mit seiner Umwelt primär ist. Stillen verschafft dem Säugling sein erstes zwischenmenschliches Erlebnis. Das während der frühesten Kindheit herausragende Merkmal der Umgebung ist jenes Etwas, das dem hungrigen Baby die Nahrung liefert, sei es die Mutterbrust oder die Flasche. Das Baby gelangt zu verschiedenen Auffassungen über dieses lebendige oder synthetische „Lutschding", je nach seinen Erfahrungen mit ihm. Es sind dies: (1) das gute Lutschding, welches das Signal zum Saugen ist sowie ein Zeichen, daß es bald zufriedengestellt sein wird; (2) das gute, aber (zur Zeit) nicht befriedigende Lutschding, weil nämlich das Baby nicht hungrig ist; (3) das falsche Lutschding, weil es keine Milch gibt und ein Signal dafür ist, es zurückzustoßen und nach einem anderen zu suchen; (4) das schlechte Lutschding der ängstlichen Mutter, das als Signal für Vermeidung wirkt. [Die angelsächsischen Babys sind in dieser delikaten Angelegenheit unkomplizierter als wir: sie verwenden für beide Milchspender dasselbe Wort: „nipple".]

Andere charakteristische Merkmale dieses frühen Stadiums sind: (1) das Erscheinen des Dynamismus der Apathie und des Sichabsonderns durch Somnolenz; (2) der Übergang von einer prototaxischen zu einer parataxischen Form des Erkennens; (3) die Bildung von Personifikationen wie z. B. die böse, ängstliche, ablehnende, versagende Mutter oder die gute, entspannte, annehmende, befriedigende Mutter; (4) die Ausgestaltung der Erfahrung durch Lernen und das Auftauchen der ersten Anzeichen des Selbstsystems; (5) die Differenzierung des eigenen Körpers, so daß das Baby lernt, seine Spannungen unabhängig von der Bemutternden (mothering one) abzuführen, beispielsweise durch Daumenlutschen; (6) das Erlernen von koordinierten Bewegungen, vor allem im Zusammenwirken von Gehör und Stimme, Hand und Augen, Hand und Mund.

Der Übergang von der frühesten Kindheit zur (eigentlichen) *Kindheit* [i.e. Kleinkindes- und frühes Schulalter] (childhood) wird eingeleitet durch das Sprechenlernen und die Ausgestaltung der Erfahrung in syntaxischer Form. Das Ende dieser Phase setzt Sullivan beim Auftauchen des Bedürfnisses nach echten Spielgefährten. Die Sprachentwicklung erlaubt unter anderem die Verschmelzung (fusion) verschiedener Personifikationen, z.B. der guten und schlechten Mutter, und die Zusammenfassung (integration) des Selbstsystems zu einer kohärenteren Struktur. Das Selbstsystem beginnt, den Geschlechtsunterschied „wahrzunehmen"; der kleine Junge identifiziert sich mit der maskulinen Rolle und das kleine Mädchen mit der femininen, so wie sie jeweils von der Gesellschaft vorgeschrieben ist. Die sich entwickelnde Fähigkeit zur Symbolbildung (symbolic ability) setzt das Kind in die Lage, das Erwachsensein im Spiel zu erproben – Sullivan nennt diese Als-ob-Vorstellungen *Dramatisierungen* (dramatizations) – und sich verschiedenen, sowohl offenen als auch verdeckten Aktivitäten hinzugeben, welche der Abwehr von Bestrafung und Angst dienen – es sind dies die Sullivanschen *Präokkupationen* (preoccupations).

Ein dramatisches Ereignis der Kindheit ist die von Sullivan sogenannte *malevolente Transformation* (malevolent transformation), bei der das Gefühl aufkommt, unter Feinden zu leben. Wenn dieses Gefühl sehr stark wird, vermag das Kind auf die liebevollen Annäherungen anderer Leute nicht mehr positiv zu antworten. Die Entstehung des Feindbewußtseins [eines Feindschemas] verzerrt die zwischenmenschlichen Beziehungen des Kindes und veranlaßt es, sich selbst zu isolieren. Eigentlich möchte es sagen: „Früher war alles wunderschön, aber das war noch, bevor ich mit Fremden zu tun hatte." Diese [mit Rattner 1969] Umwandlung zur Böswilligkeit wird durch schmerzliche und bange Erlebnisse mit anderen hervorgerufen und kann in eine Regression auf die weniger bedrohliche Stufe der Säuglingszeit ausmünden.

Während der Kindheit erscheint auch erstmals die Sublimation. Sullivan definiert sie als „die unwissentliche (unwitting) Substitution eines Verhaltensmusters, das Angst nach sich zieht oder mit dem Selbstsystem kollidiert, durch ein sozial akzeptableres Handlungsschema, welches Teile des Schwierigkeiten bereitenden Motivationssystems befriedigt" (1953, S. 193). Der Spannungsüberschuß, der sich nicht durch Sublimation entlädt, wird in symbolischen Leistungen, z.B. in nächtlichen Träumen, verbraucht.

Die *Zeit des Heranwachsens* [(frühe) Jugendzeit] (the juvenile era) erstreckt sich fast über die gesamten mittleren Schuljahre. Es ist die Periode, in der das Kind zu einem sozialen Wesen wird, in der es Erfahrungen der gesellschaftlichen Unterordnung unter Autoritätsfiguren außerhalb der Familie macht, in welcher es seine Fähigkeit zum Wettbewerb und zur Zusammenarbeit entwikkelt und in der es zugleich die Bedeutung von Achtung, von Schande und ein Gefühl für die Gruppe erlernt. Der Jugendliche beginnt, über Dinge der Umgebung, die ihn nicht interessieren, hinwegzusehen, sein Verhalten durch

Selbstkontrolle (internal controls) zu überwachen, seinen Einstellungen Formen zu geben, neue und wirksamere Wege der Sublimation auszubauen und sicherer zwischen Phantasie und Realität zu unterscheiden.

Bedeutsam in dieser Zeit ist das Auftauchen des Sinns für eine Lebensorientierung. „Man ist in seinem Leben in dem Maße ausgerichtet (oriented), in dem man Daten (data) der folgenden Art formuliert hat oder leicht zu ihrer Formulierung gebracht werden kann (oder die Einsicht dazu hat): die integrierenden Tendenzen (Bedürfnisse), die üblicherweise die eigenen zwischenmenschlichen Beziehungen charakterisieren; die zu ihrer Befriedigung und verhältnismäßig angstfreien Entladung geeigneten Umstände; und die mehr oder weniger entlegenen Ziele, für deren Annäherung man auf zwischenzeitlich mögliche Befriedigung oder die Steigerung des eigenen Prestiges verzichten wird" (1953, S. 243).

Die relativ kurze Phase der *Voradoleszenz* [Präadoleszenz] (preadolescence) ist gekennzeichnet durch das Bedürfnis nach enger Beziehung zu einem Gleichaltrigen desselben Geschlechts, einem Kumpel (chum), dem man vertrauen und mit dem man gemeinsam die Anforderungen und Schwierigkeiten des Lebens angehen und lösen kann. Dies ist eine äußerst wichtige Periode, weil sie den Beginn echter menschlicher Beziehungen zu anderen markiert. In den früheren Perioden ist die interpersonale Situation noch durch die Abhängigkeit des Kindes von einer älteren Person gekennzeichnet. Jetzt beginnt das Kind Beziehungen zu gleich alten Kameraden aufzunehmen, in denen es Gleichheit, Gegenseitigkeit und Umkehrbarkeit zwischen den Partnern gibt. Ohne einen intimen Freund wird der vor der Pubertät stehende junge Mensch Leidtragender hoffnungsloser Einsamkeit.

Die Hauptaufgabe der folgenden Phase der *frühen Adoleszenz* (early adolescence) ist die Entwicklung eines Schemas heterosexueller Aktivitäten. Die physiologischen Veränderungen der Pubertät werden vom Jugendlichen als Lustgefühle erlebt; diesen Gefühlen entspringt der Lustdynamismus (lust dynamism), der sich in der Persönlichkeit geltend zu machen beginnt. Der Lustdynamismus betrifft zwar primär die genitale Zone, doch haben auch andere Körperteile wie der Mund und die Hände Anteil am Sexualverhalten. Es kommt außerdem zu einer Trennung des erotischen Bedürfnisses von dem Bedürfnis nach Vertrautheit: das erstere nimmt einen Angehörigen des entgegengesetzten Geschlechts zum Objekt, während das Suchen nach seelischer „Intimität" auf einen Angehörigen des gleichen Geschlechts fixiert bleibt. Werden diese beiden Bedürfnisse nicht geschieden, entwickelt sich leicht eine homosexuelle anstatt einer heterosexuellen Orientierung. Sullivan weist darauf hin, daß viele Konflikte der Adoleszenz aus den gegensätzlichen Bedürfnissen nach sexueller Befriedigung, nach Sicherheit und nach Vertrautheit herrühren. Erst wenn der Mensch eine feste Verfahrensweise (pattern of performances) gefunden hat, mit welcher er seine genitalen Triebe befriedigen kann, darf die frühe Adoleszenz als abgeschlossen gelten.

Die *späte Adoleszenz* (late adolescence) „erstreckt sich von der Ausgestaltung bevorzugter genitaler Aktivität über zahllose Bildungs- und Entwicklungsschritte bis zur Erstellung eines vollmenschlichen, d.h. ausgereiften Repertoires von interpersonalen Beziehungen, wie sie durch vorhandene persönliche und kulturelle Gelegenheiten ermöglicht werden" (1953, S. 297). Mit anderen Worten, die Periode der späten Adoleszenz konstituiert eine länger andauernde Einweihung in die Privilegien, Pflichten, Befriedigungsformen und Verantwortlichkeiten des sozialen und staatlichen Lebens. Das ganze Ausmaß zwischenmenschlicher Beziehungen wird allmählich bewußt, und die Entfaltung der syntaxischen Erlebnisweise erlaubt eine Ausdehnung des symbolischen Horizonts. Das Selbstsystem wird stabilisiert, es kommt zu wirksameren Sublimationen von Spannungen, und es werden strengere Sicherheitsmaßnahmen gegen die Angst errichtet.

Wenn das Subjekt alle diese Phasen durchlaufen und das letzte Stadium, das Erwachsenenalter (adulthood), erreicht hat, dann ist es hauptsächlich durch seine interpersonalen Beziehungen von einem animalischen Organismus in ein Individuum gewandelt worden. Es ist kein mit Zivilisation und Humanität bekleidetes Tier, sondern ein Lebewesen, welches auf so drastische Weise verändert wurde, daß es nicht länger ein Tier ist, sondern ein Mensch oder, wenn man so will, ein menschliches Tier.

Determinanten der Entwicklung

Obwohl Sullivan jede starre Instinkt- oder Trieblehre (instinct doctrine) energisch zurückweist, erkennt er doch die Bedeutung der Vererbung für die Entstehung gewisser Fähigkeiten an, unter denen die wichtigsten jene des Sammelns und Verarbeitens von Erfahrungen sind. Auch akzeptiert er den Grundsatz, nach dem Übung (training) nicht wirksam werden kann, bevor nicht Reifung (maturation) das strukturelle Fundament bereitgestellt hat. So kann das Kind nicht gehen lernen, bis die Muskeln und der Knochenbau einen solchen Wachstumsgrad erlangt haben, daß sie den Körper in einer aufrechten Haltung zu tragen vermögen. Vererbung und Reifung liefern die biologische Grundlage für die Entwicklung der Persönlichkeit, d.h. die Begabungen, Bereitschaften und Neigungen; aber die Kultur, die mittels eines Systems zwischenmenschlicher Beziehungen wirksam wird, macht die Fähigkeiten und die tatsächlichen Leistungen (Energieumsetzungen) manifest, durch welche die Person das Ziel der Spannungsminderung und Bedürfnisbefriedigung erreicht.

Der erste erzieherische Einfluß ist der von Angst, welche den jungen Organismus dazu bringt, zwischen sich vermehrender und vermindernder Spannung zu unterscheiden und seine Aktivität in Richtung auf letzteres zu lenken. Die zweite große erzieherische Kraft ist die von Versuch und Erfolg (trial and success). Wie bereits viele Psychologen zeigen konnten, ist Erfolg geeignet, die Handlung(sfolge), die zu der Gratifikation geführt hat, einzuprägen. Erfolg kann hierbei mit Belohnungen – dem Lächeln der Mutter oder dem Lob des Vaters –, Mißlingen (failure) mit Bestrafungen – dem bösen Blick der Mutter oder Worten der Mißbilligung des Vaters – gleichgesetzt werden. Man kann jedoch auch durch Nachahmung (imitation) oder durch Schlußfolgern (inference) lernen; für letzteren Lerntypus übernimmt Sullivan den von Charles Spearman vorgeschlagenen Terminus „Eduktion von Relationen" [i.e. das Ableiten oder Folgern von Beziehungen].

Sullivan glaubt nicht, daß die Persönlichkeit bereits in frühem Alter festgelegt ist. Sie kann sich jederzeit verändern, wenn neue interpersonale Situationen entstehen, weil der menschliche Organismus äußerst plastisch und formbar ist. Obwohl der nach vorn gerichtete Antrieb des Lernens und der Entwicklung überwiegt, kann es zu Regressionen kommen – und kommt es dazu –, wenn Schmerz, Angst und Versagen unerträglich werden.

Charakteristische Forschung und Forschungsmethoden

Wie andere Psychiater auch erwarb Harry Stack Sullivan sein empirisches Wissen über die Persönlichkeit in der Arbeit mit Patienten, die an verschiedenen Formen von Persönlichkeitsstörung litten, hauptsächlich Schizophrenen und Zwangsneurotikern. (Eine brauchbare Kurzdarstellung seiner Ausnutzung des Fallmaterials für die Formulierung von Hypothesen über die Persönlichkeit findet sich in seinem Artikel ‚The data of psychiatry', 1964, S. 32–55). Als junger Psychiater entdeckte er, daß die Methode der freien Assoziation bei Schizophrenen nicht zufriedenstellend funktionierte, weil sie bei ihnen zu große Ängste hervorrief. Auch bei anderen versuchsweise angewandten Methoden stellte sich heraus, daß sie Angst erzeugten, die den Kommunikationsprozeß zwischen Patient und Therapeut beeinträchtigte. Infolgedessen begann Sullivan sich für das Studium jener Kräfte zu interessieren, welche die Kommunikation zweier Menschen behinderten bzw. erleichterten. Dabei fand er heraus, daß der Psychiater niemals nur als Beobachter fungierte, er war zugleich ein entscheidender Teilnehmer in einer interpersonalen Situation. Er hatte seine eigenen Befürchtungen, wie etwa die Frage seiner beruflichen Kompetenz, und seine persönlichen Probleme, mit denen er fertig werden mußte. Als Ergebnis dieser Entdeckung entwickelte Sullivan seine Konzeption vom Therapeuten als einem *partizipierenden* oder *teilhabenden Beobachter* (participant observer). „Die Theorie der zwischenmenschlichen Beziehungen legt großen Nachdruck auf die Methode der partizipierenden Beobachtung und weist Daten, die durch andere Methoden gewonnen wurden, eine bestenfalls sekundäre Bedeutung zu. Dies wiederum impliziert, daß das Geschick, ein psychiatrisches Interview von Angesicht zu Angesicht (oder von Person zu Person) zu führen, von fundamentaler Bedeutung ist" (1950, S. 122). Und an anderer Stelle schrieb Sullivan: „Was wir dringend brauchen, sind

Beobachter, die sich beim Beobachten immer wieder selbst beobachten" (1964, S. 27).

Das Interview

Psychiatrisches Interview [in der Übersetzung von J. Wilkinson „psychotherapeutisches Gespräch"] (psychiatric interview) ist Sullivans Terminus für jene Art interpersonaler, „face to face"-Situation, die sich zwischen Patient und Therapeut einstellt. Dabei kann es mit einem Patienten entweder nur zu einem Interview kommen oder aber zu einer Folge von Interviews, die sich über einen langen Zeitraum ausdehnen. Sullivan definiert das „Gespräch" als „ein System oder eine Reihe von Systemen von zwischenmenschlichen *Prozessen*, die aus der teilhabenden Beobachtung entstehen, in der der Therapeut gewisse Schlüsse über den Analysanden zieht" (1954; dt. 1976, S. 117). Wie das Interview durchgeführt wird und auf welchen Wegen der Interviewer zu seinen Schlüssen kommt, hat Sullivan in einem ausschließlich diesem Gegenstand gewidmeten Buch (1954) beschrieben.

Sullivan unterteilt das Interview in vier Phasen: (1) formeller Beginn, (2) Anamnese, (3) detaillierte Befragung, (4) Beendigung.

Das therapeutische Gespräch ist [wie jedes andere auch] in erster Linie eine mündliche Verständigung zwischen zwei Menschen. Nicht nur was die Person sagt, sondern auch wie sie es sagt – ihr Tonfall, die Schnelligkeit des Sprechens und anderes Ausdrucksverhalten – sind die hauptsächlichen Informationsquellen für den Gesprächspartner. Er sollte auf subtile Veränderungen in der Stimmführung des Patienten achten, z. B. auf Wechsel des Volumens, weil sie oftmals wesentliche Aufschlüsse über die brennendsten Probleme des Patienten und seine schwankende Einstellung zum Therapeuten geben. Am *formellen (Behandlungs)Beginn* (formal inception) sollte es der Interviewer vermeiden, zu viele Fragen zu stellen, vielmehr die Haltung eines ruhigen Beobachters einnehmen. Er sollte versuchen, die Gründe des Patienten für sein Kommen und etwas über das Wesen seiner Probleme zu ermitteln.

Sullivan erörtert die Rolle des Therapeuten in der Gesprächssituation bis ins einzelne: er dürfe niemals vergessen, daß er seinen Lebensunterhalt als Experte auf dem Gebiet der zwischenmenschlichen Beziehungen verdient und daß der Patient mit Recht erwarten kann, etwas zu erfahren, was für ihn von persönlichem Nutzen ist. Dieses Gefühl müsse er von der allerersten Stunde an haben, und es sollte während des weiteren Behandlungsverlaufs ständig verstärkt werden. Nur aus einer derartigen Einstellung heraus werde der Patient zu Enthüllungen bereit sein, die dem Therapeuten die Schlüssel zu jenen Verhaltensmustern (patterns of living) in die Hand geben, welche den Patienten immer wieder in Schwierigkeiten bringen. Selbstverständlich dürfe der Psychiater sein Fachwissen nicht dazu mißbrauchen, sich persönliche Befriedigung zu verschaffen oder sein Prestige auf Kosten des Patienten zu erhöhen. Der Arzt ist weder Freund noch Feind, weder Vater (oder Mutter) noch Gelebte(r), weder Vorgesetzter noch Angestellter, auch wenn der Patient ihn in eine oder mehrere dieser Rollen drängen möchte – als Ergebnis verzerrten parataxischen Denkens.

Die Periode der *Anamnese* [oder Erkundung] (reconnaissance) hat zum Ziel, herauszufinden, wer der Patient ist. Der Interviewer versucht dies mit einer intensiven Befragung über sein Leben, seine Vergangenheit, Gegenwart, ja Zukunft. Die diesbezüglichen Tatsachen fallen in die Rubrik der persönlichen Daten oder der biographischen Information. Sullivan lehnt den starr strukturierten Befragungstypus ab, welcher sich an eine bindende Liste mit Standardfragen hält. Andererseits besteht er darauf, daß der Analytiker den Analysanden nicht über irrelevante oder triviale Dinge reden lassen sollte. Der Patient soll merken, daß das Gespräch eine ernsthafte Angelegenheit ist und er die Zeit nicht vertrödeln darf. Auch sollte der Gesprächsleiter normalerweise von dem, was der Patient irgendwann während des Behandlungsverlaufs sagt, keinerlei Aufzeichnungen machen, weil dies die Aufmerksamkeit zu sehr ablenkt und meist auch den Kommunikationsprozeß behindert.

Sullivan ist der Ansicht, daß man nicht mit einer formalen Aufforderung im Sinne von „Sagen Sie alles, was Ihnen einfällt" anfangen sollte. Vielmehr muß der Therapeut sich des Patienten Erinnerungslücken (memory lapses) während der Befragung zunutze machen, um ihn zu lehren, wie man frei assoziiert. Dadurch wird nicht nur vermieden, daß der Patient sich bei dieser ungewöhnlichen Redeweise beunruhigt, sondern er erlebt auch die Nützlichkeit der freien Assoziationstechnik, bevor ihm eine theoretische Erklärung ihres Zweckes gegeben wird.

Am Ende der ersten zwei Phasen des Interviewprozesses sollte der Therapeut eine Anzahl von provisorischen Hypothesen über Art und Ursprung der Probleme des Patienten gebildet haben. Während der Periode der *detaillierten Befragung* (detailed inquiry) wird er dann festzustellen versuchen, welche der verschiedenen Hypothesen die richtige ist. Sullivan schlägt eine Anzahl von Problembereichen vor, in denen inquiriert werden sollte – etwa die Reinlichkeitsgewöhnung, die Einstellung zum Körper, Eßgewohnheiten, persönliche Wünsche und Zielsetzungen, sexuelle Betätigung –, aber auch hier insistiert er nicht auf einem streng zu befolgenden formalen Schema.

Solange alles glatt geht, wird der Gesprächsleiter wahrscheinlich nichts von dem (unsichtbaren) Auf und Ab des Interviewverlaufs merken, vor allem nichts über die Wirkung seiner Einstellungen auf die Kommunikationsfähigkeit des Patienten. Verschlechtert sich jedoch der Verständigungsprozeß, so muß sich der Analytiker fragen: „Was habe ich gesagt oder getan, das beim Patienten Angst verursachte?" Zwischen den beiden Parteien herrscht nämlich immer ein beträchtliches Maß an Austauschbarkeit – Sullivans Terminus dafür ist *reziproke* oder *wechselseitige Emotion* (reciprocal emotion) –, jeder reflektiert ständig die Gefühle des anderen. Es ist dabei die Pflicht des Therapeuten – im Interesse maximaler Kommunikation –, seine eigenen Einstellungen zu erkennen und zu kontrollieren. Mit anderen Worten, er sollte niemals seine Rolle als ein sachverständiger, aber dennoch teilnehmender Beobachter vergessen.

Die Phase der Beendigung (termination) einer Serie von Interviews wird vom Interviewer so gestaltet, daß er eine abschließende Erklärung über seine Diagnose abgibt, dem Patienten gewisse Vorschriften macht, nach denen er sich richten kann, und die mutmaßlichen Folgen darlegt, die sich aus diesem „Fahrplan" für sein weiteres Leben ergeben können.

Wenn man Sullivans verständige Bemerkungen über das Interviewen liest, wird ganz deutlich, daß er es für den partizipierenden Beobachter als immense Herausforderung an die Genauigkeit der Beobachtung ansah. Der Leser wird vielleicht interessiert sein, diesen von Sullivan vertretenen Typus des Gesprächs mit der großen Vielfalt von Interviewprozeduren zu vergleichen, welche E. E./N. Maccoby (1954) und Cannell/Kahn (1968) diskutieren, sowie mit den Techniken des „klinischen Interviews", die in dem von Felix Deutsch und William Murphy herausgegebenen Buch gleichen Titels (1955) dargelegt werden.

Studien zur interpersonalen Theorie

Sullivans wesentlichster Forschungsbeitrag zur Psychopathologie besteht in einer Reihe von Artikeln über die Ätiologie, Dynamik und Behandlung der Schizophrenie. Diese Studien wurden zum größten Teil während seiner Tätigkeit am Sheppard and Enoch Pratt Hospital in Maryland durchgeführt und zwischen 1924 und 1931 in psychiatrischen Zeitschriften veröffentlicht. Sie zeigen Sullivans große Begabung, mit Psychotikern ins Gespräch zu kommen und sich in ihren seelischen Zustand einzufühlen. Eben dieses Einfühlungsvermögen – die Empathie – war eine hochentwickelte Eigenschaft in Sullivans Persönlichkeit, und er machte hervorragenden Gebrauch von ihr, um die Leidtragenden jener unheimlichen Geisteskrankheit zu untersuchen und zu heilen. Für Sullivan sind diese Kranken keine hoffnungslosen Fälle, die man in den hintersten Stationen von Irrenanstalten einsperren sollte; nach seiner Überzeugung können sie durchaus mit Erfolg behandelt werden, wenn der Psychiater nur willens ist, genügend Geduld, Verständnis und Aufmerksamkeit aufzubringen.

Sullivan konnte im besagten Hospital eine Spezialabteilung für Schizophrene einrichten. Diese aus einer Folge von zwei Schlafräumen und einem Wohnzimmer für sechs männliche Patienten bestehende Abteilung war von dem übrigen Krankenhaus isoliert; als Personal hatte er sechs männliche Wärter zur Verfügung, die er selber ausgesucht und geschult hatte. Er machte es sich zur Gewohnheit, stets auch einen Pfleger mit im Raum zu haben, während er einen Patienten interviewte, weil er herausfand, daß dies auf den Kranken beruhigend wirkte. Weibliches Pflegepersonal, ja überhaupt Frauen wurden auf der Station nicht geduldet. Sullivan glaubte an den Vorzug einer homogenen

Gruppierung, in der es nur Patienten desselben Geschlechts, derselben Altersstufe und mit demselben psychiatrischen Problem gab.

Sullivan hat auch andere Psychiater und Sozialwissenschaftler angeregt, Forschungen im Hinblick auf die interpersonale Theorie aufzunehmen. Viele von diesen Untersuchungen sind in der weiter oben schon genannten Zeitschrift ‚Psychiatry' erschienen. Auch drei Bücher, die Sullivan sehr viel verdanken, sollen an dieser Stelle Erwähnung finden. In ‚Communication, the social matrix of psychiatry' (1951) wenden J. Ruesch und G. Bateson Sullivans Konzepte auf Probleme des zwischenmenschlichen Kontakts (human relations) und auf die Wechselbeziehungen zwischen Kultur und Persönlichkeit an. Frieda Fromm-Reichmann hat in ihrem einflußreichen Buch ‚Principles of intensive psychotherapy' (1950) viele von Sullivans Ideen über den therapeutischen Prozeß ausgearbeitet. Die Studie über ein Nervenkrankenhaus (‚The mental hospital', 1954) von A. H. Stanton und M. S. Schwartz beschreibt sehr schön die Arten von interpersonalen Situationen, die in einer Heilanstalt bestehen, und die Auswirkung dieser Situationen sowohl auf die Patienten als auch auf das Personal.

Sullivans Rolle als politisch engagierter Psychiater wurde auch in einigen seiner Forschungsarbeiten sichtbar. Er meinte, man müsse „dienen, um studieren zu können". Gemeinsam mit Charles S. Johnson führte er Untersuchungen über Südstaatenneger durch und mit E. Franklin Frazier über die in Washington lebenden Schwarzen (Sullivan 1964). Während des Krieges bestand seine Tätigkeit darin, Verfahren für die Musterung von Einberufenen, für die Hebung der Truppenmoral und für die Entwicklung effektiver Führungseigenschaften auszuarbeiten. Von seiner ausgiebigen Beschäftigung mit Problemen einer (noch zu schaffenden) Welt, die frei ist von Spannungen und Konflikten, war bereits die Rede.

Von den vier in diesem Kapitel vorgestellten Psychologen hat Sullivan mit seiner interpersonalen Theorie der Wissenschaft wahrscheinlich die meisten Anregungen gegeben. Das hat seinen Grund mit darin, daß er für die Beschreibung seiner Auffassung eine mehr objektive Sprache verwendete, welche die Kluft zwischen Theorie und Beobachtung überbrücken half. Sullivans begriffliche Konstruktionen blieben sehr eng an die empirische Beobachtung gebunden – mit dem Ergebnis, daß er das Verhalten seiner Mitmenschen wirklich lebensnah zu beschreiben vermochte. Trotz der Abstraktheit seiner Gedanken entfernte er sich niemals so weit von der Realität, daß er die Berührung mit dem konkreten – man möchte beinahe sagen, dem alltäglichen – Verhalten der Leute verlor. Die Theorie der zwischenmenschlichen Beziehungen ist eine nüchterne Produktionsstätte von Hypothesen, zu deren empirischer Prüfung sie auffordert und ermuntert.

Derzeitiger Stand und Bewertung der sozialpsychologischen Theorien

Die vier Theorien, denen dieses Kapitel gewidmet ist, gehören deshalb zusammen, weil sie alle den Einfluß von sozialen Variablen in der Ausbildung der Persönlichkeit betonen. Alle stellen – in der einen oder anderen Weise – eine Reaktion gegen die „instinktivistische" Position der Freudschen Psychoanalyse dar, auch wenn jeder von ihnen anerkennt, daß er dem so fruchtbaren Denken des Meisters verpflichtet ist. Sie alle konnten Freuds Fundamente benutzen, um darauf ihren eigenen Bau zu errichten. Sie haben dabei die Persönlichkeit mit sozialen Dimensionen ausgestattet, welche den von Freud (und Jung) bereitgestellten biologischen Dimensionen an Bedeutung gleich, wenn nicht überlegen sind. Mehr noch, diese Theorien haben der Psychologie zu einem Platz im Kreis der Sozialwissenschaften verholfen.

Obwohl sie auf gemeinsamen Grundlagen fußen, legt jede Theorie den Nachdruck auf etwas andere „Bündel" von sozialen Variablen. Erich Fromm widmet seine Aufmerksamkeit hauptsächlich der Beschreibung der Mittel und Wege, durch welche die Struktur und Dynamik einer bestimmten Gesellschaft deren Mitglieder formen, so daß ihr sozialer Charakter zu den gemeinsamen Werten und Bedürfnissen jener Gesellschaft paßt. Auch Karen Horney anerkennt den Einfluß des gesellschaftlichen Bezugssystems, in dem ein Mensch lebt, verweilt aber mehr bei den begrenzteren Faktoren innerhalb des Familienverbandes, als den Konstituenten der Persönlichkeit. In dieser Hinsicht ähnelt Sullivans interpersonale Theorie mehr Horneys Standpunkt als dem Fromms. Für Sullivan sind die menschlichen Beziehungen des Säuglingsalters, der Kindheit, der Jugend und der Adoleszenz von allergrößtem Interesse, und er ist äußerst beredt und überzeugend, wenn er den Zusammenhang zwischen der „Bemutternden" und dem Baby beschreibt. Alfred Adler wiederum durchstreift die weiten Gefilde der Gesellschaft, um überall – mit Erfolg – nach Faktoren Ausschau zu halten, die für das Werden des Charakters von Bedeutung sind.

Wenngleich alle vier Theorien energisch der Freudschen Trieblehre und der damit ausgesprochenen Starrheit der menschlichen Natur widersprechen, nimmt doch keiner der vier die radikale environmentalistische, i. e. milieutheoretische Position ein, nach der die Persönlichkeit des Individuums allein von den Bedingungen der Gesellschaft, in welche es hineingeboren ist, geschaffen wird. Jede Theorie bestätigt auf ihre Weise, daß es so etwas gibt wie eine menschliche Natur, die das Neugeborene immer schon mitbringt, wobei diese Anlage mehr im Sinne von ziemlich allgemeinen Prädispositionen oder Potentialitäten verstanden wird als von spezifischen Bedürfnissen und Eigenschaften. Diese noch allgemeinen Entwicklungsmöglichkeiten, wie sie durch Adlers „soziales Interesse" (das Gemeinschaftsgefühl) und Fromms „Bedürfnis nach Transzendenz" exemplifiziert sind, werden in concreto mittels formeller und informeller Erziehungsorgane der Gesellschaft verwirklicht. Die Theorien stimmen darin überein, daß unter idealen Verhältnissen Individuum und Gesellschaft interdependent, also wechselseitig abhängig sind; der einzelne dient den weiteren Zielen der Gesellschaft, und diese hilft ihrerseits dem Individuum, seine eigenen Ziele zu erreichen. Kurz gesagt ist der von unseren vier Theoretikern angenommene Standpunkt weder ausschließlich sozial oder soziozentrisch noch ausschließlich psychologisch oder psychozentrisch; in Wahrheit ist er beides, nämlich sozialpsychologisch.

Weiter behauptet jede Theorie nicht nur, daß die menschliche Natur plastisch und formbar ist, sondern daß dies für die Gesellschaft gleichermaßen gilt. Wenn eine bestimmte Sozietät den Anforderungen der menschlichen Natur nicht genügt, kann das Individuum sie verändern. Mit anderen Worten, der Mensch schafft sich die Gesellschaftsform, von der er glaubt, daß sie ihm am meisten nützen werde. Natürlich werden beim Aufbau einer Gesellschaft Fehler gemacht, und wenn diese sich in Gestalt sozialer Einrichtungen und Gebräuche kristallisieren, mag es schwierig sein, sie zu ändern. Dennoch war jeder der genannten Sozialpsychologen hinsichtlich der Veränderungsmöglichkeit optimistisch, und jeder versuchte auf seine Weise, grundlegende Änderungen in der Struktur der Gesellschaft herbeizuführen. Adler unterstützte die Sozialisten, forderte mit Nachdruck bessere Schulen, richtete Erziehungsberatungsstellen ein, drängte auf Reformen in der Behandlung von Kriminellen und hielt zahllose Vorlesungen und Vorträge über soziale Probleme und ihre Beseitigung. Desgleichen haben Fromm und Horney in all ihren Schriften und Reden mögliche Schritte zu einer besseren Gesellschaft aufgezeigt. Insbesondere Fromm hat auf einige fundamentale Reformen hingewiesen, die erforderlich wären, um eine „gesunde“ Gesellschaft zu erreichen. Sullivan war noch unmittelbar vor seinem Tode aktiv an den Bemühungen beteiligt, auf dem Wege internationaler Zusammenarbeit soziale Verbesserungen zu erreichen. Alle vier hatten in ihrer beruflichen Position als Psychotherapeuten ausgedehnten Umgang mit den Opfern einer unvollkommenen Gesellschaftsordnung; infolgedessen stand am Grund ihrer Kritik und ihres Reformwillens die persönliche und praktische Erfahrung.

Eine weitere allen gemeinsame Annahme besagt, daß Angst ein Produkt der Gesellschaft sei. Der Mensch ist nicht von Natur „das ängstliche Tier“. Er wird erst ängstlich gemacht durch die Verhältnisse, in denen er lebt – durch drohende oder durchgemachte (lange) Arbeitslosigkeit, durch Intoleranz und Ungerechtigkeit, durch Kriegsgefahr, durch feindselige Eltern. Beseitigt man diese Bedingungen – sagen unsere Theoretiker –, werden die Quellgründe, aus denen die Angst sich ergießt, versiegen. Auch sei der Mensch nicht von Natur aus destruktiv, wie Freud meinte. Er kann destruktiv werden, wenn seine Grundbedürfnisse unbefriedigt bleiben, aber selbst unter Bedingungen der Frustration können andere Wege wie z.B. Unterwerfung oder Rückzug beschritten werden.

Alle Theorien mit Ausnahme der Sullivans unterstreichen ebenfalls die Konzepte vom einzigartigen Individuum und vom schöpferischen Selbst. Trotz der Versuche der Gesellschaft, den einzelnen zu bevormunden, gelingt es einem jeden, einen gewissen Grad von kreativer Individualität zu behaupten. In der Tat ist der Mensch mittels der ihm innewohnenden schöpferischen Kräfte in der Lage, Veränderungen in der Gesellschaft herbeizuführen. Daß Menschen in verschiedenen Teilen der Erde und in verschiedenen historischen Epochen unterschiedliche Gesellschaftsformen ausbilden, liegt nicht zuletzt daran, daß sie – als Individuen – verschieden sind. Der Mensch ist nicht nur kreativ; er ist sich auch seiner selbst bewußt. Er weiß, was er will, und er strebt bewußt danach, seine Ziele zu verwirklichen. Der Vorstellung einer unbewußten Motivation wird in diesen sozialpsychologischen Theorien nicht viel Gewicht beigemessen.

Allgemein gesagt, erweiterten die von Adler, Fromm, Horney und Sullivan entwickelten Theorien die Reichweite der Freudschen Psychologie, indem sie Raum schufen für die sozialen Determinanten der Persönlichkeit. Eine Anzahl von Kritikern hat allerdings die Originalität dieser sozialpsychologischen Theorien in Abrede gestellt. Sie machen geltend, daß mit ihnen lediglich ein Aspekt der klassischen Psychoanalyse entwickelt worden sei, nämlich das Ich und seine Abwehrmaßnahmen. Freud sah klar, daß Charaktereigenschaften häufig einen habituellen Schutz, eine Strategie gegen innere und äußere Bedrohungen des Ich darstellen. Die Bedürfnisse, Tendenzen, Lebensstile, Orientierungen, Personifikationen, Dynamismen usw., die in den Theorien dieses Kapitels vorkommen, stehen in der Psychoanalyse unter der Rubrik „Abwehrmechanismen des Ich". Es ist also nach Meinung der Kritiker zu Freud nichts Neues hinzugefügt, statt dessen aber eine Menge weggelassen worden. Durch Reduzierung der Persönlichkeit auf das einzige System des Ich hätten die sozialpsychologischen Theoretiker die Persönlichkeit von vitalen Quellen des menschlichen Verhaltens abgeschnitten – Quellen, deren letzter Ursprung die Evolution des Menschen als einer biologischen Art ist. Indem sie sich auf die gesellschaftliche Natur der menschlichen Persönlichkeit konzentrierten, hätten sie den Menschen seinem alten biologischen Erbe entfremdet.

Zuweilen wird gegen die von Adler, Fromm und Horney entwickelten Auffassungen der Einwand erhoben (er findet keine Anwendung auf Sullivan), daß sie zu rosig und idealistisch seien. In einer Welt, die durch zwei große Kriege – und die Gefahr eines dritten – zerrissen ist, ganz zu schweigen von den vielen anderen Gewalttaten und Irrationalismen, deren Menschen augenscheinlich fähig sind, mutet das Bild des rationalen, selbstbewußten, sozialisierten Individuums seltsam unpassend, wenn nicht ungültig an. Man kann natürlich die Gesellschaft im ganzen, anstatt des einzelnen Menschen, für diesen beklagenswerten Stand der Dinge verantwortlich machen, und das tun die drei deutschstämmigen Sozialpsychologen tatsächlich auch. Aber sie sagen zugleich – oder lassen zumindest durchblicken –, daß der rationale Mensch diejenige Gesellschaftsform schuf, welche seine Irrationalität und sein Unglück verursacht. Dies ist das große Paradox jener Theorien: Wenn der Mensch so selbstbewußt, so rational und so sozial ist, warum hat er dann so viele unvollkommene Gesellschaftssysteme begründet?

Von philosophischer Seite, und zwar von Isaac Franck (1966), ist darauf hingewiesen worden, daß die von Fromm und anderen sozial und humanistisch eingestellten Psychologen vorgelegte Konzeption des Menschen weniger ein Forschungsergebnis, als ein Resultat ihrer normativen Voraussetzungen ist. Sie seien Moralisten und keine Wissenschaftler. Franck betont mit Nachdruck, daß menschliche Neigungen und Eigenschaften ethisch neutral sind und daß daher von faktischen Aussagen über den Menschen keine allgemeinen Verhaltensregeln abgeleitet werden können. Es würde jedoch schwer fallen, irgendeinen Persönlichkeitstheoretiker von Freud bis Fromm zu finden, der nicht offen oder insgeheim sich sittlicher oder moralischer Urteile über die nachteiligen Auswirkungen der sozialen Umwelt auf den Menschen befleißigt hätte. Und viele von ihnen glaubten auch Heilmittel verschreiben zu müssen. „Teilhabende Beobachter" insbesondere können praktisch nicht neutral bleiben, wie sehr sie auch Wissenschaftler sein mögen.

Eine andere, nicht ganz so vernichtende Kritik – wenn auch eine, die bei Psychologen im Unterschied zu Psychoanalytikern mehr Gewicht hat – bezieht sich auf das Versagen der sozialpsychologischen Theorien, präzise die Mittel anzugeben, durch welche eine Gesellschaft ihre Mitglieder formt. Wie erwirbt ein Individuum seinen sozialen Charakter eigentlich? Wie lernt es, ein Glied der Gesellschaft zu werden? Diese eindeutige Vernachlässigung des Lernprozesses in Theorien, die sich doch so stark auf den Begriff des Lernens stützen, um der Ausbildung der Persönlichkeit Rechnung zu tragen, wird als ein eklatanter Mangel betrachtet. Braucht das Individuum nur bestimmten sozialen Bedingungen ausgesetzt zu sein, damit diese seinen Charakter auf so nachhaltige Weise formen? Gibt es irgendeine mechanische Einprägung gesellschaftlich gebilligten Verhaltens und ein gleichermaßen mechanisches Löschen von gesellschaftlich mißbilligtem Verhalten? Oder reagiert das Subjekt mit Einsicht und Voraussicht auf das soziale Milieu, indem es diejenigen Merkmale auswählt, von denen es annimmt, daß sie eine bessere Organisation der Persönlichkeit erbringen, und andere Merkmale zurückweist, welche ihm unvereinbar mit seiner Selbstorganisation erscheinen? Zum größten Teil schweigen sich diese Theorien aus über die Natur des involvierten Lernprozesses, und das, obwohl das Lernen lange Jahre hindurch ein zentrales Anliegen der amerikanischen Psychologie gewesen ist.

Obwohl die beschriebenen sozialpsychologischen Theorien im Vergleich zu anderen Theorien die Forschung nicht allzusehr stimulieren konnten, haben sie dennoch ein intellektuelles Klima schaffen helfen, in welchem die Sozialpsychologie derart gedieh, daß sie nicht länger als Stiefkind der Psychologie betrachtet wird. Sie ist heute ein beachtlicher und außerordentlich aktiver

Bestandteil der wissenschaftlichen Seelenkunde. Adler, Fromm, Horney und Sullivan sind nicht allein für den Aufstieg der Sozialpsychologie verantwortlich, aber ihr Einfluß ist doch beträchtlich gewesen. Jeder von ihnen hat in erheblichem Maße zu dem Bild des Menschen als einem sozialen Wesen beigetragen. Dies ist es, was ihnen im zeitgenössischen Denken so großes Gewicht und solche Bedeutung verleiht.

5. Murrays Personologie

Einzigartig unter den Persönlichkeitsforschern sind die profunde Einsicht und Kenntnis im Bereich der Biologie, der klinischen Praxis und der wissenschaftlichen Psychologie, welche Henry A. Murray bei seinen theoretischen Arbeiten zu Gebote stehen. Als kraftvolles Moment der Integration dieser vielseitigen Begabungen besitzt er einen brillanten Stil, der von einem tiefen und anhaltenden Interesse an Dichtung und Literatur genährt ist. Die Theorie, die diesen Quellen entsprang, zeigt eine starke Beachtung der determinierenden Bedeutung biologischer Faktoren, eine volle Würdigung der individuellen Vielfalt des menschlichen Organismus und ein Bestreben, in der Darstellung des Verhaltens Formulierungen zu benutzen, die ganz natürlich kontrollierbare Untersuchungen nach sich ziehen.

Der Brennpunkt dieser Theorie liegt beim Individuum mit all seiner Komplexität, und diese Ansicht wird herausgestrichen durch den Ausdruck *Personologie* (personology), den Murray (1938) als Etikett für seine eigenen und die Bemühungen jener einführte, die vornehmlich an einem umfassenden Verständnis des Einzelfalles interessiert waren. Er hat konsequent die „organische" Natur des Verhaltens betont, indem er darauf hinwies, daß ein einzelner Ausschnitt des Verhaltens nicht isoliert vom Rest der funktionierenden Person verstanden werden kann. Im Gegensatz zu vielen anderen Theoretikern, die diese Meinung teilen, ist Murray durchaus gewillt, sich auf die Abstraktionen einzulassen, die für verschiedene Arten spezialisierter Studien notwendig werden – wobei er stets daran festhält, daß nach Abschluß der Analyse die Aufgabe der Rekonstruktion in Angriff genommen werden müsse. Ein weiterer Gegensatz zu einigen holistischen Theoretikern ist seine „Feld"orientierung: sein Beharren darauf, daß der Umweltkontext des Verhaltens völlig verstanden und analysiert werden muß, bevor eine adäquate Beschreibung des Verhaltens möglich wird. Murray hat nicht nur großen Nachdruck auf die Bedeutung der Umwelteinflüsse gelegt, sondern – und das ist ganz typisch für ihn – einen komplizierten Begriffsapparat entwickelt, welcher diese Kräfte repräsentieren soll.

Die individuelle Vergangenheit, die Lebensgeschichte, ist nach Murrays Auffassung genauso wichtig wie die Gegenwart des Individuums und seiner Umwelt. Die Personologie teilt mit der Psychoanalyse die Annahme, daß Ereignisse, die in der Säuglingszeit und Kindheit stattfinden, zu entscheidenden Determinanten des erwachsenen Verhaltens werden. Eine weitere Ähnlichkeit zwischen dieser Position und der Psychoanalyse liegt in der erheblichen Bedeutung, welche der unbewußten Motivation zugeschrieben wird, und in dem offenkundig starken Interesse am subjektiven oder freien mündlichen Bericht des Probanden, einschließlich der Produkte seiner Phantasie.

Das in vielerlei Hinsicht charakteristischste Merkmal dieser Theorie ist ihre äußerst differenzierte und sorgfältig aufgliedernde Behandlung der Motive. Murrays Schema der Motivationsbegriffe (motivational concepts) hat weite Verwendung gefunden und ist von großem Einfluß gewesen. Ein anderes ungewöhnliches Kennzeichen der Theorie ist die fortwährende Betonung der gleichzeitigen und funktionell verbundenen physiologischen Prozesse, die alle psychologischen Prozesse begleiten. Sein Konzept der Regnanz, das wir später diskutieren werden, dient dazu, den Theoretiker ununterbrochen auf das Gehirn hin zu orientieren – als den Sitz (locus) der Persönlichkeit und all ihrer Bestandteile. Murray hat oft die Wichtigkeit detaillierter Deskription als eines notwendigen Vorspiels zu komplizierten theoretischen Formulierungen und Untersuchungen hervorgehoben. Übereinstimmend mit dieser Position ist sein nachhaltiges Interesse an der Taxonomie und den ausgedehnten Klassifikationen, welche er für viele Aspekte des Verhaltens begründet hat.

Murray unternahm ernsthafte Anstrengungen, einen Kompromiß zwischen den häufig widerstreitenden Anforderungen der mannigfaltigen klinischen Zustandsbilder und der Forschungsökonomie herbeizuführen. Er hat Methoden ersonnen, mit denen die große Verschiedenheit des menschlichen Verhaltens wenigstens teilweise dargestellt werden kann; gleichzeitig aber richtete er sein Augenmerk darauf, Verfahrensweisen für die Bewertung jener Variablen aufzustellen, die eine zentrale Rolle in seinem theoretischen System einnehmen. Dieser Doppelaspekt hat auf natürliche Weise zu einer Verringerung der Kluft zwischen klinischer Praxis und psychologischem Laboratorium geführt.

Wir haben nun in großen Zügen Murrays Personologie skizziert; was aber hat es mit dem Manne auf sich, der diese Theorie entwickelt hat? Henry Alexander Murray wurde am 13. Mai 1893 in New York City geboren. Er besuchte die Groton School und das Harvard College, wo er 1915 seinen Bachelor of Arts (B.A.) mit Geschichte im Hauptfach machte. Sein darauf folgendes Studium am Columbia College of Physicians and Surgeons (für Ärzte und Chirurgen) schloß er 1919 als Klassenbester ab. Im Jahre 1920 erhielt er daselbst sein Magisterdiplom (M.A.) in Biologie, war kurze Zeit Instructor für Physiologie an der Harvard University und arbeitete dann für zwei Jahre als chirurgischer Assistenzarzt am Presbyterian Hospital in New York. Danach wurde er Mitarbeiter des Rockefeller Institute for Medical Research in New York, wo er als Assistent zwei Jahre lang embryologische Forschungen durchführte. Dann ging er nach Europa, um seine Studien fortzusetzen, und erwarb 1927 in Cambridge einen Doktorgrad (Ph. D.) in Biochemie; daneben aber widmete er sich in dieser Zeit zum ersten Mal intensiv psychologischen Fragestellungen.

Diese intellektuelle Entwicklung hat Murray mit eigenen Worten trefflich wiedergegeben: „Auf dem College wurde ein Keim von Interesse an der

Psychologie durch die Frostigkeit, mit der Prof. [Hugo] Münsterberg den Stoff behandelte, abgetötet. In der Mitte seiner zweiten Vorlesung konnte ich nicht anders, als die nächste Tür zu suchen. Mehr Brot (und weniger Steine) bot man mir in der Biologie und Chemie und späterhin in der Medizin. In meinem vierten Jahr am College of Physicians and Surgeons – während ich darauf wartete, Babies auf unsere elende Welt bringen zu müssen – vollendete ich eine bescheidene Untersuchung von 25 Kommilitonen, in der 40 verschiedene anthropometrische Meßdaten mit 30 Charaktereigenschaften korreliert worden waren. Hierbei hatte ich noch die Symphonie der endokrinen Drüsen im Sinn. Später – als Assistenzarzt in einem Krankenhaus – verbrachte ich mehr Zeit, als für einen Chirurgen angemessen erachtet wurde, um voller Wissensdrang etwaige psychogene Faktoren bei meinen Patienten aufzuspüren. Was immer ich damals für einige von ihnen tun konnte – den Rauschgiftsüchtigen, den Säbelschlucker, die Prostituierte, den Gangster –, es wurde reichlich belohnt, als sie mich – nach ihrer Entlassung aus dem Hospital – zu ihren Schlupfwinkeln in der Unterwelt mitnahmen. Dies war eine recht grobe Art, Psychologie zu treiben, sie lehrte mich aber wenigstens, die Ähnlichkeit zwischen dem Tun der Unterschicht und den Träumen der Oberschicht zu erkennen ... Dann schob ich die Psychologie beiseite und kam erst wieder auf sie zurück, als ich nach Jahren biochemischer und physiologischer Forschungsarbeit mich zu fragen begann, warum einige meiner Kollegen im Rockefeller Institute so hartnäckig an diametral entgegengesetzten Ansichten über die einfachsten Phänomene festhielten. In der Hoffnung, bevorzugte Denkhaltungen als Funktionen der Persönlichkeit aufklären zu können, schickte ich einen langen Fragebogen an fünfzig kreative Denker (die meisten von ihnen Naturwissenschaftler); dann, nach wie vor in Verlegenheit, besuchte ich Kurse in Philosophie bei Prof. Morris Cohen und später in Cambridge bei Prof. [Charlie Dunbar] Broad. Es war aber [C. G.] Jungs Buch über die ‚Psychologischen Typen', das mir eine Teilantwort auf meine Frage lieferte und mich mit der Psychologie ernst machen ließ. Darüber hinaus gab es noch ein anderes Buch, eine Frau, etwas deutsche Musik und einige weitere befruchtende Eindrücke, welche mein Fühlen und Denken, die bis dato voneinander getrennt waren, wieder zusammenführten. In einem glücklichen Augenblick besuchte ich Dr. Jung in Zürich mit der Absicht, einige theoretische Begriffe zu diskutieren; aber in ein, zwei Tagen war zu meinem Erstaunen genug affektives Zeug an die Oberfläche gekommen, um einen reinen (Natur)Wissenschaftler zum Invaliden zu machen. Dies bot mir erstmals Gelegenheit, die Psychoanalyse auf die Waagschale zu legen; und ich kann es als eine Methode zur Messung des Wertes jeder Art von Personologie nur empfehlen. Tragen Sie Ihre rätselhaftesten und schwierigsten Probleme zu einem geeigneten Vertreter einer Theorie und beurteilen Sie diese nach ihrer Fähigkeit, Ihr ganzes Wesen systematisierend zu erleuchten. ... Im Jahre 1925 ... hatte ich keine Gewichte, Dr. Jung auszuloten, den ersten vollblütigen, umfassenden – und goetheanischen, müßte ich sagen – Geist, dem ich je begegnet war, jenen Mann, den der kluge Prinzhorn die ‚reifste Frucht am Baum der psychoanalytischen Erkenntnis' genannt hat. Wir sprachen stundenlang, während wir den See auf und ab segelten und dann vor dem Herd seines faustischen Refugiums rauchten. Das große Tor zu einem Wunderland tat sich auf, und ich sah Dinge, von denen meine Weisheit nicht einmal geträumt hatte. Innerhalb eines Monats wurde eine ganze Reihe vertrackter Probleme gelöst, und als ich von dannen ging, war ich eindeutig für die Tiefenpsychologie gewonnen. Ich hatte das Unbewußte *erlebt,* etwas, das man wahrlich nicht aus Büchern ziehen kann" (Murray 1940, S. 152–153).

Mit derart vertieftem Interesse für die Welt der Psyche kehrte Murray nach New York zurück, um zunächst wieder am Rockefeller Institute tätig zu werden. Aber schon nach einem Jahr, 1927, folgte er einer Berufung der Harvard University als Instructor für Psychologie. Diese unkonventionelle Wahl eines ungewöhnlichen Mannes, der gar nicht vom Fach war, durch ein berühmtes und traditionsreiches Department of Psychology war durch Morton Prince arrangiert worden, der gerade die Harvard Psychological Clinic gegründet hatte. Die Klinik war der ausdrücklichen Bestimmung übergeben, sich der Forschung und Lehre der abnormalen (also klinischen) und dynamischen Psychologie zu widmen; und Prince, der für ihre zukünftige Leitung nach einem jungen und vielversprechenden Gelehrten Ausschau hielt, wählte Murray. Im Jahre 1928 wurde dieser Dozent (Assistent Professor) und zugleich Direktor der Klinik, 1937 dann noch außerordentlicher (Associate) Professor. Daneben war er einer der Gründungsmitglieder der Bostoner Psychoanalytic Society, nicht ohne bis 1935 auch seine psychoanalytische Ausbildung unter Franz Alexander und Hans Sachs nachzuholen. Ein faszinierender Bericht seiner Lehranalyse und seiner Einstellungen gegenüber der Psychoanalyse ist in einem Symposium über Psychologen und Psychoanalyse enthalten (Murray 1940).

Während der rund fünfzehn Jahre, die vergingen, bevor der Krieg die Arbeit unterbrach, war die Harvard Psychological Clinic – unter der intellektuellen und geistigen Führung von Henry Murray – ein Ort höchst schöpferischer theoretischer und empirischer Unternehmungen. Murray versammelte eine Gruppe von fähigen jungen Wissenschaftlern um sich, deren gemeinsame Bemühungen, die menschliche Persönlichkeit zu erforschen und zu beschreiben, überaus ergiebig waren. Die in ‚Explorations in personality' (1938) veröffentlichten Berichte geben eine gute Vorstellung von der Fruchtbarkeit dieser Zeit; als wichtigeres Ergebnis aber müssen jene Werte, Anschauungen und Zielsetzungen angesehen werden, die so hervorragende Forscher wie Donald W. Mackinnon, Saul Rosenzweig, R. Nevitt Sanford, Silvan S. Tomkins und Robert W. White mit auf den Weg bekamen. Hier in dieser Klinik fand die psychoanalytische Theorie zum ersten Mal eine aufgeschlossene akademische Zuhörerschaft, und es wurden große Anstrengungen unternommen, Methoden zu entwickeln, mit denen sich die glänzenden klinischen Einsichten von Freud in experimentelle Operationen übersetzen ließen, um so einen gewissen Grad von empirischer Bestätigung oder Widerlegung zu erreichen. Nicht nur, daß Murray unter den eigenen Schülern ein Gefühl der Erregung und bevorstehenden Entdeckung erzeugte, die Klinik öffnete ihre Pforten auch vollausgebildeten Wissenschaftlern aus einer Vielzahl von Gebieten (Erik Homburger Erikson, Cora Dubois, Walter Dyk, H. Scudder McKeel), so daß das Unternehmen eine ausgesprochen interdisziplinäre Atmosphäre erhielt.

Diese Ära fand ihr Ende im Jahre 1943, als Murray Harvard verließ und in das Army Medical Corps eintrat, um dort als Major, später als Oberstleutnant eine Auswahldienststelle für das Office of Strategic Services einzurichten und zu leiten. Seiner Abteilung war die kriegswichtige Aufgabe gestellt, Kandidaten für komplexe, geheime und gefährliche Einsätze auszusieben. Die Aktivitäten dieser Gruppe sind in ‚Assessment [Beurteilung] of men' (1948) zusammengefaßt worden. Für seine Tätigkeit in der Armee wurde Murray 1946 mit der Legion of Merit ausgezeichnet. Im Jahre 1947 kehrte er nach Harvard zurück, um auf Teilzeitbasis in dem neugebildeten Department of Social Relations (für soziale Beziehungen) Vorlesungen über klinische Psychologie zu halten, bis er schließlich 1950 zum Professor für klinische Psychologie ernannt wurde. Bereits 1949 hatte er an der Harvard University das Psychological Clinic Annex begründet, wo er und ein paar Kollegen und graduierte Studenten Untersuchungen über Persönlichkeit durchführten, welche die Zusammenstellung von 88 umfassenden Fallgeschichten einschlossen. Murray wurde 1962 emeritiert. Für sein lebenslanges Wirken im Bereich der Psychologie wurde ihm von der American Psychological Association die Distinguished Scientific Contribution Award und von der American Psychological Foundation die Gold Medal Award verliehen.

Über die Revision und Erweiterung seiner theoretischen Einsichten hinaus befaßte sich Murray auch mit einigen allgemeineren Lebensfragen unserer Zeit. Darunter fielen die Abschaffung des Krieges, die Schaffung eines Weltstaates, die Verbesserung der menschlichen Beziehungen (einschließlich jener in Zweiergruppierungen – wie in der Freundschaft und Ehe) und die Entwicklung einer neuen Religion mit einem „Testament" kanonischer Schriften, in denen eine Reihe von positiven Werten sowie Leitlinien für ein erfülltes und zufriedenes Leben angegeben werden (1960a, 1961, 1962b). Murray ist ein glühender Vorkämpfer einer von Vernunft gezügelten schöpferischen Einbildungskraft (creative imagination), mit deren Hilfe der Mensch jedes ihn bedrängende Problem zu lösen vermöge. Die Psychologie hat er wegen ihres Entwurfs eines negativen Bildes vom Menschen und ihres – wie er es nannte – „tückischen Narzißmus" (malignant narcissism) scharf kritisiert. „In der Mehrzahl unserer personologischen Formulierungen gibt es keinen Platz für Kreativität, keinen Freiheitsspielraum für Willensentscheidungen, keine entsprechende Anerkennung der Macht der Ideale, keine Basis für selbstlose

Taten und nicht den geringsten Grund für irgendeine Hoffnung, daß die menschliche Rasse sich aus dem Verhängnis, das derzeit über ihr schwebt, retten kann" (1962a, S. 53). Demgegenüber setzt sich Murray fest für eine optimistisch-humanistische Psychologie ein.

Wie die vorausgehenden Abschnitte verdeutlichen, ist Murray kein Mensch, dessen intellektuelle Ahnenschaft sich leicht bestimmen ließe. Die Zahl und die Verschiedenheit der theoretischen Vorbilder, denen er folgte, ist so groß, daß wir unmöglich mehr als ein paar der wichtigsten benennen können. Ohne Zweifel hat die Psychoanalyse – im weitesten Wortgebrauch – einen großen Anteil an seiner geistigen Entwicklung. In direkter und persönlicher Weise haben Jung, Alexander und Sachs ihn beeinflußt; und Freud hat in erster Linie durch seine Schriften eine große Wirkung auf ihn ausgeübt. Wie tief der Einfluß der Psychoanalyse auf Murray war, mag am besten die nachfolgende Passage enthüllen: „Ich kann mich kaum noch an die Kurzsichtigkeit zurückerinnern, die früher meine Ansichten über die menschliche Natur so sehr beschränkt hat – so selbstverständlich ist es für mich geworden, Eindrücke (impressions) zu empfangen von dem Wunschdenken, dem dramatischen Geschehen und dem Rollenspiel, die dem Reden und Handeln eines jeden, den ich treffe, zugrunde liegen. Anstatt bloß einen gestriegelten Amerikaner in Geschäftskleidung zu sehen, der wie eine Ratte im Labyrinth in sein Büro und wieder zurück fährt – ein räuberischer, beweglicher Apparat von Reflexen, Gewohnheiten, Stereotypen und Slogans, ein Bündel von Übereinstimmung, Gleichförmigkeiten und Bindungen gegenüber dieser oder jener Institution, mit anderen Worten: ein Roboter –, vergegenwärtige ich mir (und zwar genauso, wie ich mir die Aktivität seiner inneren Organe vergegenwärtige) ein Fluten machtvollen – bewußten und unbewußten – subjektiven Lebens; eine Flüstergalerie, in welcher das Echo von Stimmen aus ferner Zeit zu hören ist; einen Golfstrom von Phantasien, mit treibenden Erinnerungen längst vergangener Ereignisse, mit Wirbeln widerstreitender Komplexe, Komplotten und Gegenkomplotten, Hoffnungsschimmern und Idealen. Für einen Neurologen sind solche Perspektiven unsinnig, gefühlsbeladen, veraltet; aber in Wahrheit kommen sie der Wirklichkeit des inneren Lebens viel näher, als es seine eigenen sauberen Diagramme von Reflexbögen und Nervenanastomosen vermögen. Eine Persönlichkeit ist ein ganzes Bundeshaus mit Sprechern und Interessengruppen, Volksführern, Mitläufern, Kommunisten, Isolationisten, Kriegstreibern, politischen Einzelgängern, korrupten Beamten, ‚Kuhhändlern', Lobbyisten, Cäsaren und Christussen, Machiavellis und Judassen, Erzkonservativen und prometheischen Revolutionären. Und ein Psychologe, der dies nicht in sich selbst erfährt, dessen Bewußtsein dem Fluß der Vorstellungen und Gefühle gegenüber verschlossen ist, sollte ermutigt werden, auf dem Wege der Psychoanalyse das bunte Gemisch seines seelischen ‚Hofstaats' kennenzulernen" (Murray 1940, S. 160f.)

Murrays medizinische und biologische Ausbildung und Forschungstätigkeit sind verantwortlich dafür, daß er stets die fundamentale Bedeutung der physikalischen und biologischen Faktoren des Verhaltens anerkannte. Seine Erfahrung in der ärztlichen Diagnose hat ihn offenkundig zu der Auffassung gebracht, daß die Persönlichkeit am besten durch ein Spezialistenteam beurteilt und daß bei der Gesamtbeurteilung den Aussagen der Versuchsperson über sich selbst ernsthaft Gehör geschenkt werden sollte. Sein Interesse an der Taxonomie oder Klassifikation des Verhaltens wie auch seine Überzeugung, daß sorgfältige Untersuchungen von Einzelfällen für den künftigen Fortschritt der Psychologie entscheidend sein werden, stimmen ebenfalls gut mit seiner medizinischen Vergangenheit überein. Seine detaillierte Kenntnis der Mythologie (1960b) und der großen literarischen Schöpfungen unserer eigenen wie früherer Zeiten, besonders aber sein fundiertes Wissen über Herman Melville und dessen Werk erschlossen ihm eine unerschöpfliche Quelle von Ideen über den Menschen und seine Möglichkeit, gute und schlechte Taten zu begehen. Das äußerst präzise Philosophieren von Alfred North Whitehead lieferte ihm ein Modell des logischen und synthetischen Denkens, während der grausame, aber brillante Lawrence J. Henderson als Vorbild für seine strenge und kritische Orientierung diente. Murray hat zudem eine Menge von der akademischen Psychologie gelernt, wobei Lewin und McDougall vielleicht die bedeutendsten aus dieser Einflußsphäre waren. Die Kulturanthropologie, mit Clyde Kluckhohn als ihrem wichtigsten Vertreter, hat ebenfalls Anteil an seiner Denkweise. Was er diesen und zahlreichen anderen Männern, einschließlich mehreren Forschergenerationen, verdankt, wußte er in vier sehr persönlichen Dokumenten ausführlich zu würdigen (1940, 1959, 1967, 1968a). Bei einem solch komplexen Stammbaum nimmt es nicht wunder, daß das Endprodukt ein kunstvoll und vielseitig strukturierter Geist ist.

Für alle, die Henry Murray kennenlernten, steht fest, daß seine Begabung und seine Aufopferung für das Studium der menschlichen Persönlichkeit sich in seinen veröffentlichten Arbeiten nur teilweise zeigen. Seine beiläufigen Bemerkungen wie auch seine weitschweifenden Spekulationen über eine endlose Vielfalt von Themen, welche ein so integraler Bestandteil der Lunchzeit in der Psychological Clinic waren, haben Dutzenden seiner Studenten und Kollegen reiche Anregungen für Forschungen gegeben. Unglücklicherweise fielen nicht alle dieser Botschaften auf fruchtbaren Grund, und man kann nur bedauern, daß das gesprochene Wort nicht erhalten geblieben ist, um das Aufgeschriebene zu ergänzen. Murrays Tendenz, nur gelegentlich die Früchte seines Intellekts zu enthüllen, zeigt sich eindeutig an den Publikationen, die seiner über ein Vierteljahrhundert gehenden Beschäftigung mit Melville entstammen. Diese Jahre intensiven und hingebungsvollen Studiums haben ihm unter den Kennern des Dichters einen Ruf eingebracht, der ohne Parallele ist; und doch hat er bisher nur zwei Abhandlungen veröffentlicht, die sich mit dem so fesselnden Werk beschäftigen. Eine davon ist die brillante Analyse der psychologischen Bedeutung von ‚Moby Dick' (Murray 1951c), über die wir später noch mehr zu sagen haben; und die andere ist eine scharfsinnige analytische Einführung zu ‚Pierre‘ (Murray 1949a), einem der interessantesten und verwirrendsten Romane von Melville.

Eingedenk der Unangemessenheit der geschriebenen Zeugnisse Murrays sehen wir die beste Darstellung seiner psychologischen Theoriebildung in ‚Explorations in personality‘ (1938); sie gibt das Denken und Forschen des Stabes der Psychological Clinic am Ende der ersten Dekade ihres Bestehens wieder. Auszugweise Berichte über die nachfolgenden Forschungsarbeiten sind in ‚A clinical study of sentiments‘ [d.h. über (affektive) Gesinnungen] (1945), welche er mit seiner langjährigen Mitarbeiterin Christiana Morgan verfaßte, und in den ‚Studies of stressful interpersonal disputations‘ (1963) enthalten. Die hauptsächlichen Wandlungen seiner theoretischen Anschauungen während der folgenden Jahre sind bestens dargestellt in einem gemeinsam mit Clyde Kluckhohn (1953) geschriebenen Artikel, des weiteren in einem Kapitel, das in ‚Toward a general theory of action‘ (1951a) veröffentlicht worden ist, in einem in der Zeitschrift Dialectica (1915b) publizierten Artikel, in einem Vortrag, den er an der Universität von Syracuse, N.Y., hielt (1957), in einem Kapitel aus ‚Psychology: a study of a science‘ (1959) sowie in einem für die ‚International encyclopedia of the social sciences‘ verfaßten Artikel (1968b). Das ‚Manual of Thematic Apperception Test‘ (1943) [deutsche Bearbeitungen s. Stern 1952 u. Revers 1958] dient als die beste Einführung in diesen gemeinsam mit Christiana Morgan entworfenen Persönlichkeitstest (Morgan/Murray 1935), welcher zu einer der wichtigsten und am meisten benutzten empirischen Werkzeuge sowohl der Kliniker als auch der (angewandten) Persönlichkeitsuntersucher geworden ist. Die große Sensitivität und Ingeniosität, die Murray bei der Entwicklung von Methoden der Einschätzung und Analyse der menschlichen Fähigkeiten und direktionalen (gerichteten) Tendenzen gezeigt hat, werden aufs lebhafteste deutlich in Murrays ‚Assessment of men‘ (1948).

Die Struktur der Persönlichkeit

Das Wesen der Persönlichkeit und ihre erworbenen Fähigkeiten und Fertigkeiten haben einen beträchtlichen Teil von Murrays theoretischem Interesse beansprucht. Seine Ansichten über die Persönlichkeitsstruktur sind stark von der psychoanalytischen Theorie beeinflußt worden, und doch unterscheiden sie sich in vielerlei Hinsicht vom orthodoxen Freudianismus. Was das Wort Struktur anbelangt, so gebraucht er es mit einiger Vorsicht, weil in ihm die Bedeutungen der Dauer, Regelhaftigkeit und Gesetzmäßigkeit mitschwingen, erkannte er doch, daß die Persönlichkeit sich gewöhnlich in einem Zustand ständigen Fließens befindet. Im folgenden erörtern wir nun Murrays Definition der Persönlichkeit einschließlich der Begriffe, die er bei dem Versuch, ihre Charakteristika darzustellen, erarbeitet hat.

Definition der Persönlichkeit

Obwohl Murray im Laufe der Zeit viele – verschiedene – Definitionen vorgeschlagen hat, sind die Hauptelemente seines Begriffsverständnisses in den folgenden Beispielen enthalten: „Der Terminus ‚Persönlichkeit' ist reserviert für die hypothetische Struktur der Psyche (mind), deren konsistente Einrichtungen und Prozesse sich wieder und wieder (zusammen mit einmaligen oder neuartigen Elementen) in den inneren und äußeren Abläufen manifestieren, welche das Leben eines Individuums ausmachen. Die Persönlichkeit ist also nicht eine Kette von biographischen Fakten, sondern etwas mehr Allgemeines und Überdauerndes, das von den Fakten abgeleitet ist" (Murray/Kluckhohn 1953, S. 30). – „Persönlichkeit ist das den Körper regierende Organ, eine Institution, deren Funktion – von der Geburt bis zum Tode – in der unablässigen Umgestaltung besteht" (Murray 1951 a, S. 436). – „Eine Persönlichkeit in irgendeinem bestimmten Augenblick ihrer Geschichte ist die dann existierende, im Gehirn lokalisierte, unwahrnehmbare und hypothetische (problematical) hierarchische Konstitution des ganzen komplexen Vorrats eines Subjekts an zusammenhängenden substanz- und strukturbezogenen psych(olog)ischen (grundlegenden, verknüpfenden und ordnenden) Eigenschaften (properties: elementary, associational, and organizational)" (1968 b, S. 6).

Diese Definitionen enthalten mehrere wichtige Komponenten. Erstens erweisen sie die abstrakte Natur der Persönlichkeit, und damit die Tatsache, daß sie die Konstruktion eines Theoretikers ist, welche trotz ihrer Bezogenheit auf bestimmte empirische Ereignisse nicht einfach der Summe (summary) dieser Ereignisse entspricht. [Was als] die Persönlichkeit eines Menschen [gilt,] wird zweifellos variieren, je nach dem Theoretiker, der sie beschreibt oder zu erklären versucht. Zweitens wird angedeutet, daß die individuelle Persönlichkeit sich auf eine Kette von Ereignissen bezieht, die im Idealfall das ganze Leben umspannen. Diese longitudinale Sichtweise kommt noch stärker zum Ausdruck in einem Satz, der immer wieder in Murrays Schriften erscheint: „Die Geschichte der Persönlichkeit *ist* die Persönlichkeit." Drittens besagen die Definitionen, daß Persönlichkeit gleichermaßen die überdauernden und wiederkehrenden Verhaltenselemente wie auch die neuartigen und einmaligen widerspiegeln sollte. Viertens ist Persönlichkeit der organisierende oder regierende Anteil des Subjekts. Es ist die Persönlichkeit, welche die Ordnung und den Zusammenhalt der unvereinbaren Antriebe und Zwänge, denen das Individuum ausgesetzt ist, bewirkt.

Eine derartige Auffassung der Persönlichkeit als eine organisierende und integrierende Kraft wirft sogleich die Frage nach ihren Hauptfunktionen auf. Murray hat diese wie folgt beschrieben: „... die allgemeinen Funktionen der Persönlichkeit bestehen darin, ihre Prozesse auszuführen, sich selbst auszudrücken, zu lernen, wie sie dringende Bedürfnisspannungen erzeugen und vermindern kann, Serienprogramme für das Erreichen entfernter Ziele zu bilden, und schließlich Konflikte dadurch abzuschwächen oder ganz zu lösen, daß sie Pläne aufstellt, welche schon früher die reibungslose Befriedigung ihrer Hauptbedürfnisse erlauben" (Murray/Kluckhohn 1953, S. 39). Diese Liste erweitert Murray später noch um die Funktionen der Anpassung von Anspruchsniveaus, womit die Wahrscheinlichkeit ihrer Erfüllung vergrößert wird, und der Kontrolle des Verhaltens, damit dieses mit der sozialen Erwartung konform geht.

Ein äußerst relevanter Gegenstand in Murrays Schriften, der bisher übergangen wurde, ist die Betonung der physiologischen Grundlage der Persönlichkeit. In Übereinstimmung mit seiner Sachkenntnis im Bereich der biologischen Naturwissenschaft pflegte Murray die fundamentalen Lebensprozesse hervorzuheben, die alle Ereignisse begleiten, mit denen sich der Psychologe beschäftigt. In der Tat hat er behauptet, daß „die Persönlichkeit biologisch definiert werden kann als das regierende Organ oder die übergeordnete Institution des Körpers. Als solche ist sie im Gehirn lokalisiert. Kein Gehirn – keine Persönlichkeit" (Murray 1951 b, S. 267).

So versäumte Murray auch in keiner seiner Schriften, die Persönlichkeit als fest im Gehirn verankert zu bezeichnen, indem er stets darauf hinwies, daß nach allem, was wir von den für die Verhaltensfunktion notwendigen physiologischen Prozessen wissen, das Gehirn der Sitz der anordnenden und ausführenden Funktionen sein muß – eben der Persönlichkeit. „... da das ganze komplexe adaptive Verhalten augenscheinlich durch Erregungen im Gehirn koordiniert wird, kann die Einheit von Entwicklung und Verhalten des Organismus nur unter Hinweis auf die in dieser Region stattfindenden Organisationen verstanden werden. Mehr als die Prozesse in den übrigen Teilen des Körpers sind es jene im Gehirn, die für den Psychologen von besonderem Interesse sind" (1938, S. 45). Wie wir später noch sehen werden, nimmt Murray an, daß nicht nur die Persönlichkeit, sondern auch alle zu ihrer Darstellung verwendeten spezifischen Variablen ihre begleitenden Gehirnprozesse haben.

Trotz dieses Festhaltens am Gehirn als dem „Ort" der Persönlichkeit ist Murray überzeugt, daß der Psychologe seine Fortschritte unabhängig von den Beiträgen der Physiologie und Neurologie zu machen hat. Er glaubt, daß „... das persönlichkeitsbestimmte Verhalten auf einer anderen Ebene liegt als die physiologischen Phänomene und daher in eigener Regie untersucht und systematisiert werden sollte, ohne darauf zu warten, daß weitere ‚grundlegende' Wissenschaften eine vollständige Formulierung liefern könnten" (Murray/Kluckhohn 1953, S. 4).

So machen Murrays Versuche zu einer Definition der Persönlichkeit deutlich, daß er stark auf eine Anschauung ausgerichtet ist, welche die Vergangenheit des Organismus, die organisierende Funktion der Persönlichkeit, die wiederkehrenden wie auch erstmaligen Kennzeichen des individuellen Verhaltens, die abstrakte und begriffliche Natur der Persönlichkeit und die den psychologischen zugrundeliegenden physiologischen Prozesse in angemessener Weise berücksichtigt.

Persönlichkeit als eine partielle Formulierung

Murray hat darauf hingewiesen, daß man eigentlich anstatt von Diagnose von *Formulierung* (formulation) sprechen sollte, wenn man einen Ausdruck für die Tätigkeit des Psychologen sucht, der das Porträt einer Persönlichkeit zeichnet. Die Diagnostik zielt auf eine fixierte Komponente oder Identität als Vergleichsmaßstab für das Individuum, während das, was der Persönlichkeitspsychologe tut, „... ein Versuch konstruktiver Begriffsbildung [ist], hypothetisch und vorläufig, bestenfalls ein Schritt in Richtung auf eine Typologie hin" (Murray 1951b, S. 276). So betont der Begriff Formulierung die Tatsache, daß die Persönlichkeitsbeschreibung immer noch zum Teil ein künstlerischer Vorgang ist, für den es nur wenige feste Leitlinien und Verfahrensregeln gibt. Er deutet ebenfalls auf die abstrakte Natur dieses Prozesses hin und erinnert – im Einklang mit seiner Definition der Persönlichkeit – den Benutzer daran, daß die derart ‚formulierte' Persönlichkeit in gewissem Ausmaß von dem jeweiligen Theoretiker oder den verwendeten theoretischen Konstrukten mitbestimmt ist.

Aber die Persönlichkeitsbeschreibung sollte nicht nur eher als Formulierung denn als Beschreibung aufgefaßt werden, sie ist als solche auch stets unvollständig und *partiell* oder einseitig (partial), d.h. sie vermag eher gewissen besonderen Funktionen zu genügen, anstatt das ganze Verhalten zu jeder Zeit vorherzusagen. Eine vollständige Formulierung würde so viele Details erfordern und so schwerfällig sein, daß sie völlig unpraktisch wäre.

Vorgänge und Serien

Die Ausgangsdaten des Psychologen sind *Vorgänge* oder auch Handlungen (proceedings) – i.e. Subjekt-Objekt-Interaktionen oder Subjekt-Subjekt-Interaktionen – von ausreichender Dauer, um die signifikanten Elemente einer beliebigen Verhaltenssequenz einzuschließen. Mit Murrays Worten beziehen sich Vorgänge auf „die Dinge (the things), die wir beobachten und die wir zu erklären und mit Hilfe von Modellen darzustellen versuchen, die Dinge, um deren Voraussage wir bemüht sind, die Tatsachen (the facts), an denen wir die Angemessenheit unserer Formulierungen überprüfen" (Murray 1951b, S. 269f.).

Unter gewissen Umständen ist es durchaus möglich, einen Vorgang, z.B. eine verbale Äußerung und ihre Erwiderung, genau zu definieren, doch läßt sich in der Regel nur eine sehr allgemeine Abgrenzung vornehmen. In diesem Sinne sagt Murray, daß „idealerweise die Dauer bzw. Länge (duration) eines Vorgangs (1) durch die Einleitung (initiation) und (2) durch die Vollendung (completion) eines dynamisch bedeutsamen Verhaltensmusters bestimmt ist ..." (Murray 1951b, S. 269).

Diese Auffassung, daß die Grundeinheit (basic unit) des Psychologen aus Vorgängen besteht, spiegelt Murrays Überzeugung wider, daß das Verhalten unlösbar in die Zeitlichkeit eingebunden ist. So ist [die Abstraktion] eines Vorgangs ein Kompromiß zwischen den praktischen Beschränkungen, die uns durch den Intellekt und durch unsere Untersuchungstechniken auferlegt sind, und der empirischen Gegebenheit, daß Verhalten immer nur in der Zeitdimension vorkommt. Nach Murray lassen sich Vorgänge klassifizieren im Hinblick darauf, ob sie *interne* oder innere (internal), z. B. Tagträumen, Problemlösen, Pläneschmieden in Abgeschlossenheit, oder *externe* oder äußere (external) sind, wie z. B. Interaktionen mit Personen oder Objekten der Umgebung. Externe Vorgänge haben zudem zwei Aspekte: einen subjektiven *Erlebnis-* und einen objektiven *Verhaltensaspekt* (experiential and behavioral aspect).

Murray hat ausdrücklich darauf hingewiesen, daß ein Mensch in jedem Augenblick in einer Vielzahl von Vorgängen befangen sein kann. Vielleicht sieht er gerade fern, oder er spricht mit einem Freund, oder er trinkt oder horcht auf das Geschrei eines erwachenden Babys, krault seinen Hund, schmollt mit seiner Frau – alles während derselben kurzen Zeitspanne. So wird man gewöhnlich mehrere sich überlappende, gleichzeitig geschehende Handlungen entdecken, wenn man das individuelle Verhalten genau betrachtet. Der Terminus *Duranz* oder Dauer (durance) wird benutzt, um eine zeitliche Einheit (oder einen Abschnitt) des Lebens zu bezeichnen, die alle sich überlappenden Vorgänge einschließt – eine Einheit, welche die natürliche Komplexität der personalen Existenz umfaßt. Das Konzept der Dauer macht deutlich, daß der einzelne Vorgang normalerweise eine Abstraktion von der Mannigfaltigkeit des ablaufenden Verhaltens ist und nur eine Tendenz, nur einen Aspekt unter vielen darstellt. Dabei ist es möglich, das individuelle Menschenleben in lange Duranzen (long durances), wie Kindheit, Adoleszenz, Alter, und kurze Duranzen (short durances), z. B. die nur eine Minute währende Reaktion auf einen Reiz oder ein traumatisches Erlebnis von zehn Minuten Länge, einzuteilen.

Die Repräsentation des Verhaltens im Sinne von Vorgängen oder Handlungen ist für viele Zwecke vollkommen ausreichend. Dennoch kann es unter gewissen Umständen notwendig werden, in eine besondere Einheit oder Formulierung ein Verhalten einzubeziehen, das sich über einen längeren Zeitraum erstreckt. Diese längere funktionale Verhaltenseinheit wird als *Serie* oder Serial oder auch (Handlungs)Folge, (-)Reihe (serial) bezeichnet. Dazu Murray: „... eine richtungsmäßig bestimmte periodische Aufeinanderfolge (a directional organized intermittent succession) von Vorgängen kann eine Serie genannt werden. Es handelt sich dabei um eine relativ lange funktionale Einheit, die nur ungefähr formuliert werden kann (z. B. eine Freundschaft, eine Ehe, eine Geschäftskarriere). Man muß Zeugnisse von dem Verlauf wichtiger Vorgänge beibringen und dabei alle Entwicklungsindizes wie Wechsel der Disposition, Erweiterung des Wissens und des Könnens, Verbesserung der Qualität der ausgeführten Arbeit usw. beachten. Kein einziger Vorgang innerhalb der Folge kann ohne Bezug auf jene anderen, die zu ihm geführt haben, und ohne Bezug auf die Ziele und Erwartungen des Handelnden, die den Entwurf seiner Zukunft ausmachen, verstanden werden" (Murray 1951b, S. 272).

Die Beschreibung des Verhaltens im Sinne von Serien wird also immer dann erforderlich, wenn gewisse Vorgänge so innig aufeinander bezogen sind, daß man sie unmöglich gesondert untersuchen kann, ohne ihre volle Bedeutung zu zerstören.

Serienprogramme und Zeitpläne

Eine sehr wichtige Funktion für das Individuum geht von serialen oder *Serienprogrammen* (serial programs) aus, d.h. von planmäßigen Arrangements von Unterzielen, die sich vielleicht für Monate oder Jahre in die Zukunft erstrekken, und die, wenn alles gut verläuft, schließlich zu einem gewünschten Endzustand führen. So z.B. strebt jemand auf das Ziel zu, Arzt zu werden, aber zwischen diesem Ziel und seiner gegenwärtigen Situation liegen Jahre des Studiums und der fachlichen Ausbildung. Wenn er eine Reihe von Unterzielen aufstellt, von denen jedes einzelne ihn seinem Abschluß näherbringt, so würde man dies als ein „seriales" Programm bezeichnen.

Von gleicher Bedeutung sind *Zeitpläne* (schedules), jene Kunstgriffe, die einen Konflikt zwischen widerstreitenden Bedürfnissen und Zielvorstellungen vermindern, indem sie dafür sorgen, daß die entsprechenden Strebungen zu verschiedenen Zeiten Ausdruck finden. Mittels eines solchen Schemas vermag das Subjekt seine diversen Ziele maximal zu verwirklichen. Wenn es in der Aufstellung von Plänen effizient ist, kann es die Quantität wie auch die Intensität seiner Konflikte weitgehend verringern.

Murray hat kürzlich die Serienprogramme und Zeitpläne dem Terminus *Ordination* oder Anordnung (ordination) subsumiert, welcher den Prozeß des Planens wie auch das Ergebnis dieses Prozesses – ein feststehendes Programm oder einen (Zeit)Plan – einschließt. Nach Murrays derzeitiger Auffassung ist die Ordination ein höherer geistiger Prozeß, der auf der gleichen Ebene liegt wie die Kognition (das Erkennen). Deren Ziel ist ein vollständiges begriffliches Verständnis der Umwelt; wenn aber die äußere Situation einmal hinreichend durchschaut ist, tritt die anordnende Funktion auf den Plan, um die ‚Politik' zu bestimmen und die zu ihrer Realisierung nötigen ‚strategischen und taktischen' Mittel zu programmieren.

Fähigkeiten und Leistungen

Im Gegensatz zu vielen anderen Persönlichkeitspsychologen hat Murray ein beständiges Interesse an *Fähigkeiten und Leistungen* (abilities and achievements) gezeigt. Er betrachtet sie als wichtige Komponenten der Persönlichkeit, deren individuelle Bedeutung in der zentralen Funktion liegt, zwischen Dispositionen zum Handeln und den Endergebnissen, auf welche diese Dispositionen gerichtet sind, zu vermitteln. In praktisch all seinen Forschungen über die Persönlichkeit sind die Untersuchungssubjekte im Hinblick auf eine Vielzahl von verschiedenen Fähigkeits- und Leistungsbereichen, als da sind physische, mechanische, soziale, ökonomische, erotische (sexuelle), intellektuelle oder Führungsqualitäten, eingeschätzt worden.

Einrichtungen der Persönlichkeit

Selbst wenn wir die Persönlichkeit als ein fortwährend sich veränderndes Phänomen ansehen, gibt es doch bestimmte stabile oder strukturierte Komponenten von längerer Dauer, die für ein Verständnis des Verhaltens äußerst wichtig sind. Um diese psychischen Strukturen darzustellen, entlehnt Murray der Psychoanalyse die Termini Es, Ich und Über-Ich, führt allerdings bei ihrer Ausgestaltung einige unterscheidende Elemente ein.

Murray stimmt mit Freud in der Auffassung des *Es* (id) als dem Behältnis der primitiven und unakzeptierbaren Impulse überein. Hier ist der Ursprung der Energie, die Quelle aller angeborenen Motive, das blinde und unsozialisierte Selbst. Darüber hinaus aber – so Murray – entläßt das Es Impulse, die sowohl für das Selbst als auch für die Gesellschaft tragbar sind. Um seine eigene Position gegenüber der orthodoxen Psychoanalyse abzugrenzen, schreibt er: „Zu gegebener Zeit wurde es anderen Analytikern, wenn nicht Freud selbst, klar, daß der Begriff des Es nicht auf unannehmbare Dispositionen beschränkt bleiben konnte. In der Kindheit z.B., wenn das Ichsystem noch gar nicht existent ist oder höchstens in den allerersten Anfängen, ist die Seele erfüllt von unwillkürlichen Spontaneitäten, Emotionen und Bedürfnissen, von denen viele für das Kind und seine Mutter nicht nur in diesen frühen Jahren, sondern auch weiterhin annehmbar sind und, mehr noch, während des ganzen Lebens sogar kulturell gefördert werden. Es wäre sicher nicht korrekt zu behaupten, daß Atmung, Nahrungsaufnahme, Stuhlentleerung, Gefühlsäußerungen, Anstrengungen zur Bewältigung der Umwelt usw. ihre Ursprünge im Ich hätten. ... Das Es scheint am besten so aufgefaßt zu werden, daß es aus allen grundlegenden Energien, Emotionen und Bedürfnissen (Wertvektoren) der Persönlichkeit besteht, von denen einige völlig akzeptabel sind ... wenn sie in einer kulturell gebilligten Form, auf ein kulturell gebilligtes Objekt hin, an einem kulturell gebilligten Ort, zu einer kulturell gebilligten Zeit zum Ausdruck kommen" (Murray/Kluckhohn 1953, S. 24). Nicht nur, daß das Es Antriebe zum Guten *und* Bösen enthält, die Stärke dieser Tendenzen variiert auch unter den einzelnen Menschen. Infolgedessen ist die Aufgabe, verschiedene Individuen im Hinblick auf die Kontrolle oder Lenkung ihrer Estendenzen zu untersuchen, keineswegs von gleichem Schwierigkeitsgrad.

Wir haben schon bemerkt, daß in Murrays Theorie das Es nicht völlig böse bzw. schlecht oder asozial ist. Gleichermaßen ist das *Ich* (ego) keineswegs nur eine hemmende und unterdrückende Instanz. Das Ich muß nicht nur gewisse Impulse oder Motive zurückhalten oder verdrängen, sondern – und das ist noch wichtiger – es muß die Wege ordnen, planen und kontrollieren, auf denen andere Beweggründe in Erscheinung treten sollen. Im Einklang mit der psychoanalytischen Theorie wird das Ich als die zentrale, das Verhalten organisierende oder integrierende Kraft angesehen. Zum Teil dient diese jedoch dazu, den Ausdruck bestimmter Antriebe zu erleichtern oder zu fördern. Die Kraft und Wirksamkeit des Ich ist somit eine wichtige Determinante der individuellen Anpassung.

Das *Über-Ich* (superego) in Murrays – wie auch in Freuds – Theorie wird als ein kulturelles Erzeugnis betrachtet. Es ist ein internalisiertes Subsystem innerhalb des Individuums, das in der gleichen Weise das Verhalten reguliert, wie es die Agenten der Außenwelt einstmals getan haben. Letztere – in der Regel die Eltern – handelten stellvertretend für die Kultur (die Gesellschaft), so daß die Verinnerlichung ihrer Vorschriften einen Schritt in Richtung auf die Verinnerlichung kultureller (sozialer) Vorschriften darstellt. Die Natur des Über-Ich wird zum großen Teil durch jene Erfahrungsbereiche bestimmt, welche Eltern und andere Autoritätsfiguren, denen der junge Mensch ausgesetzt ist, einschließen. Murray meint jedoch, daß es zusätzlich zu dieser so wesentlichen Einflußsphäre eine starke Wirkung von Gleichaltrigen gibt und fernerhin den unübersehbaren Beitrag der Dichtung und der mythologischen Gestalten. Die aus diesen Quellen erworbenen Maßstäbe werden internalisiert und fungieren als Instanz für Belohnung oder Bestrafung je nachdem, inwieweit eine Handlung des Betreffenden diesen Standards entgegenkommt.

Dem Über-Ich eng verwandt ist das *Ichideal* (ego-ideal), das in einem idealisierten Bild des Selbst besteht – einem erstrebten Selbst oder einer Reihe von persönlichen Zielsetzungen, welche das Individuum zu verwirklichen trachtet. „Eine der bedeutenden *Einrichtungen* (establishments) der Persönlichkeit ist das Ichideal – eine Gesamtheit von Bildern, welche die Person in ihrer allerschönsten Zukunft zeigen, in der all ihre Sehnsüchte verwirklicht sind. Noch genauer, es ist ein Satz von Serienprogrammen, von denen jedes ein anderes Anspruchsniveau hat. Ein solches Ichideal kann sich auf alles mögliche erstrecken, vom gewieften Verbrecher bis zum heiteren Weisen. Es wird im Zuge der Entwicklung von der Phantasie geschaffen und aufrecht erhalten – als Antwort auf Modelle, welche die Außenwelt in ihren mythologischen, historischen oder lebenden Beispielen liefert. So kann die Geschichte des idealen Selbst als eine Reihe eingebildeter Identifikationen, von Helden und ihrer Verehrung, beschrieben werden" (Murray/Kluckhohn 1953, S. 40).

Das Ichideal kann vollständig vom Über-Ich geschieden sein, wie es im Fall jenes Mannes war, der ein zweiter J. Dillinger sein wollte [und einen ‚perfekten' Mord begeht], oder es kann ihm eng verwandt sein, so daß das Subjekt für sich selbst Ziele anstrebt, die dem, was seine Gesellschaft gutheißt oder verurteilt, genau entsprechen. Wenn das Über-Ich dominant und das Ichideal unterdrückt ist, kann die Person versuchen, „Gottes Willen" oder dem „Wohl der Gemeinschaft" zu dienen und dabei allen persönlichen Ehrgeiz aufgeben.

Es muß noch erwähnt werden, daß Murrays Konzeption des Über-Ich und des Ichideals mehr Spielraum für eine Veränderung und Entwicklung in den auf die Kindheit folgenden Jahre gibt, als es die Auffassung der orthodoxen Psychoanalyse tut. Murray weist auch darauf hin, daß eine Hauptfunktion des Über-Ich die Anregung von Zeit-Ort-Form-Objekt-Formeln für den Ausdruck verschiedener Bedürfnisse ist. Das heißt, das Individuum verinnerlicht von seinen Vorbildern normative Regeln dafür, *wann, wo* und *wie* ein gegebenes Bedürfnis geäußert und auf *welche Objekte* es gerichtet sein sollte. Es geht also weniger darum, daß das Individuum überhaupt unfähig ist, bestimmte Bedürfnisse zu realisieren, als darum, daß es diese Bedürfnisse nur unter sozial gebilligten Umständen auszudrücken in der Lage ist.

Bei normaler Entwicklung wechselt die Relation zwischen diesen drei Instanzen derart, daß das Über-Ich und schließlich das Ich jene bestimmende Rolle einnehmen, welche vormals das Es besaß. In den glücklichsten Fällen verbinden sich ein mildes Über-Ich und ein starkes und geistvolles Ich, um unter kulturell akzeptierten Bedingungen den Esantrieben adäquaten Ausdruck zu erlauben.

In einer späteren Revision seiner Theorie hat Murray (1959) die mehr positiven Einrichtungen der Persönlichkeit betont. Es gibt, glaubt er, formative und konstruktive Prozesse, die nicht bloß dem Überleben oder der Abwehr von Angst dienlich sind, sondern ihre eigenen Energien, Ziele und Vollzugsweisen haben. Ein Mensch muß kreativ und phantasiereich sein, muß komponieren und konstruieren, wenn er psychologisch gesund bleiben soll. Schöpferische Einbildungskraft (creative imagination) könnte in der Tat das gewichtigste Merkmal der Persönlichkeit sein, und doch ist es dasjenige, dem oftmals am wenigsten Gelegenheit gegeben wird, sich selbst zu realisieren.

Die Dynamik der Persönlichkeit

Murrays Beiträge zur psychologischen Theorie sind vor allem durch die Repräsentation menschlichen Strebens, Suchens, Begehrens, Wünschens und Wollens gekennzeichnet. Man könnte geradezu sagen, daß seine Position primär die einer Psychologie der Motivation ist. Diese Konzentration auf den Motivationsprozeß deckt sich vollkommen mit seiner Überzeugung, daß das Studium der *gerichteten Tendenzen* (directional tendencies) des Menschen den Schlüssel zum Verständnis seines Verhaltens abgibt. „... das Wichtigste, das es über ein Individuum herauszufinden gilt ... ist die übergeordnete *Gerichtetheit* (oder Gerichtetheiten) seiner Lebensäußerungen, seien diese mental, verbal oder physisch" (Murray 1951b, S. 276). Murrays Interesse an der Gerichtetheit, der „Direktionalität", hat zu dem komplexesten und am sorgfältigsten beschriebenen System motivationaler Konstrukte geführt, das auf der zeitgenössischen psychologischen Szene anzutreffen ist. Hier – in der ausdauerndintensiven Klassifizierung der Elemente menschlichen Verhaltens im Sinne der ihnen zugrundliegenden Determinanten oder Motive – zeigt sich deutlich seine Vorliebe für die taxonomische Problematik.

Murray ist gewiß nicht der erste, der besonderen Nachdruck auf die Bedeutung der Motivanalyse legt. Jedoch enthalten seine Formulierungen mehrere eigenständige Elemente. Während die vorherrschenden Strömungen in der Psychologie auf Einfachheit und eine kleine Anzahl von Begriffen hinarbeiteten, bestand Murray darauf, daß ein adäquates Verständnis der Motivation ein System mit einer genügend großen Zahl von Variablen voraussetze, das die enorme Komplexität menschlicher Beweggründe wenigstens teilweise und ohne den Anspruch auf Endgültigkeit reflektiert. Auch lag ihm sehr daran, empirische Definitionen für seine Variablen bereitzustellen, die bei aller Unvollkommenheit zumindest die operationale Effektivität der meisten vorausgegangenen Schemata auf dem Gebiet der Motivation des Menschen bei weitem übertreffen. Das Ergebnis dieser Bemühungen ist ein Satz von Begriffen, die einen kühnen Versuch darstellen, die Kluft zwischen klinischer Beschreibung und den Anforderungen der empirischen Forschung zu überbrücken.

In der Diskussion von Murrays Theorie der Motivation wollen wir jenen Begriff voranstellen, welcher von Anfang an im Brennpunkt seiner systematischen Arbeit stand: den des Bedürfnisses (Need); wir werden dann zu den verwandten Konzepten Eindruck (Press), Spannungsminderung, Thema, Bedürfnisintegration, Einheitsthema und Regnanz übergehen und uns schließlich den damit in Beziehung stehenden Wert- und Vektorbegriffen zuwenden, welche eine jüngere Entwicklung seines Denkens repäsentieren. [Die Übersetzung der Murrayschen Terminologie ist bisher uneinheitlich, wofern sie nicht ganz unterlassen ist und Originalausdrücke übernommen worden sind (z.B. „Need-Press-Methode"). Die einzelnen „Bedürfnisse" werden – entgegen Murrays Intention – z.T. umschrieben mit Antrieb(skraft), Bedarf, Bedürftigkeit, Begehren, Bemühen, Bereitschaft, Drang, Freudigkeit, Hang, Impuls, Instinkt, Intention, Interesse, Lust, (Grund)Motiv, Not, Neigung, Streben, Strebung, Strebigkeit, Suche, Sucht, Tendenz, Trieb(feder), -kraft, Willen, Wollen, Wunsch; für die verschiedenen „Eindrücke" finden sich Beeinflussung, Belastung, Druck, Einfluß, Erfahrung, Erlebnis, Gefahr, Gefährdung, Mangel, Sog, Verletzung, Verlust, (Ein)Wirkung. Von der sprachlichen Form her hätte sich die Dyade „Drang (nach)/Druck (von)" – evtl. unter Beibehaltung der originalen Abkürzungen *n* und *p* für die formalisierte Schreibweise – angeboten, doch wäre dies angesichts des bereits eingefahrenen Wortgebrauchs sicher nur verwirrend gewesen. Die übrigen Murrayschen Termini technici sind – sofern unsere Philologie es erlaubte – zumindest in ihren ursprünglichen Stämmen belassen worden, was gegenüber den (hintangesetzten) möglichen Eindeutschungen auch nur als das kleinere Übel gelten kann, da Murray sich mit seinen eigenwilligen Wortschöpfungen bewußt von jeglicher Sprachtradition entfernt hat, dem zu folgen das Wagnis einer allzu unleserlichen Übersetzung bedeutet hätte. – Cf. zur Begriffsproblematik auch das Stichwort „Bedarf und Bedürfnis" im Fischer-Lexikon Psychologie von P. R. Hofstätter. D. Ü.]

Bedürfnis (Need)

Obwohl der Bedürfnisbegriff in der Psychologie weithin benutzt worden ist, hat ihn kein anderer Theoretiker einer solch sorgfältigen Analyse unterzogen noch eine so vollständige Taxonomie der Bedürfnisse geliefert wie Murray. Die Genauigkeit von Murrays Analyse dieses Terminus wird aus seiner Definition deutlich: „Ein *Bedürfnis* (need) ist ein Konstrukt (eine geeignete Annahme oder ein hypothetischer Begriff), das eine Kraft ... in der Gehirnregion bezeichnet, welche Perzeption, Apperzeption, Intellekt (intellection), Konation und Aktion so organisiert, daß eine bestehende unbefriedigende Situation in einer bestimmten Richtung umgewandelt wird. Ein Bedürfnis wird u.U. direkt durch spezifische innere Prozesse hervorgerufen ... häufiger aber noch (falls eine Bereitschaft vorliegt) durch das Ereignis eines von wenigen normalerweise wirksamen Eindrücken (press), d.h. Umwelteinflüssen ... Es manifestiert sich, indem es den Organismus dazu führt, eine Begegnung mit gewissen Arten von Eindrücken zu suchen oder zu vermeiden oder aber – in der Begegnung – sie zu beachten und zu beantworten ... Jedes Bedürfnis ist von einem besonderen, charakteristischen Gefühl oder einer Gemütsbewegung begleitet und neigt zur Anwendung gewisser Mittel ... um deren Trend zu fördern. Es kann schwach oder stark, vorübergehend oder beständig sein. Aber gewöhnlich dauert es an und gibt den Anlaß für einen bestimmten Verlauf offenen (oder eingebildeten) Verhaltens, welches ... die initiierende Sachlage derart verändert, daß eine den Organismus beruhigende (befriedigende oder beschwichtigende) Endsituation erreicht wird" (Murray 1938, S. 123f.).

Wir ersehen aus dieser Definition, daß dem Begriff des Bedürfnisses – genau wie dem Begriff der Persönlichkeit – ein abstrakter oder hypothetischer Modus zugestanden wird, er aber trotzdem an zugrundeliegende physiologische Prozesse im Gehirn gebunden ist. Es wird außerdem berücksichtigt, daß Bedürfnisse entweder von innen heraus entstehen oder als ein Ergebnis äußerer Stimulation wirksam werden können. In jedem Fall ruft das Bedürfnis Aktivität auf seiten des Organismus hervor, und diese wird aufrechterhalten, bis die Organismus-Umwelt-Situation sich so geändert hat, daß der Drang reduziert ist. Einige Bedürfnisse sind von besonderen Emotionen oder Gefühlsregungen begleitet, und sie sind häufig mit bestimmten instrumentellen Handlungen verknüpft, welche den erwünschten Endzustand realisieren helfen.

Nach Murray lassen folgende Daten auf die Existenz eines Bedürfnisses schließen: (1) die Wirkung oder das Endergebnis des Verhaltens, (2) das besondere Muster oder die Art des betreffenden Verhaltens, (3) die selektive Aufmerksamkeit und Antwort auf eine besondere Klasse von Reizobjekten,

(4) der Ausdruck einer besonderen Emotion oder eines Affekts und (5) der Ausdruck der Befriedigung, wenn ein besonderer Effekt erreicht ist, oder der Enttäuschung, wenn er nicht eintritt (1938, S. 124). Subjektive Berichte in bezug auf Gefühle, Absichten und Ziele liefern zusätzliche Kriterien. Unter Voraussetzung der allgemeinen Definition und der obigen Kriterien für die Ableitung oder Klassifizierung von Bedürfnissen konnte Murray nach intensivem Studium einer kleinen Anzahl von Versuchspersonen eine provisorische Liste von zwanzig Bedürfnissen aufstellen. Obwohl diese Liste erheblich modifiziert und weiterentwickelt wurde, bleiben die ursprünglich aufgeführten zwanzig Bedürfnisse ziemlich repräsentativ. Diese Variablen wurden in ‚Explorations in personality' (1937, S. 152–226) dargelegt, mit einer Übersicht der einschlägigen Fakten zu jedem Bedürfnis, einschließlich Fragebogenitems für die Messung des Bedürfnisses, der begleitenden Emotionen sowie anschaulicher Erklärungen. Die zwanzig Needs sind mit ihren deutschen Entsprechungen und kurzen Definitionen in Liste 1 enthalten.

Bedürfnisarten. Bisher haben wir gezeigt, wie Murray „Need" definierte, wir haben die Kriterien untersucht, die er für die Identifikation der Bedürfnisse bereitstellt, und wir haben eine typische Liste von Bedürfnissen wiedergegeben. Darüber hinaus ist es aber noch wichtig, die Grundlage für die Abgrenzung der einzelnen Bedürfnisarten zu betrachten. Zunächst einmal gibt es den Unterschied zwischen *primären* und *sekundären* (primary and secondary) Bedürfnissen. Die primären oder *viszerogenen* (viscerogenic) sind mit bestimmten organischen Ereignissen verbunden und beziehen sich regelmäßig auf körperliche Befriedigung. Paradigmatisch für diese sind das Bedürfnis nach Luft, Wasser, Nahrung, Sexualität, Stillen, Harnlassen und Kotentleerung (*n* Air, Water, Food, Sex, Lactation, Urination, Defecation). Die sekundären oder *psychogenen* (psychogenic) Bedürfnisse sind mutmaßlich von den primären abgeleitet; zu ihren Kennzeichen gehört der Mangel an zentraler Verbindung mit irgendwelchen spezifischen Organprozessen oder Befriedigungen physischer Natur. Als Beispiele hierfür gelten das Bedürfnis nach Erwerb(ung) (*n* Acquisition: Besitzstreben [ST.]; Erwerbsstreben [RE.]), nach Gestaltung oder Aufbauen (*n* Construction: Schaffenwollen [ST.]; Gestaltungsdrang [RE.]), nach Leistung, Anerkennung (*n* Recognition: Streben nach Achtung [ST.]; Geltungsdrang [RE.]); nach Exhibition, Dominanz, Autonomie und Ehrerbietung.

Zum zweiten haben wir die Unterscheidung zwischen *offenen* und *verdeckten* (overt and covert), d.h. manifesten und latenten Bedürfnissen. Wir differenzieren hierbei zwischen jenen, deren mehr oder weniger direkter und unmittelbarer Ausdruck gestattet ist, und jenen, die generell zurückgehalten, gehemmt oder unterdrückt (verdrängt) werden. Man könnte sagen, daß offene Bedürfnisse typischerweise in motorischem Verhalten zum Ausdruck kommen, während verdeckte Bedürfnisse in der Regel zur Welt der Phantasie oder

Liste 1
Bedürfnisse (Needs) bei Murray mit Erläuterungen

[Die Vielzahl der deutschen Äquivalente für Murrays Needbegriffe entspringt einer Sammlung gängiger (oder eigener) Übersetzungen in der Reihenfolge vermeintlicher Treffsicherheit. Soweit Übersetzungen von Stern (1952) oder Revers (1958) vorliegen, wurden diese mit (ST.) bzw. (RE.) gekennzeichnet. Die im deutschen Schrifttum gebräuchlichsten Bedürfnisbegriffe sind wie folgt abgekürzt: Bed(ürfnis), Str(eben), Tend(enz), Neig(ung). Der Kleinbuchstabe vor den Originalbegriffen ist die amerikanische Abkürzung „n" für need. D. Ü.]

(n Abasement)
*Unterwerfung*stend.; *Selbstherabsetzung* (ST.); Bed. n. *Selbsterniedrigung* (RE.); Bed. n. *Gedemütigtwerden*; Hang z. *Unterwürfigkeit*:
Sich passiv äußerer Gewalt unterwerfen; Unrecht, Tadel, Kritik, Bestrafung akzeptieren; sich ausliefern, kapitulieren, sich in das Schicksal fügen; Minderwertigkeit, Fehler, Missetat oder Niederlage zugeben; beichten und büßen; sich selbst tadeln, herabsetzen oder verstümmeln; Schmerz, Strafe, Krankheit oder Unglück suchen und genießen.

(n Achievement)
*Leistung*sstr.; Str. n. *Vollkommenheit* (ST.); Str. n. *Selbstverwirklichung und Geltung* (RE.); Str. n. *Vollendung*; *Ehrgeiz*:
Etwas Schwieriges vollenden; physische Objekte, Menschen oder Ideen meistern, manipulieren oder organisieren und dies so schnell und so unabhängig wie möglich tun; Hindernisse überwinden und ein hohes (Leistungs)Niveau erreichen; sich auszeichnen; mit anderen rivalisieren und sie übertreffen; den Eigennutz durch erfolgreiche (Aus)-Übung der Talente erhöhen.

(n Affiliation)
*Gesellung*sstr. (RE.); *Anschluß- u. Geselligkeit*sbed.; *Angliederung*sbed.; *Dabeiseinwollen* (ST.); Bed. n. *(An)Teilnahme*; *Zugehörigkeit*sstr., -bed.; *Partner(schafts)*suche; *Kontakt*bed., Suche n. *Gesellschaft*; Bed. n. *Freundschaft, Liebe, Zuneigung*:
Sich einer verbündeten Person (jemand, der einem selbst ähnelt oder der einen liebt) annähern und mit ihr freudig zusammenarbeiten und Gegenleistungen erbringen; Gefallen und Zuneigung für ein anziehendes Objekt finden; einem Freund treu sein und sich ihm gegenüber loyal verhalten.

(n Aggression)
Aggressivität (ST.); *Aggression*sneig. (inclus. *Zerstörung*stend.) (RE.); *Angriff*slust; Bed. n. *Gewalt(tätigkeit)*:
Widerstand mit Gewalt überwinden; kämpfen; Unrecht rächen; einen anderen angreifen, verletzen oder töten; jemandem machtvoll entgegentreten oder ihn bestrafen.

(n Autonomy)
*Autonomie*str.; Drang n. *Selbständigkeit* (ST.); Bed. n. *Selbständigkeit* (RE.); *Unabhängigkeit*sstr.; *Freiheit*sdrang, -str.:
Frei werden, Zwang abschütteln, aus Beengtheit ausbrechen; sich Gewalt und Beschränkung widersetzen; Tätigkeiten vermeiden oder aufgeben, die von anmaßenden Autoritä-

ten vorgeschrieben sind; unabhängig sein und frei, gemäß der (eigenen) Eingebung zu handeln; ungebunden, verantwortungsfrei sein; sich über Konventionen hinwegsetzen.

(n Counteraction)
Hang zu *Gegenmaßnahmen*; Bed. n. *Widerstand*; Bed., *entgegenzuwirken*; *Selbstbehauptung*swillen:
Einen Fehlschlag meistern oder wiedergutmachen durch erneutes Versuchen; Erniedrigung auslöschen durch Wiederaufnahme der Tätigkeit; Schwächen überwinden, Angst unterdrücken; eine Schmach durch die Tat tilgen; nach Hindernissen und Schwierigkeiten suchen, die zu überwinden sind; Selbstachtung und Stolz auf einem hohen Niveau halten.

(n Defendance)
*(Selbst)Verteidigung*swillen; *(Kritik)Abwehr*bereitschaft; Hang zur *Rechtfertigung*; Bemühen, *Kritik zu vermeiden* (ST.); Bed., *Tadel zu vermeiden* (RE.):
Sich gegen Beleidigung, Kritik und Tadel verteidigen; eine Untat, einen Fehlschlag, ein Versagen oder eine Demütigung verbergen oder rechtfertigen; das eigene Ich verteidigen.

(n Deference)
Neig. z. *(Hoch)Achtung, Respekt*; Bed. n. *Ehrerbietung*; *Nachgiebigkeit (aus Ehrerbietung)*:
Einen überlegenen Menschen bewundern und unterstützen; loben, ehren oder ruhmreden; sich eifrig dem Einfluß einer verbundenen Person ausliefern; ein Vorbild nachahmen; mit der Sitte konform gehen.

(n Dominance)
*Dominanz*str.; *Herrschafts*str.; *(Be)Herrschen*wollen; *Herrsch*sucht (ST.); *Domination*sstr. (RE.):
Seine menschliche Umgebung kontrollieren; das Verhalten anderer durch Hinweis, Verführung, Überzeugung oder Befehl beeinflussen oder bestimmen; (jemanden von/an etwas) abbringen, zurückhalten oder hindern.

(n Exhibition)
*Exhibition*sneig.; *(Zur)Schaustellung*sbed.; Str., *s. z. Schau zu stellen* (ST.); Neig., *s. z. Schau zu stellen* (RE.):
Eindruck machen; gesehen und gehört werden; andere (auf)reizen, erstaunen, faszinieren, unterhalten, schockieren, fesseln, amüsieren oder verleiten.

(n Harmavoidance)
*Schadensverhütungs-/-vorsorge*tend.; Str., *Schaden zu vermeiden* (ST.); Bed., *Schaden zu vermeiden* (RE.); *Vorsicht(igkeit)*; *Furcht(samkeit)*:
Schmerzen, körperliche Verletzung, Krankheit und Tod vermeiden; gefährlichen Situationen ausweichen; Vorsichtsmaßnahmen treffen.

(n Infavoidance)
*Niederlagevermeidung*stend.; *Ichsicherung*stend., -bed.:
Demütigung vermeiden; unbequeme Situationen fliehen oder Bedingungen vermeiden, die zu Herabsetzung führen können: zu Verachtung, Spott und Hohn oder Gleichgültigkeit anderer; untätig sein aus Furcht vor Fehlschlag.

(n Nurturance)
Bed., Hang zum *Hegen und Pflegen*; Tend.z. *Mitgefühl und Fürsorge* (RE.); *Beschützer*instinkt; *Bemutterungs*trieb; *Hilfs*bereitschaft; *Sympathie*tendenzen (ST.):
Mitgefühl empfinden und die Bedürfnisse eines hilflosen Objekts befriedigen: eines (kleinen) Kindes oder irgendeines Wesens, das schwach, (körper)behindert, müde, unerfahren, gebrechlich, besiegt, erniedrigt, einsam, niedergeschlagen, krank, geistig verwirrt ist; einer Person (oder Tier) in Gefahr beistehen; füttern, helfen, unterstützen, trösten, beschützen, beruhigen, bemuttern, versöhnen.

(n Order)
*Ordnungs*liebe, -bed., -str.; *Ordentlichkeit*:
Seine Angelegenheiten in Ordnung halten; Sauberkeit, Einteilung, Organisation, Ausgewogenheit, Ordentlichkeit, Klarheit, Genauigkeit.

(n Play)
*Spiel*trieb, -bed., -freude:
Aus ‚Spaß' etwas tun, ohne weiteren Zweck; gern lachen und Witze machen; genußvolle Entspannung von Stress suchen; an Spiel und Sport, Tanz, Stammtisch, Partys, Kartenspielen teilnehmen.

(n Rejection)
*Rejektions*tend.; *Zurückweisungs*bed.; Neig., *abweisend zu sein*; *Distanzierungs*str., -bed.:
Sich von einem unangenehmen Objekt trennen; eine unterlegene Person ausschließen, verlassen, ausstoßen oder indifferent gegenüber bleiben; jemanden kurz abfertigen oder sitzenlassen.

(n Sentience)
Hang z. *Sinnlichkeit*; *Sinnes*freudigkeit; Bed. nach *Anreizen* (RE.); Str. nach *Reizen* (ST.):
Sinnliche Eindrücke suchen und genießen.

(n Sex)
Bed. n. *Sexualität*; *Sexuelles* Bed. (RE.); *Sexuelle* Momente (ST.); Bed. n. *Geschlechtsverkehr, geschlechtlichen Beziehungen*:
Eine erotische Beziehung eingehen und aufrechterhalten; Geschlechtsverkehr haben.

(n Succorance)
Bed. n. *Unterstützung*; *Hilfs*bedürfnis (RE.); *Hilfs*bedürftigkeit (ST.); Suche, Bed. n. *Hilfe, Schutz, Sympathie*; Tend., *sich helfen zu lassen*:
Seine Bedürfnisse durch die mitfühlende Hilfe einer verbündeten Person befriedigen lassen; gepflegt, unterstützt, unterhalten, umgeben, beschützt, geliebt, beraten, geführt, verwöhnt, entschuldigt, getröstet werden; eng bei einem liebevollen Beschützer bleiben; immer einen Helfer haben.

(n Understanding)
*Verständnis*willen; Such. n. *Verstehen*; Erkenntnisstr. (RE.); Kenntnisstr. (ST.); *Forschungs*trieb:
Allgemeine Fragen stellen oder beantworten; theoretisch interessiert sein; spekulieren, formulieren, analysieren und generalisieren.

der Träume gehören. Die Existenz von verdeckten Bedürfnissen ist zum großen Teil das Ergebnis der Bildung internalisierter Strukturen (Über-Ich), welche bestimmen, was richtiges oder annehmbares Verhalten ist. Gewisse Bedürfnisse können nicht zum Ausdruck gebracht werden, ohne die Konventionen oder Normen zu verletzen, die von den Eltern als den Vertretern der Gesellschaft übernommen wurden; infolgedessen operieren sie häufig auf einer verborgenen Ebene.

Drittens gibt es *fokale* und *diffuse* (focal and diffuse) Bedürfnisse. Einige von ihnen sind eng auf begrenzte Klassen von Umweltobjekten bezogen, andere hingegen so verallgemeinert, daß sie auf beinahe jede Umweltbedingung anwendbar sind. Murray stellt heraus, daß ein Bedürfnis, solange es nicht zu einer ungewöhnlichen Fixierung kommt, ständig einem Wechsel der Objekte, auf die es sich richtet, sowie der Art und Weise, in der diese angegangen werden, unterworfen ist. Das heißt, der Kreis der Umweltereignisse, für welche das Bedürfnis relevant ist, kann erweitert oder verengt, und die mit dem Bedürfnis verknüpften instrumentellen Handlungen können vermehrt oder vermindert werden. Wenn das Bedürfnis fest an ein unpassendes Zielobjekt geheftet ist, so wird dies als *Fixierung* (fixation) bezeichnet und gewöhnlich als pathologisch angesehen. Jedoch weist Murray darauf hin, daß die Unfähigkeit eines Bedürfnisses, vorzugsweise auf ein Objekt gerichtet zu bleiben, genauso pathologisch sein kann wie eine Fixierung.

Viertens gibt es *proaktive* und *reaktive* (proactive and reactive) Bedürfnisse. Erstere sind weitgehend von innen determiniert, werden „spontan wirksam (kinetic)“ aufgrund von etwas, das mehr in der Person als in der Umwelt liegt. Andererseits sind reaktive Bedürfnisse immer ein Ergebnis von oder eine Antwort auf irgendein Umweltereignis. Der Unterschied liegt hierbei hauptsächlich zwischen einer von angemessener Stimulation hervorgerufenen und einer ohne jede bedeutende Reizveränderung produzierten Reaktion. Murray benutzt diese Begriffe außerdem dazu, die Interaktion zwischen zwei oder mehr Individuen zu beschreiben, wobei in der Regel eines als das *proagierende Subjekt* (proactor) – es initiiert die Interaktion, stellt die Fragen, liefert meist den Stimulus, auf den der andere antworten muß – und ein anderes als das *reagierende Subjekt* (reactor) – es antwortet auf den vom „Proaktor“ bereitgestellten Reiz – ausgemacht werden kann.

Fünftens findet sich die Unterscheidung zwischen *Prozeß-*, *Modal-* und *Effektbedürfnissen* (process, modal and effect needs). Die amerikanischen Psychologen mit ihrer traditionellen Betonung der Funktion und Utilität haben logischerweise Effektbedürfnisse, welche zu einem erwünschten Zustand oder Endergebnis führen, besonders beachtet. Murray hat indessen Modalbedürfnissen, d. h. Tendenzen, gewisse Akte lediglich um des Vollzuges willen zu vollziehen, ausdrücklich die gleiche Wichtigkeit zugemessen. Dabei bezeichnet Prozeßaktivität den ziellosen, unkoordinierten, nichtfunktionalen Ablauf von verschiedenen Prozessen (Sehen, Hören, Denken, Sprechen usw.), welche von der Geburt an bestehen. Es handelt sich dabei um „reine Funktionslust", Tun zum Zweck des reinen Tuns. „Grundlegender und elementarer als integrierte zielgerichtete Aktivitäten ist das ein wenig anarchische unkoordinierte Durcheinander von versuchsweisen, kurzlebigen psychischen (mental) Prozessen, die den Strom des Bewußtseins in Perioden der Ruhe und der Tagträumerei am einen Extrem und in Perioden intensiver emotionaler Erregung oder Verrücktheit am anderen Extrem kennzeichnen. Für diese spontanen, zufälligen, unbeherrschten, aber dennoch ausdrucksstarken Kakophonien von Energie haben wir den Terminus ‚Prozeßaktivität' vorgeschlagen. Dies ist reines Sein (being), ein Zustand, in dem die Seele (mind) sich in ihrer ureigensten Weise bewegt, zu ihrer eigenen inneren Lust. Wir brauchen nur an eine freie, nichtverantwortliche und spielerische Entbindung von Energie zu denken, die sich um ihrer selbst willen verlustiert" (Murray/Kluckhohn 1953, S. 37). Auf der anderen Seite verlangen Modalbedürfnisse einen leistungs- und gütemäßig hochstehenden Ausdruck. Es ist immer noch die Aktivität, die gesucht und genossen wird, aber sie erscheint jetzt nur lohnend, wenn sie mit einem gewissen Grad von Perfektion vollbracht wird. Solcherart Bedürfnisse werden befriedigt durch „... Vortrefflichkeit der Form (musikalische Virtuosität, logische Klarheit und Stimmigkeit, anmutige Umgangsformen, Vollzugsleistung als eine Kunst, Sprach- und Redegewandtheit, Schönheit der Gestalt und der Bewegungen) und sind verschieden von Prozeßbedürfnissen, insoweit sie *perfektionierten* Ausdruck erfordern, welcher in der Regel nur durch gewissenhaften Fleiß und Selbstzucht erreicht werden kann" (Murray 1951a, S. 446).

Interrelation von Bedürfnissen. Es steht außer Zweifel, daß Bedürfnisse nicht in vollständiger Isolierung voneinander operieren, und die Natur dieser Wechselbeziehung oder gegenseitigen Beeinflussung ist von entscheidender theoretischer Bedeutung. Murray greift die Tatsache auf, daß es eine Hierarchie von Bedürfnissen gibt, in der gewisse Tendenzen gegenüber anderen Vorrang haben. Der Begriff der *Präpotenz* oder Vorherrschaft (prepotency) wird in bezug auf Bedürfnisse verwendet, die „mit der größten Dringlichkeit zur Herrschaft gelangen, wenn sie nicht befriedigt werden" (Murray 1951a, S. 452). Wenn also zwei oder mehr Bedürfnisse gleichzeitig geweckt werden und unvereinbare Reaktionen motivieren, ist es das präpotente (wie etwa Schmerz, Hunger, Durst), das gewöhnlich in eine Aktion umgesetzt wird, da vorherrschende Bedürfnisse nicht aufgeschoben werden können. Eine minimale Befriedigung solcher Antriebe ist notwendig, bevor andere zur Wirkung gelangen. In seinen Forschungen über die Persönlichkeit hat Murray gewohnheitsmäßig einen Satz von Begriffen verwendet, welche dem *Konflikt* (conflict) zwischen wichtigen Bedürfnissen Rechnung tragen. So ist es in seinen Untersuchungen die Regel, daß bei jedem Subjekt für gewisse Schlüsselbereiche (key areas) Einschätzungen der Intensität des Konflikts vorgenommen werden, wie zum Beispiel Autonomie versus Willfährigkeit, Leistung versus Vergnügen.

Unter gewissen Umständen können multiple Bedürfnisse durch einen einzigen Handlungsverlauf befriedigt werden. In Fällen, wo das Ergebnis verschiedener Need-Reaktionen unter dem Verhaltensaspekt gleich ist, spricht Murray von einer *Fusion* oder Verschmelzung (fusion) von Bedürfnissen. Eine andere wichtige Beziehung zwischen Bedürfnissen wird durch den Begriff der *Subsidiarität* oder Unterstützung (subsidiation) gedeckt. Ein Subsidiärbedürfnis ist eines, das im Dienste eines anderen steht; z. B. kann jemand aggressive Tendenzen zeigen, die aber unter Umständen nur den Zweck haben, die Erfüllung des Erwerbsstrebens zu erleichtern. In all den Fällen, wo die Wirkung eines Antriebes lediglich zur Befriedigung eines anderen führt, spricht man von dessen bloß unterstützender Funktion. Die Suche nach derartigen Ketten subsidiärer Beziehungen kann für die Enthüllung der dominanten oder zugrundeliegenden Motive eines Individuums von großem Wert sein.

Wir haben jetzt in einem ersten Anlauf die Mittel betrachtet, mit denen Murray die Motivation des Individuums darzustellen pflegt. Indessen sind diese persönlichen Motive eng mit Geschehnissen verbunden, welche außerhalb des Individuums stattfinden, und es bleibt uns noch die Aufgabe zu untersuchen, wie nach Murrays Meinung diese bedeutsamen Umweltereignisse einzuordnen sind. Man kann berechtigterweise die Entscheidung, Umweltgegebenheiten in einem Abschnitt über die „Dynamik des Verhaltens" zu behandeln, in Frage stellen. Jedoch sind der motivationale Zustand des einzelnen Menschen und die operanten Umweltkräfte nach Murrays Auffassung so eng ineinander verschlungen, daß es sehr entstellen würde, sie in unserer Behandlung hier außer acht zu lassen.

Eindruck (Press)

So wie das Konzept des Bedürfnisses die signifikanten Determinanten des Verhaltens innerhalb der Person repräsentiert, so der Begriff des Eindruckes die wirksamen oder bedeutsamen Verhaltensdeterminanten aus der umgebenden Welt. Mit einfachsten Worten ist ein *Eindruck* oder auch Druck (press) eine Eigenschaft oder ein Attribut eines Umweltobjektes bzw. einer anderen Person, welche(s) die Anstrengungen eines Subjektes, ein gegebenes Ziel zu erreichen, erleichtert oder verhindert. Solcherart Einwirkungen sind an Individuen oder Gegenstände geknüpft, die direkte Folgen haben für die Bemühungen eines Menschen, seine Bedürfnisse zu befriedigen. „Der Eindruck eines Objektes ist dasjenige, *was es dem Subjekt antun oder was es für das Subjekt tun kann* – die Macht, die es besitzt, um das Wohlergehen des Subjekts in der einen oder anderen Weise zu beeinflussen (affect)"(1938, S. 121). Indem die Umwelt im Hinblick auf den Eindruckbegriff dargestellt wird, hofft der Untersucher, die entscheidenden Anteile der Welt, in der das Individuum lebt, extrahieren und klassifizieren zu können. Sicherlich wissen wir sehr viel bes-

Liste 2
Eindrücke (Press) bei Murray in abgekürzter Form

[Die mit (ST.) und (RE.) gekennzeichneten Begriffe sind die Übersetzungen von Stern (1952) und Revers (1958). Die gebräuchlichsten Eindrucksbegriffe wurden wie folgt abgekürzt: Eindr(uck), Einfl(uß), Einwirk(ung). Der Kleinbuchstabe vor den Originalbegriffen ist die amerikanische Abkürzung „p" für press. D. Ü.]

(p Family Insupport)
Eindr./Einfl. *fehlender familiärer Unterstützung*:
(a) kulturelle Diskordanz (Dissonanz, Disharmonie)
(b) familiäre Diskordanz (Dissonanz, Disharmonie)
(c) launische Erziehung
(d) Trennung der Eltern
(e) Abwesenheit eines Elternteils: Vater, Mutter
(f) Krankheit eines Elternteils: Vater, Mutter
(g) Tod eines Elternteils: Vater, Mutter
(h) Schwäche (Inferiorität, Unterlegenheit) eines Elternteils: Vater, Mutter
(i) Unähnlichkeit eines Elternteils: Vater, Mutter
(j) Armut
(k) ungeordnetes (unruhiges, unsicheres) Elternhaus

(p Danger or Misfortune)
Eindr. v. *Gefahr oder Unglück(sfall)*; *körperliche Gefahr oder Verletzung* (ST.); *physische Gefährdung oder körperliche Verletzung* (RE.):
(a) fehlende physische Unterstützung, Höhe(nlage)
(b) Wasser
(c) Alleinsein, Dunkelheit
(d) ungemütliches Wetter (Unwetter), Blitz(schlag)
(e) Feuer
(f) Unfall
(g) Tier (Bestie)

(p Lack or Loss)
Einwirk. v. *Mangel oder Verlust* (ST./RE.):
(a) Nahrung
(b) Besitz (Eigentum)
(c) Gesellschaft (Kameradschaft)
(d) Vielfalt (Abwechslung)

(p Retention, Withholding Objects)
Eindr. v. *Zurückhalten, Vorenthalten von Objekten.*

(p Rejection, Unconcern, and Scorn)
Eindr. d. *Zurückweisung, Gleichgültigkeit oder Verachtung*; *Ablehnung* (ST.); Erlebnis d. *Zurücksetzung* (RE.).

(p Rival, Competing Contemporary)
Druck e. *Rivalen, konkurrierenden Altersgenossen.*

(p Birth of Sibling)
Eindr. d. *Geburt eines Geschwisters.*

(p Aggression)
Gefährdung durch *Aggression*; *Aggressivität* (ST.); Einflüsse *aggressiver Natur* (RE.):
(a) schlechte Behandlung durch einen Älteren: männlich, weiblich
(b) schlechte Behandlung durch einen Altersgenossen
(c) streitsüchtiger Altersgenosse

(p Dominance, Coercion, and Prohibition)
Einw. v. *Dominanz, Zwang oder Enthaltsamkeit*; *Herrschsucht* (ST.); Erlebnis v. *Herrschsucht* (RE.)
(a) Disziplin
(b) religiöse Übung

(p Nurturance, Indulgence)
Eindr. v. *Hege und Pflege, Nachsicht oder Verwöhnung*; *Hilfs*bedürfigkeit (ST./RE.) [soll heißen: -bereitschaft].

(p Succorance, Demands for Tenderness)
Eindr. v. *Unterstützung, Beistand, Schutz,* (Verlangen n.) *Zärtlichkeit.*

(p Deference, Praise, Recognition)
Eindr. d. *Ehrerbietung (Nachgiebigkeit), Lob, Anerkennung.*

(p Affiliation, Friendships)
Eindr./Einfl. v. *Zugehörigkeit oder Gesellschaft, Freundschaften*; *Sozial*tendenzen (ST.); Kontakteinflüsse (RE.).

(p Sex)
Erlebnis d. *Sexualität, geschlechtliche Beziehungen*:
(a) Entblößung
(b) Verführung: homosexuell, heterosexuell
(c) elterlicher Geschlechtsverkehr

(p Deception or Betrayal)
Eindr. v. *Betrug oder Verrat*

(p Inferiority)
Eindr. d. *Inferiorität bzw. Unterlegenheit*:
(a) physisch, körperlich
(b) sozial, gesellschaftlich
(c) intellektuell

ser, was jemand wahrscheinlich tun wird, wenn wir uns nicht nur ein Bild von seinen Motiven oder gerichteten Tendenzen machen können, sondern auch eines von der Art und Weise, in der er seine Umwelt sieht und deutet. Es ist diese letzte Funkion, welche die (Ein)Druckbegriffe erfüllen sollen.

Murray hat für verschiedene Zwecke Listen von Press entwickelt. Repräsentativ für diese ist die in Liste 2 wiedergegebene Klassifikation (nach 1938, S. 291 f.), welche zur Darstellung wichtiger Kindheitsereignisse oder -einflüsse entworfen wurde. In der Praxis werden diese Eindrücke nicht nur in dem Sinne verstanden, daß sie im Erleben eines Subjekts eine Rolle spielen; vielmehr werden sie auch einer quantitativen Einschätzung unterzogen, um ihre Stärke oder ihr Gewicht im Leben der Person aufzuzeigen.

Wichtig ist die Unterscheidung zwischen der Bedeutung von Umweltobjekten, wie sie vom Individuum wahrgenommen oder interpretiert werden (Beta-Eindruck, -Press), und den Eigenschaften jener Außenweltobjekte, wie sie in der Realität existieren oder wie eine objektive Analyse sie erschließt (Alpha-Eindruck, -Press). Das individuelle Verhalten ist aufs engste mit ersterem korrelliert, aber es ist nichtsdestoweniger wichtig, Situationen aufzudecken, in denen zwischen den Beta-Eindrücken, auf welche das Individuum reagiert, und den tatsächlich existierenden Alpha-Eindrücken eine weite Diskrepanz besteht.

Kathexis und Sentiment. Murray übernimmt den konventionellen psychoanalytischen Terminus *Kathexis* oder Besetzung (cathexis) zur Beschreibung der Fähigkeit eines Umweltobjektes, das Subjekt anzuziehen oder zurückzustoßen. Zugleich dient der Begriff dazu, die Wirkungen einer Person – positive wie negative – auf andere Subjekte festzuhalten. Eine positive Besetzung existiert dann, wenn das Individuum ein gegebenes Objekt gern hat oder von ihm angezogen wird, eine negative Besetzung, wenn ein Objekt Abneigung oder eine Vermeidungstendenz hervorruft. In Fällen, in denen etwas sowohl anziehend wie auch abstoßend ist, wird das Individuum als ambivalent gegenüber dem Objekt bezeichnet.

Der Begriff *Sentiment* oder Gesinnung (sentiment) stellt einen anderen Aspekt desselben Phänomens dar. Während Kathexis sich auf die Fähigkeit *des Objekts* bezieht, anziehend oder abstoßend zu wirken, bezeichnet Sentiment die Tendenz *innerhalb des Subjekts,* von gewissen Objekten (inclus. Personen) angezogen oder abgestoßen zu werden. Murray definiert ein Sentiment als „eine mehr oder weniger überdauernde Disposition ... in einer Persönlichkeit, mit einem positiven oder einem negativen Affekt auf ein näher bezeichnetes Etwas zu antworten" (Murray/Morgan 1945). Wenn ein Untersucher in erster Linie am Objekt interessiert ist, benutzt er normalerweise den Begriff Kathexis; konzentriert er sich dagegen auf das Subjekt, so wird er gewöhnlich den Begriff Sentiment vorziehen.

In der ‚Clinical study of sentiments' berichten Murray und Morgan (1945) über eine intensive Untersuchung an elf Personen im Hinblick auf ihre Gesinnung (ihre gefühlsmäßige Einstellung) gegenüber dem Krieg, der Religion, den Eltern und der Sexualität. Mit Recht ließe sich sagen, daß Murray in dieser Studie die Begriffe von Kathexis und Sentiment so ausweitet, daß sie auf alle Personen, Gegenstände oder Vorstellungsinhalte angewandt werden können, mit denen ein Individuum in Berührung kommt. Er erörtert außerdem das Verhältnis dieser beiden Konzepte zu anderen traditionellen psychologischen Begriffen und schlägt eine Anzahl von Eigenschaften und Kennzeichen vor, mit deren Hilfe die Untersuchung und das Verständnis dieser Verhaltensaspekte zu fördern sei.

Spannungsminderung

Wir haben schon gesehen, daß Murray sich das Individuum als durch einen komplexen Satz von Motiven zum Handeln angetrieben vorstellt. Er nimmt weiterhin als gegeben hin, daß das Individuum sich in einem Spannungszustand befindet, wenn ein Bedürfnis geweckt ist, und daß die Befriedigung des Bedürfnisses zu einer *Spannungsminderung* oder *-reduktion* (tension reduction) führt. Schließlich werde der Organismus lernen, auf Objekte zu achten und Handlungen zu begehen, die in der Vergangenheit mit einer Abnahme der Spannung verbunden waren.

Obwohl nun diese konventionelle Auffassung Murrays Billigung findet, behauptet er, daß sie ein unvollständiges Bild abgibt. Das Individuum lernt nicht nur so zu reagieren, daß Spannung vermindert wird und es auf diese Weise Befriedigung erfährt, sondern es lernt auch Reaktionsweisen, denen zufolge es die Spannung erst erzeugt, um sie darauf reduzieren zu können. „Es ist wichtig zu bemerken, daß nicht etwa – wie Freud unterstellte – der spannungslose Zustand einen gesunden Organismus gewöhnlich am meisten befriedigt, sondern der *Prozeß* der Verminderung der Spannung, und der Grad der Befriedigung ist – bei gleichbleibenden sonstigen Faktoren – annähernd proportional der Spannungsgröße, die pro Zeiteinheit reduziert wird. ... Ein spannungsloser Zustand ist zuweilen das Ideal derer, die an chronischer Angst oder Ressentiment oder an frustriertem Sexualtrieb leiden; aber im Regelfall ist die Abwesenheit von positiven Bedürfnisspannungen (kein Appetit, keine Neugier, kein Verlangen nach Kameradschaft, keinerlei Begeisterung) ziemlich betrüblich. Dies lenkt unsere Aufmerksamkeit auf die Tatsache, daß die Formel „Spannung → Spannungsminderung" nur einer Seite des Stoffwechselzyklus Rechnung trägt. Sie deckt den Katabolismus, nicht aber den Anabolismus, jenen synthetischen Wachstumsprozeß, durch den Zellgewebe und potentielle Energien nicht nur wiederhergestellt, sondern – in jungen Jahren – auch vergrößert werden. Das Prinzip der Homöostase repräsentiert die Erhaltung, nicht dagegen den Aufbau. ... Diese Erwägungen führen uns dazu, versuchsweise eine umfassendere Formel aufzustellen: „Spannungserzeugung (generation of tension) → Spannungsminderung". Diese Formel vertritt ein zeitliches Muster von Zuständen statt einen Endzustand, eine Lebensweise und nicht ein Ziel; aber sie findet nur auf ein positives System von Bedürfnissen Anwendung. Die Erhaltungssysteme, die auf Rückzug, Vermeidung, Abwehr und Vorbeugung gerichtet sind, werden durch die Spannungsminderung-Formel angemessen erfaßt" (Murray/Kluckhohn 1953, S. 36f.).

Somit wird die Reduktion der Spannung von Befriedigung oder Lust begleitet, und das Individuum kann diesen Lustgewinn erhöhen, indem es das Ausmaß der zu vermindernden Spannung erhöht. Man sollte anmerken, daß diese Formulierung nur auf Effektbedürfnisse zutrifft. Bei den Prozeß- und den Modalbedürfnissen ist die Befriedigung eng mit der Tätigkeit als solcher verbunden und kann am Anfang oder in der Mitte genauso intensiv sein wie am Ende.

Murray akzeptiert den Grundsatz, wonach der Mensch stets so handelt, als *intendiere* er eine Zunahme der Befriedigung und Abnahme der Spannung. Jedoch ist dies nur eine Absicht oder Meinung auf seiten des Handelnden, und nicht immer läuft es darauf hinaus, daß die Handlung, die seinem Dafürhalten nach die Spannung vermindert und zur Befriedigung führt, dieses Ziel auch tatsächlich erreicht. Überdies ist der Mensch gar nicht motiviert, die Lust *allgemein* zu erhöhen; es ist immer eine spezifische, auf einen besonderen Antrieb bezügliche Spannung, die er zu vermindern sucht. Befriedigung ist daher weitgehend ein Ergebnis oder die Auswirkung des Bedürfniszustandes und seiner Konsequenzen für das Verhalten. Murray sagt dazu: „Bedürfnis ist also die grundlegende Variable, und der Grad der Befriedigung (hēdonē) der beste Indikator seines Entwicklungsstandes (state of progress)" (Murray/Kluckhohn 1953, S. 18).

Thema

Ein *Thema* (thema) ist, kurz gesagt, eine molare und interaktive Verhaltenseinheit. Es enthält die anreizende Situation und damit den Eindruck und das zur Funktion gelangende Bedürfnis sowie die zwischen beiden bestehende Wechselwirkung. Ein solches Konzept bietet dem Theoretiker einen umfassenderen und weniger ausschnitthaften Aspekt des Verhaltens. Mit seiner Hilfe lassen sich die Situationen beschreiben, die zur Realisierung besonderer Dränge anregen, daneben aber auch das Resultat oder die Resultanten, zu denen die Operation dieser Bedürfnisse führt.

Themas (oder auch Themen, -ata) variieren von einfachen Formulierungen einer einzelnen Subjekt-Objekt-Interaktion zu allgemeineren und gröberen Formulierungen von längeren Transaktionen und schließen auch Aussagen ein, welche die Kombination einer Anzahl von einfachen Themas darstellen, die sogenannten *Serienthemas* (serial themas). Das Thema als eine analytische Einheit ergibt sich ganz von selbst aus Murrays Überzeugung, daß die zwischenmenschliche Beziehung als eine *dyadische Einheit* (dyadic unit) formuliert werden sollte. Der Theoretiker muß demnach nicht nur das Subjekt, welches im Brennpunkt seines Interesses steht, berücksichtigen, sondern zugleich und en detail das Wesen jener Person, mit der das Subjekt in einem Handlungszusammenhang steht. Er muß den charakteristischen Einzelheiten des Subjektes wie auch des Objektes die gleiche Aufmerksamkeit schenken, wenn er die konkreten sozialen Interaktionen zweier Menschen voraussagen will.

Bedürfnisintegration
Bedürfnisse sind zwar nicht notwendigerweise an bestimmte Objekte in der Umgebung gebunden, doch geschieht es häufig, daß ein Individuum aufgrund von Erfahrungen gewisse Objekte mit spezifischen Bedürfnissen assoziiert. Gleichermaßen können besondere Reaktionsweisen des Annäherns oder Meidens dieser Objekte erworben und mit dem Bedürfnis verknüpft werden. Hat ein derartiger Zusammenschluß des Bedürfnisses mit dem Vorstellungsbild vom oder dem Gedanken an das Umweltobjekt wie auch an die instrumentellen Akte stattgefunden, spricht Murray von einer *Bedürfnisintegrat(ion)* oder -eingliederung (need integrate). Diese ist eine wohlbegründete „thematische Disposition" – ein Bedürfnis nach einer bestimmten Art von Wechselbeziehung mit einer bestimmten Art von Personen oder Gegenständen In den Fällen, in denen ein solcher Zusammenhang existiert, wird das Aufkommen des Bedürfnisses die Person gewöhnlich dazu treiben, in geeigneter Weise ein Umweltobjekt zu suchen, das mit jenem Bild übereinstimmt, welches Teil der Bedürfnisintegration ist.

Einheitsthema
Das Einheitsthema (unity-thema) ist im wesentlichen das von der kindlichen Erfahrung abgeleitete einmalige Muster verwandter Bedürfnisse und Eindrükke, welches dem größten Teil des individuellen Verhaltens Sinn und Zusammenhang verleiht. Es wirkt weitgehend als eine unbewußte Kraft. Nicht immer ist es möglich, ein Einheitsthema zu entdecken, obwohl man gewöhnlich zu einer Entwicklungsformulierung gelangen kann, die alles oder fast alles Tun und Lassen eines Individuums erhellt und ohne die sich nicht viel Ordnung in sein Leben bringen ließe. Murray hält das Einheitsthema eines Menschen für den „Schlüssel zu seinem einzigartigen Wesen" und schreibt dazu: „Ein Einheitsthema ist eine Mischung von aufeinander bezogenen – zusammenwirkenden oder widerstreitenden – dominanten Bedürfnissen, die mit Eindrücken verbunden sind, denen das Subjekt bei einem oder mehreren – befriedigenden oder erschütternden – Anlässen in der frühen Kindheit ausgesetzt war. Das Thema kann für eine primäre infantile Erfahrung oder eine nachfolgende Reaktionsbildung auf diese Erfahrung stehen. Was immer jedoch seine Natur und sein Ursprung sein mag, es wiederholt sich in mannigfaltigen Formen während des ganzen Lebens" (1938, S. 604f.).

Regnante Prozesse

Ein *regnanter* oder vorherrschender *Prozeß* (regnant process) ist die physiologische Begleiterscheinung eines dominanten psychologischen Vorgangs. Wir haben schon bei Murrays Definition der Persönlichkeit wie auch in unserer Diskussion des Bedürfniskonzeptes gesehen, daß er großen Nachdruck auf die Bedeutung der physiologischen oder neurologischen Prozesse legt, welche den für den Psychologen interessanten Phänomenen unterliegen. Dieses ausgeprägte Bemühen, alle psychologischen Prozesse in Gehirnfunktionen zu lokalisieren bzw. ihnen zuzuordnen, führte zu der Entwicklung eines besonderen Regnanzbegriffes, der die Identität von Gehirn und Persönlichkeit in den Vordergrund der theoretischen Überlegungen rücken soll. Im Zuge der Definition dieses Begriffes gibt Murray zu verstehen, daß es „sich als nützlich herausstellen [könnte], die gegenseitig voneinander abhängigen Prozesse, welche die dominanten Konfigurationen im Gehirn bilden, als regnante Prozesse und weiter die Totalität solcher in einem einzelnen Moment (der Einheit zeitlicher Abschnitte von Gehirnprozessen) stattfindenden Prozesse als *Regnanz* (regnancy) zu bezeichnen. ... In einem gewissen Grade beherrscht das regnante Bedürfnis den Organismus" (1938, S. 45).

Murray macht ebenfalls deutlich, daß alle bewußten Prozesse regnant sind, aber nicht alle regnanten auch bewußt. Somit ist Bewußtsein nur eine Eigenschaft eines dominanten psychologischen Vorgangs, und diese kann in einem gegebenen Augenblick vorhanden sein oder auch nicht.

Dieser Betonung der physiologischen Faktoren entspricht Murrays Bereitschaft, konstitutionellen und genetischen Faktoren eine wichtige Rolle in der Determination des Verhaltens zuzuschreiben. Obwohl dieser Standpunkt in seinen Schriften nicht besonders hervorgehoben wird, ist er aus vielen Feststellungen ableitbar, z.B. aus der Behauptung, von gewissen Konstitutionstypen sei zu erwarten, daß sie größere Schwierigkeiten haben als andere, sich kulturellen Normen anzupassen, oder aus dem Hinweis, daß Individuen in der Stärke ihrer Estendenzen variieren.

Vektor-Wert-Schema

Eine der auffälligen Unzulänglichkeiten der oben ausgeführten Bedürfnis- und Eindruckkonzepte ist die Tatsache, daß sie das Eingebettetsein des Verhaltens, den Umfang, in dem gegebene Bedürfnisse mit spezifischen Eindrücken und anderen Bedürfnissen verbunden sind, nicht genügend berücksichtigen. Es gibt zwar die Begriffe der Subsidiarität, des Bedürfnisintegrats wie auch des Themas, aber diese sind manchmal schwer anwendbar, und in jedem Fall entspringen sie dem Bemühen, ein Übel zu kurieren, das durch die ursprüngliche Analysetechnik allererst eingeführt worden ist. Vor einiger Zeit nun hat Murray ernsthafte Anstrengungen unternommen, diese Wechselbeziehung zwischen den Determinanten des Verhaltens adäquater darzustellen. Insbesondere hat er geltend gemacht, daß Bedürfnisse immer im Dienst irgendeines Wertes oder mit dem Ziel, irgendeinen Endzustand zu erreichen, operieren, weshalb diesem Wert ein angemessener Platz in der Motivanalyse zugestanden werden sollte: „Da Beobachtung und (eigenes) Erleben die Tatsache bestätigen, daß Aggression – wie jede andere Art von Tätigkeit auch – einen Effekt (eine Funktion) hat, der am besten im Sinne eines hochgeschätzten Etwas (valued entity) (seiner Konstruktion, Konservierung, Expression oder Reproduktion) definiert werden kann, dürfte die Benennung des geschätzten Etwas in Verbindung mit der benannten Aktivität sehr zu unserem Verständnis der Dynamik des Verhaltens beitragen" (1951b, S. 288).

In diesem neueren Ansatz nun schlägt Murray vor, Verhaltenstendenzen mit Hilfe von Vektoren zu beschreiben, welche ausgeprägte „physische oder psychische Richtungen der Aktivität" repräsentieren. Die Werte, welchen die Vektoren dienen, werden durch eine Reihe von Wertbegriffen wiedergegeben. Das Schema ist noch nicht vollständig ausgearbeitet, doch hat Murray bereits provisorische Listen von Werten und Vektoren aufgestellt. Die *Vektoren* (vectors) bestehen aus Rejektion (Zurückweisung, -setzung, Ablehnung), Rezeption (An-, Aufnahme), Akquisition (Erwerbung), Konstruktion (Gestaltung, Aufbau), Konservierung (Erhaltung), Expression (Ausdruck), Transmission (Übertragung), Expulsion (Vertreibung), Destruktion (Zerstörung), Verteidigung und Vermeidung. Die *Werte* (values) beziehen sich auf den Körper: physisches Wohlbefinden; auf Eigentum: nützliche Objekte, Reichtum; auf Autorität: Entscheidungsgewalt; Gesellung: zwischenmenschliche Zuneigung; Wissen: Tatsachen und Theorien, Wissenschaft, Geschichte; ästhetische Form: Schönheit, Kunst; Ideologie: Wertsystem, Philosophie, Religion. In der Praxis wird angestrebt, diese Vektoren und Werte in einer Matrix von einander kreuzenden Reihen und Spalten anzuordnen, so daß jede Zelle in der Matrix ein Verhalten repräsentiert, welches einen besonderen Vektor im Dienste eines besonderen Wertes typifiziert. Obwohl die Entwicklung dieses Konzeptes noch weit von Vollständigkeit entfernt ist, hat Murray doch die Operation dieser Werte und Vektoren in Form einer Matrix gezeigt, in der jede Zelle Beispiele oder Illustrationen von Verhaltensereignissen enthält.

Die Entwicklung der Persönlichkeit

Unsere bisherige Untersuchung galt dem ausgeklügelten Begriffsapparat, den Murray zur Darstellung der Dispositionen oder Strebungen des Individuums entwickelt hat. Wir haben außerdem die Begriffe betrachtet, die er für die Bezeichnung bedeutsamer Umweltereignisse vorschlägt. Damit ist es jetzt möglich, das Individuum in jedem Moment seines Lebens als ein komplexes Ganzes sowohl von Bedürfnissen und Eindrücken oder Vektoren und Werten wie auch von Persönlichkeitsstrukturen, Fähigkeiten, Leistungen und Sentiments darzustellen. Allerdings haben wir auch den Leitsatz vernommen, nach dem der Organismus mit seiner Geschichte gleichzusetzen sei, und dieser weist eindeutig darauf hin, daß die Repräsentation des Individuums zu einem einzelnen Zeitpunkt nicht genügt. Vielmehr ist das longitudinale Studium der Persönlichkeit eine Angelegenheit von primärer Wichtigkeit, und Murray hat in der Tat eine Menge über den Gang der psychischen Entwicklung zu sagen.

Die von uns bereits besprochenen Variablen können natürlich an jedem Punkt der Biographie angewandt werden. Zusätzlich zu diesen Konzepten hat Murray den psychoanalytischen Komplexbegriff so erweitert und verfeinert, daß er einer besonders wichtigen Gruppe früher Kindheitserfahrungen Rechnung trägt. Obwohl Murrays Behandlung der Entwicklung stark an die Theoriebildung innerhalb der Psychoanalyse erinnert, fügt er deren Konzeption doch ganz neue Aspekte hinzu; darüber hinaus hat er in der Erfindung von Methoden zur Messung einiger der entscheidenden Variablen ausgesprochene Originalität bewiesen.

Bei der Diskussion der Entwicklung werden wir mit der Besprechung der infantilen Komplexe beginnen und ihr einen kurzen Überblick über Murrays Stellungnahme zu verschiedenen theoretischen Fragen folgen lassen, darunter die Anlage-Reifung-Determinanten, das Lernen, soziokulturelle Determinanten, die Einzigartigkeit des Individuums, die Rolle unbewußter Faktoren und den Sozialisationsprozeß.

Infantile Komplexe

Wenn wir als Tatsache hinnehmen, daß Ereignisse, die früh im Leben des Individuums stattfinden, von ungewöhnlicher Bedeutung als Determinanten des erwachsenen Verhaltens sind, dann sehen wir uns einem empirischen Dilemma gegenüber, insofern diese Ereignisse zum großen Teil in ein Alter fallen, das der Sprachentwicklung vorausgeht. Infolgedessen sind die gewöhnlichen Einschätzungs- oder Meßmethoden ungeeignet, und der Untersucher ist auf äußere Beobachtung des Kindes angewiesen sowie auf die vagen Rekonstruktionen, die es nach Erlernen der Sprache selber machen kann. Die Verwendung dieser zwei Quellen von Daten hat zur Isolierung gewisser Erfahrungsbereiche geführt, denen für die Entwicklung des Kindes und in der Folge des Erwachsenen große Wichtigkeit zugemessen wird. Nach Murrays Meinung handelt es sich dabei um „... fünf höchst genußreiche Zustände oder Tätigkeiten, die alle durch äußere Mächte (an irgendeinem Punkt in der Entwicklung) beendet, vereitelt oder begrenzt werden: (1) die sichere, passive und abhängige Existenz im Mutterleib (die unsanft durch das schmerzliche Erlebnis der Geburt beendet wird); (2) das sinnliche Vergnügen des Einsaugens nahrhafter Milch von der Brust (oder der Flasche), dabei sicher und geborgen in den Armen der Mutter liegend (was durch die Entwöhnung zum Abschluß gebracht wird); (3) das ungezwungene Genießen angenehmer Empfindungen, welche die Kotentleerung begleiten (eingeschränkt infolge des Sauberkeitstrainings); (4) die wohltuenden Sinneseindrücke beim Harnlassen ...; (5) die erregenden Gefühle, die durch Reizung der Genitalien entstehen (und die durch Androhung von Bestrafung unterbunden werden)" (1938, S. 361f.). Daß all diese Gebiete für das heranwachsende Kind besondere Probleme aufwerfen, ist schon von der orthodoxen Psychoanalyse behauptet worden. Murrays Beiträge bestehen nun in der Ausarbeitung und Verdeutlichung dieser Konzeption.

In Fällen, in denen die Auswirkungen jener frühkindlichen Erfahrungen auf das spätere Verhalten eindeutig und umfangreich sind, sprechen wir von einem *Komplex* (complex). Tatsächlich wird vorausgesetzt, daß alle Individuen „Komplexe" von verschiedener Schwere haben, und nur in extremen Fällen bedeutet dies eine Abnormität. In Murrays Worten ist ein Komplex „ein überdauerndes (von einem der obenerwähnten genußvollen Umstände abgeleitetes) Ganzes (integrate), welches (unbewußt) den Verlauf der späteren Entwicklung determiniert ..." (1938, S. 363).

Murray gibt eine Definition und zugleich eine grobe Anweisung für die Messung von fünf Komplexen: dem klaustralen, oralen, analen, urethralen und dem Kastrationskomplex. Jeder von ihnen ist die Folge von Geschehnissen, die zu einem der fünf Bereiche individueller Lusterfahrung gehören.

Die *klaustralen Komplexe* (claustral complexes) repräsentieren Überreste des intrauterinen oder pränatalen Erlebens des Individuums. Von den Psychoanalytikern haben sich u.a. Freud und Rank mit dieser Einflußquelle beschäftigt. Murray trug diese Ideen zusammen, arbeitete sie aus und fügte ein passendes Etikett hinzu. Er ist der Ansicht, daß es unter dieser allgemeinen Überschrift drei besondere Arten von Komplexen gibt: „... (1) einen Komplex, der von dem Wunsch geleitet ist, Bedingungen zu schaffen, die den vor der Geburt herrschenden ähnlich sind; (2) einen Komplex, der in der Angst vor fehlender Unterstützung und Hilflosigkeit wurzelt; und (3) einen Komplex, der ängstlich gegen Erstickung und Einengung gewendet ist" (1938, S. 363).

Nach dieser globalen Aufgliederung der Komplexe nennt Murray einzelne Symptome oder Kriterien, mit deren Hilfe jeder der drei Typen des klaustralen Komplexes identifiziert werden kann. [Dieser Murraysche Terminus geht über den gebräuchlichen Ausdruck Klaustrophobie bzw. -manie hinaus, indem er z.B. auch die Klaustrophilie umfaßt.] Der *einfache klaustrale Komplex* (simple claustral complex) – auf Wiederherstellung der intrauterinen Situation gerichtet – ist charakterisiert durch: Kathexis (Besetzung) von „Claustra", d.h. geschlossenen Räumen (mutterleibähnlichen Umschließungen), von pflegenden oder mütterlichen Individuen, von Tod und Vergangenheit; weiter durch Widerstand gegenüber Veränderungen, sowie durch das Bedürfnis nach Passivität, Schadenvermeidung, Absonderung, Beistand. Somit zeigt das Gesamtbild einen passiven und abhängigen Menschen, der auf die Vergangenheit hin orientiert ist und sich allgemein Neuerung und Wechsel widersetzt. Der in Furcht vor fehlender Unterstützung gründende *Halt-* und *Hilflosigkeitskom-*

plex (fear of insupport complex) manifestiert sich in Angst vor offenen Räumen, vor (Hin)Fallen, Ertrinken, vor Erdbeben, Feuer und mangelndem familiären Beistand. Der *Egressions-* oder *Ausgehkomplex* (egression complex) dreht sich um Entkommen oder Abreisen und zeigt sich in der (libidinösen) Besetzung von offenen Räumen, frischer Luft und Abwechslung; dem Hang umzuziehen und zu reisen; in Klaustrophobie; sowie einem starken Bedürfnis nach Autonomie. Ein Mensch mit diesem Komplex ist in fast jeder Hinsicht das Gegenteil von Personen, die einen einfachen klaustralen Komplex haben.

Die *oralen Komplexe* (oral complexes) sind Abkömmlinge von frühen Erfahrungen bei der Nahrungsaufnahme; und wiederum hat Murray drei spezifische Subkomplexe benannt, an denen stets das Mundorgan beteiligt ist, die aber jeweils eine besondere Art von Tätigkeit betreffen. Der *orale Schutzkomplex* (oral succorance complex) umfaßt die orale Aktivität in Verbindung mit Tendenzen zur Passivität und Unselbständigkeit. Die Existenz dieses Komplexes kann aus oralen Automatismen wie dem Saugen erschlossen werden; zudem aus Kathexis von oralen Objekten wie Brust(warze), Lutscher oder Daumen; aus zwanghaftem Essen und Trinken; dem Bedürfnis nach Passivität und Beistand; Kathexis von Worten, Pflegepersonen; aus gehemmter Aggressionsneigung. Der *orale Aggressionskomplex* (oral aggression complex) verbindet orale Aktivität mit Angriffslust; er manifestiert sich in automatischem Gebrauch der Mundwerkzeuge wie z. B. Beißen; Besetzung von festen Nahrungsbestandteilen (Fleisch, Knochen); in starkem Aggressionsbedürfnis; Ambivalenz gegenüber Autoritätsfiguren; Projektion von oraler Aggression (die Umgebung erscheint als voll von beißenden aggressiven Objekten); im Bestreben, Schaden zu vermeiden; in einer Phobie vor beißenden Individuen; außerdem in Stottern. Der *orale Rejektions-* oder *Ablehnungskomplex* (oral rejection complex) schließlich bedingt Ausspucken vor bzw. Angewidertsein von oralen Aktivitäten und Objekten. Konkreter offenbart er sich in einer negativen Kathexis von bestimmten Speisen; in geringem Nahrungsbedarf; Angst vor oraler Infektion oder Verletzung; in dem Hang zurückzuweisen; dem Bedürfnis nach Absonderung und Autonomie; in Abneigung gegen Pflegepersonen.

Die *analen Komplexe* (anal complexes) rühren von Ereignissen her, die mit der Tätigkeit des Ausscheidens und der Sauberkeitsgewöhnung verbunden sind. Murray nimmt in der Nachfolge von Freud und Abraham an, daß es hierbei zwei spezielle Komplexe gibt, von denen der eine hauptsächlich der Tendenz auszustoßen und der andere der Tendenz zurückzuhalten gilt. Für den *analen Rejektions-* oder *Ablehnungskomplex* (anal rejection complex) symptomatisch sind Diarrhö und Besetzung von Fäzes; weiterhin umfaßt er Aggressionsneigung – einschließlich insbesondere Unordnung und Beschmutzen oder Beschmieren –; eine anale Geburtstheorie; das Bedürfnis nach Autonomie; sowie anale Sexualität. Der *anale Retentions-* oder *Zurückhaltungskomplex* (anal retention complex) bezieht sich auf eine zugrundeliegende

Kathexis von Fäzes, jedoch ist diese hinter scheinbarem Ekel sowie Prüderie und einer negativen Reaktion auf Ausscheidungsvorgänge verborgen. Dieser Komplex ist ebenfalls mit analen Geburtsvorstellungen und analer Sexualität verknüpft; desgleichen mit dem Bedürfnis nach Autonomie, obwohl sich die Selbständigkeit in diesem Fall eher durch Widerstand gegen Beeinflussung als durch das Streben nach Unabhängigkeit oder Freiheit zeigt; es besteht zudem ein starkes Verlangen nach Ordnung und Sauberkeit; und ebenso ein Bedürfnis, Besitz(tümer) zurückzuhalten. Damit wiederholt dieser Komplex die berühmte Freudsche Trilogie von „Sparsamkeit, Sauberkeit und Hartnäckigkeit", welche als typisch für den „analen Charakter" behauptet wurde.

Ursprünglich maß Murray (1938) dem *urethralen Komplex* (urethral complex) nur geringe Wichtigkeit bei. Er gab anfänglich an, daß dieser Komplex Bettnässen, urethrale Beschmutzung und Urethralerotik (die Harnröhre betreffend) einschließe. Nachkriegsforschungen haben Murray von der zentralen Bedeutung dieses Erlebnisbereichs für viele Menschen überzeugt, und er hat inzwischen eine nähere Beschreibung des Komplexes wie auch eine Reihe von empirischen Methoden zu seiner Einschätzung erarbeitet, doch wurde dieses Material noch nicht veröffentlicht. Er hat zudem vorgeschlagen, das Syndrom als *Ikaruskomplex* (Icarus complex) zu bezeichnen – nach jener mythologischen Gestalt, die gegen den väterlichen Rat zu nahe an die Sonne heranflog und – indem diese das Wachs schmolz – die künstlichen Flügel verlor, ins Meer stürzte und ertrank. Die detaillierte Fallgeschichte eines ‚American Icarus' hat Murray 1955 veröffentlicht. In seinen jüngsten Formulierungen hat er darauf hingewiesen, daß für jemanden, der ein „Ikarus" ist, Eigenschaften wie Kathexis von Feuer, eine enuretische Vorgeschichte, ein brennendes Verlangen nach Unsterblichkeit, ein starker Narzißmus und hochfliegende Ambitionen, die sich angesichts eines Versagens auflösen, typisch sind.

Dem *Kastrationskomplex* (castration complex) wird in Murrays früheren Schriften ebenfalls weniger Aufmerksamkeit zuteil als den ersten drei Komplexen. Er meint, daß er eine begrenztere Bedeutung oder Wichtigkeit verdient, als die Psychoanalytiker ihm gemeinhin beimessen: „Uns scheint es besser zu sein, den Terminus Kastrationskomplex auf seinen Wortsinn einzuschränken: nämlich auf die durch die Phantasie erregte Angst, der Penis könnte abgeschnitten werden. Dieser Komplex kommt recht häufig vor, trotzdem erscheint es unmöglich, daß er die Wurzel aller neurotischen Angst ist. Gewöhnlich entsteht er als ein Ergebnis von Phantasien, die mit infantiler Masturbation verknüpft sind" (1938, S. 385).

Auf Murrays detaillierte Erörterung der erlebnismäßigen Bindeglieder zwischen den Attributen, die wir als diagnostisch relevant für die verschiedenen Komplexe aufgeführt haben, können wir aus Raummangel hier leider nicht eingehen. Diese Bündel von Variablen stellen das Destillat umfangreicher praktischer Forschung dar; sie werden zudem in seiner Darlegung durch logische und theoretische Erwägungen gefestigt. Üblicherweise wird in Murrays Untersuchungen über die Persönlichkeit jedes Subjekt hinsichtlich der Bedeutung jedes einzelnen dieser Komplexe als Determinante seines Verhaltens eingeordnet und beurteilt.

Genetisch-maturationale Determinanten

In einer späteren Darstellung (1968b) vertritt Murray den Standpunkt, daß *genetisch-maturationale,* d.h. anlage- und reifungsbedingte (genetic-maturational) Faktoren eine wichtige Rolle in der Entwicklung der Persönlichkeit spielen. Danach sind erblich bestimmte Entwicklungsprozesse bei der Programmierung einer Sukzession von Zeitabschnitten des individuellen Lebens, einer sog. *Ära* oder Ären (eras), ausschlaggebend. Während der ersten Periode, welche Kindheit, Adoleszenz und frühes Erwachsenenalter umfaßt, kommt eine steigende Zahl struktureller Bildungen (compositions) zum Vorschein. Die mittleren Jahre sind durch konservative Nachbildungen (recompositions) der bereits entwickelten Strukturen und Funktionen charakterisiert. In der letzten Ära, der Seneszenz (dem Altern), nimmt die Fähigkeit der Formung neuer bzw. bewährter Bildungen ab, während zugleich die existierenden Formen und Funktionen in zunehmendem Maße atrophieren. Innerhalb jeder Periode gibt es zahlreiche kleinere Programme verhaltens- und erlebnisspezifischer Ereignisse, die alle unter der Führung genetisch kontrollierter Reifungsvorgänge stehen.

Für diese Entwicklungen sind nach Murray Stoffwechselprozesse verantwortlich zu machen. In der ersten Phase überwiegt der Anabolismus (der Stoffaufbau) gegenüber dem Katabolismus (Abbau); in der zweiten sind beide ungefähr gleich; und in der dritten Periode ist der Katabolismus größer als der Anabolismus. Murray bevorzugt dieses metabolische Modell deshalb, weil „es mit einer Auffassung der Realität konform geht, die *nicht* im Sinne räumlicher Strukturen der Materie als solcher beschreibbar ist, sondern im Sinne von interdependenten, operierenden Eigenschaften der Materie, d.h. im Sinne von Prozeß, Zeit und Energie“ (1968b, S. 9). Darüber hinaus ist es ein Modell, das – im Gegensatz zu rein psychoanalytischen Formulierungen – der Progression, Kreativität und Selbstverwirklichung Rechnung trägt.

Lernen

Nach Murrays Ansicht dürfen bei der Diskussion des Lernens genetische Faktoren nicht übergangen werden, da sie für das Vorhandensein von Lust- oder hedon(ist)ischen und Unlust- oder anhedon(ist)ischen Zentren im Gehirn verantwortlich sind. *Lernen* (learning) besteht für das Individuum ja in der Entdeckung dessen, was Freude und was Leid erzeugt. Diese Lust- und Unlusterzeuger lassen sich in verschiedener Weise klassifizieren. Sie können *retrospektiv* oder zurückschauend (retrospektive) sein: Erinnerungen an vergangene Erlebnisse, die erfreulich oder unerfreulich waren; *spektiv* oder schauend (spective): gegenwärtige Erlebnisse; oder auch *prospektiv* oder vorausschauend (prospective): Vorwegnahme von zukünftiger Lust oder Schmerz. Gegenwärtige Erzeuger wiederum werden danach eingeteilt, ob sie vorwiegend in der Person, in der Umgebung oder in einer intrapersonalen Transaktion begründet sind. Und auch diese Erzeuger haben noch weitere Unterteilungen; z. B. können intrapersonelle Erzeuger im Körper lokalisiert sein oder in einem emotionalen Gehirnzentrum oder in irgendeinem psychischen Prozeß oder in den Gewissensentscheidungen.

Murray spricht insbesondere Konzepten wie dem Habit (der Gewohnheit) oder der Fixierung u. ä. jede primäre Bedeutung in der Persönlichkeitsentwicklung ab. Derartige Stetigkeiten im Verhalten könnte es nach seiner Meinung nur geben, „*wenn* das genetische Programm mit seiner inneren Möglichkeit der Selbstverwirklichung zur Zeit der Pubertät zu wirken aufhören würde; *wenn* das Subjekt nicht leicht gelangweilt und daher erpicht auf neue Eindrükke und neue Unternehmungen wäre; *wenn* das Subjekt gemeinhin für die häufige Wiederholung derselben Information (‚alter Neuigkeiten'), derselben Witze usw. belohnt werden würde; *wenn* die menschliche Umwelt – Eltern, Lehrer und Gefährten – einhellig dieselben Überzeugungen, Kodizes, Lebensweisen, politischen Einstellungen und Geschmacksvorstellungen vertreten würde; *wenn* die Person nicht den Ehrgeiz hätte, fortgesetzt die besonders eindrucksvollen Taten und Werke anderer nachzuahmen; *wenn* für das Subjekt die eigentliche Bedeutung von Leistung (etwas, auf das man stolz sein kann) nicht in der Vollendung von etwas Neuem, Außergewöhnlichem, Schwierigerem oder Gefährlicherem bestünde; *wenn* die Person nicht angestachelt würde durch zukunftsorientierte Visionen oder Phantasien von unerlebten Wonnen und unversuchten Mitteln und Wegen; *wenn* niemand je durch eine „zweite Geburt", die „große Emanzipation" oder religiöse Konversion radikal verwandelt würde; schließlich *wenn* kein Mensch jemals entdecken würde, daß die Schaffung einer noch nie dagewesenen trefflichen Form des Lebens oder der Kultur (wissenschaftlich, literarisch usw.) tiefergehende Freuden beinhalten könnte als jedes Erlebnis, das er bis dato gehabt hat" (1968 b, S. 12). Offensichtlich glaubt Murray, daß alle den Wenn folgenden Aussagen falsch sind, und daß demzufolge die Reinforcement- (Verstärkungs-) oder Kontiguitätstheorien des Lernens in dem Maße mangelhaft sind, als sie dem Verhalten strikte Regelmäßigkeiten oder Wiederholungen unterstellen.

Soziokulturelle Determinanten

In auffälligem Gegensatz zu fast allen Forschern, die bei der psychoanalytischen Theorie Anleihen gemacht haben, sah Murray sich berechtigt, umweltbedingten Entwicklungsfaktoren eine wichtige Rolle zuzuschreiben. Wir haben schon gesehen, daß er mit den Pressbegriffen als einer von wenigen Motivationstheoretikern ein ausgeklügeltes System entwarf, mit dem die Umwelt des Einzelnen dargestellt werden kann. Er tat dies teilweise auf der Basis von Darwins Lehre, derzufolge die Gruppe in stärkerem Maße als das Individuum die evolutionäre Einheit ist. Das Prinzip vom Überleben der Geeignetsten findet dort Anwendung, wo Konkurrenz herrscht: bei Rivalen innerhalb von Populationen. Demgemäß schreibt Murray: „Diese Theorie der Gruppenevolution hilft uns zu verstehen, warum der Mensch ein soziales Wesen ist und warum er als soziales Wesen sowohl menschlich als auch tierisch ist" (1959, S. 46). Des weiteren hat er häufig darauf verwiesen, daß der Gang der Entwicklung ohne ein umfassendes Bild des sozialen Rahmens, in dem der Prozeß abläuft, nicht adäquat verstanden werden kann. Im Zusammenhang damit implizieren seine Konzepte des Vorgangs und des Themas einen interaktionistischen Standpunkt – nämlich die Überzeugung, daß ein volles Verständnis des Verhaltens nur erreicht wird, wenn sowohl Subjekt als auch Objekt angemessen repräsentiert sind. All diese Erwägungen machen deutlich, daß Murray die Wichtigkeit einer „Feld"auffassung des Verhaltens akzeptiert und akzentuiert.

Während die Betonung des Feldes schon in eine Zeit vor jener Periode fällt, in welcher er mit dem ihm befreundeten Anthropologen Clyde Kluckhohn zusammenarbeitete, besteht kaum ein Zweifel, daß die gemeinsame Forschungsarbeit dazu beigetragen hat, seine diesbezüglichen Ideen zu festigen und insbesondere die institutionellen und kulturellen Variablen stärker ins Bewußtsein treten zu lassen. Die folgende Aussage von Murray und Kluckhohn legt deutlich Zeugnis für des ersteren Überzeugungen auf diesem Gebiet ab: „Ein Mensch ist eine sich *aus* und *in* einem bestimmten physischen, sozialen und kulturellen Milieu entwickelnde Einheit. Isoliert von diesem Schauplatz oder von der Struktur jener Gruppe, der er angehört, oder von seinem Status (der Rolle) im Gefüge jener Gruppe kann er nicht richtig dargestellt werden. Grundsätzlich ist jedes Individuum ein soziales Individuum – ein interdependenter Teil eines Systems von menschlichen Interaktionen" (1953, S. 6).

Der Gesellschaft wird also ein gewaltiger Einfluß auf das Individuum beigemessen. Infolgedessen ist es angezeigt, die signifikanten Elemente in der Umwelt nicht nur durch Begriffe nach Art der „Eindrücke", sondern auch durch Variablen, die auf das kulturelle Milieu des einzelnen bezogen sind, zu beschreiben.

Einzigartigkeit

Trotz seiner Berücksichtigung genereller Kategorien in der Persönlichkeitsanalyse hat Murray stets die essentielle *Einzigartigkeit* (uniqueness) eines jeden Individuums, ja selbst eines jeden Verhaltensereignisses, als evidente Tatsache angesehen. Seine Bejahung wirklichkeitsgetreuer Beobachtung und seine kreative und intuitive literarische Befähigung machten es ihm leicht, in überzeugender Weise die Individualität und schwer faßbare Komplexität eines jeden Subjekts oder Geschehnisses zu begreifen und auszudrücken. Um es mit seinen Worten zu sagen: „Jeder Vorgang (proceeding) zieht irgendeine Spur seines Erscheinens nach sich – ein neues Faktum, den Keim einer Idee, eine Neueinschätzung von irgendetwas, eine liebevollere Bindung an eine Person, eine kleine Verbesserung der Geschicklichkeit, eine Erneuerung von Hoffnung, einen weiteren Grund zum Verzagen. So ändert sich die Person langsam, in kaum wahrnehmbaren Schritten, manchmal aber auch plötzlich, durch einen Sprung vorwärts oder einen Rutsch rückwärts, von Tag zu Tag. Da die ihr vertrauten Mitmenschen sich ebenfalls ändern, kann man sagen, daß jedesmal, wenn sie mit einem von ihnen zusammentrifft, dieser – wie sie selbst – anders geworden ist. Kurz gesagt, jeder Vorgang ist in irgendeiner Hinsicht einzig" (Murray/Kluckhohn 1953, S. 10). Eben diese Achtung vor der Vielfältigkeit und Einzigkeit des Individuums hat Murray veranlaßt, solch ein reichhaltiges und kompliziertes Schema von Variablen zur Beobachtung des menschlichen Verhaltens zu entwickeln. Zudem hat ihn diese Blickrichtung bewogen, nur wenige Subjekte intensiv zu untersuchen und zugleich Studien zu vermeiden, die nicht mehr als zwei oder drei Maße für jede Person enthielten.

So finden wir, daß Murray voll und ganz der Individualität und Einmaligkeit des Verhaltens Rechnung trug, indem er große Anstrengungen unternahm, diese Eigenschaften mit adäquaten Begriffen zu repräsentieren. Dennoch hat er auch die Notwendigkeit der Abstraktion im Verlauf der empirischen Untersuchung anerkannt, und er zögerte nicht, Arbeiten durchzuführen, bei denen es um Verhaltenskomponenten im Sinne einfacher und allgemeiner Variablen ging. Nichtsdestoweniger bestand er darauf, daß die Resultate solch segmentärer Studien nur angemessen zu interpretieren seien, wenn der Investigator sehr viele Einzelheiten über jedes Subjekt erfährt.

Unbewußte Prozesse

Unter den akademischen Psychologen war Murray einer der ersten, die die hinterhältige und durchschlagende Rolle *unbewußter Determinanten* (unconscious determinants) als gegeben hinnahmen (Murray 1936). Wie bereits bemerkt, hat er in seiner ersten größeren theoretischen Darstellung (1938) klargemacht, daß nicht alle regnanten Prozesse bewußte Korrelate haben und daß selbstverständlich jene, die diesen Mangel aufweisen, das Verhalten determinieren, ohne daß die Person darum weiß. Wichtiger aber als die Tatsache, daß das Subjekt von gewissen, sein Verhalten mitbestimmenden Tendenzen keine bewußte Kenntnis hat, ist, daß einige dieser Tendenzen aktiv vom Bewußtsein bekämpft oder abgewehrt werden. Somit akzeptiert Murray nicht nur den Einfluß unbewußter Determinanten des Verhaltens, er anerkennt auch die Wirksamkeit der Freudschen Mechanismen der Verdrängung und des Widerstandes.

Die schon erwähnte Unterscheidung zwischen verborgenen und offenen Bedürfnissen und die Bedeutung, die Murray den infantilen Komplexen beimißt, macht deutlich, daß seine Theorie unbewußten Prozessen selbst im normalen Individuum eine zentrale Rolle zuschreibt. Dennoch muß gesagt werden, daß er auf unbewußte Kräfte nicht den gleichen Nachdruck legt, wie es die orthodoxe psychoanalytische Theorie tut.

Der Sozialisationsprozeß

Murray hat klar zu verstehen gegeben, daß die Persönlichkeit des Menschen aus einem Kompromiß zwischen seinen eigenen individuellen Impulsen und den Forderungen und Interessen der Mitmenschen erwächst. Ansprüche der anderen werden kollektiv repräsentiert durch die Institutionen und kulturellen Muster, denen das Individuum ausgesetzt ist, und der Vorgang, bei dem seine eigenen Impulse durch ebendiese Kräfte zu einem Kompromiß gezwungen werden, wird als *Sozialisationsprozeß* (socialization process) bezeichnet. Konflikte zwischen dem Individuum und den gebilligten Verhaltensweisen seines sozialen Milieus werden gewöhnlich dadurch gelöst, daß der einzelne sich irgendwie den Gruppennormen anpaßt. Nur gelegentlich und bei außergewöhnlichen Subjekten ist es möglich, daß sie einen Wechsel der kulturellen Schemata herbeiführen, der den Konflikt mit den eigenen Impulsen verringert. In den meisten Fällen ist es die Persönlichkeit, die formbarer ist, und daher wird ein Konflikt gewöhnlich durch eine Änderung der Person gemäßigt.

Im einzelnen variieren die Ziele der Sozialisation von einer Gesellschaft zur anderen, aber es gibt doch gewisse allgemeine Zielsetzungen, welche für verschiedene Gesellschaften Gültigkeit bewahren: „Beginnend im Säuglingsalter, setzt sich der Prozeß der Sozialisierung während des ganzen Lebens fort. Unter den Dingen, die gelernt werden müssen, befinden sich: die Macht, den Ausdruck unannehmbarer Bedürfnisse zu hemmen oder zu vermindern; die Fähigkeit, die Kathexis eines verbotenen Zielobjektes auf ein annehmbareres Ersatzobjekt zu übertragen; der habituelle und automatische Gebrauch einer großen Zahl von gebilligten Handlungsschemata (Ordnungssystemen, Sitten und Gebräuchen, emotionalen Einstellungen); die Fähigkeit, sich Plänen anzupassen (Dinge zur rechten Zeit tun, Verabredungen einhalten usw.)" (Murray/Kluckhohn 1953, S. 45). All diese Dinge sind notwendig, wenn das Individuum mit sich und seinen Mitmenschen reibungslos zusammenleben will.

Ein wesentliches Element, die genannten Ziele zu erreichen, ist die Ausbildung eines adäquaten Über-Ich. Wie wir schon gesehen haben, entwickelt das Subjekt durch Verinnerlichung gewisser Aspekte der Autoritätsfiguren, denen es ausgesetzt ist, eine psychische Instanz, welche es belohnt oder bestraft, wann immer es sich im Sinne der kulturellen Schemata, wie sie von diesen Autoritäten interpretiert werden, angemessen oder unangemessen verhält. Dies impliziert, daß die Eltern – als die wichtigsten Bezugspersonen – die Hauptagenten des Sozialisationsprozesses sind. Die Effektivität der Eltern, gebilligte Verhaltensweisen zu belohnen und mißbilligte zu bestrafen, wird weitgehend den Erfolg dieser Entwicklung bestimmen. Eine wichtige Komponente der elterlichen Rolle als ‚Sozialisierer' ist die Wirksamkeit, mit der sie eine wechselseitig liebevolle Beziehung zum Kind herstellen, so daß bloße Billigung oder Mißbilligung als bedeutsame Motivationsbedingung bei der Kontrolle des kindlichen Verhaltens dienen kann.

Murray weist nach, daß es bei dem gesellschaftlich wohlangepaßten Individuum legitim ist, von einem *Rollenbedürfnis* (need for roleship) zu sprechen, d.h. einem Verlangen danach, Mitglied einer bestehenden Gruppe oder von Gruppen zu sein und innerhalb der Gruppe eine definierte und akzeptierte Rolle und einen bestimmten Status zu haben. Der Tendenz auf seiten des Individuums, den Vorschriften seiner Gesellschaft zu entsprechen, wird also zum Teil Rechnung getragen durch dieses allgemeine Bedürfnis, dazuzugehören und an einer funktionierenden Gruppe teilzuhaben.

Sozialisation gibt es nicht ohne negative Begleiterscheinungen. Ein Individuum kann übersozialisiert, d.h. überangepaßt sein, und es ist denkbar, daß eine ganze Gesellschaft Sozialisationsprozessen ausgesetzt ist, die für ein fruchtbares Leben des einzelnen eher schwächend wirken als wahrhaft vorbereitend. Wie Murray meint, ist der Mensch an seiner Wurzel ein Tier, und in dem Maße, in dem die Sozialisation diese fundamentale biologische Natur verleugnet, zerstört sie unter Umständen die schöpferische Spontaneität und Vitalität, welche so wesentlich ist für die bedeutendsten Wege menschlichen Fortschritts.

Charakteristische Forschung und Forschungsmethoden

Wir haben schon darauf hingewiesen, daß Murrays Forschungen sich in erster Linie durch ihre Originalität auszeichnen, und eben diese Tatsache macht es eigentümlich schwer, die von ihm angeregten und geleiteten Untersuchungen in angemessener Form zu charakterisieren. Bevor wir uns der nicht leichten Aufgabe zuwenden, repräsentative Arbeiten für eine Zusammenfassung auszuwählen, wollen wir ganz kurz einige kennzeichnende Qualitäten von Murrays allgemeiner Vorgehensweise bei seinen Studien zur Persönlichkeit ins Auge fassen. Dem interessierten Leser stehen etliche Schriften zur Verfügung, in denen Murray seine Auffassung über die anzuwendende Methodik der Persönlichkeitsanalyse zum Ausdruck gebracht hat (1947, 1949b, 1963).

Intensives Studium einer kleinen Anzahl von normalen Subjekten

Die großangelegte Untersuchung des menschlichen Verhaltens, bei welcher die Befunde Gruppentendenzen betreffen oder aber globale Relationen, die ihrerseits das einzelne Subjekt innerhalb der Gruppe nur sehr dürftig beschreiben, stellt nur eine begrenzte Methode zum Verständnis des Individuums dar. Murray ist aufgrund seiner Kenntnisse als Naturwissenschaftler und Kliniker davon überzeugt, daß ein adäquates Verstehen des Verhaltens ein vollständiges und detailliertes Studium von Einzelpersonen, voraussetzt. So wie Falluntersuchungen bei dem Werden und der Entfaltung der medizinischen Wissenschaft eine unerläßliche Hilfestellung geleistet haben, wird auch die Zukunft der Psychologie von der Bereitschaft der Investigatoren abhängen, weder Zeit noch Mühe zu scheuen, um einzelne Fälle ganz und gar kennenzulernen. Gruppenbeziehungen sind nur von Wichtigkeit, wenn sie durch eine sorgfältige Erforschung der Abweichungen innerhalb der Gruppe sowie der Bedingungen, welche diese Abweichungen verursachen und begleiten, ergänzt werden. Die Mitteilung eines Befundes, der 80 Prozent einer bestimmten Gruppe spezifiziert, ist von geringem Wert, wenn für das Unvermögen der übrigen 20 Prozent, sich dem Schema einzugliedern, keine Erklärung beigebracht werden kann. Murrays konsequente Betonung dieses Punktes ist einer seiner wesentlichsten Beiträge zur psychologischen Forschungsmethodik überhaupt.

Wenn wir an dem besonderen Subjekt interessiert sind und uns auch mit den Gründen beschäftigen, aus denen gewisse Individuen Ausnahmen zu generellen Verhältnissen bilden, so versteht es sich von selbst, daß wir uns eine große Menge an Informationen über die betreffenden Individuen verschaffen müssen. Diese Auffassung führte Murray zwangsläufig zu einem *intensiven Studium* (intensive study) seiner Versuchspersonen, was natürlich zur Folge hatte, daß die Anzahl der Subjekte, die gleichzeitig untersucht, und die Gesamtzahl der Untersuchungen, die von einem einzelnen Forscher in einer gegebenen Zeitspanne durchgeführt werden kann, sich verringert.

Der Kontrast zwischen Murrays Interesse am menschlichen Verhalten und jenem vieler Fachgenossen wird sehr schön durch die folgende Passage herausgestrichen: „Anfänglich war ich bestürzt, als meine vage Erwartung unerfüllt blieb, daß die akademische Psychologie am Menschen und seiner Beziehung zur Umwelt interessiert sein würde. Denn ganz im Gegenteil: nahezu jeder war an irgendeinen Apparat gefesselt, um einen kleinen Ausschnitt des Nervensystems zu messen, gleichsam als wäre dieser isoliert von dem übrigen Leib. Ich sah mich in der Situation – sagen wir eines Medizinstudenten, der plötzlich entdeckt, daß all seine Professoren Augen-, Ohren-, Nasen- und Halsspezialisten sind. Die Phänomene, die mich beschäftigten, wurden gar nicht erwähnt, da diese einer exakten experimentellen Validierung nicht zugänglich waren – übrigens ein Maßstab, welcher die Geologie, Paläontologie, Anthropologie, Embryologie, das meiste der Medizin, die Soziologie und die erhabene Astronomie (von der Wissenschaft) ausschließen würde. Wäre es mein Hauptziel gewesen, ‚mit der größten wissenschaftlichen Präzision zu arbeiten', hätte ich mich niemals von den Elektrolyten und Gasen getrennt. Mein brennendes Interesse an anderen Dingen, nämlich an Fragen der Motivation und Emotion, forderte den Wechsel einfach heraus. Der Versuch, diese Fragen an menschlichen Subjekten zu lösen, mußte heißen, ein ‚literarischer' oder angewandter Psychologe zu werden, ein Praktiker der Psychohygiene, außenstehend und nur kurz reinschauend bei den wahren Psychologen, die – wie ich schloß – besessen waren von dem Ziel, die soziale Leiter des Naturwissenschaftler hinaufzuklettern und sich um jeden Preis den Auserwählten des Gottes dieser Tage zuzugesellen. Was sonst könnte der Grund sein für ihre Golfplatzmethoden (Geräte und Statistik), die so weit vom eigentlichen Zweck (der Bedeutung der untersuchten Probleme) entfernt sind? Ganz gleich, wie trivial die Schlußfolgerungen sein mochten – wenn seine Koeffizienten reliabel waren, wurde ein Experimentator für rein und geheiligt erachtet" (Murray 1940, S. 154). Wie Murray selbst sagt, war dies nur ein allererster Eindruck, der sich seither gemildert hat. Aber der Kern der Beanstandung bleibt: Psychologen sind allzu oft nicht an dem ganzen Spektrum menschlichen Verhaltens interessiert.

Eine weitere charakteristische Eigenart seiner Forschungen ist die Betonung des Studiums von *normalen Individuen in ihrer natürlichen Umgebung.* Gemeinhin war die intensive Untersuchung von Einzelfällen dem klinischen Rahmen vorbehalten gewesen, wo die Pathologie des Patienten ihn zum Gegenstand besonderen Interesses gemacht hatte oder sonst das Gebot der diagnostischen oder therapeutischen Zweckmäßigkeit eine ausgedehnte Information erforderte. So bedeutet Murrays Wahl der normalen Person als Zielpunkt seiner Forschungen die logische Ergänzung der psychiatrischerseits vorliegenden Fallgeschichten.

Murray (1958) hält es für das wichtigste Anliegen des Personologen, die *alltäglichen Aktivitäten* zu erklären und vorauszusagen. Deshalb sollte er sich nicht mit einer Beschränkung seiner Voraussagen auf die Eigenwelt des Laboratoriums begnügen oder mit dem Versuch, das Subjekt lediglich durch Validierung eines Tests durch einen anderen zu begreifen.

Murray war zudem einer der Pioniere der *interdisziplinären Zusammenarbeit* in der Persönlichkeitsforschung. Die Harvard Psychological Clinic hatte in ihrem Mitarbeiterstab gewohnheitsmäßig Vertreter der Psychiatrie, Psychologie, Anthropologie und anderer Disziplinen – zu einer Zeit, als dies alles andere als selbstverständlich war.

Der Diagnostikerrat

Murray hat großen Nachdruck auf die Bedeutung des Untersuchers oder des Psychologen als eines Werkzeuges in der psychologischen Forschung gelegt. Auch wenn wir Schätzskalen oder psychologische Tests zur Messung der Persönlichkeit verwenden, bleibt doch an der Basis all dieser Instrumente die sinnliche Beobachtung des Forschers oder Klinikers. Wegen dieser Schlüsselstellung des Beobachters ist Murray der Auffassung, daß seinen Schwächen mehr Aufmerksamkeit geschenkt und daß ernsthafte Bemühungen zur Verbesserung seiner Beobachtungsfähigkeit unternommen werden sollten. Diese Erwägungen haben ihn dazu geführt, den Psychologen selbst als das wichtigste „Präzisionsinstrument" in der psychologischen Forschung anzusehen.

Eine einleuchtende Methode, die Beobachtung selber zu kontrollieren und damit ihre Qualität zu verbessern, besteht darin, dieselben Daten durch eine Vielzahl von Beobachtern von ihrem je eigenen Standpunkt aus prüfen zu lassen. Mehrere Investigatoren zum Studium desselben Subjekts (oder derselben Subjekte) heranzuziehen, ist insofern höchst lohnend, als Beschränkungen aufgrund der Vorurteile einzelner Beobachter oder Beschränkungen durch spezialisierte Datengruppen ausgeglichen werden. Nicht nur ist mit größer Wahrscheinlichkeit das Endergebnis solcher Gruppenbeobachtung der Einzelbeobachtung weit überlegen, sondern die Mitglieder der Gruppe dürften auch – infolge der korrektiven Funktion der Kollegen – ihre Beobachtungsschärfe verbessern.

Diese Überlegungen führten Murray zum Entwurf des *Diagnostikerrats* (diagnostic council), welcher viele Beobachter vorsieht, die alle dieselben Individuen aus jeweils andern Blickrichtungen untersuchen und die Möglichkeit zu einer abschließenden Diskussion haben, bei der die von den unterschiedlichsten Ausgangspositionen her erhaltenen Informationen zu einer Synthese vereint werden können. Nach einer Periode der individuellen Beobachtung, während der jeder Investigator die Versuchspersonen mit Hilfe seiner eigenen Spezialtechniken studiert, findet für jedes einzelne Subjekt eine Konferenz statt. Zu diesem Zeitpunkt legt jeder Untersucher seine Daten und deren Interpretationen vor und bekommt reichlich Gelegenheit, den eigenen Bericht mittels des von den anderen Beobachtern bereitgestellten Materials zu stützen oder zu korrigieren. Einer der Untersucher ist dann primär für die Sammlung und Darlegung der Synthese eines jeden Falles verantwortlich, wenngleich jedes Mitglied des Rates bis zum Schluß zu dieser Diagnose beisteuern kann.

Instrumente der Persönlichkeitsmessung

Unter den zeitgenössischen Psychologen gibt es keinen, der mehr bedeutende Beiträge zur Persönlichkeitsbeurteilung geleistet hat als Murray. Er hat eine große Zahl kunstvoller Pläne für die Messung der Persönlichkeit erdacht, von denen bis jetzt erst ein Bruchteil systematisch ausgewertet wurde. Die Bände ‚Explorations in personality‘ [Erforschungen der Persönlichkeit] und ‚Assessment of men‘ [Einschätzung von Menschen] veranschaulichen sehr schön den Einfallsreichtum und die Mannigfaltigkeit der Instrumente, die er entworfen oder deren Entwicklung er beeinflußt hat. Eines von diesen, der *Thematische Apperzeptionstest* (Thematic Apperception Test, T.A.T.) ist nächst dem Rorschach-Test die in derzeitiger Praxis am weitesten verwendete projektive Technik geworden (Lindzey 1961, Murstein 1963, Zubin/Eron/Schumer 1965).

Fast alle Untersuchungsmethoden von Murray standen in völligem Einklang mit seiner fundamentalen Überzeugung, daß ein letztes Begreifen des menschlichen Verhaltens sich nicht vom Studium niederer Organismen oder dem Studium von Menschen unter stark eingeschränkten Bedingungen herleitet, sondern nur von dem komplexen Studium individuellen Verhaltens. Das heißt, Murray befürwortet die Sammlung reichhaltigen und vielgestaltigen Datenmaterials, von dem man erwarten kann, daß es die Richtungen und Möglichkeiten des Verhaltens in großem Umfang widerspiegelt. Nach seiner Auffassung ist es einer der natürlichen Vorteile des Psychologen – und er sollte sich diesen Umstand zunutze machen –, daß er mit einem sprechenden Organismus zu tun hat. Im Gegensatz zum Botaniker oder Zoologen und Physiker beschäftigt sich der Psychologe mit einem Gegenstand, der selbst eine Menge über im Innern wirksame Prozesse, über beachtete äußere Ereignisse sowie über die wesentlichen Determinanten seines Verhaltens aussagen kann. Zwar müssen diese Berichte stets sorgfältig geprüft und dürfen keineswegs immer als bare Münze genommen werden; dennoch stellen sie bei dem Bemühen, die Geheimnisse des menschlichen Verhaltens zu enträtseln, einen entscheidenden Anfang dar.

Wenn man dieses Interesse am Subjektiven voraussetzt, erscheint es ganz natürlich, daß Murray in der Entwicklung von Methoden zur Persönlichkeitsanalyse, welche den vollen geistig-seelischen Inhalt des Subjekts erforschen, bahnbrechend war. Bezeichnenderweise beschränken seine Instrumente nicht etwa die möglichen Antworten des Subjekts mittels vorgefertigter Kategorien, sondern erlauben und fördern vielmehr dessen umfassende, subjektive Darlegung. Da in diesen Techniken der Imagination und Phantasie freier Lauf gelassen wird, bietet sich dem Untersucher eine Fülle von Daten an, welche zwar äußerst vielversprechend ist, aber doch auch – aufgrund ihrer Komplexität – entmutigend sein kann.

Persönlichkeitsexplorationen

Um dem Leser einen Eindruck von der Verschiedenartigkeit von Murrays Arbeiten zu geben, wollen wir zwei Studien referieren, die *nicht* Teil eines Forschungsvorhabens waren. Beide Untersuchungen illustrieren die Originalität und das Geschick, mit denen Murray in vielen wichtigen Bereichen der Personologie Streifzüge unternommen hat. Die erste Studie ist eine Pionierleistung auf dem Gebiet des Einflusses emotionaler Faktoren auf die Wahrnehmung; die zweite eine Anwendung psychologischer Prinzipien bei dem Versuch, ein literarisches Meisterwerk, nämlich ‚Moby Dick‘, zu interpretieren.

Die Wirkung der Furcht auf die Persönlichkeitsbeurteilungen. Um das Ausmaß zu erforschen, in welchem ein Subjekt, das anderen Personen gewisse Persönlichkeitszüge zuschreibt, von dem eigenen emotionalen Zustand beeinflußt wird, machte Murray einmal in genialer Manier von einem natürlichen Rahmen Gebrauch. Während einer häuslichen Wochenendparty, die seine Tochter für vier ihrer Freundinnen gab, sammelte er Daten, indem er die Kinder zur Unterhaltung ein „Mörderspiel“ arrangieren ließ. Zu Beginn des Spiels, das in vollständiger Dunkelheit auszutragen war, zogen die Teilnehmer Lose, wodurch einem von ihnen die Rolle des Detektivs und einem anderen geheim die des Mörders zugewiesen wurde. Mit Ausnahme des ersteren begaben sich dann alle in einen dunklen Raum. Der „Mörder" mußte dort einen der Mitspieler durch Berühren töten, worauf das Opfer sein Ableben durch Schreien kundgab. Nachdem dann alle Kinder wieder zusammengekommen worden waren, mußte der „Detektiv" durch Befragung der Mitspieler herausfinden, wer das Verbrechen begangen hatte. Dabei mußten alle die Wahrheit sagen, nur dem Täter stand es frei, nach Belieben irreführende Aussagen zu machen. Da die fünf Mädchen erst elf Jahre alt waren und vier von ihnen sich zudem in einem fremden, verdunkelten Haus befanden, schien die Annahme plausibel, daß dieses Experiment in ihnen Furcht erwecken würde. Daß das Spiel in dieser Hinsicht auch erfolgreich war, wird durch mehrere Beobachtungen bestätigt. Zunächst einmal gaben einige der Teilnehmer freiwillig zu, daß sie sich während des Spiels geängstigt hatten. Noch überzeugender aber ist die Tatsache, daß eines der Mädchen in der auf das Spiel folgenden Nacht in dem Glauben aufwachte, daß Einbrecher das Haus ausgeplündert und daß es sie dabei beobachtet hätte. Obwohl dies nicht der Wirklichkeit entsprach, waren zwei weitere Mädchen am Ende bereit, der Freundin die Geschichte abzunehmen, und am folgenden Abend bestanden sie auf zahlreichen Vorkehrungen, um sich während der Nacht vor den eingebildeten Dieben zu schützen.

Die Wirkungen dieses furchterregenden Erlebnisses wurden einer Einschätzung unterzogen, indem man den Mädchen über dreißig Fotos aus einer Zeitschrift vorlegte, die sie nach Gutheit (Wohlwollen) und Schlechtigkeit (Böswilligkeit) beurteilen sollten. Die dreißig Fotografien wurden in zwei Serien von je fünfzehn geteilt, wobei die beiden Hälften einander hinsichtlich positiver oder negativer Gesichtszüge ungefähr angeglichen waren. Eine Serie wurde unter neutralen Bedingungen am Tage des Spiels, jedoch vor dessen Beginn gezeigt, die zweite Serie unter gleichfalls neutralen Bedingungen am Tage danach. Außerdem wurde die gesamte Bilderserie unmittelbar im Anschluß an zweimaliges Mörderspielen als experimenteller Test vorgelegt. Die Mädchen mußten jedes Bild auf einer Neun-Punkte-Skala einschätzen, die von (1) extrem gut (großmütig, freundlich, liebevoll, zärtlich) bis zu (9) extrem schlecht (grausam, bösartig, verdorben) reichte.

Als Ergebnis der Studie zeigte sich eine eindeutige Tendenz der Mädchen, die Bilder unmittelbar nach dem angstmachenden Mörderspiel als bösartiger oder schlechter zu bewerten denn zur Zeit der beiden Kontrolltests. Die Befunde dieses Experiments liefern also eine starke Bestätigung für die Hypothese, daß der emotionale Zustand des Subjekts dessen Beurteilung der Persönlichkeit anderer beeinflußt. Charakteristischerweise beschäftigt sich Murray bei dem Bericht über die Studie sehr detailliert mit den individuellen Abweichungen der einzelnen Antworten, wobei er diese zu Persönlichkeitsmerkmalen der Mädchen wie auch zu besonderen Beobachtungen während des Experiments in Beziehung setzte.

Bei der Diskussion dieser Befunde unterscheidet Murray zwischen zwei prinzipiellen Projektionsarten. Die erste wird allgemein als *komplementäre*

Projektion (complementary projection) bezeichnet und auf die Neigung eines Subjekts bezogen, seine Umwelt in solcher Weise wahrzunehmen und aufzufassen, daß sie mit seinen Bedürfnissen, Gefühlen und Antrieben übereinstimmt bzw. diese rechtfertigt. Im zweiten Fall der sogenannten *supplementären Projektion* (supplementary projection) schreibt das Subjekt den Objekten – einschließlich anderer Personen der Umgebung – Eigenschaften zu, die es selbst besitzt, die ihm aber im Normalfall unannehmbar scheinen. Die Resultate von Murrays Studie sind klare Beispiele für die komplementäre Projektionsform, da die Versuchspersonen ihre Umgebung schwärzer sahen, als sie wirklich war – eine Entsprechung ihrer erhöhten Furchtsamkeit.

Die Bedeutung von ‚Moby Dick'. Die faszinierendste von Murrays Untersuchungen wird in einer Schrift mit dem Titel ‚In Nomine Diaboli' (1951c) mitgeteilt, die – in Zusammenfassung der Ergebnisse von Jahren sorgfältigen Studiums – eine psychologische Ausdeutung des von Herman Melville intendierten Gehaltes seines ‚Moby Dick' gibt. Diese Interpretation beruht auf einer komplizierten Verbindung von äußerst verfeinerter psychologischer Theoriebildung, genauester Kenntnis von Melville und seinem Gesamtwerk und einer innigen Vertrautheit mit dem [1851 veröffentlichten] Roman. Es ist unmöglich, Murrays Arbeit hier voll gerecht zu werden, zumal ein wesentlicher Bestandteil der Analyse in dem Stil liegt, mit dem er seine Ideen zum Ausdruck bringt, sowie im Detail, mit dem jede Einzeldeutung fest in vielen, einander gegenseitig stützenden Beobachtungen verankert ist.

Die möglichen Vorbehalte von Literaturexperten gegenüber den Methoden der Psychologie werden in einer frühen Passage der Schrift vorweggenommen: „Der Psychologe hat die Gewohnheit, das Gefüge jedweder Persönlichkeit, die er untersucht, in Elemente aufzuspalten und so mit ein paar Schlägen zu demontieren, was immer dieses Gefüge – als Gefüge (d.h. als Ganzes) – an Verdienst besitzen mag. Zudem haben – aus Gründen, die ich hier nicht erwähnen muß, die Termini technici für die Mehrzahl dieser Elemente abträgliche Konnotationen. Infolgedessen kann man heutzutage kaum als Fachmann seine Stimme erheben, ohne irgendeinem Mitmenschen irgendwie zu nahe zu treten. Würde man einem Analytiker ein Exemplar jenes vielverkündeten und immer noch nicht vorhandenen normalen Menschen vorstellen, er verlöre sicherlich die Sprache, weil es ihm an passenden Begriffen mangelte. Wenn ich in der Lage sein sollte, wenigstens in kleinem Ausmaß einige Hindernisse dieser Art zu überwinden, so dürfen sie dieses mein Glück einem schicksalhaften Umstand zuschreiben: In der Abfolge meiner Erfahrungen ging ‚Moby Dick' der Psychologie voran, d.h. ich wurde von Melvilles Sturm fortgerissen und von seinem erschreckenden Meeresungeheuer erschüttert, bevor ich das alles nivellierende akademische Öl erworben hatte, das man auf schäumende Wasser zu gießen pflegt, und bevor ich die Waffen und Werkzeuge der Wissenschaft besaß – die begrifflichen Lanzen, Harpunen, Schneideisen und was sonst noch alles –, welche das ‚fabelhaft vermummte Phantom' auf bloßen Walfischspeck hätten reduzieren können. Ohne diesen Schutz war ich einfach überwältigt. Anstatt daß ich das Buch erfaßte, wurde ich von ihm erfaßt" (S. 436f.).

Diese Zeilen enthüllen nicht nur Murrays tiefes und anhaltendes Interesse an ‚Moby Dick', sondern auch eine Überzeugung, die ihm schon lange hinsichtlich des Wesens der psychologischen Theorie gekommen war. Mit bestechenden Wendungen gibt er zu verstehen, daß die wissenschaftlichen Überlegungen zur menschlichen Psyche bestenfalls das Schlechteste an seinem Verhalten angehen und ziemlich in Verlegenheit geraten, wenn sie mit den positiven und schöpferischen Aspekten des Verhaltens konfrontiert werden. Nur verständlich, wenn daher Murrays eigene theoretische Position etwas mehr Nachdruck auf die wertvollen und selbstbestimmenden Seiten des Menschen gelegt hat, als es in den meisten anderen psychologischen Theorien der Fall war.

Murray geht auch auf die Frage ein, ob es nicht sein könne, daß ‚Moby Dick' überhaupt keine „Bedeutung" habe; ob der Dichter die Geschichte vielleicht einfach als eine lebendige Schilderung der Seefahrt [auf einem Walfänger] geschrieben habe, so daß sie keine andere – bewußte oder unbewußte – „Bedeutung" enthalte als die vordergründig sichtbare. Murray weist diesen Standpunkt vor allem aufgrund von eigenen Aussagen Melvilles zurück, die klarstellen, daß er mit der Abfassung dieses Buches durchaus einen tiefergehenden Sinn verfolgte.

Der Großteil von Murrays Schrift ist der Entwicklung und dem Beleg mehrerer Hypothesen über die Bedeutung der Charaktere innerhalb dieser Geschichte gewidmet. Die erste Hypothese besagt mit wenigen Worten, daß Kapitän Ahab den Teufel – Satan – und die Mächte des Bösen darstellt. Psychologisch gesprochen vertritt Ahab die primitiven und weitgehend bösen Kräfte des Es. Diese Annahme wird mit bezeichnender Sorgfalt und Beachtung des Details in einer Reihe von Passagen untermauert, für welche die folgende typisch ist: „Daß es Melvilles Absicht war, Ahab als Satans Ebenbild zu schaffen, kann kaum bezweifelt werden. Er erzählte Hawthorne, daß sein Buch in der Hölle zusammengebraut worden war und heimlich getauft nicht im Namen Gottes, sondern im Namen des Teufels. Er benannte seinen tragischen Helden nach jenem alttestamentlichen Gesetzgeber, der ‚mehr tat, Gott den Herrn über Israel zu erzürnen, als alle Könige von Israel vor ihm'. König Ahabs Ankläger, der Prophet Elias, ist in Melvilles Testament ebenfalls auferstanden, um, wenn auch nur sehr kurz, seine historische Rolle zu spielen. Wir hören, daß Captain Ahab ein ‚gottloser, und [dem Anspruch nach] gottähnlicher' Mann ist, der geistig außerhalb der Christenheit steht. In Stubbs Augen ist er ein Quell der Gotteslästerung und Widerspenstigkeit, der Verachtung und Verhöhnung der Götter – ‚Cricketspieler und Berufsboxer'. Es geht das Gerücht, daß er einst in den heiligen Kelch auf dem Altar der katholischen Kirche zu Santa spie. ‚Ich sah ihn niemals knien', sagt Stubb. Er ist eine ‚Anakonda von altem Mann'. Seinem rechthaberischen und egoistischen Sadismus antithetisch zugeordnet ist die masochistische Unterwürfigkeit des von Father Mapple gepredigten Gehorsams" (Murray 1951a, S. 441f.).

Die zweite Hypothese ist, daß Moby Dick die Antithese der ungezügelten Kräfte des Bösen ist – das Über-Ich. Als solches repräsentiert der Wal nicht nur die moralischen Mächte innerhalb des Individuums, sondern auch die konventionellen Institutionen von Melvilles Gesellschaft. „In psychologischer Sprache ist Ahab Kapitän der kulturell unterdrückten Dispositionen der menschlichen Natur, jenes Teils der Persönlichkeit, welchen die Psychoanalytiker als ‚Es' bezeichnet haben. Wenn dies wahr ist, kann sein Gegenspieler, der Weiße Wal, kein anderer sein als jene psychische Instanz, welche für diese Unterdrükkungs- bzw. Verdrängungsmechanismen verantwortlich ist, nämlich das Freudsche Über-Ich. Dies also ist meine zweite Hypothese: Moby Dick ist ein wahrhaftiger, wasserspritzender, wogendurchpflügender, lärmschlagender Wal, ein Wal, der aufgrund seines weißen Äußeren, seiner mächtigen Masse und großartigen Schönheit und wegen einer rein instinktiven Bewegung, die zufällig seinen Angreifer verstümmelte, zur Projektion von Captain Ahabs presbyterianischem Gewissen geworden ist, und so kann man sagen, er verkörpere die alttestamentarische calvinistische Auffassung von einer furchterregenden Gottheit und ihrer strengen Gebote, die davon abgeleitete puritanische Ethik im Amerika des 19. Jahrhunderts und die Gesellschaft, die diese Ethik verteidigte. Auch – und ganz eigentümlich – symbolisiert er die fanatischen Eltern, deren eifernde Moralpredigten und Zurechtweisungen die Verbote so streng einhämmerten, daß ein ernster junger Mann kaum die Schranken überwinden konnte, ausgenommen vielleicht in weiter Ferne unter toleranten und wohlwollenden polynesischen Völkern. Der Nachdruck sollte auf jene unbewußte (und daher unergründliche) Wand aus Hemmung und Verbot gelegt werden, welche die dranghaften Leidenschaften der Puritaner einsperrten. ‚Wie kann ein Gefangener ausbrechen' schreit Ahab, ‚ohne die Wand zu durchbrechen? Für mich ist der Weiße Wal die Wand, die mich bedrängt ... Ich sehe in ihm unerhörte Macht, die mit einer unerforschlichen Bösartigkeit verbunden ist.' Was könnte – als Symbol eines lautschallenden, [triebe]brechenden, weiß-dunklen, unbesiegbaren neuenglischen Gewissens besser sein als ein lautschallender, [wellen]brechender, weiß-dunkler, unbesiegbarer Pottwal?" (S. 443f.).

Dies möge genügen, um etwas von den wesentlichsten Enthüllungen in Murrays Analyse zu vermitteln, wenngleich nur das Original einen Eindruck von der Kraft und Schönheit der Murrayschen Interpretationen zu geben vermag.

Vielleicht wird der eine oder andere Leser fragen, ob dies alles noch als psychologische Forschung zu bezeichnen ist. Zugestandenermaßen gibt es keine Kontrollgruppe, keine zahlenmäßigen Distributionen, keinen Reliabilitätsindex, keine statistische Analyse. Trotz dieser Verletzungen des üblichen Vorgehens hat Murray jedoch interessante psychologische Fragen aufgeworfen und Zeugnisse geboten, die diese Fragen beantworten helfen. Auch griff er im Verlauf der Präsentation des Problems und der Befunde auf Annahmen über das menschliche Verhalten zurück, welche ein integraler Bestandteil der von uns hier erläuterten Theorie sind. Am wichtigsten aber ist die Tatsache, daß diese Passagen Spekulationen und Verallgemeinerungen über den Menschen enthalten, die aller Wahrscheinlichkeit nach auf den Leser anregend wirken werden. Es gibt wenige Experimentalisten innerhalb der Psychologie, die nicht davon profitieren könnten, wenn sie derartig lebendigen und herausfordernden Ideen ausgesetzt werden, wie sie in dieser Schrift dargelegt worden sind.

Derzeitiger Stand und Bewertung

Wir haben schon gesehen, daß Murrays theoretische Konzeptionen einer regelmäßigen Revision und Modifikation unterzogen werden. Selbst angesichts dieser ständigen Veränderung sind aber gewisse bleibende Elemente zu erkennen. Zu keiner Zeit kam sein fundamentales Interesse am Motivationsprozeß ins Schwanken, noch hat er auch je Neigung gezeigt, seinen deskriptiven und taxonomischen Bestrebungen untreu zu werden. Gleichermaßen hat seine Theorie immer die Bedeutung unbewußter Quellen der Motivation sowie die Bezogenheit der seelischen Vorgänge auf die Gehirnaktivität betont.

Murrays Formulierungen sind nicht nur von seinen Schülern als nützlich befunden worden, sondern auch von vielen anderen Investigatoren und Klinikern, die sich mit dem Studium der Persönlichkeit beschäftigen. Seine Termini Bedürfnis und Eindruck (Need und Press) sind weithin angewandt worden, besonders unter Psychologen, die den Thematischen Apperzeptionstest benutzten. Unter den Forschern, die eine detaillierte Klassifizierung anstrebten, gibt es wohl kaum einen, der nicht aus den verschiedenen von Murray vorgeschlagenen Begriffsschemata Gewinn ziehen konnte. Wie bereits erwähnt, war sein Einfluß auf die derzeitigen Methoden und Prozeduren der Persönlichkeitseinschätzung sehr groß. Sowohl in der Konstruktion spezieller Instrumente als auch in der Präsentation eines Standpunktes ist sein Werk mit zeitgenössischen Entwicklungen auf diesem Gebiet eng verbunden. Genauso wichtig wie diese inhaltlichen Beiträge war Murrays Fähigkeit, seine Studenten und Kollegen für etwas zu interessieren, sie anzuregen und zu inspirieren. Der Begeisterung und der Überzeugung, mit denen er seine Schüler erfüllt hat, ist es zweifellos weitgehend zu verdanken, daß sie eine so bedeutende Rolle in der Entfaltung der Persönlichkeitsforschung gespielt haben.

Wenden wir uns nun der Frage zu, welche Merkmale seiner theoretischen Position von größtem Einfluß gewesen sind. Wie schon früher angedeutet, ist die vielleicht entscheidendste Komponente von Murrays Personologie die sorgfältige und feinfühlige Behandlung des Motivationsprozesses. Bei den jüngeren Theoretikern bestand eine starke Neigung, in der Beschäftigung mit der Motivation einen von zwei ziemlich einfachen Wegen einzuschlagen. Die erste Methode schreibt alles Verhalten einer bemerkenswert kleinen Anzahl von Haupt- oder Grundmotiven zu, von denen dann alles und jedes hergeleitet werden soll. Der zweite Weg setzt voraus, daß die Zahl der Motive Legion und daß jedes Individuum durch Beweggründe getrieben ist, die so komplex sind und sich in ihrer Einmaligkeit so sehr von denen aller anderen Menschen unterscheiden, daß man unmöglich Motive benennen könne, deren Anwendung auf mehr als eine Person überhaupt Sinn hätte. Diese Alternative leugnet die Nützlichkeit jeglicher Bemühung um eine generelle Klassifikation der Antriebe. Murrays Position liegt unstreitig zwischen diesen eindeutigen Extremen. Er läßt die Komplexität der menschlichen Motivation voll gelten und beharrt auf seiner Überzeugung, daß der [psychische] Prozeß sich nicht mit Hilfe von nur zwei, drei, vier oder fünf allgemeinen Motiven wiedergeben lasse. Jedoch besteht er darauf, daß es Antriebe von ausreichender Allgemeinheit gibt, um mit ihnen das Verhalten aller oder der meisten Individuen innerhalb bestimmter Gruppen gewinnbringend darzustellen. Daher seine realistische Einstellung gegenüber der Entwicklung eines Satzes von Konstrukten, welche der Komplexität des menschlichen Verhaltens Rechnung tragen, gleichzeitig aber so sorgfältig detailliert sind, daß sie wiederholt [und] von verschiedenen Investigatoren benutzt werden können. Das Resultat ist – wie wir gesehen haben – eine Klassifikation von Motiven, die wahrscheinlich breiter anwendbar ist als irgendein anderes vergleichbares Schema. Man braucht nur auf die massierten Untersuchungen über das Gesellungs- und das Leistungsstreben (need affiliation and need achievement) zu blicken (cf. Atkinson 1958), um einen Eindruck von der Wirkung zu gewinnen, die Murray auf die Forschung im Bereich der menschlichen Motivation gehabt hat.

Murrays Theorie und seine Arbeiten haben ebenfalls entscheidend dazu beigetragen, auf seiten der akademischen Psychologen [Amerikas] ein ernsthaftes Interesse an der psychoanalytischen Bewegung zu wecken. Zu der Zeit, als Murray das erste Mal an die Harvard Psychological Clinic kam, war die Psychoanalyse weitgehend ein Fremdling und Unbefugter im Lehrgebäude der Psychologie. Die nachfolgenden Jahre sahen Freud mehr und mehr seinen festen Platz als einer der geistigen Riesen innerhalb unseres Faches einnehmen, und dieser Wandel ist zu keinem geringen Teil der Nachhaltigkeit von Murrays Beispiel zu verdanken.

Wie wir gesehen haben, besitzt seine Theorie das einzigartige Merkmal einer gleichzeitigen Beachtung der Geschichte des Organismus wie auch der Gegenwartssituation, in der das Verhalten sich ereignet. In einer psychologischen Atmosphäre, in der die meisten Theoretiker in ihrer Befangenheit entweder ganz von den gegenwärtigen Erscheinungen in Anspruch genommen wurden oder aber sich ausschließlich vergangenen Ereignissen als dem einzigen Schlüssel für das Verständnis des Verhaltens zuwandten, ist es ohne Frage heilsam, eine Position vorzufinden, die beide Determinationsklassen berücksichtigt.

Murrays Interesse an dem Feld oder der Umgebung, in der Verhalten stattfindet, führte zu jenem charakteristischen System von Eindruckbegriffen, das dem Untersucher erlaubt, sowohl die wahrgenommene als auch die objektive Umwelt darzustellen. Es ist etwas anderes, ob jemand von der Wichtigkeit der Umwelt allgemein redet, oder ob er die mühevolle und langwierige Arbeit der Spezifikation von Kategorien leistet, mit deren Hilfe die bedeutsamen Aspekte der Umwelt ihre angemessene Repräsentation finden können. Murray ist einer der ganz wenigen Theoretiker, die diese Aufgabe ausgeführt haben.

Die negativen Seiten von Murrays Theorie sind in vielerlei Hinsicht das Spiegelbild der positiven. In einem beträchtlichen Ausmaß sind die Haupteinwände gegen die Personologie eng mit ihrer Originalität, der Umfassendheit und Komplexität verknüpft. Wir waren schon zu dem Schluß gekommen, daß der schwerste Vorwurf, der gegen eine Theorie überhaupt erhoben werden kann, derjenige ist, daß sie keine faktische Forschungsarbeit nach sich zieht. Ein Kritiker könnte in der Tat behaupten, daß es in Murrays System zwar einen klaren Satz von Begriffen sowie einen darauf bezogenen Satz von empirischen Definitionen gibt, jedoch keinen Satz von explizit festgestellten psychologischen Annahmen, die mit diesen Begriffen auf solche Weise verbunden sind, daß sich daraus prüfbare Folgerungen ergeben würden. Gewiß ist es wahr – wie die von uns ausgewählten Studien zeigen –, daß die von Murray und seinen Schülern geleisteten Forschungen nicht direkt als Konsequenz seiner Theorie angesehen werden können. Seine Untersuchungen waren nicht darauf gerichtet, Voraussagen zu testen, die sich explizit aus seinen theoretischen Auffassungen ableiten ließen. Zur Verteidigung seiner Theorie muß zugegeben werden, daß ihre Annahmen und Begriffe einen allgemeinen Gesichtspunkt betreffs des Verhaltens bereitstellen, welcher sicherlich sehr viel mit der besonderen Art zu tun hat, wie bestimmte Forschungsprobleme angegangen werden. Außerdem sind die definierten Variablen auf die meisten oder viele solcher Probleme anwendbar. Man kann mit einigem Recht behaupten, daß es diese und keine anderen Funktionen sind, die die meisten zeitgenössischen Persönlichkeitstheorien ihrer Anlage nach vollziehen können.

Einige Kritiker haben gemeint, die Theorie sei dermaßen umfangreich, daß sie die Kraft oder Wirkung verliere, die einer mehr begrenzten und spezialisierten Position zu eigen wäre. Gerade die Qualitäten, welche die Theorie komplex machen und sie zugleich vor vielen der üblichen Einwände gegen Persönlichkeitstheorien schützen, könnten, zusammengenommen, ihre Effektivität als eines zwingenden Standpunktes reduzieren. Es ist, als sage die Theorie so vieles, daß das Einzelne niemals mit jener Betonung und Überzeugungskraft vorgetragen wird, die es vom Rest der Theorie abheben oder diese Theorie selbst vor anderen auszeichnen.

Trotz der Breite und Vielfalt von Murrays theoretischen Formulierungen ist klar, daß er dem Motivationsprozeß mehr Aufmerksamkeit geschenkt hat als dem Lernprozeß. Dies hat einige Kritiker zu der Meinung verleitet, daß

Murrays Theorie der Art und Weise, in der psychische Beweggründe umgeformt und entwickelt werden, in keinerlei Hinsicht Rechnung zu tragen vermöchte. Obwohl seine Einteilung der Motive beispiellos praktisch ist und seine Methoden zur Messung der Motivation von zentraler Bedeutung sind, hat er relativ wenig über den genauen Vorgang zu sagen, durch den diese Motive entstehen.

Murrays Geduld und Geschick als Taxonomiker haben ihn veranlaßt, so viele feine Unterscheidungen und detaillierte Klassifikationen zu schaffen, daß einige Beobachter glauben, er sei bei seinen Verhaltensstudien unnötig kompliziert vorgegangen. Es ist sicherlich richtig, daß die Zahl der verschiedenen von ihm entwickelten Kategorien, im Verein mit seiner Tendenz, diese häufig zu wechseln oder zu verändern, fernerhin seine Neigung, neue Termini technici für die Beschreibung dieser Begriffe einzuführen, bei dem Gelegenheitsleser beträchtliche Verwirrung stiftet. Wenn man dem auch entgegenhalten könnte, daß die Aufgabe eines Systematikers darin besteht, die Realität möglichst genau wiederzugeben und nicht unbedingt seinen Lesern entgegenzukommen, muß doch zugegeben werden, daß viele von Murrays Variablen noch keine ausgedehnte und langdauernde Anwendung auf empirische Daten erfahren haben.

Im allgemeinen sind Murrays Schriften und seine Forschung innerhalb des heutigen psychologischen Denkens nicht „in". Er hat zuviel vom Dichter und zuwenig vom Positivisten an sich. Er vertraut seiner Phantasie, ist gewillt, frei über Probleme zu theoretisieren, auch wenn sie keine unmittelbare Möglichkeit für empirische Umsetzung zeigen, und er ist bereit, seine ungezügelten Spekulationen publik zu machen. Keine von diesen Eigenschaften ist angetan, zu sofortiger Anerkennung bei Akademikern zu führen, die immer noch ihren Schwebezustand zwischen der Natur- und der Geisteswissenschaft spüren. Es gibt einen starken Trend unter den Experimentalisten, alle von ihren Zeitgenossen aufgeworfenen Fragestellungen, die sich nicht an manipulierbare Methoden und Techniken binden lassen, als bloße Subjektivität abzutun. Folgerichtig haben viele Untersucher eine Mißachtung ihrer experimentellen Forschungsweise aus Murrays Schriften herausgelesen, zumal diese geradezu beunruhigend komplexe Gedankengänge für ein adäquates Verstehen des menschlichen Verhaltens als notwendig erachten.

Will man Murrays Beiträge im ganzen würdigen, so ist man gehalten, die Theorie, den Menschen und seine Arbeiten zusammenzusehen. Es kann keinen Zweifel geben, daß diese Kombination eine Note lebendiger Originalität in einen Forschungszweig gebracht hat, der argen Mangel an diesen Qualitäten aufwies. Auf die Dauer ist die Fixierung auf stabile, doch triviale Ereignisse einer der großen Feinde des empirischen und theoretischen Fortschritts; und es hat keinen unbarmherzigeren und unnachgiebigeren Kritiker trivialer Untersuchung und Darlegung in der Persönlichkeitsforschung gegeben als Henry A. Murray.

6. Lewins Feldtheorie

Die älteren Wissenschaften der Physik und Chemie haben oft den Gang der neueren Disziplinen wie der Psychologie beeinflußt, indem sie diesen ihre Denkweisen und Auffassungen über Naturphänomene zur Verfügung stellten. Wenn neue Gesichtspunkte innerhalb der reinen Naturwissenschaften erscheinen, so ist es – unter Berücksichtigung der grundsätzlichen Einheit allen Forschens – fast unvermeidlich, daß sie von den weniger weit fortgeschrittenen Wissenschaften übernommen und auf deren Spezialprobleme angewandt werden. Es kann daher auch nicht überraschen, daß der Feldbegriff der Physik, der durch Faradays, Maxwells und Hertz' Arbeiten über elektromagnetische Felder im 19. Jahrhundert eingeführt worden war und in Einsteins so folgenreicher Relativitätstheorie im 20. Jahrhundert gipfelte, eine große Wirkung auf das moderne psychologische Denken ausgeübt hat. Es sollte jedoch mit M. Deutsch (1968) darauf hingewiesen werden, daß es die *Methoden* der Darstellung der Realität sind und nicht die aktuellen physikalischen Begriffe und Tatsachen selbst, die der Psychologie einverleibt wurden.

Die erste wichtige Manifestation des Einflusses der physikalischen Feldtheorie auf die Psychologie zeigte sich in der als Gestaltpsychologie bekannt gewordenen Bewegung, die drei deutsche Psychologen, Max Wertheimer, Wolfgang Köhler und Kurt Koffka, in den Jahren unmittelbar vor dem Ersten Weltkrieg begründet hatten. Der Hauptlehrsatz der Gestalttheorie lautet, daß die Art und Weise, in der ein Objekt wahrgenommen wird, von dem Gesamtzusammenhang oder der Konfiguration (der Gestalt) determiniert ist, in welche das Objekt eingebettet ist. Die Perzeption wird demnach nicht so sehr von den fixierten Eigenschaften der individuellen Komponenten bestimmt, sondern von den Beziehungen zwischen den Komponenten eines Wahrnehmungsfeldes.

Kurt Lewin trat in den ersten Nachkriegsjahren an der Berliner Universität mit Wertheimer und Köhler in Zusammenarbeit. Geboren 1890 im damals preußischen Mogilno (Posen), hatte er in Freiburg, München und zuletzt in Berlin studiert, wo er 1914 promovierte. Nach vierjährigem Kriegsdienst kehrte er als Lehrbeauftragter und Forschungsassistent an die Humboldt-Universität zurück. 1926 wurde er zum Professor für Philosophie und Psychologie ernannt. Zur Zeit von Hitlers Aufstieg zur Macht war Lewin Gastprofessor an der Stanford University in Kalifornien. Er kehrte nur noch kurz nach Deutschland zurück, um seine dortigen Verpflichtungen zu lösen und seine Familie mit in die Vereinigten Staaten zu nehmen, wo er sich für immer niederließ. Von 1933 an war er zwei Jahre lang Professor für Kinderpsychologie an der Cornell

University, bevor er als Professor für Psychologie an die Child Welfare Station (für Kinder- und Jugendfürsorge) der University of Iowa berufen wurde. 1945 nahm Lewin eine Ernennung zum Professor und Direktor des Research Center für Group Dynamics (eines Forschungszentrums für Gruppendynamik) am Massachusetts Institute of Technology an. Er starb am 12. Februar 1947 im Alter von 56 Jahren in Newtonville, Massachusetts.

Lewin wird von vielen seiner Fachkollegen als eine der brillantesten Gestalten in der zeitgenössischen Psychologie betrachtet (G. W. Allport 1947, Tolman 1948). Seine theoretischen Schriften (1935a, 1936a, 1938, 1951) und experimentellen Arbeiten haben in der Entwicklung der Psychologie eine unauslöschliche Spur hinterlassen. Er setzte sich als allererster für die Anwendung der Feldtheorie in allen Zweigen der Psychologie ein. Für ihn war die Feldtheorie nicht ein neues System der Psychologie, das auf einen spezifischen Inhalt beschränkt ist, sondern eine „Gruppe von aufeinanderbezogenen Begriffen", mit deren Hilfe man die psychologische Realität wiedergeben kann (1936a, dt. 1969, S. 30ff.). Diese Begriffe sollten weit genug sein, um sie auf alle Arten von Verhalten anzuwenden, zugleich aber auch eng genug, um eine bestimmte Person in einer konkreten Situation darzustellen. Lewin charakterisiert die Feldtheorie allgemein als „eine Methode der Analyse von Kausalbeziehungen und der Synthese wissenschaftlicher Konstrukta" (1951, dt. 1963, S. 88).

Die Hauptmerkmale von Lewins Theorie können wie folgt zusammengefaßt werden: (1) Verhalten ist eine Funktion des Feldes, das zur Zeit des Verhaltensereignisses existiert; (2) die Analyse beginnt mit der Situation als einem Ganzen, von dem die Bestandteile ausgesondert werden; (3) die konkrete Person in einer konkreten Situation kann mathematisch dargestellt werden. Lewin betont außerdem zugrundeliegende *Kräfte* als Determinanten des Verhaltens und bekundet eine Vorliebe für eine psychologische im Gegensatz zur physikalischen oder physiologischen Beschreibung des Feldes. Ein Feld wird definiert als „die Gesamtheit gleichzeitig bestehender Tatsachen, die als gegenseitig voneinander abhängig begriffen werden" (1951; dt. 1963, S. 273).

Die Begriffe der Feldtheorie sind von Lewin auf eine große Vielfalt psychologischer und soziologischer Phänomene angewandt worden, darunter Klein(st)kind- und Kindverhalten (1951, Kap. X), Adoleszenz (1951, Kap. VI), Schwachsinn (1935a, Kap. VII), Minoritätsgruppenprobleme (1935b, 1946), nationale Charakterunterschiede (1936b) und Gruppendynamik (1948). Lewin war wie so viele andere Persönlichkeitstheoretiker kein Elfenbeinturmdenker, der sich von den ungelösten Fragen der Welt abwandte. Als ein Mensch mit ausgesprochen humanitärer Grundeinstellung und demokratischem Wertbewußtsein versuchte er vielmehr, einige der großen Menschheitsprobleme direkt anzugehen, indem er jene Untersuchungen durchführte, die unter dem Namen *Handlungs-* (auch Tat-) oder *Aktionsforschung* (action research) rangieren und den Wechsel der sozialen Bedingungen zum Gegenstand haben. Exemplarische Studien dieser Art von Lewin und seinen Mitarbeitern finden sich in Bavelas/Lewin (1942) und Lewin ([1926: ‚Untersuchungen zur Handlungs- und affektpsychologie',] 1943, 1946, 1947, 1968).

Wir werden in diesem Kapitel unsere Aufmerksamkeit auf Lewins Theorie der Struktur, Dynamik und Entwicklung der Person konzentrieren, daneben aber auch die psychologische Umwelt zu betrachten haben, da die Person und ihre Umwelt interdependente Bereiche des Lebensraumes sind – Lewins Terminus für das gesamte psychologische Feld. Die einflußreichen Zweige der Aktionsforschung und der *Gruppendynamik* (group dynamics), die Lewin begründete, sollen hier indessen nicht diskutiert werden. Diese Seite seines Denkens ist schon von Deutsch (1968) behandelt worden, und über die jüngere Forschung auf dem Gebiet der Gruppendynamik liegt ein Überblick von Gerard und Miller (1967) vor. Die angewandte Gruppendynamik ist außerdem Gegenstand eines Buches von Schein und Bennis (1965). [Zu den terminologischen Problemen im Zusammenhang mit dem Wechsel Lewins in den amerikanischen Sprachraum und den z. T. nicht authentischen Rückübertragungen ins Deutsche cf. die Übersetzervorworte und -anmerkungen in 1951, dt. 1963 (A. Lang/W. Lohr), S. 11f. et passim, und 1936a, dt. 1969 (R. Falk/Fr. Winnefeld), S. 19ff. et passim sowie das Glossarium S. 218ff. D. Ü.]

Die Struktur der Persönlichkeit

Der erste Schritt in Richtung auf eine Definition der *Person* (person) als eines Strukturbegriffes besteht darin, sie als eine Einheit zu beschreiben, die von allem übrigen in der Welt abgesetzt ist. Diese Sonderung kann mit Worten geschehen wie in einer Wörterbuchdefinition, z. B.: eine Person ist ein individueller Mensch (Webster); sie kann aber auch durch eine räumliche Darstellung der Person erreicht werden. Weil Abbildungen im [topologischen] Raum einer mathematischen Behandlung zugänglich sind, gewöhnliche verbale Bestimmungen dagegen nicht, zieht Lewin jene für seine Theoriebildung vor und versucht damit von allem Anfang an eine Mathematisierung seiner Konzepte. Ein bedeutender Vorteil solcherart wissenschaftlichen Vorgehens liegt nach Lewin darin, daß mathematische Repräsentationen präzise Formulierungen erfordern, während eine Definition mittels Worten eher unexakt und zweideutig ist. Weiterhin lassen sich aus formalisierten Darstellungen wichtige Einzelheiten ableiten, indem man verschiedene mathematische Operationen an ihnen vornimmt. Es können rationale, verschiedene Begriffe verbindende Gleichungen aufgestellt, Unbekannte gelöst und funktionale Beziehungen formuliert werden. Worte andererseits führen eben meist nur zu mehr Worten. Lewin erinnert daran, daß die Mathematik die angemessenste Sprache des wissenschaftlichen Diskurses ist, obwohl der Typus von Mathematik, den er für die Repräsentation psychologischer Begriffe anwendet, nicht identisch ist mit jenem, der den meisten Leuten vertraut ist. Lewins Mathematik hat ein nichtmetrisches Gepräge, und sie bezeichnet räumliche Verhältnisse mit anderen als euklidischen Ausdrücken. Es ist im wesentlichen eine Mathematik für die Beschreibung wechselseitiger Zusammenhänge und Kommunikationen zwischen *Bereichen* oder Gebieten (regions), ohne Rücksicht auf deren Größe oder Form.

Die symbolische Absonderung der Person vom Rest des Universums wird dadurch bewerkstelligt, daß man eine geschlossene Figur zeichnet. Der Rand dieser Figur stellt die *Grenze* (boundary) der als Person *P* bekannten Einheit dar *(vgl. Abb. 1)*. Alles, was sich außerhalb der Grenzlinie befindet, ist *Nicht-P* (non-*P*). Es macht bei alledem keinen Unterschied, ob die gezeichnete Figur ein Kreis ist oder ein Quadrat, ein Dreieck, ein Oktogon oder eine unregelmäßige Form, solange sie nur vollständig begrenzt ist.

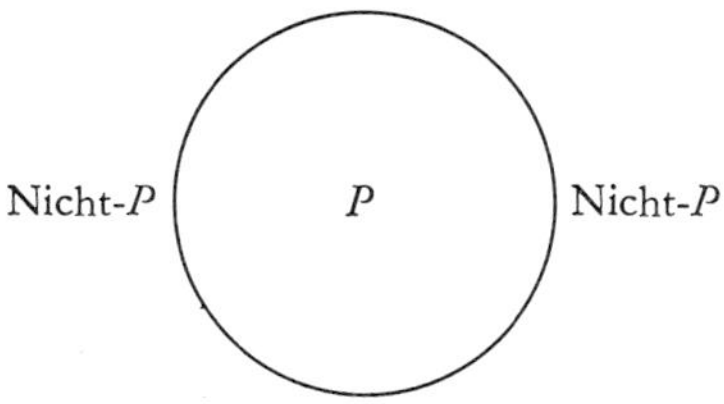

Abb. 1

Bevor wir weitergehen, wollen wir noch bei der Betrachtung dessen verweilen, was mit der Repräsentation der Person durch eine geschlossene Figur begrifflich festgelegt wird. Da absolute Größe und Form irrelevante Eigenschaften der Abbildung sind, besteht ihr einzig bedeutsames Merkmal darin, daß sie eine vollständig abgegrenzte Fläche ist, die in einer größeren Fläche liegt. Durch den Zirkelschlag auf einem Stück Papier sind also zwei Eigenschaften der Person dargestellt worden. Es sind diese (1) die Trennung vom Rest der Welt mittels einer durchgehenden Grenze und (2) der Einschluß in einen größeren Raum. Die erste Eigenschaft ist die der *Differenzierung* (differentiation), die zweite die *Teil-Ganz(es)-Beziehung* (part-whole relationship). Kurz gesagt wird die Person charakterisiert als etwas, das von einer größeren Totalität getrennt, aber dennoch von ihr eingeschlossen ist. Eine derartige Konzeption steht keinesfalls im Gegensatz zum allgemeinen Menschenverstand, da die Haut oder die Kleidungsstücke eines Menschen die sichtbaren Grenzen sind, die ihn von dem umfassenden Universum absetzen, durch das er sich bewegt und von dem er so offenkundig ein Teil ist.

Die psychologische Umwelt

Wären wir nur an der Person interessiert und nicht an der Welt, von der sie ein Teil ist, so könnten wir unser Augenmerk auf die Eigenschaften des vom Kreis umschriebenen Gebietes beschränken und die Grenze und ihr Hinterland ignorieren. In dieser Weise vorzugehen würde jedoch heißen, die bedeutsamen Interaktionen zwischen der Person und ihrer Umgebung zu übersehen.

Der nächste Schritt in der Darstellung der psychologischen Realität besteht also darin, eine weitere begrenzte Figur zu zeichnen, die größer ist als die Person und diese zugleich völlig umschließt. Die Form und Größe dieser umgebenden Figur sind belanglos, wenn sie nur die zwei Bedingungen des Größerseins und des Einschließens der Person erfüllt. Für diese Aufgabe wählt Lewin eine Figur von ungefährer elliptischer Gestalt. Als zusätzliche Eigenschaft wird verlangt, daß die neue Figur keinen Punkt der Kreislinie teilt, welche die Person umschreibt; es muß zwischen dem Rand der Person und jenem der größeren Figur allseits ein freier Raum bleiben. Abgesehen von dieser Beschränkung kann der Kreis überall in der Ellipse plaziert werden. Die relative Größe der zwei Gestalten ist dabei unwesentlich.

Wir haben jetzt das Bild eines Kreises, der von einer Ellipse umschlossen, jedoch von dieser nicht berührt wird *(Abb. 2)*. Das Gebiet zwischen den zwei Umfängen ist die *psychologische* Umwelt *U* (psychological environment *E*).

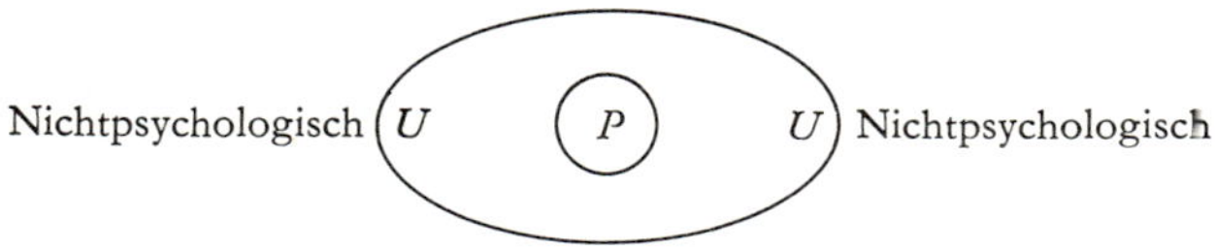

(*P* + *U* = Lebensraum *L*)

Abb. 2

Der Gesamtbereich innerhalb der Ellipse – einschließlich des Kreises – ist der *Lebensraum L* (life space). Der Raum außerhalb der Ellipse stellt die nichtpsychologischen Aspekte des Universums dar. Aus Gründen der Einfachheit werden wir diesen Bereich die *physikalische Welt* (physical world) nennen, obwohl sie nicht auf physikalische Tatsachen allein beschränkt ist. Zum Beispiel gibt es im nichtpsychologischen Feld auch soziale Fakten.

Diese simple Übung im Figurenzeichnen könnte manchem vielleicht irrelevant erscheinen, sie ist jedoch absolut unerläßlich für ein Verständnis und eine Würdigung von Lewins Theorie. Nach seiner Meinung ist es sehr wesentlich, mit einem Gesamtbild der psychologischen Realität zu beginnen, d.h. mit einem Bild von größtmöglicher allgemeiner Gültigkeit, und dann Schritt für Schritt aus diesem weiten Panorama jene Details auszugliedern, mit denen ein genaues Verstehen der konkreten psychologischen Situation erreicht werden kann. Denn es ist Lewins Überzeugung, daß das ins einzelne gehende Bild der psychologischen Realität nicht korrekt sein kann, wenn das allgemeine Bild ungenau ist.

Das Kreis-Ellipsen-Schema ist nun keineswegs bloß eine Illustration oder ein „pädagogisches Hilfsmittel", sondern vielmehr eine wahrheitsgetreue Darstellung der allgemeinsten Strukturbegriffe in Lewins Theorie überhaupt, nämlich jener der Person, der psychologischen Umwelt und des Lebensraumes. Die Zeichnung mit dem Kreis in der Ellipse ist geradezu eine landkartengetreue Abbildung der Realität, und genau wie jede andere Karte hat sie die Funktion, ihren Benutzer durch unbekannte Gegenden zu leiten und ihn dabei neue Tatsachen über die Realität ‚erfahren' zu lassen.

Der Lebensraum

Wir haben mit der Person begonnen und ihr danach eine psychologische Umwelt zugegeben, doch hätte es Lewins Grundregel, vom Allgemeinen zum Besonderen vorzurücken, mehr entsprochen, wenn wir mit dem Lebensraum angefangen und aus ihm die Person und die Umwelt ausgegliedert hätten. Denn der Lebensraum ist nun einmal des Psychologen „Universum", ist das Ganze der psychologischen Realität. Er enthält die Totalität der *möglichen* Tatsachen, soweit sie das Verhalten eines Menschen zu bestimmen vermögen. Er schließt *alles* ein, was bekannt sein muß, will man das konkrete Verhalten eines einzelnen in einer gegebenen psychologischen Umwelt zu einer gegebenen Zeit verstehen. Das Verhalten *V* (behavior *B*) ist eine Funktion des Lebensraumes *L*: $V = f(L)$. „Die Aufgabe der dynamischen Psychologie ist es, aus der Gesamtheit der in einem bestimmten Zeitmoment existierenden psychobiologischen Fakten im Lebensraum eindeutig das Verhalten des Individuums abzuleiten ..." (Lewin 1936a, dt. 1969, S. 91).

Die Tatsache, daß der Lebensraum von der physikalischen Welt umgeben ist, besagt nicht, daß er ein Teil der physikalischen Welt ist (vgl. *Abb. 3*).

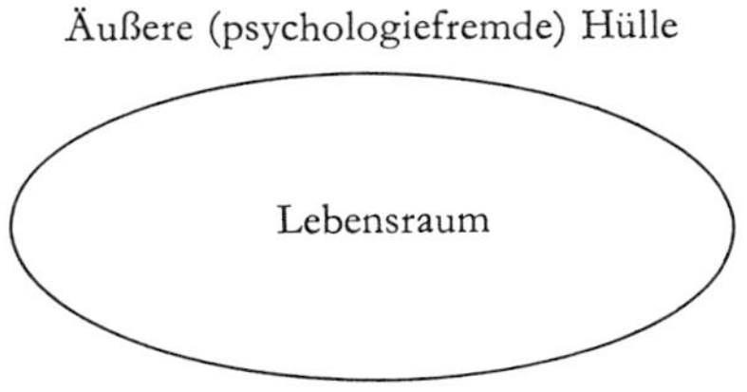

Abb. 3

Vielmehr sind der Lebensraum und der Raum außerhalb ganz verschiedenartige und voneinander getrennte Gebiete einer größeren Totalität, dem Universum schlechthin. Ob dieses begrenzt oder unbegrenzt ist, ob Chaos oder Kosmos, ist für die Psychologie nur in einer wichtigen Hinsicht von Belang: Fakten in jener äußeren Region, die an den Lebensraum unmittelbar angrenzt und die bei Lewin *äußere* oder *psychologiefremde Hülle* (foreign hull) [ursprünglich auch Umfeld] des Lebensraumes heißt, können die psychologische Umwelt entscheidend beeinflussen. Mit anderen Worten, nichtpsychologische Tatsachen vermögen psychologische zu ändern. Lewin hat vorgeschlagen, das Studium der zur äußeren Hülle gehörigen Fakten als *psychologische Ökologie* (psychological ecology) zu bezeichnen (1951, Kap. VIII). Der erste Schritt in der Durchführung einer psychologischen Untersuchung besteht darin, die Natur der Tatsachen, welche an der Grenze des Lebensraumes existieren, festzustellen, da diese mitbestimmen, was möglich und was nicht möglich ist, bzw. was im Lebensraum geschehen oder nicht geschehen könnte. Lewin tat dies, bevor er daranging, [als Paradigma] die „Essensgewohnheiten" von Leuten – wie auch die Möglichkeit ihrer Veränderung – zu erforschen (1943; 1951, Kap. VIII).

Tatsachen der psychologischen Umwelt können nun ihrerseits Änderungen in der physikalischen Welt hervorrufen, so daß es zwischen den beiden Sphären zu zweigleisiger Kommunikation kommt. Infolgedessen sagt man, daß die Grenze zwischen dem Lebensraum und der äußeren Welt mit der Eigenschaft der *Permeabilität* oder Durchlässigkeit oder auch Überschreitbarkeit, Passierbarkeit u.ä. (permeability) ausgestattet ist. Denn diese Grenze ähnelt mehr einer durchlässigen Membran oder einem Filter oder Sieb als einer Wand oder einer starren Barriere. Beiläufig sollte noch vermerkt werden, daß die physikalische Welt nicht direkt mit der Person kommunizieren kann, genausowenig wie es die Person mit der Außenwelt vermag. Ein Faktum muß in der psychologischen Umwelt existieren, bevor es die Person beeinflussen oder von dieser beeinflußt werden kann. Dies wird auch in dem Diagramm deutlich, das den Personenbereich als vollständig von jenem der psychologischen Umwelt eingeschlossen zeigt.

Die Existenz einer permeablen Grenze zwischen dem Lebensraum und der physikalischen Welt ist von weittragender Bedeutung. Da eine Tatsache der nichtpsychologischen Welt den Gang der Ereignisse im Lebensraum radikal verändern kann, ist eine Voraussage aufgrund der Kenntnis der psychologischen Gesetze gewöhnlich nutzlos. Man kann niemals im vorhinein sicher sein, ob ein Tatbestand der äußeren Hülle nicht vielleicht die Grenze des Lebensraumes durchdringt und in der psychologischen Umwelt alles drunter und drüber gehen läßt. Ein zufälliges Zusammentreffen, ein unerwarteter Telefonanruf, ein Autounfall – dies alles hat so manches Mal schon den gesamten Lebenslauf gewendet. Wie Lewin herausstellt, ist es daher für einen Psychologen eher möglich, die momentane, konkrete psychologische Situation eines Menschen zu verstehen, indem er sie in feldtheoretischen Begriffen beschreibt und erklärt, als etwa zu versuchen, das zukünftige Verhalten des Betreffenden vorherzusagen.

Noch eine andere Eigenschaft des Lebensraumes soll erwähnt werden. Obwohl die psychologische Umwelt die Person umgibt, ist diese weder ein Teil von ihr, noch ist sie in die Umgebung eingeschlossen. Die psychologische Umwelt hört an der Peripherie des Kreises auf, so wie die nichtpsychologische Welt an der Peripherie der Ellipse aufhört. Dennoch ist auch die Grenze zwischen der Person und der Umwelt durchlässig. Dies bedeutet, daß Umwelttatsachen die Person beeinflussen können: $P = f(U)$, und auch, daß persönliche Tatsachen die Umwelt beeinflussen können: $U = f(P)$. Bevor wir die Natur dieser Wechselwirkung betrachten, ist jedoch eine zusätzliche Unterscheidung innerhalb der Personstruktur wie auch der Umwelt erforderlich.

Die differenzierte Person

Bisher wurde die Person als leerer Kreis dargestellt. Eine derartige Repräsentation würde angemessen sein, wenn die Person eine vollkommene Einheit wäre, was aber nicht der Fall ist. Lewin behauptet, daß die Struktur der Person nicht homogen, sondern heterogen ist, d.h. sie gliedert sich in separate, aber interkommunizierende und interdependente Komponenten. Um diesen Sachverhalt wiederzugeben, wird die Fläche innerhalb des Kreises in Zonen eingeteilt.

Man geht dabei in der folgenden Weise vor. Zuerst wird innerhalb des Kreises ein zweiter einbeschrieben, dergestalt, daß beide konzentrisch sind. Der äußere Teil repräsentiert den *sensomotorischen Bereich (S)M* (perceptual-motor region *PM*), der zentrale Teil stellt den *innerpersonalen Bereich IP* (inner-personal region) dar. Letzterer ist vollständig von der Sensomotorik umgeben, so daß er keinen direkten Kontakt mit jener Grenze hat, welche die Person von der Umwelt trennt *(Abb. 4)*.

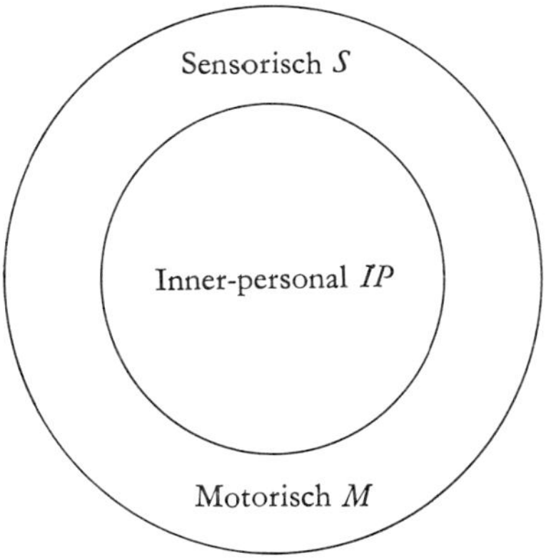

Abb. 4

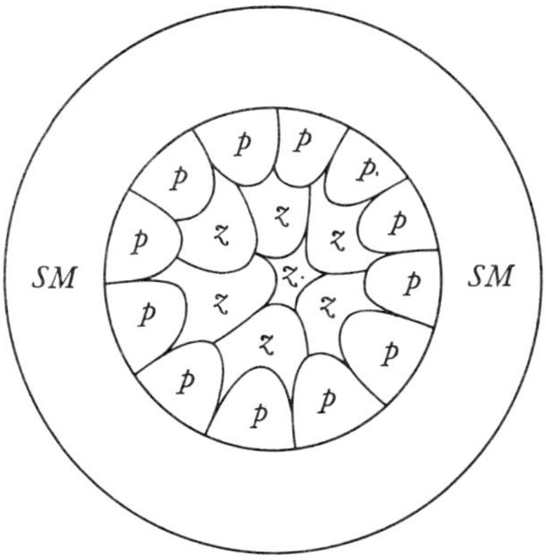

Abb. 5

Der nächste Schritt besteht darin, daß man den innerpersonalen Bereich in Zellen unterteilt *(Abb. 5)*. Die dem sensomotorischen Bereich anliegenden Zellen werden *periphere* (peripheral) genannt, abgekürzt *p*; die im Innern des Kreises befindlichen heißen *zentrale* (central) Zellen: *z (c)*. Über eine Differenzierung der sensomotorischen Zone in kleinere Regionen spricht sich Lewin nicht sehr deutlich aus. Er vermutet, daß das Motorium als Einheit operiert, da es normalerweise nur eine Aktion zur Zeit durchführen kann. Gleichermaßen funktioniert das Wahrnehmungssystem gewöhnlich in einheitlicher Weise, d.h. eine Person kann sich nur einem Gegenstand zur Zeit widmen und ihn wahrnehmen. Es ist jedoch klar, daß das motorische vom sensorischen System getrennt werden sollte, weil beide voneinander unabhängig sind. Wie diese

Trennung räumlich gefaßt werden muß, wird nicht verraten. Vielleicht besteht die beste Lösung – und eine, die Lewin offenbar annimmt – darin, das sensomotorische System nicht aufzugliedern, unter der Voraussetzung, daß immer dann, wenn die Richtung des Einflusses von der Umwelt zur Person geht, jener die innerpersonale Sphäre umgebende Bereich die Wahrnehmungsprozesse repräsentiert, wenn aber von der Person eine Wirkung auf die Umwelt ausgeht, derselbe Bereich für die Bewegungsabläufe steht. Dies würde mit der allgemeinen Ansicht übereinstimmen, daß Informationseingang (Input) die sensorische und Informationsausgang (Output) die motorische Aktivität impliziert.

Wir haben jetzt eine genaue begriffliche Repräsentation der Personstruktur vor uns. Die Person wird definiert als ein differenzierter Bereich innerhalb des Lebensraumes. Betrachten wir nun die psychologische Umwelt im einzelnen.

Die differenzierte Umwelt

Eine homogene oder undifferenzierte Umwelt ist eine, in der alle Tatsachen den gleichen Einfluß auf die Person ausüben. In einer solchen Umwelt hätte die Person vollkommene Bewegungsfreiheit, da es keine Schranken gäbe, die sie irgendwie hemmen könnten. Eine derartige Vorstellung entspricht offensichtlich nicht der wahren Sachlage. Es ist daher notwendig, die Umwelt in Teilbereiche aufzugliedern *(Abb. 6).*

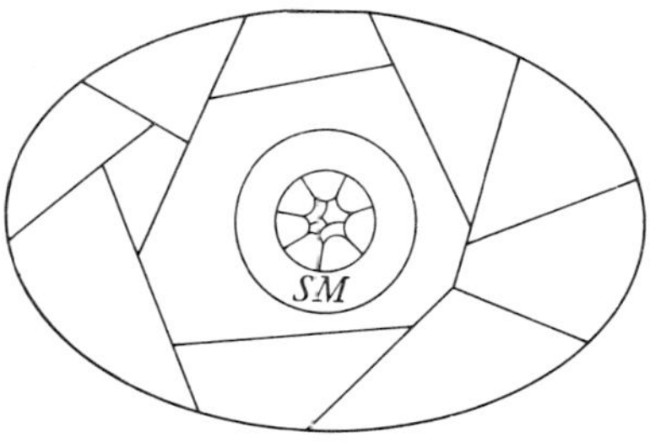

Abb. 6

Zwischen der Differenzierung der Umwelt und jener der Person besteht allerdings ein Unterschied. Man ist nicht genötigt, verschiedene *Arten* von Umweltbereichen zu bestimmen. Die Umwelt enthält nichts Vergleichbares zur sensomotorischen Schicht oder zur innerpersonalen Sphäre. Alle Teile der Umwelt sind einander ähnlich. Folglich kann ein beliebiges Muster von Kreuz- und Querlinien unserem gegenwärtigen Zweck dienen. Es sollte jedoch beachtet werden, daß bei der konkreten Darstellung einer bestimmten Person in einer konkreten psychologischen Situation zu einem gegebenen Moment die genaue Zahl und die relativen Positionen der Umweltteilbereiche wie auch die genaue Zahl und die relativen Positionen der innerpersonalen [Zellen] bekannt sein müssen, wenn man das Verhalten verstehen will. Eine vollständige und sorgfältige Strukturanalyse enthüllt die Gesamtheit der möglichen psychologischen Tatsachen in der augenblicklichen Situation. Die dynamische Analyse, welche das Thema des nächsten Abschnitts dieses Kapitels ist, sagt uns hingegen, welche der möglichen Fakten das Verhalten tatsächlich determinieren werden.

Zusammenhänge zwischen Bereichen

Die Abbildung des Lebensraumes zeigt jetzt eine differenzierte Person und eine sie einschließende differenzierte Umwelt. Die Differenzierung selbst wurde durch eingezogene Linien erreicht, die als Gebietsgrenzen fungieren. Diese sollen jedoch keineswegs undurchdringliche Schranken andeuten, welche die Person und die Umwelt in unabhängige und unzusammenhängende Regionen teilten. Wie schon bemerkt, besteht eine der Eigenschaften einer Grenze in ihrer Permeabilität, weshalb der Lebensraum in Wirklichkeit ein ganzes Geflecht miteinander verbundener Systeme darstellt.

Was nun ist mit der Aussage gemeint, daß es zwischen den Bereichen (alias Gebieten, Bezirken, Regionen u.ä.) *Zusammenhänge* (connections) gibt? Um diese Frage zu beantworten, wollen wir zunächst annehmen, daß jeder Teilbereich der Umwelt eine psychologische Tatsache enthält und daß dieselbe Tatsache nicht in mehr als einem Bereich zur selben Zeit erscheint. Für manche Ohren mag der Gebrauch des Wortes *Tatsache* oder Faktum (fact) in diesem Kontext befremdlich klingen. Eine Tatsache ist für Lewin jedoch nicht nur eine beobachtbare Sache wie ein Stuhl oder ein Fußballspiel; sie bezeichnet auch etwas, das nicht direkt beobachtet werden kann, statt dessen aber von Beobachtetem ableitbar ist. Mit anderen Worten, es gibt neben empirischen oder phänomenalen auch noch hypothetische oder dynamische Tatsachen. Alles, was entweder wahrgenommen oder erschlossen wird, gilt in Lewins Augen als Tatsache. Andererseits nennt er das Resultat der Interaktion mehrerer Tatsachen ein *Ereignis* (event). Ein Stuhl und ein Mensch sind – allein genommen – Tatsachen, aber wenn jemand auf einem Stuhl Platz nimmt, so ist das ein Ereignis. Zwei Bereiche gelten als zusammenhängend, wenn eine Tatsache in dem einen mit einer Tatsache in dem anderen Bereich kommuniziert. Zum Beispiel sagt man von der „Person", daß sie mit der Umwelt zusammenhängt, weil ein Faktum der Umgebung Fakten innerhalb der Person wandeln, einschränken, ersetzen, verstärken oder abschwächen kann. Im Klartext heißt das, die Umwelt vermag die Person zu verändern, und dasselbe gilt entsprechend umgekehrt. Lewin spricht außerdem vom Zusammenhang zweier Gebiete, wenn die Tatsachen der einen Region für die Tatsachen einer anderen zugänglich sind. Diese *Zugänglichkeit* (accessibility) ist das räumliche Gegenstück zum *Einfluß* (influence).

Unser unmittelbares Problem ist also, wie wir das Ausmaß der Beeinflussung oder der Zugänglichkeit zwischen Bereichen darstellen können. Es gibt mehrere Möglichkeiten, dies zu tun. Eine besteht darin, die Regionen nahe beieinander zu setzen, wenn der gegenseitige Einfluß stark *(Abb. 7)*, und sie weit voneinander entfernt zu plazieren, wenn der Einfluß nur schwach ist *(Abb. 8)*. Die Anzahl der zwischen *A* und *B* eingeschalteten Bereiche repräsentiert die Größe ihrer Wirkung aufeinander. Dieser Darstellungstypus kann als *Nähe-Ferne-Dimension* (nearness-remoteness dimension) bezeichnet werden.

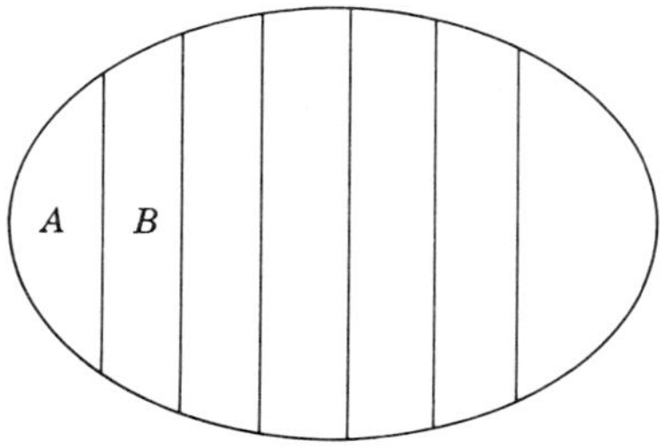

Abb. 7

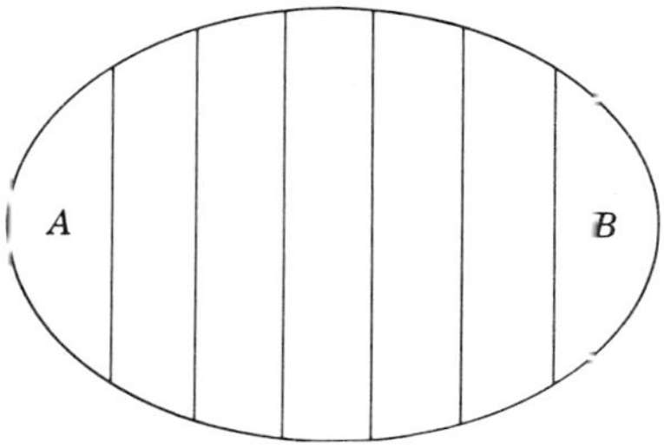

Abb. 8

Zum Beispiel kann ein Bereich, der tief im zentralen Teil der innerpersonalen Schicht eingebettet ist, viele Zellen vom sensomotorischen Bereich entfernt sein. Unter diesen Umständen wird eine Umwelttatsache nur mit großen Schwierigkeiten zu der entlegenen Zentralregion gelangen, und gleicherweise wird eine Tatsache, die im zentralen Bereich eingebettet liegt, wenig oder gar nicht mit der Umwelt kommunizieren, d.h. sie werden relativ unabhängig voneinander sein. Auf der anderen Seite kann eine periphere Region der innerpersonalen Sphäre, die an das sensomotorische System anstößt, für Umwelttatsachen äußerst zugänglich sein.

Zwei Bereiche können unter Umständen sehr nahe zusammen liegen – sogar in dem Maße, daß sie eine gemeinsame Grenze haben – und doch weder gegenseitig beeinflußbar noch zugänglich sein. Der Grad der Verbundenheit oder des Ineinandergreifens ist nicht nur eine Sache der Zahl der Grenzen, die überschritten werden müssen; er hängt auch von der Widerstandskraft einer Grenze ab. Bei sehr großem Widerstand ist es ganz gleich, welchen Abstand die Bereiche haben; sie werden nur sehr wenig Einfluß aufeinander ausüben. Andererseits können die Gebiete sehr weit voneinander entfernt sein, und dennoch wird es zu beträchtlicher Wechselwirkung kommen, wenn die dazwischengeschalteten Grenzen sehr schwach sind.

Der Widerstand einer Grenze bzw. ihre Durchlässigkeit wird durch die Stärke der Grenzlinie bezeichnet. Ein sehr dünner Strich repräsentiert eine schwache, ein sehr dicker Strich eine unpassierbare Grenze *(Abb. 9)*. Dieser Typ von Darstellung bezieht sich auf die *Stärke-Schwäche-Dimension* (firmness-weakness dimension).

Eine Grenze ist nicht unbedingt von beiden Seiten gleich durchlässig. Das heißt, eine Tatsache im Bereich *A* mag eine Tatsache im Bereich *B* beeinflussen, ohne daß auch eine *B*-Tatsache wirklich Einfluß auf eine *A*-Tatsache hat.

Man kann diese unterschiedliche Zugänglichkeit nur mit Hilfe zweier Zeichnungen darstellen, von denen die eine mit dünner, die andere mit dicker Grenzlinie versehen ist. Dies ist auch begrifflich richtig, denn der Einfluß von *A* auf *B* ist eine psychologisch andersartige Situation als *B*s Einfluß auf *A*.

Eine dritte Möglichkeit, die wechselseitigen Verbindungen zwischen Bereichen wiederzugeben, besteht darin, die Natur des Mediums einer Region in Rechnung zu stellen. Das Medium eines Bereiches ist seine Boden- oder Oberflächenbeschaffenheit. Lewin hat mehrere diesbezügliche Qualitäten unterschieden, von denen die wichtigste die *Flüssigkeit-Festigkeit-Dimension* (fluidity-rigidity dimension) ist *(Abb. 10)*. Ein flüssiges Medium ist eines, das

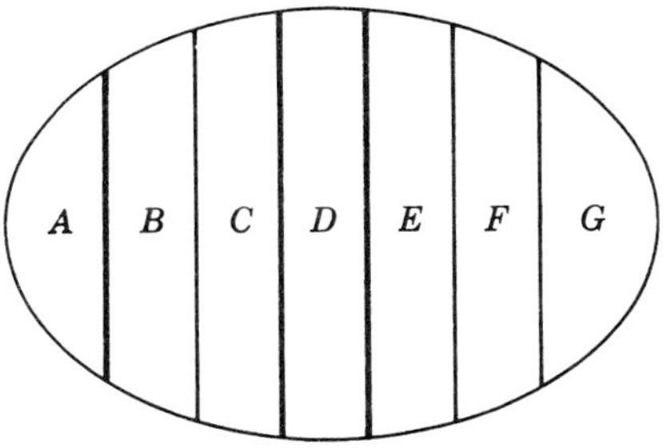

Abb. 9

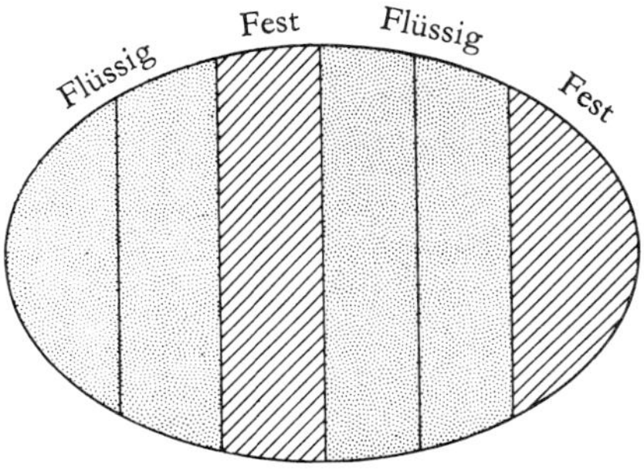

Abb. 10

auf jeden Einfluß, der auf es ausgeübt wird, schnell reagiert; es ist flexibel und fügsam. Ein festes Medium dagegen widersetzt sich der Veränderung; es ist steif und unelastisch. Zwei Bereiche, die voneinander durch einen dritten getrennt sind, dessen Oberflächeneigenschaft extrem rigide ist, sind nicht oder

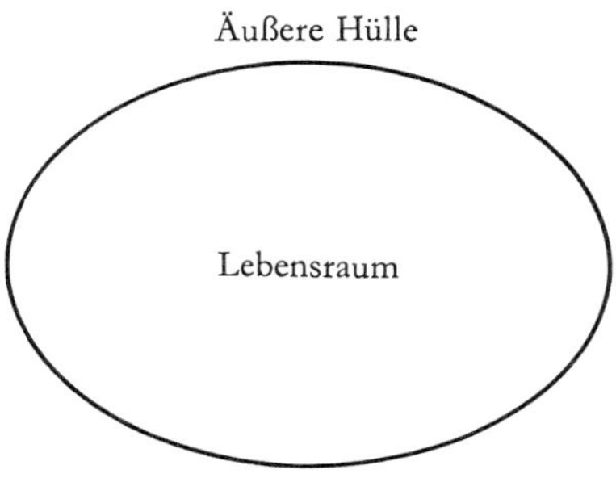

Abb. 11

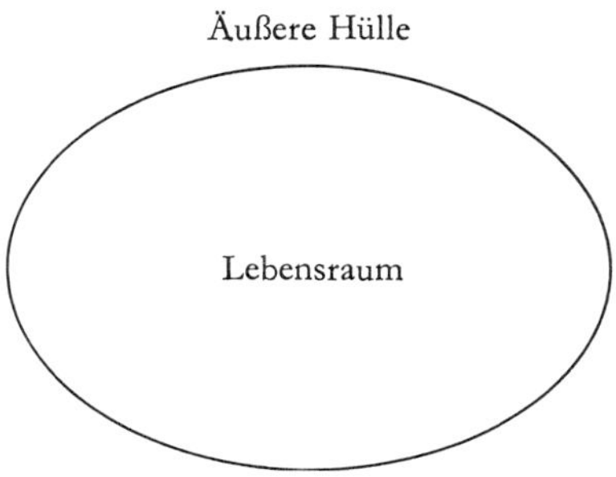

Abb. 12

kaum in der Lage, miteinander zu kommunizieren. Die Lage ist dann ähnlich wie für jemanden, der versucht, einen Sumpf zu durchqueren oder sich einen Weg durch dichtes Unterholz zu schlagen.

Durch Anwendung der Konzepte Nähe-Ferne, Stärke-Schwäche und Flüssigkeit-Festigkeit können die meisten der möglichen Wechselbeziehungen des

Lebensraumes dargestellt werden. Dafür einige Beispiele. In *Abb. 11* ist die Grenze des Lebensraumes dick, während sie in *Abb. 12* dünn ist. Abb. 11 beschreibt eine Situation, in der die Außenwelt wenig Einfluß auf den Lebensraum hat und dieser wenig auf jene. Die Person ist in ihre psychologische Umwelt eingekapselt; ihre Kontakte mit der physikalischen Realität sind schwach. Man denke an einen Schizophrenen im Zerfallstadium oder auch an einen Schlafenden oder Träumenden. Abb. 12 zeigt genau die gegenteilige Situation. Der Lebensraum und die äußere Welt sind eng miteinander verbunden. Veränderungen in der Außenwelt beeinflussen den Zustand des Lebensraumes und vice versa. Es ist dies das Bild eines Menschen, dessen psychologische Umwelt aufs engste mit der physikalischen Umgebung abgestimmt ist. Der kleinste Wandel in der „äußeren Hülle" spiegelt sich unmittelbar in einer Änderung der psychologischen Umwelt wider.

Abb. 13 und 14 zeigen eine unzugängliche und eine zugängliche Person Die eine ist durch eine dicke Wand von ihrer Umwelt isoliert, die andere hat freien und leichten Austausch mit der psychologischen Umwelt.

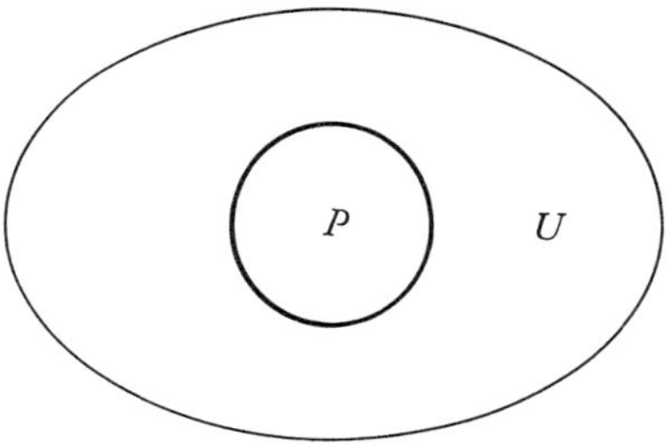

Abb. 13

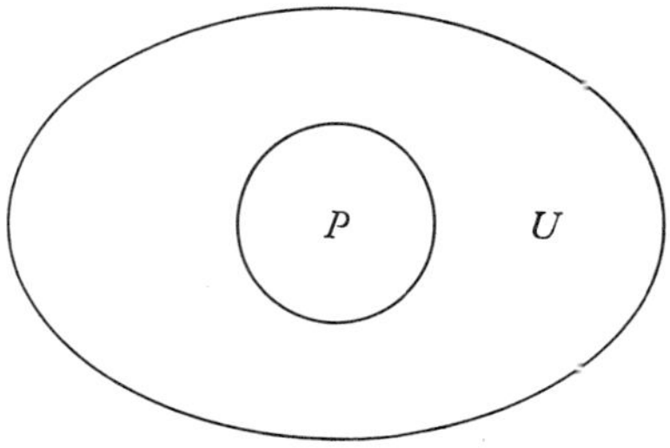

Abb. 14

Abb. 15 stellt eine komplexer strukturierte Person dar. Die [peripheren] Zellen p_1 und p_2 liegen dicht nebeneinander, während p_2 und p_3 durch eine undurchlässige Grenze voneinander geschieden sind, der [zentrale] Bereich *z* hat wenig oder gar keinen Zugang zu irgendeinem anderen Bereich. Es ist, als ob dieses Gebiet vom Rest der Person abgespalten wäre. Die kreuzschraffierte Zelle ist aufgrund ihrer aufgedunsenen Oberfläche jeglichem Einfluß unzugänglich, der gepunktete Bereich hingegen leicht beeinflußbar. Bereich p_4 ist enfernt mit p_1, p_2 und p_3 verbunden. *Abb. 16* schließlich gibt eine komplex strukturierte psychologische Umwelt [der Person *P*] wieder.

Bei all diesen Zeichnungen sollte man immer bedenken, daß sie momentane Situationen repräsentieren. Sie haben nichts Fixiertes oder Statisches an sich, und sie sind – infolge dynamischer Kräfte – in ständiger Veränderung begriffen. Man kann eine Person nicht für eine längere Zeitspanne als so oder so geartet charakterisieren. Eine harte Grenze kann sich plötzlich auflösen, eine weiche Grenze starr werden. Bereiche, die weit voneinander entfernt waren, können nahe zusammenkommen. Ein steifes Medium kann aufweichen während ein geschmeidiges sich verhärtet. Selbst die Zahl der Bereiche kann sich von einem Augenblick zum anderen erhöhen oder vermindern. Aus diesem Grunde veralten räumliche Darstellungen fortgesetzt, ist doch die psychologische Realität einem stetigen Wechsel unterworfen. Lewin hält nicht viel von festen Eigenschaften, strengen Gewohnheiten oder anderen Persönlichkeitskonstanten, die allesamt typisch für das nach seiner Ansicht überholte aristotelische Denken sind (1935a, Kap. I).

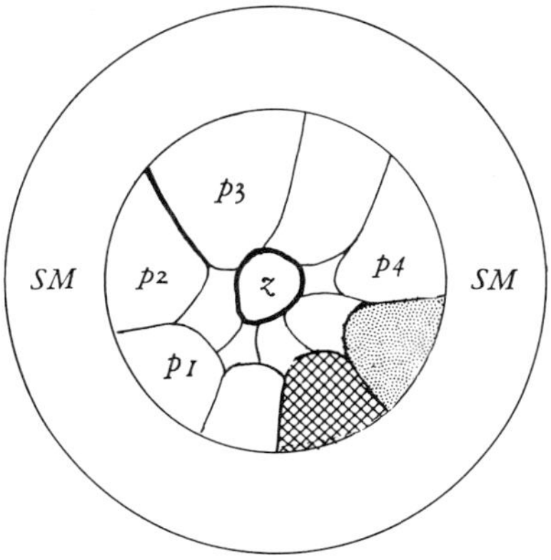

(*z*+*p*=*IP*; *IP*+*SM*=P)

Abb. 15

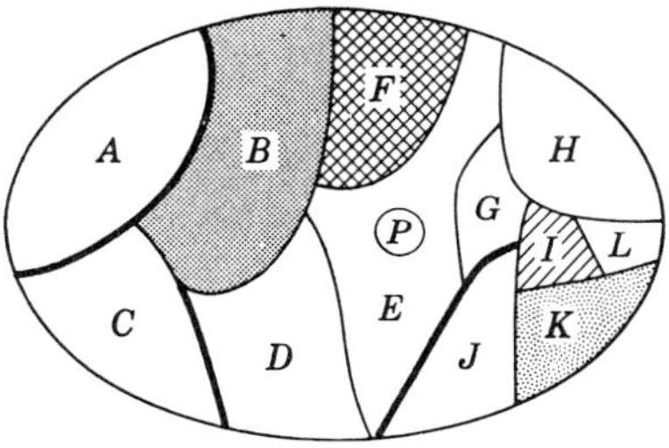

(*P*=Person)

Abb. 16

Anzahl der Bereiche

Was bestimmt nun, wie viele Gebiete der Lebensraum einschließt? Die Zahl der Bereiche hängt ab von der Zahl der einzelnen psychologischen Tatsachen, die zu einem bestimmten Zeitpunkt existieren. Wenn es nur zwei Tatsachen gibt, nämlich die Person und die Umwelt, dann sind auch nur zwei Bereiche im Lebensraum vorhanden. Wenn die Umwelt ihrerseits zwei Tatsachen enthält, z. B. die Tatsache des Spiels und jene der Arbeit, dann muß sie in einen Spielbereich und einen Arbeitsbereich geteilt werden. Gibt es eine ganze Reihe von verschiedenartigen Spieltatsachen , z. B. die Tatsache des Fußballspielens, die Tatsache des Schachspielens und die Tatsache des Wurfpfeilspielens, dann muß die Spielregion in so viele Unterbereiche geteilt werden, wie getrennte Spieltatsachen vorhanden sind. Gleichermaßen kann es verschiedene Arten von Arbeitstatsachen geben, von denen jede ihren separaten Bereich beansprucht. Sollte es der Person egal sein, ob sie Fußball oder Schach oder mit Wurfpfeilen spielt, solange sie überhaupt etwas oder mit etwas spielt, so wird man nur einen statt drei Bereichen haben. Für einen Menschen, der von panischer Angst überwältigt wird, kann die ganze psychologische Umwelt mit der einen Tatsache des Schreckens ausgefüllt sein. Alle anderen Fakten können verschwinden und eine vollkommen homogene Umwelt übriglassen. Gewinnt der Betreffende dann allmählich seine Fassung zurück, so sieht er vielleicht, daß ein Teil seiner Umgebung ihm Schutz gewährt. In diesem Moment wird die Umwelt in ein sicheres und ein gefährliches Gebiet differenziert. Kurz, jedesmal, wenn eine neue Tatsache existent wird, gliedert sich aus dem Lebensraum ein neuer Bereich aus; andererseits verschwindet ein Bereich, wann immer eine Tatsache verschwindet oder mit einer anderen verschmilzt. Eine psychologische Tatsache ist somit stets nur einem psychologischen Bereich zugeordnet.

Die Anzahl der Bereiche in der Person ist ebenfalls durch die Anzahl der in ihr vorhandenen personalen Tatsachen determiniert. Wenn die Tatsache des Hungergefühls die einzige ist, die existiert, dann wird die innerpersonale Sphäre nur aus einem Bereich bestehen. Findet sich aber neben der Tatsache des Hungers noch ein Bedürfnis, eine gegebene Arbeit fertigzustellen, so muß der innerpersonale Bereich in zwei Bereiche unterteilt werden.

Wie wir später sehen werden, heißen die Grundtatsachen der innerpersonalen Region Bedürfnisse, während die Fakten der psychologischen Umwelt Valenzen bzw. Aufforderungscharaktere genannt werden. Jedes Bedürfnis besitzt eine gesonderte Zelle im innerpersonalen Bereich und jede Valenz einen separaten Bereich in der psychologischen Umwelt.

Die Person in der Umwelt

Gelegentlich unserer Ausführungen über die Plazierung der Person in der Umwelt bemerkten wir, daß es keinen Unterschied macht, wo der Zirkel innerhalb der Ellipse geschlagen wird, solange beider Grenzen sich nicht berühren. Dies gilt jedoch nur für eine undifferenzierte, homogene Umwelt, wo alle Tatsachen in ein und demselben Bereich liegen, d.h. wo alle identisch sind. Sobald aber die Umwelt in abgegrenzte Bereiche aufgespalten wird, kommt es sehr wohl darauf an, an welcher Stelle der Kreis plaziert ist. Denn in welches Gebiet er auch fällt, die Tatsachen dieses Gebietes sind der Person näher und haben mehr Einfluß auf sie als die Tatsachen jedes anderen Bereichs. Für das Verständnis einer konkreten psychologischen Situation ist es daher erforderlich, daß wir wissen, wo in ihrer psychologischen Umwelt die Person sich befindet. Im physischen Sinne mag jemand in einem Klassenzimmer sitzen, aber psychologisch gesehen (in Gedanken) wiederholt er vielleicht ein Fußballspiel im Stadion. Einige der in der Klasse existierenden Tatsachen, wie etwa das Gerede des Lehrers, machen vielleicht überhaupt keinen Eindruck auf ihn, während andere, z.B. ein Zettel von einem Mädchen auf der Nachbarbank, ihn mit Leichtigkeit von seinen Gedanken an das Match abbringen können.

Lokomotion und Kommunikation

Die Art, wie jene den Lebensraum ausmachenden Bereiche miteinander verbunden sind, repräsentiert den Grad des Einflusses oder der Zugänglichkeit zwischen den Bereichen. Worin aber äußert sich diese Wirkung bzw. ‚Akzessibilität' eigentlich? Im Beispiel des Schuljungen, der dem Briefchen von seiner Sitznachbarin gegenüber aufgeschlossen ist, für das, was der Lehrer sagt, aber nicht, bedeutet Zugänglichkeit, daß der Junge leichter in den [Einfluß]Bereich des Mädchens überwechseln kann als in jenen des Lehrers. Wenn das Mädel die Handlung des Zettelrüberreichens vollzieht, kommt der Empfänger in die Lage, das zu tun, was Lewin eine *Lokomotion* (locomotion) nennt. Zwei Bereiche müssen nahe zusammen, einander zugänglich und wechselseitig beeinflußbar sein, wenn zwischen ihnen ohne weiteres Lokomotionen ermöglicht werden sollen.

Eine derartige Lokomotion in der psychologischen Umwelt bedeutet nun nicht, daß die Person eine physikalische Bewegung durch den Raum unternehmen muß; tatsächlich schließen die meisten ‚Ortsbewegungen', die für den Psychologen von Interesse sind, sehr wenig physikalische Bewegung ein. In diesem Sinne gibt es soziale Lokomotionen wie in einen Klub eintreten, berufliche Lokomotionen wie befördert werden, geistige Lokomotionen wie ein Problem lösen und noch viele andere Arten.

Wir erkennen jetzt, daß eine wichtige Eigenschaft der psychologischen Umwelt darin besteht, daß sie ein Gebiet ist, in dem Lokomotionen möglich sind. „... man kann alles das als Umwelt ansehen, in welchem, auf das hin oder von dem weg die Person als Ganzheit eine Lokomotion vollziehen kann" (Lewin 1936a, dt. 1969, S. 176). In Ausführung einer Lokomotion durchschreitet die Person einen Weg durch die Umwelt. Die Richtung des Weges und die Bereiche, die er passiert, sind zum einen Teil durch die Stärke der Grenzen und die Flüssigkeit der Gebiete und zum anderen Teil durch dynamische Faktoren, die später noch zu besprechen sind, determiniert.

Der Einfluß der Umweltbereiche aufeinander findet also seinen Ausdruck in der Leichtigkeit, mit der die Person sich von einem Gebiet in das andere bewegen kann. Die Frage nun, ob die Lokomotion auch ein Modus ist, in dem der wechselseitige Einfluß von Bereichen der Person sich äußert, verneint Lewin. „... im allgemeinen kann die Person nicht als ein Medium angesehen werden, in dem ein Gebilde Lokomotionen von einem Teilbereich zum anderen ausführt" (a.a.O., S. 177). Bei Beziehungen zwischen Gebieten innerhalb der Person spricht man von *Kommunikation* (communication). Der sensorische Bereich kommuniziert mit den peripheren Zellen des innerpersonalen Bereichs, und diese wiederum mit den noch zentraler gelegenen Zellen. Innerpersonale Zellen können miteinander und mit dem motorischen Bereich kommunizieren. Welche Gebiete miteinander in Kommunikation treten und der Weg, auf dem die Kommunikation – unter Umständen über viele Bereiche hinweg – übertragen wird, ist [genau wie bei der Lokomotion] nur zum Teil durch Strukturmerkmale wie Breite der Grenzen und Beschaffenheit des Mediums bestimmt; daneben spielen auch dynamische Faktoren noch eine Rolle.

Lokomotionen und Kommunikationen werden als Ereignisse bezeichnet, da sie aus einer Interaktion von Tatsachen resultieren. Man wird sich erinnern, daß eine Tatsache durch einen Bereich repräsentiert wird; demgemäß stellt ein Ereignis eine Interaktion zwischen zwei oder mehr Bereichen dar. Lewin sagt (1936a, dt. 1969, S. 53ff.), daß in der Ableitung eines Ereignisses, z.B. einer Lokomotion oder einer Kommunikation, vom Lebensraum drei Prinzipien zu beachten seien: Das eine, als Beziehungscharakter oder als *Prinzip der Bezogenheit* (principle of relatedness) angeführte, wurde bereits erwähnt. Es besagt, daß ein Ereignis immer das Ergebnis einer Interaktion zwischen zwei oder mehr Tatsachen ist. Ein Faktum allein kann kein Ereignis verursachen; man braucht zumindest zwei, z.B. die Person und die Umwelt, bevor es zu einer Lokomotion kommen kann. Ein weiteres *Prinzip*, das *der Konkretheit* (principle of concreteness), legt fest, daß nur konkrete Tatsachen einen Effekt haben können. Ein konkretes Faktum ist eines, das im Lebensraum wirklich – aktualiter – existiert. Potentielle oder mögliche Tatsachen, d.h. solche, die irgendwann in der Zukunft existent werden können, aber zur Zeit noch nicht existieren, sind niemals die Ursache gegenwärtiger Ereignisse. Eng verwandt der Konkretheit ist das *Prinzip der Gleichzeitigkeit* oder Gegenwärtigkeit (principle of contemporaneity), welches behauptet, daß nur Gegenwartstatsachen gegenwärtiges Verhalten hervorrufen können. Die Fakten der Säuglingszeit oder Kindheit können keine Auswirkung auf das Verhalten des Erwachsenen haben, es sei denn, sie hätten in den dazwischenliegenden Jahren auf irgendeine Weise ihre Existenz bewahrt.

Umstrukturierung des Lebensraumes

Lokomotion und Kommunikation sind nicht die einzigen Ereignisse, die aus der Wirkung einer Tatsache (bzw. eines Bereichs) auf eine(n) andere(n) resultieren. Es können sich auch folgende Konsequenzen ergeben: Die Anzahl der Regionen kann vergrößert oder verkleinert werden, je nachdem, ob neue Tatsachen dem Lebensraum hinzugefügt oder alte Tatsachen von ihm abgezogen werden. Die relative Lage der Gebiete zueinander kann sich ändern. Zwei Bereiche, die weit voneinander entfernt waren, können enger zusammenrükken, und Regionen, die eng zusammenlagen, können sich voneinander entfernen. Auch Veränderungen der Grenze als solcher kommen vor. Eine durchlässige Grenze kann unpassierbar werden, eine starke Grenze schwach. Schließlich kann es zu Änderungen in der Oberflächenbeschaffenheit der Bereiche kommen. Ein flüssiges Gebiet mag sich versteifen, ein festes entspannen. All diese strukturellen Veränderungen oder Ereignisse fallen nach Lewin unter die generelle Überschrift *Umstrukturierung des Lebensraumes* (restructuring of the life space) (1951, dt. 1963, S. 285f.).

Ebenen [bzw. Grade] der Realität

In unserer bisherigen Diskussion von Lewins Strukturbegriffen waren zweidimensionale räumliche Darstellungen ausreichend. Indes ist eine dritte Dimension notwendig, um den Lebensraum vollständig wiederzugeben. Diese dritte

Dimension ist mit dem Konzept der *Realitäts-* bzw. *Irrealitätsgrade* (degrees of reality and unreality) verknüpft. Die Realität besteht aus aktuellen, die Irrealität nur aus eingebildeten Lokomotionen. Zwischen der Wirklichkeit und der bloßen Vorstellung gibt es verschiedene Grade oder Ebenen. Beispielsweise kann jemand in einen Klub eintreten, seine Stellung wechseln oder ein Problem ausarbeiten; er kann aber diese Dinge auch nur planen oder sie im Tagtraum vollziehen. Planen oder Denken sind mittlere Ebenen zwischen der realistischsten Ebene der Durchführung und der unrealistischsten der reinen Phantasie. Im großen und ganzen sind Lokomotionen um so leichter auszuführen, je weiter man auf der Leiter zur Irrealität nach oben steigt; die Grenzen werden schwächer und die Oberflächenbeschaffenheit der Bereiche wird flüssiger.

Lewin glaubt, daß der Begriff der Realitätsebenen nicht nur auf die Umweltstruktur Anwendung findet, sondern auch auf die Personstruktur. Obwohl er sich über diesen Punkt nicht weiter verbreitet, scheint er anzunehmen, daß auch Kommunikationen zwischen Bereichen der Person mehr oder weniger realistisch sein können. Zum Beispiel kann eine innerpersonale Zelle das motorische Gebiet in Wirklichkeit beeinflussen oder auch in der Einbildung. Ein Mensch mag seine Meinung aussprechen oder aber sich dessen nur in tagträumerischer Weise befleißigen.

Die Zeitdimension oder -perspektive

Obwohl dem Prinzip der Gleichzeitigkeit zufolge weder die Vergangenheit noch die Zukunft das gegenwärtige Verhalten zu beeinflussen vermögen, können doch die Einstellungen, Gefühle und Gedanken, die jemand über Vergangenes oder Zukünftiges hat, eine beträchtliche Wirkung auf sein Verhalten ausüben. Zukunftserwartungen sind unter Umständen für einen Menschen von viel größerer Wichtigkeit als die Gegenwartsprobleme. So wie die Hoffnung auf zukünftige Ereignisse die derzeitigen Sorgen und Nöte leichter ertragen läßt, so können die Schatten der Vergangenheit das unmittelbare Erleben verdüstern. Die *Gegenwart* (present) muß daher so dargestellt werden, daß sie sowohl die psychologische *Vergangenheit* (past) als auch die psychologische *Zukunft* (future) einschließt (Lewin 1951, dt. 1963, S. 95ff.). Diese Dimension kann lang oder kurz sein, dazu wohldefiniert oder nebelhaft. Ihre Struktur ist einfach oder komplex, und ihre Grenzen sind schwach oder stark.

Zusammenfassung

Die hauptsächlichen Strukturbegriffe in diesem Abschnitt sind der Lebensraum, der aus einer Person und ihrer psychologischen Umwelt besteht. Die Person wird differenziert in einen sensomotorischen und einen innerpersonalen Bereich. Letzterer ist unterteilt in Gruppen von peripheren und zentralen Zellen. Die psychologische Umwelt wird ebenfalls in Bereiche aufgegliedert.

Der Lebensraum ist von einer äußeren Hülle umgeben, welche Teil der nichtpsychologischen oder objektiven (physikalischen) Umwelt ist.

Die Bereiche der Person und der Umwelt sind durch Grenzen getrennt, denen die Eigenschaft der Permeabilität (Durchlässigkeit) zukommt. Die Bereiche des Lebensraumes sind miteinander verbunden, so daß eine Tatsache in einem Bereich eine Tatsache in einem anderen beeinflussen kann. Wenn solch ein Einfluß zwischen zwei Tatsachen stattfindet, so wird dies ein Ereignis genannt. Der Grad des Zusammenhangs (der Verbundenheit) oder das Maß des Einflusses zwischen Bereichen ist durch die Festigkeit der Grenzen, die Anzahl der zwischengeschalteten Bereiche sowie durch deren Oberflächenbeschaffenheit bestimmt.

Bereiche der Umwelt gelten als zusammenhängend, wenn die Person eine Lokomotion zwischen ihnen ausführen kann, Bereiche der Person dagegen, wenn zwischen ihnen Kommunikationen möglich sind. Zwei weitere Dimensionen des Lebensraumes sind die der Realität-Irrealität und der Vergangenheit-Zukunft.

Lewin repräsentiert (definiert) die genannten Begriffe in räumlichem Sinne, so daß sie mittels eines als Topologie bezeichneten Zweigs der Mathematik gehandhabt werden können. Die Topologie beschäftigt sich mit allgemeinen räumlichen Beziehungen. Dabei bleiben Größe, Form, Umfang, Entfernungen und andere konventionelle Eigenschaften des Raumes außer acht. Die Topologie behandelt z. B. die räumlichen Relationen des „Teil-Ganzen", des „Enthaltenseins", des „Zusammenhängens" (und ihrer Negate). Da Lewin seine Strukturbegriffe topologisch darstellt, nennt er diesen Teil seines Systems *Topologische Psychologie* (topological psychology) (1936a).

Um dynamische Konzepte wie Richtung, Entfernung und Kraft abzubilden, mußte Lewin eine neue Art von Raum erfinden, den er den hodologischen Raum nannte. *Hodologie* (hodology) ist die Wissenschaft oder Lehre vom *Weg* (path). [Diesbezügliche Wege sind uns bereits bei den Lokomotionen und Kommunikationen begegnet.] Die Eigenschaften von Lewins hodologischem Raum sind auch durch lineare Schaubilder ausgedrückt worden, in denen jeder Bereich durch einen Punkt und jede Grenze zwischen Bereichen durch eine diese Punkte verbindende Linie dargestellt ist (Harary/Norman/Cartwright 1965). Die im folgenden zu erörternden dynamischen Begriffe sind von Lewin unter dem Namen *Vektor(en)psychologie* (vector psychology) zusammengefaßt worden.

Die Dynamik der Persönlichkeit

Eine strukturelle Repräsentation des Lebensraumes ist wie eine Straßenkarte. Eine gute Karte enthält all jene Informationen, die man braucht, um eine beliebige Reise vorzubereiten, genauso wie eine gute strukturbezogene Abbildung der Person und ihrer Umwelt all die Fakten beinhaltet, die man wissen muß, wenn man jeder möglichen Art von Verhalten Rechnung tragen will. Aber so wie eine Straßenkarte uns nicht sagen kann, ob und für welche Strecke sich jemand entscheidet, so vermag auch ein detailliertes Bild des Lebensraumes uns nicht zu sagen, wie eine Person sich wirklich verhalten wird. Struktur- oder topologische Begriffe allein können konkretes Verhalten in einer aktuellen psychologischen Situation nicht erklären, dafür werden zusätzlich dynamische Konzepte benötigt. Deren wichtigste bei Lewin sind Energie, Spannung, Bedürfnis, Valenz (Aufforderungscharakter) und Kraft oder Vektor.

Energie

Im Verein mit den meisten Persönlichkeitstheoretikern nimmt Lewin an, daß die Person ein komplexes Energiesystem ist. Die Art von Energie, welche, psychologisch gesehen, Arbeit leistet, wird *seelische* oder *psychische Energie* (psychical energy) genannt. Da Lewins Theorie ausschließlich psychologischen Charakters ist, braucht er sich nicht mit der Frage nach der Beziehung zwischen psychischer Energie und anderen Energieformen abzugeben.

Psychische Energie wird frei, wenn das psychische System (die Person) zu einem *Gleichgewicht* (equilibrium) zurückzukehren versucht, nachdem es in einen Ungleichgewichtszustand versetzt worden war. Ein *Ungleichgewicht* (disequilibrium) entsteht durch eine Erhöhung der Spannung in einem Teil des Systems relativ zum Rest desselben, sei es als Resultat äußerer Reizung oder aber innerer Veränderung. Wenn die Spannung im ganzen System wieder ausgeglichen ist, kommt die Abgabe von Energie (der Output) zu einem Stillstand und das Gesamtsystem zur Ruhe.

Spannung

Spannung (tension) ist ein Zustand der Person oder genauer gesagt der Zustand eines innerpersonalen Bereichs im Verhältnis zu dem anderer innerpersonaler Bereiche. Wenn Lewin auf die dynamischen Eigenschaften einer Region oder Zelle der innerpersonalen Sphäre rekurriert, so spricht er von diesem Bereich als einem *System* (system).

Spannung hat zwei wichtige Begriffsmerkmale. Das erste besteht darin, daß ein Spannungszustand in einem bestimmten System zu einem Ausgleich mit der Spannungsmenge in den umgebenden Systemen tendiert. Wenn z.B. System *a* in einem Zustand hoher Spannung ist und die benachbarten Systeme *b, c, d, e, f* sich in niederer Spannung befinden *(Abb. 17)*, dann wird die Spannung in der Regel von *a* auf *b, c* usw. übergehen, bis sie im ganzen System gleich groß ist *(Abb. 18)*.

Das psychologische Hilfsmittel, durch welches Spannung ausgeglichen wird, heißt *Prozeß* (process). In Frage stehen hierbei Denken, Erinnern, Fühlen, Wahrnehmen, Handeln oder ähnliches. Beispielsweise wird jemand, der sich einem Problem gegenübersieht, in einem seiner Systeme gespannt. Um die Aufgabe lösen zu können und dadurch die Spannung zu vermindern, tritt er in den Prozeß des Denkens ein. Der Denkvorgang dauert an, bis eine zufriedenstellende Lösung gefunden ist, zu welcher Zeit die Person in den Gleichgewichtszustand zurückkehrt. Oder jemand versucht, sich an einen Namen zu erinnern. Der Erinnerungsprozeß tritt in Kraft, läßt den Namen wieder bewußt werden und macht es möglich, daß die Spannung abklingt.

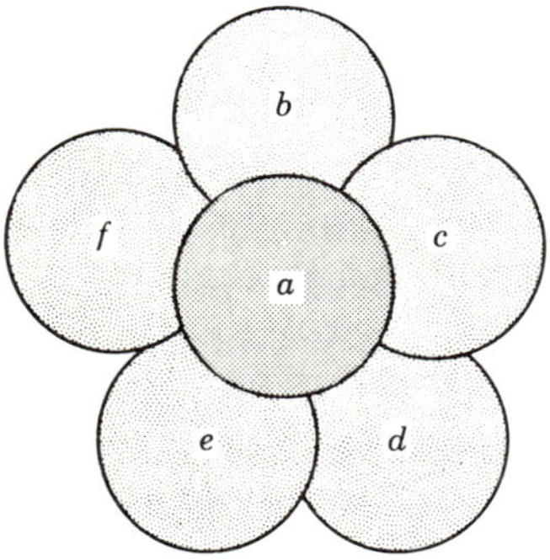

Abb. 17

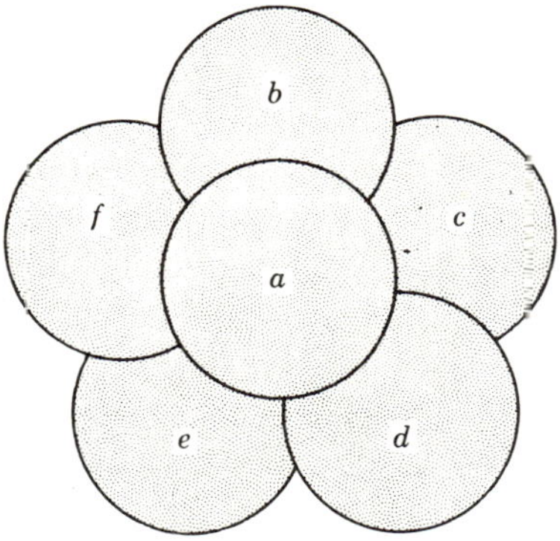

Abb. 18

Obwohl die Spannung sich immer auf einen Zustand des Gleichgewichts hin bewegt, findet diese begriffliche Eigenschaft doch nur auf das System als Ganzes Anwendung, nicht notwendig auch auf alle Teile. Ein Teilsystem kann, während das Gesamtsystem zu einem ausgeglichenen Zustand zurückkehrt, in der Tat mehr und mehr gespannt werden. Dies geschieht, wenn ein Individuum bei der Lösung eines Problems einen Umweg machen muß. Im Laufe des Umweges kann die Spannung in einem der Unterbereiche (vorübergehend) ansteigen, obwohl der Gesamtprozeß schließlich zu einem Gleichgewichtszustand führen wird. Zum Beispiel mag jemand an eine Aufgabe herangehen und dabei sehr wohl wissen, daß er eine erhöhte Spannung ertragen muß; zu gleicher Zeit aber antizipiert er mit dem Endergebnis ein vollkommeneres Gleichgewicht der Kräfte.

Ein Gleichgewichtszustand bedeutet nicht, daß das System ganz ohne Spannung ist. Wahrscheinlich kann kein Organismus einen völlig spannungsfreien Zustand erreichen und dabei am Leben bleiben. Gleichgewicht besagt entweder, daß die Spannung im Gesamtsystem ausgeglichen ist oder daß ein Untersystem, das eine abweichende Spannungsmenge besitzt, von den anderen innerpersonalen Systemen vollständig abgeschirmt und isoliert ist *(Abb. 19)*. Ein derartiges Spannungssystem (oder gespanntes System oder auch System in Spannung) kann für eine lange Zeit abgesondert bleiben und ein mehr oder weniger permanentes Energiereservoir bilden. Unter Umständen gibt es auch mehrere solcher fest abgeschlossenen Spannungssysteme in der Persönlichkeit, welche eine fortgesetzte Energiezufuhr für die Operation der psychologischen Prozesse ermöglichen.

Eine Person, die ihr Gleichgewicht auf einem hohen Spannungsniveau eingerichtet hat, unterscheidet sich merklich von einer, deren Spannungsausgleich auf einer niedrigen Ebene liegt. Im ersteren Fall wird der Druck auf die motorische Sphäre größer sein und vermutlich ständig Energie in sie durchsikkern. Ein solches Individuum zeigt dann für gewöhnlich viel diffuse, ruhelose Aktivität.

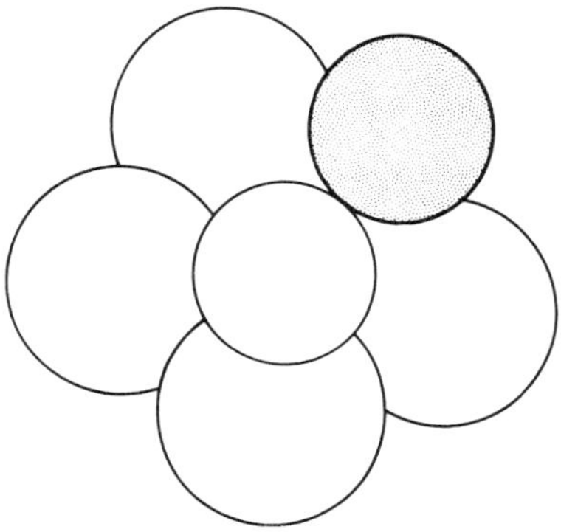

Abb. 19

Ein zweites Begriffsmerkmal der Spannung besteht darin, daß sie Druck auf die Grenze des Systems ausübt. Wenn die Grenze besonders stark ist, so wird dies den Spannungsfluß von einem System zu benachbarten Systemen verhindern; ist dagegen die Grenze schwach, so kann die Spannung leicht von einem zum anderen System übergehen. Gewöhnlich teilt ein bestimmtes Spannungssystem seine Grenzen mit mehr als einem anderen System. In solchen Fällen kann der Widerstand eines Teils der Grenze schwächer sein als der in anderen

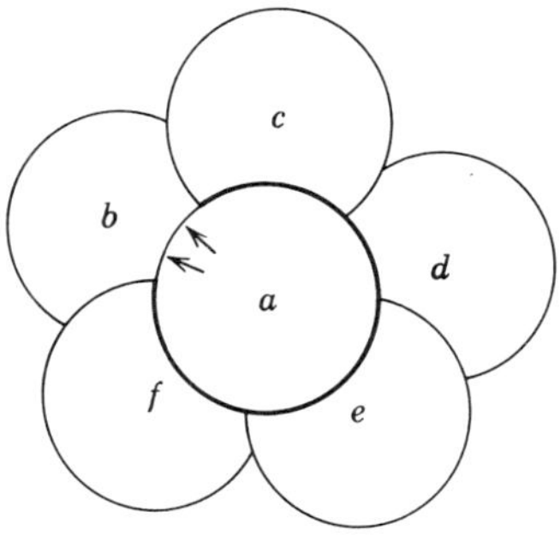

Abb. 20

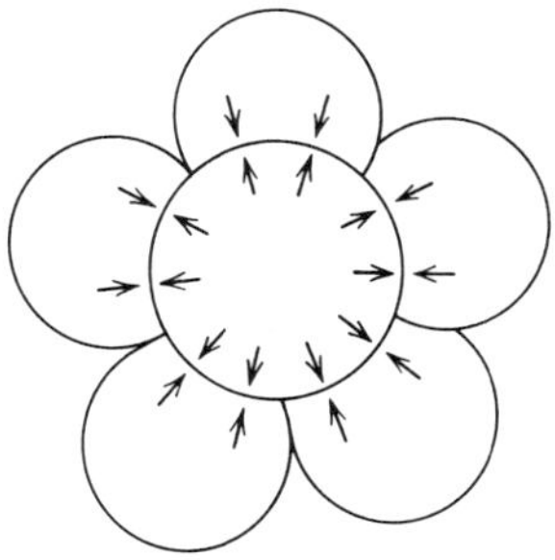

Abb. 21

Teilen. Dies wird die überschüssige Spannung in einige Richtungen freier abfließen lassen als in die übrigen. Mit anderen Worten, die dynamische Kommunikation zwischen Systemen ist von variabler Beschaffenheit. Das gespannte System *a* kann in enger Kommunikation mit dem System *b* stehen, so daß ein Energieaustausch erleichtert wird, während *a* mit *c, d, e* und *f* nur entfernt zusammenhängen mag, was den Energieaustausch schwierig macht *(Abb. 20).*

Dynamisch gesprochen ist eine Grenze ein Bezirk des Widerstandes oder eine *Barriere* (barrier). Als solcher entspricht ihr eine hemmende Kraft. Ist damit aber die Grenze selbst ein Spannungssystem? Lewin glaubt nicht. Wahrscheinlicher dünkt ihm, daß die am Grenzbereich von *a* gegen die innerhalb von *a* erzeugte Kraft ausgeübte (Gegen)Kraft von den Spannungszuständen in den umgebenden Systemen abhängt. Das heißt, die entgegengesetzte Kraft ist in Wirklichkeit die Spannung, welche die Nachbarsysteme auf die Grenze ausüben *(Abb. 21).*

Bedürfnis

Eine Erhöhung der Spannung oder das Freiwerden von Energie in einem innerpersonalen Bereich wird durch das Aufkommen eines Bedürfnisses verursacht. Ein *Bedürfnis* (need) ist ein physiologischer Zustand wie Hunger, Durst oder sexuelle Begierde; es kann aber auch ein Wunsch nach etwas wie einer Stellung oder einem Ehepartner sein; oder aber der Vorsatz (intention), etwas zu tun, sagen wir, eine Arbeit zu vollenden oder eine Verabredung einzuhalten. Ein Bedürfnis ist in diesem Sinne ein Motivationsbegriff und äquivalent solchen Termini wie Motiv, Verlangen, Begehren, Trieb und Drang.

Lewin unterläßt es, Wesen, Quelle, Anzahl und Arten von Bedürfnissen systematisch zu diskutieren, zumal ihn der Ausdruck selbst keineswegs befriedigt. Er glaubt sogar, daß der Bedürfnisbegriff eines Tages von der Psychologie aufgegeben werden wird zugunsten eines geeigneteren Konzeptes, dessen Inhalt leichter beobachtbar und meßbar ist. Auch hält er es – im Gegensatz zu vielen anderen Psychologen, die dies angestrebt haben – nicht der Mühe wert, eine Liste von Bedürfnissen aufzustellen. Erstens würde diese nämlich endlos lang werden; und zweitens sind das einzige, was in der Beschreibung der psychologischen Realität tatsächlich zählt, jene Bedürfnisse, die in der momentanen Situation existieren, denn allein sie wirken sich konkret aus. Auf einer abstrakten Ebene kann man von jedem Individuum sagen, daß es eines Hungergefühls fähig ist, doch braucht dies nur in Betracht gezogen zu werden, wenn der Hungertrieb das Gleichgewicht einer Person wirklich stört.

Ohne Zweifel ist Lewin in seiner Auffassung der Bedürfnisse extrem pluralistisch eingestellt. Es gibt für ihn so viele Bedürfnisse, als es spezifische und unterscheidbare Sehnsüchte gibt. So kann man z.B. ein Verlangen nach einer ganz besonderen Art von Beefsteak haben, das nur in einem einzigen Restaurant zubereitet wird; oder aber den Wunsch, einen bestimmten Satz aus einer Symphonie von Sibelius zu hören, obendrein noch gespielt von einem ganz bestimmten Orchester. Lewin begründet seine Weigerung, die Zahl der Einzelbedürfnisse auf ein allgemeines Bedürfnis zu reduzieren, wie folgt: „Das

Problem der Bedürfnisentstehung liegt an der Stelle, wo sich soziokulturelle Anthropologie [orig.: cultural anthropology], Entwicklungspsychologie und Motivationspsychologie überschneiden. Ihre Erforschung wurde durch unreife, spekulative Versuche, die Bedürfnisse in wenigen Kategorien zu systematisieren, behindert" (1951, dt. 1963, S. 312). Jedes Bedürfnis ist eine konkrete Tatsache, und solange es nicht in all seiner Besonderheit und allen Einzelheiten beschrieben worden ist, kann man unmöglich die wahre psychologische Realität verstehen.

Lewin sagt hinsichtlich der Bedürfnisse, daß drei verschiedene Zustände ausgemacht werden können, ein Zustand des Hungers, einer der Sättigung und einer der Übersättigung. „Diesen Zuständen entsprechen positive, neutrale und negative Valenzen der Tätigkeitsregionen, die mit bestimmten Bedürfnissen verbunden sind" (a.a.O., S. 314). Übersättigung bedeutet, daß das vormals erwünschte Objekt oder die erwünschte Handlung durch fortgesetztes Erleben derselben zuwider geworden ist. Zu viel von etwas erzeugt Überdruß und Widerwille.

Lewin unterscheidet auch zwischen Bedürfnissen und *Quasi(-)bedürfnissen* (quasi needs). Ein Bedürfnis hängt von einem inneren physiologischen Zustand ab, wie etwa dem Hunger, während ein Quasibedürfnis einer spezifischen Intention äquivalent ist, wie z.B. der, seinen Hunger durch ein Essen in einem ganz bestimmten Restaurant befriedigen zu wollen. Lewin glaubt, daß die „[Quasi-]Bedürfnisse eines Individuums in hohem Maße durch soziale Faktoren bedingt" sind (a.a.O., S. 321 [der eckige Klammerzusatz korrigiert sinngemäß einen mutmaßlichen Druckfehler im Original, der ins Deutsche übernommen wurde; d.Ü.]).

Spannung und motorische Aktion

Bis jetzt haben wir uns primär mit der inneren Dynamik gespannter Systeme beschäftigt, d.h. mit der dynamischen Interdependenz und Kommunikation zwischen Systemen. Welche Beziehung besteht nun zwischen jener Spannung und der *Aktion* oder Handlung (action)? Man könnte zunächst vermuten, daß Energie, die von einer innerpersonalen Region in die motorische fließt, direkt in eine psychologische Lokomotion ausmünden würde. Lewin weist eine solche Auffassung jedoch zurück: Spannung, die auf die Außengrenze der Person drückt, könne keine Lokomotion verursachen. Anstatt Bedürfnisse bzw. Spannungen über die Motorik unmittelbar mit Handlungen zusammenzubringen, verknüpft er das Bedürfnis mit gewissen Eigenschaften der Umwelt, welche dann die Art der einsetzenden Lokomotion bestimmen. Dies ist ein äußerst kunstvoller Weg, Motivation mit Verhalten zu verbinden.

Zwei weitere Konzepte stehen aber noch aus, um dieses Ziel ganz zu erreichen: die Valenz und die Kraft.

Valenz (Aufforderungscharakter)

Eine *Valenz* (valence) – von Lewin ursprünglich als *Aufforderungscharakter* bezeichnet – ist eine Grundeigenschaft eines Bereichs der psychologischen Umwelt, und zwar der Wert, den dieser für eine Person hat. Es gibt zwei Arten von Wertigkeiten, positive und negative. Ein Bereich von positivem Wert ist einer, der ein Zielobjekt enthält, das die Spannung reduzieren kann, sobald die Person in ihn eintritt. Beispielsweise wird ein Gebiet, in dem Nahrung vorhanden ist, für ein hungriges Individuum einen positiven Aufforderungscharakter besitzen *(Abb. 22).* Ein Bereich von negativem Wert ist ein solcher, der bei Annäherung an ihn die Spannung steigen läßt. Für einen Menschen, der sich vor Hunden fürchtet, wird jede Region, in welcher sich ein Hund befindet, eine negative Valenz haben *(Abb. 23).* Allgemein gilt: Positive Valenzen ziehen an, negative Valenzen stoßen ab.

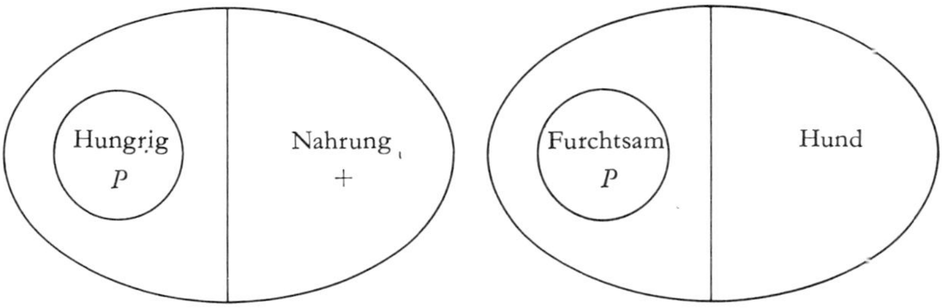

Abb. 22 Abb. 23

Ein Aufforderungscharakter ist stets mit einem Bedürfnis koordiniert. Dies bedeutet, daß der positive oder negative Wert eines bestimmten Umweltbereichs direkt von einem gespannten System herrührt, so daß also Bedürfnisse recht eigentlich die Umwelt erst mit Werten ausstatten. Jedoch hängt das daraus resultierende Flechtwerk von einladenden und abweisenden Regionen auch von äußeren Faktoren ab, die nicht in die Reichweite der psychologischen Gesetze fallen. Die An- oder Abwesenheit der benötigten Objekte selbst spielt offensichtlich eine wichtige Rolle in der Strukturierung des psychologischen Environment. Ob Nahrung vorhanden und erkennbar, welche Art von Nahrung es ist und welche Menge, ihre Verfügbarkeit und ihre Nähe zu Objekten, die eine negative Valenz besitzen, dies alles sind nichtpsychologische Faktoren, welche den Aufforderungscharakter eines Bereichs für ein bedürftiges – etwa ein hungriges – Subjekt beeinflussen.

Eine Valenz ist eine variable Quantität; sie kann schwach, mittelmäßig oder stark sein. Die Stärke der Valenz hängt von der Stärke des Bedürfnisses sowie all den gerade aufgezählten nichtpsychologischen Determinanten ab.

Die Valenz ist keine Kraft. Sie lenkt das Individuum durch seine psychologische Umwelt, aber sie liefert nicht den Antrieb für die Lokomotion. Wie wir schon gesehen haben, vermag auch ein System in gespanntem Zustand als solches keine Lokomotion hervorzurufen. Hierfür brauchen wir ein anderes Konzept. Es ist dies die Kraft oder der Vektor.

Kraft oder Vektor

Eine Lokomotion findet jedesmal statt, wenn eine *Kraft* (force) von hinreichender Stärke auf eine Person einwirkt. Eine Kraft ist (wie die Valenz) einem Bedürfnis zugeordnet. Von der Spannung unterscheidet sie sich dadurch, daß sie in der psychologischen Umwelt existiert, während jene ein Merkmal des innerpersonalen Systems ist.

Der Kraftbegriff umfaßt die Eigenschaften der *Richtung*, der *Stärke* und des *Angriffspunktes* (direction, strength, point of application). Diese drei Aspekte werden mathematisch durch einen *Vektor* (vector) dargestellt. Die Richtung, in welche der Vektor weist, repräsentiert die Kraftrichtung, die Länge des Vektors ihre Stärke und die Stelle, wo die Pfeilspitze auf die äußere Grenze der Person auftrifft, den Angriffspunkt. Ein Vektor wird stets an die Außenseite der Person gezeichnet *(Abb. 24)*, niemals an die Innenseite, da psychologische Kräfte der Umwelt angehören und nicht der Person.

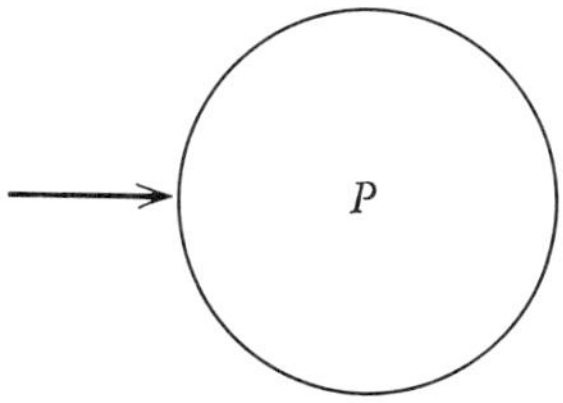

Abb. 24

Wenn nur ein Vektor (eine Kraft) vorhanden ist, der auf die Person einwirkt, dann wird es zu einer Lokomotion oder beabsichtigten Bewegung in Richtung des Vektors kommen. Wird die Person von zwei oder mehr Vektoren in verschiedene Richtungen gestoßen, so ist die davon ausgelöste Lokomotion eine Resultante aller Kräfte.

Wir können jetzt auch das Verhältnis der Valenz zum Vektor betrachten. Einen positiven Aufforderungscharakter besitzt ein Bereich, wenn die auf die Person einwirkenden Kräfte auf ihn gerichtet sind. Ein Gebiet mit negativer Valenz ist eines, in dem die Vektoren in die entgegengesetzte Richtung weisen. Mit anderen Worten, die Richtung eines Vektors hängt unmittelbar ab von der Position einer Region mit einer entweder positiven oder negativen Valenz. Die Stärke eines Vektors ist auf jene der Valenz bezogen, auf die psychologische Distanz zwischen der Person und der Valenz und auf die relative Potenz der anderen Valenzen.

Beiläufig mag erwähnt werden, daß das Bedürfniskonzept das einzige ist, dem alle anderen dynamischen Konstrukte zugeordnet sind. Ein Bedürfnis läßt Energie frei, erhöht die Spannung, verleiht Wert und erzeugt Kraft. Es ist Lewins zentraler oder Kernbegriff, um den die anderen Begriffe sich ranken.

Lokomotion

Wir sind jetzt in der Lage, den spezifischen Weg darzustellen, den eine Person auf ihrer Bewegung durch die psychologische Umwelt beschreiben wird. Nehmen wir an, ein Kind kommt an einem Süßwarengeschäft vorbei, es schaut in das Fenster und möchte natürlich Bonbons haben. Das Bedürfnis, das durch den Anblick der Süßigkeiten erweckt wird, bewirkt nun drei Dinge: Es läßt Energie frei und erregt dadurch Spannung in einem innerpersonalen Bereich (dem Bonbon-haben-wollenden System). Es erteilt dem Bereich, in dem die Bonbons lokalisiert sind, eine positive Valenz. Es läßt eine Kraft entstehen, welche das Kind in die Richtung der Süßwaren drängt.

Wenn wir nun daran denken, daß das Kind in den Laden gehen muß, um die Bonbons zu kaufen, so kann diese Situation durch *Abb. 25* wiedergegeben werden. Nehmen wir jedoch an, daß das Kind kein Geld hat, dann besteht zwischen ihm und dem Zuckerwerk eine unüberwindliche Barriere. Es wird zwar so nahe wie möglich an die Auslagen herangehen, vielleicht sogar seine Nase gegen die Scheibe drücken, aber die süßen Sachen dennoch nicht erreichen können *(Abb. 26)*.

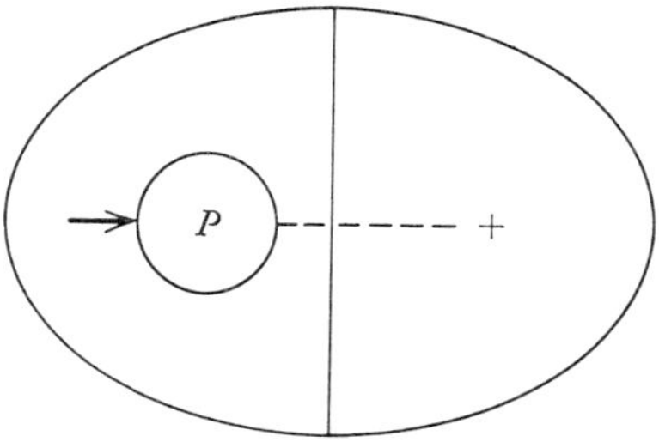

Abb. 25

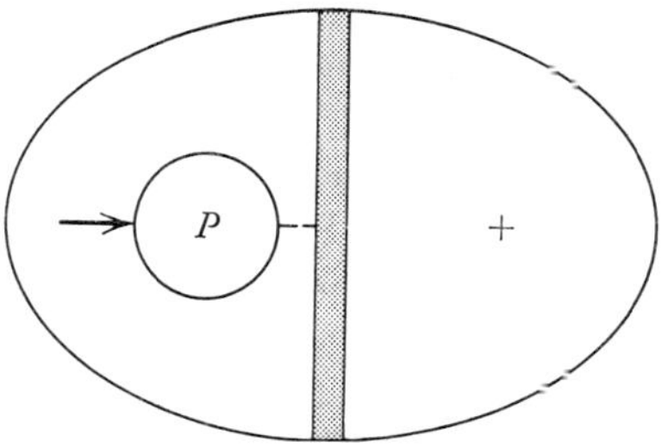

Abb. 26

Es mag sich sagen: „Wenn ich Geld hätte, könnte ich einige Bonbons kaufen. Vielleicht gibt mir Mutter etwas." Damit wäre ein neues, ein Quasibedürfnis geschaffen, die Absicht, von seiner Mutter Geld zu holen. Diese Intention wiederum erregt eine Spannung, einen Vektor und eine Valenz, welche in *Abb. 27* dargestellt sind. Die dünne Grenze zwischen dem Kind und der Mutter trägt der Annahme Rechnung, daß es nach Hause gehen, seine Mutter finden und sie um Geld bitten muß. Eine weitere dünne Grenze zwischen der Mutter und dem Zuckerwerk soll die mit der Rückkehr zum Laden und dem Bonbonkauf verbundene Mühe bezeichnen. Das Kind kann auf dem Wege über die Mutter zu seinen Bonbons gelangen.

Wenn die Mutter sich aber weigert, dem Kind Geld zu geben, so mag es auf die Idee kommen, sich von einem Freund welches zu leihen. In diesem Fall ist der Bereich, welcher die Mutter enthält, von einer undurchdringlichen Barriere umgeben, weshalb ein neuer Weg durch das Gebiet des Freundes zu den Bonbons eingeschlagen wird *(Abb. 28)*.

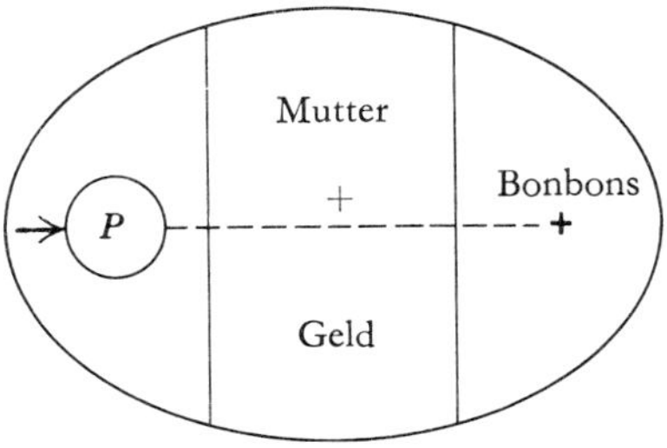

Abb. 27

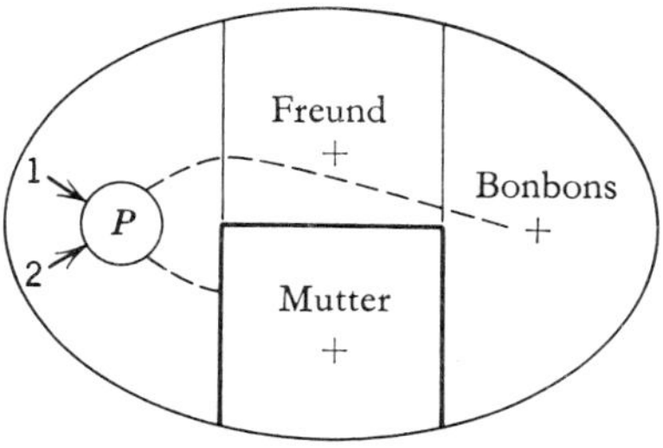

Abb. 28

Diese topologische Repräsentation könnte endlos kompliziert werden, indem man zusätzliche Umweltbereiche und -grenzen von wechselnden Festigkeitsgraden sowie weitere Bedürfnisse mit ihren zugehörigen Spannungssystemen, Valenzen und Vektoren einführt.

Im allgemeinen läßt sich sagen, daß jede Lokomotion mit Hilfe der Konzepte Bedürfnis, Spannung, Kraft, Valenz, Barriere, der Eigenschaften des Mediums, der Dimension der Realität-Irrealität und der Zeitperspektive vollständig wiedergegeben werden kann.

Dynamische Umstrukturierung der psychologischen Umwelt

Die Dynamik der psychologischen Umwelt ist den folgenden vier Änderungen unterworfen: (1) Die Wertigkeit des Bereichs kann sich quantitativ verändern, z. B. von weniger positiv zu mehr positiv, oder sie kann sich qualitativ verändern, von positiv zu negativ; neue Valenzen können erscheinen und alte verschwinden. (2) Vektoren wechseln in der Stärke oder ihrer Richtung oder in beiderlei Hinsicht. (3) Grenzen können fester oder weicher werden, auftauchen oder untergehen. (4) Die stofflichen Eigenschaften eines Bereichs, z. B. seine Flüssigkeit oder Festigkeit, sind veränderlich.

Zu einer Umstrukturierung der psychologischen Umwelt kann es infolge von Veränderungen in den Spannungssystemen der Person, als Folge einer Lokomotion oder infolge kognitiver Prozesse kommen. Eine kognitive Umstrukturierung ereignet sich, wenn die Person einen neuen Weg findet, ein Problem zu lösen (Einsicht), wenn ihr etwas wieder einfällt, was sie vergessen, oder wenn sie etwas aus ihrer Umgebung wahrnimmt, das sie zuvor nicht bemerkt hatte. Umstrukturierung kann aber auch das Resultat des Eindringens fremder Faktoren aus der äußeren Hülle des Lebensraumes in die psychologische Umwelt sein.

Rückkehr zum Gleichgewicht

Das letzte Ziel aller psychologischen Prozesse ist es, das Subjekt in einen Gleichgewichtszustand zurückzubringen. Dies Ziel kann auf mehrfache Weise, je nachdem welcher besondere Prozeß wirksam wird, erreicht werden. Obwohl einige Prozesse bereits in den vorangehenden Passagen erörtert worden sind, dürfte es nützlich sein, sie an dieser Stelle vollzählig darzulegen.

Ungleichgewicht wurde bekanntlich als ein Zustand ungleicher Spannung innerhalb verschiedener Systeme der Person definiert. Der Einfachheit halber wollen wir einmal davon ausgehen, daß ein innerpersonales System sich in einem Zustand erhöhter Spannung befindet, während alle anderen Systeme ein niederes Spannungsniveau haben. Eine Möglichkeit, ein Gleichgewicht herzustellen, besteht darin, daß die Spannung des Systems *a* in alle anderen Systeme einströmt, bis sie in der gesamten innerpersonalen Sphäre ausgeglichen ist. Angenommen, daß keine Energie aus dem innerpersonalen Bereich verloren geht, so wird infolge dieser Diffusion das Spannungsniveau des Gesamtsystems gehoben und der Druck auf die Grenze zwischen der innerpersonalen Schicht und der sensomotorischen Schicht erhöht werden. Weiter angenommen, daß dieser Prozeß wieder und wieder abläuft, so wird das Ergebnis eine Akkumulation von Spannung in der innerpersonalen Sphäre sein. Von einer solchen Person sagt man dann, sie stehe unter großer innerer Spannung. Wenn die Grenze des innerpersonalen Bereichs nicht länger in der Lage ist, dem Druck auf sie zu widerstehen, so wird es zu einem plötzlichen Durchbruch von Energie in das Motorium kommen, was ein äußerst erregtes Benehmen zur Folge hat. Genau dies ist es, was passiert, wenn jemand einen Rappel oder einen Wutanfall kriegt.

Wenn die Grenze zwischen dem innerpersonalen System und der sensomotorischen Sphäre weitgehend durchlässig ist, so kann die Spannung in rastloser Aktivität zerstreut werden. Dies ist eine ziemlich primitive Art der Spannungsminderung, die man hauptsächlich während der frühesten Kindheit findet. Beispielsweise wird ein Baby mit zunehmendem Hunger zugleich unruhiger. Und noch dem Erwachsenen ist Rastlosigkeit offenbar ein Mittel, „Dampf abzulassen".

Die vorherrschende Methode der Rückkehr zu einem Gleichgewichtszustand besteht darin, eine geeignete Lokomotion in der psychologischen Umwelt durchzuführen. Geeignet ist eine Lokomotion dann, wenn sie die Person in den Bereich eines befriedigenden Zielobjektes bringt. Wenn sich beispielsweise jemand in einem Spannungszustand befindet, weil er arbeitslos ist, dann wird das Finden einer Stellung die Spannung beseitigen. In solchen Fällen dienen sensorische und motorische Prozesse dem Zweck, eine Erleichterung von der Spannung herbeizuführen. Es ist natürlich auch möglich, die Umwelt zu verändern, um das erwünschte Ziel zu erreichen, und diese Umstrukturierung kann komplizierte und zeitraubende kognitive Prozesse erfordern. Ein

Mann, der die Präsidentschaft anstrebt, mag Jahre damit verbringen, seine Umgebung zu manipulieren, bevor er endlich Erfolg hat. Oder aber ihm bleibt der Erfolg versagt, so daß er unter Umständen in einem lebenslangen Zustand des Ungleichgewichts verharrt.

Auch durch eine substituierende oder *Ersatzlokomotion* (substitute locomotion) kann Spannung reduziert und das Gleichgewicht wiederhergestellt werden. Dieser Prozeß setzt voraus, daß zwei Bedürfnisse eng miteinander zusammenhängen, so daß die Befriedigung des einen Bedürfnisses die Spannung des anderen Systems mit abführt. Wir werden über diesen Fall in einem späteren Abschnitt dieses Kapitels noch mehr zu sagen haben.

Schließlich kann die Spannung auch durch eine bloß vorgestellte oder *Phantasielokomotion* (imaginary locomotion) reduziert werden. Wenn jemand sich einbildet, daß er eine schwierige Tat vollbracht oder eine herausragende Position errungen hat, so gewinnt er allein durch Tagträumereien vom Erfolg eine Art von stellvertretender (vicarious) Befriedigung. Wir alle werden übrigens – in Form von Romanen, Schauspielen, Filmen und dergleichen – mit einer schon vorgefertigten Traumwelt beliefert[, die die Realität z.T. ersetzt].

Zusammenfassung

In diesem Abschnitt wurden Lewins hauptsächliche dynamischen Konstrukte, nämlich jenes des Bedürfnisses, der psychischen Energie, der Spannung, der Kraft oder des Vektors, der Valenz (des Aufforderungscharakters), dargelegt und besprochen. In Verbindung mit den zuvor diskutierten Strukturbegriffen bestimmen sie die spezifischen Lokomotionen des Individuums und die Art und Weise, in der es seine Umwelt strukturiert. Lokomotionen und Umstrukturierungen, durch welche Bedürfnisse befriedigt werden, dienen dabei dem Zweck der Spannungsminderung.

Die Entwicklung der Persönlichkeit

Obwohl Lewin die Vorstellung, daß Vererbung und Reifung eine Rolle in der Entwicklung spielen, nicht zurückweist, diskutiert er nirgendwo in seinen Schriften en detail ihren möglichen Einfluß, noch schreibt er ihnen einen Platz in seinen Begriffsschemata zu. Dies steht auch völlig im Einklang mit seiner Bevorzugung einer rein psychologischen Theorie. Da nämlich Vererbungs- und Reifungsprozesse in das Reich der biologischen Tatsachen fallen und infolgedessen – im Verein mit physikalischen und sozialen Phänomenen – außerhalb des Lebensraumes existieren, kann Lewin sie ohne weiteres ignorieren. Bei seltenen Anlässen zwar gibt er zu verstehen, daß organische Änderungen die psychologische Entwicklung beeinflussen können und es auch tun. Gelegentlich der Erörterung der Adoleszenzphase z.B. bemerkt er, daß Änderungen in den Körperfunktionen und -strukturen sich stark in Richtung auf größere Unsicherheit und Instabilität der psychischen Struktur auswirken (1951, Kap. VI).

Auch ermangelt es Lewin einer Lerntheorie in dem Sinne, wie dieser Ausdruck gewöhnlich in der amerikanischen Psychologie verstanden wird. Er beschreibt die Arten von Veränderung, die im Verhalten stattfinden, weist sie aber solchen Konstrukten wie kognitiver Umstrukturierung, Differenzierung, Organisierung, Integration und Motivation zu (1951, Kap. IV [u. V]).

Es ist indessen interessant, sich daran zu erinnern, daß Lewins früheste experimentelle Arbeiten in Forschungen über assoziatives Lernen bestanden. Die Häufigkeit der Wiederholung und die Kontiguität (die zeitliche Nähe) zwischen den Reizsilben, zu denen assoziiert werden sollte, wurden zu jener Zeit als bedeutende Determinanten des Lernens aufgefaßt. Lewin entdeckte jedoch, daß die dargebotenen Lerneinheiten zu demselben Spannungssystem gehören mußten, damit es zu Verknüpfungen zwischen ihnen kommen kann. Sein Befund weckte Zweifel an der Gültigkeit der assoziationistischen Lerntheorien. Hilgard gibt einen eindrucksvollen Bericht über diese Periode von Lewins wissenschaftlichem Werk (Hilgard/Bower [3]1966, dt. 1969, Kap. 9, S. 298 ff.).

Darüberhinaus hat Lewin einen ausführlichen Artikel über Belohnung und Bestrafung geschrieben (1935 a, Kap. IV); seine Überlegungen zu diesem Gegenstand haben allerdings sehr wenig gemeinsam mit solch „hedonistischen“ Formulierungen wie dem Effektgesetz (Thorndike) oder dem Reinforcementprinzip (Hull). Lewin sah in Belohnung und Bestrafung nicht Gewohnheitserzeuger oder -brecher, sondern Kunstgriffe für die Verhaltenskontrolle in der konkreten, momentanen Situation. Lohn und Strafe haben in Lewins Analyse nicht die Funktion, Assoziationen „einzuprägen oder auszuprägen“ (stamp in or stamp out), wie Thorndike zu sagen pflegte; vielmehr verursachen sie Veränderungen in den Vektoren, Valenzen und Grenzen der psychologischen Umwelt und in den Spannungssystemen der Person. Lewin anerkannte zwar, daß Belohnung und Bestrafung unter Umständen zu einer Transformation der Valenz des Dinges selbst führen könne, obwohl dies nur erreicht wird, wenn die angenehmen oder unangenehmen Folgen in eine Situation eingebettet sind, die ein umfassenderes Interesse verbürgt.

Man sollte auch nicht übersehen, daß Lewin und seine Schüler, besonders Zeigarnik (1927), einen beachtlichen Beitrag zum Verständnis des Gedächtnisses leisteten, indem sie zeigen konnten, daß unterbrochene Aufgaben besser erinnert würden als vollendete. Aber all diese Arbeiten begründen noch keine Theorie des Lernens. Wir stimmen mit Hilgards Analyse von Lewins Ideen überein, insoweit sie die Psychologie des Lernens betreffen (Hilgard/Bower [3]1966, Kap. 9), wonach viele von seinen Formulierungen zwar für die Lerntheorie durchaus relevant sind, aber kein vollständiges und geschlossenes System bilden. Allerdings hat Lewin dies auch niemals für sich in Anspruch genommen.

Verhaltensänderungen
In seinem wichtigen Beitrag [aus dem Jahre 1941] ‚Regression, Retrogression und Entwicklung' (in: 1951, dt. 1963, Kap. V) diskutiert Lewin einige der „Verhaltensunterschiede", die sich auf den einzelnen Entwicklungsniveaus herauskristallisieren, und versucht im Anschluß daran zu demonstrieren, wie solche Veränderungen mit Hilfe von Feldkonstrukten dargestellt werden können.

Varietät. Es ist offensichtlich, daß die *Varietät* (variety) der Tätigkeiten, Gefühle, Bedürfnisse, Kenntnisse und sozialen Beziehungen eines Menschen im Verlauf seines Älterwerdens zunimmt, wenigstens bis zu einem bestimmten Alter. Danach mag die Vielseitigkeit des Verhaltens eine Einschränkung erfahren.

Organisierung. Die Aktivitäten werden mit fortschreitendem Alter aber nicht nur vielseitiger; es zeigt sich auch ein bedeutsamer Wandel in der *Organisierung* oder Organisation (organisation). Eine gegebene Verhaltenseinheit offenbart eine wachsende Komplexität. Ein kleines Kind kann zu ein und derselben Zeit immer nur mit einem anderen Kind eine Freundschaft unterhalten, ein älteres Kind aber vermag gleichzeitig Beziehungen zu einer ganzen Reihe von Kindern aufzunehmen. Das Verhalten wird außerdem in seiner Struktur mehr hierarchisch. Zum Beispiel kann das Kleinkind noch allein um des Vergnügens willen, das es aus der Aktivität zieht, mit Bauklötzchen spielen; wenn es aber heranwächst, wird das Spielen mit Klötzchen darüberhinaus ein Mittel zu weiteren Zwecken, wie sie in dem Verlangen nach Anerkennung oder dem Bedürfnis, es besser zu machen als ein Spielkamerad, zum Ausdruck kommen. Das Verhalten kann auch in dem Sinne komplizierter werden, daß ein älteres Kind sich während einer gewissen Spanne Zeit mehreren Tätigkeiten widmet. Es kann ein Bild malen, mit einem Freund sprechen, unterbrochen werden, weil es für seine Mutter etwas besorgen muß, dann zu seiner Malerei zurückkehren, mit einem anderen Freund reden, zwischendurch das Telefon abnehmen und wieder an sein Bild gehen. Das kleine Kind dagegen ist viel leichter ablenkbar. Es tut eine Sache zur Zeit, und wenn diese unterbrochen ist, kehrt es mit großer Wahrscheinlichkeit nicht zu ihr zurück.

Ausweitung von Tätigkeitsbereichen. Das ältere Kind hat mehr Bewegungsfreiheit als das Baby. Es kann Dinge machen wie die Straße überqueren, zur Schule gehen, Freunde besuchen, welche das kleinere Kind nicht tun kann. Zudem wird die Zeit mit dem Alter „länger", auch sie erfährt eine *Ausweitung* (extension). Das kleine Kind ist weitgehend ein Augenblickswesen; die Zukunft und in einem geringeren Grad die Vergangenheit existieren für es nicht. Wenn es älter wird, fängt es an, über die Vergangenheit nachzudenken, macht

Pläne für seine Zukunft und sieht die Gegenwart als Bestandteil eines größeren Zeitraumes.

Interdependenz des Verhaltens. Es entspricht allgemeiner Beobachtung, daß das Verhalten des Säuglings diffuse Reaktionen des ganzen Körpers einschließt. Für Lewin ist dieses Verhalten ein Beispiel der *einfachen Interdependenz* (simple interdependence) oder auch ein undifferenzierter Zustand. Im Laufe des Wachstums werden spezialisierte und unabhängige Handlungsweisen aus der sog. „Massenaktivität" (d.h. unspezifischen Tätigkeit) herausdifferenziert. Die noch unkomplizierte Einheit des früh(est)kindlichen Verhaltens weicht einer Mannigfaltigkeit der Aktivität. Zu einer ersten Integration kommt es bereits, wenn unabhängige Aktionen hierarchisch organisiert werden, aber eine echte Integration setzt nach Lewin die sogenannte *strukturale* oder *organisationale Interdependenz* (organizational interdependence) voraus. Diese besteht aus einer Verbindung und Zusammenfassung von getrennten Handlungen oder Bedürfnissen zu einem größeren Ganzen. Zum Beispiel erfordert Klavierspielen, Ein-Holzhaus-Bauen oder Eine-Geschichte-Schreiben die Kombination einer Menge unterschiedlicher Tätigkeiten. Lewin weist darauf hin, daß mit dem Älterwerden die Massenaktivität ab- und die hierarchische Organisation zunimmt, während der auf organisationaler Interdependenz beruhende Grad der Einheitlichkeit fluktuiert.

Grad des Realismus. Der Mensch orientiert sich normalerweise mit wachsendem Alter mehr und mehr an der Realität. Das kleine Kind unterscheidet noch nicht eigentlich zwischen dem, was real, und dem, was bloß vorgestellt ist. Erst wenn es dies erlernt hat, vermag es einen Sinn für Realität [und Irrealität] zu entwickeln [, wird es *realistisch* (realistic)].

Entwicklungsbegriffe

Nachdem er einige der entscheidenden Veränderungen ausgebreitet hat, die während der Entwicklung stattfinden, nämlich Wandlungen in der Varietät, der Komplexität, Extensität, Organisierung, Integration und des Realismus, geht Lewin dazu über, diese Änderungen zu systematisieren. Die Konstrukte, die er dabei benutzt, sind dieselben wie die im vorausgehenden Abschnitt dieses Kapitels diskutierten, da sowohl das Verhalten als auch die Entwicklung als Funktion derselben strukturellen und dynamischen Faktoren erachtet werden (Lewin 1951, dt. 1963, S. 272).

Differenzierung. Die *Differenzierung* (differentiation) ist einer der Schlüsselbegriffe in Lewins Theorie der Persönlichkeitsentwicklung; er findet auf alle Aspekte des Lebensraumes Anwendung und wird definiert als eine Zunahme der Anzahl von Teilen eines Ganzen. Zum Beispiel wächst die Zahl der Bereiche in der innerpersonalen Sphäre mit dem Alter. Man vergleiche das

Kind mit dem Erwachsenen in *Abb. 29*. Letzterer hat viel mehr differenzierte Spannungssysteme als jenes. In ähnlicher Weise ist die psychologische Umwelt mit zunehmendem Alter immer weiterer Differenzierung unterworfen. Die Zeitdimension wird in eine ferne Vergangenheit, eine nahe Vergangenheit, eine Gegenwart, eine nahe Zukunft und eine ferne Zukunft geschieden. Fortschreitende Reife bringt auch eine fortschreitende Differenzierung der Realitäts-

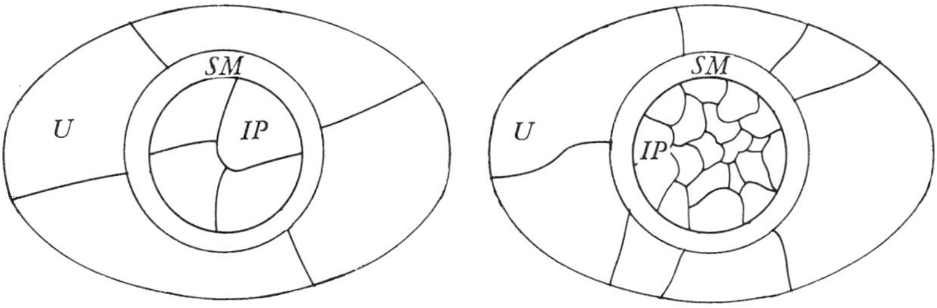

Kind Abb. 29 Erwachsener

Irrealitäts-Dimension mit sich. In der Zeit des Heranwachsens und Reifens hat der Mensch nicht nur zwischen Wahr und Falsch unterscheiden gelernt, sondern auch zwischen gewissen Graden der Möglichkeit und Wahrscheinlichkeit.

Grenzeigenschaften. Eine stärkere Differenzierung der Person und der psychologischen Umwelt bedeutet selbstverständlich eine Vermehrung der Anzahl der Grenzen. Aber nicht alle Grenzen sind gleich, denn sie variieren in der Stärke. Im allgemeinen ist die Grenze zwischen dem Kind und seiner psychologischen Umwelt schwächer als beim ausgewachsenen Menschen. Dies trägt der Tatsache Rechnung, daß Kinder eher Einflüssen aus dem Milieu unterlegen sind und daß sie innere Spannungen leichter entladen können als Erwachsene. Das Kind ist eben noch mehr ein Teil seiner Umwelt. Eigentlich existiert während der allerersten Lebenswochen überhaupt noch keine Grenze zwischen dem Baby und seiner psychologischen Umwelt. Die Schwäche der Grenzen in der innerpersonalen Sphäre des Kindes bedeutet, daß ein Bedürfnis leichter von einem anderen Bedürfnis ersetzt werden kann, als es bei dem Erwachsenen der Fall ist. Eine ähnliche Schwäche der Grenzen in der Dimension der Realität-Irrealität und der Zeitperspektive ist ebenfalls für das Kind charakteristisch.

Integration. Differenzierung und wechselnde Grenzeigenschaften lassen zwar viele Entwicklungsphänomene durchsichtig werden, jedoch können sie nicht die mit dem Alter zunehmende Organisierung und Integration des Verhaltens erklären. Hierfür ist ein weiteres Konzept nötig, nämlich jene bereits erwähnte organisationale Interdependenz. Um zu würdigen, was mit diesem Begriff gemeint ist, mag es nützlich sein, ihn dem der einfachen Interdependenz der Bereiche gegenüberzustellen. Man betrachte z.B. zwei benachbarte und voneinander abhängige Spannungssysteme, *a* und *b*. Wenn *a* in einen Zustand erhöhter Spannung gebracht wird, so geht der Energiefluß von *a* nach *b*, bis ein Zustand gleicher Spannung zwischen den beiden Systemen erreicht ist. Gleichermaßen wird die Energie auf *a* übergehen, wenn das Spannungsniveau von *b* erhöht wird. Der Einfluß ist also wechselseitig und umkehrbar. Eine solche Beziehung scheint zwischen den Spannungssystemen des Babys zu existieren; eine Störung in einem Bereich der innerpersonalen Sphäre breitet sich in einer massiven und diffusen Entladung auf andere Bereiche der inneren Person und darüberhinaus auf die Motorik aus. Als Paradigma möge das hungrige Baby herhalten, welches durch und durch unruhig ist.

Wenn das Baby heranwächst, scheint der Einfluß benachbarter Spannungssysteme aufeinander das Merkmal der Austauschbarkeit und Reziprozität zu verlieren. Anstelle der einfachen Interdependenz wird eine Beziehung nach Art von Führer und Geführtem eingerichtet. Spannungssystem *a* leitet Spannungssystem *b* in einer Weise, in der *a* seine Spannung leichter entladen kann, ohne daß dies letztlich in eine Gleichheit (der Spannung) zwischen beiden ausmünden muß. Ein einfaches Beispiel dieser organisationalen Interdependenz ist die Art und Weise, in der ein innerpersonaler Bereich die Motorik seinen Zielen unterordnen kann, oder auch jener Fall, daß ein solcher reguliert und kontrolliert, was wahrgenommen werden soll.

Zudem diffundiert die Spannung bei organisationaler Interdependenz von Bereich zu Bereich nicht auf der Basis der Nähe allein. Es entsteht eine Art Selektivität, wonach ein System, das weit von (einem) anderen entfernt ist, diese(s) beherrschen oder führen mag. Eine ganze Hierarchie von Dominanz-Subordinations-Verhältnissen kann eingerichtet werden; Bereich *a* kann Bereich *b* regieren, *b* kann *c* leiten und so weiter. Dies würde unter anderem auch die Fähigkeit eines älteren Menschen erklären, ein kompliziertes Verhaltensprogramm, einen Plan zu entwerfen und auszuführen – eine Fähigkeit, die Kindern anscheinend weitgehend mangelt.

Lewin vergleicht die organisationale Einheit einer Person [in der Lang/Lohrschen Übersetzung von Lewin 1951 steht für das amerikanische ‚organizational unity' „strukturale Einheitlichkeit" (dt. 1963, S. 144)] mit einer (administrativen) Organisation, an deren Spitze ein einziger Kopf steht. Wenn dieses Haupt durch viele Köpfe ersetzt wird, so nimmt die Einheit ab; taucht ein neues Oberhaupt auf, nimmt sie wieder zu. In gleicher Weise nimmt die Einheit der erwachsenen Person zu und ab, anstatt daß sie sich in gerader Linie weiterentwickelt.

Entwicklungsstufen

Lewin widmet diesem Gegenstand keine längere Diskussion; denn *Entwicklung* ist für ihn ein fortgesetzter Prozeß, in welchem abgegrenzte *Stufen* oder

Phasen (developmental stages) nur schwer zu erkennen sind. Er sagt allerdings, daß es im Alter von etwa drei Jahren zu wichtigen entwicklungsbedingten Veränderungen kommt, daß darauf eine Periode relativer Stabilität folgt, die von der Adoleszenz als einer Periode dynamischer Umorganisation abgelöst wird, welche wiederum in der Stabilität des Erwachsenenalters ihren abschließenden Gipfelpunkt erreicht (1951, Kap. VI). Er hebt außerdem hervor, daß die ersten Bereiche, die sich beim Baby differenzieren, jene sind, die etwas mit Essen und Ausscheidung zu tun haben.

Lewin glaubt, daß die Verwendung einer Altersskala bei der Beschreibung der Entwicklung einem wirklichen Verständnis des psychologischen Werdens unangemessen ist. Die Alterseinteilung werde am Ende zugunsten von Graden der Differenzierung, Organisierung, Integration und dergleichen fallengelassen werden müssen. Außerdem sei der Psychologie die Aufgabe gestellt, koexistente und dynamisch aufeinander bezogen Tatsachen aufzudecken, welche die Bedingungen für die Veränderung zum Zeitpunkt, in dem diese stattfindet, ausmachen. Es genügt nicht zu sagen, daß Sechsjährige Dinge tun, die Dreijährige nicht können. Man muß die Änderung unter Einbeziehung der feldtheoretischen Konstrukte darstellen.

Regression [und Retrogression]

Jede Entwicklungstheorie muß die von Zeit zu Zeit im Leben vorkommenden Regressionen berücksichtigen. Lewin hat einige bedeutende Beiträge – sowohl theoretische als auch experimentelle – zum Verständnis der Regression geliefert (1951, Kap. V). So unterscheidet er zwischen *Retrogression und Regression* (retrogression und regression). Ersterer Begriff verweist auf die Wiederkehr einer lebensgeschichtlich zurückliegenden Verhaltensweise der Person, während letzterer sich auf jede Änderung in Richtung auf eine primitivere Form des Verhaltens bezieht, gleich ob die Person selbst sich früher jemals in dieser Weise verhalten hat. So wie diese Termini definiert sind, ist es viel leichter, die Regression zu untersuchen als die Retrogression, da man bei ihr nicht festzustellen braucht, ob das Individuum sich in seinem Leben schon einmal so verhalten hat. Zudem kann der Experimentator beim Studium der Regression von Altersnormen Gebrauch machen, die für verschiedene Aktivitäten festgestellt worden sind. Wenn z.B. zweijährige Kinder in bestimmter Weise mit Spielsachen umgehen, vierjährige dagegen ganz anders, so kann man sich fragen, unter welchen Bedingungen diese auf das Spielniveau jener regredieren werden. Lewin und seine Mitarbeiter haben solche Experimente durchgeführt und dabei herausgefunden, daß Frustration einer der Faktoren ist, welcher die Regression begünstigt (Barker/Dembo/Lewin 1941).

Zusammenfassung

Lewins theoretische Analyse der Entwicklung verwendet Feldbegriffe wie Differenzierung, Veränderung der Grenzeigenschaften, Organisierung und

Integration. Im allgemeinen kann gesagt werden, daß es mit zunehmender Reife zu einer größeren Differenzierung sowohl der Person als auch der psychologischen Umwelt kommt, daneben zu erhöhter Festigkeit der Grenzen und zu einem komplizierteren Flechtwerk hierarchischer und selektiver Beziehungen zwischen den Spannungssystemen. Für Lewin ist die Entwicklung des Verhaltens eine Funktion der Person und der psychologischen Umwelt.

Charakteristische Forschung und Forschungsmethoden

Ein weithin anerkanntes Kriterium einer „guten" Theorie ist das Maß ihrer Fruchtbarkeit in der Anregung von (konkreter) Forschungstätigkeit. In dieser Hinsicht ist Lewins Theorie zweifellos eine sehr gute Theorie. Nur wenige andere Persönlichkeitslehren sind für die Inangriffnahme einer solchen Menge von psychologischen Experimenten ursächlich gewesen. Obwohl Lewin in erster Linie als brillanter Theoretiker bekannt ist, blieb er doch fortwährend der angewandten Forschung treu. Dabei war er immer der erste, wenn es um die Formulierung von Tests zur Verifikation seiner Grundhypothesen ging, und seine große Begeisterung für die erfahrungswissenschaftliche Praxis hat sich auf viele Studentengenerationen in Deutschland und den Vereinigten Staaten übertragen. Die Artikelserien in der ‚Psychologischen Forschung' [„Zeitschrift für Psychologie und ihre Grenzwissenschaften"] zwischen 1926 und 1930 sind eine der vorzüglichsten empirischen Forschungsreihen in der gesamten Fachliteratur. Lewins Ideen und seine Erfindungsgabe in bezug auf einfache und überzeugende Demonstrationen seiner theoretischen Auffassungen wirkten zudem als Katalysatoren für viele Psychologen, die niemals persönlich mit ihm zusammengearbeitet haben. Es ist unmöglich, den Umfang der Studien abzuschätzen, die den Stempel von Lewins Einfluß tragen; ihre Zahl ist Legion. Was immer in den kommenden Jahren das Schicksal seiner Theorie sein mag, die Summe der experimentellen Arbeit, die durch sie stimuliert wurde, stellt einen bleibenden Beitrag zu unserem Wissen über die Persönlichkeit dar.

Die empirischen Untersuchungen von Lewin und seinen zahlreichen Mitarbeitern sind stets theorieorientiert gewesen, d.h. die Experimente wurden unternommen, um die durch die Feldtheorie aufgestellten Behauptungen zu prüfen; sie hatten niemals ausschließlich den Zweck der Datensammlung. Eine bestimmte Tatsache war für Lewin nur von Bedeutung, wenn sie Licht auf die Gültigkeit eines allgemeinen Prinzips oder Gesetzes warf.

Ein typischer Fall sind die Studien, die aus Lewins Konzeption der Spannungssysteme erwuchsen. Man wird sich erinnern, daß die innerpersonale Sphäre der Persönlichkeit aus einer Anzahl von Bereichen, den sogenannten Zellen, besteht. Jede Zelle ist von ihren Nachbarzellen durch Grenzen getrennt, deren Haupteigenschaft die ist, daß sie der Diffusion von Energie von einem Bereich in die anliegenden Bereiche Widerstand entgegensetzen. Da die Festigkeit der Grenzen variiert, kommt es häufig dazu, daß eine Zelle in verschieden enger Kommunikation mit den angrenzenden Gebieten steht. Wenn jetzt das Spannungsniveau einer Zelle durch ein Bedürfnis, [z.B.] einen Vorsatz, erhöht wird, kann die Energie dort, wo die Grenze schwach ist, leichter in einen benachbarten Bereich übergehen als dort, wo sie stark ist. Soviel zur Theorie. Die Frage ist aber, ob sie auch der Feuerprobe des empirischen Experiments standhält.

Um die Antwort zu finden, ersann Lewin den folgenden Experimentalplan (1935 a, S. 180ff.). Stellen wir uns vor, daß einem Kind Gelegenheit gegeben wird, etwas mit Klötzen zu bauen, und weiter, daß in ihm die Intention, ein Haus zu bauen, „induziert" wird. Ein solcher Vorsatz ist, wie schon anläßlich der Definition des Bedürfnisbegriffs erwähnt, einem innerpersonalen, in Spannung befindlichen Bereich zugeordnet. Bevor nun das Kind die Möglichkeit hat, seine Aufgabe zu vollenden und damit die Spannung zu entladen, soll es unterbrochen und mit einem andersgearteten Spielzeug beschäftigt werden, z.B. mit Knetmasse. Ein neuer Vorsatz, etwa ein Pferd zu modellieren, entsteht, was feldtheoretisch bedeutet, daß ein zweiter innerpersonaler Bereich in einen Spannungszustand versetzt wird. Dem Kind sei diesmal erlaubt, das Vorhaben auszuführen. Dann erhält es auch Gelegenheit, zu der unfertigen ersten Aufgabe, dem Bauklotzhausbau, zurückzukehren. Wenn es das unterbrochene Projekt nicht wiederaufnimmt, so zeigt dies an, daß die Spannung in diesem System durch die Vollendung der zweiten Aufgabe beseitigt worden

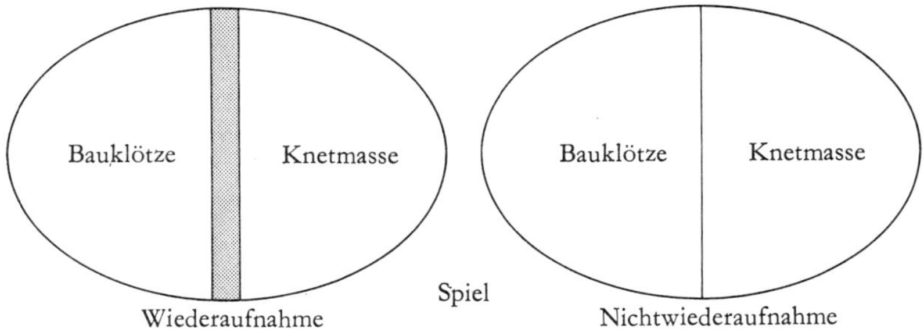

Abb. 30

ist. Man spricht dann von der letzten Tätigkeit als einem *Ersatz* oder auch Substitut der ersten. Wenn das Kind jedoch den unterbrochenen Vorsatz wiederaufgreift, so besagt dies, daß die Spannung in dem Bauklotz-System nicht durch die vollendete Aktivität des Pferdmodellierens abgeflossen ist. Das heißt, die erledigte Handlung(sfolge) hat keinen Ersatzwert für die unterbrochene Tätigkeit. Jedes dieser Resultate kann durch die folgenden schematischen Darstellungen ausgedrückt werden *(Abb. 30)*.

In der linken Abbildung sind die beiden Gebiete durch eine starke, undurchdringliche Grenze getrennt, welche die Entladung der Spannung von dem Klötze-System über das Knetmasse-System verhindert. Die in dem ersten System verbleibende Spannung motiviert das Kind, das Bauen mit den Klötzen wiederaufzunehmen. In der rechten Abbildung ist die Grenze schwach und die Spannung in dem Bauklotz-System kann leicht durch das Knetmasse-System abgeführt werden. Da keine Spannung in jenem übrigbleibt, nachdem das Knetepferd fertig ist, hat das Kind auch keine Lust mehr, erneut mit den Bauklötzen anzufangen. Das Experiment erfordert zudem die Verwendung einer Kontrollgruppe, in der die Kinder zwar auch unterbrochen, jedoch nicht mit einer Ersatzaufgabe konfrontiert werden. Der Zweck dieser Kontrollgruppe ist es, sicherzustellen, daß sich zur Zeit der Unterbrechung auch wirklich eine gewisse Spannung in dem System befindet. Nur so ist eine Prüfung des Substitutwertes der vollendeten Aufgabe möglich.

Experimentelle Untersuchungen, die von diesem Grundschema Gebrauch machen, werden Substitutionsstudien genannt. Eines der frühesten Experimente dieser Art, das unter dem Einfluß von Lewins Feldtheorie stand, wurde von Kate Lissner (1933) durchgeführt. Sie versuchte zu bestimmen, was es mit jenen Aufgaben eigentlich auf sich hatte, die einen Ersatzwert für andere annehmen konnten. Sie fand – und das entspricht durchaus der Erwartung –, daß das Ausmaß der Substituierbarkeit füreinander um so größer ist, je ähnlicher die beiden Aufgaben sind. Wenn z.B. die unterbrochene Aufgabe im Modellieren eines Pferdes bestand und die Ersatzaufgabe im Modellieren einer Schlange, so war die Summe der Wiederaufnahmen viel geringer, als wenn die Ersatzaufgabe „ein Bild malen" oder „Perlen aufziehen" hieß. Leider gibt es kein sehr gutes Kriterium für die vorherige Bestimmung des Ähnlichkeitsgrades zwischen den Aufgaben. Zwei Items mögen einem Beobachter sehr ähnlich erscheinen und sind dennoch in den Augen der sie ausführenden Person grundverschieden, oder zwei Probleme scheinen einander sehr unähnlich zu sein und kommen doch dem Probanden ganz ähnlich vor. Lissner entdeckte auch, daß die Ersatzaufgabe immer dann, wenn sie schwierig ist, einen größeren Substitutwert hat, als wenn sie leicht ist – bei gleichbleibenden sonstigen Bedingungen. Die Aufgabenschwierigkeit ist ebenfalls schlecht zu beurteilen, bevor nicht tatsächlich die Probe aufs Exempel gemacht wird. Was für den einen recht kompliziert ist, kann für den anderen kinderleicht sein.

Eine weitere Schülerin Lewins, Wera Mahler (1933), fand heraus, daß die zweite Aufgabe einen um so größeren Ersatzwert für die erste Aufgabe hat, je höher ihr Realitätsgrad ist. Wenn nämlich ein Kind mitten beim Zeichnen eines Bildes unterbrochen wird, jedoch *erzählen* darf, wie es das Bild zu Ende malen wollte, wenn ihm dazu Gelegenheit gegeben würde, so kommt es weniger häufig zu einer Rückkehr zur ursprünglichen Aufgabe, als wenn ihm nur gesagt wird, es solle darüber *nachdenken* oder sich vorstellen, wie es das Bild beendet haben würde. Das Reden über eine Tätigkeit wird daher als realitätsbezogener eingeschätzt als das bloße Darandenken. Allerdings hängt nach Sara Sliosbergs Arbeit (1934) der Umfang, in dem das weniger Reale als Ersatz für das mehr Reale dienen kann, von dem Charakter der Situation ab. Unter entspannten Spielbedingungen kann eine Phantasie genauso befriedigend sein wie eine wirkliche motorische Aktivität, während die Phantasie unter ernsthafteren Umständen überhaupt keinen Ersatzwert haben mag.

Köpke (zitiert in Lewin 1935 a, S. 185) hat das Muster des Substitutionsexperiments übernommen, um eine spezielle Anwendungsmöglichkeit von Lewins Theorie der Person zu prüfen. Lewin vermutete, daß die Grenzen zwischen den Zellen der innerpersonalen Sphäre des schwachsinnigen (feeble-minded) Kindes fester seien als jene des normalen Kindes. Wenn diese Hypothese richtig ist, dann müßte es bei zurückgebliebenen Kindern weniger Substituierbarkeit geben als bei den anderen. Dies wird durch Köpkes Befunde bestätigt. Selbst bei sehr ähnlichen Aufgaben wie dem Zeichnen einer Katze einmal auf rotem Papier und das zweite Mal auf grünem Papier gingen schwachsinnige Kinder fast immer zur ersten Aufgabe zurück und beendeten sie, nachdem die zweite fertig war. Dieser Unterschied zwischen den Grenzeigenschaften des normalen Kindes und des Schwachsinnigen wird in den folgenden Diagrammen wiedergegeben *(Abb. 31)*.

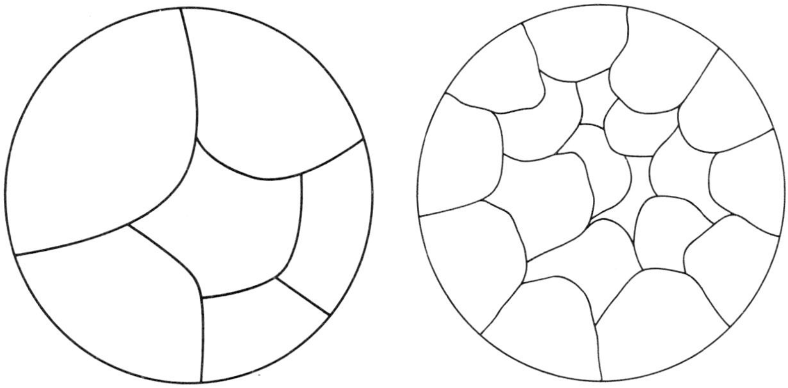

Schwachsinnig | Normal

Innerpersonaler Bereich beim Kind

Abb. 31

Die stärkeren Grenzen des innerpersonalen Bereiches des schwachsinnigen Kindes zeigen an, daß es hier zu weniger Kommunikation zwischen den Spannungssystemen kommt, als es beim normalen Kind der Fall ist. Die Darstellung des letzteren zeigt außerdem mehr Zellen – entsprechend Lewins Postulat, daß das normale Kind differenzierter ist als das geistig unterentwikkelte. Neben diesen finden sich noch weitere [experimentell geprüfte] Abweichungen des Retardierten von der Normalität (cf. 1935, Kap. VII).

Die vielleicht anspruchsvollste und am sorgfältigsten formulierte Untersuchung der Substitution auf der Grundlage von Lewins Theorie und Experimentierplan wurde von Mary Henle (1942) durchgeführt. Diese Autorin macht zahlreiche kritische Einwände gegenüber früheren Substitutionsstudien, wobei der für unsere Zwecke relevanteste sich auf einen Zirkelschluß bezieht, der in Lissners Interpretation ihrer Befunde enthalten sei. Henle argumentiert dahingehend, daß es sehr wenig, wenn überhaupt etwas, zu unserem Wissen über die Substituierbarkeit beitrage, zu behaupten, eine Aufgabe habe einen Ersatzwert für eine andere, *weil* die zwei Systeme sich in dynamischer Kommunikation befinden, wenn man erst durch empirische Prüfung herausbringen muß, ob eine Aufgabe tatsächlich einen Ersatz für eine andere Aufgabe liefert. Mit anderen Worten, Resultate zu erklären, nachdem diese erzielt worden sind, ist kein wirklicher Test für die Theorie, da Erklärungen auf der Basis anderer Theorien genausogut funktionieren könnten. Man muß statt dessen in der Lage sein, im voraus zu sagen, was man zu finden erwartet, wenn die Theorie einzigartige Erklärungskraft haben soll. Dementsprechend widmet sich Henle selbst dem entscheidenden Problem, Grundsätze aufzudecken, die vorderhand eine Prognose ermöglichen, welche Aufgaben einander ersetzen können und welche nicht.

Henles Wahl fiel auf einige Prinzipien der Gestalttheorie: der Wahrnehmung und des Lernens. Die Gestalttheoretiker gehen bekanntlich davon aus, daß Struktureigenschaften wie Ähnlichkeit, Nähe (Proximität), Gleichartigkeit (Homogenität), Geschlossenheit und Figur-Grund-Verhältnis bei der Erzeugung der Wahrnehmungsorganisation und in der Determination des Lernens von Wichtigkeit sind. Henle warf nun die Frage auf, ob diese Prinzipien nicht auch bei der Aufgabensubstitution wirksam sein könnten, und entwickelte dazu das folgende, auf den Prinzipien der Homogenität und Proximität gründende Experiment. Eine Serie von fünf gleichartigen Aufgaben, und zwar alles Papier-Bleistift-Labyrinthprobleme, wurde einer Anzahl von Subjekten, lauter Collegestudenten, unter folgenden Bedingungen verabreicht. Die Probanden durften die ersten drei Labyrinthe vollenden, wurden dann beim vierten Labyrinth unterbrochen und vollendeten das fünfte, woraufhin ihnen erlaubt wurde, zurückzugehen und an dem unvollendeten Labyrinth weiterzuarbeiten. Henle sagte voraus, daß die Subjekte die Arbeit an der unterbrochenen Aufgabe wiederaufnehmen würden, weil die beiden letzten Aufgaben – als Einheiten in einer homogenen Serie von Labyrinthen – nicht aus den anderen herausragten. Folglich bildeten auch Item vier und fünf kein Paar, von dem man hätte sagen können, daß sie in Kommunikation miteinander stünden. In der Tat nahm jede Versuchsperson die Arbeit an dem unterbrochenen Labyrinth wieder auf.

Aufgrund ähnlicher Überlegungen prophezeite Henle, daß es bei einer heterogenen Serie, in welcher die vierte und fünfte Aufgabe sich von den ersten drei stark unterschieden, weniger Wiederaufnahmen geben würde als in der homogenen Serie. Diese Voraussage wurde indessen nicht bestätigt. Wenn beispielsweise die ersten drei Items in der Herstellung von Mosaikmustern bestanden und das unterbrochene vierte und vollendete fünfte Item in dem Lösen eines Zusammensetzspiels, so war die Gesamtmenge der Wiederaufnahmen ähnlich der für die homogene Serie. Henle mußte eingestehen, daß das Unvermögen, die Ergebnisse des zweiten Experiments richtig vorherzusagen, die vorgebliche Bestätigung der Hypothese durch das erste Experiment aufhob, da doch beide Prophezeiungen auf denselben Prinzipien basierten. Das Resultat des zweiten Experiments war für Henle vor allem deshalb verwirrend, weil in einem früheren Versuch, bei dem anstatt einer Aufgabenserie nur zwei Aufgaben gestellt worden waren, ein ziemlich hoher Anteil der Probanden die unterbrochene Aufgabe *nicht* wiederaufgenommen hatte. Woher nun kam diese Abweichung? Henle zog drei Möglichkeiten in Erwägung. Zunächst einmal könnte bei einer Serie von fünf Aufgaben die Unterbrechung einer Aufgabe diese von den anderen vier absetzen. Indem sie zu einer außergewöhnlichen wurde, verlor die unterbrochene Aufgabe vielleicht ihre dynamische Kommunikation mit den übrigen. Wenn es dagegen insgesamt nur zwei Aufgaben gibt, so hebt sich die unterbrochene nicht so sehr ab und kann ihre Beziehung mit der vollendeten behaupten. Infolgedessen würde der Ersatzwert größer sein, wenn nur zwei Items im Spiel sind. War dies aber der Fall, dann mußte folgende Prozedur den nötigen Beweis erbringen: Von fünf verwendeten Aufgaben glichen sowohl die ersten drei einander als auch die letzten beiden, womit eine heterogene Serie geschaffen war. Die Aufgaben eins, drei und vier wurden unterbrochen, so daß die vierte, die auf die Wiederaufnahmetendenz hin getestet werden sollte, sich durch die Störung selbst nicht mehr auszeichnete, da ja die erste und dritte ebenfalls unterbrochen wurden. Die Ergebnisse waren dieselben wie die bei alleiniger Unterbrechung der vierten Aufgabe, d.h. die meisten Probanden nahmen die Arbeit an der unterbundenen vierten Aufgabe wieder auf, nachdem sie die fünfte vollendet hatten. Offenbar vermag Unterbrechung als solche eine Aufgabe nicht so stark aus einer Serie herauszuheben, daß das Spannungssystem seine dynamische Verbindung mit den benachbarten Systemen verliert.

Ein zweiter möglicher Faktor, der die Abweichung der Resultate für eine Aufgabenserie gegenüber einem Aufgabenpaar verursacht haben konnte, war die größere Attraktivität (Valenz [bzw. Aufforderungscharakter]) der in der Serie benutzten Items im Vergleich zu jener in paarweisen Items. Es konnte doch sein, so Henle, daß ein Ersatz unter Umständen weniger leicht angenommen wird, wenn das Subjekt an der unterbrochenen Aufgabe besonders interessiert ist. Um diese Vermutung zu prüfen, benutzte sie Aufgabenpaare mit unterschiedlicher relativer Valenz. Ein Paar bestand in äußerst bevorzugten Problemen, ein zweites Paar in solchen mit mittlerer Valenz und ein drittes Paar in Aufgaben mit geringem Interessewert. Die Resultate verzeichneten eindeutig die größte Wiederaufnahmeneigung bei den Items mit der höchsten

Valenz, die niedrigste bei denjenigen von kleiner und eine mäßige Tendenz für Aufgaben mittlerer Valenz. Eine starke Attraktivität hemmt also demnach die Kommunikation zwischen den Spannungssystemen und reduziert den Ersatzwert. Es kann aber auch sein, daß eine Aufgabe von hoher Valenz eine größere Spannung hinter sich hat, die durch die Vollendung der zweiten Aufgabe nicht genügend abgeleitet wird, wie es im Falle einer Aufgabe von geringer Wertigkeit und entsprechend geringer Spannung sein würde. In beiden Fällen könnten die widersprüchlichen Ergebnisse, die für ein Aufgabenpaar mit niedriger Valenz gegenüber einer Aufgabenserie von hoher Valenz erzielt werden, durch eben diesen Valenzunterschied erklärt werden. Folglich ist es bei der Planung von Experimenten über strukturelle Faktoren wie Nähe und Gleichartigkeit notwendig, Aufgaben von gleicher Wertigkeit unter den verschiedensten experimentellen Bedingungen zu verwenden.

Der dritte Faktor, der nach Henles Überlegungen die divergenten Resultate zwischen dem Experiment mit einem Aufgabenpaar und jenem mit einer Serie von fünf Aufgaben erzeugt haben konnte, war der des Erfolges. Ihr Argument hinsichtlich des Einflusses von Erfolg lautete wie folgt: Ein Subjekt neigt dazu, eine unterbrochene Aufgabe für schwieriger anzusehen als eine vollendete. Wenn es die Gelegenheit erhält, eine Reihe von Aufgaben zu lösen, wie das der Fall ist, wenn ihm eine Fünferserie vorgelegt wird, dann gewinnt es Vertrauen in seine diesbezügliche Leistungsfähigkeit. Konsequenterweise wird es gern auf die unvollendete Aufgabe zurückkommen, um sie zu beenden. Wenn dagegen im ganzen nur zwei Aufgaben gestellt sind, hat es keine Gelegenheit, durch ein Erfolgserlebnis sein Selbstvertrauen aufzubauen, und daher ist die Wahrscheinlichkeit auch geringer, daß es die schwierige [weil] unterbrochene Aufgabe wiederaufnimmt.

Henle untersuchte die Relevanz dieses Faktors auf folgendem Wege. Den Probanden wurde erlaubt, drei Labyrinthe von wachsendem Schwierigkeitsgrad zu vollenden, worauf ein unterbrochenes und ein fertiggestelltes Labyrinth folgte. Praktisch alle kehrten zu der Arbeit am unterbrochenen Labyrinth zurück. Waren die ersten drei Irrgärten allerdings so einfach, daß sie den Versuchspersonen nicht das Gefühl des Erfolges verschafften, so nahm eine viel kleinere Anzahl von ihnen die unterbrochene Aufgabe wieder auf.

Nach Bestimmung der Aufgabenvalenz und -schwierigkeit als wichtiger Variablen in Substitutionsexperimenten ging Henle nun dazu über, unter Konstanthaltung dieser beiden Faktoren die Bedingungen der Aufgabenhomogenität und -proximität zu variieren. Eine Serie von heterogenen Aufgaben, bestehend aus drei Buchstabendurchstreichtests, die vollendet wurden, und zwei Mosaikmustertests, von denen einer unterbrochen und der andere vollendet wurde, hatte sehr viel *weniger* Wiederaufnahme der gestörten Aufgabe zur Folge, als wenn eine Serie von homogenen Items, z. B. alle von der ersten oder der zweiten Art, verabreicht wurde. Heterogenität von Aufgaben läßt die letzten zwei herausragen und dynamisch interdependent werden, während

Homogenität der Aufgaben die Entstehung einer derartigen Kommunikation verhindert.

Um nun den Faktor der Nähe zu testen, wurden die folgenden zwei Serien zu je drei Items benutzt. In der ersten lautete die Sequenz: Aufgabe eins vollendet, zwei unterbrochen, drei vollendet. Die Aufgaben zwei und drei waren einander angeglichen und von eins verschieden. Damit stand die unterbrochene Aufgabe in der Nähe einer ähnlichen vollendeten Aufgabe. 75 Prozent der Probanden nahmen die unterbrochene Arbeit *nicht* wieder auf. Dieses Resultat zeigte, daß Aufgabe drei einen sehr hohen Substitutwert für Aufgabe zwei hat. In der folgenden Serie war die Sequenz: Aufgabe eins unterbrochen, zwei und drei vollendet. Aufgabe eins und drei waren gleichartig und von zwei verschieden. In dieser Serie war die unterbrochene Aufgabe also von ihrer ähnlichen, vollendeten getrennt. Nur 36 Prozent der Versuchspersonen nahmen die unfertige Aufgabe *nicht* wieder auf. Die Ergebnisse dieser beiden Experimentalreihen bestätigen die Hypothese, daß die Grenze zwischen zwei Spannungssystemen unter den Bedingungen der Verschiedenheit und zeitlichen Nähe (Heterogenität und Proximität) der Aufgaben durchlässiger gemacht wird.

Die hier beschriebenen Substitutionsstudien bilden nur einen kleinen Ausschnitt der experimentellen Untersuchungen, die durch die Feldtheorie angeregt worden sind. Es ist ganz unmöglich, all diesen Forschungen innerhalb eines einzigen Kapitels gerecht zu werden. Wir können nur auf einige der Problembereiche hinweisen, die direkt mit Lewins Theorie der Persönlichkeit in Zusammenhang stehen, und hoffen, daß der Leser sich mit ihnen vertraut macht. Es sind dies: Anspruchsniveau (Lewin/Dembo/Festinger/Sears 1944), unterbrochene (unerledigte) Handlungen (Katz 1938, Zeigarnik 1927), psychologische Sättigung (Karsten 1928, Kounin 1941), Regression (Barker/Dembo/Lewin 1941) und Konflikt (Lewin 1951, dt. 1963, S. 293–300; Smith 1968). Ein nützlicher Überblick der von Lewin und seinen Mitarbeitern durchgeführten experimentellen Arbeit findet sich in Lewins Beitrag zum amerikanischen Handbuch der Kinderpsychologie (abgedruckt in 1951, dt. 1963, Kap. X) sowie bei M. Deutsch (1968). Eine ausführliche Darlegung von Lewins Ideen und der Forschung, die sie stimuliert haben, enthält der zweite Band von ‚Psychology: A study of a science' (Cartwright 1959).

Derzeitiger Stand und Bewertung

Ein Anzeichen für die Lebendigkeit eines wissenschaftlichen Standpunktes ist das Ausmaß an Kontroversen, die er zwischen seinen Verfechtern und Kritikern erregt. Watsons Behaviorismus, Freuds Psychoanalyse, Hulls Verhaltenstheorie, Tolmans Purposivismus sind Beispiele für Grundanschauungen, die die Fachgenossen in rivalisierende Lager gespalten haben, und in jedem der

Fälle hat die Theorie einen erheblichen Einfluß auf den Gang der Psychologie im ganzen genommen.

Lewins Feldtheorie ist in den vergangenen vierzig Jahren Gegenstand beträchtlicher wissenschaftlicher Auseinandersetzungen gewesen. In dieser Zeit hat sie eine ergebene Anhängerschaft gewonnen, welche – nach dem Tode des Urhebers – die von ihm begonnene Arbeit weiterführte, allem voran die Untersuchung von Gruppenprozessen. Viele von denen, die mit Lewin am Research Center for Group Dynamics des Massachusetts Institute of Technology verbunden waren, arbeiten jetzt gemeinsam an der University of Michigan. Wie Deutsch (1968) hervorhebt, ist Gruppendynamik ein integraler Bestandteil der Sozialpsychologie geworden.

Lewins Theorie der Person erging es dagegen nicht so gut. Er selbst widmete in den späteren Lebensjahren seine Kraft weitgehend dem Studium von Gruppen sowie der Aktionsforschung (1948, dt. 1953). Sein Interesse verlagerte sich auf die Anwendung der Feldtheorie im gesamten Bereich der Sozialwissenschaften. Infolgedessen hat es seit den frühen vierziger Jahren keine bedeutenden Fortschritte mehr in Lewins Personkonzeption gegeben. Viele seiner Begriffe sind jedoch in den Hauptstrom des psychologischen Denkens eingemündet. Ausdrücke wie Vektor, Valenz, Spannungssystem, Barriere, Lebensraum klingen dem heutigen Psychologen durchaus nicht mehr fremd.

Eine bedeutsame Neuerung in feldtheoretisch orientierten Arbeiten ist die vermehrte Aufmerksamkeit, die dem Wirken nichtpsychologischer Determinanten auf den Lebensraum gezollt wird. Escalona (cf. 1954) und Leitch z.B. haben in ihren Untersuchungen des Kleinstkindverhaltens gezeigt, wie konstitutionelle Faktoren, als da sind Sensitivität gegenüber verschiedenen Reizen, physische Aktivität und Spannungstoleranz, die psychologische Umwelt des Säuglings beeinträchtigen. Eine eindrucksvolle Studie zur psychologischen Ökologie ist von Barker, Wright und Mitarbeitern an der University of Kansas ausgeführt worden (Barker 1963, 1965; Barker/Wright 1951, 1955). Ihr Ziel war die Beschreibung der Verhaltensräume (behavior settings) aller Kinder einer kleinen Stadt im Mittelwesten der Vereinigten Staaten. Nach Meinung Escalonas weisen diese beiden Studien darauf hin, daß „die Topologen ihr Forschungsgebiet ausgedehnt haben, indem sie die psychologische Situation nicht nur ihrem Wesen, sondern auch dem Ursprung und der zeitgebundenen Entwicklung nach untersuchten" (1954, S. 982).

Lewins Einfluß auf das gegenwärtige Denken in der Psychologie wird exemplifiziert durch Atkinsons Theorie der Leistungsmotivation (1964; Atkinson/Feather 1966). Diese Theorie stellt eine Ausweitung und Ausarbeitung des Anspruchsniveaubegriffs dar. Cantril (1965) hat von der Methodologie des Anspruchsniveaus in seinen umfassenden Studien über menschliche Interessen Gebrauch gemacht. Rokeachs Untersuchungen der offenen oder aufgeschlossenen bzw. unvoreingenommenen und ver- oder (ab)geschlossenen bzw. voreingenommenen Geisteshaltung (open and closed mind) (1960) wenden ebenfalls Lewinsche Konzepte an. Der abgeschlossene Mensch ist weniger differenziert, hat rigidere Grenzen und besitzt eine engere Zeitperspektive als der offene Charakter. Festinger (1957, 1964) hat eine Theorie der kognitiven Dissonanz entwickelt, welche Lewins Ansicht ausbaut, daß die einer Entscheidung vorausliegende Situation sich von jener, die ihr folgt, ganz wesentlich unterscheidet.

Heiders einflußreiche theoretische Analyse der sozialen Wahrnehmung und der interpersonalen Beziehungen verdankt Lewins feldtheoretischer Methodik sehr viel. Dazu der Autor selbst: „... obwohl nicht viele der spezifischen Begriffe aus der Topologie übernommen wurden, halfen sie doch bei der Konstruktion neuer Begriffe, mit denen wir einige Grundtatsachen der menschlichen Beziehungen darzustellen bestrebt waren" (Heider 1958, S. 4).

Was nun die Kritik an Lewins Feldtheorie anbelangt, so kann sie unter vier Überschriften subsumiert werden.

(1) *Lewins topologische und vektorielle Repräsentationen enthüllen nichts Neues über das Verhalten, das sie vorgeblich erklären.* Dieser Einwand ist von mehreren Kritikern in unterschiedlicher Form vorgebracht worden. Einige, wie Garrett (1939), behaupten, daß Lewins Figuren und Formeln schwerfällige Darstellungen von ziemlich einfachen psychologischen Situationen sind. Für Brolyer sind sie nichts weiter als bildliche Analogien oder anschauliche Metaphern (1936/37). London (1944) sagt, daß sie lediglich Bilder von dem sind, was man sowieso schon weiß, und daß sie somit keinerlei neue Erkenntnisse oder Einsichten liefern. In Lindzeys (1952) Besprechung von Lewins ‚Field theory in social science' findet sich der Hinweis auf dessen Neigung, häufiger Erklärungen von Tatsachen („after-the-fact") zu geben, als – auf der Basis von Behauptungen, die von der grundlegenden Theorie abgeleitet wurden – Voraussagen von Tatsachen („before-the-fact") zu machen. Householder (1939) vermerkt ebenfalls, daß Lewin keine Gesetze formuliert und keine Rechenschaft über die Operationen ablegt, die für die Bestimmung der Konstanten der Gleichungen erforderlich sind, aus denen Voraussagen über das Verhalten eines Individuums in einer gegebenen Situation gemacht werden könnten. Spence (1944) leugnet überhaupt, daß Lewins experimentelle Arbeit irgend etwas mit seiner Theorie zu tun hat. „Lewin stellt ein äußerst attraktives Programm als Theorie hin. In Verbindung mit seinen interessanten Experimenten wird dann auf elegante Weise die Illusion erzeugt, daß es einen Zusammenhang zwischen beiden gibt" (S. 54f.).

Tolman wirft dieselbe Frage auf in einer Würdigung Lewins zur Zeit seines Todes. „Ist es wahr, wie ich oft habe sagen hören – und wie ich selbst zuzeiten versucht war zu glauben –, daß die richtige begriffliche Darstellung eines gegebenen Lebensraumes erst möglich ist, nachdem das Verhalten, von dem man annimmt, es resultiere aus ihm, schon beobachtet worden ist?" (Tolman 1948, S. 3). Nachsichtiger als andere Kritiker, meint Tolman, der Fehler liege in Lewins Versäumnis, gewisse Schritte in seinem Denken klarzulegen. Heidbreder (1937) versichert in einer sehr besonnenen und sachkundigen Rezension von Lewins ‚Principles of topological psychology', daß dieser mit seinen topologischen Diagrammen keineswegs Modelle der Realität aufzustellen beabsichtige. Vielmehr handele es sich um eine graphische Methode, die logische Struktur der Beziehungen selbst darzustellen. Die Autorin fährt fort, daß topologische Konzepte eigentümlich angepaßt werden können, um auf bündige und bequeme Weise das komplexe Flechtwerk der Beziehungen in einer psychologischen Situation zu porträtieren.

Lewin hat zu der Kritik, daß seine Repräsentationen bloß Bilder von bereits bekannten Fakten seien und es einem nicht erlauben, im voraus zu sagen, welches Verhalten sich ereignen werde, folgendes zu erwidern: „Nicht selten wurde behauptet, Theorien, die bloß Bekanntes erklären, seien nicht besonders wertvoll. Ich kann diese Meinung nicht teilen. Besonders dann nicht, wenn die Theorie bekannte Tatsachen, welche bislang in separaten Theorien behandelt werden mußten, in *ein* logisches System kombiniert; das bringt entscheidende organisatorische Vorteile. Zudem wäre diese Theorie durch die Übereinstimmung mit bekannten Fakten bis zu einem gewissen Grad als adäquat nachgewiesen" (1951, dt. 1963, S. 63).

Im weiteren aber erkennt Lewin doch eine gewisse Gültigkeit dieser Kritik an: „Allerdings muß man zugeben, daß die Richtigkeit einer Theorie klarer geprüft ist, wenn aus ihr Voraussagen abgeleitet und diese Voraussagen experimentell verifiziert werden. Der Unterschied liegt darin begründet, daß empirische Daten im allgemeinen eine ganze Reihe verschiedener Interpretationen und Klassifikationen zulassen, so daß *gewöhnlich mit Leichtigkeit mehrere auf sie zutreffende Theorien erfunden werden können*" (a. a. O., S. 63 [Kursive v. Verf.]). Im hervorgehobenen Teil des letzten Satzes deutet Lewin auf den Grund hin, weshalb aposteriorische Erklärungen kritisiert werden und warum eine rigorose wissenschaftliche Methodologie darauf bestehen muß, daß empirische Voraussagen a priori gemacht werden müssen, wenn eine Theorie einem Erfahrungstest unterzogen werden soll.

(2) *Die Psychologie darf nicht die objektive Umwelt ignorieren.* Diese Kritik an Lewins Feldtheorie ist von Leeper (1943), Brunswik (1943) und Tolman (1948) erhoben worden. Das Argument lautet wie folgt: Der Lebensraum ist kein geschlossenes psychologisches System. Denn einerseits ist er durch die Außenwelt beeinflußt, und andererseits erzeugt er Veränderungen in der objektiven Welt. Um eine adäquate psychologische Theorie zu erhalten, ist es daher notwendig, einen „Satz von Prinzipien zu formulieren, durch welche so und so geartete Konfigurationen individueller oder gruppenbezogener Lebensräume ein so und so geartetes Verhalten ergeben, [und] einen Satz von Prinzipien, durch welche die unabhängigen Variablen der Umweltsituation und der gegebenen Persönlichkeitsausstattung so und so geartete innere und äußere Lebensräume ergeben" (Tolman 1948, S. 3 f.). Der nämliche Kritiker glaubt weiter, daß Lewins Theorie insbesondere darin abfällt, daß sie keinen

Begriff von der Art und Weise hat, wie die äußere Umwelt Änderungen im Lebensraum hervorruft. Der Mangel an Bereitstellung solcher Prinzipien [i. e. (Natur)Gesetze] bedeutet, daß die Feldtheorie in die Falle des Subjektivismus geht, aus der nur die Intuition sie retten kann. Das heißt, man muß erahnen, was in dem Lebensraum ist, anstatt durch wissenschaftliche Operationen die unabhängigen Variablen in der Umgebung zu entdecken, die für die Produktion eines gegebenen Lebensraumes verantwortlich sind. Kennt man dagegen diese Variablen, so kann man den Lebensraum in objektiver Weise voraussagen und kontrollieren.

Lewins Antwort auf diesen Einwand besteht aus zwei Teilen. Zum einen versichert er, jene Aspekte der objektiven Umwelt, die den Lebensraum der Person zur [gegebenen] Zeit beeinflussen, durchaus in Rechnung zu stellen (1951, dt. 1963, S. 57ff.). In der Tat läßt sich kaum bezweifeln, daß Lewin und seine Kollegen bei ihrer Forschungsarbeit die unabhängigen Variablen und die Stimuli aus der nichtpsychologischen Umwelt in genau der gleichen Art bestimmen, wie es andere Experimentalpsychologen auch tun.

Zweitens schlägt er mit der „psychologischen Ökologie" einen Untersuchungsbereich vor, in welchem die Relation zwischen psychologischen und nichtpsychologischen Faktoren erforscht werden kann (1951, Kap. VIII). Offenbar soll es die Hauptaufgabe dieser Disziplin sein, Voraussagen darüber zu machen, welche Variablen in der objektiven Umwelt mit Wahrscheinlichkeit *zu irgendeiner zukünftigen Zeit* den Lebensraum des Individuums beeinflussen werden. So wertvoll dieses neue Programm für langfristige Voraussagen über mögliche Geschehnisse in einer noch unbestimmten Zukunft auch sein mag – es scheint den Einwand von Leeper, Brunswik und Tolman nicht zu beantworten. Was sie wollen, ist eine systematische Bestandsaufnahme der Umweltfaktoren, die – hier und jetzt – den Lebensraum beeinflussen. Ihre Frage lautet: Welches sind die Vermittlungsprozesse, durch die physische und soziale Tatsachen in psychologische Tatsachen transformiert werden?

Eine andersartige Kritik, wenngleich eine, die mit dem Problem der Beziehung von physikalischer Welt zum Lebensraum zusammenhängt, ist von F. H. Allport (1955) erhoben worden. Dieser glaubt bei Lewin eine Verwechslung des Physikalischen mit dem Psychologischen oder – wie Allport anstelle des Lebensraumes lieber sagt – dem „Phänomenologischen" (der direkten Bewußtheit) zu sehen. In Lewins Schriften seien die Lokomotionen manchmal physischer, manchmal aber auch „mentaler" Natur; Grenzen seien manchmal aktuelle Barrieren in der Außenwelt, und manchmal befänden sie sich im Innern. Lewins Modell vermische so die innere Welt der Phänomenologie mit der äußeren Welt der Physik, und das Resultat – so behauptet der Kritiker – sei ein hoffnungsloses Durcheinander. Dieses könne auch gar nicht vermieden werden, wenn man einen feldtheoretischen Standpunkt einnehme, weil die Versuchung zu groß sei, in ein und dasselbe Gebiet Faktoren einzubringen, die einmal innerhalb der Person (Phänomenologie), zum andern außerhalb der

Person liegen (Physikalismus). Nur durch systematische Trennung der zwei Faktorengruppen – und zwar von Anfang an – sei es möglich, die Gesetze herauszufinden, durch welche sie miteinander interagieren.

(3) *Lewin stellt die individuelle Lebensgeschichte nicht in Rechnung.* Leeper (1943) und Garrett (1939) insbesondere erheben diesen Einwand. Sie glauben, daß es notwendig ist, die Lebensgeschichte nach ursächlichen Faktoren abzusuchen, um eine vollständige Erklärung eines beliebigen gegenwärtigen Verhaltens zu haben. Diese Kritik gilt sehr viel bei jenen Psychologen, die die Person als ein Produkt von Vererbung, Reifung und Lernen ansehen.

In der Tat scheint Lewins Prinzip der Gleichzeitigkeit die Vergangenheit auszuschalten; dennoch dementiert er selbst aufs heftigste, daß die historische Kausalität in der Psychologie keine Rolle spielen sollte. Zu diesem Komplex schreibt Lewin wie folgt: „Dieses Prinzip (der Gleichzeitigkeit) haben die Feldtheoretiker von Anfang an nachdrücklich hervorgehoben. Es wurde oft mißverstanden und in dem Sinne gedeutet, daß die Feldtheorie weder an historischen Problemen noch an der Wirkung vorausgegangener Erfahrungen interessiert sei. Das ist ganz und gar unrichtig. Fragen der Entwicklung und historische Probleme sind in Wirklichkeit für den Feldtheoretiker von höchstem Belang; und nicht zuletzt haben sie ihr Teil zur Erweiterung des zeitlichen Rahmens psychologischer Experimente vom klassischen, nur einige Sekunden dauernden Reaktionszeit-Versuch zu Experimentalsituationen, welche einen systematisch konzipierten Verlauf von Stunden, ja Wochen nehmen, beigetragen" (1951, dt. 1963, S. 88).

(4) *Lewin wendet physikalische und mathematische Begriffe falsch an.* Obwohl Lewin bemüht war, immer wieder darauf hinzuweisen, daß er von der in der Physik entwickelten Feldtheorie lediglich die Methode und nicht ihren Inhalt übernommen habe und daß er [nur] jene Aspekte der Topologie benutzte, die für psychologische Repräsentationen geeignet sind, ist ihm dennoch ernsthaft der Vorwurf gemacht worden, die physikalischen und mathematischen Begriffe unkritisch und unkorrekt zu gebrauchen (London 1944). Der Einwand läuft darauf hinaus, daß Ausdrücke wie Kraft, Vektor, Valenz, Spannungssystem, Weg, Grenze, Raum, Bereich u.a. von Lewin aus ihren physikalischen, chemischen oder mathematischen Zusammenhängen gerissen und fälschlich als psychologische Konstrukte verwendet wurden. Beispielsweise bedeutet Valenz in der Psychologie nicht dasselbe wie in der Chemie [worüber allerdings das deutsche Ursprungswort „Aufforderungscharakter", das erst in der Rückübertragung aus dem amerikanischen „valence" zu Valenz geworden ist, keinen Zweifel läßt]. Außerdem definiert Lewin – worauf sowohl Leeper (1943) wie Cantril (1935) hingewiesen haben – seine Termini technici nicht immer sehr sorgfältig, was natürlich zu Verwirrung führen kann. Wenn nämlich die geliehenen Wörter in ihrem neuen Bezugssystem nicht eindeutig bestimmt werden, tendiert die alte Bedeutung dahin anzudauern.

Die wohl einschneidendste Kritik, die gegen Lewins Feldtheorie erhoben worden ist, bezieht sich auf deren vorgebliche Bereitstellung eines mathematischen Verhaltensmodells, von dem spezifische Voraussagen abgeleitet werden können, während sich in Wahrheit keinerlei derartige Voraussagen formulieren lassen. In den Augen vieler an der Mathematik orientierter Psychologen hat Lewins sogenanntes mathematisches Modell für die Erzeugung prüfbarer Behauptungen überhaupt keinen Nutzen. Welcher mathematischen Operationen sich Lewin auch befleißigt habe, er habe dies immer erst getan, nachdem die Beobachtungen bereits angestellt worden waren. Mit anderen Worten, er paßte seine Gleichungen den Daten an, anstatt daß er auf deduktivem Wege Gleichungen aus seiner Theorie herleitete, welche dann mit Hilfe gewisser Beobachtungstechniken einem Test unterzogen werden konnten. Die Entdekkung eines Weges, auf dem man seine Befunde in formalisierter Sprache ausdrücken kann, ist sicher ein interessanter Versuch der Übersetzung verbaler Aussagen in numerische oder nichtmetrische; dies aber ist für die Entwicklung einer brauchbaren Theorie ganz irrelevant. Lewins Feldtheorie sei daher auch keine mathematische Theorie, trotz der topologischen Sprache, die in ihrer Darlegung benutzt wird. –

Diesen vier prinzipiellen Gruppen von Einwänden stehen auf der positiven Seite die zahlreichen speziellen Empfehlungen von Fachkollegen gegenüber. Zunächst einmal ist es die gewaltige Menge an Forschungsaktivität, die von Lewins Ideen angeregt wurde. Er öffnete dem experimentellen Psychologen viele neue Türen, die früher verschlossen waren. Die Arbeiten über Substitution, Anspruchsniveau, Folgen der Unterbrechung auf das Gedächtnis, Regression, Konflikt und Gruppendynamik sind sämtlich von Lewin begonnen worden. Die Bedeutung vieler dieser psychologischen Phänomene war bereits durch Beobachtungen der Psychoanalytiker sichergestellt, aber es blieb doch Lewin vorbehalten, eine kongeniale theoretische Atmosphäre zu schaffen und Methoden zu entwickeln, mit denen die Phänomene direkt untersucht werden konnten. Vor allem das Problem der menschlichen Motivation, das sich – abgesehen von Versuchen über biologische Instinkte bei niederen Tieren – der Forschung immer als unzugänglich erwiesen hat, ist dank Lewin zu einem wichtigen Experimentierfeld geworden.

Lewin besaß die wertvolle Gabe, einige der bis dato noch mehr impliziten und schwer faßbaren Annahmen über die Persönlichkeit zu explizieren und zu konkretisieren. Zum Beispiel sah er die Notwendigkeit, jene Grundannahmen, die von psychoanalytischen Theoretikern bezüglich der Substitution einer Aktivität durch eine andere gemacht worden waren, im Detail darzulegen. Dies geschah dann im Sinne einer Organisierung von abgespaltenen Spannungssystemen, deren Grenzen die Eigenschaft der Permeabilität besaßen, und damit war der Weg frei für eine experimentelle Annäherung. In ähnlicher Weise wurde die ziemlich verwickelte Frage des psychologischen Konflikts, die in der psychoanalytischen Theorie von jeher eine zentrale Rolle gespielt hatte, durch Lewin überarbeitet mit dem Resultat einer präzisen Feststellung dessen, was ein Konflikt ist und wie er experimentell untersucht werden kann. Diese Befähigung zu äußerst rigorosem und klärendem Nachdenken über bedeutende Konzepte war eine von Lewins starken Seiten, und er vermochte viele Probleme zu beleuchten, die bislang im Schatten unvollständiger Begrifflichkeit und verschwommener Theoriebildung verborgen gelegen hatten. Er war überzeugt, daß die Seelenwissenschaft – wenn sie von allgemeinem Nutzen sein sollte – unbedingt den ganzen weiten Umkreis menschlicher Verhaltensäußerungen experimentell durchdringen und erforschen müßte. Obwohl Lewin in seinen theoretischen Gedankengängen schwerverständlich sein konnte, versäumte er am Ende selten, zu konkreten Fällen und praktischen Vorschriften für die weitere Forschung zurückzukehren.

Darüberhinaus erkannte er klar, daß eine Theorie, welche die entscheidenden Aspekte des menschlichen Verhaltens umschließen sollte, in ihrem Umfang mehrdimensional sein mußte. Dieser Bedingung konnte nur eine Feldtheorie genügen, die anstatt bloßer Variablenpaare ein Netz von interagierenden Variablen umfaßte. Eine solche Feldbetonung aber war in den zwanziger und dreißiger Jahren nötig, um dem Einfluß und dem Prestige einer übervereinfachten und naiven Reiz-Reaktions-Psychologie ein Gegengewicht zu setzen. Während die Gestaltpsychologie die Schutzwälle einer strukturorientierten Psychologie, die eine Analyse des Bewußtseins in Elemente zum Ziel hatte, angriff und überrannte, wetteiferte Lewins Topologische und Vektorpsychologie mit einer ziemlich unfruchtbaren Form des Behaviorismus, welche das Verhalten des Menschen auf einfache Stimulus-Response-Verbindungen zu gründen versuchte. Weiterhin war die Art von Feldtheorie, für die Lewin eintrat, in ihrem Wesen ganz und gar psychologisch, was in scharfem Kontrast stand zu der mehr physikalischen und physiologischen Orientierung des Behaviorismus, ja selbst dem physikalistischen Vorurteil der Gestaltpsychologie. Lewins Theorie half einen subjektiven Bezugsrahmen wissenschaftlich respektabel zu machen – zu einer Zeit, in der der Objektivismus die dominante Stimme in der Psychologie war. Die sogenannten inneren Determinanten des Verhaltens: Ansprüche, Werte, Intentionen, waren von einer „objektiven" Psychologie zugunsten konditionierter Reflexe, mechanischen Lernens und automatischer Ein- und Ausprägung von Reiz-Reaktions-Banden summarisch verworfen worden. Dem Behaviorismus war es beinahe gelungen, den Menschen zu einem Automaten zu reduzieren, einer mechanischen Puppe, die zur Melodie äußerer Reize tanzte oder nach den Eingebungen der internen, physiologischen Antriebe hüpfte – einem Roboter, welcher der Spontaneität und Kreativität beraubt war – einem Menschen ohne Seele.

Lewins Theorie war eine von jenen, welche die Konzeption vom Menschen als einem komplexen Energiefeld, das durch psychologische Kräfte motiviert ist und auswählend und schöpferisch handelt, wiederbeleben halfen. Der „leere" Mensch wurde wieder mit seelischen Bedürfnissen, Vorsätzen, Hoffnungen und Ansprüchen gefüllt. Der Roboter verwandelte sich in einen lebendigen Menschen. Der krasse und trockene Materialismus des Behaviorismus war durch ein humaneres Bild vom Menschen ersetzt. Während die „objektive" Psychologie viele ihrer empirischen Behauptungen so zurechtschneiderte, daß sie an Hunden, Katzen und Ratten getestet werden konnte, führte Lewins Theorie zu Forschungen über das menschliche Tun und Lassen, wie es in einer mehr oder weniger natürlichen Umgebung tatsächlich vorkommt. Kinder beim Spielen, Heranwachsende in Gruppenaktivitäten, Arbeiter in Fabriken, Hausfrauen beim Essenzubereiten – dies waren einige der echten, „wirklichen" Lebenssituationen, in denen Hypothesen, die aus Lewins System abgeleitet waren, empirisch geprüft wurden. Bei solchermaßen vitaler Forschung, obendrein unter dem zwingendem Schild der Feldtheorie [der Physiker], ist es nicht überraschend, daß Lewins Standpunkt weithin populär wurde. Die heuristische Kraft der Theorie, ungeachtet ihrer formalen Angemessenheit oder ihres Anspruchs, ein mathematisches Modell zu sein, rechtfertigt die hohe Wertschätzung, in der Lewin in der zeitgenössischen Psychologie steht. „Lewins Grundbegriffe haben einen Reichtum an impliziter Bedeutung, welcher noch immer nicht ausgeschöpft wurde; sie sind deshalb für die weitere Entwicklung äußerst vielversprechend" (Heider 1959, S. 110). Diese positive Bewertung der Feldtheorie bleibt gültig. Lewins Theorie der Person in ihrer psychologischen Umwelt hat auch heute noch nichts von ihrer Lebendigkeit eingebüßt.

7. Allports Psychologie des Individuums

Vor drei, vier Jahrzehnten drängten viele der besten Köpfe in der Psychologie unnachsichtig auf immer mehr Exaktheit und Quantifizierung, während andere sich eifrig bemühten, die unbewußten Triebkräfte des menschlichen Handelns in ihrer verborgenen Lagerstatt aufzuspüren. Inmitten dieser allgemeinen Trends verfolgte Gordon W. Allport ruhig und gelassen seinen eigenen Weg, verteidigte die Wichtigkeit der qualitativen Untersuchung von Einzelfällen und stellte die bewußte Motivation in den Vordergrund. Sein Widerstreben, mit den damals geläufigen Geistesströmungen zu schwimmen, hat Allports Formulierungen zuzeiten archaisch oder altmodisch anmuten lassen; indessen haben andere Gesichtspunkte ihn als Vorkämpfer neuer und unerhört radikaler Anschauungen erwiesen. Ungeachtet dieser Bilderstürmerei repräsentiert er – vielleicht besser als irgendein anderer zeitgenössischer Forscher – die Synthese des traditionellen psychologischen Denkens und der Persönlichkeitstheorie.

Seine systematische Position stellt einen Auszug und die Verarbeitung von Ideen dar, die sich zum Teil von solch ausgesprochen reputierlichen Quellen wie der Gestaltpsychologie sowie William Stern, William James und William McDougall herleiten. Von den Gestalttheoretikern und Stern stammt das Mißtrauen gegenüber den herkömmmlichen analytischen Techniken der Naturwissenschaft und das nachhaltige Interesse an der Einzigartigkeit des Individuums wie auch der Kongruenz, der inneren Stimmigkeit seines Verhaltens. James spiegelt sich nicht nur in Allports glänzendem Stil, in der weitgespannten, entsprechend humanistischen Hinwendung zu jedwedem menschlichen Tun und Lassen und in der Aufnahme des Selbstbegriffs, sondern auch in gewissen Zweifeln bezüglich der Kapazität psychologischer Methoden überhaupt, das Rätsel des individuellen Verhaltens adäquat darzustellen und umfassend zu verstehen. McDougalls Position ähnlich ist Allports starke Betonung der Notwendigkeit motivationaler Variablen, sein bereitwilliges Akzeptieren der entscheidenden Rolle genetischer oder konstitutioneller Faktoren und sein herausragender Gebrauch von „Ego"konzepten. Neben diesen unmittelbaren Einflüssen wird aus Allports Schriften die Hochachtung vor den Zeugnissen der Vergangenheit deutlich, und er gibt fortwährend zu erkennen, daß er sich der klassischen Probleme, mit denen Psychologen innerhalb und außerhalb des Laboratoriums seit dem letzten Jahrhundert gerungen haben, nicht nur voll bewußt ist, sondern ihnen auch ein starkes Engagement entgegenbringt.

Gordon Willard Allport wurde am 11. November 1897 als einer von vier

Söhnen eines Arztes im Staate Indiana geboren, wuchs jedoch in Cleveland, Ohio auf, wo er auch zur Schule ging. Später, an der Harvard University, konnte er seine (erste) Examensarbeit zur selben Zeit schreiben, als sein älterer Bruder Floyd H. Allport daselbst graduierter Student der Psychologie war. Nach Erlangung des Bachelor of Arts (B.A.) mit den Hauptfächern Volkswirtschaft und Philosophie unterrichtete Allport ein Jahr am Robert College in Istanbul Soziologie und Englisch. Dann kehrte er nach Harvard zurück, um sich auf das Doktorexamen (Ph.D.) vorzubereiten, welches er 1922 ablegte. Die folgenden zwei Jahre des Auslandsstudiums in Berlin, Hamburg und Cambridge (England) und das damit verbundene ausgiebige Kennenlernen fremder akademischer Verhältnisse haben sicher dazu beigetragen, jenes nie nachlassende Interesse für internationale Angelegenheiten zu wecken, das in Allports Aktivitäten während seiner letzten Jahrzehnte so offenkundig geworden ist. Im übrigen setzte es ihn in die Lage, für mehr als eine Dekade als einer der wichtigsten amerikanischen Interpreten für deutsche Psychologie tätig zu werden. Nach seiner Rückkehr aus Europa wurde er als Instructor in das Department of Social Ethics an der Harvard University berufen. Wiederum scheint es eine Kontinuität zwischen diesem ersten amerikanischen Lehrauftrag und Allports ausdauernder Beschäftigung mit Problemen zu geben, welche soziale und ethische Zielsetzungen einschließen. Nach Ablauf von zwei Jahren nahm er eine Ernennung zum Assistant Professor für Psychologie am Dartmouth College an, erhielt jedoch die Möglichkeit, nach Harvard zurückzukehren, wo er von 1930 an bis zu seinem Tode am 9. Oktober 1967 – einen Monat vor seinem siebzigsten Geburtstag – wirkte. Im Jahre 1966 noch war er zum ersten Richard Clarke Cabot Professor of Social Ethics ernannt worden. Als eine der zentralen Persönlichkeiten der interdisziplinären Bewegung war er unter anderem an der Bildung des Department of Social Relations an der Harvard University beteiligt; diese Initiative war von der Absicht geleitet, eine partielle Integration von Psychologie, Soziologie und Anthropologie zu erreichen. Eine kurze Autobiographie von Allport ist im Jahre 1967 erschienen.

Auf dem Hintergrund dieser langen Jahre des Lehrens am College dürfte es nicht überraschen, daß Allport in vielen seiner wissenschaftlichen Beiträge bewußt didaktische Intentionen verfolgt. Anders als die meisten Fachautoren, deren Hauptanliegen offenbar die Konstruktion unangreifbarer Feststellungen ist, welche den Bemühungen der Kritiker, „Lücken" ausfindig zu machen, standhalten, scheint Allport viel mehr daran interessiert zu sein, erst einmal die Probleme in drastischer und provozierender Manier auf den Tisch zu bringen. Dies führt nicht selten zu einer überspitzten Ausdrucksweise oder auch zur Konzentration auf eine ganz spezielle Frage unter relativem Ausschluß anderer zur Sache gehöriger Punkte. So könnte man zwar sagen, daß Allport einer der am heftigsten attackierten psychologischen Theoretiker ist, aber noch im selben Atemzug muß erwähnt werden, daß die von ihm aufgeworfenen Probleme in den meisten Fällen von allgemeinem Interesse für die Psychologie geworden sind.

Während seiner Laufbahn empfing Allport praktisch jede akademische Auszeichnung, die der Psychologenstand anzubieten hat. Er wurde zum Präsidenten der American Psychological Association, der Eastern Psychological Association und der Society for the Psychological Study of Social Issues (Gesellschaft zur psychologischen Untersuchung sozialer Fragen) gewählt. Im Jahre 1963 wurde ihm die Goldmedaille der American Psychological Foundation verliehen, und 1964 empfing er den Preis der American Psychological Association für hervorragende wissenschaftliche Leistungen. Die Breite und Mannigfaltigkeit seiner gelehrten Arbeit liegen klar zutage in dem Dutzend Bücher und den zahlreichen Monographien, Artikeln, Vorworten und Besprechungen, die er schrieb – oft in Zusammenarbeit mit anderen Psychologen. Er war außerdem Mitverfasser zweier weithin benutzter Tests, der ‚A-S reaction study' (Ascendance-Submission Test) und der ‚Study of values' (SV). (Viele dieser Publikationen sind in der Bibliographie aufgeführt. Eine vollständige Liste seiner Schriften findet sich in seiner ‚person in psychology', 1968.)

Wie nun lassen sich Allports theoretische Ansichten charakterisieren? Um es vorweg zu sagen, seine Schriften enthüllen ein nie endendes Streben, die Vielfalt und Einzigartigkeit des individuellen menschlichen Verhaltens gebührend zu berücksichtigen. Trotz der verwirrenden Komplexität des Individuums zeigen die wesentlichen Züge seiner Natur eine zugrundeliegende Stimmigkeit oder Einheit. Weiterhin sind – für den normalen Menschen zumindest – die bewußten Verhaltensdeterminanten von überragender Wichtigkeit. Die Kongruenz des Verhaltens und die Bedeutung der bewußten Motive führten Allport ganz natürlich zu einer Akzentuierung jener Phänomene, die häufig unter den Termini Selbst und Ego (Ich) zusammengefaßt werden. Im Einklang mit dieser Betonung der rationalen Faktoren steht Allports Überzeugung, daß das Individuum mehr ein Geschöpf der Gegenwart als der Vergangenheit ist. Sein Konzept der „funktionellen Autonomie", das wir später noch erörtern werden, stellt einen wohlüberlegten Versuch dar, den Theoretiker wie den Praktiker von unnötiger Beschäftigung mit der Lebensgeschichte des Organismus zu entbinden. Allgemein gesagt ist sein Menschenbild eines, in dem positive, bewußte Elemente der Motivation Vorrang genießen, wobei das Verhalten im ganzen als innerlich konsistent und durch gegenwärtige Faktoren determiniert angesehen wird.

Für Allport besteht eine Diskontinuität zwischen Normalem und Abnormalem, Kind und Erwachsenem, Tier und Mensch. Theorien wie die Psychoanalyse mögen in der Darlegung gestörten oder unnormalen Verhaltens äußerst ergiebig sein; jedoch sind sie von geringem Nutzen, wenn man den normalen Lebensäußerungen Rechnung tragen will. Gleichermaßen sind Theorien, die eine vollkommen adäquate begriffliche Repräsentation des Säuglings oder Kleinkindes liefern, keineswegs als Darstellungsmittel für das erwachsene Verhalten geeignet. Allport widersetzte sich beharrlich einer jeden übermäßigen Anleihe bei den Naturwissenschaften. Er glaubte, daß Untersuchungsmethoden und theoretische Modelle, die sich in den physikalischen Wissenschaften als nützlich erwiesen haben, beim Studium des komplexen menschlichen Verhaltens nur irreführend sein könnten. Diese Überzeugung wird aufs beste sichtbar in einer Diskussion der verschiedenen Modellvorstellungen, die damals in der theoretischen Psychologie populär waren (1947). Allport betrachtet nacheinander das mechanische, das Tier- und das Kindmodell und kommt zu dem Schluß, daß keines von ihnen eine angemessene Grundlage liefert, auf der sich eine brauchbare Theorie des menschlichen Verhaltens errichten ließe. Konsistent mit diesem Mißtrauen gegen die Übernahme fremder Prinzipien ist sein Glaube, daß eine verfrühte Vorentscheidung zugunsten des Operationismus, d.h. eines umfänglichen Interesses an der Spezifizierung der Meßoperationen, die mit empirischen Begriffen verbunden sind, unter Umständen den Fortschritt in der Psychologie verhindern kann. Einen Positivismus, der zur Konzeption eines leeren Organismus führt, empfindet er als „schlichtweg absurd". Ebenso geringschätzig spricht er von einem „übermäßigen Empirizismus", und er ist aus eben diesem Grunde mit faktorenanalytischen Untersuchungen der Persönlichkeit streng ins Gericht gegangen.

Die Anwendung psychologischer Methoden und Befunde in einem „Aktionsrahmen" („action setting"), wobei versucht wird, gewisse unerwünschte soziale Bedingungen zu verbessern, war für Allport von tiefem und anhaltendem Interesse. Für viele Jahre zog er gegen die Abkapselung der Psychologie innerhalb der Wände des Laboratoriums zu Felde, und seine Arbeiten auf dem Gebiet des Vorurteils und der internationalen Beziehungen zählen zu den fruchtbarsten Beispielen der auf soziale Fragen angewandten Psychologie. Bei all dem muß jedoch vermerkt werden, daß Allport – im Verein mit vielen anderen Theoretikern, die starken Nachdruck auf die Einzigartigkeit und Individualität des menschlichen Verhaltens gelegt haben – grundsätzlich pessimistisch war hinsichtlich der Allmacht der psychologischen Methodik und Theoriebildung, das Geheimnis des menschlichen Verhaltens aufzudecken. Jenes durch das komplexe Individuum gestellte Rätsel schien ihm zu groß, um aufgrund der erdgebundenen Mittel und Wege der Psychologen vollständig verstanden werden zu können. Obwohl also Allport die Wichtigkeit, ja Unvermeidlichkeit einer experimentellen Annäherung an psychologische Probleme einsah, blieb er doch skeptisch in bezug auf den möglichen Erfolg dieser Bemühungen.

Wie wir schon angedeutet haben, kann man in Allports Schriften eine grundlegende Konsistenz des Standpunktes finden. Indessen beansprucht er keineswegs, ein Systematiker zu sein. Er versichert, daß seine Arbeit immer auf empirische *Probleme* gerichtet sei, nicht auf das Erreichen einer theoretischen oder methodologischen Einheit. Er argumentiert zugunsten einer offenen anstatt einer geschlossenen oder teilweise geschlossenen Persönlichkeitstheorie. Dabei sieht er sich konsequenterweise selbst in der Rolle eines systematischen Pluralisten, der auf einen systematischen Eklektizismus hinarbeitet. „Ein Pluralist in der Psychologie ist ein Denker, der kein einziges Attribut der menschlichen Natur ausschließen möchte, welches in seinem eigenen Bereich wichtig erscheint" (1964, S. 75). Im Jahre 1966 schlug Allport eine epistemologische [das heißt hier erkenntnistheoretische] Position für die Erforschung der Persönlichkeit vor, welche er „heuristischen Realismus" nannte. Diese Position „akzeptiert die jedermann selbstverständliche Voraussetzung, daß Personen reale Wesen sind, daß jede von ihnen eine reale neuropsychische Organisation hat und daß es unsere Aufgabe ist, diese Organisation so gut zu verstehen, wie wir nur können" (1966, S. 8). Für ihn war Persönlichkeit ein Rätsel, das in der bestmöglichen Weise gelöst werden muß, und zwar mit den in der Mitte des zwanzigsten Jahrhunderts erhältlichen Werkzeugen. Das gleiche gilt für die anderen Problemkreise, denen er sich zuwandte: die Psychologie des Gerüchts, des Radios, des Vorurteils, der Religion; die Natur der Einstellungen und andere Themen von allgemeinmenschlichem Interesse. Bei all diesen Lösungsversuchen war und blieb seine Grundhaltung eklektisch und pluralistisch, indem es ihm lediglich darauf ankam, die ihm nach dem derzeitigen Wissensstand am angemessensten erscheinende Darstellung zu liefern. Daher mußten für ihn Fragen der formalen Angemessenheit seiner Theorie auch von untergeordneter Bedeutung bleiben.

Die Struktur und Dynamik der Persönlichkeit

In den vorausgehenden Kapiteln haben wir regelmäßig den strukturellen und den dynamischen Aspekt gesondert behandelt. Im Fall von Allports Theorie ist diese Trennung weitgehend unbrauchbar. Der Persönlichkeitsaufbau wird primär mittels Traits dargestellt (also Eigenschaften bzw. Wesenszügen), zugleich aber gilt auch das Verhalten als von Eigenschaften motiviert oder getrieben. Somit sind Struktur und Dynamik großenteils ein und dasselbe.

Es sollte ebenfalls nicht unerwähnt bleiben, daß Allport zwei längere und ausführliche Formulierungen seines Standpunktes veröffentlicht hat: die erste in ‚Persönlichkeit – Eine psychologische Interpretation' (orig. 1937); die zweite in ‚Gestalt und Wachstum in der Persönlichkeit' (orig. 1961). Zwischen diesen Erscheinungsdaten nahm Allport eine Reihe von terminologischen wie auch inhaltlichen Änderungen seiner Theorie vor. Die nun folgende Darstellung basiert auf dem letzteren Werk, wann immer dieses von dem früheren abweicht; darüber hinaus haben wir auch nach 1961 erschienene Aufsätze berücksichtigt, soweit sie die Theorie noch weiter abwandelten oder vervollkommneten. [Die deutsche Terminologie ist soweit wie möglich an jene des

Allport-Übersetzers und -Herausgebers Helmut v. Bracken angelehnt, z.T. allerdings unter Verzicht auf abundante Bindestrichschreibung. D.Ü.]

Gordon W. Allports Eklektizismus zeigt sich nirgendwo besser als in der reichen Auswahl von übernommenen Konzepten, deren nützliche Rolle bei der Beschreibung des menschlichen Verhaltens er bereitwillig anerkennt. Er unterstellt sowohl solch ausschnitthaften Begriffen wie den spezifischen Reflexen als auch so umfassenden wie den Kardinaleigenschaften oder dem Proprium (Selbst) eine gewisse Bedeutung für das Verständnis der Persönlichkeit. Dabei nimmt er an, daß die Prozesse, auf die diese Termini sich beziehen, innerhalb des Organismus in hierarchischer Weise operieren, indem die allgemeineren gegenüber den spezielleren gewöhnlich Vorrang besitzen. In den genannten Gesamtdarstellungen seiner Theorie (1937 und 1961) legt Allport nahe, daß folgende Begriffe von Nutzen sind: konditionierter Reflex, Gewohnheit, Eigenschaft (Trait), Selbst und Persönlichkeit.

Obwohl allen diesen Konzepten eine gewisse Bedeutung eingeräumt wird, liegt der größte Nachdruck in Allports Lehre auf den „Eigenschaften", wobei Haltungen und Intentionen einen fast gleich hohen Status einnehmen. In der Tat wird die Theorie häufig als eine Eigenschaften-Psychologie oder -Theorie(oder auch Eigenschaftstheorie) bezeichnet. Denn innerhalb ihrer nehmen Eigenschaften die Stellung der wichtigsten Motivationskonstrukte ein. Was für Murray das Bedürfnis ist, der Trieb für Freud, für McDougall das Sentiment – das ist für Allport die Eigenschaft. Bevor wir jedoch zu einer detaillierten Erörterung dieses Konzeptes übergehen, wollen wir zunächst noch Allports Definition der Persönlichkeit betrachten.

Persönlichkeit, Charakter und Temperament

Für Allport sind Definitionen keine Sache, die man leichtfertig handhaben dürfe. Bevor er zu seiner eigenen Bestimmung der *Persönlichkeit* (personality) gelangt, zitiert und diskutiert er ein halbes Hundert Vorschläge der verschiedensten Autoritäten auf dem Gebiet (1937, dt. 1949, Kap. II). Dabei nimmt er eine Klassifizierung nach folgenden Kriterien vor: (1) Etymologie und Frühgeschichte des Wortes „persona"; (2) theologische Bedeutungen; (3) philosophische Bedeutungen; (4) juristische Bedeutungen; (5) soziologische Bedeutungen; (6) äußere Erscheinung (biosoziale Definitionen); (7) psychologische Bedeutungen. Nach seiner bis ins einzelne gehenden kritischen Besprechung versucht Allport die besten Elemente der bereits vorhandenen Definitionen zu kombinieren und zugleich ihre offenkundigen Mängel zu vermeiden. Zunächst läßt er daran denken, daß man Persönlichkeit – mit einem Wort – als das definieren könnte, „was ein Mensch wirklich ist". Indessen erscheint ihm dies doch allzu abgekürzt, als daß es weiterhelfen würde, und er schreitet zu der besser bekannten Definition fort: „Persönlichkeit ist die dynamische Ordnung derjenigen psychophysischen Systeme im Individuum, die seine einzigartige(n) Anpassung(en) an die Umwelt bestimmen" (1937, dt. 1949/[2]1959, S. 49).

Im Jahre 1961 wird diese Bestimmung von Allport leicht modifiziert. Anstelle von „einzigartiger Anpassung an die Umwelt" setzt er „charakteristisches Verhalten und Denken" (dt. 1970, S. 28). Die Änderung war seiner Ansicht nach notwendig, weil der Mensch sich nicht nur an seine Umwelt anpaßt, sondern auch über sie nachdenkt (reflektiert) oder danach strebt, sie zu meistern. En passant mag angemerkt werden, daß das Wort „Anpassung" (adjustment) bei einigen Psychologen wegen seiner Nebenbedeutung „äußeren Kräften und Anforderungen *nachgeben* oder sich ihnen *unterwerfen*" in Ungnade gefallen ist. Für diese Reaktion gegen den Anpassungsbegriff ist mutmaßlich das nach dem Zweiten Weltkrieg in den Vordergrund gerückte existentielle Denken hauptverantwortlich gewesen.

Gewisse Aspekte dieser Definition verdienen eine besondere Hervorhebung. Der Ausdruck „dynamische Ordnung" (dynamic organization) betont die Tatsache, daß die Persönlichkeit sich ständig entwickelt und verändert, obwohl es gleichzeitig eine Organisation oder ein System gibt, das die verschiedenen Komponenten der Persönlichkeit zusammenfügt und aufeinander bezieht. Der Terminus „psychophysisch" (psycho-physical) erinnert den Leser daran, daß „Persönlichkeit weder ausschließlich geistig [mental] noch ausschließlich nervlich [neural] ist. Die Ordnung legt die Wirkung von Leib und Seele fest, die beide untrennbar in eine personale Einheit verschmolzen sind" (1937, dt. 1949, S. 50). Das Wort „bestimmen" (determine) macht deutlich, daß die Persönlichkeit aus determinierenden Tendenzen gebildet wird, welche eine aktive Rolle im individuellen Verhalten spielen. „Persönlichkeit *ist* etwas und *tut* etwas.... Sie ist, was *hinter* besonderen Handlungen und *in* dem Menschen liegt" (a.a.O. S. 50).

Das bisher Gesagte zeigt eindeutig, daß für Allport „Persönlichkeit" weder bloß ein Konstrukt des Beobachters ist noch etwas, das nur existiert, wenn eine andere Person darauf reagieren kann. Im Gegenteil, Persönlichkeit hat bei ihm eine reale Existenz, die (neuro)physiologische Zusammenhänge mit umfaßt Ein wichtiges Element in der revidierten Definition ist das Wort „charakteristisch", welches den starken Akzent verrät, den Allports Theorie auf die Individualität setzt. Keine zwei Menschen verhalten sich oder denken genau gleich, und somit haben auch keine zwei menschlichen Individuen die gleiche Persönlichkeit. Die Sorgfalt und Genauigkeit, mit der Allport seine Persönlichkeitsdefinition entwickelt, spiegeln sich in der Häufigkeit, mit der andere Theoretiker und Untersucher bei ihr Anleihen gemacht haben.

Obwohl die Termini Persönlichkeit und *Charakter* (character) immer wieder als austauschbar verwendet worden sind, weist Allport darauf hin, daß das Wort Charakter traditionellerweise eine Art Verhaltenskodex impliziert, auf den bezogen der einzelne oder seine Handlungen beurteilt werden. So sind z.B. bei der Charakterbeschreibung eines Menschen häufig die Wörter „gut" oder „schlecht" anzutreffen. Allport hält dafür, daß Charakter ein ethischer Begriff ist, und möchte daher lieber „*Charakter* definieren als *Persönlichkeit mit Wertbestimmung*, und Persönlichkeit – wenn Sie so wollen – als *Charakter ohne Wertbestimmung*" (1961, dt. 1970, S. 31).

Temperament (temperament) und Persönlichkeit sind ebenfalls oft vermischt worden. Dennoch gibt es auch hier im Hinblick auf den allgemeinen Wortgebrauch ein sicheres Unterscheidungskriterium. Temperament bezeichnet gewöhnlich jene Dispositionen, die eng mit biologischen oder physiologischen Determinanten verknüpft sind und die infolgedessen im Laufe der Entwicklung nur eine verhältnismäßig geringe Modifikation zeigen. Die Vererbung spielt hierbei natürlich eine etwas größere Rolle als im Falle einiger anderer Aspekte der Persönlichkeit. Das Temperament ist – zusammen mit der Intelligenz und dem Körperbau – das Rohmaterial, aus dem die Persönlichkeit gebildet wird. Allports Definition dieses Begriffes lautet wie folgt: „Temperament bezieht sich auf die charakteristischen Phänomene der emotionalen Natur eines Individuums, einschließlich seiner Empfänglichkeit für emotionale Reize, der habituellen Stärke und Geschwindigkeit seiner Reaktionen, der Qualität seiner vorwiegenden Stimmung sowie aller Besonderheiten der Fluktuation und Intensität der Stimmung. Diese Phänomene werden als abhängig von der Konstitution und daher als weitgehend erblich in ihrem Ursprung betrachtet" (1961, dt. 1970, S. 34).

Auf der Grundlage dieser wichtigen Unterscheidungen ist es jetzt möglich, diejenigen Begriffe zu erörtern, die mehr oder weniger ausschließlich zu Allports Theorie gehören.

Eigenschaft (Trait) [und Disposition]

In seiner Darstellung von 1937 differenzierte Allport zwischen *individuellen und allgemeinen Eigenschaften* (individual und common traits), faßte sie jedoch beide unter einer einzigen Definition zusammen. Dies führte zu einer gewissen Verwirrung und Doppeldeutigkeit, weshalb der zweite Abriß seiner Lehre von 1961 eine terminologische Änderung enthielt und für beide Unterbegriffe separate Definitionen lieferte. Der Terminus „Trait" wurde für die bis dato sogenannte „allgemeine Eigenschaft" reserviert, während an die Stelle der „individuellen Eigenschaft" der neue Terminus „persönliche Disposition" getreten ist, übrigens unter zeitweiliger Paraphrase durch „morphogene Eigenschaft".

Eine *Eigenschaft* oder ein Trait ist nun definiert als eine „neuropsychische Struktur, welche die Fähigkeit besitzt, viele Reize funktional äquivalent zu machen sowie äquivalente (sinnvoll konsistente) Formen des Leistungs- und Ausdrucksverhaltens in Gang zu bringen und zu leiten" (1961, dt. 1970, S. 338).

Eine *persönliche Disposition* (personal disposition) oder *morphogen(etisch)e Eigenschaft* (morphogenic trait) wird definiert als eine „generalisierte neuropsychische Struktur (eigentümlich für das Individuum) mit der Befähigung, viele Reize funktional äquivalent zu machen und konsistente (äquivalente)

Formen der Leistung [adaptive behavior] und des stilistischen Verhaltens zu initiieren und zu lenken" (1961, dt. 1970, S. 365).

Wie vom Leser sicherlich bemerkt, besteht der einzige reale Unterschied zwischen diesen beiden Definitionen darin, daß Eigenschaften, anders als persönliche Dispositionen, nicht als für das Individuum eigentümlich bezeichnet sind. Die Folge ist, daß eine Eigenschaft von einer Anzahl von Individuen geteilt werden kann. Nichtsdestoweniger gehört sie geradeso zum Individuum wie eine Disposition. Beide sind neuropsychische Strukturen, beide haben die Fähigkeit, viele Stimuli funktionell gleichwertig zu machen, und beide leiten konsistente Formen des Verhaltens.

Man mag sich also fragen, warum es nötig sein soll, zwei Definitionen aufzustellen. Die Antwort liegt in der Implikation für die empirische Forschung. Das Konzept der (allgemeinen) Eigenschaften ermöglicht die von Allport sogenannten vergleichenden Studien derselben Eigenschaft, insoweit sie sich bei verschiedenen Individuen oder Individuengruppen äußert. Mit dem Konzept der persönlichen Dispositionen kann der Untersucher dagegen eine Person studieren und bestimmen, was Allport ihre „einzigartig gestaltete Individualität" nennt. Die eine Vorgehensweise fällt in die Tradition der psychometrisch orientierten Differentiellen Psychologie, die andere in die Tradition der Klinischen Psychologie. In Allports eigener Forschungsarbeit und jener seiner Schüler sind beide Methoden angewandt worden.

Obwohl Eigenschaften und Dispositionen in der Person real anwesend sind, können sie nicht direkt beobachtet, sondern müssen aus dem Verhalten erschlossen werden. Allport schreibt: „Ein spezifischer Akt ist immer das Produkt vieler Determinanten, nicht nur von dauernden Strukturen, sondern auch von momentanem Druck in der Person und in der Situation. Was auf Eigenschaften und persönliche Dispositionen schließen läßt, ist lediglich das wiederholte Auftreten von Akten, welche dieselbe Bedeutung haben (Äquivalenz der Reaktion), die auf einen definierbaren Bereich von Reizen folgen und dieselbe persönliche Bedeutung besitzen (Äquivalenz der Reize). Diese Tendenzen sind nicht alle Zeit aktiv, aber sie sind auch dann, wenn sie latent sind, vorhanden, und haben relativ niedrige Reizschwellen" (1961, dt. 1970, S. 366f.).

[Abgrenzung von Gewohnheit, Haltung und Typus.] Es ist nicht nur notwendig anzuzeigen, worauf sich Eigenschaften und Dispositionen beziehen, sondern auch, sie von verwandten Termini zu unterscheiden. *Gewohnheiten* oder Habits (habits) sind ebenfalls determinierende Tendenzen, aber die ersteren Konstrukte sind allgemeiner, sowohl hinsichtlich der ihnen entsprechenden Situationen als auch der Reaktionen, zu denen sie führen. Tatsächlich repräsentiert die Eigenschaft zu einem beträchtlichen Teil das Ergebnis einer Kombination oder Integration von zwei oder mehreren Gewohnheiten. Etwas schwieriger ist eine anderweitige Abgrenzung der Eigenschaft bzw. Disposi-

tion. Die auch Attitüde und Einstellung genannte *Haltung* (attitude) ist zwar gleichfalls eine (Prä)Disposition; auch sie kann einzigartig sein; sie vermag ferner das Verhalten einzuleiten und zu lenken; und sie ist das Produkt von genetischen Faktoren und Lernprozessen. Dennoch verbleiben gewisse Differenzen zwischen den beiden Konzepten. Zunächst: die Haltung ist an ein bestimmtes Objekt oder eine Klasse von Objekten gebunden, im Gegensatz zur Eigenschaft oder Disposition. Daher ist ihr Allgemeinheitsgrad fast immer geringer als jener der Eigenschaft. Wenn allerdings die Zahl der Gegenstände, auf die die Haltung abzielt, sich erhöht, so wird sie einer Eigenschaft oder Disposition mehr und mehr ähnlich. Die Haltung kann in ihrer Allgemeinheit von äußerst spezifisch zu ganz generell variieren, während Eigenschaft und Disposition stets sehr allgemein sein müssen. Zweitens impliziert die Haltung gewöhnlich die Bewertung (Annahme oder Zurückweisung) des Objektes, auf das sie gerichtet ist, was wiederum von der Eigenschaft nicht gesagt werden kann. Zusammenfassend meint Allport folgendes zu diesem Thema: „Sowohl Haltung als auch Eigenschaft sind unentbehrliche Begriffe in der Psychologie. Unter ihnen versteht man die Haupttypen von Dispositionen, mit denen sich die Psychologie der Persönlichkeit beschäftigt. Beiläufig sollten wir uns jedoch darüber klar sein, daß *Haltung* es mit der Orientierung der Menschen gegenüber bestimmten Momenten der Umgebung (Menschen, Kultur und Gesellschaft) zu tun hat; sie wird daher in der Sozialpsychologie bevorzugt. Im Bereich der Persönlichkeit indessen interessieren wir uns für die Struktur der Person, und daher wird hier mehr der Begriff *Eigenschaft* benutzt" (1961, dt. 1970, S. 339).

Schließlich unterscheidet Allport zwischen Eigenschaften (oder persönlichen Dispositionen) und *Typen* (types), und zwar im Hinblick auf das Ausmaß, in dem sie auf das Individuum zugeschnitten sind. Man kann von jemandem sagen, daß er eine Eigenschaft besitzt, nicht aber einen Typus. Typen sind idealisierte Konstruktionen des Beobachters, und das Individuum kann ihnen angeglichen werden, allerdings nur unter Aufgabe seiner ureigensten Identität. Die persönliche Disposition kann die Einzigkeit der Person repräsentieren, während der Typus sie verhüllt. Infolgedessen sind Typen für Allport künstliche Unterscheidungen, die kaum eine Ähnlichkeit mit der Realität aufweisen, während Eigenschaften als wirklichkeitsgetreue Wiedergabe dessen, was tatsächlich existiert, gelten können. Allport gesteht jedoch zu, daß das Postulieren von Typen die Forschung anregen kann, auch wenn sich aus solcherart Untersuchungen [lediglich] die Spezifikation komplexer Eigenschaften ergeben dürfte.

Kardinale, zentrale und sekundäre Dispositionen. Wie wir bereits angedeutet haben, sind persönliche Dispositionen generalisierte (entwicklungsbedingte) Bereitschaften zu einem bestimmten Verhalten. Es bleibt noch die Frage, ob alle Dispositionen einen annähernd gleichen Grad von Allgemeinheit besitzen, und wenn nicht, wie man die variierenden Grade auseinanderhalten soll. Allport schlägt eine [„grobe“] Unterscheidung zwischen kardinalen, zentralen und sekundären (cardinal, central, secondary) persönlichen Dispositionen vor. Eine *kardinale Disposition* ist so generell, daß beinahe jeder Akt einer mit ihr ausgestatteten Person auf ihre Wirkung zurückzuführen ist. Diese Art von Disposition ist relativ ungewöhnlich und nur bei wenigen Leuten zu beobachten. Typischer dagegen ist die sogenannte *zentrale Disposition,* welche Tendenzen darstellt, die für das Individuum höchst charakteristisch sind, häufig ins Spiel gebracht werden und sehr leicht abzuleiten sind. Allport glaubt, daß die Zahl der zentralen Dispositionen, mittels derer eine Persönlichkeit ziemlich genau charakterisiert werden kann, überraschend klein ist – mutmaßlich fünf bis zehn. Die *sekundäre Disposition* schließlich tritt weniger oft in Erscheinung, ist zudem nicht so ausschlaggebend für eine Beschreibung der Persönlichkeit und zeigt hinsichtlich der Reaktionen, zu denen sie führt, wie auch der zugehörigen Stimuli eine größere Spezialisierung.

[Weitere Bestimmungen der Eigenschaften.] Allport diskutiert noch andere entscheidende Fragen bezüglich der Eigenschaften und Dispositionen. Beispielsweise: Dienen sie nur dazu, das Verhalten zu lenken oder zu dirigieren, oder werden sie auch in der Einleitung oder Anregung des Verhaltens wirksam? Die Frage läßt sich nicht ohne weiteres beantworten. Einige Eigenschaften sind sehr viel zwingender, spielen eine wichtigere Rolle in der Motivation als andere. So gibt es eine beträchtliche Variation des Ausmaßes, in dem Eigenschaften einen drängenden Einfluß auf das Individuum ausüben. Weiterhin können wir davon ausgehen, daß es in einem gewissen Sinn immer eine frühere Stimulation gibt, die mit der Aktivierung der Eigenschaft verbunden ist, z.B. muß der Operation einer Eigenschaft immer ein äußerer Reiz oder ein besonderer innerer [Spannungs]Zustand vorausliegen. Es steht jedoch fest, daß die meisten Eigenschaften nicht bloß matte Spiegel externer Stimuli sind. Tatsächlich sucht das Individuum aktiv diejenigen Reize, welche die Realisierung der Handlungsbereitschaft sinnvoll machen. Die Person mit einer ausgesprochenen Disposition zur Geselligkeit wartet nicht auf eine passende Situation, in der sie diese Eigenschaft ausdrücken kann; vielmehr erzeugt sie Situationen, in denen sie mit anderen Menschen zusammentrifft.

Eine weitere Betrachtung gilt der *Unabhängigkeit* (independence) von Eigenschaften bzw. Dispositionen. In welchem Ausmaß existieren sie als Verhaltenssysteme, die ohne Rücksicht auf andere Systeme arbeiten? Ist die Funktion einer besonderen Eigenschaft immer durch andere Eigenschaften und die ihnen entsprechenden Zuständlichkeiten bedingt oder auf sie bezogen? Allport vertritt die Ansicht, daß die Eigenschaft sich nicht durch strenge Unabhängigkeit auszeichnet, sondern viel mehr durch ihre fokale Qualität. So besitzt sie häufig ein Zentrum, um das herum ihr Einfluß wirksam werden kann, doch ist das Verhalten, zu dem sie führt, mit Sicherheit gleichzeitig durch andere Wesenszüge mitbestimmt. Es gibt keine scharfe Grenze, die eine Eigenschaft von der anderen abgrenzt. Diese Verflechtung der verschiedenen Traits untereinander ist ebenfalls teilweise für die Tatsache verantwortlich, daß sich keine vollständig befriedigenden Methoden für die Klassifizierung der Eigenschaftsbegriffe entwickeln lassen.

Ohne Zweifel setzt die Möglichkeit der Identifizierbarkeit von Eigenschaften eine gewisse Beständigkeit oder *Konsistenz* (consistency) voraus. Per definitionem nämlich sind ja Dispositionen aller Art nur kraft gewisser Regel- oder Gleichmäßigkeiten des individuellen Verhaltens auszumachen. Allport beeilt sich mit der Feststellung, daß seine Eigenschaftstheorie keineswegs eine völlige Konsistenz erfordert. Das bloße Faktum vielfältiger, überlappender Eigenschaften, die gleichzeitig aktiv werden, läßt vermuten, daß relativ häufig offenkundige Inkonsistenzen im Verhalten eines Organismus erwartet werden dürfen. Weiterhin impliziert die Tatsache, daß Dispositionen einzigartig und individuell organisiert sind, den Einschluß von Elementen, die inkonsistent erscheinen mögen, wenn sie unter einem normativen oder externen Gesichtspunkt betrachtet werden. So können wir gelegentlich Unbeständigkeiten des Verhaltens beobachten, denen eine einmalig organisierte innere Konsistenz zugrunde liegt. Es ist weniger die Wahrung einer exakten Korrespondenz oder Konsistenz des Verhaltens in Allports Theorie, als die Existenz einer subtilen Übereinstimmung, die – nicht selten in einer schwer zu entdeckenden Art und Weise – die verschiedenen Verhaltensäußerungen des Individuums vereinigt. Es ist auch nicht notwendig so, daß jede (oder irgendeine) Persönlichkeit vollkommen integriert ist. Dissoziation und Repression dürften in jedem Leben vorkommen. Aber es gibt gewöhnlich doch mehr Konsistenz, als die gängigen psychologischen Untersuchungstechniken ihrer Ausstattung nach überhaupt herauszubringen vermöchten.

Ein interessantes und nützliches Ergebnis von Allports Beschäftigung mit Traits ist seine äußerst gewissenhafte Systematisierung von rund achtzehntausend Eigenschaftsbegriffen [„des persönlichen Verhaltens"], die einem unabgekürzten Wörterbuch entnommen wurden. Gemeinsam mit Odbert (1936) klassifizierte er die Termini insbesondere im Hinblick darauf, ob sie entweder echte, „authentische" Eigenschaften der Persönlichkeit oder gegenwärtige Aktivitäten (zeitweilige Zustände) oder wertbehaftetete Lebensänderungen bezeichnen.

Intentionen

Wichtiger als alle Suche nach der Vergangenheit oder Geschichte eines Menschen erschien Allport die einfache Frage, was er für die Zukunft beabsichtigt oder erstrebt. Diese seine Absichten oder *Intentionen* (intentions) umfassen die breite Palette der Hoffnungen, Wünsche, Pläne, Ambitionen und Aspirationen. Und hier – an einem zentralen Punkt der Theorie – manifestiert sich auch einer der charakteristischen Unterschiede zwischen Allport und den meisten anderen zeitgenössischen Persönlichkeitstheoretikern: Ihm nämlich gilt als wichtigste Verständnishilfe dafür, wie jemand sich in der Gegenwart verhalten wird, dessen eigene Aussage, was er tun möchte (und im großen und ganzen ist man sich ja einig, daß er uns sagen kann, was er vorhat). Während andere Theoretiker sich der Vergangenheit als jenes Schlüssels, der das Rätsel des derzeitigen Verhaltens zu lösen vermöchte, bedienen, richtet Allport sein Augenmerk auf die intendierte Zukunft. In dieser Hinsicht zeigt er eine starke Ähnlichkeit mit gewissen Auffassungen von Alfred Adler und C. G. Jung, wenngleich kein Grund vorhanden ist, zu glauben, daß es irgendeinen direkten Einfluß von diesen Quellen her gab.

Das Proprium

Obwohl man Allport als „Ich"- oder sogar als „Selbst"-Psychologen bezeichnet hat, ist diese Charakterisierung nur zum Teil korrekt. Im Jahre 1943 (‚The ego in contemporary psychology' [Das Ich in der zeitgenössischen Psychologie]) und erneut 1955 (dt. ‚Werden der Persönlichkeit – Gedanken zur Grundlegung einer Psychologie der Persönlichkeit') referierte er die vielen Bedeutungen des Ich und des Selbst in der psychologischen Literatur. Seine erste grundlegende Schrift (1937) hatte die mit diesen Konzepten verbundenen Probleme noch weitgehend gemieden, doch schließlich [1955, Kap. X] konnte Allport nicht anders, als direkt die entscheidende Frage stellen: „Ist der Begriff des Selbst notwendig?" Seine Antwort darauf ist zurückhaltend. Sorgsam bemüht, der Unbestimmtheit wie auch den speziellen Nebenbedeutungen all der so unterschiedlichen Selbst- oder Ichfunktionen zu entfliehen, schlägt er vor, sie Proprium(s)- oder [später (1962)] auch *propriate* (propriate) *Funktionen* der Persönlichkeit zu nennen. Sie alle – eingeschlossen Körpersinn, Selbst-Identität, [1955: Ich-Erhöhung, darunter Selbstsucht, Ichhaftigkeit, Egoismus, Stolz, Selbstachtung oder] Selbst-Schätzung, [Ich-/]Selbst-Ausdehnung (Sinn für Selbstheit), rationales [Ich oder] Denken, Selbst-Bild, [propriates oder] Eigenstreben, das wissende oder erkennende Selbst („der Wissende"), dazu auch der [1961 ausführlich beschriebene] „kognitive Stil" – sind echte und lebenswichtige Anteile der Persönlichkeit. Ihnen eigen ist eine phänomenale „Wärme" und ein Gefühl der „Wichtigkeit oder Bedeutung". Gemeinsam können sie als Selbstheit oder *Proprium* (proprium) angesprochen werden. In eben diesem Persönlichkeitsbereich finden wir die Wurzeln der Konsistenz, welche Haltungen, Intentionen und Bewertungen kennzeichnen. Das Proprium ist nicht von Geburt an da, sondern entwickelt sich erst im Laufe der Zeit.

Allport identifiziert sieben Aspekte in der Entwicklung des Propriums ([1955, Kap. XI und] 1961, Kap. VI). Während der ersten drei Jahre treten drei von diesen Aspekten in Erscheinung: ein Sinn des körperlichen Selbst, ein Sinn der kontinuierlichen Selbst-Identität sowie Selbstachtung oder Stolz. In der Zeit von vier bis sechs Jahren tauchen zwei andere Aspekte auf: die Ausdehnung des Selbst und ein Selbst-Bild. Irgendwann zwischen sechs und zwölf Jahren entwickelt das Kind das Selbstbewußtsein, daß es seine Probleme mit Hilfe des „Selbst als rational Handelndem" zu lösen vermag. Während der Adoleszenz erscheinen Intentionen, langfristige Pläne und entfernte Ziele; diese werden unter dem Begriff des *propriaten* (oder *Eigen)Strebens* (propriate strivings) zusammengefaßt. [Im Gegensatz zu 1955 (Kap. XI) wird 1961 (dt. 1970, S. 122f. u. 134f.) offengelassen, ob zusätzlich zu diesen sieben das Wissen als achte Funktion des Propriums anzusehen ist. D. Ü.]

Indem Allport sich solchermaßen dem Rätsel des Selbst näherte, hoffte er, der fragwürdigen Position vieler Theoretiker aus dem Wege zu gehen, für die das Selbst oder Ich so etwas wie ein Homunkulus ist, ein „kleiner Mann in der Brust", der das Persönlichkeitssystem organisiert und verwaltet und alle Fäden in der Hand hat. Er konzediert zwar die Wichtigkeit aller psychologischen Funktionen, die dem Ich/Selbst zugeschrieben worden sind, wünscht aber unter allen Umständen eine Theorie zu vermeiden, die eine Art Faktotum oder Agenten benötigt. Seiner Meinung nach sollten Selbst und Ich nur in adjektivistischer Form gebraucht werden, um die propriaten Funktionen innerhalb der Gesamtsphäre der Persönlichkeit anzugeben (viele Funktionen sind nicht propriat, sondern bloß „opportunistisch"); dagegen könne keiner von beiden Ausdrücken als Substantiv verwendet werden. Es gibt kein „Ich" oder „Selbst", das wie ein vom Rest der Persönlichkeit abgehobenes Wesen agiert.

Funktionelle Autonomie

Zur Lösung des komplexen und kontroversen Problems der menschlichen Motivation benannte Allport zunächst die seiner Ansicht nach notwendigen Bedingungen für eine adäquate Theorie. Erstens werde eine solche die Gegenwärtigkeit (contemporaneity) der menschlichen Motive voraussetzen. Was immer es ist, das uns zu denken oder handeln antreibt, es treibt uns jetzt. Zweitens sollte die Theorie eine pluralistische sein, die viele Typen von Motiven berücksichtigt. Allport ist alles andere als ein Reduktionist, der alle Motive auf einige wenige organische Triebe zurückführt. Drittens müsse sie kognitiven Prozessen wie dem Planen und Intendieren dynamische Kräfte zuschreiben. Und schließlich habe die Theorie der konkreten Einzigartigkeit der Motive innerhalb eines Individuums Rechnung zu tragen (1961, Kap. X).

Allport glaubt, daß eine derartige Theorie in dem Konzept der *funktionellen Autonomie* (functional autonomy) enthalten ist. Es handelt sich dabei um das bestbekannte und zugleich umstrittenste aller von Allport eingeführten Konstrukte. In vielerlei Hinsicht steht es im Mittelpunkt seines Systems, zumal eine Anzahl von Unterscheidungsmerkmalen der Theorie sich ganz zwanglos aus dieser Position ableiten läßt. Das Prinzip besagt einfach, daß eine gegebene Tätigkeit oder Verhaltensweise ein Ziel oder Zweck in sich selbst werden kann, trotz der Tatsache, daß sie zu Beginn aus einem anderen Grund an- und eingewöhnt worden war. Obwohl jedes Verhalten, ob komplex oder einfach, ursprünglich von organischen oder segmentalen Spannungen abstammen mag, kann es sich auch in Abwesenheit irgendeiner biologischen Verstärkung unbegrenzt aufrechterhalten. Formal lautet die Aussage dieses Konzepts wie folgt: „Die funktionelle Autonomie betrachtet die Motive des Erwachsenen als mannigfaltige, sich selbst unterhaltende und gegenwärtige Systeme, die aus vorhergehenden Systemen hervorwachsen, aber funktionell [von ihnen] unabhängig sind" (1961, dt. 1970, S. 221).

Der Leser sollte das Prinzip der funktionellen Autonomie sorgfältig von der allgemeinen Vorstellung unterscheiden, daß ein gegebenes Verhalten aus einem Motiv heraus fortgesetzt werden könne, welches von dem primär verhaltensbestimmenden verschieden ist, beispielsweise: der Jäger jage anfänglich nur aufgrund seines Nahrungsbedürfnisses, wenn es aber reichlich zu essen gibt, gehe er auf die Jagd, um seiner angeborenen Aggression Ausdruck zu verleihen. Diese Auffassung führt das Verhalten noch auf ein primitiveres oder früher existierendes Motiv zurück, was Allport aber gerade zu vermeiden wünscht. Seine funktionelle Autonomie impliziert vielmehr, daß der Jäger auch in Abwesenheit aller instrumentellen Bedeutung jagen wird, d.h. selbst wenn keinerlei Aggression oder anderen grundlegenderen Bedürfnissen durch diesen Akt gedient wird. Ein Jäger kann auch einfach jagen „mögen".

Bei der Darstellung dieser Ansicht merkt Allport an, daß sie gewisse frühere Formulierungen wiederholt, z.B.: Woodworths (1918) wohlbekanntes Diktum, daß Mechanismen [Gewohnheiten] in Triebe (drives) transformiert werden können; Sterns (1935) Behauptung, daß Phänomotive sich unter Umständen zu Genomotiven wandeln; und Tolmans (1935) Meinung, daß „Mittel [zum Zweck]-Objekte" „aus eigenem Recht aufzutreten" vermögen. Man kann darüber hinaus annehmen, daß solche Begriffsbildungen wie Harlows (1950) „Manipulationstrieb" sowie die von Salomon und Wynne (1954) vorgeschlagene „partielle Irreversibilität" sich auf ganz ähnliche Phänomene beziehen wie jene, die eine wichtige Rolle in der Ableitung des Konzeptes der funktionellen Autonomie spielten.

In Rechtfertigung des Begriffs greift Allport auf Beobachtungen aus einer Reihe von Gebieten zurück, welche alle eine Tendenz des Organismus nahelegen, auf einer bestimmten Reaktion zu verharren, selbst wenn der ursprüngliche Anlaß für die Übernahme dieser Response nicht länger vorhanden ist. Er verweist auf die „zirkulären Mechanismen" (i.e. Wiederholungen) sowohl in kindlichem Verhalten als auch in dem neurotischer Erwachsener; auf die repetitiven Elemente im Zeigarnik-Effekt (die Tatsache, daß unerledigte Aufgaben gewöhnlich besser erinnert werden als erledigte); auf die häufig beobachteten zeitlichen Regelmäßigkeiten oder Rhythmen im Verhalten sowohl der Tiere als auch der Menschen; auf die Motivationskraft erworbener Interessen und Werte, die anscheinend keine Grundlage in tieferen Motiven haben. Auch die Vergleichende Psychologie liefert einige diesbezügliche Zeugnisse. Eine Untersuchung von Olson (1929) ergab, daß Ratten, denen Kollodium in die Ohren geträufelt worden war, fortgesetzt durch Kratzen versuchten, die fremde Substanz zu entfernen. Aber selbst lange, nachdem die sich bildende Schicht entfernt war und gar keine Anzeichen mehr für eine Hautreizung vorhanden waren, kratzten sich die Ratten weiter, und zwar in kaum vermindertem Umfang. Somit begann das Kratzen als ein zweckmäßiger (funktioneller) Versuch, einem (unangenehmen) physischen Zustand abzuhelfen, aber nach genügend häufiger Wiederholung schien es zu einem integralen Bestandteil des Verhaltens des Organismus geworden zu sein, obwohl es doch gar nicht mehr einer biologischen Funktion diente. Einige der bedeutenden Forschungen, die von Selye (1952) und seinen Mitarbeitern durchgeführt wurden, zeigen gleichermaßen, daß adaptive Reaktionen zum Selbstzweck werden können – und dies sogar zum Nachteil des Organismus. Ähnliche Resultate erbrachten Studien von Anderson (1941 a–d) über die von ihm so bezeichnete „Triebexternalisation". Bei diesen Untersuchungen wurden Ratten, die sehr hungrig waren, gelehrt, so schnell wie möglich Gänge zu durchlaufen, an deren Ende sie als Belohnung Futter erhielten. Nach einer ziemlich großen Zahl von Durchgängen mit solcherart Verstärkung schienen die Ratten nicht die normale Auslöschung der Reaktion zu zeigen, wenn sie unter geringem Hungerdruck oder in gesättigtem Zustand in die gleiche Situation gestellt wurden; das heißt, selbst als sie gar keinen Hunger mehr hatten, rasten sie weiter mit derselben Geschwindigkeit durch die Laufgänge. So haben wir auch hier wiederum das Bild eines Organismus, der zunächst aus klar umschriebenen biologischen Gründen einen Akt vollzieht, bei dem jedoch auch nach Beseitigung dieser Gründe das Verhalten ohne sichtbare Unterbrechung andauert. Anderson würde dieses Phänomen der Tatsache zuschreiben, daß durch die Konditionierung gewisser Aspekte der Stimulussituation eine sekundäre Belohnung bereitgestellt worden war. Dagegen würde Allport auf der Basis seines Prinzips der funktionellen Autonomie das Verhalten einfach deshalb fortgeführt sehen, weil es so häufige Wiederholungen erfahren hatte, daß es zu einem Zweck oder Motiv in sich selbst wurde – einem Teil des „Lebensstiles" der Ratte.

Nach seiner erstmaligen Benennung dieses Prinzips (1937) wurde Allport energisch von Bertocci (1940) angegriffen, dem mehrere Punkte äußerst problematisch erschienen. Zunächst fragte er, ob es denn überhaupt wahr wäre, daß jede Form des Verhaltens autonom wird, wenn sie nur oft genug wiederholt würde. Waren dieser Verallgemeinerung tatsächlich keine Grenzen oder Bedingungen gesetzt? Zweitens, wenn eine Verhaltensweise potentialiter ein bleibendes Motiv werden kann, was hindert das Individuum eigentlich daran, so etwas wie eine psychische Anarchie zu entwickeln, in welcher konfligierende und antithetische Motive in den Organismus eingebaut werden und ihn auseinanderzerren?

Fragen wie diese führten Allport zu einer Läuterung wie auch Erweiterung seiner Position. Er entdeckte zwei Ebenen der funktionellen Autonomie, die er perseverativ und propriat nannte. Die *perseverative* funktionelle Autonomie umschließt Süchte, zirkuläre Mechanismen, Wiederholungsakte sowie Routinen. Ihrer Perseveration, d.h. ihrer Beharrlichkeit, wird durch Ausdrücke wie verzögerte Auslöschung (Extinktion), sich selbst erhaltende Kreisprozesse im Nervensystem, partielle Verstärkung (Reinforcement) und Koexistenz von multiplen Determinanten Rechnung getragen. Die *propriate* funktionelle Autonomie bezieht sich dagegen auf erworbene Interessen, Werte, Gesinnungen (Sentimente), Intentionen, Meister-Motive, persönliche Dispositionen, Selbst-Bild und Lebensstil.

Was die Entstehung des letzteren Typus von funktioneller Autonomie angeht, so hat Allport nicht ohne weiteres eine Erklärung zur Hand. Allerdings gibt er zu verstehen, daß „die Selbst-Struktur ihn verlangt". Zum Beispiel: „Ein junger Mensch intendiert, Arzt, Mann von Welt oder Politiker [oder Einsiedler] zu werden. Keine dieser Strebensrichtungen ist angeboren. Es sind lauter erworbene Interessen. Wir behaupten, daß sie *jetzt* nicht existieren wegen irgendwelcher entlegenen Verstärkung[en]. Sie existieren vielmehr, weil ein Selbst-Bild, das sich allmählich gestaltet, diese besonderen Motiv-Brennpunkte fordert" (1961, dt. 1970, S. 245).

Er fragt dann weiter, ob vielleicht das „Selbst" die propriate funktionelle Autonomie zu erklären vermöge, und antwortet mit „Nein", weil dies bedeutete, daß irgendein „kleiner Mann in der Brust" die Motive des einzelnen forme. Allport wendet sich energisch gegen eine Erklärung im Sinne eines separaten Selbst, denn dies schmecke zu sehr nach der Vorstellung einer das Schicksal der Person lenkenden „Seele".

Was ist dann aber für propriate Motive und für ihre Eingliederung in ein kohärentes und konsistentes Schema verantwortlich? Allports Antwort lautet, daß es zur ureigensten Natur des Menschen gehöre, wenn seine Motive im Laufe des Lebens wachsen und sich ändern und wenn sie schließlich vereinigt werden. Der Leser mag in dieser Aussage das Echo von Jungs Einheitsarchetypus wiedererkennen.

Die Tatsache, daß das Proprium ein Entwicklungsphänomen ist, das sich von primitiven Zuständen und vergangenen Erlebnissen herleitet, impliziert nun anscheinend doch – ungeachtet der funktionellen Autonomie – ein direktes Bindeglied zur Vergangenheit. Da die Formen des Verhaltens, die autonom werden, durch eine Organisation determiniert sind, welche der Lebensgeschichte des Individuums viel verdankt, scheint es, daß die Vergangenheit eine zentrale Rolle beibehält. Letzten Endes aber dürfte die wichtigste Frage hier sein, ob reife, erwachsene Motivationen ein funktionales Band zu ihren Ursprüngen in der Kindheit oder dem biologischen Erbe bewahren oder nicht. Welche Ambiguität auch immer hinsichtlich des genauen Status des Begriffs der funktionellen Autonomie bestehen mag, Allport sagt klipp und klar, daß es für die meisten Beweggründe der Erwachsenen keinerlei funktionale Beziehung mehr zu ihren historischen Wurzeln gebe.

Eine weitere, oft über dieses Prinzip gestellte Frage lautet, ob denn alle erwachsenen Motive funktionell autonom sind. Allport verneint dies. Es gibt [fortdauernde] Hunger-, Atmungs- und Ausscheidungstriebe; Reflextätigkeit; konstitutionelle Ausstattung wie die Körperkraft; Gewohnheiten, die zwar nicht motivational, aber nichtsdestoweniger bloße Zweckhandlungen sind; Infantilismen und Fixierungen; gewisse Neurosen und Psychosen; Sublimationen. Darüber hinaus bedürfen viele Tätigkeiten des Erwachsenen zu ihrer Perseveration fortgesetzter primärer Verstärkung. Indessen ist der Umfang, in dem die individuellen Motivationen autonom werden, ein Maßstab der Reife eines Menschen.

Zweifellos die wichtigste Frage, die angesichts eines jeden Begriffs aufgeworfen werden kann, besteht darin, was er dem Subjekt einbringt, das ihn benutzt. Die Konsequenzen der „funktionellen Autonomie" sind klar, und gerade im Hinblick auf diese sollte der Psychologe sich entscheiden, ob er das Konzept übernehmen mag oder nicht. Wesentlich ist dabei die Tatsache, daß es *eine relative Trennung von der Vergangenheit des Organismus erlaubt.* Wenn das Fortbestehen derzeitiger Motive nicht vollständig von grundlegenderen oder primären Motiven abhängt, dann kann sich der Untersucher legitimerweise von der Vergangenheit des Individuums abwenden und sein Augenmerk auf die Gegenwart und Zukunft richten. Die individuelle Lebensgeschichte wird zu einer Angelegenheit weitgehender Indifferenz, wenn jemand gegenwärtig von Wünschen und Intentionen getrieben wird, die unabhängig sind von dem, was ihn zu früherer Zeit motivierte. Eine weitere bedeutsame Folgerung dieses Prinzips ist, daß es die großartige, verwirrende, einmalige *Individualität,* welche in Allports Theorie so sehr betont wird, mehr oder weniger unvermeidlich macht. Wenn potentiell jede Form des zweckmäßigen Handelns ein Zweck für sich selbst zu werden vermag, können wir sicher sein, daß es genügend Heterogenität des Verhaltens und der Umweltforderungen gibt, um zu einer bestürzenden Komplexität und Einzigartigkeit der Motive zu führen. Insoweit die erwachsene Motivstruktur eines Menschen von allem befreit ist, was an Kommunalität bereits bei der Geburt geherrscht haben mag, können wir erwarten, daß die Motive verschiedener Individuen nur sehr geringe Ähnlichkeit aufweisen werden.

Die Quintessenz des hier Dargestellten ist treffend in der folgenden Passage Allports zusammengefaßt (1940, S. 545): „Das Prinzip der funktionellen Autonomie besagt: (1) daß ... Motive gegenwärtig sind, daß jedweder Trieb oder Drang (drive) immer nur jetzt treibt oder drängt; daß das ‚Los!' eines Motivs funktionell nicht an seine lebensgeschichtlichen Ursprünge oder an frühe Zielsetzungen gebunden ist, sondern allein an derzeitige Ziele; (2) daß die Natur der Motive sich von der Kindheit bis zum Erwachsenenalter so radikal verändert, daß wir von erwachsenen Motiven als die Motive der Kindheit *ersetzend* sprechen können; (3) daß die Reife der Persönlichkeit an dem Grad der funktionellen Autonomie, den ihre Motive erreicht haben, gemessen wird; selbst wenn es in jeder Persönlichkeit Archaismen (Infantilismen, Regressionen, Reflexreaktionen) gibt, so zeigt doch das kultivierte und sozialisierte Individuum seine Reife in dem Maße, in dem es die frühen Formen der Motivation überwunden hat; (4) daß der sich differenzierende Verlauf des Lernens (als Spiegelbild des immer mannigfaltiger werdenden Umwelteinflusses), der auf divergente Temperamente und Fähigkeiten einwirkt, individualisierte Motive erzeugt. Die dynamische Struktur einer jeden Persönlichkeit ist einzigartig, obwohl Ähnlichkeiten aufgrund von Rasse (species), Kultur, Entwicklungsphasen und Klima gewisse Gemeinsamkeiten produzieren können, die – solange sie als Approximationen verstanden werden – den Gebrauch von universellen Dimensionen zum Zwecke des Vergleichs von Individuen nach einer Norm oder zum Zwecke der Konstruktion von bequemen ‚Typen' rechtfertigen, entsprechend den speziellen Interessen des jeweiligen Untersuchers. Während das Prinzip der funktionellen Autonomie die mögliche Existenz von Instinkten beim Säugling durchaus nicht leugnet – auch nicht das lebenslange Fortdauern einiger instinktiver (oder reflexhafter) Formen der Aktivität –, betrachtet es doch die *entwickelte* Persönlichkeit als ein wesentlich postinstinktives Phänomen."

Die Einheit der Persönlichkeit

Nachdem das Individuum – psychologisch gesehen – in einen Satz von Eigenschaften und Dispositionen, von Einstellungen und Gewohnheiten, von Werten, Intentionen und Motiven zerlegt worden ist, sehen wir uns nun der Aufgabe gegenüber, die „Gliederpuppe" wieder zusammenzusetzen. Allport, der durchaus anerkannte, daß dies eine sehr schwierige Aufgabe ist, ging mit seiner gewohnten Zähigkeit und Weitsicht auf die Suche nach einer Lösung. Tatsächlich konnte er auf eine Anzahl von einigenden Konzepten zurückgreifen: Schon in frühester Kindheit (early infancy) besteht ein hoher Grad von dynamischer Einheit, die in der Folgezeit allmählich einer zunehmenden Differenzierung Platz macht, welche ihrerseits nach und nach durch den erfahrungsbedingten Prozeß der Integration aufgewogen wird. Allport nennt dies „die Dialektik von Trennung und Einigung". Homöostatische Mechanismen, mit denen der Organismus ausgestattet ist, bewahren die Einheit oder zumindest das Gleichgewicht in einem fundamentalen, wenn auch statischen, nichtwachsenden Sinn. Auch die Mobilisierung von Energien für die Ausführung eines integrierten Verhaltensverlaufs (das Prinzip der Konvergenz) ist eine Form der Vereinigung, obwohl sie gewöhnlich vorübergehend und fokalisiert ist. Und kardinale Dispositionen statten die Person ja schon definitionsgemäß mit Einheit aus, desgleichen die angenommene Interdependenz von Eigenschaften und Dispositionen: „Sie sind verflochten wie in einem Wandteppich." Indessen – bei aller Anerkennung des Beitrages, den jedes dieser Prinzipien zur Vereinheitlichung der Persönlichkeit leistet, schreibt Allport dennoch den propriaten Funktionen die Hauptrolle im Einigungsprozeß zu.

Die Entwicklung der Persönlichkeit

Bislang haben wir untersucht, woraus die Persönlichkeit zusammengesetzt ist, haben darüber hinaus in großen Zügen die Dispositionen beschrieben, die das Verhalten in Gang setzen. In diesem Abschnitt wollen wir uns mit der Art und Weise beschäftigen, in welcher die Strukturen entstehen, sowie mit den unterschiedlichen Mitteln, durch die das Individuum auf den einzelnen Entwicklungsstufen repräsentiert wird. Es dürfte bereits aus unserer Erörterung der funktionellen Autonomie klar geworden sein, daß diese Theorie wichtige Veränderungen zwischen der frühen Kindheit und dem Erwachsenenalter unterstellt.

Das Kleinstkind

Beginnen wir mit dem Lebewesen bei seiner Geburt. Während Allport in seiner Behandlung des erwachsenen Verhaltens durchaus radikale Ansichten vertritt, ist er erzkonservativ, wenn er das Verhalten des Kleinstkindes bzw. Säuglings (infant) diskutiert. In der Tat enthalten seine Formulierungen für die Zeit, bis das Kind die ersten zwei oder drei Lebensjahre hinter sich hat, keinerlei Überraschungen. Lediglich in bezug auf die Entwicklung der Selbstidentität beginnen die Dinge neue und unerwartete Konturen anzunehmen. Doch damit greifen wir schon vor; kehren wir also zu dem Neugeborenen, wie ihn diese Theorie sieht, zurück.

Allport betrachtet das frisch geborene Baby fast gänzlich als ein Produkt von Vererbung, primitiven Trieben und Reflexen. Es hat noch nicht jene charakteristischen Merkmale entwickelt, die später als das Ergebnis der Auseinandersetzung mit der Umwelt auftauchen werden. Bezeichnenderweise hat das Neugeborene für Allport keine Persönlichkeit. Bei der Geburt ist das Kind konstitutionell mit gewissen physischen und temperamentsmäßigen Potentialitäten versorgt, obwohl ihre Aktualisierung auf Wachstum und Reifung warten muß. Zusätzlich ist das Baby in der Lage, mit einigen höchst spezifischen Reflexen wie dem Saugen und Schlucken auf scharf abgegrenzte Arten von Reizen zu reagieren. Schließlich zeigt es „Massenbewegungen“, d.h. plumpe, undifferenzierte Reaktionen, in welche der überwiegende oder auch ganze Muskelapparat einbezogen zu sein scheint.

Diese Ausstattung vorausgesetzt – wie nun wird das Individuum „in Gang gebracht“, was treibt es an, motiviert es? Allport glaubt, daß anfänglich ein allgemeiner „Strom von Aktivität“ existiert, welcher der Urquell der Motivation überhaupt ist. In dieser Phase der Entwicklung wird das Kind vor allem von „segmentalen Trieben“ und Lust-Schmerz-Gefühlen beherrscht. So kommt es, daß ein biologisches Verhaltensmodell oder eine Theorie, welche die Wichtigkeit der Belohnung, des Effektgesetzes oder des Lustprinzips stark herausstreicht, als Leitlinie für die frühesten Jahre vollkommen ausreicht. Das kleine Kind kann sich entwickeln, indem es allein durch das Bedürfnis, Schmerz zu verringern und Lust/Freude zu vergrößern, motiviert ist – wobei dieser Sachverhalt weitgehend auf der Reduktion von viszeralen (das vegetative Nervensystem betreffenden) Spannungen beruht.

Obschon der Organismus bei der Geburt jener eigentümlichen Qualitäten, die einmal seine Persönlichkeit ausmachen werden, ermangelt, beginnt dieser Zustand schon sehr früh, sich stufenweise zu ändern. Selbst in den ersten Lebensjahren vermeint Allport schon allmählich sich herausbildende kennzeichnende Eigenheiten beim Kind zu erkennen, z.B. Unterschiede in der Motilität und dem emotionalen Ausdruck, welche alle der Tendenz nach fortdauern und mit den reiferen Anpassungsformen verschmelzen, die später gelernt werden. Somit ist ein Teil des Kleinstkindverhaltens bereits als Vorläufer kommender Persönlichkeitsmuster sichtbar. Allport stellt fest, daß das Baby zumindest von der zweiten Hälfte des ersten Lebensjahres ab Ausprägungen zeigt, die mutmaßlich bleibende Charakterzüge repräsentieren. Nichtsdestoweniger schließt er: „In einem gewissen Sinn ist das erste Jahr am wenigsten wichtig für die Persönlichkeit – vorausgesetzt, daß ernstere Gesundheitsschäden nicht auftreten" (1961, dt. 1970, S. 78).

Umgestaltung des Kleinstkindes

Der Entwicklungsprozeß ist in seinem Verlauf äußerst mannigfaltig. Allport verwendet für die Beschreibung der Änderungen, die zwischen Säuglings- und Erwachsenenalter stattfinden, die verschiedenartigsten Mechanismen und Prinzipien. Er diskutiert insbesondere Differenzierung, Integration, Reifung, Nachahmung, Lernen, funktionelle Autonomie und Ausdehnung des Selbst und akzeptiert sogar die erklärende Kraft der psychoanalytischen Mechanismen und des Traumas, obwohl diese Vorgänge keine entscheidende theoretische Rolle in der von ihm sogenannten *normalen* (normal) Persönlichkeit spielen.

In bezug auf die Lerntheorie ist Allport völlig eklektisch. Er hält daran fest, daß all die unzähligen Beobachtungen, die von Untersuchern gemacht worden sind, all die von ihnen gezogenen Schlußfolgerungen und all die daraus resultierenden Theorien des Lernens in dem einen oder anderen Sinn und in einem gewissen Ausmaß sicherlich wahr sind. So z.B. sind Bedingen (Konditionierung), Verstärkung (Reinforcement) und Hierarchie von Gewohnheiten (Habithierarchie) gültige Prinzipien, besonders wenn sie beim Tier und Säugling und beim opportunistischen Lernen angewandt werden. Sie erscheinen allerdings inadäquat, wenn man das propriate Lernen erklären will, welches Kategorien wie Identifizierung, Geschlossenheit, kognitive Einsicht, Selbst-Bild und Subsidiation des aktiven Ich-Systems erfordert. Allport selbst hat keinen systematischen Beitrag zur Lerntheorie geliefert. Vielmehr hat er die funktionelle Autonomie als eine Grundtatsache in der menschlichen Motivation hingestellt, der man am Ende mit Hilfe von Prinzipien des Lernens, welche ihrerseits noch nicht adäquat in einem genügend breiten theoretischen Schema zusammengefaßt worden seien, Rechnung tragen müsse. Vielleicht besteht sein Hauptbeitrag zu diesem Gegenstand in der scharfen Kritik an Theorien des Lernens (z.B. Allport 1946), die mehr universelle Gültigkeit beanspruchen, als er zuzugestehen bereit ist.

Nach allem haben wir also einen Organismus, der bei Geburt ein Geschöpf der Biologie ist, um dann in ein Individuum transformiert zu werden, das im Sinne eines wachsenden Ich, einer sich verbreiternden Eigenschaftsstruktur und einer Keimzelle für zukünftige Ziele und Aspirationen operiert. Entscheidend für diese *Umgestaltung* alias Um- oder Verwandlung (transformation) ist natürlich der Platz, den die funktionelle Autonomie einnimmt. Dieses Prinzip macht deutlich, daß ein anfänglich nur als Mittel zu einem biologischen Zweck fungierendes Motiv autonom werden kann und als solches das Verhalten mit all der Kraft eines erblich begründeten Triebes zu dirigieren. Zum großen Teil wegen dieser Diskontinuität zwischen der frühen und der späteren Motivationsstruktur des Individuums haben wir im Grunde zwei verschiedene Theorien der Persönlichkeit. Die eine – ein biologisches oder Spannungsreduktions-Modell – ist zur Zeit der Geburt angemessen, wird jedoch nach und nach unangemessener, bis das Kind mit wachsender Bewußtheit seines Selbst Motive entwickelt, die keine enge Beziehung zu jenen haben, welche vormals das Verhalten motivierten. An diesem Punkt ist eine Neuorientierung fällig, wenn wir das Subjekt adäquat darstellen wollen.

Der Erwachsene

Wir haben jetzt – mit dem reifen Individuum – eine Person vor uns, deren wesentliche Verhaltensdeterminanten aus einer Reihe von organisierten und kongruenten Eigenschaften bestehen. Diese sind auf vielfältige Weise der spärlichen motivationalen Ausstattung, die das neugeborene Baby kennzeichnet, entwachsen. Der genaue Entwicklungsgang für diese Tendenzen ist von keinem besonderen Interesse, weil sie – gemäß dem Prinzip der funktionellen Autonomie – ihre Motivkraft nicht länger von primitiven Quellen schöpfen, gleich, was sie einstmals auch gewesen sind. Wie Allport es sagt: „Was das Verhalten antreibt, treibt es jetzt", und wir brauchen nicht die Geschichte des Triebes zu kennen, um seine Wirkungsweise zu verstehen. In einem beträchtlichen Ausmaß ist das Funktionieren dieser Eigenschaft bewußt und rational. Der normale Mensch weiß in der Regel, was er tut und warum er es tut. Sein Verhalten paßt in ein kongruentes Muster, und im Kern dieses Musters liegen die Funktionen, die Allport als propriate bezeichnet. Ein volles Verständnis des Erwachsenen kann nicht ohne ein Bild seiner Ziele und Aspirationen erlangt werden. Seine wichtigsten Motive sind kein Echo der Vergangenheit, sondern eher Winke der Zukunft. Was ein Mensch tun wird, können wir in den meisten Fällen eher erraten, wenn wir seine bewußten Pläne kennen, als wenn wir von seinen verdrängten Erinnerungen wissen.

Allport gibt zu, daß das Bild, das wir gerade wiedergegeben haben, etwas idealisiert ist. Nicht alle Erwachsenen erreichen die volle Reife. Es gibt ausgewachsene Personen, deren Beweggründe immer noch nach dem Kinderzimmer riechen. Nicht alle Erwachsenen scheinen ihr Verhalten in Hinsicht auf klare, rationale Prinzipien auszurichten. Immerhin stellt der Umfang, in dem sie unbewußte Motivationen vermeiden, und der Grad, in dem ihre Eigenschaften von kindlichen Ursprüngen unabhängig sind, einen Maßstab ihrer Normalität und Reife dar. Nur beim ernsthaft gestörten Individuum finden wir, daß sein Agieren noch allzusehr ohne Kenntnis dessen vor sich geht, warum (wozu) es handelt, und daß sein Verhalten enger an Ereignisse geknüpft ist, die in der Kindheit sich ereigneten, als an solche, die hier und jetzt stattfinden oder aber in der Zukunft liegen.

Im Gegensatz zu den meisten Persönlichkeitstheoretikern, deren Interesse sich vorwiegend auf die negative Seite der Anpassungsleistungen richtet, nimmt Allport auch jene Qualitäten unter die Lupe, die zu einer mehr als „adäquaten" oder „normalen" Anpassung führen (1961, Kap. 12). Die *reife Persönlichkeit* muß zuerst einmal eine *Ausdehnung des Selbst* (extension of the self) besitzen. Das heißt, das Leben darf nicht eng an ein Verhaltensrepertoir gebunden sein, das sich lediglich auf die unmittelbaren Bedürfnisse und Pflichten bezieht. Der Mensch sollte in der Lage sein, an einer breiten Mannigfaltigkeit von Aktivitäten teilzunehmen und sie zu genießen. Er sollte viele und verschiedenartige Befriedigungen und Versagungen erleben, anstatt nur wenige und stereotype. Ein wichtiger Teil dieser Selbstausweitung umschließt die Projektion, d.h. den Entwurf in die Zukunft – Planen und Hoffen. Zur Reife gehört ebenfalls die Fähigkeit, *warme Beziehungen des Selbst zu anderen* herzustellen, und zwar sowohl in intimen als auch nichtintimen Kontakten. Zudem braucht der Mensch eine fundamentale *emotionale Sicherheit* (emotional security) und er muß sich selbst (so wie er ist) akzeptieren. Auch sollte er *realistisch eingestellt* sein, sowohl im Hinblick auf die äußere Realität als auch auf sich selbst. Zwei Hauptkomponenten dieser letzteren *Selbst-Objektivierung* (self-objectification) sind *Humor* und *Einsicht.* Offensichtlich meint Einsicht hier die Fähigkeit des Individuums, sich selbst zu verstehen, obwohl durchaus nicht eindeutig ist, wie man zu einem adäquaten Standard gelangen soll, mit dem man die persönlichen Überzeugungen vergleichen kann. Ein Sinn für Humor impliziert nicht nur die Kunst, bei passender Gelegenheit Freude und Gelächter hervorzurufen, sondern auch eine Fähigkeit, positive Beziehungen zu sich selbst und zu geliebten Objekten anzuknüpfen und zugleich Inkonsequenzen und Absurditäten, die mit ihnen verbunden sind, wahrzunehmen. Schließlich heißt Reife, daß das Subjekt eine einigende *Lebensphilosophie* annimmt. Obwohl ein Mensch in der Lage sein sollte, die gewöhnlichen Vorfälle in seinem Leben objektiv und selbst amüsiert zu betrachten, so muß dennoch ein Grundmuster vollständigen Ernstes vorhanden sein, das allem, was er tut, Ziel, Zweck, Sinn, Bedeutung verleiht. Die Religion ist eine der wichtigsten Quellen für ein derartiges integrierendes Thema, wenngleich sie keinesfalls den einzigen Ursprung einer allumfassenden Weltanschauung darstellt.

Charakteristische Forschung und Forschungsmethoden

Bei der Betrachtung von Allports Forschungen ist es wichtig, zwischen dem zu unterscheiden, was in direktem Zusammenhang mit seiner Theorie steht, und dem, was aus anderweitigen Ausrichtungen – wie seinem Interesse an der „Aktions"forschung, etwa dem Vorurteil (1954, 1968) und der Religion (1950, 1968) – erwachsen ist. Gleichermaßen ist bei ihm die Verwendung und Entwicklung von Methoden für die Messung der Persönlichkeit, beispielsweise der ‚A-S reaction study' (‚Ascendance-Submission-Test', i. e. Selbstbehauptung-Unterordnung) und der ‚Study of values' (über Werte), nur zum Teil von theoretischen Überzeugungen diktiert gewesen. Trotz des Eintretens für „idiographische" Methoden und Untersuchungen war vieles von seinen eigenen Arbeiten „nomothetisch". In diesem Abschnitt wollen wir mit einer Besprechung eben dieses Gegensatzes von idiographisch und nomothetisch beginnen und darauf eine Diskussion direkter und indirekter Methoden für die Persönlichkeitsmessung folgen lassen, um dann mit der Erörterung von Studien über Ausdrucksverhalten sowie der Untersuchung eines individuellen Falles als den besten Beispielen für Forschungen, die zentrale Aspekte seiner Lehre spiegeln, zu schließen.

Idiographisch versus nomothetisch

Allport hat betont, daß ein Psychologe das Verhalten entweder im Hinblick auf generelle Prinzipien, universelle Variablen und eine große Anzahl von Subjekten untersuchen kann oder aber sich auf den Einzelfall konzentrieren muß, wobei er Methoden und Variablen verwendet, welche die Einzigartigkeit einer jeden Person in Rechnung stellen. Zur Benennung dieser beiden Techniken des Verhaltensstudiums machte Allport eine Anleihe bei dem deutschen Philosophen Wilhelm Windelband und dessen Begriffen *idiographisch* (idiographic) und *nomothetisch* (nomothetic) [die auf das Individuelle bzw. das Universelle zielen]. Allerdings schlug er später (1962) ersatzweise neue Termini technici vor, *morphogen(etisch)* [die Kurzform sollte Struktur- (und Funktions-)Begriffen vorbehalten bleiben; s. auch 1961, Kap. 15. D. Ü.] (morphogenic) anstelle von idiographisch und *dimensional* (dimensional) für nomothetisch. In der Psychologie, so behauptet Allport, gäbe es für beide Vorgehensweisen Platz, jedoch habe der Nachdruck besonders in der amerikanischen Forschung so überwältigend auf nomothetischen Methoden gelegen, daß eine drastische Umorientierung erforderlich werde. Dieser Wechsel sei besonders dringend, weil der morphogenetische Zugang eine genauere Voraussage und ein besseres Verständnis ermögliche. In der Tat könne man nur durch Kenntnis der Person als eben diese Person vorhersagen, was sie in einer gegebenen Situation tun werde.

Dieses Insistieren auf der morphogenetischen Annäherung ist eine logische Folge verschiedener Eigentümlichkeiten von Allports theoretischer Position. Zunächst einmal legt seine Hervorhebung der Einzigartigkeit jeder Person dem Forscher eine starke Verpflichtung auf, Methoden auszuwählen, die diese Individualität weder verhüllen noch entstellen. Das zweite – und eng damit verwandt – ist die nachdrückliche Herausstellung der persönlichen Dispositionen (individuellen Eigenschaften) als den primären Determinanten des Verhaltens. Wenn diese Dispositionen die „realen" Einheiten der Persönlichkeit sind und wenn sie ausschließlich eine einzige Person charakterisieren sollen, so wird die zweifellos effektivste Untersuchungsmethode diejenige sein, welche das Individuum als solches ins Auge faßt.

Allport erkennt zwar die Wichtigkeit der Entwicklung gültiger Methoden für das Studium des Einzelfalles an, es muß jedoch angemerkt werden, daß er und andere, gleichgesinnte Psychologen bei diesem Unternehmen allererst am Anfang standen. Wie schon gesagt, hat Allport in seiner eigenen Arbeit noch häufiger dimensionale Kategorien als morphogenetische benutzt.

Die Anwendung von paarweiser Vergleichung (Paarvergleichen) durch Allport und Vernon (1933) in ihren Untersuchungen über das Ausdrucksverhalten ist eine jener Methoden, welche die gestaltete Individualität eines Subjekts bewahren. Zwei andere Methoden, die Strukturanalyse und die Inhaltsanalyse, verwendeten Allport und seine Studenten (1965) bei der Erforschung der Eigenschaften einer Frau aufgrund von Briefen, die sie geschrieben hatte. Allport (1962) hat die Aufmerksamkeit auch auf morphogenetische Ansätze gelenkt, die von anderen Forschern entwickelt wurden. Darunter sind die Q-Sortierung (Stephenson 1953), individualisierte Fragebögen (Shapiro 1961), Selbst-Verankerungs-Skalen (Kilpatrick/Cantril 1960), der Role Construct Repertory Test (Kelley 1955) und die inverse Faktorenanalyse. Allports Interesse an persönlichen Dokumenten (1942) ist natürlich eng mit dieser Betonung der morphogenetischen Annäherung verwandt.

Es scheint nur billig zu sagen, daß Allport – im ganzen gesehen und im Einklang mit seiner theoretischen Auffassung – die Psychologen stark gedrängt hat, dem Studium des individuellen Falles mehr Zeit und Energie zu widmen, als es bis dahin ihrer Gewohnheit entsprach. Es zeigt sich aber auch, daß diese Akzentuierung bei den zeitgenössischen Psychologen auf ziemlich günstigen Boden fiel, so daß die einstmals so abweichende Position heute weitgehend angenommen ist.

Direkte und indirekte Messungen der Persönlichkeit

Seit den dreißiger Jahren hat unsere Wissenschaft eine beispiellose Ausweitung und Entwicklung von indirekten Methoden der Persönlichkeitseinschätzung erlebt. Die mächtige Wirkung der psychoanalytischen Theorie auf die akademische Psychologie gerade in dieser Periode führte selbstredend zu einem vermehrten Interesse an Instrumenten, die unbewußte Motive und Konflikte aufzuspüren in der Lage schienen. Angesichts dieser Strömung wurden projektive Verfahren enorm beliebt, während die Datengewinnung auf der Grundlage eigener Berichte der Probanden – einschließlich Interview- und Fragebogentechniken – in ihrer Popularität schwanden. Allport steht diesem Trend nicht vorbehaltslos gegenüber. Er schreibt (1953, S. 108ff.): „An keinem Punkt fragen diese [projektiven] Methoden das Subjekt, welches seine Interessen sind, was es zu tun wünscht oder was es zu tun versucht. Noch fragen diese Methoden direkt nach der Beziehung des Subjekts zu seinen Eltern oder zu Autoritätspersonen. Sie folgern die Beziehungen ausschließlich aufgrund vorausgesetzter Identifikationen. Diese indirekte, ja geheime Annäherung an die Motivation ist so populär, daß viele Kliniker und viele Universitätsinstitute weit mehr Zeit auf diesen Typus von diagnostischer Methode verwenden als auf irgendeinen anderen. ... es ist wahrscheinlich richtig, daß die meisten Psychologen bei der Einschätzung der Bedürfnisse und Konflikte einer Person den längeren Weg bevorzugen. Ihr Argument ist natürlich, daß jeder, selbst ein Neurotiker, sich ziemlich gut den ihm von der Realität auferlegten Forderungen anpassen wird. Nur in einer unstrukturierten projektiven Situation wird er seine Ängste und unmaskierten Bedürfnisse offenlegen. ... diese kompromißlose Aussage ... scheint den Kulminationspunkt einer jahrhundertlangen Ära des Irrationalismus – und deshalb des Mißtrauens – zu markieren. Hat das Subjekt denn kein Recht darauf, daß man ihm glaubt? ... Diese vorherrschende theoretische Atmosphäre hat eine Art von Verachtung für die ‚psychische Oberfläche' des Lebens hervorgebracht. Der bewußte Bericht des Individuums wird als unglaubwürdig zurückgewiesen, und der gegenwärtige Druck seiner Motive bleibt zugunsten eines rückwärts gewandten Nachforschens über ein Verhalten in früheren Entwicklungsstadien unberücksichtigt. Das Individuum verliert sein Recht darauf, daß man ihm glaubt. Und während es alles tut, um sein Leben in der Gegenwart – und mit Stoßrichtung auf die Zukunft – zu führen, haben die meisten Psychologen alles getan, es nach rückwärts in die Vergangenheit zu verfolgen. ... Es ist nicht das wohlintegrierte, seiner Motivationen bewußte Subjekt, das sich in projektiven Tests zu erkennen gibt. Es ist vielmehr die neurotische Persönlichkeit, deren Fassade die unterdrückten Ängste und Feindseligkeiten in ihrem Innern Lügen straft. Ein solches Subjekt steht projektiven Verfahren gegenüber ohne Deckung da; das wohlangepaßte Subjekt indessen zeigt keinerlei signifikant abweichende Reaktion."

Allports Position in dieser Frage stimmt völlig mit der Bedeutung, die er den bewußten, rationalen Determinanten des Verhaltens zuschreibt, überein. Seine Überzeugung, daß das normale Individuum sich im Sinne von gewußten, vernünftigen Motiven verhält, führt ihn zu der Versicherung, daß projektive

Techniken nur im Falle des neurotischen oder gestörten Individuums, bei dem die Wirkung unbewußter Motive in der Tat beträchtlich sein mag, einen unverzichtbaren Beitrag zu leisten vermögen. Allport behauptet, daß direkte und indirekte Methoden im Falle der normalen Person ein übereinstimmendes Bild ergeben werden, während es beim ernsthaft fehlangepaßten Individuum zwischen beiden Methoden zu einer erheblichen Diskrepanz kommen kann. Verallgemeinernd sagt er: „... ein normaler, wohlangepaßter Mensch mit starker Zielgerichtetheit (goal-directedness) wird in projektiven Tests eines von zwei Dingen tun: 1) entweder liefert er Material, das mit dem des bewußten Berichtes identisch ist – in welchem Fall die projektive Methode nicht benötigt wird; oder 2) er liefert überhaupt keinen Hinweis auf seine dominanten Motive" (1953, S. 111).

Allport schließt, daß indirekte Methoden wichtige unbewußte Determinanten des Verhaltens enthüllen können, dies aber nur, wenn sie mit der Ausbeute der direkten Methoden verglichen werden. Daraus folgt, daß erstere ausnahmslos in Verbindung mit letzteren angewandt werden sollten. Für die normale Person ergeben direkte Verfahren ein viel volleres und nützlicheres Bild der Motivationsstruktur, als es die indirekten tun. Es darf darüber hinaus bei einem Methodenvergleich auch nicht die größere Effizienz und Einfachheit der direkten Persönlichkeitserfassung übersehen werden.

Allports Konstruktion und Gebrauch von Fragebogentechniken steht im Einklang mit der gerade skizzierten Ansicht. Auf der anderen Seite muß daran erinnert werden, daß der starke Nachdruck, den er auf die Verwendung persönlicher Dokumente zu diagnostischen Zwecken legt, sowie seine Analysen des Ausdrucksverhaltens Beiträge zur indirekten Einschätzung der Persönlichkeit darstellen.

Studien über das Ausdrucksverhalten

Seit Anfang der dreißiger Jahre führten Allport und seine Mitarbeiter eine Reihe von Untersuchungen durch, die sich um den Nachweis der Bedeutung und Konsistenz des expressiven oder *Ausdrucksverhaltens* (expressive behavior) bemühten. Um diesen Forschungsbereich einzugrenzen, unterscheidet Allport zwischen zwei Komponenten, die in jeder menschlichen Reaktion anwesend sind. Erstens gibt es die Anpassungs- oder Leistungskomponente (adaptive or coping component), die primär den funktionellen Wert der Handlung, den Effekt, den sie hat, oder das Ziel, zu dem sie führt, betrifft. Zweitens finden wir eine Ausdruckskomponente (expressive component), welche sich auf die Manier oder den Stil bezieht, in der die Handlung ausgeführt wird. Millionen von Menschen vollziehen die gleichen adaptiven Akte, aber keine zwei Individuen handeln in genau der gleichen Art und Weise. In Anbetracht der Betonung individueller und einzigartiger Verhaltenselemente in Allports Theorie scheint es nur konsequent, daß er an dem Ausdrucksverhalten besonders interessiert ist – jener persönlichen und höchst charakteristischen („idiosynkratischen") Komponente, die noch in der stereotypesten Reaktion zum Tragen kommt.

Allports Theorie führt indessen nicht nur wie selbstverständlich zu einer Beschäftigung mit dem Ausdrucksverhalten; sie verspricht auch, daß das Studium dieses Verhaltensaspektes von genereller Bedeutung sein wird. Wenn das gesamte Verhalten eines Individuums kongruent und aufeinander bezogen ist, dann müssen selbst die trivialsten der individuellen Akte mit der innersten, ureigenen Ausstattung eines Menschen zusammenhängen. Logischerweise können wir dann auch die unscheinbaren Ausdruckshandlungen betrachten, wenn wir Kenntnis von den zentralsten Aspekten des Verhaltens erlangen wollen. Beim Vergleich der Ausdrucks- und Leistungskomponenten stellt Allport fest: „Der Ausdrucks-Teil des Verhaltens geht also auf tiefliegende Determinanten zurück, die in der Regel unbewußt und ohne Mühegabe funktionieren. Der zweckmäßige [adaptive] Teil andererseits ist ein besser begrenztes System, das durch die augenblickliche Absicht bestimmt wird und scharf von dem Reiz und von willkürlicher Anstrengung sowie von eingeübten Fertigkeiten abhängt. Der *Grund* für eine Handlung ist in gleichzeitigen Wünschen und Absichten des Individuums zu suchen (die natürlich wiederum auf tiefliegende persönliche Eigenschaften und Interessen zurückgehen können); aber der *Stil der Durchführung* wird immer direkt und ohne Zwischeninstanzen durch tiefere und dauernde persönliche Dispositionen bestimmt" (1937, dt. 1949, S. 477f.). So untersucht Allport die expressiven Aspekte des Verhaltens ganz im Einklang mit seiner Theorie als ein Mittel zur Bereitstellung eines bequemen Zugangs zu wichtigen Quellen der Motivation und des Konflikts im menschlichen Individuum.

Der Stil des Verhaltens gründet nicht allein auf Persönlichkeitsfaktoren, vielmehr läßt Allport auch die Rolle von soziokulturellen Determinanten, vorübergehenden Launen oder Stimmungen, organischen Zuständen und anderen Variablen gelten. Der Beitrag dieser vielfältigen Faktoren vermindert aber nicht die Wichtigkeit des Ausdrucksverhaltens als einer Quelle der Information über die Persönlichkeit; er macht lediglich die empirische Aufgabe des Untersuchers oder Diagnostikers etwas komplexer. Das expressive Verhalten kann im Hinblick auf die involvierten Handlungstypen klassifiziert werden, z.B. Gesichtsausdruck, Gang und Haltung, Stimme, Handschrift. Allport meint, daß man nicht ausschließlich auf *einen* Typus des Ausdrucksverhaltens achten sollte, da alle von Bedeutung sind und unser Wissen über das Individuum vermehren.

Die umfangreichste von Allports Studien auf diesem Gebiet, die in Zusammenarbeit mit Philip E. Vernon durchgeführt wurde (Allport/Vernon 1933), zielte besonders auf das Problem der Konsistenz der Ausdrucksbewegung. In einem Teil dieser Arbeit wurde eine Gruppe von fünfundzwanzig Subjekten von ausgesprochen heterogener Zusammensetzung in drei Sitzungen untersucht, die jeweils durch eine Periode von etwa vier Wochen voneinander getrennt waren. Während jeder Sitzung beantworteten die Probanden eine große Anzahl von verschiedenen Tests und lieferten damit Meßdaten für: Lese- und Zählgeschwindigkeit; Schätzen geläufiger Größen, Entfernungen und Gewichte; Geschwindigkeit des Marschierens und Spazierengehens; Schrittlänge; Stärke des Händedrucks; Geschwindigkeit und Druck des Finger-, Hand- und Beinklopfens; Zeichnen von Quadraten, Kreisen und anderen Figuren; verschiedene Handschriftmaße; Muskelspannung etc. Zusätzlich wurden durch Beobachter Schätzungen für verschiedene Maße erhoben wie: Stimmintensität; Redeflüssigkeit; Umfang der Bewegung während des normalen Sprechens; gefällige Erscheinung. Es liegt auf der Hand, daß die Untersucher eine äußerst große Menge von Meßdaten sammeln und sodann einer Analyse unterziehen konnten.

In ihrer Studie über die Konsistenz begannen Allport und Vernon mit der Prüfung der Wiederholungszuverlässigkeit (i. e. Konsistenz der Meßdaten bei zwei verschiedenen Gelegenheiten) für unterschiedliche Ausdrucksmaße. Im allgemeinen erschien diese ziemlich hoch, wobei die Interkorrelationen ungefähr der Retest-Reliabilität für konventionelle psychologische Meßinstrumente äquivalent waren. Angesichts dieser Beständigkeit folgern die Autoren: „Einzelne Gewohnheiten in der Gestik, wie wir sie gemessen haben, sind stabile Charakteristika der Individuen unserer Experimentalgruppe“ (1933, S. 98). Als nächstes untersuchten sie die Relation zwischen den Scores für dieselben Aufgaben, die jedoch von verschiedenen Muskelgruppen, der linken und rechten Seite des Körpers, der Arme und Beine usw., auszuführen waren, und auch hierbei fanden sie etwa ein gleiches Ausmaß an Konsistenz. Dieses Ergebnis ist von erheblicher Bedeutung, da es der Tendenz nach auf einen generellen oder zentralen Integrationsfaktor weist, der einen konsistenten Stil erzeugt, ganz gleich, welche periphere Manifestation gewählt wird.

Der schwierigste der Gruppenvergleiche, welche die Untersucher vornahmen, war die Interkorrelation der Hauptvariablen aus all ihren Aufgaben, wobei insgesamt achtunddreißig Messungen berücksichtigt wurden. Der erste von der Korrelationsmatrix gewonnene Eindruck besagte, daß die Interkorrelationen häufiger positiv waren, als allein aufgrund des Zufalls erwartet werden konnte. Dieser Befund ließ vermuten, daß den individuellen Maßzahlen eine gewisse Allgemeinheit zugrundeliegt. Die Daten erlaubten allerdings nicht die Anwendung der konventionellen Faktorenanalyse, so daß die Untersucher eine Art von Clusteranalyse durchführten, in der sie Gruppen von Korrelationen oder Faktoren identifizierten, die aus jenen Variablen bestanden, welche signifikante Interkorrelationen zeigten. Sie beschäftigten sich dabei nicht nur mit der statistischen Signifikanz, sondern auch mit der psychologischen Bedeutsamkeit der in Frage stehenden Variablenbündel.

Am Ende kamen drei Gruppenfaktoren heraus, die den meisten der beobachteten Interkorrelationen Rechnung trugen. Der erste von ihnen wurde der „areale (oder Ausdehnungs-)Gruppenfaktor“ (areal group factor) genannt; er enthielt solche Variablen wie: Ausdehnung des Schreibens insgesamt, Ausdehnung der Wandtafelzahlen, Ausdehnung der Fußvierecke, Überschätzung von Winkeln, Länge von Selbstschätzungs-Zeichen (nach 1937, dt. 1949, S. 489). Es scheint sich dabei um eine Art von „motorischer Expansivität" zu handeln. Dem zweiten Cluster wurde der Name „zentrifugaler Gruppenfaktor" (centrifugal group factor) gegeben; er umschloß Variablen wie: Überschätzung der Entfernung vom Körper mittels der Beine, Ausmaß von Würfeln, verbale Geschwindigkeit, Unterschätzung von Gewichten, Unterschätzung von Entfernungen zum Körper mittels der Hände. Die Autoren sind mit diesem Faktor weniger zufrieden als mit dem vorigen, jedoch schließen sie: „Der Gruppenfaktor basiert hauptsächlich auf den zentrifugal-zentripetalen Maßen. ... Somit kann der Gruppenfaktor als eine allgemeine ‚Auswärtstendenz', als Freiheit und ‚Extroversion' der Ausdrucksbewegung, als das Gegenteil von eingeschlossener, zurückgehaltener und pedantischer Motilität interpretiert werden" (1933, S. 112). Das dritte Bündel erhielt die Bezeichnung „Gruppenfaktor des Nachdrucks (oder der Betonung)" (group factor of emphasis) und schloß solche Messungen ein wie: Stimmintensität, Bewegung während des Sprechens, Schreibandruck, Klopfdruck; Überschätzung von Winkeln, Druck der ruhenden Hand. Die Untersucher kommen zu dem Schluß, daß dieser Faktor relativ heterogen ist, daß jedoch ein genereller Faktor des Nachdrucks den meisten dieser Meßdaten zugrundeliegt. Sie geben zu verstehen: „Bloßer physischer Druck oder physische Spannung scheint nur als Teil einer weiteren und mehr psychologischen Tendenz, nachdrückliche (emphatic) Bewegungen zu vollziehen, signifikant zu sein" (1933, S. 112).

Allport und Vernon, die durch ihre Gruppenvergleiche nicht völlig zufriedengestellt waren, ließen dieser Analyse vier Fallgeschichten folgen, in denen die Ausdrucksbewegungen der Subjekte im Kontext ihrer bekannten Persönlichkeit untersucht werden. Sie sagen: „... wir werden zu der bemerkenswerten Schlußfolgerung gezwungen, daß tatsächlich keine der Messungen dem subjektiven Eindruck von einer Persönlichkeit widerspricht. Die Messungen geben getreulich wieder, was bereits der Commonsense suggeriert. Selbst Messungen, die statistisch nicht übereinstimmen, passen in einem Umfang in das Bild, daß sie ohne weiteres einsichtig und psychologisch kongruent werden" (1933, S. 180). Darüber hinaus fand sich, daß Beurteiler in der Lage waren, mit mehr als Zufallswahrscheinlichkeit Handschriftproben und kymographische Kurven (welche den während des Schreibens ausgeübten Druck anzeigen) kurzen Persönlichkeitsdarstellungen zuzuordnen. Sie machen eine interessante Schlußbemerkung: „Es gibt Grade der Einheit in der Bewegung, so wie es Grade der Einheit im geistigen Leben und der Persönlichkeit gibt. Es ist sicherlich nicht unvernünftig, anzunehmen, daß die Ausdrucksbewegung sich in dem Maße, in dem die Persönlichkeit organisiert ist, als harmonisch und selbstkonsistent erweist und daß, insoweit es der Persönlichkeit an Integration ermangelt, die Ausdrucksbewegung selbstkontradiktorisch ist" (1933, S. 182).

Allport und Vernon berichten über zwei weitere, im wesentlichen graphologische Studien, von denen die eine von den Verfassern unter Mitwirkung von D. B. Lucas, einem Berufsgraphologen, und June E. Downey, einer bekannten Psychologin, erarbeitet wurde, während die andere von Edwin Powers stammt. Letzterer versuchte das Ausmaß zu bestimmen, in dem die Handschrift eine genaue Beurteilung der Persönlichkeit erlaubt. Er war dabei nicht so sehr an einer detaillierten Analyse der Handschrift interessiert, als vielmehr an einer Gesamtbeurteilung von jener Art, wie man sie bei der *Zuordnung von Handschriftproben zu Persönlichkeitsskizzen* anwendet. Die Subjekte waren zehn ziemlich heterogene männliche Erwachsene. Die Handschriftproben bestanden aus einem Vierzig-Worte-Text, der von dem Probanden abgeschrieben werden mußte, wobei dieser sowohl seinen eigenen Federhalter benutzen als auch in der ihm geläufigen Manier schreiben durfte. Die Persönlichkeitsdarstellungen hatten ein Länge von etwa 250 Worten und waren von drei Psychologen in Gemeinschaftsarbeit angefertigt worden. In jedem der Fälle kannte mindestens einer der Psychologen das zu beschreibende Subjekt genauer. Drei Gruppen von Beurteilern wurden in der Studie eingesetzt: 143 männliche Collegestudenten (undergraduates); 25 Fakultätsmitglieder bzw. Ehefrauen von Fakultätsmitgliedern; 17 professionelle Graphologen. Die Zahl der allein aufgrund der Zufallswahrscheinlichkeit zu erwartenden korrekten Paarungen belief sich auf eine aus zehn. Alle drei Gruppen übertrafen diese Rate, wobei die Studenten durchschnittlich 1,77 richtige Paarbildungen, die Fakultätsgruppe 1,80 und die Berufsgraphologen 2,41 im Durchschnitt erreichten. Somit waren die ungeübten Beurteiler zwar besser als der reine Zufall, jedoch schlechter als die Fachleute. Diese Resultate dürften einen hinreichenden Beweis für die Kongruenz der Handschrift – als einer Ausdrucksform des Verhaltens – mit der allgemeinen psychologischen Ausstattung des Individuums abgeben.

In der zweiten graphologischen Studie lieferte eine Gruppe von dreiundzwanzig männlichen Studenten, die zuvor in extenso sowohl unter Verwendung von konventionellen psychologischen Messungen als auch durch Einschätzungen verschiedener Beobachter erfaßt worden waren, eine Anzahl von Handschriftproben. Diese wurden zwei Mitarbeitern (Downey und Lucas) ausgehändigt, die ihrerseits Persönlichkeitsskizzen der Probanden, jedoch lediglich aufgrund der vorliegenden Schrift, anfertigen sollten. Der Experimentator versuchte dann die Persönlichkeitsbeschreibungen mit Hilfe seiner detaillierten Kenntnis der Subjekte zu identifizieren, wobei er teils mit der vollständigen Versuchsgruppe, teils auch mit kleinen Untergruppen arbeitete. Mit beiden Methoden war sein Erfolg in bezug auf die richtige Identifizierung der Subjekte größer als die Zufallsrate, wenn auch die Genauigkeit, absolut gesehen, nicht gerade überragend war.

Nach einer abschließenden Betrachtung der positiven Befunde ihrer Untersuchungen heißt es bei Allport und Vernon: „Aus unseren Ergebnissen wird offenbar, daß sowohl die Gestik als auch die Handschrift eines Menschen einen grundsätzlich stabilen und konstanten individuellen Stil widerspiegeln. Seine Ausdruckshandlungen scheinen keineswegs dissoziiert und beziehungslos zueinander zu sein, vielmehr sind sie organisiert und wohlgestaltet. Weiterhin deuten die Zeugnisse darauf hin, daß es eine Kongruenz zwischen der Ausdrucksbewegung und den Einstellungen, Eigenschaften, Werten und anderen Dispositionen der ‚inneren' Persönlichkeit gibt. Obwohl die Frage der Organisation der Persönlichkeit im ganzen jenseits des Rahmens dieses Bandes liegt, ist deutlich, daß die Grundlagen für eine adäquate Lösung dieses wichtigen Problems nicht durch die anarchische Doktrin der Spezifizität geliefert werden können, sondern nur durch die positiven und konstruktiven Theorien der Konsistenz" (1933, S. 248).

Eine verwandte Forschungsreihe wurde von einem von Allports Schülern, Stanley Estes (1938), ausgeführt. In sechs Experimenten prüfte er die Befähigung von 323 Beurteilern, die Charaktere von fünfzehn Subjekten zu erfassen, wenn ihnen Filmaufnahmen von deren nichtverbalem Verhalten in verschiedenen (gestellten) Situationen zur Ansicht gebracht wurden. In der ersten Untersuchung schätzte eine Gruppe von Sozialarbeitern die Probanden über dreiundzwanzig Persönlichkeitsvariablen unter Verwendung einer Sechs-Punkte-Ratingskala. Die Beurteilungen wurden mit Meßdaten verglichen, welche man unabhängig davon aus dem intensiven Studium der Versuchspersonen gewonnen hatte. Bei fast allen Variablen waren die gesamten Einschätzungen der Beurteiler akkurater, als aufgrund des Zufalls allein hätte erwartet werden können. Ein Vergleich der zehn besten und zehn schlechtesten Beurteiler enthüllte einen auffälligen Unterschied in der Genauigkeit, mit der sie das Verhalten der Subjekte zu interpretieren vermochten. In der zweiten und dritten Studie wurden Gruppen von Collegestudenten und Ferienkursteilnehmern Wortlisten vorgelegt mit der Auflage, diejenigen zehn Worte herauszusuchen, die das beobachtete Ausdrucksverhalten eines jeden Probanden am besten zu charakterisieren schienen. Ihre Urteile wurden mit Standardbeurteilungen verglichen, die von fünf klinischen Psychologen erstellt worden waren. Wiederum waren die Urteile im Durchschnitt besser als der Zufall, und wieder gab es eine beträchtliche Variation in bezug auf die Genauigkeit der Beurteiler. In der vierten Studie wurde eine Anzahl von Erwachsenen aufgefordert, das gefilmte Ausdrucksverhalten mit kurzen, auf Fallgeschichten der Subjekte beruhenden Persönlichkeitsskizzen zusammenzustellen. Im Durchschnitt ergaben sich zweimal so viele korrekte Paarungen, als aufgrund des Zufalls erwartet werden durfte. Außer der üblichen Variabilität in der Akkuratesse der Beurteiler ergaben sich beträchtliche individuelle Unterschiede bei den Subjekten, was die Möglichkeit ihrer genauen Beurteilung anging. Diese Resultate zeigten aber auch, daß die Collegelehrer und Psychologen unter den Gruppenmitgliedern signifikant *weniger* präzise Ratings lieferten als die übrigen Beurteiler und daß Personen, die ein ausgesprochenes Interesse an Malerei und darstellenden Künsten bezeugten, signifikant genauer waren als die anderen. In der fünften und sechsten Studie wurden zwei zusätzliche Studentengruppen gebeten, Samples von Ausdrucksverhalten mit Persönlichkeitsskizzen zusammenzubringen. Erneut waren die Beurteiler in der Lage, die Zuordnung mit größerem als Zufallserfolg zu bewerkstelligen.

Die kombinierten Befunde der sechs Studien machen klar, daß Ausdrucksverhalten sehr wohl Schlußfolgerungen hinsichtlich der Persönlichkeit erlaubt, die so genau sind, daß unmöglich der Zufall für sie verantwortlich ist. Weiter stellte sich in einigen der Untersuchungen heraus, daß die Beurteiler besser abschnitten, wenn man ihnen erlaubte, globale Urteile von der Art, wie sie in Zuordnungsexperimenten enthalten sind, abzugeben, als wenn sie Einstufungen bestimmter Attribute vorzunehmen hatten. Die Resultate legen ebenfalls nahe, daß einige Individuen leichter zu beurteilen sind als andere; das gleiche gilt für einige Persönlichkeitsmerkmale. Schließlich ergab sich ein beständiger Unterschied in der Fertigkeit, mit der die Beurteiler aus dem Ausdrucksverhalten Rückschlüsse auf die Persönlichkeit ziehen konnten: die Befähigteren offenbarten allgemein ein weniger begriffsbezogenes Denken und waren dafür mehr an bildenden und darstellenden Künsten interessiert, wie sie denn auch bei ihren Beurteilungen weniger selbstbewußt analytisch vorgingen. –

Eine Untersuchungsreihe von Allport und Cantril (1934) hatte zum Ziel, das Ausmaß der Genauigkeit festzustellen, in welchem Beurteiler lediglich aufgrund der Stimme auf die Persönlichkeit zu schließen vermochten. Über 600 Beurteiler wurden mit der Einschätzung von sechzehn Sprechern beauftragt. Dabei kamen drei verschiedene Beurteilungstechniken zur Anwendung: Persönlichkeitsskizzen, Zuordnung von Sprechern zu Persönlichkeitsbeschreibungen und Einstufung der Sprecher in bezug auf Charakteristika, die unabhängig gemessen worden waren. Die letzteren umfaßten sowohl physische und Ausdrucksmerkmale wie z. B. Alter, Körpergröße, Aussehen, Erscheinung auf Photographien und Handschrift als auch Interessen und Eigenschaften (traits), beispielsweise Beruf, politische Einstellung, Extraversion, Dominanz (ascendance).

Die Resultate dieser Studien zeigten übereinstimmend, daß Beurteiler fähig waren, die Stimme mit mehr als Zufallsgenauigkeit einzelnen Persönlichkeitsmerkmalen wie auch gewissen körperlichen Kennzeichen zuzuordnen. Ein Vergleich von Urteilen, die auf der natürlichen Stimme beruhten, mit solchen aufgrund der Funkstimme ergab, daß die Beurteiler unter beiden Bedingungen in der Lage waren, den Zufall auszustechen, daß aber die unmittelbar gehörte Stimme zu etwas präziseren Ratings führte als die übertragene Stimme. Eine Prüfung der verschiedenen persönlichen Attribute, welche eingeschätzt wurden, erbrachte sowohl eine größere Übereinstimmung als auch Genauigkeit der Beurteilungen von Interessen und Traits als von physischen Merkmalen und der Handschrift. Die Autoren folgern daraus: „Die höher organisierten Eigenschaften und Dispositionen werden nicht nur konsistenter beurteilt als solche äußeren Charakteristika wie Körperbau und Erscheinung, sondern sie werden auch *korrekter* beurteilt" (Allport/Cantril 1934, S. 51).

Ein weiterer von Allports Schülern, C. W. Huntley (1940), führte mehrere interessante Untersuchungen durch, die das Ausdrucksverhalten mit besonderer Berücksichtigung der [positiven oder negativen] Selbstschätzung (self-esteem) erforschen sollten. Diese Studien erwuchsen aus der Arbeit von Werner Wolff (1933, 1943) und stellen einen Versuch dar, einige von dessen Befunden unter sorgfältig kontrollierten experimentellen Bedingungen nachzuprüfen. Huntley forderte in den zwei von ihm durchgeführten Arbeiten die Subjekte auf, eine Serie von Tests abzuleisten, wobei er es fertigbrachte, während der Testsitzungen ohne Gewahrwerden der Probanden eine Anzahl von „Ausdrucksformen" aufzunehmen. Diese umfaßten Photographien der Handrücken und Profile, wie auch Proben von Handschrift und Stimme. Sechs Monate nach der ursprünglichen Sitzung wurden die Versuchspersonen erneut herangezogen und gebeten, Beispiele des aufgezeichneten Ausdrucksverhaltens zu beurteilen. In jedem Durchgang wurden ihnen vier Samples vorgelegt: zwei von Probanden entgegengesetzten Geschlechts, eines vom gleichen Geschlecht und das verbleibende von dem jeweils Befragten selber. Dabei wurde diesem natürlich verschwiegen, daß eines der Exponate „sein eigenes" war. Die Aufgabe bestand nun darin, eine freie Persönlichkeitsbeschreibung des Urhebers einer jeden Stichprobe sowie eine Rangordnung hinsichtlich ihrer Bevorzugung zu liefern; darüber hinaus sollte jedes Sample im Hinblick auf eine Reihe von bestimmten Attributen eingeschätzt werden: Originalität, Attraktivität, Intelligenz usw. Die zwei hauptsächlichen Ergebnisse betrafen das Erkennen eigener Ausdrucksformen und die wertbezogene Reaktion auf erkannte und unerkannte eigene Formen. Huntleys Studie fiel mit der Wolffschen dahingehend zusammen, daß sie ein überraschend geringes Vorkommen vollständigen Wiedererkennens von Proben des eigenen Ausdrucks enthüllte. Weiterhin zeigten die Resultate dieser Studien, daß beim Probanden eine starke Tendenz zu extremer Reaktion bestand, wenn er seine eigenen Samples einschätzte, ohne sie als solche zu erkennen. Die Bewertung war manchmal negativ, gewöhnlich jedoch positiv und sehr selten neutral. Im Falle partiellen oder unsicheren Wiedererkennens wurden die Beurteilungen merklich günstiger, und bei völligem Erkennen neigten sie dazu, neutral zu werden. Es gab auch erhebliche individuelle Unterschiede in der Selbstbeurteilung, wobei einige Subjekte durchweg ins Extrem fielen, während andere gemäßigt blieben. – In jüngerer Zeit sind einige von Wolffs und Huntleys Befunden von Lindzey – ebenfalls einem Allport-Schüler – nachgeprüft worden (Lindzey/Prince/Wright 1952).

In Verallgemeinerung dieser Resultate aus seinen eigenen Untersuchungen und denen anderer stellt Allport fest: „Die Ausdruckszüge des Körpers werden nicht unabhängig voneinander aktiviert. Jeder von ihnen wird beinahe auf dieselbe Weise in Tätigkeit gesetzt wie jeder andere. Das spricht bis zu einem gewissen Grade für den Satz von Lavater, daß ‚ein und derselbe Geist sich in allem manifestiert‘. / Die Konsistenz ist jedoch niemals vollkommen. Ein Kanal des Ausdrucks ist nicht eine exakte Wiedergabe aller anderen. Wenn das stimmte, wären die monosymptomatischen Methoden der Psychodiagnostik berechtigt. Die gesamte Persönlichkeit würde sich in jedem Zuge gleich gut verraten. Die Handschrift würde das Ganze offenbaren, ebenfalls die Augen, die Hände oder die Glieder. Das Ausmaß an Übereinstimmung, das sich in den Untersuchungsergebnissen zeigte, rechtfertigt nicht eine so einfache Deutung. / Die Einheit des Ausdrucks wird damit, wie wir in der Tat erwarten würden, vollständig zu einer Frage des Grades, genau wie die Einheit der Persönlichkeit selbst eine Angelegenheit des Grades ist. Man sollte nicht erwarten, daß die Ausdruckszüge des Körpers mehr Konsistenz spiegeln, als die Persönlichkeit selbst besitzt (man sollte auch nicht erwarten, daß sie weniger spiegeln). Der Ausdruck ist auf komplexe Weise genau so geformt, wie die Persönlichkeit selbst geformt ist. Es gibt Haupt-Konsistenzen und Neben-Konsistenzen, viel Kongruenz und etwas Konflikt und Widerspruch. Die Psychodiagnostik muß daher vorgehen, wie jeder andere Zweig der Persönlichkeits-Psychologie vorgeht; sie muß die komplexen Phänomene auf einer *komplexen* Ebene untersuchen“ (1937, dt. 1949, S. 492).

Die Briefe von Jenny

In den vierziger Jahren gelangte Allport in den Besitz von 301 Briefen, die eine Frau in mittlerem Alter (mit dem Pseudonym Jenny Masterson) über eine Periode von zwölf Jahren hinweg einem jungverheirateten Paar geschrieben hatte. Allport erkannte die psychologische Tragweite dieser eigentümlichen Briefe und benutzte sie viele Jahre lang in seinen persönlichkeitspsychologischen Kursen in Harvard als Aufhänger für Seminardiskussionen. In abgekürzter Form wurden sie schließlich im ‚Journal of Abnormal and Social Psychology‘ veröffentlicht (Anonymus 1946).

Allport und seine Schüler haben verschiedenartige Analysen dieser Briefe unternommen, um Jennys hervorstechende Eigenschaften zu bestimmen. Der erste, der von den Briefen Gebrauch machte, war Baldwin (1942). Er ersann eine von ihm sogenannte *persönliche Strukturanalyse* (personal structure analysis), die folgende methodische Schritte enthielt: Zunächst verhalf das Lesen der Briefe zur Identifizierung der herausragenden thematischen Gegenstände, über die Jenny sich verbreitet hatte. Baldwin fand, daß sie häufig über ihren Sohn Ross schrieb sowie über Geld, Natur und Kunst und natürlich über ihre eigenen Gefühle. Als nächstes galt es, die Beziehungen dieser Themen untereinander ausfindig zu machen, indem die Häufigkeit notiert wurde, in der sie zusammen auftauchten. Wenn Jenny zum Beispiel über Ross berichtete, wie oft kam sie dann gleichzeitig auf Geld, Kunst, Frauen usw. zu sprechen? Diese Analyse ergab nun eine Anzahl von statistisch signifikanten Clustern oder Konstellationen. Zwei solcher Bündel kreisten um die einmal positive und zum andern negative Einstellung Jennys gegenüber Ross. Wenn er in einem Brief vorteilhaft erwähnt wurde, so traten mit größerer als Zufallswahrscheinlichkeit auch Themen auf, die Natur und Kunst sowie Jennys Erinnerungen an ihr vergangenes Leben betrafen. Wenn sie über Ross Negatives berichtete, so waren die sonstigen angesprochenen Themen meistens sein Egoismus, ihre Selbstaufopferung und die schlechten Seiten anderer Frauen. Nach Allport zeigt Baldwins Studie, „daß die Quantifizierung der Struktur einer Einzelpersönlichkeit mit Hilfe einer statistisch ausgewerteten Inhaltsanalyse möglich ist" (1965, S. 199); zugleich aber wirft er die Frage auf, „ob diese ziemlich mühsame Art, ideationale (i. e. Vorstellungs-)Bündel auszugliedern, jenen Interpretationen, die bereits der allgemeine Menschenverstand beim Lesen des Materials erbringt, irgendetwas Neues hinzufügt" (S. 198f.).

Allport selbst verwendete für die Analyse von Jennys Eigenschaften, soweit sie sich in ihren Briefen offenbarten, eine mehr dem Commonsense entsprechende Methode. Er ließ 36 Leute die Briefe lesen und im Hinblick auf die Traits der Urheberin charakterisieren. Bei dem Unternehmen wurden insgesamt 198 Eigenschaftsbegriffe benutzt, von denen jedoch viele synonym oder weitgehend verwandt waren, so daß Allport sie – mit Ausnahme einer Restgruppe von 13 Begriffen – den folgenden acht Hauptkategorien subsumieren konnte:

1. streitsüchtig-argwöhnisch (quarrelsome-suspicious)
2. ichbezogen (self-centered)
3. unabhängig-autonom/selbständig (independent-autonomous)
4. dramatisch-intensiv/heftig (dramatic-intense)
5. ästhetisch-künstlerisch (aesthetic-artistic)
6. aggressiv (aggressive)
7. zynisch-morbid (cynical-morbid)
8. sentimental/gefühlvoll (sentimental).

Unter den Beurteilern gab es beträchtliche Übereinstimmung hinsichtlich ihrer Auswahl der hervorstechendsten Eigenschaften in Jennys Persönlichkeit; fast alle setzten Argwohn, Ichbezogenheit und Selbständigkeit ganz obenan.

Allport gibt allerdings zu bedenken, daß eine Liste von Charakterzügen noch keine Struktur darstellt. „Gewiß ist ihre Persönlichkeit nicht eine bloße Summe von acht oder neun separaten Eigenschaften" (1965, S. 195). Demgemäß fragte er die Beurteiler, ob sie irgendein einigendes Thema erkennen könnten, das so gut wie alle schriftlichen Verlautbarungen Jennys kennzeichne; er erhielt jedoch eine solche Vielzahl von Antworten, daß er sich unmöglich für eine Kardinaleigenschaft zu entscheiden vermochte. Allport gibt weiterhin zu, daß Psychoanalytiker seiner Eigenschaftsanalyse kritisch gegenüberstehen würden, da sie nicht bis zu den zugrundeliegenden Dynamismen (Motivationen) von Jennys Verhalten vordringt. Er verteidigt seine Position indessen mit dem Hinweis auf die Konsistenz von Jennys Äußerungen, so daß man in der Lage sei, ihr zukünftiges Verhalten aus dem, was sie in der Vergangenheit tat, vorauszusagen.

Paige (1966), ein anderer von Allports Schülern, suchte die Unterstützung des Elektronenrechners zum Zwecke der Inhalts- wie auch Faktorenanalyse von Jennys Briefen. Er benutzte das von einer Gruppe von Verhaltensforschern in Harvard entwickelte General-Inquirer-System (Stone et al. 1966). Dabei wurde jeder Brief im Hinblick auf das Vorkommen von 83 verbalen Kategorien, die die Harvard-Untersucher in einem Diktionarium zusammengestellt hatten, sowie acht von Paige hinzugefügten Begriffen analysiert. Alsdann errechnete man die Korrelationen zwischen allen 91 Kategorien und unterwarf die daraus resultierende Matrix der Interkorrelationen einer Faktorenanalyse. Acht Faktoren wurden herausgezogen und benannt; es waren dies:

1. Aggression (aggression)
2. Besitzstreben (possessiveness)
3. Zugehörigkeitsbedürfnis (need for affiliation)
4. Autonomiestreben/Streben nach Selbständigkeit (need for autonomy)
5. Bedürfnis nach familiärer Anerkennung (need for familial acceptance)
6. Sexualität (sexuality)
7. Empfindungsvermögen/Sinnes(wahrnehmungs)fähigkeit (sentience)
8. Martyrium/Leiden(sbereitschaft) (martyrdom).

Man wird bemerken, daß zwischen Allports Eigenschaften und Paiges Faktoren Ähnlichkeiten bestehen. In beiden Listen erscheinen Aggression und Autonomie. Was Allport Ichbezogenheit nennt, bezeichnet dasselbe verbale Verhalten (seitens Jennys), das bei Paige Besitzstreben heißt. Die gleiche Äquivalenz besteht zwischen der „Sentimentalität" und dem Bedürfnis nach Zugehörigkeit sowie familiärer Anerkennung und weiter zwischen ästhetisch-künstlerischer Neigung und (sinnlichem) Empfindungsvermögen sowie zwischen [Morbidität] und Martyrium. [Die eckige Klammer steht für das mutmaßlich fälschlich gesetzte „ichbezogen" (self-centered), d. Ü.]

Allports Urteile über diese inhaltsanalytischen Untersuchungen sind in dem folgenden Passus zusammengefaßt: „Eine Inhaltsanalyse (ob in Langschrift oder per Computer) stellt keinen goldenen Schlüssel für das Rätsel von Jenny bereit. Jedoch kann sie sehr wohl die Commonsense-Eindrücke objektivieren, quantifizieren und in gewissem Umfang auch reinigen. Sie warnt uns davor, im engen Kontakt mit den Daten (Jennys eigenen Worten) nicht gewisse Lieblingseinsichten mit der Beweisführung durchgehen zu lassen. Und sie bringt uns gelegentlich neue Entdeckungen zur Beachtung, die über den gesunden Menschenverstand hinausgehen, sofern dieser ohne Hilfsmittel operiert. Kurz gesagt, die Konzentration auf Jennys phänomenologische Welt setzt uns in die Lage, sichere Rückschlüsse erster Ordnung hinsichtlich der Persönlichkeitsstruktur, die ihrer existentiellen Erfahrung zugrunde liegt, zu ziehen" (1965, S. 204).

Derzeitiger Stand und Bewertung

Im Gegensatz zu vielen Theoretikern hat Allport niemals eine Schule von Nachfolgern begründet, obwohl Spuren seines Einflusses in den Arbeiten von ehemaligen Schülern angetroffen werden können, darunter S. L. Baldwin, J. S. Bruner, H. Cantril, D. G. McGranahan und M. B. Smith. Die meisten Neuerungen in Allports Theorie beruhten auf eigenen Forschungen, welche er über nahezu ein halbes Jahrhundert fortzusetzen vermochte. Beginnend mit dem Interesse an einer angemessenen Einheit für die Beschreibung der Persönlichkeit – das Ergebnis war seine Konzeption des Eigenschaftsbegriffes – und unter gleichzeitiger Beschäftigung mit der entwicklungsbedingten Umgestaltung der Motive – mit dem Begriff der funktionellen Autonomie als Endpunkt – hat er seine Theorie nach und nach so modifiziert, daß sie wachsenden Nachdruck auf die Intentionalität und die als propriat bezeichneten Ichfunktionen legte.

Obgleich wenige Psychologen diese Theorie in ihrem vollen Umfang aufgenommen haben, hat sie doch beträchtlichen Einfluß gehabt. Einen kleinen Hinweis auf die Nützlichkeit der Theorie liefert ein Fragebogen, der von der Division of Clinical and Abnormal Psychology der American Psychological Association (Schafer/Berg/McCandless 1951) bei praktizierenden klinischen Psychologen in Umlauf gebracht wurde. Die darin gestellten Fragen zielten darauf ab, welcher Persönlichkeitstheoretiker für sie in ihrer alltäglichen Praxis von größtem direkten Wert gewesen war. Die überwältigende Mehrheit der Antworten führte Freud als den einflußreichsten auf, aber der am zweithäufigsten erwähnte war Allport.

Eine der auffälligsten derzeitigen Erscheinungen in diesem Zusammenhang ist die Art und Weise, in der Allports Auffassung das Interesse psychoanalytischer Theoretiker gewonnen hat. Seine Betonung der aktiven propriaten (Ich-) Funktionen und das Konzept der funktionellen Autonomie stimmen weitgehend mit jüngeren Tendenzen in der psychoanalytischen Ich-Psychologie überein. Und ungeachtet seiner unablässigen Kritik an der orthodoxen Psychoanalyse, ist Allport schließlich unter Analytikern zu einem der meistbeachteten theoretischen Psychologen avanciert.

Wie immer auch einmal die systematische Stellung dieser Theorie sein wird, es steht außer Frage, daß ihre reichhaltigen neuen Aspekte für zukünftige Entwicklungen der Psychologie Konsequenzen haben müssen. Auf einem Gebiet, in dem es so wenige gut untermauerte Regel- bzw. Gesetzmäßigkeiten gibt und wo die hauptsächlichen Variablen beinahe mit Sicherheit noch nicht eindeutig identifiziert sind, scheint es wichtig, eine gesunde Vielfalt in den die Forschung leitenden theoretischen Positionen aufrechtzuerhalten. Von daher gesehen hat Allport eine entscheidende Rolle in der psychologischen Theoriebildung eingenommen, zumal seine Ansichten einigen Problemen und Konzepten, die in der zeitgenössischen Forschung oft vernachlässigt wurden, überzeugenden Nachdruck verleihen.

Eines der auffallendsten Phänomene in der Psychologie der vergangenen siebzig, achtzig Jahre ist das Verschwinden und nachfolgende Wiederauftauchen des Selbst- und Ichbegriffs. Vielleicht kein anderer Psychologe war bei der Wiedereinsetzung und Läuterung dieses Konzepts so einflußreich wie Allport. Er hat den Begriff nicht nur in einen historischen Kontext gestellt, sondern auch ständig die sachliche Notwendigkeit aufzuzeigen versucht, einen Begriff dieser Art kritisch zu verwenden, wenn das komplexe Verhalten des normalen Menschen repräsentiert werden soll. Eine weitere Neuheit in Allports Lehre ist seine Betonung der Wichtigkeit bewußter Determinanten des Verhaltens und – als logische Folge davon – seine Verteidigung direkter Methoden für die Einschätzung menschlicher Motivation. Wie bereits angedeutet, ist diese Position bei den meisten zeitgenössischen Psychologen sichtlich unpopulär gewesen, und doch sollte sie angemessen berücksichtigt werden, wenn man eine einseitige Annäherung an unser Grundproblem vermeiden will. Mehr im Einklang mit aktuellen psychologischen Forschungswegen ist Allports nachdrückliche Befürwortung der detaillierten Untersuchung des individuellen Falles. Obwohl andere diese Ansicht geteilt haben, war Allport – infolge seiner Monographie über „die Verwendung persönlicher Dokumente“ in der Psychologie (1942), seiner Bevorzugung idiographischer Methoden, seiner Bearbeitung der „Briefe von Jenny“ sowie der Publikation von Fallgeschichten in seiner Eigenschaft als Herausgeber des ‚Journal of Abnormal and Social Psychology‘ – sicherlich eine der wichtigsten Persönlichkeiten in einer allgemeinen Strömung, die zur derzeitigen Anerkennung des Einzelfalles als einem legitimen Gegenstand der psychologischen Forschung geführt hat.

Wir haben bereits erwähnt, daß Allport einer der wenigen Theoretiker ist, die eine tragfähige Brücke zwischen der Geisteswissenschaftlichen Psychologie und ihren Traditionen auf der einen Seite und dem schnell wachsenden Gebiet der Klinischen und Persönlichkeitspsychologie auf der anderen Seite gebaut haben. Diese Kontinuität dient nicht nur dazu, jede der beiden Unterdisziplinen um die Einsichten der anderen zu bereichern, sondern hilft auch, eine intellektuelle Kontinuität aufrechtzuerhalten, die für die langfristige Entwicklung der Psychologie von Nutzen ist. Eine letzte Neuerung in Allports Lehre besteht in seiner Herausstellung der Zukunft wie auch der Gegenwart – unter relativem Ausschluß der Vergangenheit. Wo nämlich der Einfluß der Psychoanalyse so beherrschend ist, kann der Untersucher oder Praktiker leicht die Bedeutung der situationsbedingten und fortschrittsbezogenen zugunsten der historischen Determinanten des Verhaltens vergessen. Insofern ist es wahrhaftig von Wert gewesen, sich durch Allports Schriften ständig daran erinnern zu lassen, daß die Vergangenheit nicht das Ganze des „funktionierenden“, des lebenden Individuums ausmacht.

Soviel zur positiven Seite des Registers; wenden wir uns jetzt auch der negativen zu. In vielerlei Hinsicht ist Allports Theorie ganz besonders der Kritik ausgeliefert, und es hat auch in der Tat an aktiven Gegnern nicht gefehlt, unter ihnen Bertocci (1940), Coutu (1949), Seward (1948) und Skaggs (1945). Wie schon früher angedeutet, ist Allport gewöhnlich mehr mit der glänzenden und eindrucksvollen Darlegung seiner Überzeugungen beschäftigt gewesen als mit seiner Abschirmung gegen mögliche Einwände. Die formale Unangemessenheit der Theorie hat zu vielen abwertenden Kommentaren geführt. So fragt sich: Welches ist eigentlich die axiomatische Basis seiner Position? Was ist vorausgesetzt, und was ist empirischer Prüfung zugänglich? Wie sind die in der Theorie gemachten Annahmen überhaupt aufeinander bezogen, und wo sind die sorgfältigen empirischen Definitionen, die dem Untersucher erlauben, die Begriffe in Beobachtungseinheiten zu übersetzen? Eng verwandt mit diesen Fragen, jedoch von noch weit größerer Bedeutung, ist das Problem der Vielfalt und des Umfangs der Forschungsarbeit, welche die Theorie nach sich gezogen hat. Es muß zugegeben werden, daß sie mit Ausnahme vielleicht des Bereichs des Ausdrucksverhaltens kein effizienter Erzeuger von empirisch prüfbaren Behauptungen gewesen ist. Wie die meisten anderen Persönlichkeitstheorien hat auch diese weniger Schwierigkeiten, bereits erkannten Beziehungen Rechnung zu tragen, als Voraussagen über noch zu beobachtende Ereignisse zu machen. Obwohl also Allports eigene Schriften und Forschungen zu einer Vielzahl von ähnlichen Untersuchungen geführt haben, z.B. über Vorurteile, über soziale und religiöse Einstellungen, über Gerüchte, läßt sich nicht leugnen, daß seine Theorie als formales Schema für die Aufstellung von Experimentierplänen schmählich im Hintertreffen ist.

Viele Psychologen glauben, die mangelhafte Fähigkeit der Theorie, Voraussagen zu machen, habe ihren Grund mit darin, daß der Begriff der funktionellen Autonomie keine empirische Bekräftigung zuläßt, geschweige denn zur Vorhersage noch unbeobachteter Ereignisse taugt. Wir haben schon auf eine gewisse Verlegenheit hingewiesen, als der Begriff der Propriatheit als eines Kriteriums zur Bestimmung dessen, was autonom wird, eingeführt wurde. Die Grundlage der funktionellen Autonomie ist ja das Nichterscheinen der erwarteten Extinktion oder des Ausfalls einer gegebenen Reaktion; und ganz gleich, wie lange wir eine Response beobachten, die nicht ausgelöscht werden konnte – es gibt immer die Möglichkeit der Kritik. Der Gegner kann stets sagen, daß wir noch länger zuschauen müßten, um die Extinktion doch noch zu beobachten, oder er mag die offenkundige Autonomie der Reaktion mittels irgendeiner zugrundeliegenden Motivation zu erklären suchen, welche von dem Experimentator nicht adäquat verstanden werde. Man kann in der Tat jedes konkrete Beispiel für funktionelle Autonomie im Sinne anderer theoretischer Formulierungen erklären; allerdings können umgekehrt auch Belege für andere theoretische Prinzipien mit Hilfe alternativer Prinzipien ausgedeutet werden. Die vielleicht ernsthafteste Kritik an seinem diesbezüglichen Theorem ist die, daß Allport keine adäquate Begründung für den Prozeß oder den Mechanismus der unterstellten funktionellen Autonomie liefert. Er sagt uns zwar, daß das Phänomen stattfindet, hat jedoch keine befriedigende Erklärung dafür, wie oder warum es dazu kommt.

Ein anderes Merkmal der Theorie, das von der Kritik unter heftigen Beschuß genommen wurde, ist Allports Voraussetzung einer partiellen Diskontinuität zwischen Normalität und Abnormität, zwischen Kind und Erwachsenem, zwischen Tier und Mensch. Die meisten Psychologen sind absolut davon überzeugt, daß mit dem Studium abnormaler Subjekte auch zugleich unser Wissen über das normale Verhalten zugenommen hat; infolgedessen erscheint ihnen jeder Versuch, das Abnorme als von dem Normalen abgesetzt bzw. nicht mit diesem zusammenhängend zu betrachten, geradezu häretisch. Tatsächlich macht das Ausmaß, in dem Psychologen die aufgrund der Beobachtung von niederen Tieren entwickelten Begriffe ausgeliehen haben, die Annahme einer Diskontinuität *innerhalb* der menschlichen Gattung um so schwieriger. Dieser Ansicht über das normale, erwachsene und menschliche im Gegensatz zum abnormen, kindlichen oder tierischen Verhalten entspricht Allports Vorliebe für ein Menschenbild, in dessen Zentrum positive oder normativ hochstehende Verhaltensaspekte stehen. Der Einfluß der Psychoanalyse und der Vergleichenden Psychologie ist so stark gewesen, daß eine Theorie, die auf der Betonung sozial akzeptabler Motive anstelle primitiver Bedürfnisse wie Sexualität und Aggression insistiert, sich in der Gegenwart – gelinde gesagt – viktorianisch ausnimmt. Allport selbst würde sagen, daß er die Wichtigkeit der biologischen oder unbewußten Motive keineswegs leugne, jedoch der Rolle sozialisierter Motive und rationaler Prozesse, die eine vorübergehende Ära des Irrationalismus allzusehr vernachlässigt habe, den ihnen gebührenden Platz zuweist. Wie immer es auch sein mag, viele Kritiker der Theorie halten daran fest, daß Allports Position den Menschen durch Ausdrücke repräsentiert, die viel zu sehr jenen ähneln, welche bereits der Mann auf der Straße benutzt, wenn er sein Verhalten beschreiben will.

Kein zeitgenössischer Psychologe darf sich allzu sehr auf die „Einzigartigkeit" berufen, ohne damit den Zorn vieler seiner Kollegen herauszufordern, die auf die Abstraktion und Messung des Verhaltens ausgerichtet sind. Was Coutu (1949) „den Trugschluß der einzigartigen Persönlichkeit" genannt hat, spiegelt eine wesentliche Meinungsverschiedenheit zwischen Allports Anschauungen und jenen der meisten derzeitigen Sozialwissenschaftler. Deren Überzeugung ist es, daß Individualität mit Hilfe von adäquaten einfachen und allgemeinen Prinzipien erklärt werden kann und daß die Konzentration auf das Individuelle und Einzigartige bei dem heutigen Entwicklungsstand der Psychologie zu nichts als steriler Spekulation führt.

Sanford (1963) hat ebenfalls ernsthafte Einwände gegen das Einzigartigkeitskonzept erhoben. Er besteht darauf, daß die Wissenschaft nicht den einmaligen Ereignissen Rechnung tragen könne, weil sie nach Gleichförmigkeiten und statistischen Regelmäßigkeiten Ausschau hält, um sie alsdann zu generalisieren. Er bemerkt, daß Kliniker und andere, die intensiv mit dem Studium der individuellen Persönlichkeit beschäftigt sind, Allports Empfehlung, sich zuerst und vor allem um ein Verständnis der einzigartig gestalteten Organisation einer Person zu bemühen, keineswegs gefolgt sind. Vielmehr versuchen sie, aus der Analyse des Einzelfalles allgemeine Prinzipien abzuleiten. Allports Antwort auf diese Kritik verweist darauf, daß man [auch] im Leben eines einzelnen Menschen Gleichförmigkeiten entdecken und daraufhin sehr wohl Generalisierungen über diesen vornehmen kann. Es bleibt jedoch die Tatsache, daß Allport – abgesehen von den „Briefen" (und selbst in diesem Falle wurde kaum der Versuch unternommen, Jennys Einzigkeit als Mensch aufzudecken) – seinem eigenen Ratschlag nicht folgte. Seine Forschung ist in der Regel vom nomothetischen Typus gewesen.

Ein weiterer Einwand gegen die Theorie, welcher eng mit ihrem Versagen, empirische Behauptungen zu erzeugen, zusammenhängt, ist ihr Unvermögen, einen Satz von Dimensionen zum Zwecke der Persönlichkeitsuntersuchungen zu bestimmen. Individuelle Eigenschaften (Traits) können per definitionem nicht in allgemeiner Form festgesetzt werden, und infolgedessen muß der Experimentator, wenn er die idiographische Methode übernimmt, für jedes zu untersuchende Subjekt von neuem mit der Aufstellung von Variablen beginnen. Offensichtlich ist dies eine äußerst entmutigende Situation für den an der (empirischen) Forschung Interessierten.

Schließlich finden diejenigen unter den zeitgenössischen Psychologen, die von dem Beitrag der soziokulturellen Determinanten des Verhaltens beeindruckt sind – und dies ist eine ansehnliche Gruppe – kaum eine Möglichkeit, diesen Faktoren in Allports Theorie einen angemessenen Platz anzuweisen. Sie behaupten, die Theorie werde zwar dem Aufeinander-bezogen-Sein allen Verhaltens voll gerecht, berücksichtige aber nicht die Bezogenheit des Verhaltens auf die Umweltsituation, in dessen Rahmen es stattfindet. Allport messe dem, was innerhalb des Organismus vor sich geht, zu viel Wert bei – und dies auf Kosten des verführerischen und zwingenden Einflusses äußerer Kräfte.

In der für ihn charakteristischen aufgeschlossenen Art hat Allport auf diese Kritik sehr wohl geachtet und sie auch erwidert. In seiner wichtigen Schrift ‚Traits revisited' [Revision des Eigenschaftskonzepts] erkennt er an, daß seine „früheren Ansichten die durch ökologische, soziale und situationale Faktoren induzierte Variabilität vernachlässigt zu haben scheinen" (1966, S. 9). „Dieses Versehen", fährt er fort, „muß durch eine adäquate Theorie, welche die inneren und äußeren Systeme genauer aufeinander bezieht, wiedergutgemacht werden." Allport versucht allerdings nicht, eine derartige Theorie bereitzustellen, und tatsächlich scheint er zu schließen, daß eine solche seinen Standpunkt auch weder ungültig machen noch ersetzen würde. Er glaubt nicht, daß Eigenschaften im Sinne von Interaktionswirkungen repräsentiert werden können. Umweltsituationen und soziokulturelle Variablen mögen distale kausale Kräfte sein, aber „der intervenierende Faktor der Persönlichkeit ist immer die proximale Ursache des menschlichen Verhaltens". Die Psychologie habe die Pflicht, so Allport, das Personsystem zu untersuchen, weil es eben diese Person ist, welche das Sozialsystem annimmt, zurückweist oder auch von ihm unbeeinflußt bleibt. Allports toleranter Eklektizismus wird gerade in dieser Lösung der Person-Gesellschaft-Kontroverse sichtbar. „Der Persönlichkeits-theoretiker sollte so gut in den Sozialwissenschaften ausgebildet sein, daß er das Verhalten eines Individuums als zu irgendeinem Interaktionssystem passend erkennen kann; das heißt, er sollte in der Lage sein, dieses Verhalten in die Kultur, in der es sich ereignet, in seinen situationalen Kontext und im Sinne der Rollentheorie wie der Feldtheorie richtig einzuordnen. Zur gleichen Zeit sollte er nicht die Tatsache aus den Augen verlieren, daß es ein inneres und subjektives Gestalten (patterning) all dieser kontextbezogenen Akte gibt" (1960a, S. 307).

Vielleicht das bemerkenswerteste Attribut von Allports theoretischen Schriften ist, daß sie trotz ihres Pluralismus und Eklektizismus imstande waren, den Eindruck des Neuartigen zu erzeugen und zugleich einen großen Einfluß auszuüben. Sein Werk steht als das Monument eines klugen und feinfühligen Gelehrten, der es sich zur Aufgabe gemacht hatte, die positiven Aspekte des menschlichen Verhaltens in einer Weise darzustellen, die der Einzigartigkeit eines jeden lebenden Organismus Achtung zollt.

8. Die Organismische Psychologie: Goldstein, Angyal, Maslow, Lecky

Seitdem René Descartes im 17. Jahrhundert das Individuum in zwei separate, wenn auch in Wechselwirkung befindliche Substanzen, nämlich Körper und Geist, aufgespalten hat und Wilhelm Wundt im 19. Jahrhundert – in Fortführung der Tradition der englischen Assoziationspsychologie – die Seele durch Reduzierung auf elementare Einheiten von Empfindung, Gefühl und Vorstellung quasi atomisierte, hat es immer wieder Bestrebungen gegeben, Psyche und Physis, die Seele und den Leib, wieder zusammenzusetzen und den Organismus als ein einheitliches, geordnetes Ganzes zu behandeln. Ein bemerkenswerter Versuch, welcher in jüngeren Jahren eine breite Anhängerschaft gewonnen hat, ist als die organismische bzw. holistische Auffassung bekannt. [Während der letztere Ausdruck vom griechischen ‚hólos' – mit der Bedeutung: vollständig, ganz, gesamt – abstammt, wird das englische Wort ‚holistic' auch anstelle des deutschen ‚ganzheitlich', u. a. in der Zusammensetzung mit ‚psychology' für ‚Ganzheitspsychologie', verwendet. Um der hierdurch bedingten Doppeldeutigkeit – die übrigens im deutschen Ganzheits- (und Struktur-)Begriff eine Parallele hat – zu entgehen, empfiehlt sich im Kontext der Organismischen Psychologie, zumal wegen ihrer Affinität zur Gestalttheorie (engl.: gestalt theory), nicht die lexikalisch mögliche Eindeutschung des Nebenbegriffs ‚holistische Theorie'. D. Ü.] Besagte Geistesströmung fand ihren Ausdruck in der Psychologie Adolf Meyers (Rennie 1943; Meyer 1948), in dem neuen, Psychosomatik genannten Zweig der Medizin (Dunbar 1935 u. 1947) sowie in dem grundlegenden Werk von Coghill (1929) über die Entwicklung des Nervensystems mit Bezug auf das Verhalten. Die wichtigsten ärztlichen Vorläufer des organismischen Konzeptes sind der herausragende englische Neurologe John Hughlings Jackson (cf. 1931) und der berühmte französische Physiologe Claude Bernard (1866). Jan Smuts, der große südafrikanische General und Staatsmann, wird als der führende philosophische Verfechter der organismischen Theorie angesehen; sein bemerkenswertes – und seinerzeit äußerst einflußreiches – Werk trägt den Titel ‚Holism and Evolution' (1926, dt. ‚Die holistische Welt' 1938). [Der 1866 in der Schweiz geborene und 1892 in die USA ausgewanderte Psychiater Adolf Meyer († 1950) ist nicht zu verwechseln mit dem deutschen Philosophen Adolf Meyer-Abich (* 1893), der ebenfalls – wenn auch aus dem Bereich der Morphologie heraus – ein als „Holismus" bzw. „Organizismus" bezeichnetes System der theoretischen Biologie entwickelt hat; vgl. dazu die Literaturangaben 1934 und 1943. D. Ü.] In der

Psychologie vertraten J. R. Kantor (1924, 1933, 1947), R. H. Wheeler (1940), Heinz Werner (1948), Gardner Murphy (1947) und Carl Rogers (vgl. Kap. XIII) einen organismischen Standpunkt. Befruchtend wirkte hierbei John Deweys epochemachender Aufsatz über das „Reflexbogen-Konzept in der Psychologie" (1896). Das Saatbeet aber, aus dem diesbezügliche Anschauungen aufkeimten, wurde schon von Aristoteles, Spinoza, Goethe und William James bereitet. Und wenn auch nicht alle erwähnten Autoren komplette organismische Theorien vorgelegt haben, weisen doch ihre Formulierungen schon sichtbar auf dieses Ziel.

Eng verwandt mit der organismischen Richtung ist die gestalttheoretische Bewegung, deren Begründer Wertheimer, Koffka und Köhler sich in den Jahren unmittelbar vor dem Ersten Weltkrieg gegen die seinerzeit von Wundt und dessen Anhängern vorgetragene Methode der Seelenzergliederung auflehnten. Die Gestaltpsychologen traten für eine neuartige Analyse bewußter Erlebnisse ein. Beginnend mit dem Wahrnehmungsfeld als ganzem, versuchten sie dieses in Figur und Hintergrund zu differenzieren und dann die Eigenschaften jeder dieser Komponenten sowie ihre wechselseitigen Wirkungen aufeinander zu erforschen. Auf dem Gebiet des Lernens ersetzten sie die Assoziationstheorie durch das Konzept der Einsicht. Eine Person erlernt eine Aufgabe als sinnvolles Ganzes und nicht in stückweiser Manier. Obwohl die Gestalttheorie einen gewaltigen Einfluß auf das moderne Denken ausgeübt hat und zweifellos den organismischen Lehren kongenial ist, kann sie doch streng genommen nicht als eine solche angesehen werden. Denn der Grundtendenz nach hat sie in der von den drei genannten Forschern entwickelten Form ihr Augenmerk auf die Phänomene des Wachbewußtseins beschränkt und weiß daher über den Organismus oder die Persönlichkeit insgesamt sehr wenig auszusagen. Trotzdem stehen die beiden Richtungen in bestem Einvernehmen zueinander, was sich unter anderem daraus erklärt, daß die „Organismiker" nicht nur viele ihrer Begriffe von den Gestaltpsychologen übernommen, sondern recht eigentlich die gestalttheoretischen Prinzipien auf den Organismus als ganzen ausgedehnt haben.

Der führende Vertreter der Organismischen Psychologie war der bedeutende Neuropsychiater Kurt Goldstein. Vornehmlich aufgrund seiner Beobachtungen und Untersuchungen an hirnverletzten Soldaten während [und nach] dem Ersten Weltkrieg und als Resultat seiner früheren Studien über Sprachstörungen kam er zu der Schlußfolgerung, daß jedes besondere Symptom, das ein Patient zeigt, nicht allein als Ergebnis einer bestimmten organischen Verletzung oder Krankheit verstanden werden kann, sondern nur als eine Manifestation des gesamten Organismus. Dieser verhalte sich nämlich immer als einheitliches Ganzes und nicht wie eine Reihe von gesonderten Teilen. Seele und Körper sind nicht getrennte Wesenheiten, und weder besteht die Seele bzw. der Geist aus unabhängigen Vermögen oder Elementen noch der Leib aus unabhängigen Organen und Prozessen. Der Organismus ist eine ungeteilte

Einheit. Was in einem Teil geschieht, wirkt stets auf das Ganze. Die Psychologie betrachtet den Organismus aus der einen, die Physiologie aus einer anderen Perspektive. Jedoch müssen beide Disziplinen innerhalb des Bezugsrahmens der Organismischen Psychologie operieren, weil jedes Ereignis – sei es psychologischer oder physiologischer Natur – immer im Zusammenhang des ganzen Organismus stattfindet, sofern es nicht künstlich aus diesem Zusammenhang isoliert worden ist. Die Gesetze des Ganzen beherrschen die Funktion der differenzierten Teile des Ganzen. Will man das Funktionieren irgendeiner Teilkomponente verstehen, ist es daher notwendig, die Gesetzmäßigkeiten herauszufinden, durch welche der Gesamtorganismus arbeitet. Genau dies ist der Grundtenor der Organismischen Psychologie.

Die Hauptmerkmale der Lehre, insoweit sie sich auf die Psychologie der Person beziehen, können wie folgt zusammengefaßt werden:

(1) Die Organismische Psychologie betont die Einheit, Integration, Konsistenz und Kohärenz der normalen Persönlichkeit. Ordnung (Organisation) ist der natürliche Zustand des Organismus; Unordnung (Desorganisation) ist pathologisch und entsteht gewöhnlich durch Einwirkung einer bedrückenden oder bedrohlichen Umgebung, in einem geringeren Ausmaß auch durch intraorganische Anomalien.

(2) Die Organismische Psychologie beginnt mit dem Organismus als einem geordneten (organisierten) System und geht dann zu seiner Analyse über, indem sie die für das Ganze konstitutiven Glieder differenziert. Ein Glied wird niemals vom Ganzen, zu dem es gehört, losgelöst und als isoliertes Ding studiert; es wird immer unter dem Aspekt seiner Zugehörigkeit zum Gesamtorganismus betrachtet. Die Organismischen Psychologen glauben, daß man unmöglich das Ganze durch direktes Untersuchen isolierter Teile oder Ausschnitte verstehen kann, weil es mittels Gesetzen funktioniert, die für die Teile keine Gültigkeit haben. Der atomistische Standpunkt wird als besonders schwerfällig empfunden; denn nachdem der Organismus auf seine Elemente reduziert ist, kommt man nicht umhin, einen „Organisator" zu postulieren, welcher die Elemente zu einem geordneten Ganzen zusammenschließt. Die organismische Theorie erfordert keinen derartigen Organisator, weil die Ordnung von Anfang an in das System eingebaut ist und die Integrität des Organismus durch die Analyse nicht verloren gehen oder zerstört werden darf.

(3) Die Organismische Psychologie setzt voraus, daß das Individuum durch einen herrschenden Trieb (drive) motiviert ist, anstatt durch eine Mehrzahl von Trieben. Goldsteins Name für dieses souveräne Motiv ist *(Selbst)Verwirklichung* [in der Rückübersetzung aus dem Amerikanischen auch Selbstaktualisierung und -realisierung], was bedeuten soll, daß der Mensch fortgesetzt danach strebt, die ihm angeborenen Entwicklungsmöglichkeiten auf allen ihm dafür offenstehenden Wegen zu verwirklichen. Diese Zielstrebigkeit gibt dem Leben des einzelnen Richtung und Einheit.

(4) Obwohl die Organismische Psychologie das Individuum nicht als ein

geschlossenes System ansieht, tendiert sie dazu, den primären und lenkenden Einfluß der Außenwelt auf die normale Entwicklung zu unterschätzen und dafür die ererbten Möglichkeiten des Organismus für das Wachstum zu betonen. Der Organismus wählt die Merkmale der Umwelt aus, auf welche er reagieren will, und die Umwelt kann, abgesehen von seltenen und abnormen Umständen, das Individuum nicht zwingen, sich in einer Weise zu verhalten, die seiner Natur fremd ist. Wenn der Organismus die Umgebung nicht kontrollieren kann, wird er versuchen, sich ihr anzupassen. Im allgemeinen hält die Organismische Psychologie dafür, daß die Anlagen des Organismus, sofern ein angemessenes Milieu ihnen gestattet, sich naturgemäß zu entfalten, eine gesunde, integrierte Persönlichkeit erzeugen werden, obwohl extrem ungünstige Umweltbedingungen die Person jederzeit zerstören oder verkrüppeln können. Es gibt kein angeborenes „Schlechtes" im Organismus; er wird „schlecht" gemacht durch eine unzulängliche Umgebung. An diesem Punkt hat die Theorie viel mit den Ansichten des französischen Philosophen Jean Jacques Rousseau gemeinsam, welcher glaubte, daß der natürliche Mensch gut ist, daß er aber nicht selten verdorben wird durch ein Milieu, das ihm die Möglichkeit versagt, in Übereinstimmung mit seiner Natur zu handeln und sich zu entwickeln.

(5) Die Organismische Psychologie macht häufig Gebrauch von den Gestaltprinzipien, doch ist sie der Auffassung, daß die übermäßige Beschäftigung der Gestaltpsychologen mit isolierten Funktionen des Organismus, als da sind Wahrnehmung und Lernen, eine zu schmale Grundlage für das Verständnis des Gesamtorganismus liefert. Die organismischen Psychologen haben die Basis verbreitert, indem sie alles, was der Organismus ist und tut, in ihren Forschungsbereich einbezogen. Obwohl vieles in der organismischen Theorie an Lewin erinnert, trägt dessen Topologie doch streng psychologischen Charakter, d.h. sie schließt nicht den gesamten biologischen Organismus ein.

(6) Die Organismische Psychologie glaubt, daß man aus dem umfassenden Studium einer Person mehr lernen kann als aus der extensiven Untersuchung einer isolierten, aus vielen Individuen abstrahierten psychologischen Funktion. Aus diesem Grund ist die organismische Konzeption auch im allgemeinen bei klinischen Psychologen, die die ganze Person zu behandeln haben, populärer geworden als bei Experimentalpsychologen, die primär an den genannten separaten Prozessen oder Funktionen interessiert sind. –

Im vorliegenden Kapitel wollen wir zuerst eine Darstellung der organismischen Theorie geben, wie sie von Kurt Goldstein entwickelt worden ist, sowie einige typische Beispiele für Forschungsarbeiten, zu denen seine Lehre geführt hat. Danach werden wir eine andere wichtige, von der ersteren in einigen wesentlichen Punkten abweichende Formulierung derselben Richtung betrachten, und zwar die von Andras Angyal. Zwei weitere Versionen der organismischen Auffassung, eine von Abraham Maslow, die andere von Prescott Lecky, sollen ebenfalls diskutiert werden.

Goldsteins organismische Theorie

Kurt Goldstein empfing seine neurologische und psychiatrische Ausbildung in Deutschland und stieg zu einer herausragenden Position als medizinischer Forscher und Universitätslehrer auf, bevor er – in der Folge der nationalsozialistischen Machtergreifung – 1935 in die Vereinigten Staaten auswanderte. Er wurde am 6. November 1878 in Kattowitz, Oberschlesien, geboren. Seinen medizinischen Doktorgrad erlangte er 1903 von der Breslauer Universität. Er arbeitete dann für viele Jahre unter prominenten Medizinern, bis er einen Forschungs- und Lehrauftrag an der Universität Königsberg erhielt. Während der acht Jahre in dieser Stellung machte er viele experimentelle Arbeiten und schrieb zahlreiche Aufsätze, die seinen Ruf begründeten und in seinem sechsunddreißigsten Lebensjahr zu seiner Ernennung zum Professor für Neurologie und Psychiatrie und Direktor des Neurologischen Instituts der Universität Frankfurt führten. Während des Ersten Weltkrieges war er Direktor des Militärhospitals für hirnverletzte Soldaten und trug zur Errichtung eines Instituts zur Erforschung der Nachwirkungen von Hirnverletzungen bei. In eben diesem Institut machte Goldstein jene fundamentalen Untersuchungen, welche die Grundlage für seinen organismischen Standpunkt abgaben (Gelb/Goldstein 1920). Im Jahre 1930 ging er als Professor für Neurologie und Psychiatrie an die Berliner Humboldt-Universität, wobei er zugleich als Direktor der neurologisch-psychiatrischen Abteilung des Allgemeinen Krankenhauses in Berlin-Moabit fungierte. Als Hitler an die Macht kam, wurde Goldstein inhaftiert und nur unter der Bedingung wieder auf freien Fuß gesetzt, daß er Deutschland verließ. Er ging zunächst nach Amsterdam, wo er sein wichtigstes Buch vollendete: ‚Der Aufbau des Organismus‘ (1934; amerikanische Ausgabe 1939). 1935 konnte er in die Vereinigten Staaten übersiedeln und arbeitete dort für ein Jahr am New Yorker Psychiatric Institute, um danach Leiter des Laboratory of Neurophysiology am Montefiore Hospital und klinischer Professor für Neurologie am College of Physicians and Surgeons der Columbia University zu werden. Während dieser Periode lehrte er unter anderem Psychopathologie am Department of Psychology daselbst und hielt, einer Einladung nach Harvard folgend, die William James Lectures, die unter dem Titel ‚Human nature in the light of psychopathology‘ (1940) erschienen. In den Kriegsjahren war er klinischer Professor der Neurologie an der Tufts Medical School in Boston und veröffentlichte ein Buch über [seinen früheren Forschungsbereich:] die Nachwirkungen von Hirnverletzungen im Kriege (1942). 1945 kehrte er nach New York City zurück, um eine Privatpraxis für Neuropsychiatrie und Psychotherapie einzurichten. Er wurde Mitarbeiter der Columbia University sowie der New School for Social Research und darüber hinaus Gastprofessor an der Brandeis University, wobei er wöchentlich nach Waltheim, Mass., pendelte. Hier verband er sich mit zwei anderen holistischen

Theoretikern, Andras Angyal und Abraham Maslow. Sein letztes Buch behandelte das Thema Sprache und Sprachstörungen (1948), über das er während seiner ganzen beruflichen Laufbahn Forschungen durchgeführt hatte. In seinen späteren Jahren wurde Goldstein mehr und mehr mit der Phänomenologie und der Existentiellen Psychologie in Zusammenhang gebracht. Er starb in New York am 19. September 1965 im Alter von 86 Jahren. Seine Autobiographie erschien posthum (1967). Eine vollständige Bibliographie von Goldsteins Werken ist in einem Gedächtnisband (Simmel 1968) enthalten.

Die Struktur des Organismus

Der Organismus besteht aus differenzierten Gliedern, welche miteinander verbunden sind; diese Glieder werden, ausgenommen unter abnormen oder unnatürlichen Bedingungen, z. B. bei Angst, nicht getrennt. Die primäre Ordnung des organismischen Funktionierens ist die von Figur und Grund. Eine Figur ist jeder Vorgang, der vor einem Hintergrund auftaucht und sich [als Vordergrund] abhebt. In bezug auf die Wahrnehmung ist sie dasjenige, was das Zentrum der aufmerksamen Bewußtheit einnimmt. Wenn zum Beispiel jemand, der sich in einem Raum befindet, einen Gegenstand anschaut, so bildet dessen Wahrnehmung eine Figur auf dem Grund des übrigen Raumes. In bezug auf das Handeln ist die Figur die in der Hauptsache vor sich gehende Tätigkeit des Organismus. Wenn man ein Buch liest, so ist das Lesen die Figur, die sich von anderen Aktivitäten, wie Luft ein- und ausatmen, auf dem Bleistift kauen, sich die Haare eindrehen, das Stimmengewirr von nebenan hören, heraushebt. Eine Figur hat eine eindeutige Grenze oder auch Kontur, die sie einschließt und von der Umgebung trennt. Der Hintergrund ist kontinuierlich; er umgibt die Figur nicht nur, sondern dehnt sich auch hinter ihr aus. Er ist wie ein Teppich, auf dem sich ein Gegenstand befindet, oder der Himmel, an dem ein Flugzeug zu sehen ist. Ein Teilglied des Organismus kann sich als Figur gegen den Hintergrund des ganzen Organismus abheben und doch immer noch seine Gliedschaft in der Struktur des Gesamtorganismus bewahren.

Was aber veranlaßt eine Figur eigentlich, aus dem Hintergrund des Gesamtorganismus hervorzukommen? Sie ist determiniert durch die Leistung, welche die Natur des Organismus zu der betreffenden Zeit verlangt. Wenn zum Beispiel ein hungriges Individuum mit der Aufgabe, Nahrung zu beschaffen, konfrontiert ist, so wird jeder Vorgang, der bei der Durchführung der Aufgabe hilft, als eine Figur herausgehoben werden. Es kann eine Erinnerung daran sein, wo in der Vergangenheit Eßbares zu finden war, oder auch die Wahrnehmung eines eßbaren Gegenstandes in der Umwelt oder eine Tätigkeit, welche Nahrung zu erzeugen oder Speisen zu bereiten geeignet ist. Wenn indessen der Organismus sich verändern sollte, beispielsweise wenn eine hungrige Person erschrickt, dann taucht ein neuer Vorgang als Figur auf, welcher in der Lage ist, mit der Furcht fertig zu werden. Neue Figuren bilden sich, wenn die Aufgabenstellung des Organismus wechselt.

Goldstein unterscheidet zwischen natürlichen Figuren, die funktionell in einen aus der Totalität des Organismus bestehenden Hintergrund eingebettet sind, und unnatürlichen Figuren, die von dem Gesamtorganismus isoliert worden sind und deren Hintergrund zugleich ein isolierter Teil des Organismus ist. Diese unnatürlichen Figuren werden produziert durch traumatische Ereignisse und durch wiederholten Drill unter Bedingungen, die für die Person bedeutungslos sind. Goldstein glaubt, daß viele psychologische Experimente, die entworfen wurden, um isolierte Reiz-Reaktions-Verknüpfungen zu studieren, kaum eine oder gar keine Beziehung zum natürlichen Verhalten des Organismus haben und somit nur wenig nützliches Wissen über die Gesetze beisteuern, kraft welcher der Organismus funktioniert.

Durch welche Kriterien kann nun eine natürliche, eingebettete Figur von einer unnatürlichen, isolierten unterschieden werden? Goldstein sagt, daß die Figur eine natürliche ist, wenn sie eine Bevorzugung seitens der Person darstellt und wenn das Verhalten, das hervorgerufen wird, geordnet, flexibel und der Situation angemessen ist. Sie gilt als eine unnatürliche, wenn es sich um eine Aufgabe handelt, die der Person aufgezwungen und wenn das resultierende Verhalten rigide und mechanisch ist. Ein Individuum in einem tiefen hypnotischen Trancezustand, das infolge der Suggestion des Hypnotiseurs verschiedene Handlungen ausführt, benimmt sich oftmals unnatürlich, weil das Verhalten durch den dissoziierten Hypnosezustand von seiner normalen Persönlichkeit abgeschnitten ist. Es repräsentiert nicht seine eigenen Vorlieben, sondern diejenigen des Hypnotiseurs, und häufig sind sie der Situation völlig unangemessen. Der Betreffende macht eher den Eindruck eines Automaten als einer Person. Ein kleines Kind, das ein Lied auswendig gelernt hat und es nun singt, ohne den Text zu verstehen, kann als Beispiel stehen für jene Art von automatischem Verhalten, das Goldstein als eine unnatürliche Figur bezeichnet.

Obwohl Goldstein das flexible und plastische Wesen der natürlichen Vorgänge im Gegensatz zu dem rigiden Charakter der unnatürlichen Vorgänge herausstellt, erkennt er an, daß bevorzugte Aktivitäten das ganze Leben über ziemlich konstant bleiben können, ohne ihre innere Beziehung zum ganzen Organismus zu verlieren. Eigenschaften und Gewohnheiten werden nicht notwendigerweise „ausgefällt", und sie verlieren auch nicht die Berührung mit dem Gesamtschema, in das sie eingebettet sind. In der Tat schreibt Goldstein dem Organismus viele konstante Eigenschaften zu, wie zum Beispiel Sinnesschwellen, motorische Leistungen, intellektuelle Charakteristika, emotionale Faktoren und dergleichen. Diese Konstanten sind angeboren und operieren als selektive Agenzien des Verhaltens. Jedoch sind sie durch Erfahrung und Übung in einem gewissen Ausmaß geformt und gestaltet, so daß ihre konkreten Manifestationen immer den Stempel der Kultur tragen, in der der einzelne aufwächst.

Abgesehen von der Differenzierung von Figur und Grund hat Goldstein zur Struktur des Organismus nicht allzuviel zu sagen, doch weist er darauf hin, daß es drei verschiedene Verhaltensweisen gibt: *Darstellungen* (performances) [1934: Bewußtsein i.S.v. „Haben"], das sind willentliche, bewußt erfahrene Aktivitäten; *Stellungnahmen* (attitudes) [„Erleben" i.S.v. „Sein (in der Welt)"], das sind Gefühle, Stimmungen und andere innere Erlebnisse; *Vorgänge* (processes) [Ausdrucksgeschehen i.S.v. „Werden"], das sind körperliche Funktionen, die nur indirekt erfahren werden können (1939, S. 307ff.; entspr. 1934, S. 205ff. [dort auch der Hinweis auf die „diese drei am menschlichen Organismus zu beobachtenden Erscheinungen" benennenden traditionellen Termini „Geist, Seele und Körper"; d.Ü.]).

Eine weitere strukturelle Unterscheidung, von der Goldstein häufig Gebrauch macht, ist die zwischen *konkretem und abstraktem Verhalten* (concrete vs. abstract behavior). Konkretes Verhalten besteht aus dem *Reagieren* auf einen Reiz in einer ziemlich automatischen oder direkten Weise, während abstraktes [bis 1934 (S. 19) nach Gelb/Goldstein (1920) noch kategoriales] Verhalten sich im *Agieren* des Organismus infolge eines Reizes manifestiert. Zum Beispiel nimmt man beim konkreten Verhalten die Reizkonfiguration wahr und reagiert auf sie, so wie sie im Moment erscheint, während man beim abstrakten Verhalten über die Reizgestalt nachdenkt, sich fragt, was sie bedeutet, welche Beziehung sie zu anderen Gestalten hat, wie sie benutzt werden kann und welches ihre Systemeigenschaften sind. Der Unterschied zwischen konkretem und abstraktem Verhalten ist der Unterschied zwischen einer direkten Reaktion auf einen Reiz und der Reaktion auf ihn, nachdem man über ihn reflektiert hat. Diese zwei Arten von Verhalten hängen von kontrastierenden Einstellungen gegenüber der Welt ab, welche im Abschnitt über die charakteristische Forschung und Forschungsmethoden diskutiert werden.

Die Dynamik des Organismus

Die hauptsächlichen von Goldstein dargelegten dynamischen Konzepte sind (1) der Ausgleichsvorgang oder die Zentrierung des Organismus, (2) die Selbstverwirklichung und (3) die Auseinandersetzung mit der Umwelt.

Ausgleich

Goldstein postuliert einen verfügbaren Energievorrat, der ziemlich konstant und meist über den ganzen Organismus gleichmäßig verteilt ist. Diese konstante, gleichmäßig verteilte Energie repräsentiert den „mittleren" Spannungs- alias Erregungszustand im Organismus, und zu eben dieser Mittellage kehrt der Organismus stets zurück – oder versucht es zumindest –, nachdem ein Reiz die Spannung verändert hat. Die Rückkehr zum „Erregungsmittel" wird als ein *Ausgleichsvorgang* (equalization process) bezeichnet. Zum Beispiel hört jemand einen Laut von seiner rechten Seite, worauf er seinen Kopf in jene Richtung wendet. Die Drehung des Kopfes bringt die Energieverteilung im System, dessen Gleichgewicht durch das Geräusch gestört worden ist, wieder zum Ausgleich. Essen, wenn man hungrig, ausruhen, wenn man müde, oder sich strecken, wenn man verkrampft ist – dies alles sind andere bekannte Beispiele für die Wiederherstellung des Gleichgewichts.

Das Ziel eines normalen, gesunden Menschen liegt nicht darin, die Spannung einfach zu entladen, sondern sie auszugleichen. Das Niveau, auf welchem die Erregung ausgeglichen wird, stellt eine Zentrierung des Organismus dar. Dieses Zentrum – eine Art organischer Ladewasserlinie – ist eines, welches das Individuum in die Lage setzt, seine Aufgabe, mit der Umwelt fertig zu werden und sich seiner Natur entsprechend in weiteren Tätigkeiten zu verwirklichen, auf die bestmögliche Weise auszuführen. Eine völlige Zentrierung bzw. ein vollständiges Gleichgewicht ist ein idealer und wahrscheinlich selten erreichter ganzheitlicher Zustand.

Das Prinzip des Ausgleichs erklärt die Konsistenz, Kohärenz und Geordnetheit des Verhaltens trotz störender Reize. Goldstein glaubt nicht, daß die Quellen der Beunruhigung primär intraorganisch sind, außer unter abnormen und katastrophalen Umständen, welche zu Isolierung und innerem Konflikt führen. In einer adäquaten Umwelt wird der Organismus stets mehr oder weniger im Gleichgewicht bleiben. Energieumverteilungen und Ungleichgewicht des Systems resultieren aus Beeinträchtigungen durch die Umwelt oder auch – gelegentlich – aus innerem Konflikt. Als ein Ergebnis der Reifung und Erfahrung entwickelt die Person bevorzugte Verhaltensweisen, welche die Störungen und Konflikte auf einem Minimum halten und das Gleichgewicht des Organismus bewahren. Mit wachsendem Alter wird das Leben eines Individuums mehr zentriert; infolgedessen ist es weniger den zufälligen Veränderungen der inneren und äußeren Welt unterworfen.

Selbstverwirklichung

Es ist dies Goldsteins Hauptmotiv, ja seiner Meinung nach das einzige Motiv, das der Organismus besitzt. Was den Anschein verschiedenartiger Triebe wie Hunger, Sexualität, Machtstreben, Leistungsbedürfnis oder Neugierde erweckt, das sind lediglich Manifestationen des obersten Lebensziels, sich selbst [„sein Wesen"] zu verwirklichen. Wenn jemand hungrig ist, verwirklicht er sich durch Essen; wenn er nach Macht strebt, durch die Erlangung von Macht. Die Befriedigung eines bestimmten Bedürfnisses steht im Vordergrund, wenn sie eine Vorbedingung für die Selbstverwirklichung des Gesamtorganismus ist. *Selbstverwirklichung* (self-actualization) ist die schöpferische Tendenz der menschlichen Natur. Sie ist das organische Prinzip, durch welches der Organismus mehr und vollständiger entwickelt wird. Der Ungebildete, der nach

Wissen strebt, fühlt eine innere Leere; er hat das Gefühl eigener Unvollkommenheit. Durch Lesen und Studieren wird sein Verlangen nach Bildung erfüllt, und die Leere verschwindet. Ein neuer Mensch ist auf diese Weise geschaffen worden, einer, bei dem das Lernen den Platz der Unwissenheit eingenommen hat. Sein Wunsch ist Wirklichkeit geworden. Jedes Bedürfnis ist ein Mangelzustand, der das Individuum motiviert, den Mangel zu beseitigen. Es ist wie ein Loch, das unbedingt zugestopft werden muß. Diese Auffüllung oder Erfüllung eines Bedürfnisses ist es, die mit Verwirklichung (oder auch Realisierung oder Aktualisierung) des Selbst gemeint ist.

Obwohl Selbstverwirklichung ein universelles Phänomen der Natur ist, variieren die spezifischen Ziele des menschlichen Strebens von Person zu Person. Dies ist so, weil jeder einzelne nicht nur andersartige ererbte Anlagen hat, die seine Ziele setzen und die Wege seiner individuellen Entwicklung und des Wachstums bestimmen, sondern auch verschiedene Umwelten und kulturelle Bedingungen, an die er sich anpassen und von denen er sich die notwendigen Hilfsmittel für das Wachstum beschaffen muß.

Wie nun kann die Anlage – das Insgesamt der Entwicklungsmöglichkeiten eines Menschen – eruiert werden? Goldstein sagt, daß man dazu am zweckmäßigsten feststellt, was der Betreffende vorzieht und worauf er sich am besten versteht. Seine Vorlieben korrespondieren nämlich mit seinen ureigensten Fähigkeiten. Das heißt, wenn wir wissen wollen, was jemand zu verwirklichen bestrebt ist, so müssen wir uns mit dem vertraut machen, was er gern tut und für welche Tätigkeiten er eine Begabung hat. Der Fußballer aktualisiert jene Möglichkeiten, die durch Fußballspielen entwickelt, der Rechtsanwalt dagegen jene, welche in der Rechtspraxis Wirklichkeit werden.

Im allgemeinen betont Goldstein die bewußte gegenüber der unbewußten Motivation. Das Unbewußte ist in seinen Augen der Hintergrund, in welchen bewußtes Material zurückweicht, wenn es nicht länger für die Selbstverwirklichung in einer bestimmten Situation von Nutzen ist, und aus dem es auftaucht, wenn es für eben diesen Zweck wieder taugt. „... so entsprechen all die Eigentümlichkeiten, die Freud als charakteristisch für das Unbewußte anführt, völlig den Änderungen, die das normale Verhalten durch Isolierung [infolge Krankheit] erfährt" (1934, S. 213; Klammerzusatz von 1939, S. 323).

Auseinandersetzung mit der Umwelt

Als organismischer Theoretiker betont Goldstein die inneren Determinanten des Verhaltens sowie den Grundsatz, daß der Organismus die für die Selbstverwirklichung am besten geeignete Umwelt finde, aber er vertritt nicht etwa den extremen Standpunkt, daß der Organismus gegenüber Ereignissen in der Außenwelt immun sei. Er erkennt die Bedeutung der objektiven Welt sowohl als einer Quelle der Beunruhigung, mit welcher das Individuum fertig werden muß, als auch als einer Quelle der Mittel, mit deren Hilfe der Organismus seine Bestimmung erfüllt. Das heißt, die Umwelt drängt sich dem Organismus auf, indem sie ihn so stimuliert oder überstimuliert, daß das organische Gleichgewicht gestört wird, während auf der anderen Seite der aus der Fassung gebrachte Organismus in der Umwelt nach dem sucht, was er braucht, um die inneren Spannungen auszugleichen. Mit anderen Worten, es gibt eine Wechselwirkung zwischen dem Organismus und der Umwelt.

Die Person muß sich mit der Umwelt *auseinandersetzen,* weil diese die Mittel bereitstellt, durch welche die Verwirklichung ihres Wesens erreicht werden kann, und weil sie Hindernisse in Form von Drohung und Druck erhält, welche die Selbstverwirklichung hemmen. Zuweilen kann die Bedrohung durch die Umwelt so groß sein, daß das Verhalten des Individuums in Angst erstarrt und es daher unfähig ist, auch nur den geringsten Schritt auf das Ziel hin zu unternehmen. Zu anderen Zeiten mag die Selbstverwirklichung behindert sein, weil die Umgebung gerade jener Gegenstände und Bedingungen ermangelt, die für die Person lebensnotwendig sind.

Goldstein sagt uns, daß ein normaler, gesunder Organismus ein solcher ist, „bei dem die Tendenz zur Verwirklichung von innen heraus schafft, und der die Störungen, die durch den Zusammenstoß mit der Welt entstehen, überwindet, nicht aus Angst, sondern aus Freude an der Überwindung" (1934, S. 197). Diese bewegende Aussage meint, daß die Auseinandersetzung mit der Umwelt in erster Linie in ihrer Bewältigung besteht. Kann diese nicht vollbracht werden, so muß die Person die Schwierigkeiten hinnehmen und sich so gut sie kann den Realitäten anpassen. Wenn die Diskrepanz zwischen den Zielen des Organismus und den realen Außenweltbedingungen zu groß ist, bricht der Organismus entweder zusammen, oder er muß einige seiner Ziele aufgeben und versuchen, sich auf einem niedrigeren Existenzniveau zu „realisieren".

Goldstein hat eine bündige Zusammenfassung seiner Ansichten bezüglich der Ordnung und Dynamik des Organismus in der folgenden Passage gegeben: „Welcher Teil des Organismus im Vordergrund-, welcher im Hintergrundgeschehen steht, das wechselt dauernd. Was Vordergrund wird, ist bestimmt durch die Aufgabe, die der Organismus jeweils zu erfüllen hat, d.h. durch die Situation, in der er sich gerade befindet und mit deren Anforderungen er fertig zu werden hat. – Die Aufgaben werden durch die ‚Natur' des Organismus, sein ‚Wesen' bestimmt, das durch die Umweltänderungen, die auf ihn wirken, zur Verwirklichung gebracht wird. Der Ausdruck dieser Verwirklichung sind die Leistungen des Organismus. Der Organismus wird durch sie mit den jeweiligen Umweltanforderungen fertig und verwirklicht sich seiner Eigenart entsprechend. Die Möglichkeit, in der Welt unter Wahrung seiner Eigenart sich durchzusetzen, ist gebunden an eine bestimmte *Art der Auseinandersetzung des Organismus mit der Umwelt.* Sie muß nämlich derartig vor sich gehen, daß jede, durch die Umweltreize gesetzte Veränderung des Organismus *in einer bestimmten Zeit sich wieder ausgleicht,* so daß der Organismus wieder in jenen ‚mittleren' Zustand der Erregung, der seinem

Wesen entspricht, diesem ‚adäquat' ist, zurückgelangt. *Nur wenn das der Fall ist, können gleiche Umweltvorgänge gleiche Veränderungen erzeugen,* zu gleichen Wirkungen, zu gleichen Erlebnissen führen. *Nur dann kann der Organismus seiner Natur entsprechend sich gleich erhalten* [seine Konstanz und Identität erhalten]. Würde dieser Ausgleich auf das *adäquate Mittel* [den mittleren oder adäquaten Zustand] nicht erfolgen, so würden gleiche Außenwelt-[Umwelt-]vorgänge verschiedene Zustände im Organismus erzeugen. Dadurch würde die Außenwelt [Umwelt] für den Organismus ihre Konstanz verlieren und dauernd wechseln. Ein geordneter Ablauf der Leistungen wäre unmöglich, der Organismus würde sich in dauernder Unruhe befinden und so in seiner Existenz gefährdet, *ja eigentlich dauernd ein anderer sein.* Das ist aber im natürlichen Zustand tatsächlich nicht der Fall, vielmehr beobachten wir, daß die Leistungen des Organismus eine *relativ große Konstanz* mit nur geringem Schwanken um ein immer gleiches Mittel aufweisen. Wäre diese relative Konstanz nicht vorhanden, würden wir keinen Organismus als solchen erkennen. Wir könnten dann gar nicht *von einem bestimmten Organismus sprechen*" (1934, S. 75 f.). [Die eckigen Klammerzusätze enthalten Rückübersetzungen abweichender Textstellen der amerikanischen Ausgabe von 1939. Im übrigen wurde die veraltete Orthographie angeglichen. D. Ü.]

Die Entwicklung des Organismus

Obwohl das Konzept der Selbstverwirklichung nahelegt, daß es Gestalten oder Stadien der Entwicklung gibt, durch welche die Person fortschreitet, äußert sich Goldstein zum Thema des Entwicklungsverlaufs nicht viel mehr als in einigen allgemeinen Feststellungen darüber, daß das Verhalten mit zunehmendem Alter der Person ausgeglichener und geordneter und besser an die Umwelt angepaßt wird. Er weist auf die Existenz von Aufgaben hin, die gewissen Altersstufen eigentümlich sind, aber er spezifiziert nicht, welches diese Aufgaben sind oder ob sie für alle Individuen dieselben sind. Die Bedeutung der Vererbung ist ebenfalls vorausgesetzt, aber ihr relativer Beitrag wird nicht explizit gemacht. Auch legt Goldstein keine Theorie des Lernens vor. Er spricht zwar über die „Neugestaltung" von Reizverwertungsmustern, die effektiver sind als die früheren; über die „Verdrängung" der Stellungnahmen und Neigungen, die in Gegensatz zur Entwicklung der *ganzen* Persönlichkeit stehen; vom Erwerb bevorzugter Verhaltensweisen; vom Auftauchen der Figur vor dem Hintergrund; von der Fixierung der Verhaltensmuster durch traumatische Reize oder durch wiederholte Ausübung bei isolierten Reizen; von Anpassungsschüben und Ersatzbildungen – aber diese Vorstellungen sind nicht in einer systematischen Lerntheorie zusammengeschlossen. Immerhin sind sie aufs höchste einer Gestalttheorie des Lernens kongenial.

Goldstein ist im übrigen der Meinung, daß ein Kind, das Situationen ausgesetzt ist, die es zu bewältigen vermag, sich durch Reifung und Übung normal entwickeln wird. Wenn neue Probleme auftauchen, werde es neue Gestalten ausbilden, um mit ihnen fertigzuwerden. Reaktionen, die nicht länger für das Ziel der Realisierung seines Wesens nützlich sind, werden fallengelassen. Sind die Umweltbedingungen jedoch zu hart für die Fähigkeiten des Kindes, so wird es Reaktionen entwickeln, die nicht mit dem Prinzip der Selbstverwirklichung in Einklang stehen. In diesem Fall kann es dazu kommen, daß der Prozeß von dem Lebensplan der Person isoliert wird. Isolation eines Vorgangs ist die primäre Bedingung für die Entwicklung pathologischer Zustände. Zum Beispiel ist der Mensch von Natur aus weder aggressiv noch unterwürfig; um jedoch seine Natur zu erfüllen, muß er das eine Mal angreifen, das andere Mal nachgeben, je nach den Umständen. Sollte aber eine starke, fixierte Gewohnheit des aggressiven oder nachgiebigen Verhaltens entstehen, so wird diese der Tendenz nach einen zerstörerischen Einfluß auf die Persönlichkeit ausüben, indem sie sich zu ungemäßer Zeit und in einer Art und Weise geltend macht, die den Interessen der ganzen Person zuwiderläuft.

Charakteristische Forschung und Forschungsmethoden

Als ein medizinisch ausgebildeter und auf dem medizinischen Spezialgebiet der Neuropsychiatrie arbeitender Forscher verbrachte Kurt Goldstein sein langes, schaffensreiches Leben mit dem Studium von Symptomen und Verhaltensmustern nicht im Sinne von isolierten Ereignissen, sondern von Reaktionen, die in den Gesamtorganismus eingebettet und dessen Ausdruck sind. Für ihn war ein Symptom nicht einfach eine Manifestation der Veränderungen in einer spezifischen Funktion oder Struktur des Organismus; es galt ihm ebenfalls als eine Form der Anpassung des kranken oder defekten Individuums. In seiner Untersuchung über Sprachstörungen weist er z. B. die Theorie zurück, daß die Aphasie das Ergebnis einer Verletzung in einem besonderen Gebiet des Gehirns ist; denn aus der Tatsache, daß die „Sprache ein Mittel des Individuums ist, sich mit der Außenwelt auseinanderzusetzen und sich selbst zu verwirklichen“ (1948, S. 23), folgt, daß jede „individuelle Sprachleistung nur verständlich wird unter dem Aspekt ihrer Beziehung zur Funktion des gesamten Organismus in dessen Bemühen, sich selbst in einer gegebenen Situation so weit wie möglich zu verwirklichen“ (S. 21).

Die Bedeutung der Symptome

In Verbindung mit seinen Studien über Sprachstörungen unterschied Goldstein vier Gruppen von Symptomen, entsprechend ihrem Ursprung: Es sind dies (1) direkte Symptome, (2) indirekte oder abhängige Symptome, (3) Symptome infolge katastrophaler Bedingungen sowie der Schutzmechanismen gegen die Katastrophe und (4) Symptome aufgrund von Ermüdung und Perseveration.

Direkte Symptome sind jene, die aus einer systematischen Desintegration der beteiligten Funktion entstehen. Goldstein bezeichnet diese Desintegration auch als *Entdifferenzierung* (dedifferentiation), weil sie eine entwicklungsmäßige Regression auf einen früheren, weniger differenzierten Zustand des Organismus repräsentiert. Zum Beispiel führt eine Schädigung der Hirnrinde zu erhöhten Wahrnehmungsschwellen der Sinnesorgane, so daß hirnverletzte Individuen auf Reize langsamer reagieren. Jemand, der bei einer Aufgabe versagt, die schnell dargeboten wird, kann erfolgreich sein, wenn sie ihm mit geringerer Geschwindigkeit vorgelegt wird. Dergleichen Patienten sind auch leichter ablenkbar, weil die äußeren Bedingungen eine viel größere Rolle in der Determination ihres Verhaltens spielen, als sie es für normale Personen tun. Infolgedessen können ihre Symptome auch eher von einer Unfähigkeit, sich zu konzentrieren, herrühren, als von irgendeiner speziellen Art von Hirnläsion. Es kommt außerdem zu einem Verwischen der Konturen zwischen Figur und Grund, so daß es für den Hirnverletzten schwieriger ist, die angemessenen Unterscheidungen zwischen den Umweltobjekten vorzunehmen. Anstatt daß sich Worte als Gestalten abheben, tendieren sie dazu, mit dem Hintergrund zu verschmelzen. Schließlich ist eine Schwächung der abstrakten Haltung zu verzeichnen, auf welche Goldstein so viele der in Fällen von Hirnverletzung vorkommenden Symptome zurückführt. Das Abstraktionsvermögen wird benötigt, um jede Art von abstraktem oder begrifflichem Denken auszuführen, eine Denkform, die besonders wichtig für das Sprachverhalten ist. Die Person kehrt zu der primitiveren konkreten Haltung zurück, in welcher sie in die besonderen, konkreten Eigentümlichkeiten des Reizobjekts eingebunden ist und diese nicht transzendieren kann.

Zusätzlich zu diesem Typus des direkten Symptoms, der aus der Entdifferenzierung der Funktion resultiert, gibt es auch Symptome, die aus der Isolierung unbeschädigter Bereiche des Gehirns von einem beschädigten stammen, mit welchem sie vormals eng verbunden waren. Im Fall sowohl der Entdifferenzierung als auch der Isolierung hängt das Erscheinen eines Symptoms von einer allgemeinen Wandlung des Gesamtorganismus ab oder zumindest von Änderungen in ausgedehnten Gebieten des Rindenfeldes, anstatt von eng umschriebenen Läsionen.

Eine zweite Klasse von Symptomen wird durch die Wirkung von Änderungen in dem beschädigten Bereich auf andere Teile des Nervensystems hervorgerufen. Das defekte Teil beeinträchtigt die Funktion jedes anderen Teils des Nervensystems, zu dem es in funktionaler oder abhängiger Beziehung steht. Goldstein weist auf die sehr interessante Tatsache hin, daß die vollständige Zerstörung einer Funktionseinheit, wie z. B. des Sehvermögens, das Funktionieren des Gesamtorganismus weniger behindern kann, als eine partielle Zerstörung dies vermag. Das hat seinen Grund darin, daß der völlig blinde Mensch gezwungen ist, sich auf seine anderen Sinne zu verlassen, während die nur teilweise erblindete Person sich ständig bemüht, kraft ihres unvollkommenen Sinnesorgans die Umwelt zu erkennen und zu meistern, mit dem Resultat, daß gewöhnlich die Gesamtleistung abnimmt.

Die vom Standpunkt der Psychologie aus interessantesten Symptome sind jene, die aus der Tendenz des Organismus erwachsen, Mißerfolge zu vermeiden. In diesem Zusammenhang vermerkt Goldstein, daß ein Symptom in der Regel ein veränderlicher Zustand ist. Zu einer Zeit kann ein Patient eine intellektuelle Aufgabe lösen, zu einer anderen Zeit kann er es nicht. Dieser Wandel ist häufig begründet in des Patienten Einstellung zu seiner Fähigkeit, die Aufgabe erfolgreich ausführen zu können. Wenn er glaubt, daß er ein einfaches mathematisches Problem nicht lösen kann, so wird er es u. U. nicht einmal angehen, um ja nicht zu versagen. Bei einer anderen Gelegenheit wird er sich vielleicht einem ähnlichen Problem mit Zuversicht nähern und bemerkenswert gut abschneiden. Goldstein erinnert uns daran, daß das geschädigte Individuum hinsichtlich seiner Fähigkeiten empfindlicher reagiert als der normale Mensch und daß sein Bestreben, einen Mißerfolg zu vermeiden, viel größer ist. Da nun sein beeinträchtigter Zustand das Versagen allgemein wahrscheinlich macht, neigt der Kranke dazu, sich auch von Situationen zurückzuziehen, an die er sich eventuell befriedigend hätte anpassen können, wenn er es nur versucht hätte. Die Umwelt oder der Lebensraum des Hirnverletzten wird häufig kleiner werden, während er zugleich in dieser seiner geschrumpften Umwelt eine Art von Routineexistenz entwickelt.

Schließlich gibt es Symptome, die aus Müdigkeit und Perseveration resultieren. Müdigkeit hängt nicht einfach von der Menge der geleisteten Arbeit ab, sondern tritt auch mit Wahrscheinlichkeit dann auf, wenn es sich um eine Aufgabe handelt, die dem Betreffenden außerhalb seiner Fähigkeiten zu liegen scheint. Mit anderen Worten, Müdigkeit dient als eine Art von Schutzmechanismus, der dem Patienten erlaubt, einer streßbeladenen Situation zu entfliehen. Perseveration oder die Tendenz zur Wiederholung einer leicht zu vollbringenden Leistung ist ein weiteres Mittel, durch das die Person einer möglichen Katastrophe aus dem Wege gehen kann.

Fallstudien an Hirnverletzten

Beginnend mit seinen Beobachtungen an Soldaten, die sich während des Ersten Weltkrieges Kopfwunden zugezogen hatten, nahm Goldstein zahlreiche Untersuchungen über die Auswirkungen der Verletzung auf das Gehirn vor. Diese Studien, von denen die meisten in Deutschland publiziert wurden, sind später in Amerika gesammelt bzw. zusammengefaßt unter dem Titel ‚After-effects of brain injuries in war' (1942) herausgegeben worden. Die Schriften basieren auf den Beobachtungen an nahezu zweitausend Patienten, von denen einige mehr oder weniger andauernd über zehn Jahre hinweg gesehen wurden, und sie liefern Berichte sowohl über die neurologischen und psychologischen Symptome als auch über Methoden zur Prüfung psychologischer Funktionen und die Behandlung solcher Patienten. Das ganze Buch hindurch wie auch in seinen anderen Veröffentlichungen bewahrt Goldstein einen einheitlich organismischen Standpunkt, von dem aus er das Verhalten von Hirnverletzten beleuchtet und erklärt. Zum Beispiel ist ein ausgeprägtes Kennzeichnen dieser Patienten ihre Ordentlichkeit und Sauberkeit. Sie verbringen viel Zeit damit, ihre Habseligkeiten in Ordnung zu halten und darauf zu achten, daß alles in tadellosem Zustand ist. Sie sind sehr gute Krankenhauspatienten, weil sie sich schnell an die Routinetätigkeiten anpassen und sich auch bereitwillig in hauswirtschaftliche Aufgaben einspannen lassen. Goldstein fand, daß dieses Verhalten ein aus ihrem Defekt resultierendes Symptom war. Indem sie ihre ganze Aufmerksamkeit den Routinepflichten widmeten, waren die Kranken in der Lage, ungewöhnliche und unerwartete Situationen zu vermeiden. Diese nämlich können katastrophale Wirkungen auf das Verhalten des Patienten haben. Mit anderen Worten, ihre routinemäßige Ordentlichkeit ist ein Ausdruck des Kampfes der veränderten Persönlichkeit, mit der Schädigung fertigzuwerden, indem sie Situationen vermeidet, für die es keine Lösung bzw. Anpassung mehr geben kann. In der Tat trägt vieles im Verhalten der hirnverletzten Person kompensatorische Züge, wodurch es ihr immerhin möglich ist, sich mit der Welt auseinanderzusetzen, soweit es unter den gegebenen Umständen eben geht.

Goldstein bemerkt, daß der Organismus ziemlich plastisch ist und sich schnell an jede lokalisierte Schädigung anpaßt, solange die Person glaubt, daß sie ihr Leben meistern kann und nicht durch übermäßigen Druck der Außenwelt aus dem Gleichgewicht geworfen wird. Ein Patient beispielsweise vermochte auf visuellem Wege nicht einmal die einfachste Form zu erkennen, und dennoch lernte er lesen. Er konnte zwischen hell und dunkel unterscheiden, so daß er durch Verfolgen oder Nachzeichnen der Grenze zwischen den dunklen Linien der Buchstaben und den hellen Bereichen des Hintergrundes die Worte identifizieren und sie somit „lesen" konnte. Die durch das kinästhetische Aufspüren der dunklen Stellen erzeugten motorischen Bilder nahmen den Platz der visuellen Bilder ein. Diese Substitution wurde unbewußt vollzogen, und der Kranke war sich nicht im klaren darüber, wie er es machte. In diesem Fall wie in so vielen anderen spielt die Motivation eine wichtige Rolle. Ein Patient wird Anstrengungen unternehmen, sich in der Umwelt so gut wie möglich zu verwirklichen, wenn es irgendeinen Anreiz für ein solches Unterfangen gibt.

Der organismische Standpunkt hat in bezug auf die Symptome sowohl praktische als auch theoretische Konsequenzen. Bei der Untersuchung eines hirnverletzten Patienten z.B. ist es entscheidend, geeignete Tests in einer solchen Weise zu benutzen, daß sie diejenigen Modifikationen seiner Fähigkeiten enthüllen, welche eine unmittelbare Folge der Schädigung sind, und diese

Symptome von jenen abheben, die als sekundäre Reaktionen auf den Defekt auftreten. Ein wichtiger Grund für diese Differenzierung besteht darin, daß die Art der zur Anwendung kommenden Übung und Therapie davon abhängt, daß man weiß, welche Symptome mehr oder weniger direkt geheilt werden können und welche durch Arbeit an der Persönlichkeit als ganzer beseitigt werden müssen. In dem einen Fall kann ein Sehdefekt durch ein spezielles Training der Sehfunktion verbessert werden; im anderen Fall dagegen mag ein offenkundig visueller Defekt durch Methoden heilbar sein, die das Selbstvertrauen des Patienten stärken.

Die sorgfältige Analyse der Bedeutung eines Symptoms erfordert auch ein intensives Studium aller Lebensäußerungen des Betreffenden. Es ist meist nicht genug, einem Patienten eine Testbatterie aufzuhalsen, die dann eine Reihe von numerischen – positiven und negativen – Meßwerten ergibt. Der Untersucher muß insbesondere auch auf qualitative Merkmale der Leistung des Patienten achten und darüber hinaus noch die geringste Spur verfolgen, die Licht auf sein Verhalten werfen könnte. Er darf sich nicht ausschließlich auf diagnostische Tests verlassen – so nützlich diese auch sein mögen –, wenn er den Kranken verstehen will. Er muß ihn auch in seinem Alltag, unter mehr oder weniger natürlichen Bedingungen also, beobachten, denn des Patienten Erfolg oder Versagen, den allgemeinen Problemen der täglichen Existenz zu begegnen, sind der letztgültige Test für seine Fähigkeiten. Aus eben diesem Grund hat Goldstein das intensive Studium des einzelnen Falles über eine lange Zeitspanne hinweg gefördert.

Einzelfallstudien

Die intensive Untersuchung einer einzigen Person wird exemplifiziert durch den Fall eines hirngeschädigten Mannes in mittlerem Alter, der von Goldstein und seinen Kollegen (Hanfmann/Rickers-Ovsiankina/Goldstein 1944) eine Reihe von Jahren hindurch beobachtet wurde. Dieser Mann lebte in einer Heilanstalt, und sowohl sein alltägliches Verhalten in diesem Rahmen als auch seine Leistung in standardisierten Test- und Interviewsituationen wurden beobachtet und aufgezeichnet. Er konnte sich im Krankenhausgelände recht gut orientieren, jedoch hing diese Fähigkeit von dem Erkennen ziemlich konkreter Objekte ab und nicht von irgendeinem verallgemeinerten Bezugsrahmen. Beispielsweise erkannte er das Untersuchungszimmer, weil dieses, anders als die übrigen Räume, drei Fenster hatte. Allerdings mußte er eine Anzahl von Türen öffnen, bevor er die richtige fand, weil er keinerlei räumliche Orientierung besaß, die ihm sagen konnte, wo sich das Zimmer mit den drei Fenstern befand. Er lernte, anderen Patienten zu seiner Arbeitsstätte zu folgen, desgleichen zum Eßsaal; wenn er aber von jenen getrennt wurde, wußte er bald nicht mehr, wo er war. Er konnte den eigenen Schlafraum nur erkennen, weil er einen Bindfaden an seinen Bettpfosten gebunden hatte. Jemand, der ihn beobachtete, mochte denken, daß er sich räumlich und zeitlich ziemlich gut zurechtfand, jedoch belehrte eine engere Vertrautheit mit seinem Verhalten den Beobachter eines Besseren.

Er war durchweg gesellig und freundlich, wenn er mit Leuten zusammen war, doch knüpfte er keinerlei dauerhafte Beziehung zu einer anderen Person. Das lag daran, daß er dieselbe Person von einem zum anderen Tag nicht mehr wiedererkennen konnte. Nur durch eine sorgfältige Analyse seines Gesamtverhaltens wurde enthüllt, daß seine Unfähigkeit, stabile Bindungen mit anderen einzugehen oder ein permanentes Glied einer Gruppe zu werden, dem fehlenden Erfassen von Eigentümlichkeiten, welche erinnert werden konnten, zuzuschreiben war, nicht etwa einer Abneigung gegen soziale Beziehungen oder dem Wunsche, sich nicht näher mit anderen Personen einzulassen.

Dieser Patient hatte große Schwierigkeiten, jemandem beim Vorlesen oder Erzählen einer Geschichte zuzuhören. Wenn die Geschichte mit den Worten anhob: „Es war einmal ein kleiner Junge“, so schaute er sich nach dem Jungen um, und da er ihn nicht finden konnte, begann er sich aufzuregen. Alles was er erfuhr, wurde von ihm als hier und jetzt existierend betrachtet. Er vermochte nicht nur nicht zwischen Tatsachen und Erzählungen zu unterscheiden, sondern auch nicht zu verstehen, was mit Vergangenheit, Gegenwart und Zukunft gemeint war.

Einmal wurde ihm ein Bild von einem Tier gezeigt, das er identifizieren sollte. Als er sich partout nicht entscheiden konnte, ob es ein Hund oder ein Pferd war, wandte er sich direkt an das Bild, indem er sagte: „Bist Du ein Hund?“ Als keine Antwort kam, wurde er sehr ungehalten. – Wenn ihm ein Spiegel gereicht wurde, suchte er dahinter nach der abgebildeten Person und wurde erregt, wenn er sie dort nicht vorfand. Der Gelegenheitsbeobachter, der sein Verhalten in verschiedenen Situationen kennenlernte, konnte denken, daß dieser Patient ausgesprochen reizbar und emotional labil sei; tatsächlich jedoch war er ein ziemlich sanfter Mensch, dessen Erregung durch bedrohliche Umweltbedingungen hervorgerufen wurde, welche für einen normalen Menschen überhaupt nicht bedrohlich gewesen wären. Wenn man keinerlei stabilen, verläßlichen Bezugsrahmen hinsichtlich Raum und Zeit, Fakten und Fiktionen, Objekt und Subjekt besitzt, muß die Welt ja ein Ort sein, der aufgrund seiner Unberechenbarkeit höchst frustrierend ist.

Obwohl unser Patient das Prinzip eines Spiegels nicht begreifen konnte, wenn ihm einer allein gezeigt wurde, verhielt er sich durchaus angemessen, wenn ihm mit dem Spiegel zugleich ein Kamm gereicht wurde. Er nahm den Kamm, blickte in den Spiegel und kämmte sein Haar auf ganz natürliche Weise. Dieses Verhalten bewies, daß er keinen abstrakten Begriff von einem Spiegel als solchem hatte, obzwar er ihn für die Ausführung einer konkreten Aufgabe zu benutzen wußte. – Ein anderes Beispiel desselben Verhaltenstypus war sein Versagen, zwischen einem Ball und einem Ei zu unterscheiden, bis er durch Ausprobieren entdeckt hatte, daß der Ball wurffähig war, das Ei aber zerbrechlich und – immerhin – eßbar. Er hatte weder von einem Ei noch von einem Ball einen abstrakten Begriff. In der Tat ging ihm die Fähigkeit zu abstraktem Verhalten fast völlig ab, und es war dieser Mangel an Abstraktionsvermögen, der für so vieles in seinem ungewöhnlichen Benehmen verantwortlich zeichnete. –

Ein weiterer, mit Hilfe der organismischen Methodik intensiv untersuchter Fall war der eines elfjährigen Jungen, eines sogenannten „Idiot savant" (Scheerer/Rothman/Goldstein 1945). Trotz seiner in mancher Hinsicht schwerwiegenden intellektuellen Ausfälle vermochte er z.B. ganz erstaunliche Rechenkunststücke zu vollbringen. Wenn man ihm ein Geburtsdatum nannte, so konnte er ganz schnell sagen, auf welchen Wochentag eines bestimmten Jahres dieses Datum fiel. Er wurde ebenfalls für ein musikalisches Genie gehalten, weil er jedes gehörte Stück auf dem Klavier nachspielen konnte. Tatsächlich jedoch enthüllte eine sorgfältige Verhaltensanalyse, daß seine blitzartigen Berechnungen und seine musikalischen Leistungen bloße mechanische Reproduktionen waren. Es gab nichts Kreatives in ihnen. Auf der Grundlage einer angeborenen Begabung fürs Zählen und Nach-dem-Gehör-Spielen konzentrierte er all seine Energie auf die Verwirklichung dieser zwei Anlagen. Er lernte schon als sehr kleines Kind, daß darin die Möglichkeit steckte, auf zufriedenstellende Weise mit der Welt zurechtzukommen, und so wurden sie seine bevorzugten Beschäftigungen. Darüber hinaus besaß er praktisch keinerlei Fähigkeit, mit Symbolen, Begriffen, Worten, Formen und anderen Abstraktionen umzugehen. Soziale Beziehungen waren so gut wie überhaupt nicht vorhanden, obwohl er gelernt hatte, höfliche Dinge zu sagen – dies allerdings in einer roboterhaften Manier. Seine Unzulänglichkeiten rührten von einem Defekt der abstrakten Funktion her. Die Autoren kommen zu dem Schluß, daß das „Konzept der abstrakten Einstellung als ein methodologischer Bezugsrahmen für das Verständnis dieser Symptome von einem einheitlichen Standpunkt aus ... dienen sollte" (S. 29).

Abstraktes versus konkretes Verhalten

Goldsteins bedeutendste psychologische Studien betrafen das abstrakte und konkrete Verhalten. Er und seine Mitarbeiter haben eine Anzahl von Tests für die Diagnose des Umfangs an Beeinträchtigung der abstrakten Einstellung oder Haltung (attitude) entwickelt (Goldstein/Scheerer 1941, 1953). Diese Tests werden in der klinischen Praxis weithin benutzt, besonders für die Beurteilung des Vorhandenseins und des Ausmaßes von Hirnschäden. Goldstein fordert die Untersucher, die diese Tests anwenden, dringend auf, sich nicht auf das mechanische Addieren der Treffer und Fehler zu beschränken, sondern auch die qualitativen Aspekte des Verhaltens eines Patienten während der Prüfung zu beachten. Goldstein glaubt, daß diese qualitativen Merkmale unter Umständen sogar aufschlußreicher sein können als die numerischen Meßwerte, die man von dem Patienten gewinnt.

Eine detaillierte Analyse der Schwächung des abstrakten Verhaltens, die durch die Verletzung des Stirnlappens der Großhirnrinde (Lobus frontalis) hervorgerufen wird, enthüllt die folgenden Mängel: (1) Der Patient ist unfähig, die Außenwelt von der inneren Erfahrung zu trennen. Zum Beispiel kann ein Hirnverletzter nicht dazu gebracht werden, den Satz „Die Sonne scheint" zu wiederholen, wenn es tatsächlich draußen regnet. (2) Er kann sich nicht darauf einstellen, etwas vorsätzlich und bewußt zu tun. Wenn man ihn bittet, die Zeiger der Uhr auf eine bestimmte Stunde zu rücken, so ist er dazu nicht in der Lage, obwohl er die Zeit erkennen kann, wenn man ihm eine Uhr vorlegt. (3) Er hat keinen Sinn für räumliche Relationen. Er kann die Quelle eines Geräusches richtig erkennen, aber er kann nicht sagen, aus welcher Richtung es kommt. (4) Er kann nicht von einer Aufgabe zu einer anderen wechseln. Wenn man ihn bittet, eine Zahlenreihe, beginnend mit eins, zu bilden, so kann er dies sehr wohl; wenn er dann aber mit einer anderen Zahl anfangen soll, findet er sich nicht mehr zurecht. (5) Er ist unfähig, für längere Zeit eine Unterscheidung im Kopf zu behalten. Wenn er z.B. instruiert wird, einen bestimmten Buchstaben in einem gedruckten Text auszustreichen, fängt er richtig an, doch schon geht er dazu über, jeden beliebigen Buchstaben durchzukreuzen. (6) Er ermangelt der Fähigkeit, auf ein geordnetes Ganzes zu reagieren, ein Ganzes in seine Teile zu zerlegen und es wieder zusammenzusetzen. Dieser Defekt hindert ihn daran, irgendeine Art von geordneter Handlung zu einem Bild zu erzählen. Er vermag nur die einzelnen Gegenstände in einem Bild aufzuzählen. (7) Er kann nicht die allgemeinen Eigenschaften einer Serie von Objekten abstrahieren noch irgendeine Teil-Ganzes-Beziehung bilden. Dies bedeutet, daß er nicht fähig ist, eine Analogie zu verstehen, etwa: „Ein Schuh verhält sich zum Fuß wie *was* zur Hand?" (8) Die hirnverletzte Person ist unfähig, im voraus zu planen, die Wahrscheinlichkeit irgendeines zukünftigen Ereignisses in Rechnung zu stellen oder in symbolischen Begriffen zu denken. Sie mag in einer feststehenden Umgebung durchaus noch ihren Weg finden, aber sie kann keinen Plan davon zeichnen oder einen verbalen Bericht darüber abgeben, wie sie von einem Ort zu einem anderen kommt.

Ein Defekt des Abstraktionsvermögens erzeugt Veränderungen in der Persönlichkeit als ganzer und durchkreuzt alle Formen des Verhaltens. Die abstrakte Haltung ist keine Synthese von niederen geistigen Funktionen, sondern repräsentiert eine völlig neue geistige Einstellung, in welcher der Faktor des bewußten Willens eines der wesentlichsten Merkmale ist. Bei Fehlen dieser Funktion ist die Person qualitativ von der normalen Person verschieden.

Goldsteins empirische Studien des „abstrakten und konkreten Verhaltens" illustrieren das organismische Diktum, daß jegliches Geschehen in einem Teil des Organismus diesen als Ganzes beeinflußt. Im Falle ernsthafter Verletzung des Stirnlappens sind die Folgen besonders massiv. Schädigungen der anderen Gewebe oder Organe können in ihren Auswirkungen auf die ganze Person weniger dramatisch und weniger offenkundig sein, aber was immer auch geschieht, es stößt der ganzen Person zu. (Eine sorgfältige und kritische

Analyse von Goldsteins Konzepten des abstrakten und konkreten Verhaltens hat Pikas 1966 vorgelegt.) –

In diesem kurzen Überblick über Goldsteins Forschungsaktivität konnten wir dem Reichtum seiner empirischen Ergebnisse sicherlich nicht voll Genüge tragen; noch ist es uns möglich gewesen, dem Leser den ganzen Umfang seiner Einsichten in die Gründe des menschlichen Verhaltens zu vermitteln. Wir waren lediglich bestrebt, eine gewisse Vorstellung von dem Typus der Forschungsstrategie zu geben, die von einem repräsentativen Organismischen Theoretiker angewandt wurde. Für den Psychologen, der vom organismischen Standpunkt aus Untersuchungen durchzuführen wünscht, läßt sich diese Strategie in folgendem Satz von Anweisungen zusammenfassen: (1) Man studiere die ganze Person. (2) Man nehme intensive Studien des individuellen Falles vor und benutze dabei Tests, Interviews und Beobachtungen unter natürlichen Bedingungen. Ein Verlaß auf nur einen Beweistypus ist zu vermeiden. (3) Man versuche das Verhalten der Person mit Hilfe von Systemprinzipien wie Selbstverwirklichung, Auseinandersetzung mit der Umwelt, abstrakter vs. konkreter Einstellung zu begreifen, anstatt mittels spezifischer Reaktionen auf spezifische Reize. (4) Man verwende sowohl qualitative als auch quantitative Methoden bei der Sammlung und Analyse von Daten. (5) Man benutze keine experimentellen Kontrollen und standardisierte Bedingungen, welche die Integrität des Organismus zerstören und das Verhalten unnatürlich und künstlich machen. (6) Man behalte stets im Gedächtnis, daß der Organismus eine komplexe Struktur ist und sein Verhalten die Resultante eines riesigen Netzwerks von Determinanten.

Angyals organismische Theorie

Wie schon Goldstein glaubte auch Angyal, daß die Zeit reif wäre für eine neue Wissenschaft, die in ihrem Wesen nicht primär psychologisch, soziologisch oder physiologisch ist, sondern die Person als ein Ganzes umfaßt. Anders als jener aber beharrte Angyal darauf, daß es unmöglich sei, den Organismus von der Umwelt zu sondern, weil sie einander in dermaßen komplexer Weise durchdringen, daß jeder Versuch ihrer Trennung die natürliche Einheit des Ganzen zerstören und nur zu einer artifiziellen Unterscheidung zwischen Organismus und Umwelt führen würde.

Andras Angyal ist den Psychologen vor allem durch sein bedeutendes Buch ‚Foundations for a science of personality' (1941 [Grundlagen für eine Wissenschaft der Persönlichkeit]) bekannt. Er wurde 1902 in Ungarn geboren. Nach seiner Ausbildung an der Wiener Universität, wo er 1927 einen philosophischen Doktorgrad erwarb, und an der Universität von Turin, mit einem medizinischen Abschluß 1932, ging Angyal im selben Jahr als Rockefeller-Stipendiat an das Department of Anthropology der Yale University. Er blieb alsdann in den Vereinigten Staaten und konnte in der Folge für viele Jahre am

State Hospital in Worcester, Mass., forschen, ab 1937 übrigens im Range eines Director of Research. 1945 gab er die Krankenhausarbeit auf, um in Boston eine Privatpraxis als Psychiater zu eröffnen. Im Jahre 1953 schließlich nahm er einen Posten als psychiatrischer Berater des Counselling Center an der Brandeis University an. Er starb im Jahre 1960. Angyals Ansichten zur Psychopathologie und Psychotherapie wurden postum unter dem Titel ‚Neurosis and treatment: A holistic theory' (1965 [Neurose und (ihre) Behandlung. Eine holistische (ganzheitliche) Theorie]) von zwei seiner Brandeis-Mitarbeiter, Eugenia Hanfmann und Richard Jones, herausgegeben. (Biographisches Material über Angyal findet sich bei Hanfmann 1968.)

Die Struktur der Biosphäre

Angyal hat mit der *Biosphäre* (biosphere) einen neuen Begriff geprägt, um seine Auffassung von einer holistischen, d.h. ganzheitlichen Wesenheit zu vermitteln, welche sowohl das Individuum als auch die Umwelt umschließt – „nicht als interagierende Teile, nicht als Konstituenten, die unabhängige Existenz haben, sondern als Aspekte einer einzigen Realität, die nur in der Abstraktion gesondert werden können" (1941, S. 100). Die Biosphäre bezieht sich nicht – wie man aufgrund des Namens meinen könnte – ausschließlich auf somatische Prozesse, vielmehr enthält sie auch die psychologischen und sozialen. Die Domäne der Psychologen liege bei den symbolischen Funktionen des Organismus, also beim Wahrnehmen, Denken, Erinnern, Vorstellen und dergleichen; die Domäne der Soziologen dagegen bei den Interaktionen des Individuums mit der Gesellschaft.

Obwohl die Biosphäre ein unteilbares Ganzes ist, besitzt sie eine Organisation, die auf strukturell miteinander verbundenen Systemen basiert. Es ist die Aufgabe des organismischen Forschers, diejenigen Demarkationslinien innerhalb der Biosphäre zu identifizieren, welche von der natürlichen Struktur des Ganzen selbst vorgeschrieben sind. Diese Trennungslinien konstituieren die realen holistischen Einheiten der Biosphäre.

Die größte und die grundlegende Unterteilung, die in der Biosphäre vorgenommen werden kann, ist die zwischen dem Organismus, der als *Subjekt* (subject) bezeichnet wird, und der Umwelt, die *Objekt* (object) heißt. Der Organismus konstituiert einen Pol der Biosphäre, die Umwelt den anderen, und die ganze Dynamik des Lebens besteht aus Wechselbeziehungen zwischen diesen beiden Polen. Angyal behauptet, daß weder organismische Vorgänge noch Umweltereignisse allein die Realität widerspiegeln, sondern daß *biosphärische Ereignisse* (biospheric occurrences) die Realität ausmachen, mit der Biologen und Sozialwissenschaftler sich beschäftigen müssen. „Anstelle des Studiums des ‚Organismus' und der ‚Umwelt' und deren Interaktion nehmen wir uns vor, das Leben als ein einheitliches Ganzes zu studieren, und bemühen uns daher, die Organisation und Dynamik der Biosphäre zu beschreiben“ (1941, S. 100f.).

Angyal gesteht die Möglichkeit zu, zwischen Prozessen zu unterscheiden, die mehr unter die Herrschaft des Organismus fallen, und solchen, die mehr von der Umwelt bestimmt werden, obwohl Lebensvorgänge niemals ausschließlich von der einen oder anderen Art sein können. Sie sind immer biosphärisch.

Biosphärische Systeme

Die holistischen Einheiten der Biosphäre werden *Systeme* (systems) genannt. Angyal bevorzugt die Systemanalyse gegenüber dem in der Psychologie geläufigeren Typus einer Relations- oder Beziehungsanalyse, und zwar aus den folgenden Gründen:

(1) Ein System kann so viele Glieder einschalten wie notwendig sind, um ein gegebenes Phänomen zu erklären, während eine Beziehung nur zwei Glieder umfaßt. Angyal glaubt, daß die Reduktion einer so komplexen Struktur wie der Biosphäre auf Paare von aufeinander bezogenen Gliedern möglicherweise ihre natürliche Kohärenz und Einheit zerstört und die Verknüpfungsweisen, die in der Biosphäre existieren, übervereinfacht.

(2) Die Komponenten eines Systems sind miteinander verbunden kraft ihrer jeweiligen Stellung in dem System, die Glieder einer Beziehung dagegen durch eine gemeinsame Eigenschaft wie z. B. Farbe oder Form. Zwei rote Gegensätze sind verwandt durch ihre Rotheit, die Teile einer Maschine aber stehen aufgrund ihrer differenzierten Lage in der ganzen Maschine in einem Ordnungszusammenhang. Angyal glaubt, daß Positionen für die organismische Analyse wichtiger sind als Eigenschaften. In einem Kräftefeld wie dem einer Regierung oder einer anderen Institution ist die Stellung einer jeden Person innerhalb des Systems von weit größerer Bedeutung als eine spezifische Verwandtschaftsbeziehung, die jemand zu anderen Mitgliedern des Systems haben mag.

(3) Die Glieder eines Systems brauchen keine direkte Verbindung miteinander zu haben, dagegen müssen die beiden Glieder einer Beziehung direkt verknüpft sein. Diese Notwendigkeit einer direkten Verbindung beschränkt den Anwendungsbereich der auf Relationen ausgehenden Analyse. Zum Beispiel können zwei Bürger desselben Staates keinerlei unmittelbare Beziehung zueinander haben, doch werden sie als holistische Einheiten, die in demselben politischen Machtbereich leben, von denselben Gesetzen und Gebräuchen regiert.

Aus diesen Gründen glaubt Angyal, daß Systeme und nicht Beziehungen die wahren holistischen Einheiten der Biosphäre sind. In einem Aufsatz über die ganzheitliche Methodik in der Psychiatrie (1948) stellt er fest, daß Systemanalysen zwei Schritte enthalten: (1) die Auffindung des Zusammenhanges, in welchen ein gegebenes Phänomen gehört, und (2) die Bestimmung seiner Position in diesem Zusammenhang. Nach Vollzug dieser zwei Schritte kann man das Phänomen als richtig definiert und gänzlich erklärt ansehen. (Zur weiteren Diskussion der Systemtheorie oder -lehre in der Biologie und Psychologie vgl. Bertalanffy 1945, 1950a, 1950b, 1962; Krech 1950).

Eine wichtige Eigenschaft eines Systems ist seine *Rigidität* oder *Plastizität* (rigidity vs. plasticity). In einem rigiden (starren) System haben die Teile feststehende Positionen und sind verhältnismäßig unbeweglich, während die Teile in einem plastischen System flexibler sind und zur Bildung völlig neuer Konstellationen innerhalb des Systems übergehen können. Wie nicht anders zu erwarten, sind Ereignisse, die von einem starren System erzeugt werden, weitgehend genormt und gleichförmig, während das in einem plastischen System produzierte Geschehen eine weite Spanne funktionaler Variation aufweist. Die in einem rigiden System vor sich gehenden Prozesse sind mit Wahrscheinlichkeit ziemlich lokalisierte Geschehnisse, die nur geringe Auswirkungen auf die umliegenden Systeme haben; jene eines plastischen Systems neigen dazu, in benachbarte Systeme auszustrahlen. Rigide Systeme sind – wiederum im Gegensatz zu plastischen – in der Regel mit einer hochgradig stabilen Umwelt verbunden. Die Operationen eines rigiden Systems laufen automatischer ab und mit weniger bewußter Kontrolle als jene eines plastischen Systems. Beide Systemarten kommen in der Biosphäre in variierendem Maße vor. Sensorisch-neuromuskuläre Funktionen z. B. sind meistenteils ziemlich plastisch, während viszerale (autonome) Funktionen gewöhnlich rigider sind.

Ein System besteht aus Teilen, die entweder völlig differenziert oder noch in einem undifferenzierten Zustand in das Ganze eingebettet sind. Differenzierung der Teile aus dem Ganzen kommt vor, wenn eine komplexe Operation eine Arbeitsteilung innerhalb des Systems erfordert. In einem hochdifferenzierten Ganzen sind die Teile individualisierter und besitzen größere relative Autonomie. Da bei dieser Sachlage Uneinigkeit und Desintegration in dem System entstehen und dieses am Ende gar zerstört werden könnte, sofern dem nicht ein Riegel vorgeschoben wäre, muß es ein prinzipielles Gegengewicht geben. Diese ihrer Natur nach integrative Kraft koordiniert die differenzierten Teilfunktionen unter dem allgemeinen Systemprinzip der *Selbstausweitung* (self-expansion). Ein System weitet sich aus durch sukzessive Stadien der Differenzierung und Integration, obwohl ein jedes System im Hinblick auf Differenzierung tendenziell konservativ ist und sie nur zuläßt, wenn sie unbedingt lebenswichtig erscheint.

Ein Teil eines Ganzen hat notwendigerweise zwei Eigenschaften: es muß relativ vollständig in sich selbst sein, und es muß eine Position einnehmen, welche der Vermittlung anderweitiger Systeme für seine Erhaltung nicht bedarf. Mit anderen Worten, es muß relativ autonom und unabhängig sein, ohne von dem System isoliert zu werden.

Die Dimensionen der Persönlichkeitsstruktur
Es gibt drei Hauptdimensionen innerhalb der Biosphäre; sie werden vertikale, progressive und transverse genannt. Die *vertikale* (vertical) Dimension erstreckt sich von offenem Verhalten an der Oberfläche der Biosphäre bis hinab in den zentralen Kern derselben. Geschehnisse, die nahe der Oberfläche liegen, sind der konkrete oder verhaltensmäßige Ausdruck der tieferen Prozesse. Ein Akt der Aggression zum Beispiel drückt eine darunterliegende Feindseligkeit aus, und diese Haltung wiederum kann bis auf noch tiefer liegende und noch allgemeinere Haltungen zurückverfolgt werden. Das Oberflächenverhalten wechselt leichter als die tieferen Prozesse, besteht doch das Ziel des ersteren darin, biosphärische Verhältnisse zu schaffen, welche die Befriedigung eines Bedürfnisses im Kern der Persönlichkeit verbürgen. In der Regel kann die Befriedigung nicht mit nur einem Akt erreicht werden, vielmehr ist eine ganze Reihe von Handlungen erforderlich. Eine Handlungsfolge, welche die Person enger und enger an ein Endziel bringt, konstituiert die *progressive* (progressive) Dimension. Die Gradabschnitte auf ihr werden im Hinblick auf die Entfernung vom Ziel definiert. Die *transverse* (transverse) Dimension besteht aus der Koordination einzelner Handlungen zu einer größeren, besser integrierten und effektiveren Verhaltenseinheit. Demgemäß kann jeder Verhaltensakt als ein Ausdruck zugrundeliegender Vorgänge beschrieben werden, als eine Phase in einer Mittel-Zweck-Ordnung und als eine Koordination von diskreten Akten. Wenn man sich beispielsweise einer Prüfung unterzieht, so ist dies eine offene Tätigkeit an der Oberfläche der Biosphäre, welche das tiefere Bedürfnis erfüllt, seine intellektuelle Leistungsfähigkeit unter Beweis zu stellen. Gleichzeitig ist es ein Schritt entlang der progressiven Dimension auf das letzte Ziel hin, eine voll ausgebildete Persönlichkeit zu werden. Und es bedeutet auch die Zusammenfassung vieler einzelner Fakten, die im Laufe des Studiums erlernt worden sind.

Das symbolische Selbst
Angyal bemerkt, daß der Mensch fähig sei, Vorstellungen über sich selbst als einen Organismus zu entwickeln, weil ihm viele seiner organischen Prozesse bewußt werden. Die Gesamtsumme dieser Selbstbilder ergibt sein *symbolisches Selbst* (symbolic self). Doch macht Angyal uns darauf aufmerksam, daß das symbolische Selbst nicht immer eine verläßliche Repräsentation des Organismus ist, daß das, was eine Person über sich denkt, selten ein wahres Bild der Realität abgibt. Infolgedessen kann auch das Verhalten eines Individuums, wenn dieses vom symbolischen Selbst geleitet wird, d.h. wenn der Betreffende sich gemäß der Auffassung, die er von sich hat, verhält, den realen Bedürfnissen des Organismus durchaus unangemessen sein. „Die relative Segregation des symbolischen Selbst innerhalb des Organismus ist vielleicht der verwundbarste Punkt der menschlichen Persönlichkeitsorganisation“ (1941, S. 121),

weil das symbolische Selbst die Realität der Biosphäre verfälschen und verdrehen kann.

Alles in allem läßt sich sagen, daß die Gesamtheit all jener Komponenten, die durch die Position im allgemeinen Schema der Biosphäre organisiert sind, die Struktur der Persönlichkeit konstituiert.

Die Dynamik der Biosphäre

Die Energie der Biosphäre wird durch die Spannungen bereitgestellt, die zwischen dem Umweltpol und dem Organismuspol entstehen. Zu diesen Spannungen kommt es, weil die Umwelt in die eine und der Organismus in die andere Richtung ziehen. Diese richtungsmäßig gegensätzlichen Strebungen des Individuums und seiner Umgebung innerhalb der Biosphäre werden autonom beziehungsweise homonom genannt. Die Tendenz zur *Autonomie* (autonomy) zeigt sich in der Expansion des Organismus durch Assimilieren und Meistern der Umwelt. Sie ist einem egoistischen Trieb analog, bei dem der einzelne Mensch versucht, seine Begierden zu befriedigen und seine Interessen zu fördern, indem er die Umwelt den persönlichen Bedürfnissen unterwirft. Das Autonomiestreben wird durch eine Anzahl von besonderen Kanälen ausgedrückt, z. B. dem Wunsch nach Überlegenheit, nach Erwerb, nach Erforschung oder nach Leistung. Die Tendenz zur *Homonomie* (homonomy) dagegen motiviert den einzelnen, sich an die Umwelt anzupassen und an etwas teilzuhaben, das größer ist als das individuelle Selbst. Er taucht mit seiner Individualität unter, indem er eine harmonische Verbindung mit der sozialen Gruppe, der Natur oder einem übernatürlichen, allmächtigen Wesen eingeht. Homonomie manifestiert sich in solch spezifischen Motiven wie dem Wunsch nach Liebe, zwischenmenschlichen Beziehungen und ästhetischem Erleben, der Liebe zur Natur, religiösem Empfinden oder auch Patriotismus. In einem allgemeinen Sinn glaubt Angyal, daß „das ganze Konzept der Homonomie mit Liebe gleichgesetzt werden könnte“ (1965, S. 16).

In einer Darlegung seiner Ansichten hat Angyal (1951, 1952) diese Gerichtetheiten innerhalb der Biosphäre *Selbstbestimmung* versus *Selbsthingabe* (self-determination vs. self-surrender) genannt. „Das gesamte Funktionieren der Persönlichkeit ist gemäß einer doppelten Orientierung der Selbstbestimmung ... [und] Selbsthingabe gestaltet. ... Diese zwei Tendenzen des Menschen, die Tendenz zur Erhöhung seiner Selbstbestimmung in seiner expandierenden persönlichen Welt, und die Tendenz, sich selbst bereitwillig einem übergeordneten Ganzen hinzugeben, können mit den Worten zusammenfaßt werden, daß der Mensch sich verhält, *als ob er ein Ganzes im Sinne einer intermediären Ordnung wäre*. Damit meine ich eine „Teilgestalt“ wie beispielsweise das kardiovaskuläre System oder das zentralnervöse System, von denen jedes ein *Ganzes* ist, eine Organisation vieler Teile, aber gleichzeitig ein

Teil in bezug auf sein übergeordnetes Ganzes, den Körper. Der Mensch ist sowohl ein *Vereiniger* (unifier), ein Organisator seiner unmittelbaren persönlichen Welt, als auch ein *Teilnehmer* (participant) an dem, was er als das übergeordnete Ganze, zu dem er gehört, auffaßt" (1951, S. 133).

Obwohl Autonomie oder Selbstbestimmung und Homonomie oder Selbsthingabe als einander entgegengesetzt erscheinen mögen, sind sie in Wirklichkeit zwei Phasen einer umfassenderen Tendenz der Biosphäre, und zwar der bereits erwähnten *Selbstausweitung*. Die Person ist ein offenes System mit einer Inputphase und einer Outputphase. Die erste besteht in der Assimilierung der Umwelt, als der Grundlage der Autonomie, und die andere Phase betrifft die Produktivität, welche die Grundlage für die Homonomie abgibt. Beide Phasen sind für die volle Entwicklung des Individuums notwendig. Der Mensch entwickelt sich durch Einverleibung von Umweltdingen und weitet seine Umwelt aus, indem er persönliche Beiträge zu ihr leistet. Er nimmt und gibt zugleich, und dabei expandiert die ganze Biosphäre, die ja – wie erinnerlich – sowohl den Organismus als auch die Umwelt einschließt. Die Tendenzen zu vermehrter Autonomie und vermehrter Homonomie und damit der Trend zur Selbstausweitung konstitutiert das wesentliche Systemprinzip der Biosphäre. Angyal hat übrigens die ganzheitliche Auffassung der Autonomie und Homonomie auch in existentieller Sprache ausgedrückt: „Zu sein ... heißt etwas für einen anderen bedeuten" (1965, S. 18).

Systemdynamik

Eine Spannung kann entweder in einem Teil eines Systems entstehen und sich auf das Ganze ausbreiten, oder aber sie entsteht im Ganzen und wirkt auf alle Teile. Jedoch kann ein Spannungswechsel in einem Teil nicht direkt eine entfernte Region beeinflussen; es gibt immer eine kontinuierliche Ausbreitung von dem affizierten Teil auf die anliegenden Bereiche – ganz wie die konzentrischen Wellenringe, die sich bilden, wenn man einen Stein ins Wasser wirft. Diese Fortpflanzung der Spannung von ihrem Ursprung in anliegende Regionen ist ein Grundgesetz der Systemdynamik.

Wie schon erwähnt, wird ein Teil aus dem Ganzen ausdifferenziert, wenn eine neue Funktion erforderlich ist. Teile eines Systems müssen daher als funktionelle Einheiten angesehen werden. Jedoch kann eine gegebene Funktion oder ein Teil an mehr als einem System teilhaben. Eine motorische Fertigkeit mag bei verschiedenen koordinierten Tätigkeiten benutzt werden, etwa beim Maschineschreiben, beim Klavierspielen, Autofahren usw. Dabei arbeitet der Organismus durchaus ökonomisch, indem er eine relativ kleine Anzahl von Teilfunktionen in einer großen Vielfalt von übergreifenden Funktionssystemen anwendet. Ein System wird mittels eines Mechanismus der *Anordnung* (setting) aus einer Anzahl von Teilen zusammengesetzt. Wenn etwa jemand eine neue Stellung antritt, so wirken viele verschiedene Fähigkeiten, Fertigkeiten und Eigenschaften aus unterschiedlichen Systemen zusammen, um ihm die Durchführung der Arbeit zu ermöglichen. Die Auflösung eines Systems, das bereits gebildet worden ist, und die Bildung eines neuen Systems werden durch den Mechanismus der *Verwandlung* (shifting) erreicht. Anordnung und Verwandlung sind die hauptsächlichen Mechanismen für jede Art von organisierter Aktivität.

Nun sind diese Mechanismen zwar höchst effektiv hinsichtlich der Bereitstellung von Tätigkeitsweisen, die sowohl Bedürfnisse befriedigen als auch für die Umweltbedingungen relevant sind, doch kommt es zwangsläufig zu Behinderung und Wettbewerb zwischen den Systemen, sofern sie versuchen, gleichzeitig dieselben Teile zu benutzen. Dieser Wettbewerb kann verschiedene Folgen haben. Wenn ein System stärker ist, d.h. mehr Energie besitzt als das andere, so hat es immer noch mit dem Druck fertig zu werden, den das schwächere System auf es ausübt. Infolgedessen können verschiedene Drucksymptome ausgebildet werden, wie z.B. Neurasthenie, Müdigkeit, Nervosität, unbestimmte Angst. Wenn das störende System kräftiger ist, obschon noch nicht so mächtig wie das andere System, kann es sich in die Aktivitäten des dominanten Systems einmischen und Irrtümer, Unfälle und Verwirrung herbeiführen. Wenn die zwei Systeme in der Stärke ungefähr gleich sind, werden sie wechselweise aufeinander übergreifen. Allgemeine Verwirrung und Desintegration des Verhaltens sind Symptome der gegenseitigen Durchdringung konkurrierender Systeme. Systeminterferenz in diesem Sinne wird pathologisch, wenn die Störung bestehenbleibt, so daß von seiten des vorherrschenden Systems andauernd starke Abwehrkräfte mobilisiert werden müssen. Verhinderte Tendenzen können in Phantasien, Träumen, somatischen Symptomen, Aus-der-Rolle-Fallen und dergleichen zum Ausdruck kommen.

Die Integrität der Biosphäre kann auch durch Absonderung oder *Segregation* (segregation) von Systemen verletzt werden, so daß sie ihre Fähigkeit, miteinander zu kommunizieren, verlieren. Abtrennungen kommen auf einer der drei Persönlichkeitsdimensionen vor. *Vertikale* Segregation besteht aus einer Abspaltung des vordergründigen Ausdrucks von den tieferen Tendenzen, und diese resultiert in oberflächlichem Verhalten, einem So-Tun-als-ob, übermäßiger Konformität und so weiter. Diese Art von Abtrennung erzeugt etwas, daß der Jungschen „Persona" analog ist. Bei einer *progressiven* Segregation kann man von Frustration sprechen. Diese verhindert, daß durch Erreichen eines angemessenen Zieles das Mittel-Zweck-Kontinuum zu einem Abschluß kommt. Segregation auf der *transversen* Dimension schließlich manifestiert sich im Mangel an Koordination und in dissoziierten Akten.

Wenn einer oder mehrere Teilprozesse das gesamte Funktionieren des Organismus verhindern oder stören, so kann man die Beziehung zwischen dem Teil und dem Ganzen als *bionegativ* (bionegative) bezeichnen. Beispielsweise ist Angst bionegativ, wenn man versucht, ein intellektuelles Problem zu lösen.

Die Umwelt kann den Organismus auf zweierlei Weise gewaltsam schädigen. Sie kann aktiv die Autonomie des Individuums beeinträchtigen oder aber im Hinblick auf dessen Bedürfnisbefriedigung unzureichend sein. Im ersten Fall spricht man von tatsächlichen oder *positiven* (positive) Traumata, im zweiten von *mangelbedingten* (scarcity) Traumata. Angyal weist darauf hin, daß man zwischen den direkten ursächlichen Wirkungen eines störenden Agens und der Reaktion des Organismus auf diese Effekte unterscheiden muß. Der Organismus kann zudem mit weiteren Anpassungsversuchen auf die Nebenprodukte seiner eigenen Reaktionen reagieren. Ein Beispiel hierfür wären die Bemühungen eines Menschen, mit der Angst als solcher fertigzuwerden, anstatt mit den Umweltgefahren, welche die Angst allererst erzeugt haben.

Zusammenfassend kann man also sagen, daß die Dynamik der Biosphäre aus den Belastungen und Anspannungen besteht, die zwischen den beiden Polen wirken, von denen der eine den nach Autonomie und Selbstbestimmung strebenden Organismus repräsentiert und der andere die in Richtung auf Homonomie und Selbsthingabe zielende Umwelt. Als Ergebnis dieser Stöße und Züge tendiert die Biosphäre dahin, an Umfang zuzunehmen.

Die Entwicklung der Persönlichkeit

Angyal sieht in der Persönlichkeit eine ausgedehnte „temporäre Gestalt“ bzw. ein Schema, in welches die Vergangenheit, Gegenwart und Zukunft fest eingebettet sind. Die Persönlichkeit ist ein geordneter (organisierter) Prozeß, der sich in die Zeit erstreckt. Die Vergangenheit ist dabei nicht unwandelbar; sie ändert sich, wenn ein lebensgeschichtlich bedeutsames Ereignis einen neuen Stellenwert in der Biosphäre erlangt. Eine zur Zeit ihres Geschehens in der Kindheit schreckliche Erfahrung mag später nur noch als ein lächerlicher Vorfall erinnert werden. Infolgedessen wechselt der Einfluß der Vergangenheit auf die Gegenwart fortwährend. Die Zukunft ist als Anlage oder Disposition in der Gegenwart ständig wirksam. Auch sie kann sich verändern, wenn es zu einer Neuordnung der Biosphäre kommt. Zum Beispiel tauchen im Laufe des Älterwerdens anstelle alter Hoffnungen neue auf.

Der Lebenslauf ist nicht nur eine Folge von Episoden, in denen Spannungen entstehen und wieder gelöst werden; er besitzt auch einen inneren Plan, ein Ziel. Für Angyal ist dieser zentrale Lebensentwurf der Wunsch jedes einzelnen, seine Existenz zu einem sinnhaltigen, voll ausgeweiteten Ganzen zu machen, das dem Leben vollständigen Zusammenhang und Einheit gibt. Entwicklung besteht in der Bildung einer starken, ausgedehnten, integrierten Struktur.

Angyal (1965) bemerkt jedoch, daß sich tatsächlich nicht nur *ein* solches Persönlichkeitsschema ausforme, sondern zwei, wobei das eine gesund, das andere neurotisch ist. Ersteres gründet sich auf das zuversichtliche Gefühl, daß man seine autonomen und homonomen Strebungen verwirklichen kann; letzteres erwächst aus der Isolation, dem Gefühl der Hilflosigkeit, dem Ungeliebtsein und aus Zweifeln an der eigenen Fähigkeit, das Leben nach außen hin zu meistern. Diese zwei Erlebens- und Verhaltens-Modelle existieren in jedem Menschen, doch ist eines gewöhnlich dominant. Weiterhin kann ein Schema ganz plötzlich durch das andere ersetzt werden, da es ja nicht die Elemente sind, die sich verändern, sondern das leitende Systemprinzip. „Gesundheit und Neurose müssen als zwei organisierte Prozesse gedacht werden, zwei dynamische Gestalten, die dasselbe Material organisieren, so daß jede Einzelheit (item) eine Stellung innerhalb zwei verschiedener Strukturen (patterns) hat. Zwischen beiden können Verschiebungen stattfinden – bleibende oder kurzlebige –, und zwar in beiden Richtungen, jedoch ist die Person in einem gegebenen Augenblick nur entweder gesund oder neurotisch, je nachdem, welches System dominiert" (1965, S. 103).

Angyal vergleicht diese duale Organisation der Persönlichkeit mit einer doppeldeutigen Gestalt, welche jeweils in einer von zwei Weisen erfaßt werden kann. Die figuralen Elemente bleiben dabei dieselben, und doch ändert sich das Gesehene. Diese Theorie der universellen Ambiguität, wie Angyal sie nennt, hat weitreichende Konsequenzen für die Behandlung von Neurotikern. „Sie verbietet die Auffassung der Neurose als einem faulen Teil eines gesunden Apfels, als einer begrenzten, abgespaltenen Fehlbildung innerhalb der Person – eines Gewächses, das mit den Wurzeln herausgezogen werden könne, ohne den Rest der Persönlichkeit zu zerstören oder zu verändern. Die neurotische Person ist durch und durch neurotisch, in jedem Bereich ihres Lebens, in allen Ritzen und Rissen ihrer Existenz" (1965, S. 103f.).

Die Entwicklung der Persönlichkeit schreitet entlang den drei bekannten Dimensionen fort. In der [vertikalen oder] *Tiefen*dimension wächst der Mensch von einer mittleren Position auf der Skala sowohl auswärts als auch einwärts. Er entwickelt tiefere und stärkere Bedürfnisse wie auch kompliziertere Verhaltensweisen für die Befriedigung seiner Bedürfnisse. In der *progressiven* Dimension bedeutet die Entwicklung eine erhöhte Effizienz und Produktivität. Das Individuum gelangt direkter und mit weniger unnützem Aufwand zu seinen Zielen. In der *transversen* Dimension führt das Wachstum zu besserer Koordinierung und größerer Wandelbarkeit des Verhaltens. Harmonisches Wachstum in allen drei Dimensionen bereichert und erweitert die Persönlichkeit.

Die gesamte Lebensspanne ist in Phasen unterteilt, von denen eine jede einen relativ autonomen Teil der ganzen temporären Gestalt bildet. Eine *Phase* wird definiert durch ein besonderes Lebensproblem, welches das Thema für jene Periode stellt und ihr ihren besonderen Sinn gibt. So ist das Thema der ersten Lebensphase um Essen und Schlafen zentriert. Später wird die Umwelt auf ihre Möglichkeiten und Bedeutsamkeiten hin erforscht. Während des ersten Teils dieser Phase erkennt das Kind noch nicht die unabhängige Natur der Außenwelt, weshalb es sich ihr gegenüber willkürlich und unrealistisch verhält. Es versucht sie zu dem zu machen, was ihm gerade in den Sinn kommt. Die Grenzen dieses Vorgehens werden jedoch bald erkannt, und das Kind lernt nach und nach, sich an die objektiven Eigenschaften der Umwelt anzupassen. Das immer Gleiche der Entwicklung während der aufeinanderfolgenden Phasen hängt von den sukzessiven Reifeprozessen und von der kulturellen Normierung ab. Jedoch kann man unmöglich mit völliger Genauigkeit den Lebenslauf einer Person voraussagen, weil der Einfluß der Umwelt nicht immer im vorhinein gewußt werden kann. Umweltereignisse sind weitgehend außerhalb, weil unabhängig von der Kontrolle und Vorsorge des einzelnen; sie sind zufällig und unvorhersagbar. Zwar können auf der Grundlage von Gesetzen der Persönlichkeitsentwicklung gewisse Voraussagen gemacht werden, doch sind diese immer bloß angenähert. Man kann mit ziemlicher Sicherheit damit rechnen, daß ein junger Mann irgendwann einmal einen Beruf ergreifen wird, aber zu prophezeien, welcher Beruf es sein wird, schließt beträchtliche Mutmaßungen ein. Im Laufe des Älterwerdens wird die Person dann rigider, gesetzter in ihrer Art und weniger den Einflüssen der Umwelt geöffnet, so daß ihr Verhalten leichter zu erahnen ist.

Obwohl Angyal die Möglichkeit und Tatsächlichkeit von Regressionen zugibt, glaubt er – wie schon Jung –, daß eine solche oftmals auch der fortschreitenden Tendenz des Persönlichkeitswachstums dient. Das heißt, ein Individuum kann aus der Regression etwas lernen, das ihm erlaubt, zu seinen gegenwärtigen Problemen zurückzukehren und sie in effektiverer Weise anzugehen.

Angyal glaubt auch, daß sich die symbolischen Funktionen des Organismus, z. B. das Denken, mit dem Alter entwickeln und daß „das Zentrum des Lebens sich mehr und mehr auf den psychologischen Bereich hin verlagert“ (1941, S. 77). Wenn der Mensch älter wird, neigt er dazu, immer mehr von seinen Bedürfnissen mit Hilfe instrumenteller psychologischer Prozesse zu befriedigen; das soll heißen, er verbringt mehr Zeit mit Denken und weniger mit Handeln.

Angyal unterstützt weder noch verkündet er irgendeine Lerntheorie. Er begnügt sich damit, Ausdrücke wie Differenzierung, Neuordnung, Verwandlung und dergleichen zu verwenden, wobei die meisten davon aus dem Vokabular der Gestaltpsychologie entlehnt sind.

Maslows holistisch-dynamische Theorie

Abraham Maslow ist in seinen zahlreichen Schriften (vgl. besonders ‚Motivation and personality‘ 1954 und ‚Toward a psychology of being‘ 1968 a, dt. ‚Psychologie des Seins. Ein Entwurf‘) für einen ganzheitsbezogenen, holistisch-dynamischen Standpunkt eingetreten, welcher in vielem übereinstimmt mit dem von Goldstein und Angyal, zweien seiner Kollegen an der Brandeis

University, an der er selbst Professor der Psychologie war. Maslow glaubt, daß seine Position in das weite Gebiet der Humanistischen Psychologie fällt, die er als eine „dritte Kraft" in der amerikanischen Psychologie charakterisierte, wobei die anderen der Behaviorismus und die Psychoanalyse waren. Maslow hat eine naturwissenschaftlich-psychologische Ausbildung an der University of Wisconsin abgeschlossen, wo er im Jahre 1934 sein Doktorat erlangte. Seine frühen Forschungsarbeiten lagen auf dem Sektor des Tierverhaltens. 1967 wurde Maslow zum Präsidenten der American Psychological Association gewählt. [Er starb 1970].

Wir werden für unsere Besprechung einige der typischen Besonderheiten von Maslows Ansichten über die Persönlichkeit auslesen. Dabei muß man wissen, daß er, anders als Goldstein und Angyal, die ihre Theorien auf das Studium von hirngeschädigten und geistig gestörten Personen gründeten, von Untersuchungen an gesunden und schöpferischen Personen ausging, um zu bestimmten persönlichkeitstheoretischen Formulierungen zu kommen.

Maslow tadelt die Psychologie wegen ihrer „pessimistischen, negativen und begrenzten Konzeption" des Menschen. Er glaubt, daß die Seelenforscher mehr über die menschlichen Schwächen denn über die Stärken nachgedacht und daß sie zwar seine Sünden durch und durch erforscht, dabei aber seine Tugenden vernachlässigt haben. Das Leben wurde immer nur als der verzweifelte Versuch des einzelnen angesehen, Schmerzen zu vermeiden, wobei man seine aktiven Schritte in Richtung auf Lustgewinn und Glück völlig übersah. Wo ist die Psychologie, fragt Maslow, die dem Frohsinn und Wohlergehen, der Liebe und Ausgelassenheit in gleichem Maße Rechnung trägt, wie sie sich mit Unglück, Schmach, Kampf und Feindseligkeit abgibt? Die Psychologie „hat sich freiwillig auf nur die Hälfte ihrer rechtmäßigen Zuständigkeit beschränkt, und zwar auf die dunklere, gemeinere Hälfte". Maslow hat es unternommen, die andere, hellere und bessere Hälfte des Bildes aufzudecken und ein Porträt des ganzen Menschen zu zeichnen: „Lassen Sie mich nun versuchen, in Kürze und zunächst dogmatisch das Wesen dieser neu entstehenden Auffassung vom psychiatrisch gesunden Menschen darzulegen. Das erste und wichtigste von allem ist die Überzeugung, daß der Mensch eine essentielle (d.h. eine wesenhafte, nur ihm eigene) Natur besitzt, eine Art Skelett von psychischer Struktur, die analog seiner physischen Struktur behandelt und diskutiert werden kann, daß er Bedürfnisse, Fähigkeiten und Neigungen hat, die genetisch verankert sind, wobei einige für die ganze menschliche Spezies eigentümlich sind und alle kulturspezifischen Schranken überqueren, andere hingegen nur für das Individuum charakteristisch. Diese Bedürfnisse sind dem Anschein nach eher gut oder neutral als böse. Zweitens wird die Ansicht vertreten, daß eine völlig gesunde und normale und wünschenswerte Entwicklung darin besteht, diese Natur zu verwirklichen, die Anlagen auszubilden und sich zur Reife zu entwickeln auf Wegen, die diese verborgene, bedeckte, nur undeutlich gesehene wesenhafte Natur diktiert – dabei von innen heraus wachsend, anstatt von außen geformt zu werden. Drittens ist jetzt klar zu erkennen, daß Psychopath(olog)ie im allgemeinen aus der Verleugnung oder Versagung oder Verdrehung der eigentlichen Natur des Menschen resultiert. Geht man von dieser Konzeption aus – was ist dann gut zu nennen? Alles, was zu jener wünschenswerten Entwicklung in Richtung auf Verwirklichung der inneren Menschennatur beiträgt. Und was ist schlecht oder unnormal? Alles, was die wesentliche Natur des Menschen unterdrückt oder hemmt oder verleugnet. Was ist psychopath(olog)isch? Alles, was den Gang der Selbstverwirklichung stört oder unterdrückt oder verdreht. Was ist Psychotherapie oder überhaupt eine wie auch immer geartete Therapie? Jedes beliebige Mittel, das hilft, die Person auf den Pfad der Selbstverwirklichung und der Entwicklung entlang den von ihrer inneren Natur vorgeschriebenen Leitlinien zurückzubringen" (1954, S. 340f.).

In einer weiteren Darstellung seiner Grundannahmen hat Maslow diese wichtige Aussage hinzugefügt: „Diese innere Natur ist nicht stark, übermächtig und unverkennbar wie die Instinkte der Tiere. Sie ist schwach, delikat, subtil und durch Gewohnheit, kulturellen Druck und falsche Haltung ihr gegenüber leicht zu bewältigen. Auch wenn sie schwach ist, verschwindet sie nur selten in einer normalen Person – vielleicht nicht einmal in einer kranken Person. Auch wenn sie negiert wird, besteht sie im Verborgenen weiter und drängt nach Verwirklichung" (1968a, S. 4).

Bei einer anderen Gelegenheit schreibt Maslow: „Alle Beweise, die wir haben (meistens klinische Beweise, doch auch schon anderweitige Forschungsergebnisse), deuten darauf hin, daß es vernünftig ist, bei praktisch jedem Menschen und sicherlich bei fast jedem neugeborenen Baby anzunehmen, daß es einen aktiven Willen zur Gesundheit gibt, einen Antrieb zum Wachstum oder zur Verwirklichung der menschlichen Anlagen" (1967b).

In diesen beredten und repräsentativen Passagen sind eine Anzahl von treffenden Annahmen über die menschliche Natur enthalten. Nach Maslow hat der Mensch eine ererbte Anlage, die wesentlich gut oder zumindest neutral ist; sie ist nicht schon an sich böse. Dies kann als eine neuartige Auffassung gelten, da viele Theoretiker voraussetzen, daß einige der Instinkte (bzw. Triebe) schlecht oder antisozial sind und erst durch Übung und Sozialisierung gezähmt werden müssen.

Während die Persönlichkeit sich durch Reifung in einer günstigen Umwelt und durch aktive Anstrengungen seitens des Organismus, seine Natur zur verwirklichen, entfaltet, werden die schöpferischen Kräfte des Individuums immer deutlicher sichtbar. Wenn der Mensch unglücklich oder neurotisch ist, so weil die Umwelt – durch Ignoranz und sozialpathologische Bedingungen – ihn dazu gemacht hat oder aber, weil er selbst seinem Denken eine falsche Richtung gegeben hat. Maslow glaubt auch, daß viele Leute vor der vollen Menschwerdung (Selbstverwirklichung) Angst haben und zurückscheuen. Beispielsweise sind Destruktivität und Gewalttätigkeit dem Menschen nicht angeboren. Er wird nur destruktiv, wenn sein inneres Wesen verdreht oder verleugnet oder unterdrückt ist. Maslow (1968b) unterscheidet zwischen pathologischer und gesunder Aggression, wobei die zweite [„reaktiv"] gegen Ungerechtigkeit, Vorurteil und andere soziale Übel angeht.

Maslow (1967a) hat eine Theorie der menschlichen Motivation vorgeschlagen, die zwischen Grund- und Metabedürfnissen [bzw. -trieben oder -motiven (cf. auch 1954)] differenziert. Die *Grundbedürfnisse* (basic needs) sind jene des Hungers, der (des Verlangens nach) Zuneigung, Sicherheit, Selbstachtung und dergleichen. *Metabedürfnisse* (metaneeds) umfassen die Gerechtigkeit, Güte, Schönheit, Ordnung, Einheit und so weiter. Erstere sind Mangel- oder Defizitbedürfnisse (deficiency needs), letztere dagegen Wachstumsbedürfnisse (growth needs). Die Grundbedürfnisse sind in einem hierarchischen Aufbau angeordnet und den Metabedürfnissen in den meisten Fällen überlegen. Diese besitzen ihrerseits keine Hierarchie – sie sind gleichmächtig – und können einander ziemlich leicht ersetzen. Sie sind genauso instinktiv bzw. dem Menschen inhärent, angeboren, wie es die Grundbedürfnisse sind, und wenn sie nicht erfüllt werden, wird der Mensch krank. Diese [analog zu obigem Begriff auch Defizitkrankheiten genannten] Metapathologien umfassen Zustände wie Entfremdung, Angst, Apathie, Zynismus.

Maslow glaubt, daß Psychologen, die ausschließlich verkrüppelte, verkümmerte und neurotische Menschen untersuchen, unweigerlich eine verkrüppelte Psychologie hervorbringen müssen. Um eine vollständigere und umfassendere Wissenschaft von der menschlichen Person zu entwickeln, sei es auch Pflicht des Forschers, Individuen zu studieren, die ihre Anlagen in höchstem Maße verwirklicht haben. Maslow hat eben dies getan [cf. 1954]; er führte eine intensive und umfängliche Untersuchung an einer Gruppe von Leuten durch, die sich selbst aktualisieren konnten. Es sind seltene Exemplare, wie Maslow entdeckte, als er diese Gruppe zusammenstellte. Nachdem er passende Subjekte bestimmt hatte – einige von ihnen waren historische Persönlichkeiten wie Lincoln, Jefferson, Walt Whitman, Thoreau und Beethoven, während andere zur Zeit der Recherchen noch lebten wie Eleanor Roosevelt, Einstein sowie Freunde und Bekannte des Autors –, wurden sie klinisch untersucht, um herauszufinden, welche Eigentümlichkeiten sie von der großen Masse der Menschen unterschieden. Dabei ergaben sich die folgenden charakteristischen Merkmale: (1) Sie sind realistisch orientiert. (2) Sie akzeptieren sich selbst, andere Leute und die natürliche Welt als das, was sie sind. (3) Ihnen eignet ein Großteil Spontaneität. (4) Sie sind eher problemorientiert als selbstzentriert. (5) Sie haben eine ungebundene Wesensart und ein Bedürfnis nach Zurückgezogenheit. (6) Sie sind selbständig und unabhängig. (7) Ihre Wertschätzung für Leute und Sachen ist eher frisch denn stereotyp. (8) Die meisten von ihnen hatten tiefgehende mystische oder spirituelle Erfahrungen, wenn auch nicht notwendigerweise religiöser Art. (9) Sie identifizieren sich mit der Menschheit. (10) Ihre vertrauten Beziehungen mit ein paar besonders geliebten Menschen sind eher tief und gefühlsbetont als oberflächlich. (11) Ihre Werte und Einstellungen sind demokratisch. (12) Sie vermengen nicht die Mittel mit den Zielen. (13) Ihr Sinn für Humor ist eher philosophisch als feindselig. (14) Sie haben einen großen Vorrat an Kreativität. (15) Sie widersetzen sich der Konformität gegenüber der Kultur. (16) Sie transzendieren die Umwelt, anstatt nur mit ihr fertig zu werden.

Maslow hat auch die Natur dessen, was er „Gipfelerlebnisse" oder – in der Kruntoradschen Übersetzung – *Grenzerfahrungen* (peak experiences) nannte, untersucht. Das Material hierüber stammte aus Antworten auf die Frage, welches als „die wunderbarste(n) Erfahrung(en)" im Leben erinnert werden ([2]1968 a, dt. 1973, S. 83). Dabei stellte sich heraus, daß ein Mensch, der entsprechende Höhepunkte erlebt hatte, sich gewöhnlich besser integriert fühlt, mehr im Einklang mit der Welt, mehr als sein eigener Herr, spontaner, weniger raum- und zeitbewußt [d.h. -abhängig], wahrnehmungsfähiger usw. (a.a.O. Kap. 6 u. 7). –

Maslow (1966) hat der Naturwissenschaft kritisch gegenübergestanden. Er glaubte, daß die klassische mechanistische Grundhaltung, wie sie durch den Behaviorismus exemplifiziert wird, nicht für das Studium der *ganzen* Person geeignet ist. Er selbst trat für eine humanistische Wissenschaft ein – nicht als eine Alternative zur mechanistischen, sondern als ihr Komplement, ihre Ergänzung. In diesem Sinne habe die Humanistische Psychologie an Fragen des Wertes und der Zweckhaftigkeit, der Individualität, des Bewußtseins, der Ethik und „der höheren Bereiche der menschlichen Natur" anzusetzen.

Es scheint, daß die Einmaligkeit von Maslows Beitrag zum organismischen Standpunkt in seiner vorwiegenden Beschäftigung mit gesunden anstatt mit kranken Menschen liegt, sowie in seinem Glauben, daß Untersuchungen dieser zwei Gruppen verschiedene Theorietypen begründen müßten. Sowohl Goldstein als auch Angyal sind als Fachmediziner und Psychotherapeuten mit defekten und desorganisierten Patienten in Kontakt gekommen; immerhin hat trotz dieser voreingenommenen Auswahl jeder von ihnen eine Theorie aufgestellt, die den ganzen Organismus umschließt und die nicht nur auf den kranken Menschen Anwendung findet, sondern auch auf den gesunden. Maslow wählte den direkteren Weg des Studiums Gesunder, deren Persönlichkeitsganzheit und -einheit ohne weiteres sichtbar ist. Denn als „Selbstverwirklicher" sind diese Individuen die eigentliche Verkörperung der organismischen Theorie.

Leckys Theorie der Selbstkonsistenz

Obwohl [der früh, 1941, verstorbene] Prescott Lecky keine umfassende Persönlichkeitstheorie entwickelte, haben seine Ideen doch eine so große Verwandtschaft mit der Organismischen Psychologie, daß eine kurze Erörterung dessen, was in dem kleinen [posthum veröffentlichten] Buch ‚Self-consistency'

(1945) zusammengefaßt ist, angezeigt erscheint. Gardner Murphy schreibt in seinem Vorwort zu diesem Buch, Lecky habe „auf seine eigene Art ... die Auffassung entwickelt, daß der einzelne *für sich selbst die Natur jener Totalität definieren muß, die er ist.* Er hat sein Leben lang neue Erfahrungen in der Weise zu assimilieren, daß er sowohl eine lebendige Einheit *ist* als auch als solche *erscheint*" (S. 1).

Für Lecky ist „Persönlichkeit" der zentrale, einigende Begriff der Seelenkunde. Alle psychologischen Phänomene werden als Ausdruck einer geeinten Persönlichkeit betrachtet. Alle Aktivitäten des Menschen dienen dem obersten Ziel der Persönlichkeit, ihre *Selbstkonsistenz* (self-consistency) zu behaupten.

Persönlichkeit wird als eine Organisation, eine Ordnung von Werten aufgefaßt, die miteinander konsistent sind. Das Verhalten ist ein Versuch auf seiten der Person, die Konsistenz, d. h. die Übereinstimmung, und die Einheit dieser Werte in einer unsicheren Umwelt aufrechtzuerhalten. Demgemäß gibt es nur eine Quelle der Motivation, nämlich die Notwendigkeit, die Einheit und Integrität des Organismus zu sichern, und nur ein Entwicklungsziel, nämlich die Vollendung einer geeinten und selbstkonsistenten Organisation. Lecky glaubte, daß die Person mehr ein Gefühl der Einswerdung ersehnt und nicht so sehr nach Lust strebt, daß sie aber als Resultat des Vereinheitlichungsprozesses sehr wohl Lust gewinnen kann. Lust ist nur ein Nebenprodukt und nicht das wirkliche Ziel des Lebens.

Im allgemeinen widersetzt sich der Mensch Erfahrungen, die nicht zu der Struktur seiner Werte passen, und nimmt nur solche auf, die ihr gemäß sind. Er versucht beständig, sich seiner Umgebung anzupassen, und zwar stets im Einklang mit seiner Wertstruktur. Zuweilen jedoch kann ein von einer unbarmherzigen Umwelt hervorgerufenes Problem oder ein Konflikt soviel Druck auf den einzelnen ausüben, daß er sich zur Wiedererlangung der Stabilität auf eine Änderung seines Wertsystems einlassen muß. Der Entwicklungsverlauf geht also entweder in Richtung auf die Assimilation von Außenweltreizen, die mit den eigenen Werten konsistent sind, oder aber auf die Reorganisation der Werte, um dadurch den Anforderungen der Umwelt genügen zu können.

Die Persönlichkeit entwickelt sich in der Folge aktueller Kontakte mit der Welt und einer Ordnung der aus diesen Kontakten gezogenen Erfahrungen zu einem integrierten Ganzen. Die Probleme des Lebens werden zunehmend schwieriger, wenn das Kind heranwächst. Der nach dem eigenen Selbst konstanteste Faktor im individuellen Erleben wird durch die Familienangehörigen bereitgestellt. Indem es sich mit seinen Eltern identifiziert, versucht das Kind sich und sie in eine einheitliche und konsistente Beziehung zu bringen. Bis zum Alter von fünf Jahren hat das Kind gewöhnlich die häusliche Alltagssituation assimiliert und kann beginnen, sich mit Problemen außerhalb der Familie zu beschäftigen. Während der Adoleszenz ist das Bedürfnis nach Einheit höchst akut, weil hier die große Übergangsperiode des Lebens abläuft, in der der junge

Mensch gezwungen ist, seine kindlichen Werte zu revidieren und sie durch reife, erwachsene zu ersetzen.

Lecky ist wie Maslow optimistisch hinsichtlich des Menschen und seiner Fähigkeit, eine gesunde, selbstkonsistente Persönlichkeit zu entwickeln. Und wie alle Vertreter der Organismischen Psychologie legt er großen Nachdruck auf die mit der Erbanlage gegebenen Werdemöglichkeiten des Menschen. Seinen eigenen Wachstumskräften überlassen, müßte das Individuum durchaus in der Lage sein, eine einheitliche Persönlichkeit auszubilden. (Eine Interpretation und Erweiterung von Leckys Ansichten findet sich bei Rogers 1967.)

Derzeitiger Stand und Bewertung der Organismischen Psychologie

Die organismische Auffassung als eine Reaktion gegen den Leib-Seele-Dualismus, die Vermögenspsychologie und den Stimulus-Response-Behaviorismus hat sich als äußerst erfolgreich erwiesen. Wo in der heutigen Psychologie findet sich jemand, der nicht für die Grundannahmen des Organizismus eintritt, daß das Ganze etwas anderes ist als die Summe seiner Teile, daß, was einem Teil, immer auch dem Ganzen zustößt und daß es keine separaten Abteilungen innerhalb des Organismus gibt? Welcher Psychologe glaubt noch, daß es einen Geist gibt, der vom Körper getrennt ist, eine Seele, die anderen Gesetzen gehorcht als jenen, die den Leib regieren? Wer glaubt, daß es isolierte Ereignisse gibt, abgesonderte Prozesse, losgelöste Funktionen? Sehr wenige Psychologen, wenn überhaupt welche, unterschreiben noch länger eine atomistische Lehre. Wir alle sind organismische Psychologen, was immer wir sonst noch sein mögen.

In diesem Sinne ist die organismische Theorie mehr eine Einstellung, eine Orientierung oder ein Bezugsrahmen denn eine systematische Theorie des Verhaltens. Sie behauptet genaugenommen, daß ein echtes Verständnis des Leibseelischen nur aus der richtigen Plazierung von Phänomenen in den Kontext des Gesamtsystems resultieren kann, da alles und jedes auf das Ganze bezogen ist. Sie leitet den Untersucher an, ein Netz von Variablen in Rechnung zu stellen – nicht nur Variablenpaare – und das zu untersuchende Geschehen als Komponente eines Systems anzusehen, nicht so sehr als einen isolierten Vorfall. Die Gesetze zu verstehen, kraft derer das Gesamtsystem operiert – das *ist* in der Tat das letzte Anliegen eines jeden Wissenschaftlers, ist das Ideal, auf welches er beständig hinstrebt. Angewandt auf das Gebiet der Humanpsychologie besagt dieser [prinzipiell] organismische Standpunkt, daß die *ganze Person* die natürliche Untersuchungseinheit ist. Da der normale, gesunde Mensch – wie jeder andere Organismus auch – immer nur als organisiertes Ganzes funktioniert, sollte er als ein organisiertes Ganzes studiert werden. Da die Psychologie erkennt, daß die gegenwärtigen Forschungstechniken einschließlich der quantitativen Analyse dem psychologischen Untersucher oft gar nicht erlauben, das organismische Untersuchungsobjekt – die Personganzheit – ins Auge zu fassen, drängt es sie, die Mittel für diese Aufgabe bereitzustellen. Wenn quantitative Methoden nicht vorhanden sind, müssen qualitative Methoden verwendet werden. Inzwischen sollte die Psychologie sich der Entwicklung von Methoden zuwenden, die sie dem organismischen Ziel des Verständnisses der ganzen Person näherbringen. Die Organismische Psychologie in diesem Sinne ist viel eher ein Satz von Richtlinien als ein System von Tatsachen, Prinzipien und Gesetzen.

Es gibt keine offizielle, sondern mehrere verschiedene organismische Persönlichkeitstheorien. Definiert wird eine solche nämlich durch die Einstellung des Forschers, nicht durch den Gehalt des Persönlichkeitsmodells, das er konstruiert. Wenn die Theorie auf den ganzen Organismus als ein einheitliches System gerichtet ist, anstatt auf gesonderte Eigenschaften oder Triebe oder Gewohnheiten, dann kann die Theorie „organismisch" genannt werden. Goldstein, Angyal, Maslow, Lecky, Allport, Murray, Murphy, Rogers, Freud, Jung, ja praktisch auch alle anderen zeitgenössischen Persönlichkeitstheoretiker akzeptieren diese organismische Orientierung, wenngleich es grundlegende Unterschiede zwischen ihren Lehren gibt. Was Goldstein im Organismus sieht, ist nicht genau das, was Allport oder Freud darin finden, obwohl alle drei im Hinblick auf ihre allgemeine Ausrichtung durchaus als „Organismiker" klassifiziert werden können.

Es gibt wenig an der organismischen Vorgehensweise als solcher auszusetzen, zumal sie so universell angenommen ist. Indessen kann man eine *besondere* organismische Theorie, etwa die von Goldstein oder Angyal, sehr wohl kritisch einschätzen. Der vielleicht ernsteste Vorwurf, der gegen Goldsteins Version der organismischen Theorie erhoben wurde, ist, daß sie dem Ganzheitsprinzip nicht voll Genüge tut. Goldstein behandelt den Organismus als eine gesonderte Einheit, die vom Rest der Welt abgehoben ist. Die Haut ist die Grenze zwischen dem Organismus und der Welt; über diese Grenze hinweg findet zwar ein Austausch statt, aber der Organismus und die Umwelt werden als zwei separate Bereiche behandelt. Eine kompromißlose holistische Methodik nähme keine derartig willkürliche Trennung vor zwischen dem, was innerhalb der Haut, und dem, was außerhalb ihrer sich ereignet. Der Organismus müßte als ein differenziertes Teil eines größeren Systems betrachtet werden, eines Systems, welches das ganze Universum in sich begreift. Goldstein würde bei aller Anerkennung der Wahrheit, die in dieser Kritik steckt, erwidern, daß das Universum als Ganzes viel zu groß sei, als daß man es studieren könnte. Der holistische Theoretiker müsse realistisch sein hinsichtlich dessen, was er in seine Rechnung einbeziehen kann und was nicht. Es sei zwar denkbar, daß Ereignisse im äußeren Raum unser Verhalten beeinflussen, aber wir besitzen eben noch nicht die Mittel, solche Ereignisse in unseren wissenschaftlichen Gesichtskreis einzuschließen. Des Dichters Tennyson Blume in der rissigen Wand, könnte er sie nur erkennen „durch und durch, so wüßte [er] was Gott und was der Mensch ist" – diese bewegende poetische Wahrheit nennt kaum ein [für den Wissenschaftler] erreichbares Ziel. Obwohl alles mit allem anderen zusammenhängt, glaubt Goldstein, daß viele der Fäden, die das weite kosmische Gewebe ausmachen, nur so entfernt miteinander verbunden sind, daß sie für unser Verständnis der Persönlichkeit ignoriert werden können, ohne dieses ernsthaft zu gefährden.

Wo aber ist der Denker, der den Strich zieht und sagt: „Jenseits dieser Grenze sind die Wirkungen praktisch Null"? Wenn jedes Ding eine Komponente in dem großen Plan der Natur ist, wie kann man dann, ohne ein Experiment zu machen, wissen, was relevant ist und was nicht? Ohne Zweifel lautet die Antwort, daß man es nicht wissen kann. W. A. Hunt (1940) nennt dies in seiner Besprechung des ‚Aufbaus des Organismus' das organismische Paradox. Der Organismische Psychologe leugnet die Gültigkeit von Teilkonzepten, und dennoch ist er gezwungen, sie zu benutzen. Wenn Goldstein berechtigt sein soll, ein Teil – den Organismus – als ein abgesondertes Ganzes zu behandeln, warum darf dann nicht ein anderer Psychologe mit gleichem Recht das Lernen oder die Wahrnehmung oder die Emotion als ganzheitlichen Prozeß betrachten? Angyals Biosphäre ist ein möglicher Versuch, die holistische Grundlage der organismischen Theorie zu verbreitern. Nach dieser Konzeption sind der Organismus und die Umwelt Pole eines größeren Systems. Wenn Angyal mit Umwelt alles und jedes im Universum meint, ausgenommen den Organismus selbst, dann ist das gesamte biosphärische System mit dem Universum identisch, und das Paradoxon ist aufgelöst.

Daß die Entscheidung, wo die Grenzen eines Denkgebäudes liegen, keine akademische Frage ist, zeigen die diversen Hypothesen, die aufgestellt worden sind, um das individuelle Verhalten des Menschen zu erklären. Zum Beispiel hat man sich ernsthaft um den Nachweis bemüht, daß der Lauf der Sterne das menschliche Verhalten beeinflußt, daß entlegene historische und prähistorische Geschehnisse wie auch zukünftige Ereignisse Auswirkungen auf unser gegenwärtiges Verhalten haben. Wenn Hellsehen und Telepathie sich als wahr erweisen sollten – und heutzutage glauben viele, daß es sich dabei um authentische Phänomene handelt –, dann würden die Grenzen des holistischen Systems, zu dem eine Person gehört, außerordentlich hinausgeschoben werden. Im Lichte dieser Erwägungen können Goldsteins Kritiker sehr wohl fragen: „Warum überhaupt an der Haut – oder auch nur an der Grenze der näheren Umwelt – haltmachen?"

Auch eine Reihe von mehr oder weniger spezifischen Einwänden ist gegen Goldsteins Lehre erhoben worden. So wurde kritisiert, daß er zwischen dem, was in dem Organismus angeboren ist, und dem, was aus der Kultur stammt, nicht genügend unterschieden hätte. Kattsoff (1942) z.B. hat diese Frage gestellt. Von Goldsteins Konzept der Selbstverwirklichung wurde gesagt, daß es in seiner Art zu allgemein sei, um sehr viel nützen zu können, wenn man spezielle Voraussagen machen will. Skinner (1940) betrachtet die Selbstaktualisierung als einen metaphysischen Begriff, weil er keinem experimentellen Test unterworfen werden kann. Einige Psychologen protestieren gegen Goldsteins eindeutige Vernachlässigung der statistischen Analyse zugunsten einer qualitativen Annäherung an seine Untersuchungsobjekte. Diese Kritiker halten die qualitative Analyse für ausgesprochen subjektiv und glauben, daß es schwierig sei, eine Untersuchung zu wiederholen, wenn diese nicht in quantitative Ausdrücke gekleidet ist. Andere Psychologen sind mit Goldsteins scharfer Kritik an dem Gebrauch psychologischer Tests nicht einverstanden. Sie meinen, daß Tests in einer standardisierten Weise verabreicht und ausgewertet werden sollten und daß man sie nicht verändern dürfe, um den Anforderungen des individuellen Falles entgegenzukommen. Ferner hat man Goldstein vorgeworfen, daß er zuviel Gewicht auf Reifung und nicht genug auf Lernen legte und daß er die Wichtigkeit der abstrakten Haltung innerhalb der psychischen Funktionen übertrieb. Schließlich gab es Einwände gegen den Versuch, die normale Persönlichkeit aufgrund des Studiums von hirnverletzten Patienten zu verstehen. Trotz dieser ins einzelne gehenden Kritiken aber ist die vorherrschende Einstellung der Psychologen gegenüber den theoretischen Formulierungen Goldsteins ausgesprochen positiv. In Verbindung mit den „ganzheitlichen" Lehren der Gestalttheoretiker sowie Lewins und Tolmans haben Goldsteins Ansichten einen großen Einfluß auf die zeitgenössische Psychologie gehabt, und so kann seine Bedeutung als Theoretiker wohl kaum überschätzt werden.

Wenn wir nun zur Bewertung von Angyals Werk übergehen, so ist diese Aufgabe für uns schwieriger als im Falle Goldsteins. Angyals Buch über die „Grundlagen für eine Wissenschaft der Persönlichkeit" (1941) fand bei seinem Erscheinen nur wenig Beachtung durch die Kritik, und auch während der nachfolgenden Jahre ist die öffentliche Reaktion auf ihn nur gering geblieben. Dies ist überraschend, nicht nur, weil es sich um ein sehr provozierendes und in vieler Hinsicht höchst originelles Stück theoretischer Beweisführung handelt, sondern auch, weil Angyal – im Gegensatz zu Goldstein – ernste Anstrengungen unternommen hat, eine Persönlichkeitstheorie zu formulieren. Der Grund für diese Vernachlässigung dürfte darin liegen, daß Angyal es versäumt hat, seine Spekulationen in dem fruchtbaren Boden klinischer Beobachtungen und experimenteller Untersuchungen zu verankern. Er hat zwar eine Anzahl von Forschungsaufsätzen veröffentlicht, aber sie scheinen nicht viel Verbindung mit seiner systematischen Position zu haben. Goldstein andererseits verfügt über reichhaltiges Datenmaterial aus der Klinik und dem Laboratorium, mit dem er seine allgemeine Theorie zu stützen und illustrieren vermag. Was immer der Grund für die fehlende Reaktion der Psychologen auf Angyals Werk sein mag, es bleibt die Tatsache, daß es nicht die kritische Beachtung gefunden hat, die es verdient.

Man wird abwarten müssen, ob Angyals posthum erschienenes Buch über die Neurosen(behandlung) (1965) eine größere Wirkung auf die Psychologenschaft haben wird als die „Grundlagen“. Dieser letzte Band wurde geschrieben, nachdem Angyal eine Reihe von Jahren in klinischer Tätigkeit eingespannt war, und die undurchsichtigen Konzepte der früheren Schrift werden hier anhand von Fallgeschichten durchleuchtet. Darüber hinaus hat Angyal jetzt einige unüberhörbare Verkünder seiner Ideen, unter ihnen Eugenia Hanfmann, Richard Jones und Abraham Maslow. Maddi (1968) widmet in seiner vergleichenden Analyse von Persönlichkeitstheorien einer Erörterung von Angyals Thesen beträchtlichen Raum. Ob diese allerdings für andere Gebiete als die Psychotherapie Relevanz haben, kann erst die Zukunft erweisen. Die Theorie hat keinerlei eigenständige Persönlichkeitsforschungen hervorgerufen, könnte allerdings auf einige Untersucher durchaus unterschwellige Einflüsse gehabt haben.

Rapaport (1941) machte angelegentlich der Rezension eines Buches von Heinz Werner (cf. 1948) die Bemerkung, daß die organismische Richtung keine umfassende Theorie der Persönlichkeit entwickelt habe. Um diesem Mangel abzuhelfen, schlug er zu jener Zeit eine Verschmelzung der organismischen und psychoanalytischen Systeme vor. In der Tat bezieht [auch] Angyals Standpunkt die Psychoanalyse in keinerlei substantieller Hinsicht ein; nichtsdestoweniger handelt es sich um eine [ganzheitliche] Persönlichkeitstheorie.

Das Konzept einer Biosphäre, die sowohl den Organismus als auch seine Umwelt einschließt, ist in bezug auf die Lösung des Problems, wie die Person und die Welt in eine Art holistische Union gebracht werden können, nicht allzu überzeugend. Bei der Lektüre von Angyal ist man verwirrt durch dessen Neigung, die beiden nicht als Pole eines einzigen Globus zu behandeln, sondern als unterschiedene Substanzen, die miteinander interagieren. Trotz seiner Idee einer allumfassenden Biosphäre schreibt Angyal, als ob es immer noch eine Auseinandersetzung zwischen Organismus und Umwelt gäbe. Die Umwelt wirkt (aktiv) auf die Person ein und die Person auf die Umwelt; sie verhalten sich also durchaus nicht wie die Komponenten eines einzigen Systems. Während sich Lewin in einer rein psychologischen Welt verfängt, scheint Angyal sich in dem weiten Universum zu verirren. Wenn letzterer konkrete Probleme diskutiert, die sich mit der Persönlichkeitsorganisation, der Dynamik und Entwicklung beschäftigen, muß er stets die Vorstellung eines kosmischen Ganzen beiseite legen und sich mit dem Organismus und der Umwelt als getrennten, aber interdependenten und interagierenden Systemen abgeben.

Einige von Angyals Begriffen, insbesondere jene der Selbstbestimmung und Selbsthingabe, haben eine etwas mystische Aura um sich, wenngleich dies für manche von anderen Theoretikern vorgeschlagene Konzepte wohl ebenso gilt. Angyal stattet die Person mit der Fähigkeit aus, entweder die Umwelt zu meistern oder sich ihr zu unterwerfen, aber er sagt nicht, welches die Determinanten dieser Eigenart sind, oder warum eine Person das eine lieber tut als das andere. Obwohl Angyal nicht so weit geht, den Begriff einer Seele oder andere

Lebensprinzipien von der Art des Bergsonschen Elan vital wieder einzuführen, ähneln einige seiner Kategorien diesen metaphysischen Ideen doch sehr stark.

Maslows Version der organismischen Theorie könnte sich unter Umständen als einflußreicher als irgendeine andere erweisen. Er war ein unermüdlicher und sehr prononcierter Autor und Vortragsredner. Daneben aber ist er einer der Führer der Humanistischen Bewegung geworden, welche viele Psychologen stark anspricht. Wenn man Maslow liest, ist es manchmal schwierig, die Grenze zwischen Inspiration und Wissenschaftlichkeit zu ziehen. Einige Kritiker glauben, daß die Humanistische Psychologie mehr so etwas wie ein säkularer Ersatz für die Religion ist als eine wissenschaftliche Seelenkunde. Andere meinen, daß die Beiträge der „Humanisten" zu den empirischen Grundlagen der Psychologie in einem Mißverhältnis zu ihren spekulativen Schriften stehen. Einige Psychologen werfen ihnen vor, daß sie als wahr akzeptierten, was noch hypothetisch sei, daß sie Theorie mit Ideologie vermengten und an die Stelle der Forschung die Rhetorik setzten. Trotz dieser Einwände gegen jene Art von Psychologie, die Maslow vertrat, gibt es schon eine große Zahl von Fachkollegen, die sich zu seinem Standpunkt hingezogen fühlen, nicht zuletzt, weil er geeignet ist, den Blick auf lebenswichtige und gegenwartsbezogene Menschheitsprobleme zu lenken.

Zum Abschluß kann gesagt werden, daß die Organismische Psychologie bei all ihren Schwächen immerhin versucht hat, das von Descartes vor drei Jahrhunderten begangene Unrecht wieder gutzumachen. Sie hat bewußt darauf insistiert, daß der Organismus nicht ein dualistisches System von Geist und Körper ist, von denen ein jeder sein eigenes motorisches oder Antriebsprinzip hat, sondern eine einzige Substanz, die aus vielen Teilfunktionen besteht. Für die Verbreitung und Förderung dieser Grundauffassung verdient die organismische Theorie durchaus die Wertschätzung, die sie derzeit genießt.

Bibliographie

(PQ = Primärquelle)

1. Das Wesen der Persönlichkeitstheorie

Adelson, J. (1969) *Personality,* in: Mussen, P. H./Rosenzweig, M. R. (Eds.), Annual Review of Psychology, Vol. 20, p. 217–252, Palo Alto, Calif.

Allport, G. W. (1937) *Personality: a psychological interpretation,* New York; dt.: *Persönlichkeit – eine psychologische Interpretation,* Stuttgart 1949; Meisenheim ²1959.

– (1961) *Pattern and growth in personality,* New York; dt.: *Gestalt und Wachstum in der Persönlichkeit,* Meisenheim: Hain 1970.

Arnold, W. (⁴1975) *Person, Charakter, Persönlichkeit,* München: Olzog.

Boring, E. G. (²1950) *A history of experimental psychology,* New York/London: Appleton-Century-Crofts.

Byrne, D. (1966) *An introduction to personality,* Englewood Cliffs, N. J.: Prentice Hall.

Conant, J. B. (1947) *On understanding science.* New Haven: Yale UP.

Feigl, H./Brodbeck, May (1953) *Readings in the philosophy of science,* New York: Appleton-Century-Crofts.

Feigl, H./Sellars, W. (1949) *Readings in philosophical analysis,* New York: Appleton-Century-Crofts.

Frank, P. (1949) *Modern science and its philosophy,* Cambridge, Mass.: Harvard UP.

Hanson, N. R. (1958) *Patterns of discovery,* Cambridge (GB): Cambridge UP.

Hempel, C. C. (1952) *Fundamentals of concept formation in empirical science,* Chicago: Univ. of Chicago Press.

Holtzman, W. H. (1966) *Personality structure,* in: P. R. Farnsworth (Ed.), *Annual Review of Psychology,* Vol. 17, p. 119–156, Stanford, Calif.

Klein, G. S./Barr, H. B./Wolitzky, D. L. (1967) *Personality,* in: P. R. Farnsworth (Ed.), *Annual Review of Psychology,* Vol. 18, p. 467–560, Stanford, Calif.

Kuhn, T. S. (1962) *The structure of scientific revolutions,* Chicago; dt.: Die Struktur wissenschaftlicher Revolutionen, Frankfurt 1967.

Lersch, Ph. (1938) *Der Aufbau des Charakters;* neu (1951) u.d.T. *Der Aufbau der Person,* München ¹¹1970.

–/Thomae, H. (Hg.) (1960) *Handbuch der Psychologie, Bd. IV: Persönlichkeitsforschung und Persönlichkeitstheorie,* Göttingen: Hogrefe.

London, P./Rosenhan, D. (1965) *Personality dynamics,* in: P. R. Farnsworth (Ed.), *Annual Review of Psychology,* Vol. 16, p. 119–156, Stanford, Calif.

McDougall, W. (1908) *An introduction to social psychology,* Boston; dt.: *Einführung in die Sozialpsychologie,* 1928; Stuttgart: Thieme ²1947.

Remplein, H. (1954) *Psychologie der Persönlichkeit,* München: Reinhardt; ⁷1975.

Sanford, N. (1963) *Personality: its place in psychology,* in: S. Koch (Ed.), *Psychology: a study of a science,* Vol. 5, p. 488–579, New York.

Sarason, I. G. (1966) *Personality: an objective approach,* New York: Wiley.

Sarnoff, I. (1962) *Personality dynamics and development,* New York: Wiley.

Stegmüller, W. (1952) *Hauptströmungen der Gegenwartsphilosophie*, Stuttgart: Kröner; 5. erw. Aufl. in 2 Bänden 1975.

Thomae, H. (Hg.) (1965) *Handbuch der Psychologie Bd. II: Motivation*, Göttingen: Hogrefe.

Turner, M. (1967) *Philosophy and the science of behavior*, New York: Appleton-Century-Crofts.

Wiggins, J. S. (1968) *Personality structure*, in: P. R. Farnsworth (Ed.), *Annual Review of Psychology*, Vol. 19, p. 293–350, Stanford, Calif.

2. Freuds psychoanalytische Theorie

Amacher, P. (1965) *Freud's neurological education and its influence on psychoanalytic theory*, Psychol. Issues 4 (4), 1–93.

Arlow, J. B./Brenner, C. (1964) *Psychoanalytic concepts and the structural theory*, New York: International Universities Press.

Beliak, L. (Ed.) (1959) *Conceptual and methodological problems in psychoanalysis*, Annals N. Y. Acad. of Science 76, 971–1134.

Blum, G. S. (1953) *Psychoanalytic theories of personality*, New York: McGraw-Hill.

Breuer, J./Freud, S. (1895 [d]) *Studien über Hysterie*, Wien; Neuausg. Frankfurt: Fischer Taschenbuch Verlag 1970.

Brophy, Brigid (1962) *Black ship to hell*, New York: Harcourt; Brace and World.

Brown, N. O. (1959) *Life against death*, Middletown, Conn.: Wesleyan UP.

– (1966) *Love's body*, New York: Random House.

Canning, J. W. (1966) *A logical analysis of criticisms directed at Freudian psychoanalytic theory* (Diss.), University of Maryland (USA).

Cobliner, W. G. (1967) *Psychoanalysis and the Geneva school of genetic psychology: parallels and counterparts*, Int. J. Psychiatry 3, 82–129.

Colby, K. B. (1960) *An introduction to psychoanalytic research*, New York: Basic Books.

Dodds, E. R. (1951) *The Greeks and the irrational*, Berkeley: Univ. of California Press.

– (1965) *Pagan and Christian in an age of anxiety*, Cambridge, Engl.: Cambridge UP.

Domhoff, G. W. (1970) *Two Luthers: the traditional and the heretical in Freudian psychology*, Psychoanal. Rev. 57 (1), 5–17.

Eissler, K. R. (1965) *Medical orthodoxy and the future of psychoanalysis*, New York: International Universities Press.

Erikson, E. H. (1947) *Ego development and historical change*, in: A. Freud et al. (Eds.) *The psychoanalytic study of the child*, Vol. 2, New York: Intern. Univ. Press.

– (1950, ²1963) *Childhood and society*, New York: Norton.

– (1956) *Das Problem der Identität*, Psyche 10, 114–176.

– (1958) *Young man Luther*, New York: Norton.

– (1959) *Identity and the life cycle*, Psychol. Issues 1, 1–171.

Ezriel, H./Farrell, B. A./Stengel, E. (1951) *The scientific testing of psychoanalytic findings and theory*, Brit. J. Med. Psychol. 24, 26–51.

Fairbairn, W. R. D. (1952) *Psycho-analytic studies of the personality*, New York/London: Basic Books.

Fenichel, O. (1935) *Zur Kritik des Todestriebes*, Imago 21.

– (1945) *The psychoanalytic theory of neurosis*, New York: Norton; dt.: *Psychoanalytische Neurosenlehre*, Bd. I Olten/Freiburg: Walter 1974.

Frenkel-Brunswik, Else/Richfield, J./Scriven, M./Skinner, B. F. (1954) *Psychoanalysis and scientific method,* Sci. Mon. 79, 293–310.

Freud, Anna (1936) *Das Ich und die Abwehrmechanismen,* Frankfurt; engl.: London/New York 1946.

– et al. (Eds.) (1945–) *The psychoanalytic study of the child,* New York.

Freud, S. (1940–52/68) *Gesammelte Werke* (Hg.: Anna Freud mit Marie Bonaparte), Bd. 1–17 London 1940–52, Bd. 18 Frankfurt 1968; neu Frankfurt 1960–. PQ

– (1953–74) *The Standard Edition of the Complete Psychological Works of Sigmund Freud* (Ed. J. Strachey), London. PQ

– (1969–75/75) *Studienausgabe* (Hg. u. kommentiert v. A. Mitscherlich, Angela Richards, J. Strachey), Bd. 1–10 Frankfurt: S. Fischer 1969–75, Ergänzungsband 1975. PQ

[Die vom Original abweichenden Kleinbuchstaben hinter den Jahreszahlen der folgenden Einzelwerke entsprechen der neuen Gesamtbibliographie aus dem letzten Band der ‚Standard Edition.' Die Seitenangaben von Zitatstellen beziehen sich – soweit vorhanden – auf die Studienausgabe, ansonsten auf die angegebenen Orte. Einen Seitenvergleich zwischen den u. a. Gesamtausgaben sowie die definitive Bibliographie – zusammengestellt von I. Meyer-Palmedo – enthält die *Sigmund Freud-Konkordanz und -Gesamtbibliographie, Frankfurt 1975. D. Ü.]*

– *(1900a) Die Traumdeutung,* Wien; G. W. II–III; St. A. II.

– (1901b) *Zur Psychopathologie des Alltagslebens,* Berlin 1904; G. W. IV; Frankfurt 1954 (FB 68). PQ

– (1905c) *Der Witz und seine Beziehung zum Unbewußten,* Wien; G. W. VI; St. A. IV.

– (1905d) *Drei Abhandlungen zur Sexualtheorie,* Wien; G. W. V; St. A. V. PQ

– (1905e [1901]) *Bruchstück einer Hysterie-Analyse,* G. W. V; St. A. VI.

– (1907a) *Der Wahn und die Träume in W. Jensens ‚Gradiva',* Wien; G. W. VII; St. A. X.

– (1908d) *Die „kulturelle" Sexualmoral und die moderne Nervosität,* G. W. VII; St. A. IX.

– (1909b) *Analyse der Phobie eines fünfjährigen Knaben,* G. W. VII; St. A. VIII.

– (1909d) *Bemerkungen über einen Fall von Zwangsneurose,* G. W. VII; St. A. VII.

– (1910c) *Eine Kindheitserinnerung des Leonardo da Vinci,* Wien; G. W. VIII; St. A. X.

– (1910i) *Die psychogene Sehstörung in psychoanalytischer Auffassung,* G. W. VIII; St. A. VI.

– (1911c [1910]) *Psychoanalytische Bemerkungen über einen autobiographisch beschriebenen Fall von Paranoia (Dementia paranoides),* G. W. VIII; St. A. VII.

– (1912–13) *Totem und Tabu,* Wien 1913; G. W. IX; St. A. IX.

– (1915c) *Triebe und Triebschicksale,* G. W. X; St. A. III.

– (1916–17 [1915–17]) *Vorlesungen zur Einführung in die Psychoanalyse,* Wien; G. W. XI; St. A. I. PQ

– (1918b [1914]) *Aus der Geschichte einer infantilen Neurose,* G. W. XII; St. A. VIII.

– (1920a) *Über die Psychogenese eines Falles von weiblicher Homosexualität,* G. W. XII; St. A. VII.

– (1920g) *Jenseits des Lustprinzips,* Wien; G. W. XIII; St. A. III. PQ

– (1926d [1925]) *Hemmung, Symptom und Angst,* Wien; G. W. XIV; St. A. VI. PQ

– (1926e) *Die Frage der Laienanalyse,* Wien; G. W. XIV; St. A. Erg.Bd.

– (1927c) *Die Zukunft einer Illusion,* Wien; G. W. XIV; St. A. IX.

– (1930a [1929]) *Das Unbehagen in der Kultur,* Wien; G. W. XIV; St. A. IX.

– (1933a [1932]) *Neue Folge der Vorlesungen zur Einführung in die Psychoanalyse,* Wien; G. W. XV; St. A. I. PQ

– (1937c) *Die endliche und die unendliche Analyse,* G. W. XVI; St. A. Erg.Bd.

– (1939a [1934–38]) *Der Mann Moses und die monotheistische Religion,* G. W. XVI; St. A. IX.

– (1940a [1938] *Abriß der Psychoanalyse,* G. W. XVII; Kap. VI in St. A. Erg.Bd. PQ

–/Jung, C. G. (1974) *Briefwechsel* (Hg. W. McGuire/W. Sauerländer), Frankfurt: S. Fischer.

Gill, M. M. (1963) *Topography and systems in psychoanalytic theory,* Psychol. Issues 3 (2), 1–179.

Hall, C. S. (1954) *A primer of Freudian psychology,* Cleveland.

–/Lindzey, G. (1968 *The relevance of Freudian psychology and related viewpoints for the social sciences,* in: G. Lindzey/E. Aronson (Eds.) *Handbook of social psychology,* Vol. 1, Cambridge, Mass.: Addison-Wesley.

Hartmann, H. (1939) *Ichpsychologie und Anpassungsproblem, Int. Ztschr. Psa., 24* 62–135; neu: (1960) Psyche 14, 81–169.

– (1955) *Die gegenseitige Beeinflussung von Ich und Es in der psychoanalytischen Theoriebildung,* Psyche 9, 1.

– (1958) *Ego psychology and the problem of adaptation,* New York: International Universities Press; dt.: *Ich-Psychologie, Stuttgart: Klett 1972.*

– *(1964)* *Essays on ego psychology: selected problems in psychoanalytic theory,* New York: International Universities Press.

–/Kris, E. (1945) *The genetic approach in psychoanalysis,* in: Anna Freud et. al (Eds.) *The psychoanalytic study of the child,* Vol. 1, p. 11–30, New York: International Universities Press.

Hilgard, E. R. (1952) *Experimental approaches to psychoanalysis,* in: E. Pumpian-Mindlin (Ed.) *Psychoanalysis as science,* p. 3–45, Stanford, Calif.: Stanford UP.

– (1968) *Psychoanalysis: experimental studies,* in: D. L. Sills (Ed.) *International Encyclopedia of the social Sciences,* Vol. 13, p. 37–45, New York: Macmillan and the Free Press.

–/Bower, G. (1966) *Theories of learning,* New York; dt.: *Theorien des Lernens,* 2 Bde. Stuttgart: Klett 1971.

Holt, R. R. (1965) *Ego autonomy re-evaluated,* Int. J. Psychiatry 46, 151–167.

Hook, S. (Ed.) (1960) *Psychoanalysis, scientific method and philosophy,* New York: Grove.

Horwitz, L. (1963) *Theory construction and validation in psychoanalysis,* in: M. H. Marx (Ed.) *Theories in contemporary psychology,* p. 413–434, New York: Macmillan.

Isaacs, N./Rickman, J./Thouless, R. H. (1951) *Methodology and research in psychopathology,* Brit. J. Med. Psychol. 24, 1–25.

Jones, E. (1953/55/57) *The life and work of Sigmund Freud,* 3 Vols., New York; dt.: *Das Leben und Werk von Sigmund Freud,* 3 Bde., Stuttgart/Bern 1960/62/62.

Klein, Melanie/Heimann, Paula/Money-Kyrle, R. E. (Eds.) (1955) *New directions in psycho-analysis: the significance of infant conflict in the pattern of adult behavior,* London: Tavistock.

Kubie, L. S. (1950) *Practical and theoretical aspects of Psychoanalysis, New York; dt.: Psychoanalyse ohne Geheimnis,* Reinbek: Rowohlt (rde 11) 1956.

– (1952) *Problems and techniques of psychoanalytic validation and progress,* in: E. Pumpian-Mindlin (Ed.) *Psychoanalysis as science,* p. 46–124, Stanford, Calif.: Stanford UP.

– (1953) *Psychoanalysis as a basic science,* in: F. Alexander/Helen Ross (Eds.) *20 years of psycho-analysis,* p. 120–154, New York: Norton.

– (1960) *Psychoanalysis and scientific method,* J. Nerv. Ment. Dis. 131, 495–512.

Levy, D. (1952) *Animal psychology in its relation to psychiatry,* in: F. Alexander/Helen Ross (Eds.) *Dynamic psychiatry,* p. 483–507, Chicago: Univ. of Chicago Press.

Loewenstein, R./Newmann, Lottie M./Schur, M./Solnit, A. J. (Eds.) (1966) *Psychoanalysis – a general psychology: essays in honor of Heinz Hartmann,* New York: International Universities Press.

Mannoni, O. (1968) *Freud par lui même,* Paris; dt.: *Sigmund Freud in Selbstzeugnissen und Bilddokumenten,* Reinbek: Rowohlt (rm 178) 1971.

Marcuse, H. (1955) *Eros and civilization,* Boston: Beacon Press.

– (1964) *One dimensional man,* Boston; dt.: *Der eindimensionale Mensch,* Neuwied 1967.

– (1965) *Kultur und Gesellschaft,* 2 Bde., Frankfurt: Suhrkamp (es 135).

– (1965) *Triebstruktur und Gesellschaft. Ein philosophischer Beitrag zu Sigmund Freud,* Frankfurt: Suhrkamp (es 158).

Marcuse, L. (1956) *Sigmund Freud. Sein Bild vom Menschen,* Hamburg (rde 14).

Marmor, J. (Ed.) (1968) *Modern psychoanalysis: new directions and perspectives,* New York: Basic Books.

Masserman, J. H. (1952) *Experimental approaches to psychoanalytic concepts,* Samiksa 6, 243–261.

– (Ed.) (1958 ff.) *Science and psychoanalysis,* Vol. 1 ff. New York: Grune & Stratton.

Mitscherlich, A. (Hg.) (1956) *Entfaltung der Psychoanalyse. Das Wirken Sigmund Freuds in der Gegenwart,* Stuttgart.

Murphy, Lois B. (1957) *Psychoanalysis and child development,* Bull. Menninger Clin. 21, 177–188; 248–258.

Nacht, S. (1952) *Discussion of „The mutual influences in the development of ego and id“,* in: Anna Freud et. al. (Eds.) *The psychoanalytic study of the child,* Vol. 7, p. 54–59, New York.

Pokorny, R. R. (1973) *Grundzüge der Tiefenpsychologie: Freud-Adler-Jung,* München: Beck.

Pumpian-Mindlin, E. (Ed.) (1952) *Psychoanalysis as science,* Stanford, Calif. UP.

Rapaport, D. (1959) *The structure of psychoanalytic theory: a systematizing attempt,* in: S. Koch (Ed.) *Psychology: a study of a science,* Vol. 3, p. 55–183, New York/Toronto/London; dt.: *Die Struktur der psychoanalytischen Theorie,* Stuttgart 1962 (Beiheft z. Psyche).

Schur, M. (1966) *The id and the regulatory principles of mental functioning,* J. Amer. Psychoanal. Assoc., Monograph series 4, 1–220.

Sears, R. R. (1943) *Survey of objective studies of psychoanalytic concepts,* Soc. Sci. Res. Council Bull. No. 51.

– (1944) *Experimental analyses of psychoanalytic phenomena,* in: I. McV. Hunt (Ed.), *Personality and the behavior disorders,* Vol. 1, New York: Ronald Press.

Shakow, D./Rapaport, D. (1964) *The influence of Freud on American psychology,* New York: International Universities Press.

Turiell, E. (1967) *A historical analysis of the Freudian concept of the superego,* Psychoanal. Rev. 54, 118–140.

White, R. W. (1963) *Ego and reality in psychoanalytic theory: a proposal regarding independent ego energies,* Psychol. Issues, 3 (3), 1–210.
Whyte, L. L. (1960) *The unconscious before Freud,* Garden City: Doubleday.

3. Jungs analytische Psychologie

Adler, G. (1948) *Studies in analytical psychology,* New York: Norton.
– (1949) *A discussion on archetypes and internal objects. III: A contribution of clinical material,* Brit. J. Med. Psychol. 22, 16–22.
– et al. (1964) *Psychotherapeutische Probleme,* Zürich.
Anastasi, Anne (³1968) *Psychological testing,* New York: Macmillan.
Ball, E. D. (1968) *A factor analytic investigation of the personality typology of C. G. Jung,* Diss. Abst. 28 (10–B), 4277–4278.
Bash, K. W. (1952) *Zur experimentellen Grundlegung der Jungschen Traumanalyse (On the laying of an experimental foundation of Jung's dream analysis),* Schweiz. Z. Psychol. Anwend. 11, 282–295.
Bell, J. E. (1948) *Projective techniques,* New York: Longmans.
Bennet, E. A. (1961) *C. G. Jung,* London: Barrie & Rockliff; dt.: *C. G. Jung, Einblicke in Leben und Werk,* Zürich 1963.
Brett, G. S. (1962) *Brett's history of psychology,* rev. u. abgek. Ed. by R. S. Peters, London/New York: Allen & Unwin; ²1965.
Carrigan, Patricia M. (1960) *Extraversion-introversion as a dimension of personality: a re-appraisal,* Psychol. Bull. 57, 329–360.
Coan, R. W./Zagona, S. V. (1962) *Contemporary ratings of psychological theorists,* Psychol. Rec. 12, 315–322.
Dry, Avis M. (1961) *The psychology of Jung,* New York: Wiley.
Eysenck, H. J. (1947) *Dimensions of personality,* London: Routledge & Kegan Paul.
Feldman, S. S. (1945) *Dr. C. G. Jung and National Socialism,* Am. J. Psychiat. 102, 263.
Flugel, J. C. (1933) *A hundred years of psychology;* dt.: *Probleme und Ergebnisse der Psychologie,* Stuttgart: Klett o.J. (1949).
Fordham, Frieda (1953) *An introduction to Jung's psychology,* London: Penguin Books; dt.: *Eine Einführung in die Psychologie C. G. Jungs,* Zürich 1959.
Fordham, M. S. M. (1947) *The life of childhood,* London: Routledge & Kegan Paul.
– (1949) *A discussion on archetypes and internal objects, I: On the reality of archetypes,* Brit. J. Med. Psychol. 22, 3–7.
Freud, S. (1914d) *Zur Geschichte der psychoanalytischen Bewegung,* G. W. X.
– (1925d [1924]) *Selbstdarstellung,* Wien 1934; G. W. XIV.
–/Jung, C. G. (1974) *Briefwechsel* (Hg. W. McGuire/W. Sauerländer), Frankfurt: S. Fischer.
Glover, E. (1950) *Freud or Jung,* New York: Norton.
Gorlow, L./Simonson, N. R./Krauss, H. (1966) *An empirical investigation of the Jungian typology,* Brit. J. Soc. Clin. Psychol. 5, 108–117.
Gottschalk, H. (1960) *C. G. Jung,* Berlin.
Gray, H. (1949) *Freud and Jung: their contrasting psychological types,* Psychoanal. Rev. 36, 22–44.
–/Wheelwright, J. B. (1964) *Jungian type survey,* San Francisco: Society of Jungian Analysts of Northern California.

Harding, J. Esther (1947) *Psychic energy, its source and goal*, New York: Pantheon Books.
Harms, E. (1946) *Carl Gustav Jung – defender of Freud and the Jews*, Psychiat. Quart. 20, 199–230.
Hawkey, M. L. (1947) *The witch and the bogey: archetypes in the case study of a child*, Brit. J. Med. Psychol. 21, 12–29.
Hess, Gertrud (1968) *Biologie – Psychologie, Zwei Wege in der Erforschung des Lebens*, Zürich/Stuttgart: Rascher.
Jacobi, Jolande (1940) *Die Psychologie von C. G. Jung. Eine Einführung in das Gesamtwerk*, Zürich; 5. revid. u. erg. Aufl. Olten/Freiburg i. Br.: Walter 1967.
– (1945) *Komplex, Archetyp, Symbol in der Psychologie C. G. Jungs*, Zürich: Rascher.
– (1965) *Der Weg zur Individuation*, Zürich: Rascher.
Jaffé, Aniela (1968) *Aus Leben und Werkstatt von C. G. Jung. Parapsychologie, Alchemie, Nationalsozialismus, Erinnerungen aus den letzten Jahren*, Zürich: Rascher.
Jones, E. (1955 [53–57]) *The life and work of Sigmund Freud II;* dt.: *Das Leben und Werk von Sigmund Freud, Bd. II*, Stuttgart/Bern 1962.
– (1959) *Free associations*, London: Hogarth Press.
Jung, C. G. (Hg. u. Hauptautor) *Psychologische Abhandlungen*, 11 Bde., Zürich: Rascher: PQ
1. Bd. (1914) *Psychologische Abhandlungen.*
2. Bd. (1928/²1948) *Über die Energetik der Seele;* 2. verm. Aufl. u. d. Tit. *Über psychische Energetik und das Wesen der Träume.*
3. Bd. (1931) *Seelenprobleme der Gegenwart;* 6. revid. Aufl. 1969.
4. Bd. (1934) *Wirklichkeit der Seele. Anwendungen und Fortschritte der neueren Psychologie.*
5. Bd. (1944) *Psychologie und Alchemie;* 2. revid. Aufl. 1952.
6. Bd. (1948) *Symbolik des Geistes. Studien über psychische Phänomenologie.*
7. Bd. (1950) *Gestaltungen des Unbewußten.*
8. Bd. (1951) *Aion. Untersuchungen zur Symbolgeschichte.*
9. Bd. (1954) *Von den Wurzeln des Bewußtseins. Studien über den Archetypus.*
10. u. 11. Bd. (1955/56) *Mysterium Coniunctionis. Untersuchung über die Trennung und Zusammensetzung der seelischen Gegensätze in der Alchemie*, 2 Bde.
– (1953 ff.) *Collected Works* (Ed.: H. Read, M. Fordham, G. Adler), 18 Bde. London/New York. PQ
– (1958 ff.) *Gesammelte Werke*, 17 Bde. + Erg.Bd. (gepl.) Olten/Freiburg i. Br.: Walter. PQ
– (1971 ff.) *Studienausgabe*, 20 Bde. (gepl.) Olten/Freiburg i. Br.: Walter. PQ
[Die deutschen Zitate sind den Gesammelten Werken (G. W.) oder sonstigen angegebenen Quellen entnommen, z. T. auch aus dem englischen Original übersetzt (C. W. = Collected Works). Die Kleinbuchstaben hinter den Jahreszahlen der Einzelwerke entsprechen der von den Verfassern gebrauchten Reihenfolge. Eine umfassende deutsche Bibliographie findet sich in Jolande Jacobi ⁵1967. Eine Gesamtbibliographie ist für den abschließenden Band der Gesammelten Werke vorgesehen.]
– (1906/09) *Diagnostische Assoziationsstudien. Beiträge zur experimentellen Psychopathologie*, 2 Bde. Leipzig; G. W. II (darin die gesamten *Studien zur Wortassoziation).*
– (1912/²1917/³1926/⁵1943) *Neue Bahnen der Psychologie;* 2. veränd. Aufl. u. d. Tit. *Die Psychologie unbewußter Prozesse. Schriften zur angewandten Seelenkunde;* 3. verm.

Aufl. u.d. Tit. *Das Unbewußte im normalen und kranken Seelenleben;* 5. erw. Aufl. u.d. Tit. *Über die Psychologie des Unbewußten,* Zürich; G. W. VII. PQ
– (1912/⁴1952) *Wandlungen und Symbole der Libido. Ein Beitrag zur Entwicklungsgeschichte des Denkens;* 4. revid. Aufl. u.d. Tit. *Symbole der Wandlung. Analyse des Vorspiels zu einer Schizophrenie,* Zürich; G. W. V. PQ
– (1913) *Versuch einer Darstellung der psychoanalytischen Theorie,* Leipzig/Wien; 2. erg. Aufl. Zürich 1955; G. W. IV.
– (1916a) Analytical psychology, New York: Moffat, Yard.
– (1916/58) *Die transzendente Funktion,* Privatdruck/Zürich; G. W. VIII.
– (1917) *Collected papers on analytical psychology,* New York: Moffat, Yard.
– (1921) *Psychologische Typen,* Zürich; 10. rev. Aufl. 1967; G. W. VI.
– (1928) *Die Beziehungen zwischen dem Ich und dem Unbewußten,* Darmstadt; 6. revid. Aufl. Zürich 1963; G. W. VII.
– (1928 [1931]) *Das Seelenproblem des modernen Menschen;* [in: Ps. Abh. III, 13.] G. W. VI.
– (1928 [1931]) *Die Struktur der Seele;* [in: Ps.Abh. III, 6.] G. W. VIII.
– (1928/²1948) *Über die Energetik der Seele,* in: Ps. Abh. II, 1.; G. W. VIII.
– (1928/²1948) *Instinkt und Unbewußtes,* in: Ps. Abh. II, 3.; G. W. VIII.
– (1929) *Die Bedeutung von Konstitution und Vererbung für die Psychologie;* G. W. VIII.
– (1930 [1931]) *Die seelischen Probleme der menschlichen Altersstufen,* [u.d.T. *Die Lebenswende,* in: Ps.Abh. III, 9.] G. W. VIII.
– (1934) *Allgemeines zur Komplextheorie,* Aarau; G. W. VIII.
– (1934 [1950]) *Zur Empirie des Individuationsprozesses,* Zürich; [in: Ps.Abh. V. 3.] G. W. IX/1.
– (1934/5 [1954]) *Über die Archetypen des kollektiven Unbewußten,* Zürich; [in: Ps.Abh. IX, 1.] G. W. IX/1. PQ
– (1935) *Analytical psychology. Its theory and practice* [Tavistock Lectures]; dt.: *Über die Grundlagen der Analytischen Psychologie,* Zürich/Stuttgart: Rascher 1969.
– (1936) *The concept of the collective unconscious;* dt.: *Über den Begriff des kollektiven Unbewußten,* 1936; G. W. IX.
– (1936 [1954]) *Über den Archetypus mit besonderer Berücksichtigung des Animabegriffes;* [in: Ps.Abh. IX, 2.] G. W. IX/1.
– (1938) *Psychology and religion;* dt.: *Psychologie und Religion,* Zürich 1940; 5. erweit. (4. revid.) Aufl. Olten/Freiburg i.Br. 1971; G. W. XI.
– (1939) *Conscious, unconscious, and individuation;* dt.: *Bewußtsein, Unbewußtes und Individuation;* 1939; G. W. IX/1.
– (1942) *Paracelsica. Zwei Vorlesungen über den Arzt und Philosophen Theophrastus,* Zürich; 1.: *Paracelsus als Arzt,* G. W. XV; 2.: *Paracelsus als geistige Erscheinung,* G. W. XIII.
– (1944) *Psychologie und Alchemie,* Zürich; in: Ps.Abh. V; G. W. XII.
– (1945 [1954]) *Der philosophische Baum,* [in: Ps.Abh. IX, 6.] G. W. XIII.
– (1948 [1951]) *Schatten, Animus und Anima,* Wien; [in: Ps.Abh. VIII, I.2./3.] G. W. IX/2.
– (1951) *Beiträge zur Symbolik des Selbst,* in: Ps.Abh. VIII, I.; G. W. IX/2.
– (1952) *Über Synchronizität,* Zürich; G. W. VIII.
– (1952) *Antwort auf Hiob,* Zürich; 3. revid. Aufl. 1961; G. W. XI.

– (1954) *Die psychologischen Aspekte des Mutterarchetypus,* in: Ps.Abh. IX, 3.; G. W. IX/1.
– (1955) *Mandalas;* G. W. IX/1.
– (1955–57) *Mysterium coniunctionis,* 3 Bde., Zürich: Rascher; G.W. XIV.
– (1957) *Bewußtes und Unbewußtes. Beiträge zur Psychologie,* Frankfurt/Hamburg: Fischer (FB 175).
– (1958) *Ein moderner Mythus. Von Dingen, die am Himmel gesehen werden,* Zürich/ Stuttgart: Rascher.
– (1961) *Erinnerungen, Träume, Gedanken von C. G. Jung* (hg. v. A. Jaffé), Zürich; 5. Aufl. Olten/Freiburg i. B. 1971.
–/Kerényi, K. (1942) *Einführung in das Wesen der Mythologie,* Amsterdam/Leipzig; 4. rev. Auflage Zürich: Rhein-Verlag 1951.
–/– (1949) *Essays on a science of mythology,* New York: Pantheon Books.
Kirsch, J. (1949) *The role of instinct in psychosomatic medicine,* Am. J. Ps.ther. 3, 253–260.
Kranefeldt, W. M. (1930) *Psychoanalyse, Psychoanalytische Psychologie;* 2. Aufl. u. d. Tit. *Therapeutische Psychologie,* Berlin (Slg. Göschen 1034) 1950; ³1956.
Levy, S. (1952) *Sentence completion and word association tests,* in: D. Brower/L. E. Abt (Hg.) *Progress in clinical psychology,* Bd. 1, S. 191–208, New York: Grune & Stratton.
Meier, C. A. (1965) *Clinic and Research Centre für Jungian Psychology,* Zürich, J. analyt. Psychol. 10, 1–6.
– (1967) *Die Empirie des Unbewußten, mit besonderer Berücksichtigung des Assoziationsexperiments von C. G. Jung. Lehrbuch der komplexen Psychologie C. G. Jungs,* Bd. I Zürich: Rascher.
Melhado, J. J. (1964) *Exploratory studies in symbolism,* Univ. of Texas.
Murphy, G. (1947) *Personality. A biosocial approach to origins and structure,* New York: Harper.
– (²1949) *An historical introduction to modern psychology,* New York.
Myers, Isabel B. (1962) *The Myers-Briggs Type Indicator,* Princeton: Educational Testing Service.
Nachmansohn, M. (1932) *Hauptströmungen der Psychotherapie der Gegenwart,* Zürich: Rascher; Lizenzausg. München: Kindler (Geist u. Psyche 2011) 1965.
Neumann, E. (1949) *Ursprungsgeschichte des Bewußtseins,* Zürich: Rascher.
– (1955) *The great mother,* London: Routledge & Kegan Paul.
Progoff, Ira (1953) *Jung's psychology and its social meaning,* London; New York 1955.
– (1967) *Das Erwecken der Persönlichkeit,* Zürich: Rascher.
Read, H. E. (1945) *Education through art,* New York: Pantheon Books.
Rotter, J. B. (1951) *Word association and sentence completion methods,* in: H. H. Anderson/Gladys L. Anderson (Hg.) *An introduction to projective techniques,* S. 279–311, New York: Prentice Hall.
Saturday Review. Versch. Autoren (1949) 32, 9. Juli, S. 25; 15. Juli, S. 21 u. 23; 30. Juli, S. 6–8; 10. Sept., S. 27; 15. Okt., S. 23–25.
Selesnick, S. T. (1963) *C. G. Jung's contribution to psychoanalysis,* Amer. J. Psychiat. 120, 350–359.
Serrano, M. (1966) *C. G. Jung and Hermann Hesse,* London: Routledge & Kegan Paul.
Wehr, G. (1969) *C. G. Jung in Selbstzeugnissen und Bilddokumenten,* Reinbek (rm 152).
Weigert, E. V. (1942) *Dissent in the early history of psychoanalysis,* Psychiatry 5, 349–359.

Wickes, Frances G. (1950) *The inner world of man,* London; dt.: *Von der inneren Welt des Menschen,* Zürich: Rascher 1953.

Wilhelm, R./Jung, C. G. (1931) *The secret of the golden flower,* New York: Harcourt, Brace & World.

4. Sozialpsychologische Theorien: Adler, Fromm, Horney, Sullivan

Adler, A. (1907) *Studie über Minderwertigkeit von Organen,* Berlin/Wien; ³1965 Darmstadt: Wissenschaftliche Buchgesellschaft.

– (1912) *Über den nervösen Charakter. Grundzüge einer vergleichenden Individualpsychologie und Psychotherapie,* Wien; ⁵1969 Darmstadt; ⁴1928, neu 1972 Frankfurt (Fischer TB 6174).

– (1919) *Die andere Seite. Eine massenpsychologische Studie über die Schuld des Volkes,* Wien: Heydrich.

– (1920) *Praxis und Theorie der Individualpsychologie. Vorträge zur Einführung in die Psychotherapie für Ärzte, Psychologen und Lehrer,* München; ⁵1969 Darmstadt; ⁴1930, neu 1974 Frankfurt (Fischer TB 6236). PQ

– (1927) *Menschenkenntnis,* Leipzig; ⁶1954 Zürich; neu 1966 Frankfurt (Fischer TB 6080).

– (1929) *Individualpsychologie in der Schule. Vorlesungen für Lehrer und Erzieher,* Leipzig; ⁶1954 Zürich; neu 1973 Frankfurt (Fischer TB 6199).

– (1929a) *The science of living,* New York: Greenberg.

– (1929b) *Problems of neurosis. A book of case-histories,* London: Kegan Paul; ²1964 New York.

– (1930) *Individual Psychology,* in: C. Murchison (Hg.) *The Psychologies of 1930,* Worcester, Mass.: Clark UP.

– (1931) *What life should mean to you,* Boston/New York: Little, Brown.

– (1933) *Der Sinn des Lebens,* Wien/Leipzig (engl.: *Social interest. A challenge to mankind,* London 1933; New York 1939); neu 1973 Frankfurt (Fischer TB 6179).

– (1935) *The fundamental views of Individual Psychology,* Int. J. Indiv. Psychol. 1, 5–8.

–/Furtmüller, C. et. al. (1914) *Heilen und Bilden. Ein Buch der Erziehungskunst für Ärzte und Pädagogen,* Wien; ³1928 München, z.T. neu 1973 Frankfurt (Fischer TB 6220).

Ansbacher, H. L./Ansbacher, Rowena R. (Hg.) (1956) *The Individual-Psychology of Alfred Adler: A systematic presentation in selections from his writings,* New York; dt.: *Alfred Adlers Individualpsychologie. Eine systematische Darstellung seiner Lehre in Auszügen aus seinen Schriften,* München/Basel: Reinhardt 1972. PQ

–/– (Hg.) (1964) *Superiority and social interest by Alfred Adler,* Evanston, Ill.: Northwestern UP. PQ

Blitsten, Doroty R. (1953) *The social theories of Harry Stack Sullivan,* New York: The William-Frederick Press.

Bottome, Phyllis (1939) *Alfred Adler; a biography,* New York: Putnam; engl. Untertitel: *Apostle of freedom,* London.

Cannell, C. F./Kahn, R. L. (1968) *Interviewing,* in: G. Lindzey/E. Aronson (Hg.) *Handbook of social psychology,* Bd. 2, Reading, Mass.: Addison-Wesley.

Colby, K. M. (1951) *On the disagreement between Freud and Adler,* Amer. Imago 8, 229–238.

Deutsch, F./Murphy, W. F. (1955) *The clinical interview*, New York: International Universities Press.

Franck, I. (1966) *The concept of human nature: a philosophical analysis of the concept of human nature in the writings of G. W. Allport, S. E. Asch, Erich Fromm, A. H. Maslow, and C. R. Rogers*, (unveröff. Diss.) University of Maryland.

Fromm, E. (1941) *Escape from freedom*, New York; dt.: *Die Furcht vor der Freiheit*, Zürich 1945; Frankfurt: Europäische Verlagsanstalt [5]1973. PQ

– (1947) *Man for himself*, New York; dt.: *Psychoanalyse und Ethik*, Zürich: Diana 1954. PQ

– (1955) *The sane society*, New York; dt.: *Der moderne Mensch und seine Zukunft*, Frankfurt: Deutsche Verlagsanstalt 1960, [2]1967. PQ

– (1959) *Sigmund Freud's mission*, New York; dt.: *Sigmund Freuds Sendung*, Berlin 1961 (Ullstein TB 358).

– (1961) *Marx's concept of man*, New York; dt.: *Das Menschenbild bei Marx*, Frankfurt 1963.

– (1962) *Beyond the chains of illusion*, New York; dt.: *Jenseits der Illusionen*, Konstanz 1967.

– (1964) *The heart of man*, New York; dt.: *Das Menschliche in uns*, Stuttgart/Konstanz 1968. PQ

– (1968) *The revolution of hope. Toward a humanized technology*. New York; dt.: *Die Revolution der Hoffnung. Für eine humanisierte Technik*. Stuttgart 1971; Reinbek 1974 (rororo 6887). PQ

– (1970) *The crisis of psychoanalysis: essays on Freud, Marx, and social psychology*, New York; dt.: *Analytische Sozialpsychologie und Gesellschaftstheorie*, Frankfurt 1970.

– (1973) *The anatomy of human destructiveness*, New York/Chicago/San Francisco; dt.: *Anatomie der menschlichen Destruktivität*, Stuttgart: Deutsche Verlagsanstalt 1974.

Fromm-Reichmann, Frieda (1950) *Principles of intensive psychotherapy*, Chicago: University of Chicago Press.

Furtmüller, C. (1964) *Alfred Adler: a biographical essay*, in: H. L./Rowena R. Ansbacher (Hg.) *Superiority and social interest by Alfred Adler*, Evanston, Ill.: Northwestern UP.

Horney, Karen (1937) *Neurotic personality of our times*, New York; dt.: *Der neurotische Mensch unserer Zeit*, Stuttgart 1951; München: Kindler 1964 (Geist u. Psyche 2002). PQ

– (1939) *New ways in psychoanalysis*, New York; dt.: *Neue Wege in der Psychoanalyse*, Stuttgart 1951, München: Kindler o. J. (Geist und Psyche 2090). PQ

– (1942) *Self-analysis*, New York; dt.: *Selbstanalyse*, München: Kindler 1974 (Geist und Psyche 2119). PQ

– (1945) *Our inner conflicts*, New York; dt.: *Unsere inneren Konflikte. Neurosen in unserer Zeit – Entstehung, Entwicklung und Lösung*, Stuttgart 1954; München: Kindler [2]1973 (Geist und Psyche 2104). PQ

– (1950) *Neurosis and human growth*, New York; dt.: *Neurose und menschliches Wachstum. Das Ringen um Selbstverwirklichung*, München: Kindler 1975 (Geist und Psyche 2143). PQ

James, W. T. (1947) *Karen Horney and Erich Fromm in relation to Alfred Adler*, Indiv. Psychol. Bull. 6, 105–116.

Jones, E. (1955 [53–57]) *The life and work of Sigmund Freud*, II; dt.: *Das Leben und Werk von Sigmund Freud*, Band II Stuttgart/Bern 1962.

Jones, H. E. (1931) *Order of birth in relation to the development of the child*, in: C. Murchison (Hg.) *Handbook of child psychology*, Worcester, Mass.: Clark UP.

Kausen, R. (1959) *Wege zur Einheit in der Tiefenpsychologie*, München: Reinhardt (Glauben und Wissen Nr. 22).

Maccoby, Eleanor E./Maccoby, N. (1954) *The interview: a tool of social science*, in: G. Lindzey (Hg.) *Handbook of social psychology*, Bd. 1, Cambridge, Mass.: Addison-Wesley.

Mosak, H. H. (1958) *Early recollections as a projective technique*, J. Projective Techniques 22, 302–311.

Mullahy, P. (1948) *Oedipus – myth and complex*, New York: Hermitage House.

– (Hg.) (1949) *A study of interpersonal relations*, New York: Hermitage House.

– (Hg.) (1952) *The contributions of Harry Stack Sullivan*, New York: Hermitage House.

Munroe, Ruth (1955) *Schools of psychoanalytic thought*, New York: Dryden Press.

Orgler, Hertha (1956) *Alfred Adler. Der Mann und sein Werk*, Wien.

Rattner, J. (1963) *Individualpsychologie. Eine Einführung in die tiefenpsychologische Lehre von Alfred Adler*, München; ³1974. (Geist und Psyche 2071).

– (1969) *Psychologie der zwischenmenschlichen Beziehungen. Eine Einführung in die neopsychoanalytische Sozialpsychologie von H. S. Sullivan*, Olten/Freiburg: Walter, ³1972.

Ruesch, J./Bateson, G. (1951) *Communication, the social matrix of psychiatry*, New York: Norton.

Schaar, J. H. (1961) *Escape from authority: the perspectives of Erich Fromm*, New York: Basic Books.

Schachtner, S. (1959) *The psychology of affiliation*, Stanford, Calif.: Stanford UP.

Stanton, A. H./Schwartz, M. S. (1954) *The mental hospital*, New York: Basic Books.

Sullivan, H. S. (1947) *Conceptions of modern psychiatry*, Washington, D. C.: William Alanson White Psychiatric Foundation.

– (1950) *Tensions interpersonal and international: a psychiatrist's view*. in: H. Cantril (Hg.) *Tensions that cause war*, Urbana, Ill.: University of Illinois Press. PQ

– (1953) *The interpersonal theory of psychiatry*, New York: Norton.

– (1954) *The psychiatric interview*, New York; dt.: *Das psychotherapeutische Gespräch*, Frankfurt 1976 (Fischer TB 6313).

– (1956) *Clinical studies in psychiatry*, New York: Norton.

– (1962) *Schizophrenia as a human process*, New York: Norton.

– (1964) *The fusion of psychiatry and social science*, New York: Norton. PQ

Vaihinger, H. (1911) *Die Philosophie des Als-Ob. System der theoretischen, praktischen und religiösen Fiktionen der Menschheit auf Grund eines idealistischen Positivismus*, Berlin, ¹⁰1927.

Wandeler, J. (1932) *Die Individualpsychologie A. Adlers und ihre Beziehung zur Philosophie des Als-Ob H. Vaihingers*, Leipzig.

5. Murrays Personologie

Atkinson, J. W. (Hg.) (1958) *Motives in fantasy, action, and society*, Princeton.

Lindzey, G. (1961) *Projective techniques and cross-cultural research*, New York.

Morgan, Christiana D./Murray, H. A. (1935) *A method for investigating fantasies: the Thematic Apperception Test*, Arch. Neurol. Psychiat. 34, 289–306.

Murray H. A. (1933) *The effect of fear upon estimates of the maliciousness of other personalities*, J. Soc. Psychol. 4, 310–329.

– (1936) *Basic concepts for a psychology of personality*, J. Gen. Psychol. 15, 241–268.

–/and collaborators (1938) *Explorations in personality. A clinical and experimental study of 50 men of college age*, New York/Oxford; [3]1963. PQ

– (1940) *What should psychologists do about psychoanalysis?* J. Abnorm. Soc. Psychol. 35, 150–175.

– (1943) *Manual of Thematic Apperception Test*, Cambridge, Mass.

– (1947) *Problems in clinical research: round table*, Amer. J. Ortho-Psychiat. 17, 203–210.

– (1948) *Assessment of men*, New York (Office of Strategie Services Assessment Staff).

– (1949a) *Introduction*, in: H. Melville *Pierre, or the ambiguities*, New York.

– (1949b) *Research planning: a few proposals*, in: S. S. Sargent (Hg.) *Culture and personality*, New York.

– (1951a) *Toward a classification of interaction*, in: T. Parsons/E. A. Shils (Hg.) *Toward a general theory of action*, Cambridge, Mass.

– (1951b) *Some basic psychological assumptions and conceptions*, Dialectica 5, 266–292. PQ

– (1952) *In Nomine Diaboli*, New Eng. Quart. 24, 435–452.

– (1955) *American Icarus*, in: A. Burton/R. E. Harris (Hg.) *Clinical studies in personality*, Bd. 2, New York.

– (1958) *Drive, time, strategy, measurement, and our way of life*, in: Lindzey (Hg.) *Assessment of human motives*, New York.

– (1959) *Preparations for the scaffold of a comprehensive system*, in: S. Koch (Hg.) *Psychology: a study of a science*, Bd. 3, New York.

– (1960a) *Two versions of man*, in: H. Shapley (Hg.) *Science ponders religion*, New York.

– (1960b) *The possible nature of a „mythology" to come*, in: H. A. Murray (Hg.) *Myth and mythmaking*, New York.

– (1961) *Unprecedented evolutions*, Daedalus 90, 547–570.

– (1961) *Historische Richtungen der Persönlichkeitsforschung*, in: J. C. Brengelmann/H. P. David (Hg.) *Perspektiven der Persönlichkeitsforschung*, Bern/Stuttgart.

– (1962a) *The personality and career of Satan*, J. Soc. Issues 28, 36–54.

– (1962b) *Prospect for psychology*, Science 136, 483–488.

– (1963) *Studies of stressful interpersonal disputations*, Amer. Psychologist 18, 28–36.PQ

– (1967) *Autobiography*, in: E. G. Boring/G. Lindzey (Hg.) *A history of psychology in autobiography*, Bd. V, New York.

– (1968a) *A conversation with Mary Harrington Hall*, Psychology Today 2, 56–63.

– (1968b) *Components of an evolving personological system*, in: D. L. Sills (Hg.) *International Encyclopedia of the Social Sciences*, New York. PQ

–/Kluckhohn, C. (1953) *Outline of a conception of personality*, in: C. Kluckhohn/H. A. Murray/D. Schneider (Hg.) *Personality in nature, society, and culture*, 2. Ed. New York.

–/Morgan, Christiana D. (1945) *A clinical study of sentiments*, Genet. Psychol. Monogr. 32, 3–311.

Murstein, B. I. (1963) *Theory and research in projection techniques*, New York.

Revers, W. J. (1958) *Der thematische Apperzeptions-Test (TAT). Handbuch zur Verwendung des TAT in der psychologischen Persönlichkeitsdiagnostik*, Bern/Stuttgart; [2]1967.

Stern, E. (1950/1952) *Le Test d'Apperception Thématique de Murray (T. A. T.)*. Neuchâtel, dt.: *Experimentelle Persönlichkeitsanalyse nach dem Murray-Test (T. A. T.), Beschreibung, Anwendung, Interpretation und diagnostische Bedeutung*, Zürich 1952.

Wolf, R./Murray H. A. (1937) *An experiment in judging personalities*, J. Psychol. 3, 345–365.

Zubin, J./Eron, L. D./Schumer, Florence (1965) *An experimental approach to projective techniques*, New York.

6. Lewins Feldtheorie

Allport, F. H. (1955) *Theories of perception and the concept of structure*, New York: Wiley.

Allport, G. W. (1947) *The genius of Kurt Lewin*, J. Pers. 16, 1–10.

Atkinson, J. W. (1964) *An introduction to motivation*, New York: Wiley.

–/Feather, N. T. (Hg.) (1966) *A theory of achievement motivation*, New York: Wiley

Barker, R. G. (Hg.) (1963) *The stream of behavior*, New York: Appleton-Century-Crofts.

– (1965) *Explorations in ecological psychology*, Amer. Psychol. 20, 1–14.

–/Dembo, Tamara/Lewin, K. (1941) *Frustration and regression: an experiment with young children*, Univ. Ia. Stud. Child Welf. 18, (1).

–/Wright, H. F. (1951) *One boy's day*, New York: Harper.

–/– (1955) *Midwest and its children*, New York: Harper.

Bavelas, A./Lewin, K. (1942) *Training in democratic leadership*, J. Abnorm. Soc. Psychol. 37, 115–119.

Brolyer, C. R. (1936/7) *Review of Lewin's ‚Principles of topological psychology'*, Character and Pers. 5, 257–258.

Brunswik, E. (1943) *Organismic achievement and environmental probability*, Psychol. Rev. 50, 255–272.

Cantril, H. (1935) *Review of Lewin's ‚A dynamic theory of personality'*, J. Abnorm. Soc. Psychol. 30, 534–537.

– (1965) *The patterns of human concerns*, New Brunswick, N. J.: Rutgers UP.

Cartwright, D. (1959) *Lewinian theory as a contemporary systematic framework*, in: S. Koch (Hg.) *Psychology: a study of a science*, Bd. 2, New York: McGraw-Hill.

Deutsch, M. (1968) *Field theory in social psychology*, in: G. Lindzey/E. Aronson (Hg.) *Handbook of social psychology, Bd. 1*, Cambridge, Mass.: Addison-Wesley.

Escalona, Sibylle (1954) *The influence of topological and vector psychology upon current*

research in child development: an addendum, in: L. Carmichael (Hg.) *Manual of child psychology*, New York: Wiley.
Festinger, L. (1957) *A theory of cognitive dissonance*, Stanford, Calif.: Stanford UP.
– (1964) *Conflict, decision and dissonance*, Stanford, Calif.: Stanford UP.
Garrett, H. E. (1939) *Lewin's „topological" psychology: an evaluation*, Psycho. Rev. 46, 517–524.
Gerard, H. B./Miller, N. (1967) *Group dynamics*, in: P. R. Farnworth (Hg.) *Annual Review of Psychology*, Bd. 18, Palo Alto, Calif.
Harary, F./Norman, R. Z./Cartwright, D. (1965) *Structural models: an introduction to the theory of directed graphs*, New York: Wiley.
Heidbreder, Edna (1937) *Review of Lewin's ‚Principles of topological psychology'*, Psychol. Bull. 34, 584–604.
Heider, F. (1958) *The psychology of interpersonal relations*, New York; dt. = *Psychologie der interpersonalen Beziehungen*, Stuttgart: Klett 1977.
– (1959) *On Lewin's methods and theory*, Psychol. Issues 1 (3), S. 123.
Henle, Mary (1942) *An experimental investigation of dynamic and structural determinants of substitution*, Contr. Psychol. Theor. 2 (3).
Hilgard, E. R. (/Bower, G. H.) (1948/[1]1956/[3]1966) *Theories of learning*, New York; dt.: nach der 3. unter Einbeziehung der 2. Aufl.: Hilgard/Bower – *Theorien des Lernens*, Stuttgart: Klett. 1969 (Bd. 1) u. 1971 (Bd. 2).
Householder, A. J. (1939) *Review of Lewin's ‚Principles of topological psychology'*, J. Gen. Psychol. 54, 249–259.
Karsten, Anitra (1928) *Psychische Sättigung*, Psychol. Forsch. 10, S. 142–154.
Katz, Evelyn (1938) *Some factors affecting resumption of interrupted activities by preschool children*, Inst. Child Welf. Monogr. Ser. 16.
Kounin, J. S. (1941) *Experimental studies of rigidity*, Character and Pers. 9, 251–282.
Leeper, R. W. (1943) *Lewin's topological and vector psychology: a digest and critique*, Univ. Ore. Publ. Stud. Psychol. 1.
Lewin, K. (1926) *Vorsatz, Wille und Bedürfnis*, Psychol. Forschung 7, 330–387.
– (1934) *Der Richtungsbegriff in der Psychologie*, Psychol. Forschung 19, 249–299.
– (1935 a) *A dynamic theory of personality; selected papers*, New York: McGraw-Hill. [Die größtenteils deutschen Originalschriften wurden lt. Lang/Lohr in den Jahren 1926–1935 veröffentlicht (cf. 1951, dt. 1963).] PQ
– (1935 b [d]) *Psycho-sociological problems of a minority group*, Character and Pers. 3, 175–187.
– (1936 a) *Principles of topological psychology*, New York; dt.: *Grundzüge der Topologischen Psychologie*, Bern/Stuttgart: Huber 1969. PQ
– (1936 b) *Some social-psychological differences between the United States and Germany*, Character and Pers. 4, 265–293.
– (1938 [a]) *The conceptual representation and the measurement of psychological forces*, Contr. Psychol. Theor. 1 (4). PQ
– (1943 [c]) *Forces behind food habits and methods of change*, Bull. Nat. Res. Counc. 108, 35–65.
– (1946 [a]) *Behavior and development as function of the total situation*, in: L. Carmichael (Hg.) *Manual of child psychology*, New York, 3. Aufl. 1954; Neuabdr. in: (1951) Kap. X.
– (1946 [b]) *Action research and minority problems*, J. Soc. Issues 2, 34–46.

– (1947 [b]) *Frontiers in group dynamics. II: Channels of group life; social planning and action research*, Hum. Relat. 1, 143–153; Neuabdr. in: (1951) Kap. VIII.
– (1948) *Resolving social conflicts; selected papers on group dynamics*, New York (Hg.: Gertrude W. Lewin); dt.: *Die Lösung sozialer Konflikte. Ausgewählte Abhandlungen über Gruppendynamik*, Bad Nauheim: Christian 1953. [Originalschriften lt. Lang/Lohr zwischen 1935 und 1946.] PQ
– (1951) *Field theory in social science; selected theoretical papers*, New York (Hg.: D. Cartwright); dt.: *Feldtheorie in den Sozialwissenschaften. Ausgewählte theoretische Schriften*, Bern/Stuttgart: Huber 1963. [Originalschriften lt. Lang/Lohr zwischen 1939 und 1947. – Die deutsche Ausgabe enthält ein „vollständiges Verzeichnis der Schriften Lewins".] PQ
–/Dembo, Tamara/Festinger, L./Sears, Pauline S. (1944) *Level of aspiration*, in: J. McV Hunt (Hg.) *Personality and the behavior disorders*, New York: Ronald Press.
Lindzey, G. (1952) *Review of Lewin's ‚Field theory in social science'*, J. Abnorm. Soc. Psychol. 47, 132–133.
Lissner, Kate (1933) *Die Entspannung von Bedürfnissen durch Ersatzhandlungen*, Psychol. Forsch. 18, 218–250.
London, I. D. (1944) *Psychologists' misuse of the auxiliary concepts of physics and mathematics*, Psychol. Rev. 51, 266–291.
Mahler, Wera (1933) *Ersatzhandlungen verschiedenen Realitätsgrades*, Psychol. Forsch. 18, 27–89.
Rokeach, M. (1960) *The open and closed mind*, New York: Basic Books.
Schein, E. H./Bennis, W. G. (1965) *Personal and organizational change through group methods: the laboratory approach*, New York: Wiley.
Sliosberg, Sara (1934) *Zur Dynamik des Ersatzes in Spiel- und Ernstsituationen*, Psychol. Forsch. 19, S. 122–181.
Smith, N. W. (1968) *On the origin of conflict types*, Psychol. Rec. 18, 229–232.
Spence, K. W. (1944) *The nature of theory construction in contemporary psychology*, Psychol. Rev. 51, 47–68.
Tolman, E. C. (1948) *Kurt Lewin, 1890–1947*, Psychol. Rev. 55, 1–4.
Zeigarnik, Bluma (1927) *Über das Behalten von erledigten und unerledigten Handlungen*, Psychol. Forsch. 9, 1–85.

7. Allports Psychologie des Individuums

Anonymus (1946) *Letters from Jenny*, J. Abnorm. Soc. Psychol. 41, 315–350; 449–480.
Allport, G. W. (1937) *Personality: A psychological interpretation*, New York; dt.: *Persönlichkeit. Struktur, Entwicklung und Erfassung der menschlichen Eigenart*, Stuttgart 1949, 2. Aufl. m.d. Untertitel *Eine psychologische Interpretation*, Meisenheim: Hain [2]1959. PQ
– (1940) *Motivation in personality: Reply to Mr. Bertocci*, Psychol. Rev. 47, 533–554.
– (1942) *The use of personal documents in psychological science*, New York (Soc. Sci. Res. Council. Bull. 49).
– (1943) *The ego in contemporary psychology*, Psychol. Rev. 50, 451–478.
– (1946) *Effect: a secondary principle of learning*, Psychol. Rev. 53, 335–347.
– (1947) *Scientific models and human morals*, Psychol. Rev. 54, 182–192.

– (1948) *ABC's of scapegoating,* Chicago; dt.: *Treibjagd auf Sündenböcke,* Berlin/Bad Nauheim: Christian 1951. PQ
– (1950a) *The nature of personality: selected papers,* Cambridge, Mass.: Addison-Wesley [enthält die wichtigsten bis dato veröffentlichten Schriften].
– (1950b) *The individual and his religion,* New York: Macmillan.
– (1953) *The trend in motivational theory,* Amer. J. Orthopsychiat. 23, 107–119.
– (1954) *The nature of prejudice,* Cambridge, Mass.: Addison-Wesley; dt.: *Die Natur des Vorurteils,* Köln: Kiepenheuer u. Witsch 1971.
– (1955) *Becoming: basic considerations for a psychology of personality,* New Haven; dt.: *Werden der Persönlichkeit. Gedanken zur Grundlegung einer Psychologie der Persönlichkeit,* Bern 1958, München: Kindler (Geist und Psyche 2127) 1954. PQ
– (1960a) *The open system in personality theory,* J. Abnorm. Soc. Psychol. 61, 301–310.
– (1960b) *Personality and social encounter,* Boston: Beacon. PQ
– (1961) *Pattern and growth in personality,* New York; dt.: *Gestalt und Wachstum in der Persönlichkeit,* Meisenheim: Hain 1970. PQ
– (1962) *The general and the unique in psychological science,* J. Personality 30, 405–422.
– (1964) *Imagination in psychology: some needed steps,* in: *Imagination and the university,* Toronto (UP).
– (1965) *Letters from Jenny,* New York: Harcourt, Brace and World.
– (1966) *Traits revisited,* Amer. Psychologist 21, 1–10.
– (1967) *Autobiography,* in: E. G. Boring/G. Lindzey (Hg.) *A history of psychology in autobiography,* Vol. 5, New York.
– (1968) *The person in psychology; selected essays,* Boston: Beacon. PQ
–/Allport, F. H. (1928) *A-S reaction study,* Boston: Houghton.
–/Cantril, H. (1934) *Judging personality from voice,* J. Soc. Psychol. 5, 37–55.
–/Odbert, H. S. (1936) *Trait-names: a psycho-lexical study,* Psychol. Monogr. 47, no. 211, 1–171.
–/Pettigrew, T. F. (1957) *Cultural influence on the perception of movement: the trapezoidal illusion among Zulus,* J. Abnorm. Soc. Psychol. 55, 104–113.
–/Vernon, P. E. (1931) *A study of values,* Boston; rev. Ed. mit G. Lindzey, 1951; dt. Bearbeitung: E. Roth – *Werteinstellungs-Test,* Bern 1972.
–/– (1933) *Studies in expressive movement,* New York: Macmillan.
Anderson, E. E. (1941 a–d) *The externalization of drive: I. Theoretical considerations,* Psychol. Rev. 48, 204–224; *II. The effect of satiation and removal of reward at different stages in the learning process of the rat,* J. Genet. Psychol. 59, 359–376; *III. Maze learning by non-rewarded and by satiated rats,* J. Genet. Psychol. 59, 397–426; *IV. The effect of pre-feeding on the maze performance of hungry non-rewarded rats,* J. Comp. Psychol. 31, 349–352.
Baldwin, A. L. (1942) *Personal structure analysis: a statistical method for investigating the single personality,* J. Abnorm. Soc. Psychol. 37, 163–183.
Bertocci, P. A. (1940) *A critique of G. W. Allport's theory of motivation,* Psychol. Rev. 47, 501–532.
Coutu, W. (1949) *Emergent human nature,* New York: Knopf.
Estes, S. G. (1938) *Judging personality from expressive behavior,* J. Abnorm. Soc. Psychol. 33, 217–236.
Harlow, H. F./Harlow, Margaret K./Meyer, D. R. (1960) *Learning motivated by a manipulation drive,* J. Exp. Psychol. 40, 228–234.

Huntley, C. W. (1940) *Judgments of self based upon records of expressive behavior* J. Abnorm. Soc. Psychol. 35, 398–427.
Kelly, G. A. (1955) *The psychology of personal constructs, Bd. I: A theory of personality*, New York: Norton.
Kilpatrick, F. P./Cantrill, H. (1960) *Self anchoring scale: a measure of the individual's unique reality world*, J. Ind. Psychol. 16, 158–170.
Lindzey, G./Prince, Blanche/Wright, H. K. (1952) *A study of facial asymmetry*, J. Pers. 21, 68–84.
Olson, W. C. (1929) *The measurement of nervous habits in normal children*, Minneapolis, Minn.: Univ. of Minnesota Press.
Paige, J. M. (1966) *Letters from Jenny: An approach to the clinical analysis of personality structure by computer*, in: P. J. Stone et al. – *The general inquirer: a computer approach to content analysis*, Cambridge, Mass.
Sanford, N. (1963) *Personality: Its place in psychology*, in: S. Koch (Hg.) *Psychology: A study of a science*, Bd. 5.
Schafer, R./Berg, I./McCandless, B. (1961) *Report on survey of current psychological testing practices*, Supplement to Newsletter, Division of Clin. Abn. Psychol., Amer. Psychol. Ass. 4, no. 5.
Selye, H. (1962) *The story of the adaptation syndrome*, Montreal: Acta.
Seward, J. P. (1948) *The sign of a symbol: A reply to Professor Allport*, Psychol. Rev. 55, 277–296.
Shapiro, M. B. (1961) *The single case in fundamental clinical psychological research*, Brit. J. Med. Psychol. 34, 255–262.
Skaggs, E. B. (1945) *Personalistic psychology as science*, Psychol. Rev. 52, 234–238.
Solomon, R. L./Wynne, L. C. (1954) *Traumatic avoidance learning: The principles of anxiety conservation and partial irreversibility*, Psychol. Rev. 6, 353–385.
Stephenson, W. (1953) *The study of behavior: Q-technique and its methodolgy*, Chicago: Univ. of Chicago Press.
Stern, W. (1935) *Allgemeine Psychologie auf personalistischer Grundlage*, Den Haag: Nijhoff; engl.: New York 1938.
Stone, P. J. et al. (1966) *The General Inquirer: A computer approach to content analysis*, Cambridge, Mass.: The M.I.T. Press.
Tolman, E. C. (1935) *Psychology versus immediate experience*, Phil. Sci. 2, 356–380.
Wolff, W. (1933) *The experimental study of forms of expression*, Character & Pers. 2, 158–176.
– (1943) *The expression of personality*, New York: Harper.
Woodworth, R. S. (1918) *Dynamic psychology*, New York: Columbia UP.

8. Die Organismische Psychologie: Goldstein, Angyal, Maslow, Lecky

Alexander, F. (1950) *Psychosomatic medicine*, New York: Norton; dt.: *Psychosomatische Medizin*, Berlin: De Gruyter 1951; Neudruck 1971.
Angyal, A. (1941) *Foundations for a science of personality*, New York: Commonwealth Fund.
PQ
– (1948) *The holistic approach in psychiatry*, Amer. J. Psychiat. 105, 178–182.

– (1951) *A theoretical model for personality studies*, J. Pers. 20, 131–142; neu abgedr. in: D. Krech/G. S. Klein (Hg.) *Theoretical models and personality theory*, Durham, N. C.: Duke UP 1952.
– (1965) *Neurosis and treatment: a holistic theory*, New York: Wiley. PQ
Bernard, C. (1866) *Introduction à l'étude du medecin experimentale;* dt.: *Einführung in das Studium der experimentellen Medizin*, 1961 (amerikan. Übersetzung New York 1957).
Bertalanffy, L. v. (1932/1942) *Theoretische Biologie*, 2 Bde, Berlin; 2. Aufl. Bern: 1951.
– (1945) *Zu einer allgemeinen Systemlehre*, Blätter f. Dt. Philos. 18, Nr. 3–4.
– (1949) *Das biologische Weltbild*, Bern: Francke.
– (1950a) *An outline of general system theory*, Brit. J. Phil. Sci. 1, 134–165.
– (1950b) *The theory of open systems in physics and biology*, Science 111, 23–29.
– (1953) *Biophysik des Fließgleichgewichts.*
– (1962) *General system theory*, in: *General Systems: Yearbook of the Society for General Systems Research* 7, 1–20.
Bräutigam, W./Christian, P. (1973) *Psychosomatische Medizin. Ein kurzgefaßtes Lehrbuch für Studenten und Ärzte*, Stuttgart: Thieme, ²1975.
Coghill, G. E. (1929) *Anatomy and the problem of behavior*, London: Cambridge UP.
Dewey, J. (1896) *The reflex arc concept in psychology*, Psychol. Rev. 3, 357–370.
Dunbar, H.. Flanders (1935) *Emotions and bodily changes. A survey of literature on psychosomatic interrelationships 1910–1933*, New York: Columbia UP; ⁴1954.
– (1947) *Mind and body. Psychosomatic medicine*, New York: Random House; dt.: *Deine Seele – Dein Körper. Psychosomatische Medizin*, Meisenheim: Hain 1951.
Gelb, A./Goldstein, K. (1920) *Psychologische Analysen hirnpathologischer Fälle*, Leipzig: Barth (teilweise übersetzt ins Amerikanische 1938).
Goldstein K. (1934) *Der Aufbau des Organismus. Einführung in die Biologie unter besonderer Berücksichtigung der Erfahrungen am kranken Menschen*, Den Haag: Nijhoff; Fotomechanischer Nachdruck 1963; engl. Titel *The organism: A holistic approach to biology derived from pathological data in man*, New York: American Book 1939. PQ
– (1940) *Human nature in the light of psychopathology*, Cambridge, Mass.: Harvard UP. PQ
– (1942) *After-effects of brain injuries in war*, New York: Grune and Stratton.
– (1948) *Language and language disturbances*, New York: Grune and Stratton.
– (1967) *Autobiography*, in: E. G. Boring/G. Lindzey (Hg.) *A History of psychology in autobiography*, Bd. 5, New York: Appleton-Century-Crofts.
– (1971) *Selected Papers/Ausgewählte Schriften* (mit einer Einleitung von A. Gurwitsch), Den Haag: Nijhoff.
–/Scheerer, M. (1941) *Abstract and concrete behavior: an experimental study with special tests*, Psychol. Monogr. 53 (2).
–/– (1953) *Tests of abstract and concrete thinking. A: Tests of abstract and concrete behavior*, in: A. Weider (Hg.) *Contributions toward medical psychology*, New York: Ronald Press.
Hanfmann, Eugenia (1968) *Andras Angyal*, in: D. L. Sills (Hg.) *International encyclopedia of the social sciences*, New York: Macmillan and Free Press.
–/Rickers-Ovsiankina, Maria/Goldstein, K. (1944) *Case Lanuti: Extreme concretization of behavior due to damage of the brain cortex*, Psychol. Mongr. 57 (4).

Hunt, W. A. (1940) *Review of K. Goldstein's ,The organism'*, Psychol. Bull. 37, 637–639.

Jackson, J. H. (1931) *Selected writings of John Hughlings Jackson* (Hg. J. Taylor), London: Hodder and Stoughton.

Kantor, J. R. (1924) *Principles of psychology*, 2 Bde., New York: Knopf.

– (1933) *A survey of the science of psychology*, Bloomington, Ind.: Principia Press.

– (1947) *Problems of physiological psychology*, Bloomington, Ind.: Principia Press.

Kattsoff, L. O. (1942) *Review of K. Goldstein's ,Human nature in the light of psychopathology'*, J. Gen. Psychol. 26, 187–194.

Krech, D. (1950) *Dynamic systems as open neurological systems*, Psychol. Rev. 57, 345–361.

Lecky, P. (1945) *Self-consistency. A theory of personality*, New York (Neudruck Garden City, N. Y.: Doubleday (Anchor Books A 622) 1969. PQ

Maddi, S. R. (1968) *Personality theories: a comparative analysis*, Homewood, Ill.: Dorsey Press.

Maslow, A. H. (1954) *Motivation and personality*, New York: Harper, ²1970. PQ

– (1966) *The psychology of science*, New York: Harper and Row.

– (1967a) *A theory of metamotivation: the biological rooting of the value life*, J. Humanistic Psychol. 7, 93–127.

– (1967b) *Neurosis as a failure of personal growth*, Humanitas 3, 153–170.

– (1968a) *Toward a psychology of being* (2. Ed.), Princeton: Van Nostrand; dt.: *Psychologie des Seins. Ein Entwurf*, München: Kindler 1973. PQ

– (1968b) *Toward the study of violence*, in: L. NG (Hg.) *Alternatives to violence*, New York: Time-Life Books.

Meyer, A. (1935) *Krisenepochen und Wendepunkte des biologischen Denkens*, Jena: Fischer.

– (1948) *The commonsense psychiatry of Dr. Adolf Meyer. 52 selected papers* (Hg. A. Lief), New York: McGraw-Hill.

Meyer-Abich, A. (1934) *Ideen und Ideale der biologischen Erkenntnis*, Leipzig: Barth.

– (1943) *Naturphilosophie auf neuen Wegen*,

Murphy, G. (1947) *Personality: a biosocial approach to origins and structure*, New York: Harper.

Pikas, A. (1966) *Abstraction and concept formation*, Cambridge, Mass.: Harvard UP.

Rapaport, D. (1941) *Review of H. Werner's ,Comparative psychology of mental development'*, J. Genet. Psychol. 59, 429–434.

Rennie, T. A. C. (1943) *Adolf Meyer and psychobiology; the man, his methodology and its relation to therapy*, Pap. Amer. Congr. Gen. Semant. 2, 156–165.

Rogers, R. (1967) *Coming into existence: the struggle to become an individual*, Cleveland: World.

Scheerer, M./Rothman, Eva/Goldstein, K. (1945) *A case of „idiot savant": An experimental study of personality organization*, Psychol. Mongr. 58 (4).

Simmel, Marianne L. (Hg.) (1968) *The reach of the mind: essays in memory of Kurt Goldstein*, New York: Springer.

Skinner, B. F. (1940) *Review of K. Goldstein's ,The organism'* J. Abnorm. Soc. Psychol. 35, 462–465.

Smuts, J. C. (1926) *Holism and evolution*, New York: Macmillan; ³1936; dt.: *Die holistische Welt*,

Uexküll, Th. v. (1963) *Grundfragen der psychosomatischen Medizin*, Reinbek: Rowohlt (rde 179/180).
Werner, H. (1926) *Einführung in die Entwicklungspsychologie*, Leipzig; München: Barth [4]1959.
– (1948) *Comparative psychology of mental development* (rev. Ed.), Chicago: Follett.
Wheeler, R. H. (1940) *The science of psychology* (2. Ed.), New York: Crowell.

Inhalt des Zweiten Bandes